KINDERÄRZTE
1933 - 1945
entrechtet - geflohen - ermordet

Pediatricians -
victims of persecution
1933 - 1945

BOUVIER VERLAG · BONN
2000

KINDERÄRZTE
1933 - 1945

entrechtet - geflohen - ermordet

Pediatricians -
victims of persecution
1933 - 1945

von
Eduard Seidler

Im Auftrag der Deutschen Gesellschaft für Kinderheilkunde
und Jugendmedizin

Die Deutsche Bibliothek - CIP-Einheitsaufnahme

Seidler, Eduard:
Kinderärzte 1933-1945 : entrechtet - geflohen - ermordet / Eduard Seidler.
Im Auftr. von: Deutsche Gesellschaft für Kinderheilkunde und Jugendmedizin. -
Bonn : Bouvier, 2000
 ISBN 3-416-02919-4

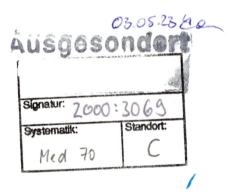

Alle Rechte vorbehalten. Ohne ausdrückliche Genehmigung des Verlages ist es nicht gestattet, das Buch oder Teile daraus zu vervielfältigen oder auf Datenträger aufzuzeichnen. ©Bouvier Verlag, Bonn 2000. Printed in Germany. Satz, Layout, Umschlaggestaltung, Herstellung: ARTCOM, Ruth Jungbluth, Königswinter. Druck und Weiterverarbeitung: Plump KG, Rheinbreitbach.

„Ein bißchen Salonantisemitismus, etwas politische
und religiöse Gegnerschaft, Ablehnung des politisch Andersdenkenden, an sich ein harmloses Gemengsel, bis ein Wahnsinniger kommt und daraus Dynamit fabriziert.

Man muß diese Synthese begreifen, wenn Dinge, wie sie in
Auschwitz geschehen sind, in Zukunft verhütet werden sollen.

Wenn Haß und Verleumdung leise keimen,
dann, schon dann heißt es wach und bereit sein.

Das ist das Vermächtnis derer von Auschwitz."

Lucie Adelsberger (1895-1971)
Jüdische Kinderärztin, Allergologin
Überlebende des Vernichtungslagers Auschwitz

Inhaltsverzeichnis

Vorwort / Preface   11

Einführung
Juden in der Kinderheilkunde   15
Der Antisemitismus an den Universitäten und in der Medizin   18
Jüdische Frauen in der Kinderheilkunde   21
Die Facharztfrage   23
Soziale Pädiatrie   25

Die Judenpolitik der Deutschen Gesellschaft für Kinderheilkunde   29
Demütigungen   35
Emigration und Flucht   37
    Palästina   39
    Großbritannien   40
    USA   42
    Weitere Länder   43
Deportation und Vernichtung   45
Wien   47
Prag   50
    Exkurs: Kinder in Theresienstadt   53

Utopien einer NS-Pädiatrie   54
Nachtrag   63
Fazit   65
Erklärung der Deutschen Gesellschaft für Kinderheilkunde und Jugendmedizin, Dresden 3.10.1998   67

Introduction
Jews in Pediatrics   69
Anti-Semitism at the Universities and in Medicine   71
Jewish Women in Pediatrics   74
The Question of Specialists   75
Pediatrics in Social Medicine   77

The Deutsche Gesellschaft für Kinderheilkunde and its Jewish members   81

Acts of Humiliation	86
Emigration and Flight	89
Palestine	90
Great Britain	91
USA	94
Other countries	95
Deportation and Extermination	96
Vienna	98
Prague	101
Excursus: Children at Theresienstadt (Terezín)	103
The Utopia of a National Socalist Pediatrics	104
Addendum: The DGfK after 1945	113
Conclusion	115
Statement of the German Society of Pediatrics and Adolescent Medicine, Dresden 3. 10. 1998.	117

Biographische Dokumentation

Hinweise	119
Abkürzungen	120
Einzelbiographien:	
Deutschland	123
Unklare Fälle	326
Wien	329
Unklare Fälle	354
Prag (Stichprobe)	355
Ghetto-Museum Theresienstadt	364

Anhang

Zahlen	366
Gesamtübersicht Deutschland	369
Gesamtübersicht Wien	390
Übersicht Stichprobe Prag	393
Deportationen	394

Exilländer
  Palästina 398
  Großbritannien 401
  USA 403
  Weitere Länder 408

Suicide und Todesfälle 413

Quellen und Literatur
  Archive 415
  Gedruckte Quellen und Sekundärliteratur 419

Verzeichnis der Orte 463
Personenverzeichnis 465

Bildernachweis 487
Danksagung 489

Kontaktadressen 492

Vorwort

Mit dieser Untersuchung stellt sich eine medizinische Fachdisziplin ihrer Vergangenheit in der Zeit der nationalsozialistischen Diktatur. Sie entspricht damit dem 1995 erteilten Auftrag des Vorstandes und der Mitgliederversammlung der Deutschen Gesellschaft für Kinderheilkunde und Jugendmedizin, eine Dokumentation möglichst aller nach 1933 verfolgten, aus dem Land getriebenen und ermordeten Kolleginnen und Kollegen zu erstellen. Soweit noch feststellbar, sollte eine biographische Rekonstruktion der Einzelschicksale versucht werden.

Dieser Auftrag kam – fünfzig Jahre nach Kriegsende – spät. Eine entschuldbare Antwort auf die berechtigte Frage nach dem Grund kann es nicht geben; sie gehört in den Bereich der kollektiven Verdrängung, die lange Jahre der deutschen Nachkriegsgeschichte geprägt hat. Er kam aber nicht zu spät – die Begegnung mit Betroffenen und ihren Nachfahren hat uns gelehrt, daß das damalige Geschehen so schmerzlich gegenwärtig geblieben ist, als sei es gestern geschehen. Auch wollten sie sicher sein, daß diejenigen, die jetzt ihre Schicksale rekonstruieren wollen, nicht mehr diejenigen sind, die sie, ihre Mütter und Väter aus der Gemeinschaft ausgestoßen haben.

Die Ergebnisse der weltweiten Suche sind zwangsläufig unvollständig und in Einzelheiten sicher auch fehlerhaft. Dies muß hingenommen werden als Mahnung, die Untersuchung weder als abgeschlossen zu betrachten noch damit die Bürde dieser bedrückenden Vergangenheit abschütteln zu wollen. Über die Hälfte der 1933 kinderärztlich tätigen Ärztinnen und Ärzte waren betroffen; das Regime nahm ihnen Beruf, Titel, Lebenswelt, Würde und nicht wenigen das Leben. Wir wollten sie nicht einfach nur zählen, sondern sie wieder einzeln beim Namen nennen können und – wo es noch möglich war – von ihnen berichten. Es sollte daher mehr als nur ein Nachschlagewerk erstellt werden; die eingestreuten Texte – Selbstzeugnisse, Briefe, Erinnerungen – sollen die Realität des einzelnen Betroffenseins vermitteln.

Bewußt wurden nicht nur die Schicksale der prominenten Vertreter der Kinderheilkunde ermittelt, sondern auch die niedergelassenen Kinderärztinnen und Kinderärzte – nach Orten – zu erfassen versucht. Die Auswahl der wenigen Bilder soll daher auch an die verschiedensten Menschen erinnern, die einmal den pädiatrischen Alltag mitbestimmten und daraus verjagt wurden.

Nur das Gedächtnis bewahrt dem Einzelnen jene Identität, die einmal ausgelöscht werden sollte; nur die Erinnerung hilft versöhnen. Jeder Name in diesem Buch steht für einen Menschen, dessen Leben einmalig war. Die jetzigen und die kommenden Generationen der deutschen Kinderärztinnen und Kinderärzte bleiben aufgerufen, sich mit der Last dieser Vergangenheit auseinanderzusetzen, um dem weiteren Vergessen und Verdrängen entgegenzuwirken.

Freiburg i.Br., Februar 2000											Eduard Seidler

Preface

With this investigation a special medical field confronts its past under the National Socialist dictatorship. It complies with a request made in 1995 by the executive board and the membership committee of the German Society for Pediatrics and Adolescent Medicine to draw up a documentary report of as many collegues as possible who had been persecuted, expelled from their homeland, or murdered after 1933. As far as the facts still could be determined, it was our goal to reconstruct the biographies of the individual fates of these victims.
Fifty years after war's end, this assignment has come late. There is no adequate answer to the justified question demanding the reason for this delay. It manifests the collective suppression that for many years has characterized German post-war history. But our report is not too late: encounters with victims and their descendents have taught us that what happened under National Socialism has remained painfully present in their memories as if it had occured only yesterday. For them it was additionally important to ensure that those who were trying to reconstruct the victim's fates were not the same people who had inflicted such misery on them and expelled their mothers and fathers from the community.
The results of our worldwide search for data are necessarily incomplete, and surely some details are incorrect. This should not be taken as proof that the investigation has been concluded or that we are trying to shake off the burden of our profession's oppressive past: over half of all doctors working in the field of pediatrics in 1933 were affected. The regime stripped them of their profession, their title, their way of life, their dignity and in quite a few cases even took their lives. We did not want merely to present a list of numerical facts but to name and, when possible, report on the victims. Thus, our aim was to create more than

a reference book; the texts strewn in – witness reports, letters, memories – should represent a small aspect of the reality of each individual victim.

We have deliberately not limited our documentation to the plights of prominent representatives of the pediatric profession but have tried, as well, to give an account of those pediatricians who had set up practices. To facilitate the use of our report, we have arranged it according to the place names where our subjects practiced. We have also included a few portraits to illustrate the diversity of our collegues whose day's labor was to treat children before being banished.

Only the memory preserves the identity of those fellow men and women whose lives were once considered worthless enough to exterminate. Only by reminding ourselves may we help to bring about a reconciliation. Each name in this book stands for an individual whose life was unique. It remains the duty of present and future generations of German pediatricians to deal with the burden of their collegues' atrocious past in order to prevent its being forgotten or suppressed.

Freiburg i.Br., February 2000   Eduard Seidler

EINFÜHRUNG

Juden in der Kinderheilkunde

Nach übereinstimmenden historischen Befunderhebungen waren im Deutschen Reich um 1933 zwischen 15 und 16% der Ärztinnen und Ärzte – im Sinne der NS-Gesetze – jüdischer Abstammung.[1] Diese immer wieder hervorgehobene hohe Anzahl deutscher Juden im Arztberuf – bei einem jüdischen Bevölkerungsanteil von nur 0,9% – gewinnt eine zusätzliche Dimension, wenn man ihre Aufteilung auf die einzelnen medizinischen Disziplinen untersucht.

An herausragender Stelle steht dabei die Kinderheilkunde: Von 1253, aus verschiedenen Quellen für 1933 nachgewiesenen Pädiatern im Gebiet des Deutschen Reiches wurden 611 Kinderärztinnen und Kinderärzte ermittelt, die nach der Machtergreifung der Nationalsozialisten unter die NS-Rassegesetze fielen.[2] Dies sind 48,8% – nahezu jeder zweite Kinderarzt in Deutschland war oder galt als Jude; nur wenige waren als politisch mißliebig betroffen. Der jüdische Kinderarzt gehört vielfach noch heute zum Erinnerungsgut derjenigen, die zu dieser Zeit Kinder waren.

Die besondere Affinität jüdischer Ärzte zur Kinderheilkunde läßt sich entlang der Entfaltung des Faches von Anfang an nachweisen. Dies gilt bereits für große Namen des 19. Jahrhunderts, wie Eduard Henoch, Abraham Jacobi, Adolf Baginsky, Max Kassowitz, Alois Epstein[3] und besonders für führende Pädiater des

---

- Die Hinweise in den Anmerkungen beziehen sich auf die Quellen- und Literaturangaben im Anhang.
- Die im Text mit dem Zeichen ° gekennzeichneten Namen gehören zu den Betroffenen im Sinne dieser Studie. Zu ihnen finden sich weiterführende Angaben in der biographischen Dokumentation.

[1] Kümmel (1985, 1992). Als „nichtarisch" galt zu diesem Zeitpunkt (Verordnung vom 11.4.1933), wer von mindestens einem jüdischen Eltern- oder Großelternteil abstammte. Die Vorschriften wurden 1935 geändert. Vgl. hierzu u.a. Blau (1965).
[2] Alle Zahlenangaben entsprechen dem Erkenntnisstand vom Februar 2000.
[3] - Eduard Henoch, 1872–1893 Leiter der Berliner Universitäts-Kinderklinik.
  - Abraham Jacobi, nach 1848 wegen „revolutionärer Umtriebe" inhaftiert, Flucht in die USA. 1857–99 Prof. of Pediatrics in New York. Wegbereiter der Pädiatrie in den USA.
  - Adolf Baginsky, 1890 Gründer und Leiter des Kaiser- und Kaiserin-Friedrich-Kinderkrankenhauses in Berlin.

frühen 20. Jahrhunderts, von denen Arthur Schloßmann°, Heinrich Finkelstein°, Gustav Tugendreich°, Stefan Engel°, Ludwig Ferdinand Meyer°, Leo Langstein° und viele andere das Fach wissenschaftlich und strukturell geprägt haben. Dies gilt in den zwanziger Jahren aber auch für die wachsende Zahl niedergelassener jüdischer Kinderärztinnen und Kinderärzte, die ihr Studium und ihre Ausbildung überwiegend nach dem Ersten Weltkrieg begonnen hatten. Sie standen im Jahre 1933 in voller Berufsausübung, waren gesellschaftlich eingegliedert und hatten Familie. Die bisherige Forschung hat sich überwiegend auf die Schicksale der herausragenden jüdischen Wissenschaftler konzentriert; es ist eines der Anliegen der vorliegenden Studie, auch die niedergelassenen Träger der Alltagspädiatrie mit einzubeziehen.

Die Gründe für die Anziehungskraft der Kinderheilkunde auf junge jüdische Mediziner waren vielfältig. Vordergründig fällt sicher die Aufwertung des Faches ins Gewicht, das durch den Ersten Weltkrieg einen deutlichen Aufschwung erhielt. In den Jahrzehnten davor hatte die Kinderheilkunde in wenigen Jahrzehnten ein wissenschaftliches Selbstgefühl entwickelt, das ihre Vertreter bereits als endgültige Konturierung ihres Faches empfanden.[4] Innerhalb einer Generation hatte sich aus den rasch aufeinander folgenden Ergebnissen der Bakteriologie, der Immunitätslehre, der biologischen Konstitutionsforschung, der Stoffwechselanalyse die Gewißheit entwickelt, nunmehr mit einer verbindlichen und vergleichbaren Methodik ausgestattet zu sein, um das Kind in seiner Normalität und Pathologie objektiv und quantitativ zu erfassen. Das inzwischen spürbare Sinken der Mütter-, Säuglings- und Kindersterblichkeit gab diesem Ansatz recht, der sich überdies schnell auch als Erwartung an die Kinderheilkunde und den Kinderarzt in der Bevölkerung verbreitete.

Es war jedoch weniger der wissenschaftliche Ertrag ihrer Arbeit, mit dem die Pädiatrie zu Anfang unseres Jahrhunderts gesellschaftliche Aufmerksamkeit errang, als ihre Bedeutung für den Staat, für die Nationalökonomie. Der Sozialdarwinismus, auch der Nationalismus jener Zeit vertieften das seit der Aufklärung für die Heilkunde wichtige Motiv, daß der Staat an einer großen Zahl überlebender und gesunder Kinder interessiert sein muß. Dies war auch die Begründung, mit der angesichts einer immer noch alarmierenden Säug-

---

- Max Kassowitz, 1882–1932 Leiter des I. Öffentlichen Kinderkrankeninstitutes in Wien.
- Alois Epstein, ab 1884 Direktor der Prager Findelanstalt. Begründer der „Prager pädiatrischen Schule".

Zu den anderen Genannten vgl. die Angaben in der biographischen Dokumentation, S. # ff.

[4] Zum Folgenden vgl. Seidler (1983).

lingssterblichkeit der preußische Ministerialrat Friedrich Althoff im Jahre 1893 – an der protestierenden Berliner Fakultät vorbei – den ersten deutschen Lehrstuhl für Kinderheilkunde eingerichtet hatte; Eduard Henoch hatte im gleichen Jahre 76,5% Sterblichkeit der Säuglinge im ersten Lebensjahr publiziert.[5] Dieses nationale und soziale Interesse war auch der Hintergrund, vor dem – über zwanzig Jahre später – im Jahre 1917 der jüdische Düsseldorfer Ordinarius Arthur Schloßmann° im Auftrage des Vorstandes der Deutschen Gesellschaft für Kinderheilkunde (DGfK) die Reichsregierung aufrief, angesichts der Massenverluste des Ersten Weltkrieges Lehrstühle an allen Universitäten zu etablieren.

Sein Referat: „Kinderkrankheiten und Krieg", das er auf einer sog. „Kriegstagung" am 22.9.1917 in Leipzig hielt, ist ein Musterbeispiel des damaligen wissenschaftlichen und politischen Zeitgeistes.[6] Das zentrale Argument lautete, daß die Bedeutung der Kinderheilkunde nunmehr vor allem darin bestehe, die qualitative „Wiederaufforstung des deutschen Volksbestandes" zu garantieren, zumal die jungen und damit besten Väter im Krieg gefallen seien. Angesichts der Kriegsfolgen solle der gesamte deutsche Ärztestand befähigt werden, an der „Erhaltung und Gesunderhaltung unseres Nachwuchses" mitzuarbeiten. Aus dieser Rede resultierte eine umfangreiche Petition an den Reichskanzler mit dem Titel „Unterricht in der Kinderheilkunde und seine Bedeutung für die Bevölkerungspolitik", die von 52 Kollegen, „sämtlichen Lehrern" des Faches, unterzeichnet wurde. Die Wirkung dieses Dokumentes überdauerte den Sturz des Kaiserreiches: 1918 wurde die Pädiatrie Prüfungsfach, und den sechs Vorkriegsordinariaten wurden zwischen 1919 und 1921 vierzehn weitere hinzugefügt, obwohl die junge Weimarer Republik auf eine Inflation zusteuerte.[7]

Nicht nur diese neuen bzw. zu Lehrstühlen aufgewerteten universitären Ausbildungsstätten wurden für Lehre und Forschung bedeutsam. Von Anfang an waren auch auf kommunaler und konfessioneller Ebene Einrichtungen entstanden, die einer Spezialisierung junger Ärzte zur Verfügung standen. Dies waren sowohl große außeruniversitäre Kinderkrankenhäuser, wie etwa in Berlin das Kaiser- und Kaiserin-Friedrich-Kinderkrankenhaus und das Kaiserin

---

[5] Henoch (1893).
[6] Schloßmann (1918).
[7] 1919: Freiburg, Göttingen, Heidelberg, Köln, Rostock.
1920: Bonn, Frankfurt, Marburg, Tübingen.
1921: Greifswald, Halle, Kiel, Königsberg, Würzburg.
Zur Entwicklung der Kinderheilkunde als Spezialfach an den Universitäten vgl. Eulner (1970).

Auguste Victoria Haus, in Wien das I. Öffentliche Kinderkraninstitut, in Prag das Findelhaus, als auch Kinderabteilungen in Städt. Krankenhäusern und in wachsender Zahl ambulante Einrichtungen zur Säuglings- und Kleinkinderfürsorge.[8] Es ist dabei auffällig, daß die meisten außeruniversitären Institutionen von jüdischen Pädiatern geleitet wurden und ihrerseits junge jüdische Ärzte anzogen.

Der Antisemitismus an den Universitäten und in der Medizin

Ein wesentlicher Grund hierfür liegt in der Tatsache, daß jungen jüdischen Wissenschaftlern zunehmend eine volle akademische Karriere versagt war. Die antisemitischen Strömungen an den Universitäten hatten sich seit dem Ende der siebziger Jahre des 19. Jahrhunderts vertieft; „auf dem Boden des alten Judenhasses wuchs der neue Antisemitismus, der wirtschaftliche Antisemitismus, dem sich schon in der ersten Zeit seiner Blüte der gesellschaftliche Antisemitismus zur Seite stellte".[9] Die immer zahlreicher werdenden jüdischen Medizinstudenten sahen sich bereits während des Studiums mit der antisemitischen Agitation der „Vereine deutscher Studenten" konfrontiert, die in großen Versammlungen die Studentenschaft zum Kampf gegen die Juden, „welche das Unglück des deutschen Vaterlandes" seien, aufrüttelten. Die Juden wurden im studentischen Leben von ihren christlichen Kommilitonen so gut wie isoliert; die meisten Verbindungen nahmen keine jüdischen Studenten mehr auf, einige formulierten in ihrer Satzung einen förmlichen Ausschlußparagraphen. Die Burschenschaften gaben auf dem Burschentag 1896 „der Erwartung Ausdruck, daß auch in Zukunft die Burschenschaften in ihrer ablehnenden Haltung gegen die Aufname jüdischer Studierender einmütig zusammenstehen werden". Charakteristisch für jene Zeit ist der Satz, mit dem eine Leipziger Verbindung den Ausschluß der Juden im Hinblick auf den Duellparagraphen forderte: „Wenn Juden der Burschenschaft beitreten, so geschieht dies aus purer Feigheit. Bei Christen ist dies etwas anderes."

---

[8] Zur Struktur der Kinderkrankenhäuser in dieser Zeit vgl. die Referate auf der Jahrestagung der DGfK 1928 in Hamburg, in: Monatsschr. Kinderheilk. 41 (1928).
[9] Feilchenfeld (1913). Ob der studentische Autor dieses Beitrages mit dem späteren Berliner Kinderarzt Dr. Bruno Feilchenfeld° identisch ist, konnte nicht geklärt werden; die Vermutung drängt sich aus mehreren, vor allem zeitlichen Gründen auf. S. auch Schoeps/Schlör (1995), Hammerstein (1995).

Die jüdischen Studenten zogen daraus den Schluß, daß der Kampf gegen den Antisemitismus nicht mit allgemeinen Theorien und Grundsätzen, sondern durch „aufrechtes, mannhaftes Eintreten, in geschlossener Phalanx, in prinzipiell jüdisch-konfessioneller Verbindung aufgenommen werden müsse".[10] Es bildeten sich in mehreren Universitätsstädten rein jüdische Verbindungen, in deren Programmen „einerseits ihr unbeirrtes Deutschtum und andererseits ihr Festhalten am Judentum" Aufnahme fanden. Sie wollten „mit heiligem Ernst und mit Nachdruck die Gleichberechtigung wiedererkämpfen und neben treuer deutscher Gesinnung auch das Judentum wieder zu Ehren bringen".

Diese Polarisierungen bezeichnen vor allem das Klima an den deutschen Universitäten, in dem bereits vor dem Ersten Weltkrieg die jungen jüdischen Medizinstudenten heranwuchsen. Ihr Wunsch, nicht nur für ihr Judentum, sondern auch für die „Größe und Ehre des deutschen Vaterlandes" einzustehen, erklärt das unübersehbare Engagement vieler deutscher Juden, freiwillig am Ersten Weltkrieg teilzunehmen, und ihren Stolz, zum Teil hochdekoriert daraus heimzukehren – dies wird sich nach 1933 in zahllosen verzweifelten Versuchen wiederfinden, von der Ausgrenzung verschont zu bleiben.

Werner Friedrich Kümmel hat in seinen Arbeiten zum Antisemitismus in der Medizin dargestellt, wie sehr im ganzen 19. Jahrhundert die Mediziner die Vorreiter der überraschend schnellen und im Verhältnis zum jüdischen Bevölkerungsanteil hohen Akademisierung der Juden gewesen sind.[11] Rund die Hälfte aller jüdischen Studenten waren Mediziner; am Ende des Jahrhunderts waren 16 % der Ärzte im Deutschen Reich jüdischer Herkunft, während der jüdische Bevölkerungsanteil bei 1,2 % lag. In den großen Städten, vor allem in Berlin, war der Anteil jüdischer Ärzte noch höher. Während sie in der Bevölkerung ein allgemein hohes Ansehen genossen, entwickelte sich in der antisemitischen Propaganda- und Standespresse eine heftige Polemik gegen ihre hohe Zahl, ihre hohe Repräsentanz im fachärztlichen Bereich, ihre angeblich „kalte Nüchternheit und mechanistische Denkweise", gegen eine „gefährliche Einstellung zur Sexualität" und vor allem gegen den traditionellen antijüdischen Topos vom unkollegialen „Geschäftsgeist" und der „Gewinnsucht", die dem Ansehen des Ärztestandes zuwider liefen. Kümmel hat zu diesen Punkten die Anmerkung

---

[10] Feilchenfeld, S. 99. Vgl. auch Frankenthal (1981).
[11] Kümmel (1985), (1992), (1998). Er weist für die Agitation gegen jüdische Ärzte insbesondere auf die Bedeutung des „Handbuchs der Judenfrage" von Theodor Fritsch hin, das von 1887–1944 nicht weniger als 49 Auflagen erlebte; „über Jahrzehnte wohl die einflußreichste antisemitische Propagandaschrift in Deutschland".

gemacht, daß diese Anschuldigungen keineswegs für einen nur „medizinischen Antisemitismus" typisch waren, sondern in gleichem Maße auch den Juden anderer intellektueller Berufsgruppen vorgeworfen wurden; es muß daher von einem allgemeinen Antisemitismus auch in der Medizin gesprochen werden.[12]

Beate Waigand hat hierzu den sicher wichtigen Befund beigesteuert, daß die genannten Anschuldigungen praktisch identisch sind mit den Inhalten der in der Weimarer Republik heftig geführten Diskussion um eine „Krise des Ärztestandes". Dazu zählten die Klagen über die Überfüllung des Ärztestandes, der dadurch wirtschaftlich und geistig seiner „Proletarisierung" entgegensteuere, die Sorge um die Technisierung und damit „Entseelung" der ärztlichen Kunst, die Gefahr einer „Überspezialisierung", sowie die Befürchtung, daß die steigende ärztliche Konkurrenz ein kaufmännisches, nur auf Gelderwerb ausgerichtetes Denken hervorrufen könne und das ärztliche Ethos untergrabe. Die deutlichen Parallelen zwischen der Krisendiskussion und den Agitationen gegen jüdische Ärzte setzten Denkprozesse in Gang, die es ab 1933 den „arischen" Ärzten leichter machten, den systematischen Ausschluß ihrer jüdischen Kollegen moralisch rechtfertigen zu können; Waigand nannte dies „Antisemitismus auf Abruf".[13]

Nach dem Ende des Ersten Weltkrieges wird besonders deutlich, daß an den meisten Universitäten „die Berufungsgremien nur selten ihr Interesse auf Gelehrte jüdischer Herkunft richteten".[14] Die Fakultäten ließen Ausnahmen zu, gewährten aber keine Gleichberechtigung. Die Karriere eines hochrangigen jüdischen Wissenschaftlers endete bestenfalls mit der Erlangung eines Extraordinariates; dies galt nicht nur für das Deutsche Reich, sondern ebenso deutlich z.B. für Wien. Die beiden einzigen jüdischen deutschen Ordinarien im Fach Kinderheilkunde waren der bereits genannte Arthur Schloßmann° an der Medizinischen Akademie Düsseldorf sowie der Königsberger Pädiater Hugo Falkenheim°. Schloßmann war jedoch bereits 1906 ernannt worden, als eine kurzfristig liberalere Gesinnung an den Universitäten zu verzeichnen war, während Falkenheim in Königsberg schon seit 1888 die Pädiatrie vertrat, 1886 zum Extraordinarius ernannt wurde und bei der Anhebung der Lehrstühle 1921 wohl nicht zu übergehen war. Die in der vorliegenden Dokumentation erfaßten Biographien wissenschaftlich bedeutender jüdischer Pädiater weisen dagegen

---

[12] Kümmel (1998), S. 40.
[13] Waigand (1999).
[14] Vgl. hierzu Hammerstein (1995).

aus, daß sie meist nur mit erheblichem Zeitaufwand ein Extraordinariat erlangen konnten und vielfach danach, oder noch im Dozentenstatus die Universität verließen. Sie finden sich dann wieder an den außeruniversitären Kliniken und Kinderabteilungen, in städtischen, oder konfessionellen Diensten, oder als niedergelassene praktische Kinderärzte, und haben von dort aus – wie noch zu zeigen sein wird – erhebliche wissenschaftliche, aber vor allem soziale Leistungen für die Kinderheilkunde vollbracht.

Jüdische Frauen in der Kinderheilkunde

Sehr früh sind Frauen, insbesondere jüdische Frauen, in die Pädiatrie gegangen. Unter ihnen finden sich Vertreterinnen der drei unterschiedlichen Gruppen früher Ärztinnen: diejenigen, die ihr Studium im Ausland absolvieren mußten und ohne deutsche Approbation in Deutschland tätig waren, weiterhin solche, die ihr Studium im Ausland – meist in der Schweiz – begannen, aber nach 1899 Staatsexamen und Approbation in Deutschland erlangen konnten, und schließlich die ersten Ärztinnen, die ihre gesamte Ausbildung in Deutschland erhielten.[15] Die „ausgeprägte Hochschätzung höherer Bildung und formaler Qualifikation in jüdischen Bürgerfamilien"[16] erklärt nicht nur die große Anzahl männlicher jüdischer Medizinstudenten, sondern auch den auffallend hohen Anteil jüdischer Frauen in diesem Beruf.

Noch bevor es zu einer einheitlichen Regelung der Facharztfrage kam, läßt sich nachweisen, daß sich der überwiegende Teil der Ärztinnen auf das Gebiet der Frauenheilkunde oder der Kinderheilkunde oder auf beide Fachgebiete spezialisierte; die Fachbezeichnung: „Ärztin für Frauen und Kinder" ist nicht selten. Zu dieser Zeit verstanden sich viele dieser Frauen nach eigenem Selbstverständnis als „weibliche Ärzte für weibliche Patienten", außerdem ließ sich die Behandlung von Kindern mit dem gesellschaftlich akzeptierten Frauenbild als Mutter am ehesten vereinbaren.[17] Dies gilt noch für die Zeit der Weimarer Republik: 1930 sind 45,7 % aller Fachärztinnen Kinderärztinnen, für den Ge-

---

[15] Der Bundesrat beschloß am 24.4.1899, Frauen zum ärztlichen, zahnärztlichen und pharmazeutischen Staatsexamen zuzulassen, sofern die Universitätsbehörden die vollständige Absolvierung des Studiums bescheinigten. Die ersten Staatsexamina wurden 1901 abgenommen. Vgl. hierzu die Beiträge in Brinkschulte (1993) sowie die Dissertation von Sabine Mahncke (1997).
[16] Huerkamp (1988), S. 206.
[17] Vgl. hierzu die Übersicht von Beate Vogt in Brinkschulte (1993), S. 159.

samtanteil der Ärztinnen an der Ärzteschaft wurden für 1932 6,3 % errechnet.[18] 1933 sind nach unserer Untersuchung unter den von den NS-Gesetzen betroffenen jüdischen Pädiatern nahezu ein Drittel (32%) Frauen. Die Analyse der in diesem Band vorgestellten Einzelbiographien zeigt darüber hinaus, daß gerade die jüdischen Kinderärztinnen herausragende wissenschaftliche Leistungen erbrachten, vielfach leitende bzw. herausgehobene Positionen innehatten und in überdurchschnittlichem Maße in sozialmedizinischen und Fürsorgeeinrichtungen tätig waren. Eine besondere Konzentration weiblicher pädiatrischer Tätigkeit zeigt sich in den Großstädten: 1933 waren in Berlin 74 jüdische Kinderärztinnen tätig, in Breslau 11, in Frankfurt a.M. 13, in Hamburg 8. Viele von ihnen waren im seit 1924 bestehenden „Bund Deutscher Ärztinnen" engagiert, der sich gegen eine Benachteiligung von Ärztinnen in der Medizinerwelt einsetzte und der 1933 zu fast zwei Dritteln aus „nichtarischen" Mitgliedern bestand.[19] Den jüdischen Kolleginnen mit ihrem erkennbar sozialmedizinischen Engagement und oft ebenso deutlicher Nähe zur „verjudeten" Sozialdemokratie wurde von antisemitischer Seite – noch intensiver als den männlichen Kollegen – ein „zersetzender" Einfluß auf die „Volksgemeinschaft" vorgeworfen.

Der hohe Prozentsatz jüdischer Frauen in der Pädiatrie ist auch deshalb bemerkenswert, da gegen Ende der Weimarer Republik die Aufgeschlossenheit gegenüber weiblicher Konkurrenz deutlich geringer wurde. Generell wurde empfohlen, die Zahl der Studentinnen auf 5% zu beschränken, weil die Erfahrung gelehrt habe, daß ihre physischen Kräfte auf wichtigen und schwierigen Gebieten der Praxis nicht ausreichten.[20] Hier scheint sich Antifeminismus mit Antisemitismus verbunden zu haben: Frauen und Juden einte „ihre Zugehörigkeit zu vorgeblich klar definierbaren und wissenschaftlich exakt zu identifizierbaren Kollektivstrukturen, zu einem 'Geschlecht' bzw. einer 'Rasse'...Daß die 'arische' Rasse gegenüber der 'semitischen' Rasse einen höheren Wert besaß, galt als ebenso selbstverständlich wie die Überlegenheit des männlichen über das weibliche Geschlecht".[21] Auch hier konnten nach 1933 vorgegebene Argumentationen von den Nationalsozialisten abgerufen und politisch umgesetzt werden.

---

[18] Statistische Übersicht in Brinkschulte (1993), S. 153–155.
[19] Christine Eckelmann (1992).
[20] Einzelheiten bei Waigand (1999).
[21] Ute Frevert in Volkov (1994), S. 75-94.

Die Facharztfrage

Der 43. Deutsche Ärztetag in Bremen 1924 begann die lange umstrittene Facharztfrage zu regeln.[22] Die praktischen Ärzte wollten jede ärztliche Tätigkeit ausüben, die ihrem Wissen und ihrer Fertigkeit entsprach, und sich dagegen wehren, zum „Zutreiber" für den Spezialisten herabzusinken. Das Anliegen der Fachärzte war vor allem die Sicherung des Facharzttitels; dieser sollte nur dem Arzt zustehen, der die Berechtigung hierzu durch die Erfüllung festgelegter Voraussetzungen erworben hatte. Bis dahin war es möglich gewesen, auf Grund ungeregelter Ausbildungskriterien die Bezeichnung „Kinderarzt" dann zu führen, wenn man eine gewisse Zeit an einer Kinderabteilung oder entsprechenden Klinik verbracht hatte. Hieraus resultierten vielfach Mehrfachbezeichnungen wie z.B. „Frauen- und Kinderarzt", „prakt. Arzt und Kinderarzt", „Chirurgie und Kinderheilkunde" etc.

Die Leitsätze des Bremer Ärztetages – eine gesetzliche Regelung lehnte die Ärzteschaft ab – erkannten die Pädiatrie als Sonderfach mit einer dreijährigen Ausbildungszeit an, allerdings nur für die Behandlung von Kindern „bis zum vollendeten 13. Lebensjahre. Beratung und Behandlung erwachsener Angehöriger ist grundsätzlich verboten". Im übrigen sollten sich alle Sonderfächer, also auch die Pädiater, auf „konsultative Sprechstunden- und Anstaltstätigkeit beschränken, das heißt Hausbesuche nur in notwendigen Fällen machen, dagegen jede Art der üblichen 'hausärztlichen' Tätigkeit des praktischen Arztes unterlassen". Auch der 47. Deutsche Ärztetag in Danzig 1928, der das Problem der Abgrenzung von Innerer Medizin und Kinderheilkunde zum zentralen Thema machte, blieb dabei, daß der Kinderarzt bei Hausbesuchen die Verpflichtung habe, den Kontakt und die Kooperation des eigentlichen Hausarztes zu suchen, dem der Fall so bald wie möglich zu übergeben sei. Dennoch erhöhte dieser Ärztetag die kinderärztliche Fachausbildung von drei auf vier Jahre, einschließlich eines Pflichtjahres Innere Medizin.

In der Zeit der Weimarer Republik konnte in der Auseinandersetzung um die Facharztfrage keine befriedigende Einigung erzielt werden. Die Konflikte, Gegensätze und unterschiedlichen Interessen waren vielmehr zunehmend deutlicher und anscheinend unüberwindbar zu Tage getreten. Sie dauerten auch in der Zeit des Nationalsozialismus fort, obwohl 1935 den Kinderärzten das Recht zu eigenverantwortlichen Hausbesuchen zugestanden wurde. Jetzt stieß man auf

---

[22] Zum Folgenden ausführlich Jahnke-Nückles (1992), S. 12–30.

die politisch motivierte Kampfansage der „Reichsärzteführung" an das Spezialistentum und den erklärten Willen, das Hausarztsystem zugunsten des praktischen Arztes neu zu gestalten. Der Vorsitzende der Deutschen Gesellschaft für Kinderheilkunde (DGfK) des Jahres 1937, der Würzburger Ordinarius Rietschel äußerte deshalb resigniert: „Ich glaube, daß der Spezialarzt für Kinder in Zukunft erledigt ist".[23]

Die Facharztproblematik, die um die ähnlich laufende Diskussion um die Zulassung zum schulärztlichen Dienst erweitert werden könnte, macht deutlich, daß gerade angesichts der vorliegenden Studie gefragt werden muß, wer eigentlich im Jahre 1933 als „Kinderarzt" galt. Hierzu muß folgendes bedacht werden:

- Die älteren Kolleginnen und Kollegen, die vor 1924 ihre Ausbildung erhalten haben, zeigen kein einheitliches Bild. In ihren Curricula finden sich mehr oder weniger lange Aufenthalte an Kinderabteilungen verschiedenster Art, zusammen mit anderen, meist internistischen Ausbildungselementen. Die Niederlassung als Kinderarzt, die oft vor dem Hintergrund eines nur wenige Monate nachweisbaren Kontaktes zur Pädiatrie erfolgte, entsprach daher eher dem eigenen Interesse an der Arbeit mit Kindern und hing sicher auch vom Wohlwollen der örtlichen Ärztevereine und Krankenkassen ab.
- Diejenigen Pädiater, die sich nach 1924 bzw. 1928 auf der Basis der Vorgaben der Ärztetage als Kinderarzt bezeichnen konnten, mußten jetzt die vorgegebene Ausbildungszeit nachweisen, hingen aber im Hinblick auf den Umfang ihrer Tätigkeit wiederum von oft kleinlichen Maßnahmen der örtlichen Organisationen ab.

Die Kriterien, nach denen 1933 in Deutschland eine Ärztin oder ein Arzt als „Kinderarzt" registriert war – sei es im Reichs-Medizinal-Kalender, in der DGfK oder in anderen ärztlichen Vereinigungen – sind daher absolut uneinheitlich und spiegeln den schwierigen Weg der Pädiatrie zur selbstverständlichen Anerkennung und zur „Berufsfindung" Kinderarzt.[24]

In die vorliegende Studie wurden folglich diejenigen Kinderärztinnen und Kinderärzte aufgenommen, die 1933 – unbeschadet ihres Ausbildungsganges – als solche in den Ärztelisten standen und nachweislich kinderärztlich tätig waren.

---

[23] Zit. nach Jahnke-Nückles (1992), S. 22.
[24] Für diese, von Eulner (1970) als „förmlich wild gewachsen" bezeichnete Frühzeit der pädiatrischen Fachausbildung existieren noch keine systematischen historischen Studien.

Soziale Pädiatrie

Die meisten der nach dem Ersten Weltkrieg ausgebildeten jüdischen Kinderärzte konzentrierten sich erkennbar von Anfang an auf dieses Fach, promovierten bereits vielfach mit pädiatrischen, oft auch mit sozialhygienischen Themen und traten vorzugsweise Assistentenstellen an Kliniken an, deren Kinderabteilungen unter jüdischer Leitung standen. Darin mag sich angesichts des wachsenden Antisemitismus der zwanziger Jahre ein gewisser Minderheitenschutz widerspiegeln, andererseits waren, wie schon berichtet, führende jüdische Pädiater trotz hoher wissenschaftlicher Reputation meist an nicht-universitären Institutionen tätig. Wichtige Ausbildungsstätten waren daher auch von ihnen geleitete Kinderabteilungen in kommunaler oder privater Trägerschaft, Waisenhäuser, Säuglings- und Kleinkinderkliniken sowie Kinderasyle.

Man trifft in den Lebensläufen der Betroffenen immer wieder auf die gleichen Namen berühmter jüdischer Lehrer: Adolf Baginsky, Heinrich Finkelstein°, Ludwig Ferdinand Meyer°, Leo Langstein° in Berlin, Stefan Engel° in Dortmund, Arthur Schloßmann° in Dresden und Düsseldorf, Walther Freund° in Breslau, Franz Lust° in Karlsruhe. Man wußte zudem auch, daß einige nichtjüdische Ordinarien als philosemitisch galten und vielfach junge jüdische Wissenschaftler als Oberärzte beschäftigten und zur Habilitation führten; zu ihnen gehörten u.a. Adalbert Czerny in Berlin, Ernst Moro° in Heidelberg, Karl Stolte in Breslau, Carl T. Noeggerath in Freiburg und Clemens v. Pirquet in Wien. Wie intensiv an den meisten Stellen wissenschaftlich gearbeitet wurde, zeigt ein Blick in die gängigen pädiatrischen Fachzeitschriften dieser Jahre, in denen die jungen Assistentinnen und Assistenten publizieren mußten; die Autorennamen mancher Jahrgänge lesen sich wie vorweggenommene Emigrationslisten.[25] Sie haben wesentliche Arbeiten zum naturwissenschaftlichen Fortschritt der Kinderheilkunde beigetragen; unübersehbar und für die Gesamtentwicklung der Pädiatrie in den zwanziger Jahren ebenso bedeutsam war das damals so bezeichnete sozialhygienische, im heutigen Sinne sozialpädiatrische Interesse der jüdischen Kollegen.

Es ist eine historische Tatsache, daß die Pädiatrie ihr berufliches Selbstverständnis von Anfang an an das Gedeihen des Staates gebunden hat.[26] Die Kinderheilkunde war zunächst kein Produkt der Medizin, sondern der sozial-

---

[25] Dies gilt z.B. für die von Stefan Engel und Erich Nassau 1930 gegründete „Kinderärztliche Praxis".
[26] Seidler (1995).

pädagogischen Aufklärung des 18. Jahrhunderts; seit dieser Zeit und noch intensiver in ihrer akademischen Gründungsphase am Ende des 19. Jahrhunderts argumentierte sie, ihre Aufgabe gehe weit über das Gebiet einer „Medicin als solcher" hinaus und liege vordringlich im Staatsinteresse. Das primäre pädiatrische Therapieziel, das Überleben der Kinder, solle zu einem „Hauptgegenstande der Staatsverwaltung gemacht werden" (1805), sei ein wesentliches Element einer „gesunden Nationalökonomie" (1877) und bedeute schließlich, „nicht nur für physisch gesunde, sondern auch für staatsbürgerlich wertvolle Kinder zu sorgen"(1908).[27]

Der naturwissenschaftliche und organisatorische Fortschritt der Kinderheilkunde in den letzten Jahrzehnten des 19. Jahrhunderts, die „heroische Epoche unseres Faches"[28], hatte den deutschen Pädiatern die Selbstgewißheit verschafft, auch methodisch auf dem richtigen Wege zu sein. In rascher Folge hatten die ätiologische Forschung, die Bakteriologie, Serologie, Ernährungslehre, Konstitutionspathologie usw. die Kinderheilkunde an die Spitze der wissenschaftlichen Entwicklung in der Medizin gebracht. Der enorme wissenschaftliche Ertrag dieser Arbeit kontrastierte indessen nach wie vor mit der Realität, wo die Ausbreitung der Industrialisierung, die Konzentration großer Menschenmassen in den Städten und Industriezentren zu einer Verschärfung der sozialen Gegensätze mit allen negativen Folgen geführt hatte. So war die Säuglingssterblichkeit in Preußen bzw. Deutschland von 1811 (16,9%) bis 1880 (23,4%) kontinuierlich angestiegen und hatte erst 1915 mit 16,0% den Ausgangspunkt von 1811 wieder erreicht [29]; bei gleichzeitig tendenziell sinkender Geburtenzahl begann man eine „Depopulation" zu befürchten. Die Säuglingssterblichkeit, so Schloßmann 1908 auf der Festsitzung zum 25-jährigen Bestehen der DGfK sei ein „kulturwidriger Faktor, ein beängstigendes Symptom völkischen Verfalls".[30]

Vor diesem Hintergrund hatten die Pädiater bereits ab 1880 eine erhebliche Aktivität auf dem Gebiet der Sozialhygiene entfaltet. Sie kann in diesem Rahmen nicht umfassend dargestellt werden, wie überhaupt die Geschichte der sozialen

---

[27] A. F. H. Hecker (1805), Abraham Jacobi (1877), Adalbert Czerny (1908). Vgl. hierzu ausführlich Raspe (1973).
[28] Noeggerath (1943).
[29] Übersicht bei Peiper (1965), S. 406.
[30] Die Übersichtsreferate auf dieser Sitzung von Theodor Escherich, Otto Soltmann und Arthur Schloßmann zeichnen ein charakteristisches Bild vom Selbstverständnis der Kinderheilkunde vor dem Ersten Weltkrieg. Abgedruckt in: Verhandlg. 25. Versammlung Ges.f.Kinderheilkunde, Köln-Wiesbaden 1908.

Pädiatrie bzw. der Sozialpädiatrie noch zu erarbeiten ist.[31] Das erste „Handbuch der privaten und öffentlichen Hygiene des Kindes" des Rostocker Hygienikers Julius Uffelmann (1837–1894) eröffnete ein breites Arbeitsfeld: Schulhygiene, Waisenkinder, Kinderkrippen, Milchproduktion und -verkehr, Ferienkolonien, Säuglingspflege, Jugendfürsorge gerieten in das Interessenfeld der Pädiater, vor allem aber der Schutz der Säuglinge und Kleinkinder.

1897 errichtete Arthur Schloßmann° in Dresden das erste „Säuglingsheim", das Säuglings-und Kinderschwestern ausbildete, die erste öffentliche Säuglingsfürsorgestelle wurde 1905 von Gustav Tugendreich° in Berlin gegründet. Schon früher hatte durch verschiedene Vereine und Organisationen eine lebhafte Propaganda für natürliche Säuglingsernährung durch Selbststillen eingesetzt. 1907 gab es in Deutschland 73 Säuglings-Fürsorgestellen, 1910 bereits 303, 1933 allein in Preußen 2676.[32] Diese mächtige Bewegung, die sich auf den verschiedensten Ebenen der Fürsorge und des Schutzes des kindlichen Lebens annahm, beschränkte sich nicht auf das Deutsche Reich; gleichsinnige Entwicklungen zeigen in Europa vor allem die Wiener und die Prager Pädiatrie.

Eine Durchsicht der im biographischen Teil dieser Studie dargestellten Curricula zeigt den hohen Anteil jüdischer Kinderärztinnen und Kinderärzte an dieser Entwicklung. Dies betrifft nicht nur die anerkannten wissenschaftlichen Protagonisten auf diesem Gebiet, sondern auch deren Schüler, die sich als niedergelassene Pädiater in den Ballungszentren diesen Aufgaben widmeten. So finden wir z.B. immer wieder frühere Assistenten von Adolf Baginsky, dem Leiter des Kaiser-und Kaiserin-Friedrich-Kinderkrankenhauses in Berlin und Verfasser des ersten Handbuches der Schulhygiene (1877), in aktiver sozialer Tätigkeit an den Stätten ihres Wirkens; so etwa Eugen Neter° (Mannheim), Felix Blumenfeld° (Kassel), Ludwig Mendelsohn° (Berlin). Gleiches gilt für die Mitarbeiter von Hugo Neumann (1858-1912), dem jüdischen Gründer und Leiter des „Kinderhauses" in Berlin, von denen einige, wie Alfred Japha° und Arnold Orgler° ihrerseits sozialpädiatrische Bedeutung erlangten, viele andere

---

[31] Die Sozialpädiatrie versteht sich heute als interdisziplinäres Arbeitsgebiet der Kinderheilkunde unter Einbeziehung von Psychologie, Sozialpädagogik, Kinderkrankenpflege, Logopädie, Heilpädagogik, Spieltherapie, Ergotherapie, Verhaltenstherapie etc. Soziale Pädiatrie befaßt sich als grundsätzliche pädiatrische Aufgabe mit den durch die soziale Umwelt hervorgerufenen Gesundheitsstörungen und ihrer Prävention.

[32] Teleky (1955).

[33] Kirchner (1999). Zwischen 1889 und 1913 konnten aus der vorliegenden biographischen Dokumentation 25 Hospitanten bzw. Mitarbeiter am Neumann'schen Kinderhaus ermittelt werden (Kinderhaus o.O.o.J., Mittlg. Kirchner).

aber eine kürzere oder längere Ausbildungszeit bei Neumann durchliefen.[33] Die Schüler Arthur Schloßmanns, sowohl in Dresden, wie Stefan Engel°, als auch in Düsseldorf, z.B. Adolf Sindler°, gehören ebenso in diese Reihe wie etwa in Wien zahlreiche Mitarbeiter der jüdischen Klinikleiter Wilhelm Knöpfelmacher° und Karl Hochsinger°.

Diese Aufzählung ist zwangsläufig unvollständig; die Beispiele sollen nur dazu dienen, den Blick für das Phänomen zu öffnen. In den Curricula der praktisch sozialpädiatrisch tätigen, fast immer jüdischen Pädiater tauchen, wie schon erwähnt, immer wieder die Namen ihrer jüdischen Lehrer auf: Ludwig Ferdinand Meyer°, Heinrich Finkelstein°, Leo Langstein°, Walther Freund°, Franz Lust°, Stefan Engel°. Nochmals sei angemerkt, daß außer Schloßmann keiner dieser Gelehrten einen öffentlichen Lehrstuhl für Kinderheilkunde innehatte; die soziale Pädiatrie hat sich außerhalb der Universität entwickelt.

Nimmt man hinzu, daß z.B. in Berlin viele der jungen jüdischen Pädiater in Arbeitskreisen der sozialdemokratischen bzw. sozialistischen Sozialhygieniker Alfred Grotjahn (1869 – 1931) und seines Nachfolgers Benno Chajes° zu finden waren und z.T. dort auch promoviert haben[34], daß weiterhin viele, vor allem die Kinderärztinnen, neben ihrer Praxis in städtischen oder konfessionellen Einrichtungen zur Säuglings- und Kleinkinderfürsorge, als Schul- und Sportärzte und in der ärztlichen Betreuung von Kinderheimen arbeiteten, und schließlich einige von ihnen in aktiver Weise dem Verein Sozialistischer Ärzte angehörten, so wird deutlich, daß die eindeutig von jüdischen Ärztinnen und Ärzten dominierte Sozialpädiatrie der zwanziger Jahre dem aufkommenden Nationalsozialismus ein Dorn im Auge war.

Es war vor allem diese Generation, die wachsende Zahl erfolgreicher jüdischer Kolleginnen und Kollegen im akademischen und im niedergelassenen Bereich, denen am Ende der Weimarer Republik nicht nur politische Abwehr, sondern auch der Neid und die Mißgunst aus den eigenen Reihen entgegenschlugen.

---

[34] Weder (1996).

Die Judenpolitik der Deutschen Gesellschaft für Kinderheilkunde

Es ist ein auffälliger Befund, daß in der seit 1883 bestehenden Deutschen Gesellschaft für Kinderheilkunde im Jahre 1933 lediglich 57,7% der deutschen Kinderärztinnen und Kinderärzte eingetragene Mitglieder waren. Von diesen waren wiederum nur 35,7 % Juden; auf die Gesamtmitgliederzahl umgerechnet sind dies gerade 30%. Entsprechend war auch eine Schätzung des Königsberger Ordinarius Stoeltzner bereits für das Jahr 1926, der von etwa 30 % jüdischen Mitgliedern in der DGfK spricht; bei einer damaligen Gesamtmitgliederzahl von 708 waren dies immerhin etwa 212 Juden.[35] Dennoch gehörte die Mehrzahl der jüdischen Fachpädiater in Deutschland, vor allem die Ärztinnen, nicht der Gesellschaft an. Viele von ihnen begnügten sich offenbar mit der Zugehörigkeit zu einer der regionalen pädiatrischen Vereinigungen.

Die Struktur und die Aktivität der DGfK zeigen im Hinblick auf ihre interne Judenpolitik ein zeittypisches Doppelgesicht. Einerseits gehörten ihr hochrangige jüdische Fachvertreter an, von denen nicht wenige aktiv an der schwierigen Standespolitik dieser Zeit beteiligt waren. So führten – um einige Beispiele zu nennen – mit Arthur Schloßmann° (1927) und Walther Freund° (1932) jüdische Gelehrte den Vorsitz der Gesellschaft, auch dem Vorstand gehörten immer wieder jüdische Mitglieder an. Arnold Benfey° (Berlin) und Georg Alsberg° (Kassel) arbeiteten im Wirtschaftsausschuß, Franz Lust° (Karlsruhe) und Theodor Hoffa° (Barmen) engagierten sich für die Gesellschaft mit Gutachten und Stellungnahmen. Hoffa war offiziell damit beauftragt, im Facharztstreit die Interessen der Kinderärzte gegenüber der Ärzteschaft wahrzunehmen, Lust verfaßte – „als Sachwalter der Volksgesundheit" – eine Eingabe über die Probleme der Notverordnung der Regierung Brüning vom 8.12.1931 und ihre Auswirkungen auf die Gesundheit von Frauen und Kindern.[36] Auf den Jahrestagungen hielten zahlreiche jüdische Wissenschaftler Fachvorträge, kompetenten ausländischen jüdischen Kollegen wurden Hauptreferate angetragen. Noch für die Vorbereitung des Internationalen Kongresses für Kinderheilkunde in London 1932 gehörten dem elfköpfigen deutschen Ausschuß Arthur Schloßmann°, Heinrich Finkelstein° und Leo Langstein° an.

---

[35] Einzelheiten zum Folgenden bei Jahnke-Nückles (1992), S. 94 ff.
[36] Pädiatriearchiv Berlin.

Andererseits war das Verhalten gegenüber jüdischen Mitgliedern innerhalb der DGfK keineswegs ohne Vorbehalte. In der Korrespondenz des Schriftführers der Gesellschaft, des Hallenser, später Düsseldorfer Ordinarius Fritz Goebel – der dieses Amt von 1926 bis 1948 innehatte – finden sich spätestens seit 1926 viele besorgte Hinweise auf die „Unmenge Juden unter unseren Mitgliedern", auf „asemitische [sic!] Regungen" und entsprechende Vorbehalte bei den Vorstandswahlen, sowie auf „zuviele jüdische Referenten" auf den Jahrestagungen.

So sollten auf der Herbsttagung 1931 zum Thema „Physiologie und Pathologie der kindlichen Sexualität" der Wiener Joseph Friedjung° und zur Diphtherie Bela Schick sprechen, drei weitere, Erich Benjamin°, Carl Pototzki° und Adolf Lichtenstein aus Stockholm wurden als Korreferenten vorgeschlagen. „Ich kenne die Mentalität unserer Mitglieder seit jetzt sieben Jahren", schreibt hierzu Goebel an Wilhelm Stoeltzner°, jetzt Vorsitzender; „schon die von Ihnen vorgeschlagenen Referenten sind ausnahmslos Juden, und wenn wir nun noch 2 oder 3 Juden dazunehmen – von Pototzki weiß ich allerdings seine Rasse nicht – dann ist der Kongreß in der Tat die reine Tempelfeier in Jerusalem, das wird uns bestimmt unangenehme Bemerkungen einbringen".[37] Stoeltzner, seinerseits mit einer Kollegin jüdischer Herkunft verheiratet und 1935 zur Emeritierung gezwungen, lenkte ein und ergänzte die Vorschlagsliste durch nicht-jüdische Referenten.

Es ist ein zeitspezifisches Charakteristikum auch innerhalb der DGfK, daß sich viele Funktionsträger zwar persönlich vom Antisemitismus distanzierten, diesem aber als Amtsträger und damit im Namen der Gesellschaft nachgaben. Die Zeichen der Zeit waren schon früh nicht mehr zu übersehen; 1930 hatte die NSDAP angedroht, im kommenden „Dritten Reich" den „hoffnungslos verjudeten" Ärztestand von „fremdrassigen Elementen" zu säubern.

Zum Kennzeichen aller politischen, insbesondere diktatorischen Machtergreifungen gehört der Versuch, mit sozial schnell wirksamen Maßnahmen ein Klima der Akzeptanz zu erreichen und hierbei insbesondere auf die Sorge für die Kinder zu setzen. Die Massenarbeitslosigkeit, die Hungers-, Wohnungs- und Wirtschaftsnot hatten nach den Notverordnungen von 1931 eine drastische Verschlechterung des Gesundheitszustandes von Säuglingen und Kleinkindern mit sich gebracht; die Regierung kürzte die Zuschüsse im gesamten Gesundheitswesen, und fast alle Krankenkassen gingen dazu über, die Krankenhausbehandlung von Kindern als Mehrleistung abzulehnen. Die deutschen Kin-

---

[37] Goebel an Stoeltzner 14.1.1931, Pädiatriearchiv Berlin.

derärzte, die gegenüber dem Staat auch in der Weimarer Republik ihre Arbeit als „Gesundheitsdienst am deutschen Volke" bezeichnet hatten, waren mit ihren Voraussagen einer drohenden Steigerung der Kindersterblichkeit auf wenig Resonanz gestoßen – jetzt aber kam ein Staat, der laut verkündete, die Kinder seien die Garanten seiner Zukunft.

Es wundert kaum, daß sich in ihrer problematischen Situation die Hoffnungen der offiziellen deutschen Kinderheilkunde auf diesen neuen Staat richteten und daß sich nach der Machtergreifung Hitlers führende Vertreter der Pädiatrie in den Dienst der Ideologie von einer „Jugend des Führers" stellten. „Wir Kinderärzte", so formulierte eine politisch aktive Gruppe um den Kölner Ordinarius Hans Kleinschmidt und seinen Mitarbeiter Gerhard Joppich, „wollen helfen, Schäden zu überwinden, an denen die vergangene Zeit krankte, damit ein gesundes, lebensmutiges und opferwilliges, der nationalsozialistischen Idee entsprechendes Geschlecht heranwächst".[38] Der neue Staat schien die Chance zu bieten, die Interessen der Kinderheilkunde zu fördern, und übernahm die Gesellschaft für Kinderheilkunde am 14.7.1933 in eine „Reichsarbeitsgemeinschaft für Mutter und Kind", die vom Staat zentral kontrolliert wurde. In einem Rundbrief vom 15.8.33 an die Mitglieder rechtfertigte der Vorsitzende Karl Stolte, Ordinarius in Breslau, die Zustimmung des Vorstandes mit der Erklärung, die Gesellschaft könne die „Mitarbeit am Aufbau des Reiches nicht ablehnen".

Stolte und sein Schriftführer Goebel hatten am 14.7.1933 an einer Besprechung der Wissenschaftlichen Gesellschaften im Reichsministerium des Inneren teilgenommen und während der Sitzung aus eigenem Ermessen über den Beitritt der DGfK in die Reichszentrale für Gesundheitsführung sowie über die Mitarbeit in der „Reichsarbeitsgemeinschaft für Mutter und Kind" entschieden. Die „Gleichschaltung" schien die Chance zu bieten, in Zukunft die Interessen der Kinderheilkunde mit stärkerem Einfluß vertreten zu können. Dafür akzeptierte man – ohne einen satzungsgemäß vorgeschriebenen Entscheid der Mitgliederversammlung – aufgezwungene Satzungsänderungen, die dem Staat die Möglichkeit planmäßiger Reglementierung und Kontrolle einräumten, wobei dieser eine konkrete Zusammenarbeit von Wissenschaft und Staat versprach.

Stolte und Goebel sahen offenbar nicht – noch nicht – den langfristigen gesundheitspolitischen Hintergrund dieser Maßnahmen. Nur so läßt sich erklären, daß sie in dem genannte Rundschreiben glaubten versichern zu können, die Struktur der Gesellschaft bliebe dabei nahezu unverändert, auch werde der sog. „Arier-

---

[38] Einzelheiten hierzu bei Seidler (1995). Zu Stolte vgl. Berger (1999).

paragraph", der inzwischen offiziell „Nichtariern" die Mitgliedschaft in deutschen Vereinigungen verbot, nicht in die Satzung aufgenommen.
Es existieren keine Aufzeichnungen darüber, mit welchen Argumenten es der DGfK gelang, diese Vorschrift zu vermeiden, oder ob dies einer subtilen Strategie entsprach. Es läßt sich jedoch leicht nachweisen, wie der Umgang mit den jüdischen Kollegen auch ohne Arierparagraph in die jetzt offizielle Judenpolitik des NS-Staates einschwenkte. So erging noch am gleichen 15.8.1933 vom Reichsinnministerium die Aufforderung, „Judenstämmlinge" aus dem Vorstand der Gesellschaft zu entfernen; die DGfK legte daraufhin dem stellvertretenden Vorsitzenden Walther Freund° (Breslau), dem letztjährigen Präsidenten, unmißverständlich nahe, freiwillig zurückzutreten. Auf die gleiche Weise „freiwillig" schieden auch die „jüdischen Herren unserer wirtschaftlichen Abteilung" aus und wurden durch Grüninger (Bottrop) und Hofmeier (Berlin) ersetzt, „beide Angehörige der NSDAP".
Ein besonders makabres Dokument ist in diesem Zusammenhang das Handexemplar Goebels des Mitgliederverzeichnisses der Gesellschaft von 1932, in dem er Mitglieder, die er selbst für „nichtarisch" hielt, von Hand ankreuzte und ihm fragliche mit einem Fragezeichen versah; eine „Garantie für die Richtigkeit" wollte er allerdings nicht übernehmen (Abb.).[39] Thomas Lennert, der dieses und die nachfolgenden, in gleicher Weise gekennzeichneten Verzeichnisse analysiert hat, wies mit Recht auf die „merkwürdigen Ungereimtheiten" hin, die auf diese Weise entstanden sind. Jüdische Mitglieder wurden zwar formal nicht an der Teilnahme an Tagungen behindert, waren jedoch spürbar unwillkommen; „es werden ohnehin nicht viele erscheinen, da die meisten doch in schwerer wirtschaftlicher Bedrängnis sein dürften", notiert der Schriftführer bereits im Hinblick auf die Jahrestagung im Herbst 1934. Er mußte allerdings erleben, daß die gesamte Teilnehmerzahl dieser ersten Tagung nach der Machtergreifung mit 120 Anmeldungen die schwächste war, die er je erlebt hatte.
In dieser Äußerung, wie überhaupt im erkennbar veränderten Klima des gegenseitigen Umganges, spiegeln sich die zunehmenden öffentlichen Demütigungen wider, denen alle jüdischen Ärzte ausgesetzt waren. Sie führten dazu, daß sich die jüdischen Mitglieder der DGfK nach und nach gezwungen sahen, auch ohne Arierparagraphen aus der Gesellschaft auszuscheiden. Dieser Weg der Judenausschaltung lag ganz im Sinne des Vorstandes; im Januar 1936 schrieb Goebel an den Vorsitzenden Rietschel: „Wie zu erwarten, sind eine Anzahl von nichtarischen Austritten erfolgt und ich glaube, daß wir bald rein arisch

---

[39] Vgl. hierzu Lennert (1995).

sein werden. Diesen Weg der freiwilligen Selbstaustritte finde ich viel glücklicher, als wenn wir irgendeinen Druck ausgeübt hätten."
Aus den Schriftführerakten der DGfK hat Ute Jahnke-Nückles 179 jüdische Kinderärztinnen und Kinderärzte ermittelt, die zwischen 1933 und 1939 ihren Austritt aus ihrer Fachgesellschaft erklärt haben; dies sind 75% aller jüdischen Mitglieder. Ihre entsprechenden Schreiben verwahrt das Pädiatriearchiv in Berlin als erschütternde, verzweifelte bis stolze Abschiede aus einer wissenschaftlichen Gemeinschaft, der sie vielfach lange angehört hatten; einige davon werden im biographischen Teil zitiert. Viele kündigen wortlos ohne Begründung, andere führen wirtschaftliche Gründe an, da sie nach dem Verlust ihrer Krankenhausstelle oder Kassenpraxis nur mehr mit Mühe den notwendigen Lebensunterhalt bestreiten können. Einige erklären offen und stolz ihr Judentum und konstatieren bitter, daß „meine Mitgliedschaft der Gesellschaft ebenso unerwünscht sein dürfte, wie mir selbst".[40]
Der Schriftführer Goebel, ab 1937 Ordinarius in Düsseldorf als Nachfolger des emigrierten Juden Albert Eckstein°, zeigt in seinen Reaktionen auf die Austritte eine bemerkenswerte Vielfalt. Prominente jüdische Mitglieder, wie Erich Nassau° und Erwin Schiff°, versuchte er mit dem Hinweis zum Bleiben zu überreden, daß die DGfK doch gar keinen Arierparagraphen in der Satzung habe, anderen drohte er mit Streichung, wenn sie ihren Mitgliedsbeitrag nicht entrichten würden. Einem „arischen" Schweizer Kollegen, der 1934 aus Protest ausgetreten war, versuchte er zu erklären, daß sich an der Struktur der Gesellschaft „nichts geändert" habe und daß sie „in ihren wissenschaftlichen Zielen ihre alte Freiheit unangetastet behalten hat". Im gleichen Brief findet sich aber eine Passage, die sehr deutlich die Grundeinstellung zu erkennen gibt, mit der sich die Verantwortlichen – nicht nur in der DGfK – dem neuen Staat und seinen Maßnahmen angepaßt hatten:
„Gewiß wollen wir nicht erwarten und verlangen, daß ein Ausländer alles versteht, was bei uns geschehen ist, aber das Eine müßte man sich doch in der ganzen Welt vor Augen halten: Unser Vaterland ist seit dem 2. August 1914 in einer Lage, wie noch nie ein Volk in der Weltgeschichte. Eine radikale Änderung nicht nur in der Regierungsform, sondern auch in unserer ganzen Lebensauffassung war notwendig, wenn wir nicht untergehen wollten. Allein folgende Dinge sind dafür Beweis genug: unheimliche Zunahme des Kommunismus, schlimmste parteipolitische Zerrissenheit, völlige Verarmung, schutzlose Grenzen, 7 Millionen Arbeitslose. Ein Volk in einer solchen Lage kann nur zu radi-

---

[40] Austrittserklärung von Prof. Rudolf Neurath° (Wien) vom 12.1.1934.

kalen Methoden greifen, wenn es sein Leben retten will... Ich bin fest überzeugt, daß Sie, wenn Sie wieder einen unserer Kongresse besuchen, selbst empfinden werden, daß unsere Gesellschaft der Mitgliedschaft von ausländischen Fachgenossen nicht weniger würdig ist, als sie es je war".[41]

Als im Herbst 1938 den immer noch in Deutschland verbliebenen jüdischen Ärzten endgültig die Approbation entzogen wurde, streicht der Schriftführer die letzten jüdischen Kollegen aus der Mitgliederliederliste. Diese waren bisher nicht „freiwillig" ausgetreten, die Ausgabe des Reichs-Medizinal-Kalenders von 1937 hatte sie jedoch durch einen Doppelpunkt vor dem Namen als Juden kenntlich gemacht (Abb.). Der Schriftführer notierte für 1938/39: „gestrichen sind 57 Juden aus Deutschland wohnhaft"[42]; daß sich darunter noch große Namen befanden, wie Albert Eckstein° Heinrich Finkelstein°, Theodor Hoffa°, Ludwig Mendelsohn°, Selma Meyer° und Albert Uffenheimer°, zählte nicht mehr – die meisten waren ohnehin bereits längst emigriert.

Beim Inkrafttreten der „Vierten Verordnung zum Reichsbürgergesetz" am 30.9. 1938, mit der die letzten jüdischen Ärzte zu „Krankenbehandlern" degradiert wurden, war die Mitgliederliste der Deutschen Gesellschaft für Kinderheilkunde „judenfrei". Um dies auch für alle medizinisch-wissenschaftliche Gesellschaften endgültig zu zementieren, wurden Richtlinien erlassen, die keinen Zweifel daran ließen, daß Juden im wissenschaftlichen Leben Deutschlands nichts mehr zu suchen hätten:

1. Inländische Juden sind, nachdem ihre Bestallung als Arzt erloschen ist, in den Mitgliederlisten zu streichen. Beiträge sind von ihnen nicht mehr einzufordern oder anzumahnen.

2. Ins Ausland emigrierte Juden sind aus den Mitgliederlisten zu streichen, ohne Rücksicht darauf, ob sie im Ausland als Ärzte zugelassen sind oder nicht. [43]

3. Juden ausländischer Staatsangehörigkeit sind wie Ausländer zu behandeln, jedoch sind von ihnen keine Mitgliedsbeiträge einzufordern oder anzumahnen. Sie sind gegebenenfalls nach Ablauf der durch die Satzung bestimmten Frist wegen Nichtbezahlens der Beiträge aus den Mitgliederlisten zu streichen.

---

[41] Brief vom 3.2.1934, Pädiatriearchiv Berlin. Der Schweizer Kollege nahm seinen Austritt zurück.
[42] Einzelheiten bei Jahnke-Nückles (1992), S. 77.
[43] Vgl. hierzu aber Jahnke-Nückles l.c., S. 157, Anm. 71.

Demütigungen

Alle jüdischen Kinderärztinnen und Kinderärzte waren von den systematischen Demütigungen betroffen, die 1933 gegenüber allen deutschen Juden einsetzten.[44] Sie begannen am 1. April 1933 mit dem Boykott jüdischer Geschäfte, Ärzte, Rechtsanwälte etc., vielfach verbunden mit Zerstörungen von Praxiseinrichtungen, mit demoralisierender sog. „Schutzhaft" und mit SA-Wachen vor den Praxiseingängen.

Am 7. April folgte das „Gesetz zur Wiederherstellung des Berufsbeamtentums" mit dem Ausschluß von Juden aus staatlichen und kommunalen Dienstverhältnissen. Dabei wurden für die Teilnehmer am Ersten Weltkrieg und für die vor dem 1. August 1914 in ihren Berufen Tätigen Ausnahmen vorgesehen, die jedoch 1934 wieder aufgehoben wurden.

Ab 22. April verloren die „nichtarischen" Ärzte und solche, die sich „im kommunistischen Sinne" betätigt hatten, ihre Zulassung bei den Krankenkassen; auch hier galt vorübergehend die Ausnahmeregelung für Frontkämpfer. Private Krankenversicherungen erkannten Rechnungen jüdischer Ärzte nur an, wenn der jeweilige Patient ebenfalls „Nichtarier" war.

In den nächsten Monaten folgten eine Reihe weiterer Verordnungen, mit denen die Tätigkeiten als Vertrauens- und Durchgangsärzte sowie die Zusammenarbeit, Vertretung, Überweisung etc. zwischen „fremdrassigen" und „deutschstämmigen" Ärzten verboten wurde.

Anfang 1934 wurde die Prüfungsordnung für Ärzte und Zahnärzte dahingehend geändert, daß für die Zulassung zur Prüfung und für die Erteilung der Approbation der Nachweis der „arischen" Abstammung erforderlich ist.

Die Gesetze „zum Schutze des deutschen Blutes und der deutsche Ehre" sowie das „Reichsbürgergesetz" vom 15. September 1935 – die sog. „Nürnberger Gesetze" – legten endgültig fest, daß „Reichsbürger nur der Staatsangehörige deutschen oder artverwandten Blutes [ist], der durch sein Verhalten beweist, daß er gewillt und geeignet ist, in Treue dem Deutschen Volk und Reich zu dienen". Ab jetzt ist auch offiziell nicht mehr von „Nichtarier" die Rede, sondern von „Jude", der definitionsgemäß von „mindestens drei der Rasse nach jüdischen Großeltern" abstammt. „Der Rasse nach" bedeutet, daß keine Rücksicht

---

[44] Zur folgenden Auswahl von Vorschriften vgl. die Zusammenstellung von Bruno Blau (3.Aufl. 1965), in der 433 von den über 2000 einschlägigen Gesetzen, Verordnungen, Erlassen, Verfügungen und Anordnungen zur Einschränkung der Rechte der Juden zitiert sind.

auf konfessionelle Zugehörigkeit genommen wurde; viele Betroffene waren längst assimiliert und christlich getauft.

Die neue Reichsärzteordnung vom 13. Dezember 1935 verbot endgültig die Bestallung jüdischer Ärzte; schließlich wurde, wie bereits erwähnt, mit Wirkung vom 30. September 1938 allen jüdischen Ärzten die Approbation entzogen. Eine widerrufliche Genehmigung zur ärztlichen Behandlung ihres Ehegatten, ihrer Kinder sowie von Juden konnte den bisherigen Ärzten vom Reichsminister des Innern erteilt werden; sie durften dann aber nicht mehr die Bezeichnung „Arzt" führen, sondern wurden „Krankenbehandler" genannt. Praxisschild und Rezepte waren mit einem blauen Davidstern zu versehen.

Dies war nur der äußere Rahmen. Im Alltag unterlagen die Kollegen wie alle Juden den Bestimmungen von mehr als 2000 antijüdischen Rechtsverordnungen, die während des NS-Regimes in Deutschland erlassen wurden. Sie unterbanden zunehmend die Teilnahme am gesellschaftlichen Leben, schufen eine kompromittierende Kategorisierung vom „Volljuden" bis zum „Mischling 2. Grades", beschlagnahmten jüdische Vermögenswerte und gipfelten in Verboten, bestimmte Orte zu betreten, öffentliche Einrichtungen zu benutzen oder sich zu bestimmten Zeiten auf der Straße zu zeigen. Eine scheinbare Atempause in der öffentlichen Diskriminierung trat während der Olympischen Spiele 1936 in Berlin ein, um eventuelle Reaktionen des Auslandes zu vermeiden.

Nach dem Novemberpogrom von 1938, vor allem aber nach Kriegsbeginn wurden die Maßnahmen der Entrechtung verschärft – seit September 1938 waren die Zwangsvornamen „Sara" und „Israel" eingeführt, im April 1940 wurden die Juden aus den privaten Krankenversicherungen ausgeschlossen, ab September 1941 hatten sie den gelben „Judenstern" zu tragen. Im Oktober wurde schließlich die Auswanderung verboten und im gleichen Monat mit den Deportationen in die Vernichtungslager begonnen. Die sog. „Wannsee-Konferenz" vom 20. Januar 1942 beschloß endgültig über die Ausrottung des Judentums in den von Deutschland kontrollierten Gebieten.[45]

Für den einzelnen jüdischen Kinderarzt und die vergleichsweise große Zahl jüdischer Kinderärztinnen bedeutete all dies, daß viele von ihnen bereits nach 1933 in erhebliche wirtschaftliche Not gerieten. Soweit sie an Universitäten, staatlichen und kommunalen Krankenhäusern, Gesundheitsämtern und Fürsorgestellen gearbeitet hatten, waren sie entlassen. Niedergelassene Fachärzte

---

[45] Zu Einzelheiten vgl. die Beiträge in: Enzyklopädie des Holocaust (1995); Enzyklopädie des Nationalsozialismus (1998). Vgl. auch Schoenberner (1995) sowie die Dauerausstellung im Haus der Wannsee-Konferenz, Gedenk- und Bildungsstätte, Am Großen Wannsee 56–58, Berlin.

hielten vielfach ihre Tätigkeit durch Krankenbesuche oder dadurch aufrecht, daß treue Patientenfamilien ihre Kinder in der Dunkelheit durch die Hintertür in die Praxis brachten. Furcht vor Denunziation und Sanktionen ließ die Zahl dieser Mutigen jedoch mehr oder weniger rasch schwinden. Eine kleine Anzahl kam für einige Zeit in noch bestehenden jüdischen Kranken- und Wohlfahrtseinrichtungen unter, nicht immer im ärztlichen, sondern auch – vor allem die Frauen – im Pflegebereich. Wer aushielt, mußte oft mehrfach seinen Wohnsitz wechseln, zunächst aus finanziellen Gründen, später als Zwangsumsiedlung in sog. „Judenhäuser".

Dennoch gab es immer noch jüdische Ärzte, die sich bis 1938, bis zum Entzug ihrer Approbation durchschlugen; eine nähere Beschäftigung mit dem Problem zeigt allerdings, wie sehr die Reaktionen der Betroffenen von den jeweiligen örtlichen Gegebenheiten, dem Alter, den Familienverhältnissen, letztlich von Mut, Resignation oder Verzweiflung abhängig waren. Dies gilt auch für die bisher wenig beachteten Schicksale derjenigen „arischen" Ärztinnen und Ärzte, die mit Ehepartnern jüdischer Herkunft verheiratet waren; an prominenten Pädiatern betraf dies u.a. die Ordinarien Ernst Freudenberg° (Marburg), Ernst Moro° (Heidelberg) und Wilhelm Stoeltzner° (Königsberg) sowie den Kölner Dozenten Helmut Seckel°. Vielen von ihnen wurde „geraten", sich scheiden zu lassen, um weiter arbeiten zu dürfen, für die meisten war gerade dies ein Grund zur sofortigen Emigration. Das ganze – äußere und innere – Ausmaß des Geschehens wird erst deutlich, wenn man es an den Einzelschicksalen abliest.

Emigration und Flucht

Jede Auswanderung im Rahmen der Judenverfolgung muß unter den gegebenen Verhältnissen im Grunde als Flucht gewertet werden. Sehr viele Juden, insbesondere Angehörige der intellektuellen Berufe, empfanden sich als national gesinnte Deutsche, waren hochdekorierte Teilnehmer des Ersten Weltkrieges, gehörten vielfach mit ihrer Familie schon länger einer christlichen Konfession an und erfuhren plötzlich per Gesetz, daß sie „fremdrassige Elemente" in einem „Volkskörper" waren, der sie auszustoßen bemüht war. Die „Entjudung Deutschlands" war politisches Programm: „...Eine solche kann nur erfolgen, wenn den Juden in Deutschland die Lebensbasis, d.h. die wirtschaftliche Betätigungsmöglichkeit genommen wird. Die Förderung der Auswanderung der Juden nach Gebieten, wo die Juden dem Reich nicht schaden können, ist, soweit es sich um die jüngere Generation handelt, eine zwingende Notwendigkeit."[46]

Wenn dennoch zwischen Emigration und Flucht unterschieden werden kann, dann soll dies die zeitlich und persönlich verschiedenen Umstände des Wegganges aus Deutschland widerspiegeln.[47] Während die politischen Gegner des Nationalsozialismus relativ rasch das Land verließen, zog sich der Exodus der Juden aus dem Reichsgebiet über Jahre hin und erreichte erst nach dem Novemberpogrom 1938 („Reichskristallnacht") seinen Höhepunkt. Wer sich früh zur legalen Auswanderung entschloß, dem gelang vielfach die Ausreise unter Mitnahme seiner persönlichen Güter, wenngleich die Auflagen zur Beschaffung von Visa und Schiffspassagen, von Bescheinigungen seitens der Finanzbehörden und der Gestapo, die zu leistenden Ausgaben wie die sog. „Reichsfluchtsteuer" (25% des Gesamtvermögens), nicht zuletzt die Überwindung der Einwanderungsbedingungen in den Aufnahmeländern, zunehmend schwerer zu bewältigen waren. Wer bei Nacht und Nebel, meist auf Grund von Warnungen oder Denunziationen, aus seiner Existenz flüchten mußte, der konnte – falls es ihm noch gelang – meist nur Leib und Leben retten und – nach 1937 – mit zehn Reichsmark Bargeld das Land verlassen. Bis 1941 war es das vordringliche Ziel der Nationalsozialisten, die Juden zum Verlassen des Landes zu drängen; danach trat die Vernichtungspolitik an diese Stelle.

385 deutsche jüdische Kinderärztinnen und Kinderärzte, die bis zum Jahre 1941 das Reichsgebiet verließen, konnten ermittelt werden; dies sind über 62% der Betroffenen. Nach der Besetzung Wiens konnten in überstürzter Flucht noch 66 von 98 Pädiatern das Land verlassen; dies waren über 67% der erfaßten Personen. Aus der Stichprobe in Prag wurden bisher 13 von 34 Namen in der Emigration aufgefunden.[48]

Die Geflohenen gingen in 31 verschiedene Länder in allen Kontinenten, deren jeweilige Aufnahmebedingungen meist nicht erkennen ließen, welches Schicksal dort zu erwarten war. Auch dieses wird nur am Einzelschicksal deutlich; in groben Umrissen sei auf die Verhältnisse in den drei wichtigsten Aufnahmeländern hingewiesen:

---

[46] Zit. nach Enzyklopädie des Holocaust (1995), Bd.1, S. 428. Zur allgemeinen Auswanderungspolitik des NS-Staates vgl. auch Eckert (1985).

[47] Zum Problem Emigration und „Exil" vgl. Marie-Luise Kreuter in Enyklopädie des Nationalsozialismus (1998), S. 298.

[48] Einzelstudien zur Ärzte- und Kinderärzteemigration u.a.: Baader (1984); Kröner (1989); Moll (1995); Lennert (1995).

a) Palästina

Die erste Auswanderungswelle deutscher jüdischer Kinderärzte ging überwiegend nach Palästina.[49] Sie trafen dort auf ein völlig anderes Gesundheitssystem, als sie gewohnt waren. Seit den zwanziger Jahren hatten die zionistische Frauenbewegung Hadassah und die Krankenkasse der allgemeinen Arbeiterbewegung Kupat Cholim ein sozialistisches, den kollektiven Strukturen der zionistischen Pionierbewegung angepaßtes medizinisches Versorgungssystem entwickelt. Die Ärzte waren angestellt, der Ort ihrer Tätigkeit wurde ihnen meist zugewiesen; wer nicht sofort Arbeit in seinem Beruf fand, arbeitete meist in der Landwirtschaft der Kibbuzim.

Eine große Nachfrage bestand insbesondere nach Spezialisten, von denen 1933 nur wenige im Lande tätig waren; auch eine Medizinische Fakultät gab es noch nicht. Unter den schon vor 1933 eingewanderten Ärzten aus Deutschland – etwa 6–7% der Ärzteschaft – befanden sich auch einige Kinderärzte, so etwa Joachim Caspari° aus Berlin und Bruno Ostrowski° aus Danzig, beide später in Haifa. Dies änderte sich schlagartig zwischen 1933 und 1935, als die Einwanderung aus Deutschland dazu beitrug, die Anzahl der Ärzte in Palästina zu vervierfachen. Die britischen Mandatsbehörden erteilten zu Anfang relativ schnell und problemlos eine Lizenz zur Berufsausübung. Die deutschen Ärzte machten bis 1935 die Hälfte aller eingewanderten Ärzte aus; die meisten von ihnen wurden von der Hadassah und der Allgemeinen Krankenkasse angestellt. In einigen Krankenhäusern war die Dienstsprache Deutsch, auch bevorzugten die deutschen Ärzte entgegen der kollektiven Struktur des Gesundheitswesens das Prinzip der freien Arztwahl, die Liberalisierung der ärztlichen Dienste und das Recht auf Privatpraxis. Damit und durch die qualitativ hochstehende Ausbildung vor allem der Spezialisten begann sich die Gesundheitspolitik des Landes in grundlegender Weise zu ändern. Auf dem Höhepunkt der Einwanderungswelle, die nach dem Erlaß der Nürnberger Gesetze 1935 noch einmal einen Ärzteschub ins Land brachte, verfügte die britische Mandatsregierung jedoch eine drastische Quotierung der Arzt-Zulassungen. Danach ließ die Anziehungskraft Palästinas für Ärzte deutlich nach.

Diese Verhältnisse lassen sich auch an der Zuwanderung der deutschen Kinderärzte ablesen. Von den 109 ermittelten Kolleginnen und Kollegen wanderte weit über die Hälfte vor 1935 ein. Eine Namensliste des Department of Health aus dem Jahre 1940 verzeichnet 102 bis dahin erteilte Lizenzerteilungen an

---

[49] Zum Folgenden vgl. u.a. Niederland (1985); Kröner (1991).

deutsche Pädiater.[50] Eine für die vorliegende Untersuchung durchgeführte Stichprobe für 1942 aus den Adressen- und Telephon-Directories der drei großen Städte Jerusalem, Tel Aviv und Haifa zeigt die erstaunliche Tatsache, daß rund die Hälfte der dort tätigen Pädiater deutsche Einwanderer waren: in Jerusalem 10 von 21, in Tel Aviv 30 von 71, in Haifa 15 von 25 Kinderärzten. Hinzu kommen noch diejenigen ehemaligen Kinderärzte, die nicht mehr als Pädiater, sondern als Allgemeinärzte tätig wurden.

Es läßt sich für Palästina deutlich erkennen, daß dort nicht nur – wie meist bisher hervorgehoben – die akademische Pädiatrie durch die Übersiedlung bedeutender deutscher Wissenschaftler und Kliniker – wie L. F. Meyer°, Erich Nassau°, Walter Hirsch° und Siegfried Rosenbaum° – einen großen Entwicklungsschub gewonnen hat. Vielmehr wurde bis in entfernte Settlements des Landes die bis dahin kaum vorhandene pädiatrische Versorgung vornehmlich durch vorher in Deutschland niedergelassene Kinderärztinnen und Kinderärzte aufgebaut.

b) Großbritannien

Das Vereinigte Königreich war weniger Einwanderungs- als Durchgangsland für jüdische Flüchtlinge aus Deutschland. Ihre Zahl war anfangs klein, da Großbritannien am Prinzip der Nichteinmischung in deutsche innere Angelegenheiten sowie an den Einwanderungsgesetzen aus der Zeit des Ersten Weltkrieges festhielt. Die Behörden unterschieden nicht zwischen Flüchtlingen und Einwanderern, forderten finanzielle Garantien und die verbindliche Zusage, nur vorübergehend im Lande zu bleiben.[51]

Hinzu kam, daß die British Medical Association versuchte, die Zahl immigrierter Ärzte klein zu halten. Bereits 1933 wurde ihnen auferlegt, das britische Examen mit einer Mindeststudienzeit von drei Jahren für Ausländer, also auch für die deutschen Flüchtlinge, nachzumachen. Demgegenüber war es in der Anfangszeit in Schottland möglich, vor einem Scottish Conjoint Board (of medical examiners) schon nach einem Jahr die Prüfung abzulegen; daher findet sich in vielen Curricula eine frühe Lizensierung in Glasgow und Edinburgh. Bereits ab 1935 wurde aber verstärkter Druck auf die Schotten ausgeübt; nach der Besetzung Österreichs 1938 war diese Möglichkeit endgültig abgeschnitten. Wie für die deutschen Emigranten wurde jetzt auch für Österreicher und Tschechen

---

[50] List of Medical Practitioners (1940).
[51] Vgl. hierzu Berghahn (1984); Sherman (1973); Weindling (1991), (1996); Decker (in press). S. auch den Beitrag „Großbritannien" in Enzyklopädie des Holocaust (1995), Bd. 1, S. 572.

eine Quotierung von jeweils 50 Studienplätzen zur „requalification" festgelegt; individuelle Ausnahmeregelungen insbesondere für Spezialisten behielt sich das Home Office vor.[52]

Die Emigranten wurden im Central Refugees Office im Woburn House, London, registriert, wo sich mehrere Committees dafür einsetzten, daß sie irgendwie untergebracht wurden oder auch Stellen fanden; so gab es z.B. Spezial-Committees für Kinder und die 1933 in Zürich von dem emigrierten Frankfurter Pathologen Philipp Schwartz gegründete und später nach London transferierte „Notgemeinschaft deutscher Wissenschaftler im Ausland". Besondere Überlegungen gab es für hochkarätige Wissenschaftler; hierfür war der im Frühjahr 1933 gegründete „Academic Assistance Council" zuständig, der ab 1936 als „Society for the Protection of Science and Learning" (SPSL) institutionalisiert wurde. Die Effektivität dieser Büros wurde unter den ausreisewilligen deutschen Akademikern schnell bekannt.

Allerdings waren die Hilfsmöglichkeiten der SPSL – wie auch des Jewish Refugees Committee und anderer britischer Hilfsorganisationen – aus den genannten Gründen begrenzt. Die SPSL scheute auch nicht Bewertungen im Hinblick auf die wissenschaftliche Qualifikation der Bewerber. So finden sich gelegentlich Bemerkungen wie: „...he was not an university teacher though he did a certain amount of research, but not enough to put him in the same category as the scientists on our list; in the second place he is nearly sixty years of age".[53] Andererseits beschränkte man sich nicht nur auf Auswahl, sondern erteilte kompetenten Rat und konkrete Hilfe im Einzelfall. Nach 1938 wurden die Einreisevorschriften vorübergehend gelockert, auch wurden ärztliche Flüchtlinge gelegentlich von der SPSL zu Wissenschaftlern erklärt, um bleiben zu können. Nach Kriegsbeginn verbot jedoch die Regierung jegliche Einwanderung aus feindlichen Ländern nach England und in das britische Empire. Die jüdischen Flüchtlinge wurden jetzt als „enemy alien" betrachtet, vorübergehend interniert und zu Hilfeleistungen in der Industrie und der Landwirtschaft dienstverpflichtet.

Noch bei Kriegsende hatten sich bei der SPSL über 100 000 Anträge aus vielen Ländern angesammelt; von 1944 bis 1951 war die Tochter Ilse des emigrierten Düsseldorfer Kinderarztes Siegfried Ursell° als Leiterin des nach Cambridge verlegten Büros angestellt. Sie war 1939 aus Düsseldorf nach England

---

[52] Mittlg. Karola Decker (Oxford); vgl. auch Decker (in press).
[53] SPSL 534/2 (Orgler).

gekommen und hatte in Reading studiert; ihre Tätigkeit bei der SPSL konzentrierte sich u.a. auf Akademiker, die inzwischen naturalisiert werden wollten, die als Spezialisten nach England gebracht werden sollten oder die eine sonstige Unterstützung brauchten. Die Anträge wurden unter Mithilfe der Royal Society, der British Academy und anderer wissenschaftlicher Organisationen sehr kritisch begutachtet.[54] Im vorzüglich erschlossenen Archiv der SPSL in der Bodleian Library in Oxford finden sich intensive Briefwechsel mit nahezu allen jüdischen Wissenschaftlern aus Deutschland, darunter viele Pädiater.

Für Pädiater war eine Emigration nach England zusätzlich erschwert, da dort die Kinderheilkunde zu dieser Zeit im wesentlichen ein Krankenhausfach war. Nicht zu übersehende Konkurrenzfurcht, der Zwang zur Examenswiederholung, auch die Vorschrift für Wissenschaftler, nur in der Forschung, jedoch nicht klinisch tätig zu werden, machten die Voraussetzungen zum Verbleib und zur Eingewöhnung für viele Immigranten zu jahrelangen Prozeduren. Vielfach wurde erst 1944 ausländischen Ärzten gestattet, mit englischen Kollegen entweder in Krankenhäusern oder Privatpraxen zusammenzuarbeiten.

Zahlreiche jüdische Kinderärztinnen und Kinderärzte aus Deutschland gingen zunächst nach Großbritannien, das ihnen trotz allem relativ großzügig kürzere oder längere Aufenthalte gewährte. Nur 42 von ihnen konnten allerdings bisher ermittelt werden, die endgültig blieben; die anderen mußten bzw. konnten nach mehr oder weniger langen Zwischenaufenthalten weiterreisen.

c) USA

Etwa 4000 Ärztinnen und Ärzte emigrierten aus dem deutschen Sprachraum zwischen 1933 und 1942 in die Vereinigten Staaten; über 70% davon waren Juden. Sie trafen auf ein Land, in dem der Berufszugang für Flüchtlingsärzte erheblich erschwert war, da die American Medical Association bereits vorher schon die Zulassungsmöglichkeit für ausländische Ärzte eingeschränkt hatte. Hinzu kam ein manifester Antisemitismus, der auch amerikanische jüdische Ärzte betraf, vor allem wenn sie im Ausland studiert hatten.[55]

Die Gesetze der Einzelstaaten und die Ausführungsvorschriften der jeweiligen State Medical Boards schlossen in 20 der 48 Staaten die Zulassung von Ausländern so gut wie aus. Für die Lizenzerteilung wurde in 10 Staaten ein volles Studium an einer amerikanischen Medizinischen Fakultät verlangt, 13 Staaten forderten den Nachweis eines unbezahlten Internship mit Schlußexamen an

---

[54] Mittlg. Mrs. Ilse Eton, geb. Ursell, St.Leonards-on-Sea.
[55] Eingehend Kohler (1989); Pearle (1984).

einer dafür zugelassenen Klinik. Der vielfach geforderte Erwerb der amerikanischen Staatsbürgerschaft dauerte fünf Jahre.

Damit war der Weg bis zur Möglichkeit der Berufsausübung in den USA sehr mühevoll und erforderte von den immigrierten Ärzten und ihren Familienangehörigen ein erhebliches Durchhaltevermögen. Lediglich vier Staaten zeichneten sich durch eine liberalere Zulassungspolitik aus: Kalifornien, Illinois, New York und Ohio. New York, ohnehin durch eine europäisch orientierte Ärzteschaft geprägt, erkannte bis 1936 problemlos die im Ausland abgelegten Examina an.

Aus Deutschland konnten bisher 137 jüdische Kinderärztinnen und Kinderärzte nachgewiesen werden, die hauptsächlich mit der großen Emigrationswelle nach 1938 ins Land gelangten, oft nach Zwischenaufenthalten in europäischen Ländern, Palästina oder Südamerika. Auch bei den bekannt gewordenen Lizenzerteilungen spiegelt sich die amerikanische Zulassungspolitik:

New York: 69; Illinois: 11; Ohio: 8; Kalifornien: 6; Massachusetts: 5; Colorado: 3; Wisconsin: 1; Baltimore: 1; Maryland: 1; Texas 1; Indianapolis: 1; Iowa: 1; Washington: 1; Connecticut: 1; Pennsylvania: 1; Mississippi: 1.

Die Vereinigten Staaten unter Präsident Franklin D. Roosevelt wollten während der ganzen Zeit keine Steigerung der festgelegten Einwanderungsquoten; die Debatte um eine liberalere Einwanderungspolitik überdauerte die NS-Zeit in Deutschland. Nach der Annexion Österreichs 1938 schlug das US-Außenministerium eine internationale Konferenz in Évian (Schweiz) vor, um eine umfassende Lösung des Flüchtlingsproblems zu erarbeiten. Da jedoch die Vereinigten Staaten selbst an ihrer Politik des Isolationismus festhielten, fand sich auch kein weiteres der dort versammelten 32 Länder bereit, weitere Flüchtlinge aufzunehmen.[56]

d) Weitere Länder

In den ersten Jahren des NS-Regimes wanderten viele Ärzte, auch Kinderärzte, in die unmittelbaren Nachbarstaaten Deutschlands aus, in der Meinung, dort nicht weit weg zu sein und eventuell leicht wieder zurückkehren zu können. Wir wissen von mehreren Pädiatern, die zunächst in die Niederlande, nach Frankreich, Belgien, in die Tschechoslowakei und nach Dänemark gingen; die meisten mußten dann dort nach Kriegsbeginn die deutsche Besetzung erleben. Ihre genaue Zahl konnte bisher noch nicht ermittelt werden. Von vielen verliert sich

---

[56] Adler-Rudel (1968).

die Spur, von einigen wissen wir, daß sie dort wieder aufgespürt und mit den holländischen, französischen und tschechischen Juden in die Vernichtungslager deportiert wurden.
Außer nach Palästina, Großbritannien und in die USA sind deutsche und österreichische Kinderärztinnen und Kinderärzte in 28 weitere Länder emigriert. Hervorzuheben ist dabei Lateinamerika, wo sich Argentinien, Bolivien, Brasilien und Chile vorübergehend aufnahmebereit zeigten. Dorthin geflohene Pädiater berichten allerdings, daß sie z.B. in Bolivien entweder ihren Titel nachmachen oder zunächst längere Zeit und unter schwierigsten Bedingungen im Landesinneren arbeiten mußten, bevor sie sich in die Städte begeben konnten. Australien und Neuseeland paßten sich an ihr angelsächsisches Vorbild an und verlangten ebenfalls ein erneutes Studium oder Kapitalbesitz.
Eine Ausnahme war der chinesische Hafen Shanghai, der seit 1937 von Japan besetzt war, dessen internationale Niederlassungen jedoch von elf Ländern verwaltet wurden. Die Stadt war weltweit der einzige Ort, in den man ohne Visum oder ein anderes offizielles Dokument einreisen konnte; bis 1941 sind etwa 20 000 Flüchtlinge aus Europa dorthin gelangt. Bis zum Kriegbeginn im Pazifik (7.12.1941 japanischer Angriff auf Pearl Harbour) konnten die Emigranten relativ ungestört eine europäische kulturelle, religiöse und soziale Lebensweise entfalten; nach Kranzler (1976) konnten etwa 20% von ca. 200 immigrierten Ärzten eine irgendwie geartete Praxistätigkeit ausüben. Die entsprechenden Listen weisen allerdings nur wenige Kinderarztpraxen auf; die uns bekannten Pädiater übten häufiger eine Allgemeinpraxis aus, wenngleich auch von ihnen die Behandlung von Kindern bezeugt ist.[57] Im Februar 1943 richteten die Japaner unter dem Druck der deutschen NS-Regierung einen ghettoartigen Sperrbezirk ein, in welchem sich die Lebensbedingungen deutlich verschlechterten. Die Situation verbesserte sich trotz der Hilfe des Internationalen Roten Kreuzes nicht mehr; nach Kriegsende, insbesondere vor der Machtübernahme durch die Kommunisten unter Mao Tse-Tung 1949, verließen die meisten Juden Shanghai und gingen in Länder des Westens oder nach Israel.[58]

---

[57] So z.B. von Norbert Lewinsohn° aus Duisburg und Karl Mosse° aus Berlin (s.d.). Nähere Angaben in: ADO, Adreßbuch (1937); Emigranten-Adreßbuch (1939).
[58] Einzelheiten bei Kranzler (1976), Unschuld (1995). Mittlg. Sonja Mühlberger (Berlin), Ralph Hirsch (Philadelphia).

Deportation und Vernichtung

Die Politik der Ausschaltung und Verdrängung der deutschen Juden schlug nach 1938 in die Strategie ihrer systematischen Vernichtung um. Es muß in diesem Rahmen daran erinnert werden, daß diese mit der sog. „Kindereuthanasie", der Tötung behinderter, später jüdischer und Zigeunerkinder begann, an der neben den pädiatrischen Hauptgutachtern, dem Leipziger Ordinarius Werner Catel und dem Berliner Kinderarzt Ernst Wentzler, die Leiter von hierfür eigens eingerichteten sog. „Kinderfachabteilungen" beteiligt waren, von denen bisher 38 bekannt geworden sind. Dies ist ein dunkles Kapitel auch der deutschen Kinderheilkunde im Dritten Reich, das wohl nie mehr ganz aufgeklärt werden kann, weil die Akten am Kriegsende gezielt vernichtet worden sind. Unter dem Tarnnamen: „Reichsausschuß zur wissenschaftlichen Erfassung von erb- und anlagebedingten schweren Leiden" mußten behinderte Kinder über die Gesundheitsämter gemeldet und über die Gutachter – nach Aktenlage – in die „Fachabteilungen" eingewiesen werden. Dort wurden sie in den meisten Fällen durch Luminal und/oder sog. „E-Kost" (Entzugskost) derart geschwächt, daß sie an Infektionen erkrankten und wenige Tage später verstarben. Nach vorsichtiger Schätzung sind bei dieser Aktion mindestens 5000 – 8000 behinderte Kinder ums Leben gekommen.[59]

Daran schlossen sich die Sonderaktionen T4 und 14 f 13 zur Tötung erwachsener Kranker an, deren Zahl in den Nürnberger Prozessen auf 275 000 geschätzt wurden; sie gingen nach 1941 politisch und technisch nahtlos in die Maßnahmen zur sog. „Endlösung der Judenfrage" über. Pläne für die vollständige Umsiedlung der Juden in „Reservate", wie z.B. der „Madagaskar-Plan" wurden ad acta gelegt, nachdem die Nationalsozialisten einen großen Teil Europas besetzt hatten und nunmehr alle Juden Europas zum Gegenstand ihrer Ausrottungspolitik erklärten. In den Konzentrations- und Vernichtungslagern begannen die Massentötungen im Oktober 1941. Die Wannsee-Konferenz am 20. Januar 1942 war schließlich „der Auftakt zur Deportation und Ermordung der jüdischen Bevölkerung aus allen von Deutschland besetzten oder mit ihm verbündeten Staaten und ihrer gezielt geplanten Ermordung in den Tötungsstätten in Osteuropa".[60]

---

[59] Einzelheiten bei Schmuhl (1987), Aly (1987), Klee (1993), Dahl (1996), van den Bussche (1999). Zusammenfassend Seidler (1999); vgl. auch Benzenhöfer (1998), Berg (1999).
[60] Klein (Gedenkstätte Haus der Wannsee-Konferenz).

Eine Vorstufe zur „Endlösung" war bereits die Deportation aller badischen und pfälzischen Juden in das südfranzösische Lager Gurs im Oktober 1940, unter denen sich auch Kinderärzte aus Mannheim, Heidelberg, Karlsruhe und Freiburg befanden. Wenngleich es dort, wie auch in dem 1942 eingerichteten „Altersghetto" Theresienstadt trotz unmenschlicher Lebensumstände in geringem Ausmaß gelingen konnte, nicht weiter deportiert zu werden und zu überleben, bedeuteten Transporte in die Vernichtungslager Auschwitz-Birkenau, Belsec, Sobibór, Treblinka, Chełmno und Majdanek, daß die Opfer oft noch am Tage der Ankunft getötet wurden.

Wir wissen von 49 deutschen jüdischen Kinderärztinnen und Kinderärzten, die nach 1942 in die Lager des Ostens deportiert wurden; von ihnen konnten sieben überleben, die anderen sind umgekommen oder wurden getötet. Sie wurden als Juden behandelt wie alle anderen; ihrem Status als Ärzte wurde gelegentlich dadurch Rechnung getragen, daß einige von ihnen formal als „Transportärzte" eingetragen waren, unterwegs, in Zwischenlagern und im Lager selbst Kinder betreuten und z.T. gemeinsam mit ihnen ins Gas gingen. Dies wird u.a. berichtet von Siegfried Wolff° aus Eisenach, von Elisabeth Müller° aus Hannover, von Johanna Geißmar° aus Heidelberg – auch hier zeigt erst die Kenntnis der Einzelschicksale die ganze Ungeheuerlichkeit des Vorganges auf. Aus Wien sind uns bisher fünf, aus Prag 17 Deportationen bekannt geworden, so daß wir bis jetzt 71 Kinderärztinnen und Kinderärzte als Opfer des Holocaust beklagen müssen, von denen 58 ermordet wurden und 13 überlebt haben. Die Deutsche Gesellschaft für Kinderheilkunde und Jugendmedizin hat ihrer auf einer Gedenkveranstaltung in Dresden am 3. Oktober 1998 gedacht; der Landesrabbiner von Sachsen hat ihnen den Kaddisch gesungen.[61]

Die Berliner Kinderärztin Lucie Adelsberger, Mitarbeiterin am Robert-Koch-Institut und eine der führenden frühen pädiatrischen Allergologinnen, hat den Transport nach Auschwitz, die Tötung der ihr anvertrauten Zigeunerkinder und den Todesmarsch 1945 in das KZ Ravensbrück überlebt[62]; ihr Tatsachenbericht: „Auschwitz. Das Vermächtnis der Opfer für uns Juden und für alle Menschen" spiegelt ihre Gewißheit – wie sie später in einem Brief schrieb – „that hell exists really on earth".[63]

Nicht vergessen werden darf schließlich, daß mit wachsender Aussichtslosigkeit und Resignation viele jüdische Menschen vor allem nach dem November-

---

[61] Dokumentation der Veranstaltung: Brodehl/Seidler (1999).
[62] Vgl. Baader (1996/97).
[63] Adelsberger (1956).

pogrom 1938, in den Konzentrationslagern und angesichts bevorstehender Deportation ihrem Leben selbst ein Ende bereiteten – auch sie gehören zu den Opfern. Unter den 27 ermittelten Kinderärztinnen und Kinderärzten, die sicher oder wahrscheinlich in diesen Zusammenhängen Suicid begingen, befinden sich vorwiegend ältere Kollegen, die – oft mit ihrer Ehefrau – über ihr Schicksal selbst entscheiden wollten. Auch diese Zahl ist – wie alle anderen in diesem Bericht – unzweifelhaft höher anzusetzen, zumal bei den 38 bekannt gewordenen Todesfällen aus den Berichtsjahren die Umstände des Lebensendes nicht immer bekannt sind. Auch müssen diejenigen Suicide bedacht werden, die aus der Verzweiflung über eine akute Existenznot nach der Vertreibung und auch noch nach dem Krieg in den Emigrationsländern begangen wurden.

Wien

Die Wiener Pädiatrie blickt auf eine Tradition zurück, die bis ins 18. Jahrhundert zurückreicht und maßgebend für die gesamte Entwicklung des Faches geworden ist. Hierzu gehören wichtige Namen wie Ludwig Mauthner von Mautstein (1806–1858), Alois Bednař (1816–1888), Franz Mayr (1814–1963), Theodor Escherich (1857–1911), Clemens von Pirquet (1874–1929).[64]
Eine erhebliche Zahl jüdischer Kinderärztinnen und Kinderärzte findet sich schon früh – besonders aus den östlichen Ländern der Monarchie – sowohl im akademischen als auch im niedergelassenen Bereich. Zwei traditionelle, außeruniversitäre pädiatrische Ausbildungsstätten wurden in den ersten Jahrzehnten unseres Jahrhunderts von jüdischen Wissenschaftlern geleitet: Das älteste, bereits 1788 gegründete Erste Öffentliche Kinderkrankeninstitut (I., Steindelgasse) leitete von 1882 bis 1912 Max Kassowitz (1842–1913), einer der profiliertesten Pädiater seiner Zeit; dieses traditionsreiche Krankenhaus wurde nach der Annexion Österreichs 1938 geschlossen, sein letzter Direktor Karl Hochsinger° endete im Ghetto Theresienstadt. Dem Karolinen-Kinderspital der Stadt Wien (IX., Sobieskigasse) stand von 1901 bis 1934 Wilhelm Knöpfelmacher° vor; er beging wenige Tage nach dem deutschen Einmarsch Suicid. Einer der beiden Namen findet sich fast in jedem Ausbildungscurriculum der Wiener, insbesondere der jüdischen Kinderärzte dieser Zeit. Auch an der Universitäts-Kinderklinik in der Lazarettgasse, vor allem in deren Glanzzeit unter Clemens v. Pirquet, habilitierten sich zahlreiche jüdische Mitarbeiter; noch Mitte der

---

[64] Vgl. hierzu Lesky (1965), Swoboda (1983), Lischka (1997), Seidler (1997), (1999).

dreißiger Jahre waren 14 von 21 Wiener Professoren und Dozenten der Kinderheilkunde jüdischer Herkunft im Sinne der NS-Gesetze bzw. „jüdisch versippt" oder politisch mißliebig und damit betroffen.
Die Gesamtzahl aller Kinderärztinnen und Kinderärzte in Wien muß auf Grund einer schwierigen und vielfach widersprüchlichen Quellenlage vorläufig leider ungenau bleiben. Die bisherigen Befunde ergaben sich aus der Durchsicht der Wiener Ärztelisten ab 1933 nach den registrierten kinderärztlich tätigen Personen. Dabei war festzustellen, daß die Zahlen schwanken, wobei im Stadtgebiet die höchste Anzahl mit 110 Pädiatern im Jahre 1935 zu verzeichnen ist. Ob dies noch für 1938 die relevante Bezugsgröße ist, muß vorläufig offen bleiben; Tatsache ist jedoch, daß nach 1938 von den ab 1933 erfaßten Namen 98 nicht mehr verzeichnet waren. Die retrograde Suche nach ihrem Verbleib in den relevanten Wiener Archiven und den bereits vorliegenden zeithistorischen Publikationen zeigte dann, daß es sich tatsächlich um Betroffene im Sinne der NS-Gesetze handelte.[65] Auch ohne daß bisher die Verhältnisse in absoluten Zahlen ausgedrückt werden können, muß festgehalten werden, daß der Anteil jüdischer Pädiater in Wien zum Zeitpunkt des deutschen Einmarsches bei weit über 80% gelegen haben dürfte. 17 von ihnen waren Mitglieder der Deutschen Gesellschaft für Kinderheilkunde; es ist bemerkenswert, daß davon 12 bereits zwischen 1933 und 1938 mit Blick auf die Ereignisse in Deutschland ihren Austritt erklärt haben.
Am 12. März 1938 waren die deutschen Truppen in Österreich einmarschiert. Mit welcher Brutalität die Entrechtung und Verfolgung der Juden in Österreich nach dem Einmarsch der Deutschen einsetzte, braucht diesem Zusammenhang nicht eigens beschrieben zu werden.[66] Der Ärztestand war insofern besonders schwer betroffen, als nach offiziellen Angaben der Nationalsozialisten von 4900 Ärzten Wiens rund 3200 jüdischer Herkunft im Sinne der Nürnberger Rassegesetze von 1935 waren; dies sind rund 65%.[67] Warum dies so war, wie es zu dem hohen Anteil jüdischer Menschen aus der Intelligenz des Landes kam, wie es ebenso in der speziellen Situation des Wiener Judentums zu einer besonders lange aufgestauten antisemitischen Tradition gekommen war, ist schon von vielen Seiten analysiert worden.[68] Tatsache ist, daß die für die ge-

---

[65] Eingehende Quellennachweise bei Seidler (1999), Anm. 7. Vgl. insbesondere Hubenstorf (1984), (1987), (1988), (1989), (1995); (Bauer)-Merinsky (1980); Gröger (1998).
[66] Sehr materialreich Rosenkranz (1990).
[67] Ramm (1938).
[68] Vgl. hierzu Beller (1989), Hamann (1996), Brook-Shepherd (1998).

sundheitliche Betreuung der Wiener Bevölkerung zur Verfügung stehende Ärzteschaft bereits von März bis Oktober 1938 von 4900 auf ungefähr 1700 Personen reduziert wurde.[69]

Die jüdischen Ärzte waren auf zweierlei Weise betroffen. Zum einen wurde an ihnen jetzt auf einen Schlag wiederholt, was an ihnen im Deutschen Reich seit 1933 schrittweise an Demütigungen vollzogen worden war: Entlassung aus öffentlichen Diensten, Entzug der Kassenzulassung, Vertretungs- und Überweisungsverbot, Einführung der Reichsärzteordnung etc. – die Wiener jüdischen Ärzte, auch die zahlreichen Kinderärztinnen und Kinderärzte verloren meist von einem Tag auf den anderen ihre Rechte und ihre Existenzgrundlage. Zum zweiten waren sie wie alle Juden Wiens den hier besonders brutalen Maßnahmen unterworfen, die bereits seit den frühen Abendstunden des 11. März 1938 eingesetzt hatten: Plünderungen, Verhaftungen, Räumung von Wohnungen, Geschäften und Praxen, Beschlagnahme mobiler Vermögenswerte, Verbringung in sog. Schutzhaft, erste Deportationen. Am 20. Mai 1938 werden im ehemaligen Österreich die Nürnberger Rassegesetze eingeführt, am 15. Juli wird allen jüdischen Ärzten auf den 1. Oktober die Approbation aufgekündigt, am 23. Juli werden die Zwangsvornamen Sara und Israel eingeführt und die Bewegungsfreiheit in der Öffentlichkeit rigoros eingeschränkt. Es wird von einer unheimlichen „Atmosphäre lähmenden Schreckens" berichtet.[70]

Nach dem Approbationsentzug wurden als sog. „Krankenbehandler" für Kinderkrankheiten in Wien sechs Ärztinnen und Ärzte zugelassen, im Kinderambulatorium der Israelitischen Kultusgemeinde (XX., Rauscherstr. 16) weitere drei.[71] Rein rechnerisch hätte jeder von ihnen 1200 Kinder versorgen sollen. Das Durchschnittsalter der wohl bewußt ausgesuchten neun älteren Kollegen lag zwischen 55 und 60 Jahren, außerdem emigrierten mit zwei noch unklaren Ausnahmen alle „Krankenbehandler" in den folgenden Monaten oder verschwanden auf andere Weise : Besser kann nicht gezeigt werden, welche Farce inszeniert wurde. Es wurde konsequent umgesetzt, was der Berliner „Völkische Beobachter" bereits am 26.4.1938 geschrieben hatte: „Bis zum Jahre 1942 muß das jüdische Element in Wien ausgemerzt und zum Verschwinden gebracht sein".

---

[69] Hubenstorf (1995).
[70] Rosenkranz (1990), 379.
[71] Ärzteblatt für die Deutsche Ostmark 1 (1938), S. 225-231: Bestallungsentzug der jüdischen Ärzte und Zahnärzte.

Die Judenpolitik des Jahres 1938 war noch auf die Austreibung der Juden aus Europa, noch nicht auf deren Vernichtung ausgerichtet. Wie vielfach dargestellt, hat der SS-Obersturmbannführer Adolf Eichmann bereits drei Tage nach dem Einmarsch in Wien ein Auswanderungsreferat bei der Jüdischen Kultusgemeinde und im August im früheren Palais Rothschild eine Zentralstelle für jüdische Auswanderung eingerichtet. Mit massivem Druck und unendlichen Schikanen drang er auf eine rasche Durchführung der Zwangsemigration; unter den gegebenen Umständen muß man gerade in Wien nicht von Emigration, sondern von Flucht sprechen. Auf den damit verbundenen Leidensweg der Auswanderungswilligen kann hier nicht eingegangen werden; unter den rund 7900 österreichischen Juden, die noch 1938 aus dem Land flohen, verließen drei Viertel der Wiener jüdischen Kinderärzte auf diese Weise die Stadt, darunter praktisch der gesamte wissenschaftliche Kern der Kinderkliniken.

Hervorzuheben ist der große Anteil jüdischer Kinderärztinnen, unter denen sich einige bedeutende Vertreterinnen der frühen analytischen Kinderpsychotherapie befinden: Dora Hartmann°, Margarethe Hilferding°, Marianne Kris°, Margarethe Schönberger-Mahler°, auch – als Nichtärztin – Anna Freud, die nach ihrer Emigration mit ihrer kinderärztlichen Freundin Josephine Stroß° in London die Hampstead Child Therapy Clinic aufgebaut hat.

Das erste, nach der Einverleibung der „Ostmark" in das „Großdeutsche Reich" erschienene „Ärzteverzeichnis von Groß-Wien" 1939 benennt 37 Kinderärztinnen und Kinderärzte, von denen nur 17 – alle „arisch" – noch aus der Zeit vor 1938 stammten.

Prag

Am 1. Oktober 1938 wurde das tschechisch-mährische Grenzgebiet, am 15. März 1939 die sog. „Rest-Tschechei" besetzt und zum „Protektorat Böhmen und Mähren" erklärt. Auch hier traten unverzüglich alle Maßnahmen gegen Juden in Kraft, die im Reichsgebiet seit 1933 erlassen worden waren.

Prag war der Sitz einer der ältesten jüdischen Gemeinden in Europa. Die Juden trugen nicht nur wesentlich zur wirtschaftlichen und kulturellen Bedeutung der Stadt bei, sondern waren auch immer wieder Streitobjekt innerhalb der Spannungen zwischen der tschechischen und der deutschen Bevölkerungsgruppe. Zum Zeitpunkt der Sudetenkrise 1938 und der Besetzung durch die Deutschen lebten im sog. „Protektorat" – in runden Zahlen – ca. 90 000 Juden, davon 50 000 in Prag. Von etwa 35 000 Menschen im gesamten Gebiet wird angenommen,

daß sie sich durch Flucht, Auswanderung und Untertauchen retten konnten, fast zwei Drittel kamen auf irgendeine Weise um.[72]
Seit 1882 war auf Grund des tschechisch-deutschen Nationalitätenstreites die älteste deutschsprachige Hohe Schule, die 1348 gegründete Prager Karls-Universität, in eine deutsche und eine tschechische Universität geteilt. Dabei war eine Deutsche Medizinische Fakultät entstanden, innerhalb derer die bereits bestehenden zwei Kinderkliniken, später auch eine Kinderabteilung in der Medizinischen Poliklinik institutionalisiert wurden. Im Rahmen der vorliegenden Studie lag es daher nahe, mit einer Stichprobe wenigstens die Schicksale der Mitarbeiter dieser Institutionen zu untersuchen, zumal die meisten von ihnen jüdischer Herkunft waren. Diese Stichprobe sagt nichts über die Tatsache aus, daß auch im Bereich der Stadt zahlreiche jüdische niedergelassene Kinderärzte tätig waren, von denen einige mit erfaßt werden konnten; ihre gesamte Zahl und ihre Schicksale zu ermitteln, bleibt ein Desiderat für die Zukunft.
Die pädiatrische Schule von Prag hat bereits seit der Mitte des 19. Jahrhunderts die wissenschaftliche Entwicklung der deutschsprachigen und internationalen Kinderheilkunde wesentlich mitgeprägt. 1854 war unter Wiener Einfluß durch Joseph Löschner das Kaiser-Franz-Joseph-Kinderspital entstanden, 1864 richtete Gottfried Ritter von Rittershain in der Prager Landes-Findelanstalt eine „Ärztliche Abteilung für die Betreuung der Neugeborenen und Säuglinge" ein. Aus beiden Institutionen, insbesondere aus der Findelanstalt, sind in der Folge wesentliche Beiträge zur wissenschaftlichen und praktischen Kinderheilkunde hervorgegangen, wobei insbesondere Alois Epstein (1949-1918) mit seinen Schülern Adalbert Czerny, Leopold Moll, Rudolf Fischl° u.a. eine eigenständige, weit über Prag hinaus wirksame Schule begründet hat.[73] Im Rahmen der Deutschen Medizinischen Fakultät wurden nach dem Ersten Weltkrieg das Kinderspital in die I. Deutschen Kinderklinik, das Findelhaus in die II. Deutschen Universitäts-Kinderklinik umbenannt. Eine weitere „Abteilung für Interne und Kinderkrankheiten" bestand am Poliklinischen Institut.
Alle deutschen Kinderkliniken und die Abteilung an der Poliklinik wurden 1938 durch jüdische Direktoren geleitet: die I. Kinderklinik am Karlsplatz (Karlovo námesti) nach der Emeritierung von Josef Langer kommissarisch von Felix Schleißner°, die II. Kinderklinik im Findelhaus in der Karlshofergasse (Ke Karlovu) von Berthold Epstein°. Die Abteilung der Poliklinik in der Ka-

---

[72] Wlaschek (1990), (1995), (1997).
[73] Vgl hierzu u.a. Švejcar (1984). Materialreich, jedoch stark nationalsozialistisch bzw. nationalistisch gefärbt die Darstellungen bei Watzka (1941) und Koerting (1968).

stulusgasse (Hastalská) unterstand Max Frank°. Beide Kliniken hatten je vier Assistenten, die poliklinische Abteilung einen; in den dreißiger Jahren waren praktisch alle jüdischer Herkunft.[74] Sie waren tschechische Staatsbürger, galten und fühlten jedoch als Deutsche; insbesondere Epstein war deutschnational und hielt bis zu seiner Auswanderung Abstand zu seinen tschechischen Kollegen. Er war Mitbegründer und 1937 Präsident einer eigenen Deutschen Pädiatrischen Gesellschaft in der Tschechoslowakei. 34 Namen und Schicksale von damaligen oder früheren Mitarbeitern konnten erfaßt werden – 13 von ihnen gelang die Auswanderung, 17 kamen meist zunächst nach Theresienstadt und von dort – oder auch direkt – in eines der Vernichtungslager im Osten.

Die Prager Universität wurde 1939 „Reichsuniversität"; die Kliniken wurden von reichsdeutscher Seite übernommen.[75] Beide Kinderkliniken leitete zunächst Hermann Mai, der jedoch nach einem dreiviertel Jahr aufgab und zur Wehrmacht ging.[76] Ihm wird noch heute von tschechischer Seite selbstverständliche und freundliche Kooperation mit den Tschechen attestiert, im Gegensatz zu seinem Nachfolger Carl Bennholdt-Thomsen, der als Vertreter des Besatzungsregimes auftrat. Er übernahm beide Kliniken, vergrößerte erheblich die Assistentenzahl und verschmolz noch 1943/44 die Kliniken zu einer Universitäts-Kinderklinik mit 14 deutschen Mitarbeitern. Zur noch bestehenden tschechischen Kinderklinik (Brdlík, Švejcar) unterhielt er keinen Kontakt. Beim Zusammenbruch wurde die gesamte Einrichtung der Klinik ausgeräumt und auf ein Moldauschiff gebracht, das – von einer Bombe getroffen – sank.[77] Die ehemalige Klinik am Karlsplatz stand 1998 noch leer, im Findelhaus befindet sich wieder eine Kinderabteilung. Die Deutschen Kliniken und die Deutsche Fakultät entstanden nach dem Krieg nicht mehr.

Am 4.7.1939 erhielten alle jüdischen Ärzte in Prag endgültig Berufsverbot, mit Ausnahme derer, die allein jüdische Patienten behandeln durften. Zwischen 1940 und 1943 durften nur drei, kurzfristig vier Kinderärzte als pädiatrische „Krankenbehandler" tätig bleiben.[78] Alle vier Namen erscheinen nach Juni 1943 auf den Deportationslisten nach Auschwitz; jüdische Kinder dürfte es zu diesem Zeitpunkt in Prag kaum mehr gegeben haben.

---

[74] Einzelheiten in den Personalstandsverzeichnissen der Deutschen Universität Prag, auch im Med. Jahrbuch für die Czechoslovakische Republik 1938. Neuerdings ausführliche biographische Angaben bei Hlaváčková/Svobodný (1998).
[75] Vgl. hierzu Kárny (1997).
[76] Mündl.Mittlg. Prof. Hermann Mai.
[77] Mündl.Mittlg. Prof. Jan Janda (Prag).
[78] Jüdisches Nachrichtenblatt Prag 3.5.1940.

Über die Schicksale der jüdischen Kinderärzte im übrigen „Protektorat" können bisher keine Angaben gemacht werden. Grundsätzlich liegen die Verhältnisse in den Städten wie Brünn (Brno), Pilsen (Plzeń) etc. nicht anders. Hierzu bedarf es einer eigenen Studie.

Exkurs: Kinder in Theresienstadt (Terezín)
Das Ghetto Theresienstadt wurde im November 1941 in der von seinen Bewohnern geräumten nordböhmischen Garnisonsstadt eingerichtet; es galt offiziell als Sammellager für die Juden aus dem Protektorat sowie als Alters- und Prominentenlager für Juden aus dem Reichsgebiet und Österreich[79]. In der ursprünglich 7000 Einwohner zählenden kleinen Festungsstadt waren zwischen 1941 und 1945 rund 150 000 Juden konzentriert; etwa 87 000 von ihnen wurden in die Vernichtunglager des Ostens weitertransportiert, von denen nicht ganz 4000 den Krieg überlebten. In Theresienstadt selbst, das offiziell kein Vernichtungslager war, lag die Sterblichkeit bei rund 25%.

Eine besondere Gruppe bildeten dort die Kinder und Jugendlichen. Ihre Zahl wird für die gesamte Ghettozeit mit rund 11 000 angegeben, von denen nur einige die Befreiung Theresienstadts erlebten und bis auf Ausnahmen alle in den Vernichtungslagern umkamen.

Die jüdische Selbstverwaltung in Theresienstadt kümmerte sich besonders um diese Kinder. Mit dem verzweifelten Argument, durch die Kinder für das Überleben der Judenheit zu sorgen, bemühten sich die Insassen des Ghettos, den Kindern etwas bessere Bedingungen in Unterkunft, Verpflegung und der Organisierung ihres Lebens zu verschaffen. Es entstanden für die verschiedenen Altersgruppen elf selbst organisierte „Kinderheime", in denen (offiziell nicht erlaubter) Unterricht erteilt wurde und eine Art Jugendfürsorge sportliche und kulturelle Aktivitäten anbot. Davon zeugen die etwa 4000 bewegenden Kinderzeichnungen, die im Jüdischen Museum in Prag und im Ghetto-Museum in Theresienstadt ausgestellt sind.

Für die ärztliche Versorgung der Kinder hatte der jüdische Gesundheitsdienst einen „Kleinkinderblock", ein „Kriechlingsheim" und ein „Säuglingsheim" bereitgestellt, die jeweils von deportierten, meist Prager Kinderärztinnen und Kinderärzten geleitet wurden. Es befinden sich darunter viele frühere Mitarbeiter aus den Deutschen Kliniken in Prag; sie wurden meist Ende 1944 nach Auschwitz verbracht. Die Zahl der in Theresienstadt tätigen Kinderärzte liegt jedoch sicher höher; für Februar 1943 werden insgesamt 225 Fachärzte angegeben (s. S. 364).

---

[79] Vgl. u.v.a. H.G.Adler (1960), (1974), (1985); Kárny (1992); Oppenhejm (1998).

Utopien einer NS-Pädiatrie

Nach dem 1. Oktober 1938, dem Tag des endgültigen Approbationsentzuges für alle noch verbliebenen jüdischen Ärzte, gab es – außer den wenigen „Krankenbehandlern" – keine praktizierenden jüdischen Kinderärztinnen und Kinderärzte mehr; sie hatten fünf Jahre vorher immerhin mehr als die Hälfte der Pädiater in Deutschland ausgemacht. Offene Fragen drängen sich auf, die bisher noch kaum gestellt, geschweige denn beantwortet wurden:

- Wie entwickelte sich die Kinderheilkunde in Deutschland nach 1933, ohne das wissenschaftliche und das Versorgungspotential der vertriebenen bzw. immer eingeschränkter tätigen Kollegen?
- Wer ist – nach den Entlassungen bzw. Vertreibungen – in die offenen Stellen und die verlassenen Praxen eingerückt?
- Was ist aus den vielen Beratungs- und Fürsorgeinstitutionen geworden, die unter jüdischer Leitung standen?
- Wie haben sich die Patientenfamilien, wie haben sich die Kollegen unter den veränderten Umständen verhalten?
- Welche wissenschaftlichen und gesundheitspolitischen Aufgaben hat sich nach der Entfernung der jüdischen Kollegen die offizielle Kinderheilkunde gestellt?

Diese und andere Fragen sind Forschungsdesiderate an die Zukunft, die sich nicht zuletzt aus den Ergebnissen der vorliegenden Studie ergeben. Sie betreffen nicht nur den offiziellen Standort der Kinderheilkunde im NS-Staat, sondern ebenso auch den Alltag der pädiatrischen Versorgung, der so empfindlich getroffen war. Dies läßt sich schon an den Mitgliederzahlen der DGfK ablesen: Von einem absoluten Höhepunkt von 836 Mitgliedern im Jahre 1931 war insbesondere durch den Massenaustritt der jüdischen Kollegen die Mitgliederzahl bis zum Jahre 1938 auf 640 abgesunken.[80] Wenn man jedoch in Rechnung stellt, daß 1933 nur 55% der deutschen Kinderärztinnen und Kinderärzte in der DGfK organisiert waren, dann verschieben sich die Relationen. So verloren am 22.4.1933 z.B. allein in Berlin 221 von 264 Kinderärzten ihre Kassenzulassung; es ist nicht anzunehmen, daß alle ihre Patienten in der Lage waren, von heute auf morgen Privatpatienten zu werden.

Nur wenige Elemente der genannten Fragestellungen lassen sich bisher andeutungsweise beantworten, wobei die Veränderungen im Alltag am deutlichsten an den persönlichen Aussagen der betroffenen Kolleginnen und Kollegen abzulesen sind. Die nachfolgenden Einzelbiographien berichten von den Erlebnissen beim

---

[80] Ute Jahnke-Nückles (1992), S. 73.

Praxisboykott 1933 und von seinen Folgen, von mutigen Patienteneltern, die ihre Kinder weiterhin heimlich über die Hintertüre zu ihrem jüdischen Kinderarzt brachten, von regimetreuen „Kollegen", die an der wirtschaftlichen Existenzvernichtung ihrer Konkurrenten interessiert waren, von Versuchen entlassener Klinikärzte, an den wenigen noch existierenden jüdischen Krankenhäusern unterzukommen, von dem „Angebot" an „arische" Ärzte, sich von ihren jüdischen Ehefrauen scheiden zu lassen, um ihre Karriere fortsetzen zu können, von Verleumdungen, Denunziationen und zunehmenden Repressalien, von Existenznot, Praxisaufgabe und Zwangsausquartierung in „Judenhäuser" und schließlich von einer Fülle von Schikanen bei den Formalien der erzwungenen Auswanderung. Die immer perfider ausgedachten täglichen Demütigungen, wie wir sie oben bereits dargestellt haben, beherrschen vorrangig die Erinnerung derjenigen, die noch heute davon erzählen können oder darüber Aufzeichnungen gemacht haben – es ist die Verleugnung und systematische Zerschlagung der Würde dieser Menschen, denen das Recht abgesprochen war, Kollege und Mitbürger zu bleiben.

Wer ihre Alltagsarbeit übernommen hat, wissen wir im Einzelnen noch nicht. Nicht zu übersehen ist eine Stellenvermehrung an den Kinderkliniken, deutlich ist auch eine verstärkte Neuzulassung von jungen Pädiatern in den Ballungszentren. So verzeichnet die berüchtigte Ausgabe des Reichs-Medizinal-Kalenders von 1937, in der die noch vorhandenen jüdischen Ärzte durch einen Doppelpunkt gekennzeichnet sind, für Berlin 134 nichtjüdische gegenüber noch 70 jüdischen Kinderärzten; in Hamburg waren bereits 47 „arische Pädiater tätig, in Breslau 34, in Frankfurt a.M. 23. Daß überhaupt noch jüdische Namen in den Listen genannt waren, veranlaßte einige nationalsozialistische Mitglieder der DGfK, unter Protest auszutreten: „…ist es mit meiner Einstellung zum neuen Staate und meiner Function als Ringärztin in der Hitlerjugend nicht vereinbar, Mitglied einer Vereinigung zu sein, die mit einem so hohen Procentsatz nichtarischer Mitglieder durchsetzt ist…"[81].

Demgegenüber lassen sich die Entwicklungen der offiziellen Kinderheilkunde während der NS-Zeit bisher nur in Umrissen darstellen; sie entstammen im Wesentlichen einer ersten Durchsicht der Schriftführerakten der DGfK, die Ute Jahnke-Nückles im Rahmen ihrer Dissertation durchgeführt hat. Freilich spiegeln diese im wesentlichen den Umgang des jeweiligen Vorstandes mit der Staatsführung, weniger das fachliche Profil der Pädiatrie als Ganzes.[82]

---

[81] Austrittserklärung Dr. Paula Korell-Gerben, Wiesbaden, vom 8.7.1935.
[82] Wenn nicht eigens vermerkt, entstammen die Belege zum Folgenden der Dissertation von Ute Jahnke-Nückles (1992).

Die gesellschaftspolitische Notwendigkeit der Kinderheilkunde für den Staat, die Definition ihrer Tätigkeit als nationale Aufgabe, hat das Fach, wie bereits angedeutet, von Anfang an in den Vordergrund gestellt. In der Weimarer Republik diente das Argument als immer wieder geäußerter standespolitischer Versuch, die Pädiatrie „als berufenste Hüterin aller gesundheitlichen Belange des Kindesalters" im Dienste der Volksgesundheit zu sehen. Nach der nationalsozialistischen Machtergreifung bot die „Gleichschaltung" des Gesundheitswesens die lange ersehnte Chance zur Zusammenarbeit mit einem Staat, der für „die großen Aufgaben der Volksgesundung" die „Mitarbeit aller hierzu Geeigneten" verlangte.[83]

Im Rahmen der Umgestaltung des Gesundheitswesens war die DGfK – wie bereits berichtet – im Juli 1933 der „Reichsarbeitsgemeinschaft für Mutter und Kind" im Rahmen eines „Reichsausschusses für den Volksgesundheitsdienst" beigetreten. Damit war beabsichtigt, „alle auf dem Gebiet der Volksgesundheit tätigen Gruppen unter die unmittelbare Führung der Reichsregierung zu stellen". Der Reichsausschuß hatte die Aufgabe, durch die Mitarbeit wissenschaftlicher Vereinigungen „die wissenschaftlichen Erkenntnisse dem Volkswohl dienstbar zu machen und die Frage der Gesundheitspolitik, der Erb- und Rassenpflege insgesamt vom Standpunkt der nationalsozialistischen Weltanschauung kritisch zu beleuchten und Aufklärungsmaterial zu beschaffen".[84] Die „Reichsarbeitsgemeinschaft für Mutter und Kind", der die DGfK angehörte, hatte sich mit allen Bestrebungen zu befassen, die der Gesundheit des werdenden Staatsbürgers dienen konnten: die Beratung für Schwangere und Wöchnerinnen, die Hilfe vor, bei und nach der Geburt, die Pflege des Säuglings und Kleinkindes, die Schulgesundheitspflege und die Jugendfürsorge. Den angeschlossenen wissenschaftlichen Vereinigungen sollten zwar die eigene Initiative und das selbständige Arbeiten belassen bleiben, diese Arbeit war aber „in die Richtung der Auffassung und des Willens der Staatsführung zu lenken". In das Eigenleben der medizinischen Gesellschaften sollte nicht eingegriffen werden, jedoch wurde Wert darauf gelegt, „daß der Vorstand der Gesellschaften und Vereine betont auf dem Boden des nationalsozialistischen Staates steht".[85]

Für die Selbstdarstellung der Kinderheilkunde bedeutete dies, ihr Engagement für die Gesundheit der „Jugend des Führers" zumindest nach außen sichtbar zu

---

[83] Gesetz über die Vereinheitlichung des Gesundheitswesens vom 3.7.1934.
[84] Erläuterungen des Leiters des Reichsausschusses, Min.Dir.Dr.Arthur Gütt zum Aufbau des Gesundheitswesens im Dritten Reich (1935); zit.n. Jahnke-Nückles, S.56.
[85] Rundschreiben des Präsidenten des Reichsgesundheitsamtes an die deutschen wissenschaftlichen Gesellschaften und Vereine vom 5.10.1934. l.c., S. 60.

machen. An drei Beispielen kann dies nachvollzogen werden: an der Mitarbeit an der Jugendpolitik des Staates, an den Tagungen der Gesellschaft und an den Denkschriften jener Ideologen in den Reihen der Pädiater, für die „die gesundheitliche Betreuung der Kinder, ihre biologisch richtige Aufzucht, Voraussetzung für ein ewiges Deutschland"[86] bedeuteten.

Wie eingangs bereits vermerkt, hat sich dies bereits Ende 1933 in dem Angebot der Kölner Gruppe um den Ordinarius Hans Kleinschmidt niedergeschlagen, den Aufbau der Hitlerjugend (HJ) mitzutragen.[87] Die von ihnen formulierten „Leitsätze für die in Bünde eingeordnete deutsche Jugend des Pflichtschulalters" beginnen mit einer programmatischen Aussage: „Die Erziehung zur Volksgemeinschaft des nationalsozialistischen Staates und die Entwicklung der Kräfte jedes Einzelnen für den späteren Dienst an der Gesamtheit beginnt in frühester Jugend. Sie wird durch die Regierung geleitet. Diese hierin zu unterstützen ist Pflicht der Kinderärzte, da sie über die Gesundheit der Jugend zu wachen haben."

Über die realen Auswirkungen dieses Angebotes wissen wir noch nichts; Tatsache ist jedoch, daß die meisten höheren Dienstgrade des Sanitätsdienstes der HJ – Gebietsärzte, Bannärzte etc. – Kinderärzte waren. Einige davon, wie z.B. auch Gerhard Joppich, kamen aus den Jugendbünden, wie z.B. dem „Wandervogel", der zwanziger Jahre, die versucht hatten, einen jugendspezifischen Lebensstil zu entwickeln. Sie ließen sich problemlos „gleichschalten" und gingen mit Überzeugung zum neuen Staat über. Auf einer Tagung der Gebietsärzte in Weimar 1935 forderte der „Reichsjugendführer" Baldur von Schirach „einen neuen Jugendarzt-Typ – in treuester Kameradschaft steht der Arzt an der Seite der Führerschaft und die Ärztinnen bei den Führerinnen. Sie helfen, die Last der Verantwortung zu tragen und gestalten mit die neue Form der Erziehung der Jugend"[88].

---

[86] Eingabe „Neue Aufgaben der Kinderheilkunde – Gesundheitsführung, Vorsorge" des Vorsitzenden der DGfK Franz Hamburger an das Reichsministerium für Wissenschaft, Erziehung und Volksbildung vom 2.7.1940. Der Text fährt fort: „Das ewige Deutschland ist aber nichts geographisches, sondern etwas biologisches. Die Kette der Generationen kann nur dauernd und stark bleiben, wenn das Leben des Volkes naturgemäß und die Gesundheitsführung richtig ist. Die Gesundheitsführung soll von Ärzten geleitet und geleistet werden."

[87] Die Unterzeichner der Leitsätze waren außer Kleinschmidt seine damaligen Assistenten Gerhard Joppich und Egon Unshelm, der niedergelassene Kölner Kinderarzt Oskar Zschokke und der Bonner Ordinarius Theodor Gött. Gött, Joppich und Unshelm unterschrieben als „Mitglied der NSDAP", Zschokke als „Mitglied des Stahlhelm", Joppich außerdem als „Arzt der Hitlerjugend". Die Eingabe („An den Herrn Reichskanzler, Berlin") ging gleichzeitig an den Reichsinnenminister, den Preußischen Minister für Wissenschaft, Kunst und Volksbildung sowie den Reichsjugendführer.

[88] Hördemann in Hördemann/Joppich (1939), S.10.

Konkret verstand sich der „HJ-Arzt" als Gesundheitserzieher, nicht mehr nur mit der Aufgabe des Heilens, sondern mit der Gesundheitsführung des Gesunden beauftragt. Diese umfaßt grundsätzlich das ganze Kindes- und Jugendalter, hat bei der Geburt zu beginnen und geht „...bis zum Ausscheiden aus der Hitlerjugend...Wenn wir die junge Generation männlichen Geschlechts dann dem Musterungsarzt des Arbeitsdienstes kräftig und flink, zäh und hart zu treuen Händen übergeben, dann ist unsere Pflicht erfüllt".[89] Das Programm der „Gesundheitsführung der Jugend", erarbeitet im Amt für Gesundheitsführung der Reichsjugendführung, ist vom „Reichsarzt der Hitler-Jugend" Robert Hördemann und dem damaligen wissenschaftlichen Abteilungsleiter des Amtes Gerhard Joppich noch 1939 in einer Monographie niedergelegt, in der von der „Erbpflege" bis zur „gesundheitlichen Wirkung der Sommerzeltlager der HJ" die Aufgaben des Arztes in HJ und BDM [Bund Deutscher Mädel] beschrieben sind. Man hat diese nach dem Krieg zur Entlastung der Autoren verschleiernd als „rein ärztlich" zu charakterisieren versucht[90]; wieviel politischer Wille dahinter stand, ist jedoch unübersehbar: „Wer wundert sich darüber, daß – besonders unter den jungen Ärzten – die Zahl derjenigen immer größer wird, die *hier*[91] das Gebiet ihres politischen Einsatzes sehen und aus warmem Herzen sich ihr verschreiben: Der Jugend Adolf Hitlers" [92].

Die Anlehnung an den Staat kam deutlich in den Tagungen der DGfK zum Ausdruck, wobei dies in den ersten Jahren ersichtlich keineswegs nur auf staatlichen Druck, sondern aus eigenem Antrieb geschah. „Unser erster Kongreß muß eine andere Note haben, wie die früheren: die Kinderheilkunde muß sich betont den bevölkerungspolitischen Bestrebungen des Staates und der Partei zur Verfügung stellen und zeigen, daß sie da auf ihrem Posten ist." Diese Anregung eines der frühesten Nationalsozialisten der Gesellschaft, des niedergelassenen Kinderarztes Thilo Brehme aus Castrop-Rauxel, führte seit der Tagung von 1934 zu der Tradition, staatliche und parteiamtliche Vertreter zu den Tagungen persönlich einzuladen; noch in der Weimarer Republik war man unter sich geblieben und hatte höchstens den Bürgermeister des Tagungsortes gebeten. Die Begrüßungsansprachen der Präsidenten zeigten nicht nur die politische Note, die jetzt verlangt war, sondern bekannten sich auch zum neuen Arztideal, „nicht mehr als Einzelindividuum [sic!] sein ärztliches Können in den Mittel-

---

[89] l.c. S. 12.
[90] Der Vorsitzende Hans Kleinschmidt in der Vorbereitungskorrespondenz zur ersten Nachkriegstagung 1948. Vgl. hierzu Jahnke-Nückles (1992), S. 129.
[91] Im Original gesperrt.
[92] Joppich (1938), S. 956.

punkt seines Lebens zu stellen, sondern stets als Arzt sich bewußt sein, als Glied des Ganzen zu arbeiten im Sinne der Erhaltung unseres deutschen Volkes". Auch die Themen der Referate sollten so gewählt werden, „daß nicht ein persönlicher Ehrgeiz befriedigt werde, sondern daß aus den Vorträgen wie aus der Diskussion ein Nutzen für die Gemeinschaft erwachsen kann".[93] Vor allem schien es schon „aus Prestigegründen" wichtig, sich für qualifizierte Tagungen einzusetzen, „sonst heißt es, jetzt, wo die Juden nicht mehr da sind, bringen sie keinen Kongreß mehr zustande".[94]

Die Tagung 1934 befaßte sich folgerichtig betont mit der inzwischen politisch aufgewerteten Bedeutung der Erbkrankheiten, außerdem war es dem Vorsitzenden wichtig, „so manche Vorwürfe gegenüber der Pädiatrie wegen der Erhaltung lebensunwerten Lebens"[95] durch die Tagung zurückzuweisen. Der rassehygienische Terminus „lebensunwert" war zwar schon lange in den medizinischen Sprachgebrauch eingegangen, jetzt konnte aber ohne Zurückhaltung formuliert werden: Kinderheilkunde „hilft, alle geborenen lebenswerten Kinder zu erhalten und sie unter besten Bedingungen aufwachsen zu lassen".[96] Das Erbgesundheitsgesetz und die Sterilisationsgesetzgebung wurden – wie in der gesamten Medizin – fraglos akzeptiert und ihr Nutzen für eine Verminderung der Erbkrankheiten auch auf den folgenden Tagungen immer wieder diskutiert.

Selbstverständlich spiegeln die Programme der Versammlungen auch die wissenschaftliche Tätigkeit der Kinderheilkunde in diesen Jahren. Schwerpunkte waren nach wie vor die Rachitis, die Tuberkulose, Ernährungsfragen, Vorsorge und Bekämpfung übertragbarer Krankheiten, frühe Ansätze der Chemotherapie. Diese Arbeiten sind – ebenso wie die Lehrinhalte an den Universitäten – noch nicht ausgewertet, auch scheinen die regionalen kinderärztlichen Vereinigungen zumindest bis 1938 ein relativ ungestörtes wissenschaftliches Eigenleben geführt zu haben. Auf Anordnung der Reichsärzteführung wurde jedoch auf der Wiesbadener Tagung am 12.4.1938 beschlossen, die Vereinigungen nordwestdeutscher, südwestdeutscher, rheinisch-westfälischer, sächsisch-thüringischer Kinderärzte, die Gesellschaft der Berliner Kinderärzte und die Münchner Gesellschaft für Kinderheilkunde als korporative Mitglieder der DGfK anzuschließen. Fortan hatten diese dem Schriftführer die Satzungen und die Tagesordnungen vorzulegen.[97]

---

[93] Rundbrief des Vorsitzenden Stolte (Breslau) an die Vorstandsmitglieder vom 10.11.1933.
[94] Brief des Bonner Ordinarius Hans Knauer an den Vorsitzenden Rietschel (Würzburg) vom 23.1. 1935.
[95] Rundschreiben Stolte an die Vorstandsmitglieder Dezember 1933.
[96] Brehme (1934), S.183.
[97] Jahnke-Nückles (1992), S. 61.

Je weiter die politischen Entwicklungen und alle Bereiche des täglichen Lebens vom NS-Staat bestimmt wurden, umso deutlicher traten die beiden Tendenzen hervor, die sich von Anfang an in der deutschen Pädiatrie erkennen lassen. Zum einen – dies war offensichtlich die inoffizielle Politik der Verantwortlichen in der DGfK – versuchte man sich auf einen betont defensiven Stil der Problembewältigung zurückzuziehen, der mit möglichst wenig Reibungsverlusten ein möglichst störungsfreies Weiterarbeiten gestattete. Die Pädiatrie teilte damit das Verhalten eines großen Teils der medizinischen Öffentlichkeit – einer Grauzone des Sichwegduckens, des Wegsehens, der betonten Konzentration auf „rein-ärztliches" oder „wissenschaftliches" -, die sich die nationalsozialistische Beachtung ihre Faches beruflich zunutze machte, im übrigen aber übersah oder übersehen wollte, daß dahinter ein Staat stand, der das schwächste Glied der Gemeinschaft, das Kind, zum Instrument seines politischen Willens machte.

Zum anderen versuchte aber bis zum Schluß der Ehrgeiz Einzelner, vor allem aus der akademischen Elite der Pädiatrie, die politischen Ziele der Kinderheilkunde im NS-Staat massiv in der Öffentlichkeit zu thematisieren. Kurt Hofmeier, Direktor des Kaiserin Auguste Victoria Hauses in Berlin, verfaßte 1937 eine Denkschrift, die er eigenmächtig dem Reichsärzteführer Wagner zukommen ließ und in der er erneut auf die Bedeutung des Kinderarztes für die Erhaltung der Volksgesundheit hinwies. In der Vergangenheit habe das vielfache Versagen der Elternschaft und „die starke Verjudung unseres Faches" den Arzt zum „Arzt des einzigen Kindes" werden lassen; jetzt gehe es weniger um das individuelle Wohlbefinden als um den Beitrag der Kinderheilkunde zur Erhaltung der Volkskraft. Daher müsse – auch im Hinblick auf eine nach wie vor zu fordernde Besserstellung der Pädiatrie – die Rolle der Kinderärzte in der staatlichen Gesundheitsführung gestärkt werden.[98] Der große Erfolg dieser Denkschrift blieb allerdings aus, obwohl sich die DGfK offiziell dahinterstellte; der greise Altmeister der Kinderheilkunde, Adalbert Czerny, gab Hofmeier sogar zu verstehen, er habe damit das Ansehen der deutschen Pädiatrie herabgesetzt.

Besonders intensiv sollte die Verbundenheit der deutschen Pädiatrie mit dem NS-Staat demonstriert werden, als nach dem sogenannten „Anschluß" Österreichs der Wiener Ordinarius Franz Hamburger den Vorsitz der DGfK übernahm. Der Esserich-Schüler war 1930 aus Graz als Nachfolger v. Pirquets nach Wien berufen worden und schon weit vor der Besetzung Österreichs als bekennender Nationalsozialist hervorgetreten. Nunmehr erwies er sich als ei-

---

[98] Denkschrift: „Die ärztliche Versorgung der Kinder und die Frage der Stellung des Kinderarztes". Hofmeier an den Reichsärzteführer Wagner, 16.6.1937.

ner der vehementesten Parteigänger in der deutschsprachigen Pädiatrie: „Die Heilkunde", so formulierte er 1939 in einem Festvortrag zum Thema „Nationalsozialismus und Medizin"[99], „ist über ihre bisherigen Grenzen, also gleichsam über sich selbst hinausgelenkt worden, durch die Gedanken und Taten des Führers...Mit bewundernswerter Klarheit und Folgerichtigkeit zeigt uns der Führer auch auf diesem Gebiete den Weg und macht uns Ärzte zu Führern des Volkes in dem Wichtigsten, was es für Menschen gibt, der Gesundheit und Leistungsfähigkeit." Dies war im Falle Hamburgers mehr als nur parteipolitische Rhetorik; er hatte weitreichende Verbindungen in Berlin und forderte als nunmehriger Präsident der DGfK eine massive Aufwertung der Universitäts-Kinderkliniken zu „Zentren der NS-Kinder- und Jugendfürsorge", die Umbenennung der Pädiatrie in „Ärztliche Kinderkunde" und der Gesellschaft in „Gesellschaft für Kindergesundheitsführung".[100]

Hamburger apostrophierte öffentlich die jüdischen Emigranten Albert Eckstein°, L.F. Meyer°, Paul György°, Ernst Freudenberg° und Bela Schick, die mit bedeutenden ausländischen Kollegen, darunter Fanconi, Gerstenberger, Glanzmann, v. Groer und Meyerhofer im ebenfalls emigrierten jüdischen Verlag Karger das „Jahrbuch für Kinderkrankheiten" als „Annales Paediatrici" in Basel neu herausgaben. In zwei Aufrufen vom Oktober und Dezember 1938 forderte Hamburger die „reichsdeutschen Mitglieder" auf, das Jahrbuch abzubestellen und keine Arbeiten mehr einzusenden. Scharf kritisierte er nicht nur das Verhalten des Verlegers, sondern auch insbesondere das Ernst Freudenbergs, der 1937 als Ordinarius in Marburg ausgeschieden war, weil seine Ehefrau jüdischer Herkunft war. Freudenberg konnte den Lehrstuhl in Basel und die Schriftleitung der „Annales Paediatrici" übernehmen; „Karger", so Hamburger, „hat nun seinen Kampf, anders kann man das nicht nennen, gegen die deutsche Kinderheilkunde und gegen das Dritte Reich durchgeführt in einer Weise, daß er nun die 'Annales' herausbringt, wozu er Freudenberg, der ja menschlich begreiflich vergrämt ist, durch sein Geschick als Schriftführer gewonnen hat. Freudenberg hat sich damit ganz öffentlich auf die Seite Kargers gestellt."[101]

Die Bestrebungen zum endgültigen Schulterschluß mit dem NS-Staat sollten in großem Stil auf der für September 1939 in Salzburg – bewußt „eine Stadt in der Ostmark"- aufgezeigt werden[102]. Ein eigener „Tag der körperlichen Erzie-

---

[99] Wien.Klin.Wochenschr. 52 (1939), H.6, S. 133–138.
[100] z.B. in der Eingabe an das Reichsministerium für Wissenschaft, Erziehung und Volksbildung vom 27.7.1940: „Neue Aufgaben der Kinderheilkunde – Gesundheitsführung, Vorsorge".
[101] Vgl. hierzu ausführlich Lennert (1995).
[102] Einzelheiten zum Folgenden bei Jahnke-Nückles (1992), S. 95-98.

hung des Kindes" im Festspielhaus war als Zeichen der Verbundenheit zwischen Kinderheilkunde und Regierung vorgesehen; hierzu sollten sprechen der „Reichsjugendführer" Baldur von Schirach, der „Reichssportführer" von Tschammer und Osten und der „Reichsgesundheitsführer" und Leiter der „Reichsarbeitsgemeinschaft für Mutter und Kind" Leonardo Conti. Ergänzend war ein Beitrag von Kurt Hofmeier über die „Leistungsfähigkeit des Kindes und Jugendlichen" vorgesehen, um dem wissenschaftlichen Charakter der Tagung gerecht zu werden. Die Einteilung der Entwicklungsstufen des Kindes in Kleinkind, Grundschulalter, Pimpf und Jungmädel, HJ und BDM demonstriert indessen die unverhohlene Tendenz, „den Einsatz der deutschen Kinderärzte" der Gesundheitspolitik des Staates anzugleichen. „Wenn wir als kleines Fach auftreten, werden wir ein kleines Fach bleiben", argumentierte der Berliner Ordinarius Bessau und war der Ansicht, „daß keine Zeit günstiger wäre, die Kinderheilkunde in den Sattel zu heben", als die des Dritten Reiches. Der erste Tag des Kongresses sollte mit einer „Feierstunde der HJ" auf Einladung des Reichsjugendführers ausklingen.

Die Salzburger Tagung war als Höhepunkt aller Tagungen in der NS-Zeit gedacht; die Organisation verlief bis Ende August scheinbar ungestört. Am 28. August stellte der Vorsitzende, der Tübinger Ordinarius Walther Birk, auf Grund der gespannten politischen Lage die Möglichkeit der Durchführung in Frage, am 30. August entschied der Reichsgesundheitsführer auf Absage. Am 1. September 1939 brach der Zweite Weltkrieg aus.

Inzwischen war jedoch deutlich geworden, daß nicht mehr alle Verantwortlichen bereit waren, den Kurs Hofmeiers, Hamburgers und ihrer Getreuen gutzuheißen. Auf die Absage der Tagung reagierten selbst einige der Organisatoren erleichtert; Birk hatte schon im Vorfeld befürchtet, daß die Vorträge der Parteifunktionäre einen vorwiegend propagandistischen Inhalt bekommen könnten, was dem eigentlichen Anspruch der Gesellschaft auf eine wissenschaftliche und objektive Darstellung nicht genügen würde. Hamburger und Hofmeier versuchten Anfang 1940 nochmals, mit Hilfe einer erneuten Denkschrift und einer Sondersitzung des Vorstandes der DGfK mit Parteifunktionären, ihre Vorstellungen von einer Umwidmung der Pädiatrie in eine „ärztlichen Kinderkunde" durchzusetzen, fanden aber selbst im Vorstand keine Sympathie mehr.[103] Gegen den offen geäußerten Zweifel der Verantwortlichen wurde jedoch die DGfK

---

[103] Goebel an Birk 19.2.1940: „Ich halte den Vorschlag ...für ganz unzeitgemäß [und] die gesamten Themen selber nicht geeignet dafür, daß sie von der Gesellschaft für Kinderheilkunde weiter verfolgt werden..."

vom Reichsgesundheitsamt gezwungen, im September 1940 im Rahmen einer „Kinderkundlichen Woche" die ausgefallene Tagung in Wien nachzuholen. Der Bevölkerung sollte veranschaulicht werden, daß der nationalsozialistische Staat trotz Krieg seine besondere Fürsorge der heranwachsenden Jugend angedeihen ließ. Der stellvertretende Reichsgesundheitsführer versicherte, mit „der gesündesten Jugend der Welt" den Krieg zu gewinnen.

Dieser von oben angeordnete, kaum ertragreiche Wiener Kongreß war der letzte im Dritten Reich. Im Sommer 1944 sprach der Reichsgesundheitsführer Conti den förmlichen Wunsch aus, nochmals eine Tagung durchzuführen. Der Schriftführer Goebel forderte daraufhin den Vorsitzenden Bessau telegraphisch zu einer festen Haltung auf: „bester nachwuchs im felde in tätigkeit ausserhalb faches – stop – wissenschaftl. arbeit wegen fehlender mitarbeiter u. schäden vielerorts unmöglich – stop – weitere verminderung von Assistenten zu erwarten – stop – winter für tagung ungeeignet – stop – dürftige tagung schlechter als garkeine – stop – kongresse lassen sich nicht kommandieren – stop –."

Die Euphorie, mit der sich deutsche Pädiater ein Jahrzehnt vorher dem NS-Staat zur Verfügung gestellt hatten, war endgültig verflogen; die Realität hatte sie eingeholt.

Nachtrag

Noch einmal sei betont, daß die mitgeteilten Befunde die Aktivitäten der Funktionsträger in der deutschen Pädiatrie widerspiegeln. Es gehört jedoch zu den vielen Zeichen der schwer begreiflichen Ambivalenz jener Zeit, daß bis jetzt nirgendwo in den Archiven ein irgendwie gearteter Protest gegen diese Aktionen aus den Reihen der Kinderärzte dokumentiert ist; auch nicht gegen die Tätigkeit der oben erwähnten „Kinderfachabteilungen" zur Tötung behinderter Kinder, deren Aktivität genau zum Zeitpunkt der Wiener Tagung 1940 auf einem ersten Höhepunkt angelangt war. Es gab allerdings einzelne konkrete und tapfere Versuche, das Töten solcher Kinder zu unterlaufen; so etwa durch den Freiburger Ordinarius Carl T. Noeggerath, der persönlich in der Kanzlei des Führers die Einrichtung einer solchen Abteilung unter Hinweis auf das Freiburger katholische Umfeld ablehnte[104], oder durch Josef Ströder, seinerzeit Oberarzt bei Goebel in Düsseldorf, der im Krieg als kommissarischer Leiter der Kinderklinik in Krakau polnische und jüdische Kinder vor der Vernichtung be-

---

[104] Einzelheiten bei Noeggerath (1951).

wahrte.¹⁰⁵ Beide sind stellvertretend für jene Ärztinnen und Ärzte genannt, die im Stillen Gleiches taten, deren Namen wir aber nicht mehr kennen. Wie sehr sich allerdings jene im Recht glaubten, die nach dem Kriege wie Werner Catel ihre Tätigkeit als Euthanasiegutachter rechtfertigen wollten¹⁰⁶, oder wie Hamburger, Hofmeier, Joppich, Bennholdt-Thomsen u.a. ihr Bild von der Gesundheit der „Jugend des Führers" als normal-ärztlich einschätzen oder die verschwiegen, wie wenig bzw. garnicht man sich mit der Verstrickung der Pädiatrie in die eigene nahe Vergangenheit auseinandersetzte, all dies gehört zu dem großen Verdrängungsschub, der die unmittelbare Nachkriegszeit in Deutschland charakterisiert. Alle blieben im wesentlichen unbehelligt; Hans Kleinschmidt, der letzte Vorsitzende der DGfK in Kriegszeiten und auch der erste nach dem Krieg, erklärte nach einigen internen Beratungen, man könne „solche Leute ruhig vorzeigen".¹⁰⁷ Als Leiter der ersten Nachkriegstagung 1948 ging er lediglich kurz auf die bekannt gewordenen medizinischen Versuche mit Kindern ein und beklagte, daß dadurch gewachsenes Mißtrauen gegenüber Kliniken und Krankenhäusern „bei all unserer Fürsorge schmerzlich zu erfahren" sei; allerdings hätten „Fahrlässigkeit, ja Verbrechen in dieser Hinsicht Schlimmes angerichtet".¹⁰⁸ Über sein eigenes Erleben und Handeln in der NS-Zeit verlor er ebensowenig ein Wort, wie der ebenfalls nach wie vor amtierende Schriftführer Fritz Goebel; auch von den anderen genannten NS-Aktivisten unter den Pädiatern ist kein Zeichen einer kritischen Selbstreflexion bekannt geworden.

In der Vorbereitung zum zweiten Nachkriegskongreß 1949 – inzwischen war er selbst Vorsitzender – bemühte sich Goebel, den Kontakt zu den emigrierten jüdischen Mitgliedern wieder herzustellen. In seiner Eröffnungsansprache berichtete er, er habe „Schreiben an alle erreichbaren Persönlichkeiten, die wir seit 1938 in unserem Mitgliederverzeichnis nicht mehr führen durften [sic] gerichtet mit der Anfrage, ob wir sie wieder als Mitglieder betrachten dürfen. Es kamen Absagen und Zusagen. Unter den Zusagen sind besonders bemerkenswert die von Erwin Schiff, New York (früher Berlin), Paul György, Philadelphia (früher Heidelberg) und Bruno Leichtentritt, Cincinnati (früher Breslau)." Er verschwieg dabei ebenso Anlaß und Umstände ihrer Emigration, wie die vielfach sehr sensibel begründeten Absagen derer, denen eine Rückkehr noch

---

¹⁰⁵ Vgl. Ströder (1985).
¹⁰⁶ Catel (1962), (1966).
¹⁰⁷ Brief Kleinschmidt an Goebel, 4.3.1948. Einzelheiten bei Jahnke-Nückles (1992), S. 129.
¹⁰⁸ Eröffnungsansprache 48. Versammlung DGfK 23.8.1948 in Göttingen. Monatsschr. Kinderheilk. 97 (1949), 101. Die Britische Militärbehörde hatte für ihre Besatzungszone die Genehmigung zur Wiederaufnahme der Tätigkeit der Gesellschaft erteilt. Vgl. auch Brodehl (1999).

nicht oder nie mehr möglich schien.[109] Auf den noblen Brief von Walther Freund, der in der Dokumentation dieses Bandes abgedruckt ist, antwortete Goebel am 31.8.1948: „Ich glaube Ihnen versichern zu dürfen, daß einschließlich derer, die wegen Parteizugehörigkeit entamtet wurden, in unserer Gesellschaft niemand mehr sein dürfte, der noch etwas 'von Hitler in sich herumschleppt'."
Zu diesem Zeitpunkt hatte Rudolf Degkwitz, Hamburger Ordinarius für Kinderheilkunde, der 1944 wegen „Defaitismus und Wehrkraftzersetzung" vom NS-Volksgerichtshof ins Zuchthaus gebracht worden war, Deutschland „aus politischen Gründen" bereits verlassen und war in die USA übergesiedelt. Als hartnäckiger Kritiker der Entnazifizierungspolitik und seiner ihre NS-Vergangenheit verdrängenden Kollegen, insbesondere als Ankläger von Werner Catel und der „Kindereuthanasie", empfand er „das Verhalten der deutschen Ärzte in den Jahren 1945-1947 als unwürdig".[110] Über die in diesem Zusammenhang heftig geführten internen Diskussionen besteht in den Unterlagen der DGfK eine auffällige Aktenlücke.

Fazit

Die deutschen Kinderärzte und ihre offizielle Fachvertretung haben die Machtergreifung der Nationalsozialisten 1933 als positiv und vielversprechend für die Anerkennung und Weiterentwicklung des Faches empfunden. Das politische Interesse dieses Regimes an einer „erb- und rassereinen" Jugend als „Garanten der Zukunft" verhalf der Pädiatrie zu staatlicher Aufmerksamkeit; sie unterwarf sich dafür ihrerseits offiziell den nationalsozialistischen Zielsetzungen und Maßnahmen. Hierzu gehörte auch die Eliminierung ihrer jüdischen und politisch mißliebigen Kolleginnen und Kollegen. Ihnen galt die vorliegende Untersuchung.
Bis November 1999 konnten in Deutschland, Wien und im Rahmen einer Stichprobe in Prag unter insgesamt 1384 Kinderärztinnen und Kinderärzten 744 von den NS-Maßnahmen betroffene Personen namentlich erfaßt werden. Dies sind fast 54%; damit hat sich die vor 1933 erstaunlich hohe Attraktivität der deutschsprachigen Pädiatrie für jüdische Mediziner gezeigt, aber auch der gewaltige

---

[109] Eröffnungsansprache 49. Versammlung DGfK 26.9.1949 in Düsseldorf. Monatsschr. Kinderheilk. 98 (1950), S. 49-50.
[110] Zu der international beachteten Kontroverse zwischen Degkwitz und der DGfK um die Rolle von Werner Catel vgl. Werle (1974), Bottin und van den Bussche (1989), van den Bussche (1999).

Aderlaß, den dieses Fach wissenschaftlich, menschlich und in der Betreuung kranker Kinder erlitten hat. In 629 von diesen 744 Fällen konnte bisher den individuellen Schicksalen nachgegangen werden: 464 (73,7%) emigrierten in 31 Länder der Welt, 71 von ihnen (11,3%) gerieten in die Vernichtungsmaschinerie des Holocaust. Von diesen überlebten nur 13. Unter den restlichen 210 Einzelschicksalen finden sich mindestens 27 Suicide, 39 sonstige Todesfälle, illegales Untertauchen und alle Arten verzweifelten Überlebens.

Es sei abschließend nochmals bewußt hervorgehoben: All dies sind keine absoluten Zahlen. Vieles spricht dafür, daß die Zahl der Betroffenen, der Emigranten, der Untergetauchten, der Deportierten, der Ermordeten höher ist und nie mehr genau zu ermitteln sein wird – ganz zu schweigen davon, daß in den meisten Fällen die Ehegatten, die Kinder und andere enge Familienangehörige das Schicksal geteilt haben. Von 117 jüdischen Kinderärztinnen und Kinderärzten wissen wir bisher nur den Namen, eventuell ihren Ausbildungsgang, gelegentlich auch den Ort und die Art ihrer Tätigkeit – und daß sie im Sinne der NS-Gesetze jüdischer Herkunft oder in anderer Weise betroffen waren. In den relevanten Ärztelisten, in den Adreßbüchern der Städte, auch in Archiven tauchen sie spätestens nach 1938 nicht mehr auf. Ihr Schicksal verliert sich bisher im Ungewissen.

Erklärung des Vorstandes der Deutschen Gesellschaft für Kinderheilkunde und Jugendmedizin

Am 3. Oktober 1998 veranstaltete die Deutsche Gesellschaft für Kinderheilkunde und Jugendmedizin im Rahmen ihrer Jahrestagung in Dresden eine öffentliche Gedenkfeier für ihre zwischen 1933 und 1945 verfolgten, aus dem Land getriebenen und ermordeten Kolleginnen und Kollegen. Der amtierende Vorstand der Gesellschaft unter dem Vorsitz des Präsidenten Prof. Lothar Pelz (Rostock) gab dabei im Namen der deutschen Kinderärzte folgende Erklärung ab:

Die Deutsche Gesellschaft für Kinderheilkunde hat in der Zeit des Nationalsozialismus Schuld auf sich geladen.

Herausragende Fachvertreter haben sich der politisch verhängnisvollen Doktrin der „Rassereinheit" und der völkischen Gesundheitspolitik der nationalsozialistischen Jugendführung zur Verfügung gestellt.

Die Mehrzahl der deutschen Kinderärztinnen und Kinderärzte jener Generation hat die Zerstörung der Existenz von über 700 jüdischen oder politisch mißliebigen Kolleginnen und Kollegen widerstandslos geduldet. Sie und auch die Angehörigen der unmittelbaren Nachkriegsgeneration haben dazu geschwiegen.

Dies öffentlich festzustellen und zu bedauern, aber vor allem die Erinnerung an die Schicksale unserer politisch verfolgten, vertriebenen und ermordeten Kolleginnen und Kollegen für zukünftige Generationen wachzuhalten, ist das besondere Anliegen dieser Gedenkstunde.

Dresden, 3. Oktober 1998

INTRODUCTION

Jews in Pediatrics *

According to concurrent historical findings, between 15 and 16 percent of all physicians in the German Reich around 1933 were considered by Nazi law to be of Jewish descent.[1] Considering the relatively low percentage (0.9%) of Jews in the German population, this high quota of medical practitioners has repeatedly been emphasized, but it acquires an additional dimension when examined in light of their distribution across the spectrum of medical disciplines.

Pediatrics stands out among them: of the 1,253 pediatricians found in various sources to have been practicing in 1933 within the territory of the German Reich, 611 fell under the „Racial Laws" after the seizure of power by the Nazis.[2] That comprises 48.8 percent – almost every second pediatrician in Germany was or was considered to be Jewish; only a few were affected due to their former political involvement. As a characteristic figure the Jewish pediatrician is still part of the collective memory of the generation who were children at that time.

The particular affinity of Jewish doctors to pediatrics, already evident at the field's beginnings, runs parallel to its development. This is true as early as the 19th century with big names like Eduard Henoch, Abraham Jacobi, Adolf Baginsky, Max Kassowitz, Alois Epstein,[3] but especially for the leading pediatricians of the early 20th century like Arthur Schloßmann°, Heinrich Finkelstein°, Gustav Tugendreich°, Stefan Engel°, Ludwig Ferdinand Meyer°, Leo Langstein°, and many more, all of whom helped to shape, structurally and scientifically, the field of pediatric medicine. This also holds for the growing number of Jewish pediatricians having set up practice in Germany in the 1920s, most of whom had begun to study medicine after the first World War. In 1933 they had fully settled into practice, were integrated into society, and had families. Until now, historical research has centered primarily on the fate of eminent Jewish scientists; it is one of the intentions of this study to take into account, as well, the significance of those who had settled down to practice routine pediatrics.

---

* - The numbered footnotes appearing in this text correspond to those in the German introduction.
 - The persons marked with the sign ° are described in the biographical section of this report.

There were various reasons why the field appealed to young Jewish physicians, the most important factor surely being the favorable recognition that it had received since World War I. But even in the period before the War, and within the short span of a few decades, pediatrics had developed a scientific consciousness appearing to its representatives to have given the field its ultimate shape.[4] Within a single generation and in the wake of rapid developments in the fields of bacteriology, immunology, dietetics, and biological research it was agreed that pediatrics now had a comparable scientific methodology, by which the healthy and pathological states of the child could be understood objectively and quantitatively. The evident decline in the mortality rate of mothers, infants, and children proved this approach to be correct. News of its success spread quickly throughout the population and raised society's expectations with regard to pediatricians and the field of pediatrics.

It was, however, the importance of pediatrics to the state and the national economy rather than scientific results that sparked societal interest in the early part of the 20th century. Social Darwinism and the feelings of nationalism at the time reinforced the proposition stimulating medical advancement since the Enlightenment that the state must take an interest in a large number of surviving, healthy children. This rationale and the fact that the rate of infant deaths was still alarmingly high led the Prussian Ministerialrat Friedrich Althoff to establish – much to the disapproval of the Berlin Medical Faculty – the first German chair of pediatrics in 1893. Another important factor was the report published in the same year by Eduard Henoch concerning the 76.5 percent mortality rate of infants in their first year of life.[5] In response to the growing national and social interest, Arthur Schloßmann°, Professor at Düsseldorf and Jewish, took up a position – albeit 20 years later in 1917– in view of the fact that the state had lost too many men in World War I: On behalf of the executive board of the German Society of Pediatrics (DGfK), he appealed to the Imperial government to establish chairs of pediatrics at all universities.

His presentation, entitled „Kinderkrankheiten und Krieg" („Children's Diseases and War"), was held in Leipzig on 22 September 1917 on a so-called „Kriegstagung".[6] It is a perfect example of the scientific and political Zeitgeist of the time. The central argument essentially attempted to redefine pediatrics as the means by which to guarantee the qualitative „Wiederaufforstung des deutschen Volksbestandes", i.e. the „reafforestation of German manpower", particularly since the young, and as such best fathers, had fallen in war. Bearing in mind the consequences of the war, Schloßmann demanded that the entire medical profession be made qualified in order to assist one another in the „Erhaltung und Gesunderhaltung unseres Nachwuchses" („health maintenance of our new offspring"). This speech resulted in an extensive petition entitled „Teaching pediatrics and its meaning for the population politics"; it was signed by 52 colleagues, „all the teachers in the field". The effect of this document outlasted the fall of the Imperial Reich: In 1918 pediatrics became a standard element of the final medical examination and, although the young Weimar Republic was already showing the symptoms of inflation, 14 chairs of pediatrics were added between 1919 and 1921 to the already existing six.[7]

University centers of education were established or upgraded, in the sense that their teaching positions were transformed into chairs; in this position they officially represented the field of pediatrics within the medical faculty. It was not only these new academic institutions that acquired significance for teaching and research; from the start other institutions were simultaneously emerging on the level of local authorities and the religious communities, where young doctors now had the opportunity to specialize in pediatrics. These included not only the older large children's hospitals outside the university system like the Kaiser- und Kaiserin-Friedrich-Kinderkrankenhaus and the Kaiserin Auguste Victoria Haus in Berlin, the I. Öffentliche Kinderkrankeninstitut in Wien, and the Findelhaus in Prague, but also new departments of pediatric medicine in city hospitals as well as an increasing number of outpatients' clinics for the care of newborns, infants and children.[8] It is striking that most of the institutions outside of the university system were managed by Jewish pediatricians and for their part attracted the interest of young Jewish doctors.

Anti-Semitism at the Universities and in Medicine

One of the major reasons for this tendency lies in the fact that young Jewish scientists were increasingly denied the opportunity to complete an academic career. The anti-Semitic currents at the universities had deepened since the 1870s:

„On the basis of the old hatred of the Jews there grew a new anti-Semitism, the economic anti-Semitism, on whose side the social anti-Semitism had already taken a place in the early period of its heyday."[9] Even while they were still at the universities, the ever-increasing number of Jewish medical students found themselves confronted with the anti-Semitic agitations of the „Vereine deutscher Studenten" who banded together to rouse the student body to fight against

Jews, whom they called „the misfortune of the German Fatherland". In student life the Jews were virtually isolated from their Christian counterparts. Most of the students' societies did not accept Jewish students, and some went so far as to write exclusion paragraphs into their articles. On the Burschentag in 1896 the fraternities gave utterance to „their wish that the fraternities would continue to stand together unanimously in their refusal to admit Jewish students".

From these actions the Jewish students concluded that they would be unable to combat anti-Semitism by relying merely on basic theories and principles; rather, they would have to come out „with a man's courage, holding their heads high in closed phalanx and, as a matter of principle, in Jewish denominational fraternity".[10] In several university cities they formed purely Jewish students' societies whose constitutions included the notions of „their unwavering German allegiance on the one hand, but on the other hand their devotion to their own Jewishness". They sought earnestly and emphatically to regain their position of equality and to make their Jewishness „just as honorable as their cherished German identity".

This polarization at German universities indicates primarily the climate in which the young Jewish medical students had found themselves prior to World War I. Their wish to stand up not only for Jewry but also for the „greatness and honor of the German Fatherland" explains the obvious willingness of many German Jews to go to war and the pride of those who returned home highly decorated. After 1933 this attitude would return in countless distraught attempts to avoid being ostracized.

In his papers concerning anti-Semitism in medicine, Werner Friedrich Kümmel has described the high degree to which physicians throughout the 19th century were at the forefront of the surprisingly rapid academic professionalization of a proportionally high number of Jews – considering their population figures.[11] About half of all Jewish students were enrolled in medical school. At the end of the century, 16 percent of all doctors in the German Reich were of Jewish descent, despite the fact that Jews made up only 0.9 percent of the population. In the larger cities, especially in Berlin, the number of Jewish doctors was even greater. Although appreciated in a general sense, they were nonetheless subject to the increasingly vicious polemic circulated in anti-Semitic propaganda pamphlets and the journals of the professional association. The critique was directed against their multitude, their large representation among specialists and their so-called „cold sobriety and mechanistic way of thinking". These writings also attacked a „dangerous attitude towards sexuality" and emphasized the traditionally anti-Semitic topos of a competitive „merchant mentality" and

„money mongering" that was tarnishing the medical profession's reputation. Kümmel made the important remark that this form of anti-Semitism was not particular to medicine, since it manifested itself equally in other professions and trades practiced by Jews. It is therefore necessary, he argued, to speak of a universal anti-Semitism that also affected medicine.[12]

In this respect it is also important to mention the research of Beate Waigand, who found that the accusations were practically identical with what was passionately discussed during the Weimar Republic in connection with the so-called crisis of the medical profession. It included complaints about overcrowding and the profession's efforts to approach an economic and intellectual „proletarianism". Concern was also expressed over the mechanization and with it the „de-humanizing" of the medical art, the danger of „overspecialization", as well as the fear that the rising competition among doctors could encourage the commercialization of the profession and undermine its ethos. The clear parallels between discussions regarding this „crisis" and agitation against Jewish doctors set thought processes in motion which made it easier for „Aryan" doctors to justify their systematic exclusion of Jewish colleagues using moral arguments. Waigand has named this process „Antisemitismus auf Abruf" („anti-Semitism on call").[13]

Especially after World War I, the universities' lack of interest in appointing Jewish scholars became obvious. Faculties allowed exceptions but did not generally give equal opportunities to Jews.[14] The career of high-ranking Jewish scientists ended at the very best when they had reached the level of Extraordinarius; this applied not only within the German Reich but also outside of it, for example, in Vienna. The only two Jewish German chairs of pediatrics at that time were Arthur Schloßmann° at the Düsseldorf Medical Academy and the Hugo Falkenheim° in Königsberg. Schloßmann had already been appointed Chair in 1906 when a period of more liberal ideology was setting in at the universities; during the general upgrade of teaching positions in 1921, it was probably not possible to pass over Falkenheim for promotion, who had represented the field of pediatrics since 1886 and had been nominated Extraordinarius in 1888. As the biographies in this document show, however, Jewish pediatricians recognized for their contributions to science usually reached the level of Extraordinarius only after considerable difficulties. Many subsequently left the university, whereas others left while still at the level of Privatdozent. Later they found work outside the university system in the pediatrics departments of regional or denominational hospitals, or in their own practices, where, as will be shown, they nonetheless made considerable achievements in the field of pediatrics not only concerning scientific research but more importantly with regard to social policy.

Jewish Women in Pediatrics

Very early in the history of pediatrics the role of women, especially Jewish women, is evident. We find among them representatives of the three distinct groups of early women physicians: those who had to complete their studies in other countries and practiced subsequently in Germany without a German medical license; others who had started medical school abroad – mostly in Switzerland – but then could return in 1899 to finish their studies in Germany due to a decision of the German Bundesrat; and, finally, the first women doctors who got their entire medical education in Germany.[15] The „marked appreciation among Jewish middle-class families for higher education and formal certification"[16] explains not only the great number of male Jewish medical students but also the remarkably high proportion of Jewish women in this profession. The evidence shows that even before the question of medical specialization was subject to formal regulations, the majority of women doctors had already focused their interests in either gynaecology or pediatrics or in both fields. Meanwhile, the title „women's and children's physician" had become quite common. At that time the self-image of these women was that of „female doctors for female patients". Moreover, the socially accepted view of woman as mother easily allowed for the integration of the treatment of children.[17] This way of thinking continued into the era of the Weimar Republic: In 1930, 45.7 percent of all women specialists were pediatricians, the total proportion of women doctors in the medical profession for the year 1932 was calculated to be 6.3 percent.[18] According to our findings, 32 percent of the Jewish pediatricians affected in 1933 by the Nazi laws were women.

An analysis of the individual biographies in this volume demonstrates further that it was the Jewish women pediatricians who stood out for their scientific achievements, in various cases held prominent managing positions and to an extraordinary extent were active in the areas of social medicine and public welfare. Women's activity in the field of pediatrics was particularly concentrated in the larger cities: in 1933 there were 74 Jewish women pediatricians active in Berlin (33.6%), in Breslau, 11 (38.7%), in Frankfurt am Main, 13 (32.5%) and in Hamburg, 8 (30.8%). Many of them were members of the Bund Deutscher Ärztinnen (Association of Women Physicians of Germany), which had been established in 1924 and advocated equality for women doctors in the medical field; in 1933 more than two-thirds of its members were „non-Aryans".[19] Known for their commitment to improving social medicine and their often obvious tendency towards a „verjudete" social democracy, the Jewish women doctors were accused by their male anti-Semitic colleagues of having a „subversive" influence on the „Volksgemeinschaft".

The high percentage of Jewish women in pediatrics is also remarkable in view of the fact that towards the end of the Weimar Republic the open-mindeness vis-à-vis competition by women was clearly waning. It was generally recommended to limit the quota of women admitted to the universities to 5 percent because experience had shown, it was argued, that their physical strength was insufficient in important and difficult areas of practical medicine.[20] Here anti-feminism seems to have allied itself with anti-Semitism: What women and Jews had in common was „their susceptibility to being assigned to collective categories, in this case to a particular 'sex' or 'race', which, it was alleged, could be clearly defined and exactly identified using scientific methods. That the 'Aryan race' possessed a higher value than the 'Semitic race' was considered to be as obvious as the superiority of the male sex over the female sex."[21] Here, as well, the National Socialists could base their intentions on the existing presuppositions and implement them into their politics after 1933.

The Question of Specialists

After many years of debate, the controversy surrounding the question of specialists was finally tackled at the 43rd German Ärztetag (General Assembly of the Medical Profession) held in Bremen in 1924.[22] The general practicioners wanted to reserve the right to do all medical work corresponding to their training and education and prevent themselves from becoming mere suppliers of patients for the specialists. For their part, the specialists were mainly concerned about safeguarding their professional title. In their opinion, only those doctors who had acquired the proper certification by fulfilling established prerequisites should be allowed to call themselves specialists. In the past, the lack of criteria in medical training had made it possible for anyone who had spent a certain amount of time in the children's ward of a hospital or at a corresponding clinic to bear the titel of „pediatrician". This resulted in the proliferation of such combined titles as „women's and children's doctor",

„general practitioner and pediatrician" and doctor of „surgery and pediatrics". The guidelines of the Ärztetag in Bremen – the profession was opposed to any official regulation – acknowledged pediatrics as an area of specialization with a three-year training period but restricted its patient-clientele to children under 14 years of age. The consultation and treatment of adults was „in principle not allowed". As for the rest, all specialists, including, of course, the pediatricians, should confine their domain of activity to „consultation during their office hours and hospital visits, which means making house visits only when necessary, and should refrain from doing any sort of general work that typically belonged to the family doctor's field of activity". The assembly of 47th German Ärztetag held in Danzig in 1928, whose main theme was the problem of defining the boundary between internal medicine and pediatrics, reiterated these principles and emphasized that the pediatrician was obliged when making a house visit to contact and cooperate with the family doctor, to whom the pediatrician should then hand over the case as soon as possible. Nevertheless, this assembly increased the length of the training period in pediatrics from three to four years to include one obligatory year of training in internal medicine.

During the period of the Weimar Republic no satisfactory agreement could be reached in the debate over the question of specialists. Rather, the conflicts, differing interests, and oppositions increasingly manifested themselves and appeared to be growing insurmountable. They persisted into the era of National Socialism, although in 1935 pediatricians were granted the right to make house visits on their own. Now, however, the problem lay in the politically motivated opposition to specialism on the part of the „Reichsärzteführung", who publicly declared its intention to transform the family medical system to benefit general practitioners. Due to these changing opinions, Rietschel, Chairman of the DGfK for the year 1937 and Professor of Pediatrics at Würzburg, stated with resignation his belief „that in the future there would be no place in medicine for the children's specialist."[23]

In light of the present study it was necessary to give such an extensive description of the controversy over medical specialism, which, by the way, also concerned the admission of doctors to service in schools as Schularzt. The debate raises the following question: Who in 1933 was actually regarded as „Kinderarzt" ? To provide an answer the following points must be taken into account:
- The data concerning older colleagues who received their education before 1924 do not present a comparable standard. Their curricula included more or less lengthy residencies in diverse children's wards as well as other

educational elements, most of which were in the area of internal medicine. For most of these doctors, therefore, an explicit personal interest in working with children was sufficient reason for setting up practice as Kinderarzt, in spite of having had only minimal contact with pediatrics. The acceptance of this current of „specialization" certainly depended on the goodwill of the local professional body of doctors and the health insurance institutions.
- Pediatricians who were qualified after 1924 or 1928 to hold the title of Kinderarzt had already satisfied the training prerequisites based on the stipulations of the Ärztetag. But the extent of their activity, too, was still contingent on often petty regulations set down by the local professional organizations.

This shows that in Germany in 1933 there were absolutely no standardized criteria by which a doctor was registered as Kinderarzt either in the Reichs-Medizinal-Kalender, in the members' lists of the DGfK or other medical societies, or in the various directories of towns and cities. Their careers reflect the difficult process by which pediatrics came to be recognized as a defined area of specialization and the activities of the Kinderarzt as a specialized medical profession.[24]

In the present study, therefore, all doctors were included who, notwithstanding their particular training syllabus, appeared as pediatricians in the physicians' registers in 1933 and for whom there is proof of activity in the area of pediatrics.

Pediatrics in Social Medicine

From the very beginning, most of the Jewish pediatricians who were trained after World War I turned to the area of social medicine. Many of them had done their doctorates on subjects in the area of pediatrics or Sozialhygiene, a specifically German form of public health during Imperial Reich and the Weimar Republic, and predominately took up assistant positions at clinics having Jewish medical directors. Considering the steadily growing anti-Semitism of the 1920s, this tendency might reflect a certain effort to provide minorities refuge; on the other hand, most of the leading Jewish pediatricians, as stated above, were active – despite their great reputation as scientists – at institutions outside of the university system. As a result, the children's departments run by them at municipal or private hospitals as well as the orphanages, clinics for the treatment of infants and children, and children's asylums had also become important centers of training for pediatrics.

In the biographies prepared for this study the same names of famous Jewish teachers appear repeatedly: Adolf Baginsky, Heinrich Finkelstein°, Ludwig Ferdinand Meyer°, and Leo Langstein° in Berlin, Stefan Engel° in Dortmund, Arthur Schloßmann° in Dresden und Düsseldorf, Walter Freund° in Breslau, and Franz Lust° in Karlsruhe. Moreover, there were also some non-Jewish university teachers who were known to be philosemitic. Frequently they employed young Jewish scientists as assistants and guided them through the qualification process to become university lecturers. Notable names are Adalbert Czerny in Berlin, Ernst Moro° in Heidelberg, Karl Stolte in Breslau, C. Th. Noeggerath in Freiburg, and Clemens von Pirquet in Vienna. A glance at those contemporary journals in which these young assistants used to publish gives evidence of the intensity of their involvement in research. Many of them made substantial contributions to the scientific development of pediatrics. The catalogues of authors in various journals published before 1933 read today like preliminary emigration lists, as, for example, in the journal „Kinderärztliche Praxis", founded in 1930 by Stefan Engel° (Dortmund) and Erich Nassau° (Berlin).[25]

The obvious interest in what was at that time called „Sozialhygiene" was significant for the development in the 1920s of a special area within pediatrics. It is a historical fact that pediatricians tied their professional self-image to the prosperity of the state.[26] Pediatrics was initially not a product of medicine; rather, it arose in the second half of the 18th century out of the Enlightenment initiatives of „medical and moral education" for children. Since then, and even more intensely during the establishment phase of pediatrics at the universities at the end of the 19th century, it was argued that the pediatrician's mission extended far beyond the sphere of „medicine as such" to comply with the interests of the state. In 1805, A. F. H. Hecker maintained that the primary goal of pediatric therapy, the survival of children, should be made „a principle issue on the state's agenda"; in 1877, Abraham Jacobi called it a basic element required for a „healthy national economy"; Adalbert Czerny asserted in 1908 that it ultimately amounted to „ensuring not only healthy children but also those who have civic value."[27]

The scientific and organizational progress made in the field of pediatrics during the last decades of the 19th century, the „heroic epoch of our field",[28] had given pediatricians the reassurance that now their methodology was correct. In quick succession, the scientific advances made in such areas as etiological research, bacteriology, serology, and dietetics had brought pediatrics to the forefront of medicine. But the enormous returns produced by this work still contrasted sharply with the reality that spreading industrialization and the subsequent concentration of large groups of people in the cities and industrial centers had aggravated the negative impact of the social conflicts. As a result, the infant mortality rate had continued to rise steadily in Prussia and Germany, respectively, from 16.9 percent in 1811 to 23.4 percent in 1880; only in 1915 did it sink back to 16.0 percent.[29] Because the rate of births was also falling, people began to worry about „depopulation". At the 1908 conference celebrating the 25-year existence of the DGfK, Schloßmann° called infant mortality a „factor adverse to civilization, a worrisome symptom of the decay of the nation."[30]

This attitude formed the background of the considerable pediatric display of activity in the area of Sozialhygiene as early as 1880. In the framework of this introduction it is not possible to discuss this phenomenon in detail, as the history of pediatrics in public health, that is, „social pediatrics", must still be researched.[31] The first „Handbuch der privaten und öffentlichen Hygiene des Kindes" (Handbook of Private and Public Hygiene of the Child) by Julius Uffelmann (1837–1894), Professor of Hygiene in Rostock, opened up a wide field of work: hygiene in schools, orphanages, childcare centers, the production and regulation of milk, camps, infant care, youth social services, and, most of all, the protection of infants and children became of interest for the pediatricians.

In 1897, Arthur Schloßmann° established the first Säuglingsheim (baby ward) serving to educate nurses for newborns and infants. The first official social services department for infants was founded by Gustav Tugendreich° in Berlin in 1905. Even earlier various organizations had started to propagate the natural feeding of infants, which meant that they encouraged mothers to nurse their infants themselves. In 1907, there were 73 such departments in Germany, in 1910, the number had already risen to 303, and in 1933, there were 2676 centers in Prussia alone.[32] This strong movement, which concerned many levels of care and protection of the child's life, was not confined to the German Reich; similar developments manifested themselves elsewhere in Europe, especially as part of pediatrics in Vienna and Prague.

A quick screening of the curricula in the biographical section of this study shows that large proportion of Jewish pediatricians were involved in this development. This applies not only to the recognized authorities in the field, but also to their students, who set up practices in the urban centers and dedicated themselves to the service of this ideal. So, we repeatedly find, for instance, former assistants of Adolf Baginsky, Director of the Kaiser-und Kaiserin-Friedrich-Kinderkrankenhaus in Berlin and author of the first „Handbuch der

Schulhygiene" (Handbook on School Hygiene, 1877), active in public service at the places where they worked; for example, Eugen Neter° (Mannheim), Felix Blumenfeld° (Kassel), and Ludwig Mendelsohn° (Berlin). The staff members working under Hugo Neumann (1858-1912), Jewish founder and director of the „Kinderhaus" in Berlin, also held positions of esteem in the area of social pediatrics, such as Alfred Japha° and Arnold Orgler°, as well many others who had undergone a longer or shorter training period under Neumann.[33] Arthur Schloßmann's students, both those in Dresden like Stefan Engel° as well as those in Düsseldorf, for example Adolf Sindler°, belong just as well to this category, as do the many associates of Vienna's Jewish clinic directors Wilhelm Knöpfelmacher° and Karl Hochsinger°.

This listing is necessarily incomplete. The examples should merely serve to make the phenomenon evident. As stated above, the curricula of those – mostly Jewish – doctors who were engaged in social pediatrics reveal contact with the same teachers: Ludwig Ferdinand Meyer°, Heinrich Finkelstein°, Leo Langstein°, Walther Freund°, Franz Lust°, and Stefan Engel°. It is worth repeating that except for Arthur Schloßmann° none of these scholars held an official chair of pediatrics; the field of social pediatrics had evidently developed outside of the university system. Additionally, many young Jewish pediatricians e.g. in Berlin participated in study groups, or even did their doctorates, with the social democrat and „Sozialhygieniker" Alfred Grotjahn (1869-1931) and his socialist successor Benno Chajes°.[34] Furthermore, many pediatricians, especially the women, worked not only in their own practices but also in public or denominational institutions for the care of infants and children, at schools and orphanages, and as sports physicians. Some of them were active in the „Verein Sozialistischer Ärzte" (Association of Socialist Doctors). It thus becomes clear why social pediatrics in the 1920s was considered to be dominated by Jewish doctors and leftist, and why this was entirely incompatible with the doctrines of the rising National Socialism. It was this generation, above all, with its growing number of successful Jewish doctors at academic institutions and in private practice who would encounter not only general political hostility but also envy and resentment from their own ranks at the end of the Weimar Republic.

The Deutsche Gesellschaft für Kinderheilkunde and its Jewish Members

Strikingly, only 57.7 percent of German pediatricians were registered in 1933 in the Deutsche Gesellschaft für Kinderheilkunde (German Society of Pediatrics) (DGfK), which had been in existence since 1883. Of these members, only 35.7 percent were Jews, which means that around 30 percent of all members in the DGfK – including those who were not pediatricians – were Jewish. This corresponds to a comment already made in 1926 by Stoeltzner° (Königsberg), who had estimated Jewish membership in the DGfK to be at 30 percent. That means that with a total membership of 708 persons there were about 212 Jewish members at the time.[35] Thus, it is obvious that the majority of Jewish pediatrics specialists in Germany, especially the women pediatricians, did not belong to this organization. Apparently many of them were content to be members in one of the regional pediatrics associations, where their numbers were higher.

The ambiguity of the DGfK's policy towards Jews was typical for the time. On the one hand, many high-ranking Jewish medical specialists were members and actively involved in the difficult politics surrounding the professional association at the time. To name a few examples, the association was headed by Jewish scientists together with Arthur Schloßmann°(1927) and Walther Freund° (1932), and there were always Jews on the executive board. Arnold Benfey° (Berlin) and Georg Alsberg° (Kassel) were members of the economic commission, Franz Lust° (Karlsruhe) and Theodor Hoffa° (Barmen) worked on expert reports and public statements on behalf of the association. Hoffa was the official in charge of representing the interests of pediatricians in the dispute with the professional medical association over medical specialism. Lust wrote an official report on the emergency decree issued by the Brüning government on 8 December 1931 and its effects on the health of women and children.[36] Many Jewish scientists and scholars held lectures on pediatrics at the yearly meetings. Often, Jewish colleagues from other countries were given the honor of submitting the main reports. As late as 1932, Arthur Schloßmann°, Heinrich Finkelstein°, and Leo Langstein° were members of the eleven-person committee responsible for the preparation of the upcoming international congress of pediatrics in London.

On the other hand, this open attitude within the DGfK towards the Jewish members was in no way absolute. In the letters of Fritz Goebel, Chair of Pediatrics first at Halle, then at Düsseldorf, whose term of office as secretary lasted from 1926 to 1948, there are anxious references as early as 1926 to the „Unmenge Juden unter unseren Mitgliedern" („enormous number of Jews among our members"), to „asemitische [sic!] Regungen" („anti-Semitic stirrings"), and similar reservations concerning the elections to the executive board as well as allusions to „zuviele jüdische Referenten" („too many Jewish speakers") at the yearly conventions.

At the autumn conference of 1931 Joseph Friedjung° (Vienna) was invited to give a presentation on the „Physiology and Pathology of Children's Sexuality" and Bela Schick (New York) on diphtheria; it was further proposed that three additional Jewish scholars, Erich Benjamin°, Carl Pototzki°, and Adolf Lichtenstein from Stockholm, read supplementary papers. About the suggested addition of these three readers Goebel wrote to Wilhem Stoeltzner, then President:

„For the last seven years I have become acquainted with the mentality of our members [...] it's enough that the readers already suggested by you are without exception Jews, and when we take on an additional two or three Jews – admittedly I am not sure about Pototzki's race – then the conference will truly be the celebration par excellence in Jerusalem's temple; then we'll certainly incur their reproach".[37]

Stoeltzner, who himself was married to one of his Jewish women colleagues and would be forced in 1935 to retire, conceded and added three non-Jewish readers to the proposed list.

So, even the DGfK was characterized at the time by the conflict. Though many of its officials admittedly distanced themselves for their own part from the rising anti-Semitism, nonetheless they gave way to it in their official roles and, thus, on behalf of the organization. From early on it was impossible to ignore the signs indicating the future direction of Reich policy towards Jews. In 1930, the NSDAP threatened „to cleanse" the „hoffnungslos verjudeten" medical profession („hopelessly overpopulated by the Jews") from „fremdrassigen Elementen" („members from alien races") in the coming „Third Reich".

Characteristic of all political seizures of power, especially dictatorial coups, is the attempt to achieve a climate of acceptance by measures that rapidly produce social changes and typically place special emphasis on childcare. Following the emergency decrees of 1931 mass unemployment, famine, and the shortage of housing and economic resources caused health conditions for infants and children to deteriorate radically. The government cut subsidies in all areas of the health care system while most health insurance institutions forthwith denied claims of hospital treatment for children. Pediatricians met with little response as they warned of an increase in the infant death rate.

Now, however, there arose a state which proclaimed that children would be the guarantors of its future. In light of these problems, it is hardly surprising that even the official German Society of Pediatrics put their faith in this new state and that, after the seizure of power by Hitler, leading representatives in the field of pediatrics devoted themselves to the ideology of the „Jugend des Führers" (the „Führer's Youth"). A politically active group in Cologne around the Chair Hans Kleinschmidt and his colleague Gerhard Joppich formulated it thus: „We pediatricians want to help in overcoming the defects from which the past has suffered, in order that a healthy and viable generation may grow up, willing to make sacrifices and suited to the ideals of National Socialism."[38] The new state appeared to be offering the opportunity to advance the interests of pediatrics. On 14 July 1933, it took over the DGfK and transformed it into a state-controlled „Reichsarbeitsgemeinschaft für Mutter und Kind" („Mother and Child Welfare Organization"). In a circular sent to members, DGfK's Chairman Karl Stolte (Breslau) justified the executive board's approval of the move by explaining that the association could not refuse their services in rebuilding the state.

On the same day, Stolte and DGfK Secretary Goebel had taken part in a discussion about the future of the German scientific societies in the Reich Ministry of the Interior. During the meeting they decided on their own initiative that the DGfK should join the „Reichszentrale für Gesundheitsführung" and collaborate with the Reichsarbeitsgemeinschaft. Stolte and Goebel hoped that this „Gleichschaltung" would offer the chance to represent the interests of pediatrics more effectively in the future. The Ministry did promise to work closely and in concrete terms with the scientific community, but it required, as planned, that the DGfK alter its statutes in such a way as to give regulatory power to the state.

Stolte and Goebel obviously failed to see or, rather, did not yet see the long-term political motivations behind these health-related measures. That is the only way to explain why they believed that they could assure their members, as they wrote in a circular, that the DGfK's structure would remain practically unaltered and that it would not incorporate the „Aryan paragraph", which by now officially forbade „non-Aryans" from joining German organizations, into its statutes.

No record of the arguments exists to explain how the DGfK successfully avoided complying with this regulation or whether it was, in fact, a subtle strategic move. However, it is easy to prove how dealings with their Jewish colleagues fell into line with the now official policy of the NS state towards

Jews, even though the DGfK was not bound by the „Aryan paragraph". Following an order sent out by the Reich Ministry of the Interior on that same 15 August 1933 to remove all „Judenstämmlinge" (Nazi term describing those with Jewish ancestry) from the executive board, the DGfK put it clearly to Deputy Director Walther Freund° (Breslau) – who had been president the year before – that he should voluntarily resign. In the same way, the „Jewish gentlemen of our economics department" also „voluntarily" retired and were replaced by Grüninger (Bottrop) and Hofmeier (Berlin), „beide Angehörige der NSDAP" („both members of the NSDAP").

Taken in this context, Goebel's personal copy of the DGfK's membership list from 1932 represents an especially macabre example of the growing preference for purely „Aryan" organizations; in his list Goebel put a cross beside the names of those members whom he considered to be „non-Aryan" and a question mark beside those about whom he was uncertain. He admitted, however, that he was uncertain of the accuracy of his markings.[39] Thomas Lennert, who analysed this and other similarly marked copies of the membership list, has correctly drawn attention to the strange inconsistencies originating through this practice. Formally, Jewish members were not prevented from participating in the meetings, but it was made clear that they were not welcome. As Secretary Goebel noted, while preparing for the upcoming annual meeting scheduled for the Fall of 1934: „Not many of them will show up anyway, since most are probably in great financial difficulty." Indeed, he was to experience the lowest level of attendance to occur during his membership: only 120 members were present at this first conference subsequent to Hitler's seizure of power.

Goebel's pronouncement illustrates the sort of humiliation to which Jewish doctors were subjected and which was generally increasing in the changing climate of Germany. Under the weight of these humiliations, the Jewish members of the DGfK gradually felt themselves forced to leave the association, even without the additional pressure of an official „Aryan paragraph". This method of eliminating the Jews suited the tastes of the organization's chairman Rietschel, to whom Secretary Goebel wrote in January 1934: „As expected, there have followed a number of resignations of non-Aryan members, and I believe that we'll soon become purely Aryan. I find this method of voluntary departure much more fortunate than if we had had to put them under pressure."

Using the DGfK's protocol Ute Jahnke-Nückles has identified 179 Jewish pediatricians who left the professional society between 1933 and 1939; that makes up approximately 75 percent of all Jewish members. Their respective letters of resignation, which are preserved in the Archive for Pediatrics in Berlin, are partially quoted in the biographical section of this report. They exhibit the range of emotions felt by these members as they took leave from an association to which many had belonged for a long time: many left silently without explaining their reasons; others, under the burden of distress, quit by reason of their financial difficulties, explaining that they could barely defray the necessary costs of living after having lost their appointments at hospitals or their licenses to treat patients with medical coverage; still others asserted openly and with pride that it was their identity as Jews which led them to resign, stating that their membership was just as undesirable for the DGfK as for themselves.[40]

Secretary Goebel, since 1937 Chair at Düsseldorf after the former Jewish Chair Albert Eckstein° had emigrated, reacted with a remarkable diversity to the resignations. He tried to convince prominent Jewish members like Erich Nassau° and Erich Schiff° to remain by citing the fact that the DGfK had no „Aryan paragraph" in its statutes, while threatening to eject others if they refused to pay their membership dues. He attempted to explain to an „Aryan" colleague from Switzerland, who had resigned in 1934 out of protest to the DGfK's actions, that the organization's structure had not changed and that it had retained its former freedom in respect of its scientific aims. But in the same letter there is a passage that identifies very clearly the basic attitude of those – not only within the DGfK – responsible for conforming to the new State and its legislative enactments:

„We certainly do not intend to expect or demand that a foreigner should understand everything that has happened in our country, but the entire world has got to keep one thing in mind: since 2 August 1914 our Fatherland has been in a situation like no other people in the history of the world. [We realized that] if we did not want to perish we would need to undertake radical changes not only in our form of government but also in our philosophy of life. The following facts alone are sufficient proof for our worries: a terrifying increase in the popularity of communism, the worst form of conflicts among our various political parties, utter poverty, defenseless borders, seven million jobless. A people in such a dire situation can only resort to drastic measures, if they want to save themselves [...] I am fully convinced, if you would attend another of our meetings, you would see for yourself that our association is still just as worthy as ever of the membership of foreign professional colleagues".[41]

In the 1937 issue of the Reichs-Medizinal-Kalender, the last remaining Jewish doctors in Germany were stigmatized by a colon placed before their names. As their medical licenses were finally being revoked in fall 1938, Secretary Goebel was striking off the names of all Jews still listed in the DGfK's membership register who had refused to resign „voluntarily". In the protocol for 1938/39 Goebel noted: „gestrichen sind 57 Juden aus Deutschland wohnhaft" („57 Jews living in Germany have been crossed off the list").[42] It no longer mattered that some big names had still been among them such as Albert Eckstein°, Heinrich Finkelstein°, Theodor Hoffa°, Ludwig Mendelsohn°, Selma Meyer°, and Albert Uffenheimer° – most of them had already emigrated long before.

As the fourth decree to the „Reichsbürgergesetz" came into effect on 30 September 1938, which degraded the last remaining Jewish doctors to so-called „Krankenbehandler" (medical practitioners without approbation), the membership list of the DGfK also became „judenfrei" („free of Jews"). In order to fix the debarment of Jews in all medical and scientific associations, the following guidelines were enacted, thereby leaving no more doubt that Jews were definitely unwanted in Germany's scientific circles:

1. After the expiration of their appointments as doctors, the names of Jews still living in Germany should be deleted from the membership registers. They should be sent neither bills nor reminders to pay their membership fees.

2. The names of Jewish emigrants should automatically be struck off the list without taking into consideration whether or not they have been registered as doctors in the respective foreign country.[43]

3. Jews with foreign citizenship should be treated in the same manner as foreigners in general with the difference that they should neither be sent bills nor reminders to pay their subscription. Should the occasion arise that the payment period stipulated by the society's statutes expires, it follows that the names of these doctors be removed from the membership lists.

Acts of Humiliation

All Jewish pediatricians were affected by the acts of humiliation employed systematically against all German Jews after 1933.[44] This reign of terror began on 1 April 1933 with the boycotting of Jewish-run shops, Jewish doctors and lawyers, etc. In many cases the insults were compounded by vandalism of the doctors' professional offices, after which the doctors themselves were taken into demoralizing „Schutzhaft" („protective custody") while SA guards stood watch at the office entrances.

The „Law for the Restoration of the Professional Civil Service" (Gesetz zur Wiederherstellung des Berufsbeamtentums) followed on April 7th and excluded Jews from employment in state and local government. Initially, exceptions were allowed for those Jews who had participated in World War I or had started their jobs before 1 August 1914, but in 1934 this clause was deleted. As of April 22nd the services of „non-Aryan" doctors and doctors who had been active „for the communist cause" were no longer covered by health insurance companies; in this case, as well, the exception clause for veterans who had fought on the front line was valid for a time. Private health insurance companies only accepted bills from Jewish doctors when the respective patient was also „non-Aryan".

In the following months another series of decrees was issued that aimed to sever the collaboration between „fremdrassigen" and „deutschstämmigen" doctors (those „of alien races" and those „of German descent"), to prevent them from acting as deputies for each other, and to prohibit referrals between them. By the implementation of these new regulations it was also forbidden for Jewish doctors to act independently as medical consultants in the health services and for insurance companies, i.e. as „Vertrauensärzte" or „Durchgangsärzte".

Early in 1934 the examination regulations for doctors and dentists were altered so that proof of „Aryan" birth became a precondition for entrance to the medical examinations and receipt of the medical license.

The laws „zum Schutze des deutschen Blutes und der deutschen Ehre" („for the protection of German Blood and Honor") as well as the „Reichsbürgergesetz" from 15 September 1935 – together known as the „Nuremberg Laws" – ultimately fixed the definition of „Reichsbürger" („Reich citizens") as „only those nationals with German blood or that of a similar race, who have proven through their behavior that they are willing and suited to loyally serve the German People and Reich". From this point on, there is no more talk of the „non-Aryan" but of the „Jew", who by definition is descended from „at least three grandparents who, according to their race, were Jewish". „According to race" means that denominational membership was not taken into consideration; many of the victims had already been assimilated for a long time and were baptized as Christians.

The new „Reichsärzteordnung" from 13 December 1935 ultimately forbade the appointment of Jewish doctors. Finally, as mentioned above, the medical licenses of all Jewish doctors were withdrawn effective as of 30 September 1938. In order to treat their spouses, children, and other Jews, these former doctors could obtain a revocable permit from the Reich Minister of the Interior. But they were not allowed to bear the title of Doctor; rather, they were called „Krankenbehandler". The signs hanging before their offices and all prescriptions written by them had to be stamped with the blue Star of David.

These were only the external circumstances. In their everyday life, our colleagues – like all Jews – were subject to the conditions determined by the more than 2,000 anti-Jewish decrees enacted during the Nazi regime in Germany. These edicts increasingly hindered Jews from participating in social life and brought further discrimination by classifying them into categories ranging from „Volljuden" („full Jew") to „Mischling 2. Grades" („hybrid to the second degree"). They also ordered that Jewish assets be confiscated. The effects of this change in legal status culminated in regulations prohibiting Jews from entering certain places, using public facilities, or being on the streets at certain times. During the 1936 Olympic Games at Berlin the public discrimination abated superficially in order to avoid possible negative reactions from foreign nations.

After the November pogrom of 1938 („Reichskristallnacht"), but especially after the war had begun, Nazi efforts to deprive Jews of their rights intensified: starting in September 1938, all Jews were forced to bear a second first name – „Sara" and „Israel" respectively; in April 1940 they were excluded from coverage by private health insurance companies; as of September 1941 they had to wear the yellow „Judenstern" (Star of David); in October of the same year emigration was definitively prohibited and deportation to the extermination camps began. At the Wannsee Conference held on 20 January 1942 it was finally resolved that Jewry should be eradicated in all German-controlled areas.[45]

For all Jewish pediatricians, including the relatively large number of women colleagues, this meant that many of them would encounter considerable financial setbacks as early as 1933. In so far as they were employed at universities, public and denominational hospitals, health offices, and social services departments, they were discharged. Often, specialists with private practices could maintain their livelihood only by making sick calls to patients' residences or by the loyalty of their patients' families, who risked bringing their children to the office at night through the back door. Yet fear of the oncoming denunciation and imminent sanctions led them to back away in quick succession. A small number of these pediatricians found temporary jobs at the still existing Jewish sanatoriums and social services departments, though not always as doctors but – this was especially true for women – as care-takers or nurses. Those who held out often had to change their place of residence frequently, first because of their financial difficulties, but later because they were forced into the so-called „Judenhäuser" (isolated housing for Jews).

Nonetheless, there were still Jewish doctors who struggled along until their licenses were revoked in 1938. But a closer look at the problem reveals the degree to which these doctors' reactions depended on the conditions of the towns in which they lived as well as on their age, family relations, and, finally, their courage, resignation or despair.

Though it has received less attention up to now, the fate of those „Aryan" doctors whose spouses were of Jewish descent was equally influenced by these conditions: among others, the list includes the Chairs Ernst Freudenberg° (Marburg), Ernst Moro° (Heidelberg), and Wilhelm Stoeltzner° (Königsberg), as well as Helmut Seckel°, Associate Professor at Cologne. Many were „advised" to get a divorce if they wanted to keep their jobs. For most of them this „advice" was reason enough for immediate emigration. The full extent of these events in the public and private spheres only becomes clear by gauging them on the fate of each individual.

Emigration and Flight

Due to the given situation, every act of Jewish emigration occurring as a result of persecution must be judged fundamentally as an act of fleeing. A great number of Jews, especially members of the professional class, considered themselves to be patriotic Germans. After all, many were highly decorated veterans of the First World War, and many had been Christians for a long time. Now they found themselves subject to laws defining them and their families as „fremdrassige Elemente" („elements of an alien race") situated in a „Volkskörper" („people's body") whose aim was to expel them. The „Entjudung" of Germany headed the political agenda: „[The Entjudung] can only succeed if the Jews in Germany are deprived of their vital basis, that is, of the opportunity to earn a living. As regards the younger generation of Jews, it is an absolute necessity to promote their emigration to territories where they cannot harm the Reich."[46]

If it is possible at all to distinguish between emigration and flight, then the difference should reflect the various degrees in the temporal and personal circumstances of each departure from Germany.[47] Whereas the political opponents of National Socialism deserted the country relatively quickly, the Jewish exodus from Reich territory took many years and only peaked after the „Reichskristallnacht" in November 1938. Of those who had resolved to emigrate while it was still legal, many were allowed to take their personal possessions with them. But it was becoming increasingly difficult to obtain a visa and passage by ship or written confirmation from the various financial departments and the Gestapo that the so-called „Reichsfluchtsteuer" (25 percent of one's total capital), a prerequisite for leaving, had been paid. In addition, as will be shown later in this report, there were also considerable problems involved in gaining entry to the host country. Those who earlier had hesitated now were compelled to flee under the cover of darkness and often on the basis of warnings or impending public condemnation, being forced to leave all their possessions behind. In most cases they were fortunate to escape with their lives and, after 1937, with 10 Reichsmark cash in their pockets. Prior to 1941, the Nazi policy against Jews entailed the deliberate exertion of pressure to force them out of the country. Afterwards, the policy of extermination became the central theme.

385 German Jewish pediatricians having left Reich territory before 1941 could be identified; that comprises over 62 percent of the victims. Following the occupation of Vienna, an additional 66 of 98 pediatricians were able to leave in hurried flight; that number represents 67 percent of those in our record. A preliminary sample of the cases in Prague has identified 13 of 34 names among the list of emigrants.[48]

The refugees fled to 31 countries on all continents. Most often there was no way to know prior to immigration which fate awaited them. This aspect, too, can only be understood by reading the individual cases. The following rough outline indicates the approximate situation in the three main host countries:

a) Palestine

Most of the Jewish pediatricians in the first wave of German emigrants found refuge in Palestine, where they had to accustom themselves to a completely different health system.[49] Since the 1920s the Zionist women's movement Hadassah and the health insurance branch of the general workers' union Kupat Cholim had been developing a socialist medical care system that was adapted to the collective structures of the pioneer movement. Doctors were employees and were usually allotted their place of work. Whoever failed to find work right away in his or her own profession usually worked in the fields for the Kibbuzim. In 1933, there was a great demand for specialists, since only a few were working in the country at the time. The problem was that Palestine did not yet have a medical school where doctors could specialize. There were a few pediatricians in the first wave of German doctors immigrating before 1933, e.g. Joachim Caspari° from Berlin and Bruno Ostrowski° from Danzig, both of whom settled later in Haifa. These early immigrants made up approximately 6 to 7 percent of the total number of doctors in Palestine.

The figure changed suddenly between 1933 and 1935 when the number of doctors in the country increased fourfold due to German immigration. Initially the British mandate authorities issued medical licenses relatively quickly and unbureaucratically. Until 1935 German doctors made up half of all immigrated doctors. Most of them were employed by Hadassah and the general medical insurance institution. In some of the hospitals the official language was even German. As German doctors disliked the collective structure of the Palestinian health system, they promoted the liberal concept of allowing patients to choose their doctors and advocated that medicine be free from state control. They also called for a recognition of the doctor's right to set up practice. This change of focus and the introduction of high-quality specialist training set the country's health policy on a new track. But as the wave of immigration from Germany reached its high point following the enactment of the Nuremberg Laws in 1935, the British mandate authorities issued a decree drastically limiting the number of medical registrations granted to immigrant doctors. After that, Palestine clearly became less attractive for refugee doctors.

The effect of this change of policy can also be seen on the pattern of immigration of German pediatricians. Of the 109 specialists identified in Palestine, more than 50 percent had immigrated before 1935. A list created by the Department of Health in 1940 recorded the names of 102 German pediatricians who had been issued a medical license up to then.[50] A census conducted for this study using the telephone and address directories for the three major cities Jerusalem, Tel Aviv, and Haifa for the year 1942 has shown that about half of their pediatricians were German immigrants: in Jerusalem, 10 out of 21, in Tel Aviv, 30 out of 71, in Haifa, 15 out of 25. In addition, former pediatricians who had given up pediatrics to work as general practitioners must be taken into account.

Contrary to what has been emphasized previously, it was not only the areas of teaching and research that benefited from the immigration of important German scientists and clinicians, such as L. F. Meyer°, Erich Nassau°, Walter Hirsch°, and Siegfried Rosenbaum°. Rather, emphasis must also be laid on the great contributions made by those pediatricians who had run private practices earlier in Germany. It was they who played an integral role in the development of a standard system of pediatric care in the cities and towns throughout the country.

b) Great Britain

The United Kingdom was less an immigration country than a passage-way for Jewish refugees from Germany. Initially their numbers were small, since Great

Britain held to the principle of non-intervention in Germany's internal affairs as well as to the immigration laws set down during World War I. The government authorities refused to distinguish between refugees and immigrants, and they demanded, furthermore, that all applicants for immigration show proof of financial security and make a binding agreement to remain only temporarily in the country.[51]

In addition, the British Medical Association (BMA) attempted to keep the number of immigrant doctors low. As early as 1933, the BMA imposed the requirement on all foreign doctors wishing to practice – including the German refugees – that they take the British medical exams following a period of study lasting at least three years. In contrast, Scotland offered them the possibility of taking the exams before a Scottish Conjoint Board of medical examiners already after the first year of the requalification period, which explains the early dates for licensing in Glasgow and Edinburgh appearing in many curricula. But from 1935 on, the English began applying pressure on the Scots so that after the occupation of Austria in 1938 this option was no longer available. So, as for the German emigrants, the quota for incoming Austrians and Czechs accepted into one of the university requalification programs was now set at 50 each, though the Home Office did reserve the right to make individual exceptions, particularly for specialists.[52]

The immigrants were registered at the Central Refugees Office in Woburn House, London, where various committees were involved in finding them housing or even jobs. So there were, for instance, special committees for children and the „Notgemeinschaft deutscher Wissenschaftler im Ausland", which had been organized in 1933 in Zürich by the emigrated pathologist Philipp Schwartz (Frankfurt a.M.) and later transferred to London. In spring 1933 the Academic Assistance Council (AAC) was founded in order to deal with the special cases of outstanding scientists. In 1936 the AAC was institutionalized as the „Society for the Protection of Science and Learning" (SPSL). Knowledge of these bureaus' efficiency quickly spread among German scholars wanting to emigrate.

However, the ways open to the SPSL to help refugees were limited due to the reasons stated above; the same may be said for the Jewish Refugees Committee and other British help organizations. The SPSL did not shrink from making assessments with regard to the applicants' scientific qualifications. Thus we find occasional remarks such as the following: „[...] He was not an university teacher, though he did a certain amount of research, but not enough to put him in the same category as the scientists on our list; in the second place he is nearly sixty years of age."[53] On the other hand, the SPSL did not restrict itself to selecting foreign scientists for posts in Great Britain, but also offered competent advice and concrete aid in individual cases. After 1938 the government temporarily relaxed the entry regulations, and the SPSL occasionally named refugee doctors as scientists so that they could stay in the country. But after the war had begun, every sort of emigration from enemy countries into Great Britain or the British Empire was forbidden. Thus, even war victims like the Jewish refugees were considered „enemy aliens", interned, and subsequently conscripted for service in industry and farming.

Even as the war was coming to an end, the SPSL continued to process the more than 100,000 applications still outstanding from scientists in many countries. From 1944 to 1951 Ilse Ursell, daughter of the emigrant pediatrician Siegfried Ursell° from Düsseldorf, was employed as manager at the SPSL after it had moved its offices to Cambridge. She had left Düsseldorf to come to England in 1939 and then studied at Reading. Her activities at the SPSL included handling the cases of foreign scholars who were already in England and now wanted to become naturalized or of those specialists who were scheduled to be brought to England. She was also responsible for giving foreign scholars miscellaneous advice and aid. Together with representatives from the Royal Society, the British Academy, and other scientific organizations the applications were strictly evaluated.[54] In the excellently organized archives of the SPSL, which are housed in the Bodleian Library at Oxford, it is possible to read their lively correspondence with almost all of the Jewish scientists from Germany, including many pediatricians.

For pediatricians, emigration was made more difficult by the status of pediatrics in England, where it was still practiced essentially at hospitals. Then there were the additional factors that made staying and adapting to their new environment a long process for many immigrants: the obvious fear of competition at the workplace, the requirement of repeating the medical exams, and the rule prohibiting scientists from working clinically if they were already involved in research activities. In fact, many of these doctors were only allowed to work together with English colleagues in hospitals or private practices after 1943.

Numerous Jewish pediatricians from Germany went first to Great Britain. In spite of everything described above, the British authorities were relatively generous in granting refugees shorter or longer stays in the country. Yet only 42 could be identified so far, who were actually allowed to settle there. The others either were forced to leave or chose of their own accord to travel on.

c) USA

Between 1933 and 1942 about 4,000 physicians emigrated from the German-speaking areas of Europe to the United States; about 70 percent were Jews. They arrived in a country in which access to work in their profession was considerably limited, since the American Medical Association had imposed limits even before 1933 on the registration of foreign doctors. This disadvantage was aggravated by a manifest anti-Semitism that also affected American Jewish doctors, especially if they had studied in a foreign country.[55]

The laws in 20 of the 48 states and the regulations set down by the respective state medical boards regarding their implementation practically ruled out the possibility of registration for doctors from foreign countries. 10 states made the completion of medical school at an American university the prerequisite for receiving a medical license, and 13 others demanded proof of completion of an unpaid internship with final exams at an authorized clinic. In many other cases American citizenship was required, which took five years to obtain.

These conditions made becoming qualified to practice in the USA an arduous task that demanded considerable stamina on the part of the immigrant doctors and their families. Only four states stood out by reason of their more liberal policies regarding the registration of foreign doctors: California, Illinois, New York, and Ohio. With its high number of European-educated physicians New York recognized more or less unconditionally foreign medical licenses until 1936.

So far, information could be obtained for 137 Jewish pediatricians who left Germany during the great wave of emigrations after 1938. Many of them made stopovers in other European countries, Palestine or South America before immigrating to the USA. A glance at the practice of medical licensing reflects the American policy described above:

New York: 69; Illinois: 11; Ohio: 8; California: 6; Massachusetts: 5; Colorado: 3; Wisconsin: 1; Baltimore: 1; Maryland: 1; Texas: 1; Indiana: 1; Iowa: 1; Washington: 1; Connecticut: 1; Pennsylvania: 1; Mississippi: 1.

The United States remained unwilling to raise the immigration quota during the entire presidency of Franklin D. Roosevelt. The debate over a more liberal immigration policy survived even the Nazi era in Germany. After the annexation of Austria in 1938 the State Department proposed that an international conference be held in Évian (Switzerland) in order to resolve the refugee problem on a broad basis. However, since the United States stubbornly held to its isolationist standpoint and refused to take on more refugees, all of the other 32 countries represented at the congress also declined to raise their immigration quota.[56]

d) Other Countries

In the early years of the NS regime many doctors, including pediatricians, emigrated to countries directly bordering on Germany because they thought that their close proximity would facilitate a quick return, should they have the chance. We know of several pediatricians who went initially to Holland, France, Belgium, Czechoslovakia, or Denmark, where most of them ended up having to endure German occupation during the war. We have not been able to determine their exact numbers. For many of them data exists only up to a certain point, whereas we do know that some of them were tracked down by the Nazis and deported with Dutch, French, and Czech Jews to the extermination camps.

Aside from Palestine, Great Britain, and the USA, German and Austrian pediatricians also emigrated to 28 other countries. Next in importance is South America, where Argentina, Bolivia, Brazil and Chile temporarily relaxed their immigration policies to let in refugees. But those pediatricians who sought refuge there reported of their difficulties, for instance in Bolivia, where some were required to repeat their education and others first had to spend time treating patients in the interior of the country, where the working conditions were miserable, before being allowed to practice in the cities. Australia and New Zealand took English practice as their model. They, too, insisted on requalification through a renewed course of study and/or the possession of capital.

In China Shanghai was the exception, as it was the only place in the world where people could enter without a visa or other formal documentation. Since 1937 this Chinese port city had been occupied by Japan, although that did not prevent the 11 countries who had a foothold in the business district to maintain their positions of influence. By 1941, approximately 20,000 refugees from Europe had arrived there. Until war began in the Pacific (7 December 1941: Japanese attack on Pearl Harbor) the immigrants enjoyed a relative amount of freedom to live according to their own culture, religion, and social habits. Kranzler (1976) reports that about 20 percent of the ca. 200 immigrant doctors had found some form of work in the medical sector. However, the data shows that only a few of them set up an actual pediatrics practice. Those pediatricians about whom we have information frequently ran general practices, although it is known that some also treated children.[57] In February 1943, under pressure from the Nazi regime, the Japanese redefined the refugee quarters as restricted areas, which clearly made life more difficult for the immigrants. The situation did not improve despite help from the International Red Cross. Most Jews eventually left Shanghai after the war had ended, particularly in view of the impending communist coup by Mao Tse-Tung in 1949, and went to countries in the West or to Israel.[58]

Deportation and Extermination

After 1938, the German policy designed to remove Jews from politics and business and exclude them from society was transformed to bring about their systematic extermination. In this context it must not be overlooked that the new strategy had as its starting point the so-called „Kindereuthanasie"; this term euphemistically referred to the systematic killing primarily of handicapped children, but later also of Jewish and gypsy children. Aside from the main pediatric experts, Leipzig's Chair Werner Catel, and the Berlin pediatrician Ernst Wentzler, all directors of the so-called „Kinderfachabteilungen" („special departments for children") were also involved in this program. So far, we have information on 38 of these institutions. The actions of those German pediatricians in the Third Reich forms a dark chapter in the history of pediatrics in Germany; since the relevant files were systematically destroyed at the end of the war, we may never be able to determine exactly what happened. Under the code name „Reichsausschuß zur wissenschaftlichen Erfassung von erb- und anlagebedingten schweren Leiden" („Reich committee for the scientific registration of serious hereditary diseases"), the program required that all handicapped children first be registered with the public health departments; then, via the pediatric experts, who based their decisions only on these files, the children had to be brought into these special centers. Once there, most of them were given soporifics and/or treated by means of so-called „Entzugskost" or „E-Kost" (a starvation diet). This „therapy" weakened the children to the point that they fell prey to infectious diseases that killed them within days. According to cautious estimates, at least 5,000 to 8,000 handicapped children died as a result.[59]

Within the Nazi framework of racial purification, the next series of special operations („T4" and „14 f 13") was developed with the aim of killing invalid adults. At the Nuremberg trials it was estimated that 275, 000 were murdered by these methods. After 1941, T4 and 14 f 13 smoothly evolved into the measures aiming to produce the „final solution to the Jewish question". Plans for the complete resettlement of Jews in „reservations", such as, for instance, the „Madagascar Plan", were set aside after the Nazis had occupied a large part of Europe and now had made all European Jews the object of their extermination policy. In the concentration camps mass killings began in October 1941. The Wannsee Conference on 20 January 1942 was to be the final „prelude both to the deportation and assassination of the Jewish population in all territories occupied by or allied with Germany and to the deliberate, planned killings in the extermination camps of Eastern Europe".[60]

In October 1940, as a preliminary stage in the „final solution", all Jews from Baden and the Palatinate were deported to the camp at Gurs in Southern France; the prisoners included pediatricians from Mannheim, Heidelberg, Karlsruhe, and Freiburg. Although the living conditions there were inhumane, a small number did succeed in avoiding further deportation and survived; the same may be said for Theresienstadt (Terezín), set up in 1942 as a „ghetto for the elderly". But transports from there to the extermination camps at Auschwitz-Birkenau, Belsec, Sobibór, Treblinka, Chełmno, and Majdanek were intended for the gas chambers, often on the day of arrival.

We know of 49 German Jewish pediatricians who were deported to camps in Eastern Europe after 1942. Only 7 of them survived; the others died or were murdered. They were treated as Jews like all the rest, although their status as doctors was occasionally taken into consideration: some were formally registered as „transport doctors" and were responsible for taking care of children in the trains, interim camps, and concentration camps. A few of them even accompanied the children into the gas chambers. This is reported by, among others, Siegfried Wolff° (Eisenach), Elisabeth Müller° (Hannover), and Johanna Geißmar° (Heidelberg). Here, too, the only way to gain a realistic overview of the monstrous nature of what happened is by studying the individual biographies. So far, 5 deportations from Vienna and 17 from Prague are known to us, so that we have to note with regret that at least 71 pediatricians – men and women – were victims of the Holocaust. Only 13 of them survived; the other 58 were murdered. On 13 October 1998 they were remembered at a public commemoration ceremony in Dresden by the German Society of Pediatrics and Adolescent Medicine and the Kaddish was sung for them by the Chief Rabbi of Saxony.[61]

Lucie Adelsberger, pediatrician in Berlin, associate of the famous Robert Koch Institute, and one of the first leading women allergists in the field of pediatrics, wrote about her war experiences as a Jew under the Nazi regime. In her autobiography: „Auschwitz. Das Vermächtnis der Opfer für uns Juden und für alle Menschen" she described the transport to Auschwitz, where she witnessed the murder of the gypsy children who had been her patients, and the death march of 1945 to the concentration camp at Ravensbrück.[62] Her factual account reflects the certainty with which she later asserted in a letter „that hell exists really on earth".[63]

We must not forget the many Jewish individuals who took their own lives. They, too, must be counted as victims who saw no solution to their misery under the Nazi regime, especially following the November pogrom of 1938 and, of course, in the concentration camps or in the knowledge of impending deportation. Most of the 27 pediatricians having been identified in this context as suicide victims were elderly colleagues who, often together with their wives, were determined to decide their own fates. Like all figures in this report, the number of suicides is undoubtedly estimated too low. Probably some of the remaining 38 unsolved deaths occurring between 1933 and 1945 were self-inflicted. We must also factor in those suicides committed by emigrants directly after expulsion – or even as late as after the war – who despaired of losing their means of subsistence.

Vienna

Pediatrics in Vienna looks back at a tradition that began in the 18th century and eventually would play a significant role in the development of the field. Names like Ludwig Mauthner von Mautstein (1806–1858), Alois Bednař (1816–1888), Franz Mayr (1814–1863), Theodor Escherich (1857–1911), and Clemens von Pirquet (1874–1929) deserve recognition for their important contributions.[64]
Early on, there were already a considerable number of Jewish pediatricians, many of them from the Eastern territories of the monarchy, who were active at the university or had their own practices. In the first decades of the 20th century, two pediatric training centers not belonging to the university were headed by Jewish scientists: Max Kassowitz (1842–1913), one of the most prominent pediatricians of his time, was director of the oldest public children's hospital in Vienna, the Erstes Öffentliches Kinderkrankeninstitut (I., Steindelgasse). This hospital with its long history, having been established in 1788, was closed after the annexation of Austria in 1938, and its last director, Karl Hochsinger°, ended his life in the ghetto of Theresienstadt. From 1901 to 1934 Wilhelm Knöpfelmacher° headed the city children's hospital, the Karolinen-Kinderspital (IX., Sobieskigasse). He committed suicide a few days after the Germans had invaded the city. At least one of their names appears in the training curriculum of almost every contemporary Viennese doctor, especially those of the Jewish pediatricians. Many Jewish doctors also habilitated at the University Children's Clinic in the Lazarettgasse, in particular during its glory days under Clemens von Pirquet. Even in the mid-1930s, when Nazism was in full swing in neighboring Germany, 14 of the 21 professors and associate professors of pediatrics in Vienna were „of Jewish descent" as defined by the NS laws, „Jewish by marriage", or „politically dangerous" and thus destined to become the object of Nazi persecution.

Unfortunately, due to the difficult, often contradictory nature of our sources, we have not yet been able to determine the exact number of pediatricians active in Vienna during the period covered by this analysis. Our present findings concerning those individuals who were active in the area of pediatrics were obtained by looking through the Vienna doctors' registers starting in 1933. The figures varied from year to year, and the highest number of pediatricians working in the city – 110 – was recorded for the year 1935. At present it cannot be said with certainty whether this figure also reflects the situation in 1938; but it is a fact that 98 of the 110 names listed in 1933 were no longer in the list after 1938. A subsequent check in the relevant Viennese archives and secondary literature pertaining to this topic has demonstrated that all those who had been dropped from the list were persons affected by the NS laws.[65] Although the exact numbers are not yet known, it must be said that probably well over 80 percent of the pediatricians working in Vienna at the time of the German invasion were Jewish. 17 had been members of the DGfK but, it is worth noting, 12 of them had already cancelled their membership between 1933 and 1938 in view of what was happening in Germany.

On 12 March 1938 the German troops marched into Austria. Very often it has been reported how brutally the Austrian Jews were stripped of their rights and tyrannized after the German invasion.[66] In this respect the medical profession in Vienna was drastically affected due to the fact that approximately 3,200 of the 4,900 doctors, i.e. ca. 65 percent, were officially registered by the Nazis as „Jews" as intended by the Nuremberg Racial Laws of 1935.[67] There is quite a lot of research trying to explain how it happened that so many Jewish persons became doctors or were counted among the country's intellectuals and many have analyzed how the special circumstances of Jewry in Vienna were connected with the city's long tradition of pent-up anti-Semitism.[68] The fact is that from March to October 1938 the number of doctors – who were responsible for caring for the health of the Viennese population – was reduced from 4,900 to about 1,700.[69]

The Jewish physicians were affected in two ways: Firstly, the same forms of humiliation inflicted gradually since 1933 on Jewish doctors in the German Reich were delivered upon them by a single stroke: they were dismissed from their jobs in the civil service sector, their services were no longer covered by the health insurance companies, they were forbidden from acting as deputies for their „Aryan" colleagues or from making referrals to them and vice versa, the Reichsärzteordnung was introduced, etc. Overnight, the Jewish doctors in Vienna – among them numerous pediatricians – were stripped of their rights as citizens and lost their means of subsistence. Secondly, like all Jews in Vienna they, too, were subjected to the extremely brutal acts of racism that had begun in the early evening hours of 11 March 1938: looting, arrests, evictions from apartments, businesses, and practices, confiscation of movable assets, being put into so-called „Schutzhaft", and the first deportations. On 20 May 1938 the Nuremberg Racial Laws were introduced to the territory formerly known as Austria, on 15 July it was announced that the medical licenses of all Jewish doctors would be cancelled as of 1 October, on 23 July the order was announced that all Jews must bear the obligatory second name of „Sara" or „Israel" respectively and obey the strict measures limiting their freedom of movement in public to a minimum. The situation in Vienna has been described as an oppressive „atmosphere of paralysing fear".[70]

After the cancellation of the medical licenses for Jews, six doctors were allowed to practice as „Krankenbehandler" for children's illnesses in Vienna, three others were employed in the outpatients' clinic for children at the Israelite Cultural Center (XX., Rauscherstr. 16).[71] Theoretically, that meant that each of them would have had to care for 1,200 Jewish children. The age of these nine colleagues was between 55 and 60 years, which was perhaps the reason why they were chosen. With two as yet unexplainable exceptions, all of these „Krankenbehandler" fled or disappeared in some way during the months following their change in status. This is a prime example of the farce staged by the Nazis in Vienna. The demand already made on 26 April 1938 in the Berlin newspaper „Völkischer Beobachter" calling for the „eradication and elimination of the Jewish element in Vienna" had ultimately been realized: „Bis zum Jahre 1942 muß das jüdische Element in Wien ausgemerzt und zum Verschwinden gebracht sein."

The policy on Jews for the year 1938 still intended to force the Jews out of Europe; the decision to exterminate them came later. As is well known, just three days after the Germans had marched into Vienna the SS Obersturmbannführer Adolf Eichmann set up an emigration office at the Israelite Cultural Center and in August a central bureau in the former Palais Rothschild to accelerate the emigration process for the Jews. Using coercion and harassment Eichmann insisted that the forced emigration be carried out rapidly. In consideration of the circumstances in Vienna, therefore, the Jewish response must be called an act of flight rather than emigration. The ordeal suffered by those who left the country cannot be discussed comprehensively here. In 1938, approximately 7,900 Jews succumbed to the pressure and fled from Austria – including three-fourths of Vienna's Jewish pediatricians, among them practically the entire scientific core of the children's clinics.

It must be emphasized that a large share of these emigrant pediatricians and physicians were women. Among them were some of the leading representatives of the recently developed analytical psychotherapy for children: Dora Hartmann°, Margarethe Hilferding°, Marianne Kris°, and Margarethe Schönberger-Mahler°. Although not a doctor, Anna Freud must also be mentioned here; following her emigration to London, she set up the Hampstead Child Therapy Clinic together with her pediatrician friend Josephine Stroß°.

The first „Ärzteverzeichnis für Groß-Wien" (Register of Doctors for Greater Vienna) to appear after Austria had been absorbed into „Großdeutschland" in 1939 named 37 pediatricians, of whom only 17 were listed – all of them „Aryans" – from those who had been in the registers before 1938.

Prague

On 1 October 1938 the Czech-Moravian border territory was occupied, followed by the so-called „Rest-Tschechei" on 15 April 1939, and together it was renamed the „Protectorate of Bohemia and Moravia". Here, too, all the measures against Jews promptly came into force that had been applied in the Reich territory since 1933.

Prague was the seat of one of the oldest Jewish communities in Europe. The Jews not only made substantial contributions to the city's economic and cultural identity, they were also constantly an issue of contention in the reoccuring antagonism between the Czech and German sections of the population. At the time of the Sudeten crisis of 1938 and its subsequent occupation by the Germans, approximately 90,000 Jews lived in the so-called Protectorate, 50,000 in Prague alone. It is believed that ca. 35,000 people were able to survive by fleeing, emigrating, or going underground; the rest – almost two-thirds of the total Jewish population – perished of some cause or another or were killed.[72]

Since 1882 the Karls-Universität in Prague (est. 1348), the oldest German-speaking Hohe Schule, had been divided into a German and a Czech university. As a consequence of the division a German medical school arose; the two children's clinics already in existence promptly became teaching hospitals, and later one of the children's departments in the medical outpatients' clinic was also institutionalized. The medical staff at these institutions were primarily Jewish. In the context of this study, therefore, it follows that at least a preliminary investigation into their experiences was necessary. It goes without saying that such a check can provide little information on the many pediatricians working in their own city practices. While a few of these doctors have been identified and their data could be incorporated into this study, a comprehensive analysis must remain a desideratum for the future.

Since the mid-19th century, the pediatric institutes in Prague had played a leading role in the international development of pediatrics as a science based discipline. In 1854, following on the example of Vienna, Joseph Löschner founded the Kaiser-Franz-Joseph Children's Hospital; and in 1864 Gottfried Ritter von Rittershain set up the Medical Department for the Care of Newborns and Infants in the Findelhaus. These institutes, especially the latter, made substantial contributions both to theoretical and practical pediatrics. Moreover, Alois Epstein (1849-1918) organized his followers, who included Adalbert Czerny, Leopold Moll, and Rudolf Fischl°, into a school whose influence subsequently reached well beyond the limits of the city.[73] After the First World War, it was decided in the context of the medical faculty that the children's hospital be renamed the I. German Children's Hospital and the department in the Findelhaus the II. German University Children's Clinic. Another Department for Internal and Children's Diseases was created at the Medizinische Poliklinik (outpatients' clinic).

In 1938 all of the German children's clinics and hospitals as well as the children's department at the outpatients' clinic had Jewish directors: at the I. Children's Hospital on Karlsplatz (Karlovo námesti) Felix Schleißner° became the acting director after Josef Langer had retired; the II. Children's Clinic in the Findelhaus in Karlshofergasse (Ke Karlovu) was headed by Berthold Epstein°; and Max Frank° was the director of the department at the outpatients' clinic in Kastulusgasse (Hastalská). Each of the clinics had four assistant doctors, the outpatients' clinic one. In the 1930s practically all of them were of Jewish descent.[74] They were Czech citizens, though they considered themselves Germans. This was certainly true for Epstein, who was, in fact, a German nationalist and until his emigration kept aloof from his Czech colleagues. Epstein was co-founder, and in 1937 president, of an independent German pediatric association of Czechoslovakia. So far, 34 of its associates from 1938 or earlier have been identified: 13 were able to emigrate, 17 were caught and sent – either directly or after having been held in custody at Theresienstadt – to one of the extermination camps in the East.

In 1939 the German university in Prague became a „Reichsuniversität"; the management of the children's clinics was given over to the Berlin authorities.[75] Initially Hermann Mai headed both of them, but he gave up his duties less than a year later in order to join the Wehrmacht.[76] Even today, there are Czechs who attest Mai's willing and friendly cooperation with their countrymen. These opinions contrast sharply with the reports on his successor Carl Bennholdt-Thomsen, who played the role of an agent of the occupying regime. He took over both clinics and substantially increased the number of „Aryan" assistent doctors. In 1943/44 he combined the clinics into the University Children's Clinic, which had a staff of 14 German doctors. He did not communicate with the heads of the last remaining Czech-run children's clinic (Brdlík, Švejcar). After the German capitulation all of the University Clinic's furnishings and equipment were removed and loaded onto a ship on the river Vltava, which later was bombed and sank.[77] The former clinic on Karlsplatz was still unoccupied in 1998, whereas the Findelhaus has reinstalled its children's department. Both the German clinics and the German medical school did not outlast the war.

On 4 July 1939 all Jewish physicians in Prague, excepting those who were allowed to treat Jewish patients, were debarred officially from practicing medicine. Between 1940 and 1943 only three, for a short time even four, pediatricians were permitted to continue working as pediatric „Krankenbehandler".[78] All four names appear on the lists of deportations made after June 1943 to Auschwitz. By that time, there were probably only a few – if any – Jewish children left in the city.

No data could be gathered on Jewish pediatricians in other parts of the Protectorate. In principle, the situation in cities like Brünn (Brno) and Pilsen (Plzeń) was no different than in Prague. But they need to be analyzed separately.

Excursus: Children at Theresienstadt (Terezín)

The ghetto of Theresienstadt was set up in November 1941 after the inhabitants of this north Bohemian garrison town had been forcibly removed. It was officially regarded as a concentration camp for Jews from the Protectorate as well as for the elderly and prominent Jews from the Reich territory and Austria.[79] Between 1941 and 1945 there were approximately 150,000 Jews concentrated in this small fortified city, which had had a population of 7,000 prior to its evacuation. About 87,000 of these Jews were subsequently transported to the extermination camps in the East, of whom less than 4,000 survived the war. In Theresienstadt itself, which was not officially designed to exterminate its prisoners, the rate of death lay at about 25 percent due to the horrible living conditions.

Children and youths formed a special group at this concentration camp. It has been calculated that approximately 11,000 children were there at some time during the ghetto's existence. Only a few survived to see Theresienstadt freed; of the rest, most died in the extermination camps.

The Jewish self-government made it a priority to look after the children. In their despair they reasoned that they could ensure the survival of Jewry by saving the children. As a result, the older inhabitants of the ghetto sought to improve the living conditions with regard to food and housing for the younger generations and to help them better organize their lives. Eleven self-managed Kinderheime (child care centers) were created for the various age groups, where instruction was given, though it was officially prohibited, and a sort of youth social service offered sports and cultural activities. The some 4,000 poignant drawings by these children on exhibit in the Jewish Museum in Prague and the Ghetto Museum in Terezín testify to the significance of these centers.

In order to provide the children with medical care, the Jews working health service had set up a „Kleinkinderblock", a „Kriechlingsheim", and a „Säuglingsheim". Most often they were run by pediatricians who had been deported from Prague. Our research has discovered that many of them had previously worked at one of that city's German children's clinics. In late 1944 most were transported to Auschwitz. The number of pediatricians active at Theresienstadt was certainly higher than we have been able to determine, since a total of 225 specialists was listed for February 1943.

The Utopia of a National Socialist Pediatrics

On 1 October 1938, the licenses of the last remaining Jewish doctors were revoked. Excepting the few „Krankenbehandler", there were now no more Jews among the pediatricians still in practice, although five years earlier the Jews had made up more than half of the profession in Germany. This raises various questions that barely anyone has asked, to say nothing of having answered them:

- How did pediatrics develop in Germany after 1933 without the scientific basis and maintenance capacity of the exiled colleagues or those whose right to practice had been restricted?
- Who filled the empty positions or took over the abandoned practices after the Jews and political dissidents had been discharged or expelled?
- What happened to all of the counselling centers and social services departments that had been under Jewish management?
- How did patients' families and the colleagues of Jewish pediatricians behave in light of the changed circumstances?
- After their Jewish colleagues' departure, which scientific and health-related political assignments did the pediatrics profession take on?

These and other similar questions arising from the present study still remain to be answered. They concern not only the official standpoint of the pediatrics profession under the NS regime but also the day-to-day practice of pediatrics that was so critically affected by National Socialism. A look at the DGfK's membership numbers provides ample evidence: peaking at 836 members in 1931, this number sunk drastically in the following years to reach a low 640 in 1938 after so many Jewish members had resigned.[80] Taking into account that only 55 percent of all pediatricians in Germany in 1933 were active in the DGfK, it is difficult to make any definite conclusions about their numbers; for example, on 22 April 1933, 221 of a total of 264 pediatricians in Berlin alone lost their right to make claims for their services to the health insurance companies. It cannot be assumed that all of their patients could automatically become private patients without coverage.

Only a few aspects of the above mentioned query have been clarified by the present study. The changes experienced in everyday life by our Jewish colleagues are shown most clearly in their personal reports. Their biographies in this book provide information concerning the boycott of pediatrics practices run by Jews in 1933 and its effects. They reveal the courage of those parents who continued to bring their children in secret and, literally, through the back door to their Jewish pediatricians for treatment. They also shed light on the acts of „colleagues" loyal to the regime who sought to benefit from the destruction of their competitors' means of subsistence as well as on the distraught attempts of Jewish physicians discharged from the clinics to find work at one of the few Jewish hospitals still in existence. Moreover, there is evidence of the „suggestion" put to „Aryan" doctors to divorce their Jewish wives if they wished to pursue their careers. The slander and libel, the denunciations, and the increasing repressive measures inflicted upon Jewish pediatricians are manifest in all individual biographies. By reading them we experience the degree to which these doctors were pressured to give up their practices, which caused them extreme financial difficulties. Many of them were subsequently forced to leave their homes and move into overcrowded „Judenhäuser" and, ultimately, into exile, but only after being subjected to numerous harassing formalities. For the most part the daily humiliations, which, as we described above, became more perfidious with time, dominate the memories of the descendents of the Jewish pediatricians still able to tell of their experiences or of those who made recordings. These humiliations amounted to a denial, or even the systematic destruction, of the dignity of people ultimately deprived of their right to remain colleagues and fellow citizens.

We do not yet know in any detail who took over their daily work. There was an obvious increase in positions at the children's clinics, and in the urban areas new pediatricians were being registered at a quickened pace. The notorious 1937 issue of the Reichs-Medizinal- Kalender, which identified all Jewish doctors still in Germany by a colon, listed, for Berlin alone, 134 „Aryan" pediatricians compared with only 70 who were „Jewish". In Hamburg, there were already 47 „Aryan" pediatricians active in practice, in Breslau, 34, in Frankfurt a.M., 23. That a few Jewish names still appeared in the DGfK lists was enough to induce some National Socialist members to resign out of protest: „Membership in an organization infiltrated by such a high percentage of non-Aryan members is not compatible with my attitude toward the new state and my function as Ringärztin in the Hitler Youth".[81]

In contrast to this decline of Jewish pediatricians in Germany, we can provide only an outline of the developments within the pediatrics profession under National Socialism. The data for our description stems primarily from an analysis of DGfK protocols conducted by Ute Jahnke-Nückles as part of her dissertation research. Admittedly these documents reflect rather the dealings between the respective chairmen and the state than a profile of the field of pediatrics as a whole.[82]

The socio-political necessity of pediatrics for the state as well as the official definition of its activity as a national task gave priority to the specialty early on, as we indicated above. During the Weimar Republic this argument served the political interests of the pediatrics profession, who repeatedly sought to depict itself working to ensure the people's health in its role as the „most competent guardian of all childhood health issues". After the Nazis had seized power in Germany, the „Gleichschaltung" of the health system offered pediatrics the long awaited opportunity to work together with a state demanding the „collaboration of all parties suitable" for „the great tasks involved in the people's recovery".[83]

In conjunction with the reorganization of the health system the DGfK joined, as reported above, the „Reichsarbeitsgemeinschaft für Mutter und Kind" as part of a „Reichsausschuß für den Volksgesundheitsdienst" („Reich Committee for Service in Public Health") in July 1933. The goal was „to put all groups active in the area of public health under the direct managment of the Reich government." Working together with various scientific organizations, the Reichsausschuß was responsible „for making scientific findings serve the welfare of the people and for critically examining and obtaining informative material concerning the question of a politics of health and the promotion of genetic and race issues ('Erb- und Rassenpflege') from a National Socialist world view."[84] It was the concern of the Reichsarbeitsgemeinschaft to oversee all efforts designed to help the future generation of citizens: counselling for pregnant women and women having just given birth, assistance prior to, during, and after birth, care for infants and children, school health care, and youth social services. The program of the Reichsausschuß was designed to allow the associated scientific organizations room to act on their own initiatives and to work independently, but the work was expected to be taken „in the direction of the views and intentions of the state". There was to be no intervention in the affairs of the various medical organizations, though it was considered important „that the executive boards of the societies and associations be based firmly on the principles of the NS state" („daß der Vorstand der Gesellschaften und Vereine betont auf dem Boden des nationalsozialistischen Staates steht").[85]

For the public image of pediatrics this meant clarifying, at least outwardly, the profession's committment to promoting the health of „the Führer's youth". This can be seen on the following three examples: the profession's collaboration on the state's youth policies, the DGfK's willingness to align its conference programs with NS ideology, and the memoranda written by those ideological pediatricians emphasizing that „children's health care, and their rearing according to biological principles, [was the] precondition for an eternal Germany".[86]

This ideology found expression in the offer presented before the end of 1933 by the followers of Hans Kleinschmidt, Chair at Cologne, to share responsibility in creating the Hitler Youth (HJ).[87] They formulated guidelines, called the „Leitsätze für die in Bünde eingeordnete deutsche Jugend des Pflichtschulalters" („Guiding principles for the German youth of compulsory school age organized into leagues"); the first of these principles was a programmatic statement: „The training to become a member of the National Socialist community and the development of each person's strength for future service as part of the whole begins in the earliest stage of childhood. This educational program is run by the government. It is the duty of pediatricians to show their support, since they are the guardians of children's health." As of yet, we do not know what real consequences came from this offer; the fact is, however, that most of the upper ranks in the HJ medical corps (for example, „Gebietsärzte" and „Bannärzte") were pediatricians. Some of them, like Gerhard Joppich, had participated in the youth groups of the 1920s, for example, the „Wandervogel", which for their part had attempted to develop a specifically youth-oriented lifestyle. Such people were easily „brought into line" with NS ideology and changed over to the new state with conviction. At a conference for „Gebietsärzte" in Weimar in 1935, the Reich Youth Leader Baldur von Schirach demanded „a new type of doctor for the youth – the male doctor stands in most loyal camaraderie beside the leadership and the women doctors beside the women leaders. They help to carry the burden of responsibility and to design the new form of youth education." [88]

In concrete terms, „HJ doctors" saw themselves as health educators commissioned not only to cure the sick but also to act as guides for the healthy („Gesundheitsführung des Gesunden"). Their task included the whole of childhood and adolescence; their job began with the boy's birth and continued „up to [his] discharge from the Hitler Youth [...]. If we then hand over the young generation of the male sex strong and nimble, tenacious and stern to the loyal hands of the medical examiner at the Reichsarbeitsdienst, then we will have done our duty." [89] Even as late as 1939 Robert Hördemann, „Reichsarzt der Hitler Jugend" („Reich Doctor for the Hitler Youth"), and Gerhard Joppich, then manager of the science department at the „Amt für Gesundheitsführung der Reichsjugendführung" („Office for the Health Guidance of the Reich Youth Leadership"), set down in a monograph the program for the „youth health guidance"; governed by the Health Guidance Office, this operation dealt with a variety of subjects covered by doctors for the HJ and the equivalent girls' league, the „Bund Deutscher Mädel" (BDM); the operation's scope ranged from „genetic issues" („Erbpflege") to the „health effects of the HJ summer camp".
In an attempt to exonerate the monograph's authors after the war, DGfK Chairman Hans Kleinschmidt would try to cover up the true nature of the document by characterizing it as „purely medical".[90] However, the potency of the political intentions at its roots is undeniable: „Who is surprised that – especially among the young physicians – the number is increasing steadily of those who see their area of political engagement *here*[91] and have devoted themselves to it: the youth of Adolf Hitler." [92]

The DGfK's rapprochement to the state was expressed in clear terms at its annual conferences, although it must be said that in the beginning years after the NSDAP had come to power the initiative to bring the organization into line had less to do with pressure from the state than from within the DGfK itself. „Our first congress must have a different touch than the former congresses: pediatrics must emphatically put itself at the state's disposal to promote population politics, thereby demonstrating that the pediatrics profession is in good form in that respect." This proposal came from one of the organization's first National Socialist activists, the pediatrician Thilo Brehme who had a practice in Castrop-Rauxel. Brehme's suggestion for the 1934 conference was accepted and led to the tradition of personally inviting state representatives and party functionaries to the annual event. In the Weimar Republic there was no such association with the state; at most, an invitation was sent to the mayor of the town in which the congress was being held. The welcoming speeches by the DGfK presidents from 1934 on indicated not only the organization's political program, which it had now become necessary to mention, but also its declaration of faith in the new concept of the National Socialist physician, who „should no longer make his individual ability as a doctor the focus of his life, but instead should always be conscious that in his role as doctor he works as a part of the whole towards the preservation of the German people". The subject matter of the presentations and discussions should also be so chosen, it was argued, not with the aim of promoting „one's personal ambition" („persönlicher Ehrgeiz"), but for „the benefit of the community" („Nutzen für die Gemeinschaft").[93] For „reasons of prestige" it was deemed especially important to make sure that the conferences met a high quality standard – „otherwise, people could think, 'Now that the Jews are gone, they can't manage to bring about a conference'."[94]

Consequently the 1934 conference put emphasis on genetic illnesses, which had become one of the state's primary interests, and, according to the chairman's wishes, the effort was made to repudiate „certain accusations made against pediatrics concerning the preservation of unvaluable life" („Erhaltung lebensunwerten Lebens").[95] Admittedly the racial hygienic term „lebensunwert" had already been in the medical terminology for a long time, but its existence now enabled the creation of its antonym: pediatrics „helps to preserve all children born and considered worthy of living ('lebenswert') and to let them grow up under the best conditions".[96] The „Erbgesundheitsgesetz" („Law for the Promotion of Genetic Health") and the legislature on sterilization were accepted as a matter of cause, just as in medicine in general, and its usefulness for the reduction of hereditary diseases was also a frequent topic of discussion at subsequent conferences.

Naturally, the conferences' programs also reflect the scientific activities of contemporary pediatrics. Rickets, tuberculosis, questions on nutrition, preventing and combating contagious diseases, and the beginnings of chemotherapy were still areas of concentration. Like the data on the course of study at the universities, these programs have not been analysed yet. The regional pediatric associations also appear to have retained a significant amount of independence to conduct their scientific research, at least until 1938. However, at the Wies-

baden conference of 12 April 1938 it was resolved on the orders of the „Reichs-
ärzteordnung" to connect the pediatrics associations of North-West Germany, South-West Germany, Rhineland-Westfalia, and Saxon-Thuringia as well as the Society of Berlin Pediatricians and the Munich Society for Pediatrics to the DGfK as co-operative members. Henceforth, these organizations had to obtain consent from the DGfK secretary for their statutes and conference agenda.[97]

The further the political developments in the NS state advanced, the clearer the two tendencies evident since the beginning of German pediatrics became. The first of these was obviously the inofficial policy adopted by DGfK's executives who sought to develop a working environment with as few disturbances as possible by deliberately taking a defensive stand in the area of problem-solving. By doing so, the pediatrics profession chose to act in accordance with the behavior of many other branches of medicine: with its official organization leading the way, German pediatrics began to ignore what was really happening, favoring instead the decided concentration on the „purely medical" and „purely scientific" aspects of pediatric medicine. This move certainly attracted the positive attention of the NS leadership, thereby achieving one of the organization's goals; but it blurred the fact that the DGfK's new focus also represented tacit approval of the state's misuse of the weakest member of the community, the child, as a political instrument.

On the other hand, however, there were a few pediatricians, mostly among the academic elite, who made it their ambition to discuss publicly the political goals of the pediatrics profession within the National Socialist state. In 1937 Kurt Hofmeier, Director of the Kaiserin Auguste Victoria Haus in Berlin, wrote a memorandum and, although it was without authorization, sent it to the „Reichsärzteführer" Wagner; in it he again stressed the importance of pediatrics for the maintenance of the people's health: In the past, he wrote, due to parental failure and „heavy Jewish infestation of the pediatrics profession", the physician had been assigned the role of a „doctor for the individual child"; now, pediatrics is less interested in contributing to the individual's well-being than to the maintenance of the strength of the people as a whole („Volkskraft"). Therefore, he continued, the role of pediatricians in the state's health leadership must be strengthened.[98] To be sure, making pediatricians more important for the state would automatically bring with it a higher degree of recognition for pediatrics as a whole. However, the success hoping to be achieved with the memorandum failed to materialize, although the DGfK officially supported the move. The aged master of pediatrics, Adalbert Czerny, went so far as to inform Hofmeier that he had thereby diminished the reputation of German pediatrics.

But efforts to demonstrate the close alliance between German pediatrics and the NS state were to intensify particularly after Franz Hamburger, Professor and Chair of Pediatrics at Vienna, took over the chairmanship of the DGfK following the so-called „Anschluß" of Austria. In 1930 this former student of Escherich had left Graz to become von Pirquet's successor at Vienna. Long before German occupation of Austria, Hamburger's National Socialist convictions made him stand out among his countrymen. Now he proved himself to be one of the most vehement party supporters among German-speaking pediatricians. „Pediatrics", he argued in a lecture held in 1939 on the subject „National Socialism and Medicine",[99] „has been maneuvered out of its present borders, thus, as it were, out of itself, through the thoughts and deeds of the Führer [...]. With admirable clarity and consistency the Führer shows us the right path in this area, too, and makes us doctors into leaders of the people in the most important areas possible for humans: in the spheres of health and capability." In Hamburger's case, this was more than mere political rhetoric; he had extensive connections to powerful people in Berlin and as DGfK President now demanded that the university children's units be upgraded to „centers for NS children's and youth social services", that the field of pediatrics be officially renamed as „Ärztliche Kinderkunde" („medical science of children") and its representative organization as the „Gesellschaft für Gesundheitsführung" („Society for Managment of Children's Health").[100]

Hamburger publicly maligned the Jewish emigrants Albert Eckstein°, L. F. Meyer°, Paul György°, Ernst Freudenberg°, and Bela Schick, who together with their foreign colleagues Fanconi, Gerstenberger, Glanzmann, von Groer, and Meyerhofer collaborated to publish the „Jahrbuch für Kinderkrankheiten" (Yearbook for Children's Diseases) under the new name „Annales Paediatrici" in Basel at the Jewish Karger publishing house, which had also emigrated to Switzerland. In October and again in December 1938 Hamburger appealed to all „reichsdeutsche" members demanding them to cancel their subscriptions to the Yearbook and to send no more articles for publication. He sharply criticized the behaviour not only of the publisher but also of Ernst Freudenberg, who had been removed from his post as Professor and Chair at Marburg in 1937 because he was married to a woman „of Jewish descent". Freudenberg was then appointed Chair at Basel and took over the editorship of the „Annales Paediatrici". „Karger", so Hamburger, „has now put his battle program – there is no other name for it – into effect against the Third Reich in such a way that he is now the publisher of the Annales, for which task he cleverly won over Freudenberg as editor, who – it's humanly understandable – is feeling antagonized. And in taking the job Freudenberg has clearly placed himself on Karger's side".[101]

The DGfK intended to demonstrate in big style its wish for ultimate solidarity with the NS state at its next conference in September 1939, which would deliberately be held in Salzburg, a city in the „Ostmark".[102] A special „Day of Physical Education for the Child", to be held in the Festival Theater, would prove the allegiance of pediatrics to the government; in support of this event, many Reich functionaries were scheduled to hold speeches: the Reich Youth Leader Baldur von Schirach, the Reich Sport Leader von Tschammer and Osten, and the Reich Health Leader and director of the Reichsarbeitsgemeinschaft für Mutter und Kind, Leonardo Conti. In addition, Kurt Hofmeier was supposed to speak about the „capabilities of the child and adolescents" in order to do justice to the conference's scientific nature. The division of the child's developmental stages into Kleinkind (up to age 6), Grundschulalter (aged 6–10), Pimpf and Jungmädel (aged 10–14), and Hitler Jugend (HJ) and Bund deutscher Mädel (BDM) (aged 14–18) would show the organization's overt attempt to bring „the commitment of German pediatricians" into line with the state's health policy. Bessau, Professor and Chair of Pediatrics at Berlin, argued: „If we behave like a small profession, then we'll remain a small profession." He was of the opinion „that no time was more propitious to raise pediatrics up into the saddle" than during the Third Reich. The convention's first day was to end with a ceremony for the HJ by special invitation from the Reich Youth Leader.

The conference at Salzburg was to be the high point of all conferences under National Socialism, and until the end of August nothing appeared to be standing in the way of its organization. But on 28 August DGfK Chairman Walther Birk, Chair of Pediatrics at Tübingen, questioned whether it would actually be possible to carry out the meeting in view of the heightened political situation, and on 30 August the Reich Health Leader decided to cancel it. On 1 September 1939, World War II broke out.

Meanwhile, it had become clear that not all of those responsible were willing to approve of the course taken by Hofmeier, Hamburger, and their loyal followers. In reaction to the cancellation of the conference even some of its organizers were relieved. Early on, Birk had worried about the possibility of the party officials using their presentations mainly to spread propaganda, which would not suffice the organization's actual claim to present data scientifically and objectively. With the help of an updated memorandum and a special meeting of the DGfK executive board with party officials early in 1940,

Hamburger and Hofmeier again tried to carry through their plan to rename pediatrics as an „ärztliche Kinderkunde" („medically based children's science"), but they failed to win the sympathy of the executive board.¹⁰³ Even though the DGfK executives publicly expressed their doubts about the use of such a meeting, they were forced, nonetheless, by the „Reichsgesundheitsamt" to make up for the cancelled conference by holding another in the framework of a „kinderkundliche Woche" („children's science week"); scheduled for September 1940, this event was designed to illustrate to the people that regardless of the ongoing war the National Socialist state would continue to provide the growing youth with special care. At the DGfK conference, which had been ordered from above and ultimately brought little effect, the Reich Deputy Health Leader assured his audience that Germany would win the war with „the world's healthiest youth".

The Vienna conference was the last to take place during the Third Reich. In summer 1944, the Reich Health Leader Conti formally announced his wish for another DGfK conference. In response, Secretary Goebel sent a telegram to Chairman Bessau encouraging him to stand firm in his resistance: „best young people on the battlefields in non-pediatric action – stop – scientific research impossible due to shortage of scientists and war damage in many places – stop – further decrease in assistants expected – stop – winter unsuitable for conference – unsatisfactory congress worse than none at all – stop – congresses cannot be brought to stand by force – stop."

The euphoria with which German pediatricians had offered their services to the NS regime a decade earlier had dissipated for ever. Now, reality was dawning on them.

Addendum: The DGfK after 1945

It is important to remember that the reported findings reflect the activities of official representatives of pediatrics in Germany. Yet it is one of the many signs indicating the obscure ambivalence of the time that no sort of protest on the part of pediatricians against these actions has been found in the archival documentation. There is also no documented opposition to the murdering of handicapped children that was carried out by the above mentioned „Kinderfachabteilungen" and reached its first high point simultaneously with the Vienna conference of 1940. Yet we do know of a few concrete attempts by courageous individuals to evade having to murder such children: for example,

Carl T. Noeggerath, Chair at Freiburg i.Br., who went to the „Führer's" office and refused in person to establish one of these departments arguing that Freiburg had a large catholic population,[104] and Josef Ströder, at that time assistant medical director to Goebel in Düsseldorf, who through his wartime post as acting director of the Children's Hospital at Kraków was able to protect Polish and Jewish children from extermination.[105] Both are representative of those physicians who silently acted in the same way, but whose names we no longer know.

However, many more believed after 1945 that they could find reasonable explanations for their previous activities, such as Werner Catel, who wanted to justify his activity as medical expert for the euthanasia program,[106] or Hamburger, Hofmeier, Joppich, Bennholdt-Thomsen, and others who, provided they were willing to speak about it at all, judged their vision of the health of the „Führer's youth" to be a normal medical consideration. That nearly all of them were allowed to maintain their function as pediatricians in the community and as members in the DGfK demonstrates how little energy was spent in understanding the involvement of the organization and its representatives in their recent past. All of this belongs to the great effort to suppress what happened which had characterized Germany in the period directly after the war. All of those whose involvement should have been investigated were left more or less undisturbed. Hans Kleinschmidt, the last DGfK chairman during the war and the first after its end, explained after a few private consultations that the organization need not be ashamed of the members who had supported the regime.[107] As president of the 1948 conference, the first to take place after the war, he did give a brief account of the medical experiments on children, which in the meantime had become public knowledge; but he then complained that the resulting mistrust by the people towards clinics and hospitals was „painfully evident inspite of all our care and attention". Certainly, „negligence, even crimes [have] caused disaster in this respect".[108] Regarding his own experience and behavior during the NS period he had just as little to say as Fritz Goebel, who still held the post of secretary in the organization. There is also no evidence that any of the above mentioned pediatricians who had been NS activists had reflected on their behavior.

While preparing for the second post-war conference of 1949, Goebel, who meanwhile had become chairman, made the effort to re-establish contact with the Jewish emigrants who had formerly been members. In his welcoming speech he reported that he had sent „letters to all persons able to be reached whom we have not been allowed [sic!] to carry in our membership register since 1938 asking if we might again consider them members. Some refused, others consented. Among the acceptances, especially noteworthy are those from Erwin Schiff, New York (formerly Berlin), Paul György, Philadelphia (formerly Heidelberg), and Bruno Leichtentritt, Cincinnati (formerly Breslau)". He made no mention of the reason for their emigration and the conditions under which they left, nor did he speak of the manifold rejections and the sensitive reasoning of those, for whom a return seemed impossible at least for the time being, if not for ever.[109] To the noble letter from Walther Freund°, which we have quoted in his biography, Goebel replied on 31 August 1948: „I think I may assure you that, including those who lost their posts due to party membership, there ought to be no one left in our organization, who still 'carries some bit of Hitler within him'." („Ich glaube Ihnen versichern zu dürfen, daß einschließlich derer, die wegen Parteizugehörigkeit entamtet wurden, in unserer Gesellschaft niemand mehr sein dürfte, der noch etwas ‚von Hitler in sich herumschleppt'.")

At this time Rudolf Degkwitz, Chair of Pediatrics at Hamburg, was already living in the United States. He had left Germany after the war „for political reasons". In 1944 he had been brought before the „People's Court" („Volksgerichtshof") and was charged for „defeatism and undermining of military strength". Degkwitz was doggedly opposed to the efforts of his colleagues to suppress consciousness of the pediatricians' role under the NS state, especially of Werner Catel, and considered „the behavior of German physicians in the years 1945-1947 to be undignified".[110] Concerning the heated discussions conducted internally in this context there is a conspicuous gap in the DGfK's documentation.

Conclusion

German pediatricians and the official representatives of their profession welcomed the seizure of power by the Nazis in 1933. They hoped that it would increase the recognition of their field and lead to its further development. The regime's political interest in creating „racially and genetically pure" offspring in their role as „guarantors of the future" made pediatrics attractive for the state. To ensure that their profession maintained this priority status, its representatives officially adopted NS aims and actively supported its policy. That included the elimination of all those pediatricians ostracized because of their Jewish descent or their political standpoint, to whom the present study is dedicated.

As of November 1999 the names of 744 pediatricians victimized by the NS measures in Germany, Vienna, and Prague have been identified, which makes up about 54 percent of the total. This figure proves how surprisingly attractive pediatrics had become for Jewish doctors prior to 1933 and simultaneously manifests the terrible losses it suffered both in its corps of people as well as in the areas of scientific research and the care of sick children. 629 of these cases have been investigated so far: 464 (73.7 percent) emigrated to 31 countries throughout the world. 71 (11.3 percent) got caught in the machinery of the Holocaust; of these, only 13 survived. Of the remaining 210 victims, 27 committed suicide, 38 died of other causes, and the rest either went underground or tried out of despair to survive by any means possible.

As previously emphasized, these numbers are not absolute. Moreover, the data suggests that the number of victims, emigrants, and those who went into hiding, were deported or murdered was actually greater – not to mention that in most cases this tragic fate also struck the physicians' spouses, children, and other close relatives. We do know of 117 additional Jewish spediatricians, but to date we only have been able to gather such marginal data as their names and, in some cases, information regarding their medical training. For a few of them we even know where in Germany and what form of medicine they practiced around 1933 and, of course, that they were affected by the NS laws by reason of their Jewish descent or political affiliation. After 1938 no further trace of them exists in the relevant doctors' registers, city and town directories, or archives. Their fates still elude us.

Statement of the Executive Board of the German Society of Pediatrics and Adolescent Medicine

On October 1998 at its yearly meeting in Dresden, the German Society of Pediatrics and Adolescent Medicine held a public ceremony commemorating their collegues who had been persecuted, expelled from their homeland, and murdered between 1933 and 1945. There, the society's incumbent executive board under the chairmanship of President Prof. Dr. Lothar Pelz (Rostock) made the following statement in the name of all German pediatricians:

The German Society of Pediatrics took on a burden of guilt during the National Socialist era in Germany.

Outstanding representatives in our field served the fateful political doctrine of „racial purety" and the racially based health policies of the National Socialist youth leadership.

The majority of German pediatricians in that generation tolerated the destruction of over 700 Jewish or politically undesirable collegues. They and the next generation after World War II did not speak up.

It is our particular concern in this hour of remembrance to publicly, and with regret, admit our guilt, but most importantly, for the generations to come, to keep the memory of our fellow pediatricians alive who were politically persecuted, driven from their homes, or murdered.

Dresden, 3 October 1998

BIOGRAPHISCHE DOKUMENTATION

Auf Grund der schwierigen Quellenlage sind mangelnde oder fehlerhafte Angaben nicht auszuschließen. Wir bitten hiervon betroffene Familien um Nachsicht. Um Korrekturen und Ergänzungen wird gebeten.
Kontaktadresse Seite 492

Because of the difficulties in finding and verifying the sources we cannot exclude the fact that information may be deficient or erroneous. We apologize formally to the families concerned and ask for any corrections or additional information.
Adress see page 492

Hinweise

Die einzelnen Biographien sind erstellt auf der Basis von Angaben aus verschiedensten Quellen. Ausgangspunkte waren u.a.:
- die verschiedenen Ausgaben des Reichs-Medizinal-Kalenders für Deutschland, insbesondere die Auflage von 1937, in der die noch in Deutschland verbliebenen jüdischen Ärztinnen und Ärzte mit einem Doppelpunkt (:) gekennzeichnet waren. Seit 1933 verschwundene Namen ließen sich meist erschließen;
- Mitgliederverzeichnisse der Deutschen Gesellschaft für Kinderheilkunde (DGfK) und anderer wissenschaftlicher Vereinigungen
  Mitglieder der DGfK sind im alphabetischen Namensverzeichnis im Anhang mit einem Stern (*) gekennzeichnet;
- Adreßbücher, Telephonbücher, Vorlesungsverzeichnisse, Ärztelisten einzelner Städte etc.;
- Verzeichnisse und Publikationen jüdischer Mahn-und Gedenkstätten sowie von Landes- und Stadtarchiven.

Die entsprechenden Belege ergeben sich aus den Angaben in Kleindruck am Ende jeder Einzelbiographie und mit Hilfe der Abkürzungsliste. Dort angegebene Eigennamen verweisen auf den Quellen- und Literaturteil.

Persönliche Mitteilungen und Korrespondenzen sind im zugehörigen Aktenbestand abgelegt, der dem Pädiatriearchiv in Berlin übergeben wird.
Die Listen geben in der Regel den Wohnsitz im Jahre 1933 an. Erfaßt sind – in alphabetischer Reihenfolge – Orte über 10 000 Einwohner. Die Ortsnamen sind in der Schreibweise der damaligen Zeit angegeben; die heutigen Bezeichnungen sind angefügt.
Die Zahlen unter den Ortsnamen nennen die Anzahl der Betroffenen (erste Zahl) im Verhältnis zur Gesamtzahl der Kinderärztinnen und -ärzte am jeweiligen Ort.

Abkürzungen/Abbreviations

(Kurztitel)

Abb.	Abbildung
ABJ	Archiv Bibliographia Judaica Frankfurt
ADO	Adreßbuch Deutschtum Ostasien
AMD	American Medical Directory
Angekr.	Im Mitgliederverzeichnis DGfK 1933 angekreuzt
Appr.	Approbation
Ass.	Assistent
Ausb.	Ausbildung
BDM	Bund Deutscher Mädel
BHE	Biographisches Handbuch Emigration
BJA	Bund Jüdischer Akademiker
BKh	Mitgl.Liste Berliner Ges.f.Kinderheilkunde 32/33
BMJ	British Medical Journal
CDJ	Centre de documentation juif, Paris
CV	Centralverein Deutscher Staatsbürger jüdischen Glaubens
DBcj	Datenbank Centrum Judaicum Berlin
DBE	Deutsche Biographische Enzyklopädie
DBG LA	Datenbank Gedenkbuch, Landesarchiv Berlin
DGfK	Deutsche Gesellschaft für Kinderheilkunde
DGfK MV	Mitgliederverzeichnis DGfK
Dir.	Direktor

Dir. Med. Wom.	Directory of Medical Women
Displ.	List of Displaced German Scholars
Diss.	Dissertation
DMF	Deutsche Medizinische Fakultät Prag
DP	Displaced Persons
Enz	Enzyklopädie des Holocaust
Ffm	Frankfurt am Main
Fischer	Biographisches Lexikon
Fischer 38	Gesellschaft der Ärzte Wien
G.P.	General Practitioner
GV	Gesamtverzeichnis des deutschsprachigen Schifttums
Habil.	Habilitation
Hepp	Die Ausbürgerung deutscher Staatsangehöriger
HJ	Hitlerjugend
HumbA	Archiv der Humboldt-Universität, Berlin
IMG	Israel Medical Guide
isr.	israelisch
JAMA	Journal of theAmerican Medical Association
JbH	Jahrbuch der Hochschulschriften
JMP	Jüdisches Museum Prag
Jüd.Adr.	Jüdisches Adreßbuch Berlin 1931
Kapp	Refugee Doctors and Dentists GB 1939
KAVH	Kaiserin Auguste Victoria Haus Berlin
KKFK	Kaiser- und Kaiserin-Friedrich-Kinderkrankenhaus Berlin
Korr.	Korrespondenz
KV	Kassenärztliche Vereinigung
KZ	Konzentrationslager
LBI NY	Leo Baeck Institute New York
MagA	Magistratsarchiv Wien
M.D.	Medical Doctor
MedDir	Medical Directory
Med.Off.	Medical Officer
Med.Wom.Dir.	Medical Women Directory
Ms	Manuskript
MV	Mitgliederverzeichnis DGfK
NDB	Neue Deutsche Biographie
OA	Oberarzt
OÄ	Oberärztin

ÖBL	Österreichisches Biographisches Lexikon
PäA	Pädiatriearchiv Berlin
PalDir	Palestine Directory
PalMed	List of Medical Practitioners Palestine
PD	Privatdozent
Ped.	Pediatrician
RA	Ausbürgerung laut Reichsanzeiger
Res.Med.Off.	Resident Medical Officer
ret.	keine ärztliche Tätigkeit mehr (retired)
RMK	Reichs-Medizinal-Kalender
RMK 33, 35	in den RMK verzeichnet
RMK 37+	Kennzeichnung als Jude im RMK 1937
SPSL	Society for the Protection of Science and Learning
StaatsA	Österreichisches Staatsarchiv
StA	Stadtarchiv
Stud.	Studium
UAF	Universitätsarchiv Freiburg
UNRRA	United Nations Relief and Rehabilitation Administration
VÄR	Verzeichnis der jüdischen Ärzte in der Reichshauptstadt 1937
VSÄ	Verein sozialistischer Ärzte
VZ	Volkszählung 1939
Walk	Kurzbiographien
WW I	Kriegsteilnehmer Weltkrieg I
WW II	Kriegsteilnehmer Weltkrieg II
WUOx	Wellcome Unit History of Medicine Oxford

Deutschland

AACHEN
(3:7)

Feibes, Erich
(7.8.1890 Münster – nach 1979 USA), Dr. med., Kinderarzt, Wilhelmstr. 80.
Stud. Freiburg, München, Berlin, Münster. Appr. 16, Diss. Marburg 21.
RMK 37+, DGfK MV 33 angekreuzt, bis 38 geführt.
Emigr. nach 38 USA, License 39, Ped. 2509 Broadway, Schenectady N.Y.
StA; GV; AMD 50–82; Lepper 1994.

Spiegelberg, Antonie
(5.9.1902 Hannover – ?), Dr. med. Kinderärztin, Zollernstr. 25.
Stud. Bonn. Diss. Bonn 27, Appr. 28. 33 Ass. a. d. Univ. Kinderklinik München.
Nach 33 zurück an den Heimatort Aachen.
RMK 37+, Kinderärztin ohne Praxis. Weiteres Schicksal unbekannt.
StA; GV.

Weinstock geb. Schwarz, Alma
(2.7.1899 Berlin – ?), Dr. med., Kinderärztin, Casinostr. 79, später Helferichstr. 81.
Diss. Köln 23, Appr. 24.
RMK 37+.
17.12.38 Emigr. nach Brasilien, Rio de Janeiro.
StA.

ALLENSTEIN
Ostpreußen **Olsztyn**
(1:2)

Bütow, Margarete
(11.6.1891 Soldau/Ostpr. – ?), Dr. med., Kinderärztin.
Stud. Berlin, Freiburg, München, Marburg. Appr. 18, Diss. Königsberg 18.
RMK 35: Berlin-Schöneberg, Bayrischer Platz 3; RMK 37+: Caputh über Potsdam (Jüd. Kinderheim).
Weiteres Schicksal unbekannt.
GV.

ALTONA
(bis 1937 preußisch, dann zu Hamburg)
(4:9)

Grüneberg, Bernhard
(12.1.1861 Schloppe/Westpr. – Sept. 1935), Sanitätsrat Dr. med., Kinderarzt,
Allee 91. Dir. d. Kinderhospitals Treskowallee 36. Nach 33 keine Amtsbezeichnung mehr.
Appr. 85.
RMK 37 Totenliste. DGfK MV 35 gestrichen.
Staatsarch.Hambg.

Grüneberg, Franz
(20.2.1900 Altona – ? USA), Dr. med., Kinderarzt, Allee 91, Ass. am Kinderhospital.
Appr. 24, Diss. Kiel 25, nach 33 Niederlassung in Hamburg, Schulterblatt 139.
RMK 37+, DGfK MV bis 38.
1.1.38 Emigration nach Cleveland/Ohio.
Brief 24.6.36 an DGfK (Goebel): „Ich habe den Wunsch an der Tagung...in Würzburg teilzunehmen...möchte Sie höflichst bitten, mir nach Möglichkeit mitzuteilen, ob Sie glauben, dass mir als jüdischem Arzt irgendwelche Unannehmlichkeiten dort begegnen könnten...".
Antwort Goebel 26.6.36: „Wenn ich ganz ehrlich ein soll, würde ich es Ihnen nicht raten... Sie würden voraussichtlich auch der einzige jüdische Besucher sein, nachdem schon an der letzten Tagung in Braunschweig 1934 nur ein einziger Jude teilgenommen hat".
Staatsarch.Hambg.; PäA; GV; Hepp.

Levison, Paul
(17.3.1896 Bünde/Westf. – nach 1979 USA?), Dr. med., Kinderarzt, Große Bergstr. 256.
Appr. 23, Diss. München 23.
RMK 37+.
Emigr. August 41 USA, Tuberculosis Sanatorium Glenn Dale/Maryland, später Arlington Heights/Illinois (?).
16.1.39 Finanzamt Hamburg Nord: „Der frühere Arzt Dr.Paul Israel Levison beabsichtigt nach Brasilien [!] zu gehen".
Staatsarch.Hambg.; GV; AMD 50–82.

Nelken, Kurt
(24.8.1896 Berlin – ? Jerusalem), Dr. med., Kinderarzt, Marktstr. 29.
Stud. u. a. Tübingen, Freiburg, Appr. 23, Diss. Freiburg 23.
RMK 33, DGfK MV 33 ohne Vermerk, 35 gestrichen.
Okt. 33 Emigr. nach Palästina, License Nr. 1332. 18, Ramban Str., Jerusalem.
Staatsarch. Hambg.; GV; PalMed 40, PalDir 42–60.

APOLDA
(1:2)

Jellinek, Paula
(8.3.1891 Basel – ?), Dr. med.,Kinderärztin, Roonstr. 8.
Stud. Heidelberg, Berlin, München.
Diss. Heidelberg 18, Appr. 19.
28–31 Stadtassistenzärztin.
RMK 33, DGfK Abmeldung 21.9.33 mit Brief aus Neunkirchen (Saar), „...gezwungen, längere Zeit meinen Beruf nicht auszuüben...aus wirtschaftlichen Gründen."
Weiteres Schicksal unbekannt.
StA; GV; PäA.

AUGSBURG
(1:8)

Berberich, Hugo
(6.12.1887 Augsburg – nach 1965 USA), Dr. med., Kinderarzt, Jakoberstr. H 1.
Stud. München, Berlin, Freiburg. Diss. Freiburg 12, Appr. 13.
Ausb. Augsburg, vermutlich Göttingen. WW I.
Niederlassung in Augsburg vor 26.
RMK 37+; von 38–41 möglicherweise untergetaucht.
Emigr. 41 USA. License 45, Ped. 103–32 Lefferts Blvd., Richmond Hill, New York City. Letzter Wohnort 65: Jamaica, N.Y.
StA; AMD 50–65.

BAD KREUZNACH
(2:4)

Gralka, Richard
(23.6.1891 Beuthen/Oberschl. – ?), PD Dr. med., Kinderarzt, Hindenburgstr. 8.
Appr. 15.
20–26 Univ.-Kinderklinik Breslau (Stolte).
Wiss. Schwerpunkte: Röntgendiagnostik im Kindesalter, Stoffwechsel. Habil. 25.
25–28 Leiter des Kindererholungsheims Hammelburg (Unterfranken).
Ab 28 Leiter der Kinderheilanstalt Elisabethstift in Bad Kreuznach, „bis er 1935 aus politischen Gründen weichen musste"(Wolff).
RMK 37 ohne Kennzeichnung, ohne Funktion. DGfK geführt bis 41.
Weiteres Schicksal unbekannt.
Joachim Wolff.

Kullmann, Julius
(6.1.1874 Simmern – ?) Dr. med., Kinderarzt, Dir. d. Jüdischen Kinderheilstätte.
Diss. Bonn 98, Appr. 99.
RMK 37+, noch als ltd. Anstaltsarzt geführt.
Weiteres Schicksal unbekannt.
StA.

BAMBERG
(1:3)

Graf geb. Reichold, Selma
(11.6.1887 Nürnberg – 31.12.1942 Auschwitz), Dr. med., Kinderärztin, Gynäkologin, Sportärztin, Franz-Ludwig-Str. 15.
Stud. Erlangen, München, Diss. Erlangen 14, Appr. 14.
RMK 37+.
Juli 39 Verbringung in die Strafanstalt Aichach, Gründe unbekannt. 42 Transport nach Auschwitz, dort nach Mitteilung der Gestapo Nürnberg angeblich an „Grippe" verstorben.
StA; GV.

125

BERLIN
(222: 263)

Adam geb. Guttmann, Margarete
(14.5.1896 Mannheim – ?), Dr. med., Kinderärztin, Bln. N 65, Ostenderstr. 13.
Stud. Berlin, Königsberg. Appr. 22, Diss. Berlin 35.
22–26 Freie Praxis.
26–28 Univ.-Kinderklinik Charité (Czerny), 25–28 Säugl. u. Kleinkinderfürsorgestellen Friedrichshain A und Tiergarten A, Ambulatorium des Verbandes der Krankenkassen Berlin.
26 Anerkennung als Sportärztin.
RMK 33.
Weiteres Schicksal unbekannt.
GV; Diss; Jüd.Adr.

Adelsberger, Lucie (Abb.)
(12.4.1895 Nürnberg – 2.11.1971 New York), Dr. med., Kinderärztin, Internistin, Allergologin. Bln. N 65, Chausseestr. 63.
Stud. Erlangen. Appr. 20, Diss. Erlangen 23.
19–20 Cnopf'sches Kinderspital Nürnberg.
21–22 Kinderabt. Krkhs. Friedrichshain Berlin (Magnus-Levy).
24–25 Waisenhaus und Kinderasyl der Stadt Berlin (L.F.Meyer).
26–27 Konsiliaria Säuglings- und Kinderwohlfahrt Wedding.
25 Fachärztin Innere, 26 Fachärztin Pädiatrie.
Nov. 27 Wiss. Mitarbeiterin Robert-Koch-Institut Berlin: Beobachtungsstelle für Überempfindlichkeitsreaktionen zus. mit dem Serologen Hans Munter (ca.1894–1935). Erarbeitung eines Konzeptes der Kombination von klinischer und serologischer Allergieforschung. Mehrere wiss. Publikationen; Monographie: Überempfindlichkeits-Krankheiten, Berlin-Wien 1929.
Entlassung 31.3.33.
RMK 37+, DGfK MV 35 gestrichen, Austritt 3.12.35; VZ 39: Schöneberg, Eisenacherstr. 98.
Versuche privater Praxis, 38 „Krankenbehandlerin" Bln.-Charlottenburg, Knesebeckstr. 28. Ebenfalls 38 offenbar Teilnahme an einer Tagung an der II. Kinderklinik (Epstein) in Prag (Mittlg. Prof. Heller, Chicago).
39 mißlungener Versuch, mit ihrer kranken Mutter zu emigrieren.
17.5.43 Deportation mit dem 38. Transport nach Auschwitz (406 Deportierte, 5 Überlebende; mit diesem Transport auch Erna Davidsohn und Paula Haymann – s.d.).

„Wir fuhren eingeschlossen, auf einem Lastauto durch die Stadt, vorne am Wagen SS und hinten SS-Bewachung. Der offene Gefangenenwagen ... fuhr auf einem weiten Umweg durch die Linden, vorbei am Brandenburger Tor, durch den Tiergarten und durch Moabit mitten durch die Stadt, in der ich zwei Jahrzehnte gelebt und von der ich mich bei jedem Weggang mit Abschiedweh losgerissen hatte. Es war das gleiche Städtebild, noch standen die Kunstwerke, die Siegessäule, und noch dehnten sich die Rasenflächen des Tiergartens, und die Häuser reihten sich noch unzerbombt.

Und dennoch war es eine andere Stadt. Ich kannte Enttäuschungen von Stätten, an denen ich hing und die ihr altvertrautes Antlitz gewandelt hatten und nur noch traumhafte Erinnerung waren und nie mehr Wirklichkeit wurden. Aber dies war etwas anderes, viel Ärgeres. Die Stadt war die gleiche, aber sie gehörte uns nicht mehr. Vom Wagen gab es kein Entrinnen, kein Aussteigen.
Die Straßen existierten nicht mehr für die Gefangenen der SS. Der Park, in dem man ehemals spazieren gegangen war, war nur noch Kulisse, die sich schnell verschob. Das Haus, darin man einst gewohnt hatte, stand feindselig da und ließ einen ungerührt passieren. Und die Menschen waren andere, nicht mehr Freunde, sondern Feinde. Gehässig starrten sie auf den Wagen mit den Gefangenen. Die Stadt, die ich einst geliebt hatte, war nicht mehr da. Es war eine fremde Stadt, schon vor Auschwitz". (Adelsberger: Auschwitz).

Lucie Adelsberger wird als Ärztin der Kinder im Zigeunerlager und im Frauen-Konzentrationslager Auschwitz-Birkenau eingesetzt. Sie übersteht deren Vernichtung und den berüchtigten Rückmarsch im Januar in das KZ Ravensbrück. Befreiung am 2.5.1945.

„Durch einen irregeleiteten Fanatismus sind aus Menschen Bestien geworden, die nicht nur getötet, sondern mit Lust und Freude gequält und gemordet haben. Ein bißchen Salonantisemitismus, etwas politische und religiöse Gegnerschaft, Ablehnung des politisch Andersdenkenden, an sich ein harmloses Gemengsel, bis ein Wahnsinniger kommt und daraus Dynamit fabriziert. Man muß diese Synthese begreifen, wenn Dinge, wie sie in Auschwitz geschehen sind, in Zukunft verhütet werden sollen. Wenn Haß und Verleumdung leise keimen, dann, schon dann heißt es wach und bereit sein. Das ist das Vermächtnis derer von Auschwitz.
Die Toten waren stark und sind im Untergange über sich hinausgewachsen mit Kräften, die ins Riesengroße zielten. Dürfen die Lebenden schwächer sein?" (l.c.).

Juli 45 durch Vermittlg. des British Red Cross (Jewish Relief Unit) nach Amsterdam. Gilt dort als staatenlos, darf nicht arbeiten.

Brief aus Amsterdam an SPSL 25.7.45: „The last two years I have spent in Auschwitz and other concentration camps realizing that hell exists really on earth".
Brief vom 14.4.46 an Dr. Ursula Bohn, Berlin: „...daß mich Auschwitz nicht schwächer, sondern viel stärker gemacht hat, und daß ich zwar die Schlechtigkeit der Menschen in ihrem tiefsten Tief gesehen habe, mehr als ich ahnte, aber doch wieder an das Positive glaube, und mehr denn je an Gott, trotz allem, und das Leben bejahe, mehr denn je."
Brief vom 27.9.46 an Dr. Ursula Bohn, Berlin: „Deutschland hat mich bitter enttäuscht und ich kann nicht mehr zurück, innerlich, ebensowenig wie einer zu einer Frau, die ihn gemein betrogen hat. Der Glaube ist weg und alles zerbrochen...Wir, die wir aus dem Inferno zurück auf die Erde gekommen sind, haben etwas erlebt, das uns von allen Menschen, die das nicht erlebt haben, irgendwie isoliert (vielleicht ist das ein Defekt von uns, aber es ist so). Und trotzdem, das ist das Erstaunliche, bejahe ich das Leben...nicht zurückschauen, sondern vorwärts, aufbauen, helfen".

Ende Oktober 46 von Amsterdam nach New York.

47–49 Tätigkeit als Tbc-Ärztin im Montefiore Hospital, Country Sanatorium, Bedford Hills, N.Y.:

„ I am in a new life and I have to begin with all things, not only to buying the primitive daily utensils, but to start as a very, very small physician to earn my living. There are no residues of the former life. I am playing the third act of a German, that means stateless Jewess, the act after the concentration camp, when

you find all people settled, all you know, but not yourself. Even that is not a cheerful play. Perhaps I need more courage...".(Brief vom 21.1.47 an Dr. Ursula Bohn, Berlin).
49 State Board Examination and Medical License.
Ab August 49 wiss. Tätigkeit im Research Department des Montefiore Hospital and Medical Center, New York, erneut wiss. Publ. Allergologie, Immunologie, insbes. zelluläre Frühdiagnose des Carcinoms. Kleine allergologische Privatpraxis 3539 Rochambeau Ave., New York 67, N.Y., um ihre Forschungsarbeit mit zu finanzieren. 2.11.71 Tod an Mamma-Ca.

SPSL 389/4; VÄR; AMD 50; PäA; JAMA 7.2.72; DBG LA (dort fälschlich vermerkt: Schicksal ungeklärt); GV; Baader 96/97; Hubenstorf 94; Unveröfftl. Briefwechsel 45–71 mit Dr. Ursula Bohn, Berlin.

Adler, Elsa Azaneot
(23.5.1895 Lissabon – ? Portugal) Dr. med., Kinderärztin, Bln.-Zehlendorf, Spandauerstr. 107.
Appr. 23, Diss. München 24.
RMK 33.
17.8.33 Emigr. nach Portugal.
DBG LA; GV.

Alterthum, Hans
(21.2.1898 Halle/Saale – 21.2.1972 Petah-Tiqwa, Israel), Dr. med., Kinderarzt, Bln.-Johannistal, Sterndamm 19.
WW I. Stud. Freiburg, Berlin. Appr. 23, Diss. Berlin 27.

Ausb. u. a. Kinderheilanstalt Berlin-Buch (KIBU). Bis Februar 33 Stadtschularzt.
RMK 26, 33.
Kandidatur auf der Liste „Freigewerkschaftliche Ärzte" zur Ärztekammerwahl 31.
März 33 Emigr. nach Palästina, License Nr. 1194, Beit Barsilei, Raanana.
Später Wechsel zum hebräischen Nachnamen **Atar**.
Langjährige Kinderarztpraxis in Petah-Tiqwa, 43 Stampfer Str.; bis 64 noch unter dem Namen Alterthum.

GV; PalMed 40; PalDir 64; Pross/Winau S.143; Korr. m. PD Dr.D.Atar, Basel.

Alterthum geb. Glücksmann, Ruth
(21.12.1900 Breslau – 12.8.1958 Petah-Tiqwa, Israel); Dr. med., Kinderärztin, Bln.-Johannistal, Sterndamm 19.
Appr. 26, Diss. Breslau 29.
Ausb. KKF, Oberärztin bei Finkelstein. Krankenhaus Moabit.
Heirat mit Dr. Hans A., Emigr. 1.5.33 nach Palästina, License Nr. 1855, Beit Barsilei, Raanana.
Später Wechsel zum hebräischen Nachnamen **Atar**.
Kinderarztpraxis in Petah-Tiqwa, 22 Harav Blau Str.; bis 64 noch unter dem Namen Alterthum.

GV; PalMed 40; PalDir 64; Korr. m. PD Dr.D.Atar, Basel

Arnsdorf, Friedel (Frieda)
(? – nach 73 Israel), Dr. med., Kinderärztin (?), Bln.-Siemensstadt, Nonnendammallee 94 (= Adresse des Ehemannes Dr. med. David A., Dermatologe, Appr. 21).
In RMK 33–35 lediglich Ehemann erwähnt.
Zu Frau A. keine Daten (Mädchenname nicht ermittelt), jedoch 35/37 mit Ehemann Emigr. nach Palästina, License Nr. 2498, Kinderarztpraxis (Mrs. Dr. F. Arnsdorf, Childrens and Infants Diseases), 2 Bezalel Str., Tel Aviv. Bis 73 nachweisbar.
PalMed 40; PalDir 42–73.

Aronade, Otto
(? – ? Israel), Dr. med. Kinderarzt, Bln.-Charlottenburg, Stülpnagelstr. 3.
Diss. Freiburg 05, Appr. 06.
RMK 33, DGfK MV 33 m. Fragezeichen, 35 gestrichen. BKh.
Emigr. 33/35 nach Palästina, License Nr. 1647; Tätigkeit als G.P.
4, Hagalil Str., Tel Aviv.
GV; PalMed 40; PalDir 42.

Aschenheim, Else (Elisabeth)
(13.7.1871 Elbing/Ostpr. – ?) Dr. med., Kinderärztin. Bln. NW3, Brückenallee 8.
Stud. Berlin, Appr. 14, Diss. Berlin 16.
RMK 37+; DGfK MV 35 gestrichen, Austritt 31.7.33; VZ 39: Wilmersdorf, Sächsische Str. 44.
Weiteres Schicksal unbekannt.
DBG LA; VÄR; GV.

Ascher, Ernst August
(? – ?), Dr. med., Kinderarzt, Bln. N 58, Swinemünder Str. 126.
Appr. 24.
RMK 33.
Keine weiteren Daten.
Weiteres Schicksal unbekannt.

Badt, Alfred
(6.12.1873 Glogau/Schles. [Sorau?] – ?) Dr. med., Kinderarzt, Dir. d. Säuglingsheims Berlin-Mitte, Bln. NW 87, Flensburgerstr. 23.
Appr. 97, Diss. München 97.
1900 Neumann'sches Kinderhaus Berlin.
RMK 37+; BKh.
Frühjahr 39 Emigr., Ziel nicht gesichert.
DBG LA: über London nach Palästina (Haifa?). Dort nicht nachweisbar.
DBG LA; VÄR; GV; Kapp (Barth?); Kinderhaus.

Baer, Max
(12.1.1897 Würzburg – 25.6.1963 Patchogue, Long Island, N.Y.) Dr. med., Kinderarzt,
Bln. SW 11, Saarlandstr. 45.
Stud. Würzburg, Appr. 22, Diss. Würzburg 22.
RMK 37+.
Emigr. nach USA, License 40, Ped. 220 W. 93[d] St. 25 New York City, N.Y.
DBG LA; VÄR; AMD 50; GV; Todesanz. Aufbau XXIX, No.27, S.28, 5.7.63.

Ballin, Louis (Lovis)
(16.9.1875 Nordhausen – um 1958?)
Dr. med.,Kinderarzt, Bln. W 35, Potsdamerstr.33.
Diss. Berlin 99, Appr. 00.
01 Neumann'sches Kinderhaus Berlin.
Nach 1905 Leiter der Säuglingsfürsorgestelle IV der Schmidt-Gallisch-Stiftung in Berlin, Naunynstr. 63.
RMK 37+, DGfK MV bis 38; BKh.
Emigr. nach England August 39.
<small>DBG LA; Aufbau 10.1.58; GV;VÄR; Kinderhaus; Kirchner.</small>

Bamberg, Karl
(8.9.1881 Berlin – 12.1.1961 Brüssel), Dr. med., Kinderarzt, Leiter der Säuglings- und Kleinkinderfürsorgestelle Tiergarten; Bln.W 62, Landgrafenstr.12.
Stud. Freiburg, Berlin, Straßburg, München. Diss. München 06, Appr. 06.
RMK 37+; BKh.
Emigr. nach Belgien (Brüssel).
Konnte nach der deutschen Okkupation untertauchen und hat überlebt.
<small>DBG LA; GV;Hepp; VÄR; Lennert 95.</small>

Baron, Leo
(10.11.1880 Berlin – 6.10.1934 Berlin) Dr. med., Kinderarzt, Synagogenvorsteher, Bln.-Charlottenburg, Fritschestr. 61.
Diss. Leipzig 04, Appr. 04.
RMK 33+. BKh.
<small>DBG LA; JbH</small>

Belmonte, Walter
(5.11.1881 Leipzig – ?) Prof. Dr. med., Kinderarzt, Bln.-Charlottenburg, Frankstr. 3.
Stud. Freiburg, München, Heidelberg, Leipzig. Appr. 30, Diss. Leipzig 31.
Ausb.: KAVH; Kinderklinik Bad Pyrmont; Kinderchir. u.- orthop. Univ. Leipzig.
Wiss. Schwerpunkt: Poliomyelitis.
RMK 33.
33 Emigr. nach Portugal, erneutes med. Studium mit Prom. u. Appr. Univ. Coimbra. Tätigkeit Univ.-Kinderkliniken Lissabon, St. Mary London, Lund, Oslo.
35 Niederlassung als Kinderorthopäde in Funchal, Madeira.
62 Ernennung zum Prof. durch die Deutsche Bundesregierung.
73 Ehrenmitglied DGfK.
<small>PäA; Lennert 95,97; Hellbrügge 74.</small>

Bendix, Bernhard
(27.5.1863 Gross-Mühlingen/Anhalt – 1943 Kairo) Geh. San. Rat Prof. Dr. med., Kinderarzt, Bln. W 15, Paderbornerstr. 2.
Stud. Berlin, Leipzig, Freiburg. Appr. 88, Diss. Freiburg 88.
88–94 Intern. u. orthop. Univ. Klinik Berlin.
94–99 Ass.und OA Univ.-Kinderklinik Charité (Heubner). 01 Habil., 07 a.o. Prof.
07–33 Leiter der „Waldschule für kränkliche Kinder" Bln.-Charlottenburg.

Wiss. Schwerpunkte: Physiol. u. Pathol. d. Säuglingsalters, Prophylaxe, Tbc.; Lehrb. d. Kinderheilkunde 1899.
RMK 37+, DGfK MV 33 gestrichen, Austritt 17.8.33. BKh., VÄR.
Emigr. 33 nach Kairo, Ägypten.

PäA; BHE; Fischer; DBG LA; HumbA; Lennert 95; Kröner; Todesanz. mit Würdigung von Erwin Schiff: Aufbau IX, No.27, S.25, 2.7.43.

Benfey, Arnold
(19.9.1880 Göttingen – 22.7.1962 München) Dr. med., Kinderarzt, Internist, Bln.-Charlottenburg, Karolingerplatz 2.
Stud. Göttingen, Berlin. Diss. Berlin 03, Appr. 03.
RMK 37+, DGfK MV 33 als Mitglied des wirtschaftlichen Ausschusses „ausgeschieden". Austritt 19.1.36. BKh.
Emigr. 36 (via GB?) nach USA, License New York City 42; G.P. Washington Heights N.Y.
Rückkehr 61 nach München.

PäA; DBG LA; VÄR; AMD 50; StA Oberstdorf; Brief Peter H. Reiche, Elmhurst N.Y., 5.4.96 : „Ich las Ihre Mitteilung im 'Aufbau'. Da es sicherlich keine anderen Überlebenden mehr gibt, ist es mir eine Genugtuung Ihnen von meinem Kinderarzt zu berichten, der mich von meiner Geburt im Jahre 1923 bis zu seiner und meiner Auswanderung betreute... Wir, die Opfer der Zeit, freuen uns, daß man uns nicht vergessen hat".

Benjamin, Georg
(10.9.1895 – 26.8.1942 KZ Mauthausen) Dr. med. (Kinderarzt?), Stadtschularzt, Bln. N 20, Badstr.16.
Stud. Math. und Naturw. Genf. WW I. 18/19 – 22 Stud. Med. Berlin, Marburg. Appr. 23, Diss. Berlin 23 (Grotjahn).
Prakt. Jahr im KKFK, im Jüd. Krankenhaus und der Städt. Irrenanstalt Berlin-Dalldorf.
RMK 37+; VÄR.
22 Eintritt in die KPD, Tätigkeit in der Arbeiter-Samariter-Bewegung.
23–24 Ass. Arzt an der Säuglingsfürsorgestelle A im Stadtbezirk Wedding. Weiterbildung zum Kommunal-, Schul- und Fürsorgearzt. Teilnahme Sozialhyg. Übungen bei Alfred Grotjahn sowie an der Sozialhyg. Akademie Charlottenburg.
24–30 hauptamtl. Schularzt Bezirksamt Wedding, wegen pol. Betätigung als KPD-Bezirksverordneter aus dem Dienst entfernt. Mitarb. „Proletarischer Gesundheitsdienst", Mitgl. VSÄ.
Zahlr. kritische Stellungnahmen und wiss. Publ. zu aktuellen Problemen der Sozialpolitik und des Gesundheitswesens. 28 vor dem Verein Sozialistischer Ärzte: „Leitsätze zum Ausbau der Sozialhygiene": späterer Einfluß auf das Gesundheitswesen der DDR. Verh. m. Hilde Benjamin, 53–67 Justizministerin der DDR.
32 kurzfr. Niederlassung als prakt. Arzt Badstr.16.

April 33 Schutzhaft KZ Sonnenburg, wieder freigelassen. 36 wegen Hochverrat zu 6 Jahren Zuchthaus (Brandenburg – Görden) verurteilt. 42 Arbeitslager Wuhlheide; 26.8.1942 Ermordung im KZ Mauthausen.
Irina Winter; Hilde Benjamin; Weder.

Bergmann, Josef
(23.12.1880 (79?) Przeworsk, Kreis Rzeszow, Galizien – ?), Dr. med., Kinderarzt, Bln. N 58 Chorinerstr. 64.
Stud. Berlin, Freiburg, Diss. Freiburg 06, Appr. 06.
RMK 37+.
Emigr. nach Antwerpen, Belgien (39?). Weiteres Schicksal unbekannt.
DBG LA; VÄR.

Bernhard, Leopold
(? – ?), San. Rat Dr. med., Kinderarzt, Internist, Bln. N 54, Weinmeisterstr. 9. Städt. Schularzt.
Diss. Erlangen 92, Appr. 92. Ass. am KKFK.
RMK 37+, DGfK MV bis 38. BKh. Weiteres Schicksal unbekannt.
DBG LA; VÄR.

Bernhardt, Hans
(18.6.1882 Berlin – ?) Dr. med., Kinderarzt, Fürsorgearzt, Bln.-Charlottenburg, Waitzstr. 5.
Stud. Berlin, München. Appr. 06, Diss. München 07.
10 Mitarbeiter/Hospitant Neumann'sches Kinderhaus Berlin.
RMK 35.
Entlassung 1933.
Emigr. 37/40 nach Palästina, License Nr. 2166, Ped. Jerusalem, King George Ave.
DBG LA; VÄR; JbH; PalMed 40; PalDir.42; Kinderhaus.

Beutler geb. Italiener, Käthe
(11.10.1896 Berlin – 7.2.1999 La Jolla/Calif.) Dr. med., Kinderärztin, Bln.-Eichkamp, Am Vogelherd 28.
Stud. Berlin, Appr. 24, Diss. Berlin 24.
Ausb. Pathologie Krankenhaus Friedrichshain (Pick), Med. Prakt. Berliner Waisenhaus, Volontariat Univ.-Kinderklinik Charité (Czerny), Ass. KKFK (Finkelstein), Kinderkrankenhaus Charlottenburg (Edith Alexander-Katz).
28–35 Privatpraxis Reichskanzlerplatz 2, zus. m. Ehemann Dr. Hans B., Internist.
RMK 35.
36 Emigr. in die USA.

„Als eine Mutter, die immer mit ihren Kindern zu mir gekommen war, eines Tages sagte: 'Sie dürfen meine Kinder nicht mehr untersuchen, weil Sie eine jüdische Ärztin sind', war mir plötzlich klar, daß es Zeit war zu gehen".

License 37. Ped. 3835 N. Frederick Ave, Shorewood, Wisconsin. 37–62 Privatpraxis. Lebte nach dem Tod ihres Mannes mit der Familie ihres Sohnes Prof. Dr. Ernest B., M.D., Prof. of Molecular and Experimental Medicine, The Scripps Research Institute, La Jolla /Calif.

Frau Beutler hat zu dieser Untersuchung noch 1998, im Alter von 102 Jahren, eigene Erinnerungen an Berliner Kinderärzte ihrer Zeit beigetragen (Korrespondenz mit dem Autor sowie Interviews mit Prof. Dr. G. Gaedicke, Dir. d. Abtlg. Allg. Pädiatrie, Virchow-Klinikum Berlin).

DBG LA; AMD; BHE bei Sohn Ernest; Mittlg. Prof.Gaedicke, Berlin.

Blank, Dagobert
(5.10.1880 Wallensen/Hann. – ?) Dr. med., Kinderarzt, Bln.-Charlottenburg, Kaiserdamm 6.
Stud. Heidelberg, München, Berlin, Göttingen. Diss. Göttingen 05, Appr. 05.
RMK 33, DGfK Abmeldung 34.
Emigr. nach England; 1939 als G.P. tätig, 12 Netherhale Gardens, London NW 3.

Kapp; GV.

Block, Walter
(1896 – ? USA) Dr. med., Kinderarzt, „OA am Kinderkrankenhaus", Bln. N 65, Müllerstr. 173.
Stud. Giessen, Appr. 21, Diss. Giessen 22.
OA am KKFK bei Finkelstein.
RMK 35, DGfK MV 35 gestrichen. BKh.
Emigr. nach USA. License 37, Ped. Office 1109 N. Calvet St. 2, Baltimore, Maryland.

AMD 50; GV; Mittlg. Käthe Beutler/Gaedicke.

Blumenthal, Leo
(6.1.1895 Bromberg (Königsberg?) – 5.10.(?)1943 Auschwitz) San. Rat Dr. med., Kinderarzt, Bln.-Charlottenburg, Goethestr. 4.
Appr. 22, Diss. Heidelberg 22.
Ass. KAVH.
RMK 37+; BKh; nach 38 als „jüdischer Krankenbehandler" eingesetzt.
18.5.43: 88. Alterstransport nach Theresienstadt (100 Deportierte, 10 Überlebende); 5.10.43 Dep.Nr. Dn/a-5 mit einem Kindertransport nach Auschwitz, offenbar noch im Zug ermordet

(Mittlg. Frau Dr. Heuer, ABJ Frankfurt a. M.). DBG LA; GV; VÄR; ABJ; Gedenkbuch Berlin.

Boddin geb. Pewsner, Maria
(17.4.1881 Charkow, Ukraine – ?), Dr. med., Kinderärztin, Bln.-Neukölln, Leykestr. 6.
Appr. Rußl. 14; Appr. Berlin 30, Diss. Berlin 31.
RMK 37+.
Überlebt offenbar in Berlin, wohnt nach Kriegsende Bln.-Kreuzberg.

DBG LA; GV.

Boehm, Ernst
(? – ? Israel), Dr. med., Kinderarzt, Bln.-Friedenau, Bornstr. 17.
Appr. 30, Diss. Berlin 33.
RMK 33.
Emigr. 33/35 nach Palästina, License Nr. 1586, Ped. + G.P., 134 Ben Yehuda Road, Tel Aviv.

PalMed 40; PalDir 40–70.

Boenheim, Curt
(10.2.1894 Ohra, Krs. Danzig – ?
USA), Dr. med., Kinderarzt, Internist,
Bln.W 30, Landshuter Str. 29.
Leiter der Poliklinik für nervöse und
schwererziehbare Kinder am KKFK.
Diss. Königsberg 20, Appr. 20.
RMK 37+, DGfK MV bis 38.
Emigr. via Frankreich in die USA.
Columbus State Hosp. Dept. of Mental Hygiene and Correction, Columbus, Ohio.
Publ. u. a.: Kinderpsychotherapie in der Praxis. Vorwort Heinrich Finkelstein Berlin 1932; 2.Aufl. New York/London 1953: Practical Child Psychotherapy. Foreword Heinrich Finkelstein.
DBG LA; ABJ; VÄR.

Borchardt, Eugen
(22.8.1864 – 18.11.1936; 35?) Reg.
Med. Rat Dr. med., Kinderarzt, Bln.-Wilmersdorf, Wiesbadener Str. 58 b.
Appr. 91.
RMK 33,Totenliste 35. BKh.
Jüdischer Friedhof Weißensee.
DBG LA.

Borchardt, Johanna
(? – nach 1933 Berlin), Dr. med.,
Ass. Ärztin am Städt. Kinderkrankenhaus Bln.-Lichtenberg, Hubertusstr. 44.
Appr. 29, Diss. Erlangen 29.
RMK 33, 35 Totenliste.
Keine weiteren Angaben.
GV.

Bornstein, Siegbert
(1903 – nach 1979 USA) Dr. med.,
Ass. am KKFK, Bln. NW 87, Cuxhavenerstr. 10.
Stud. Berlin, Appr. 28, Diss. Berlin 28.
RMK 35; BKh.
Emigr. nach USA, License 36, Clinical Pathology; 934 Montgomery Street, Brooklyn, N.Y.
50: Med.Officer Veter. Admin. Hospital, Oteen, North Carolina. 79: Pompton Lakes N.Y.
AMD 42, 50, 79;

Brand, Aron (Brand-Auraban, Aharon)
(1910 Ozrokov (?), Polen – 1977 Jerusalem), Prof. Dr. phil. Dr. med., Kinderarzt. Berliner Adresse vor der Emigr. nicht ermittelt.
Stud. Berlin: Philosophie, Judaistik, Medizin. Diss.phil. 33 (Hochschule für die Wissenschaft des Judentums, Berlin), Diss.med. 35 Berlin (Sauerbruch).
36 Emigr. nach Palästina, License Nr. 2708, Jerusalem, 7 Ramban Str.
Ausb. Kinderabtlg. Bikur Cholim Hosp. Jerusalem; 64–76 Leiter dieser Abtlg.
Visiting Prof. of Pediatrics 69–70 Harvard Univ.Med.School, Boston; 75–76 New York Univ.Med.School.
Wiss. Schwerpunkte: Rheumatisches Fieber, Juveniler Diabetes, Immunerkrankungen, Kinderkardiologie, Schulhygiene. Hrsg. zahlr. Nachschlage-

werke (u. a. Index Medicus Israeliticus, Polyglot Medical Dictionary for Immigrant Physicians). Philosoph. u. histor. Beiträge zu Maimonides, Moses Mendelssohn, Paracelsus, Sydenham u. a.
PalMed 40; PalDir 42–76; JbH; Nachruf und Lit.verz.: Korot 7 (1977), H.5–6,S. 85–101.

Bruck, Alfred
(17.12.1877 Dortmund – ?) Dr. med., Kinderarzt, Stadtschularzt, Bln.W 62, Bayreutherstr. 8.
Diss. München 03, Appr. 03.
RMK 37+, DGfK Austritt 5.12.34.
Weiteres Schicksal unbekannt.
DBG LA; PäA.

Burlin, David (Dago)
(27.12.1895 Thorn, Westpr. – 13.11.1977 Linton, Cambs., GB) Dr. med., prakt.Arzt, Kinderarzt, Bln.-Wilmersdorf, Prinzregentenstr. 77.
WW I, Stud.Berlin, Freiburg, Diss. Berlin 22, Appr. 22.
22–25 Univ.-(Kinder?)-Klinik Charité, Städt.Waisenhaus Rummelsburg.
25–28 Sanatorium Schloß Fuerstenberg, Mecklenburg.
28–38 Allgemein- und Kinderpraxis in Berlin.
RMK 37+, DGfK MV 35 gestrichen; VZ.
August 39 Emigr. nach England.
Febr.-Nov. 41 Med. Orderly RAF Pioneer Corps; 41–43 Casualty Officer, Ipswich Hosp., East Suffolk; 43–44 Assist. at Gen.Practices in Otley and Pitsea.
45–62 Linton Health Centre, Linton, Cambs.
62 Retirement.
GV; WUOx; BMJ 10.6.78.

Busse geb. Rosenkranz, Edith
(? – ?), Dr. med., Kinderärztin, Berlin O 112, Frankfurter Allee 307.
Appr. 21, Diss. Berlin 22.
RMK 33.
Emigr. nach England. License Edinburgh, Glasgow.
G.P., 1 Emmerdale Gardens, Wembley, Middlesex.
GV; Kapp; MedDir 53.

Buttenwieser, Samuel
(? Straßburg – Januar 1968 Haifa), Dr. med., Kinderarzt, Bln. O 34, Frankfurter Allee 340.
Stud. Straßburg, Frankfurt. Appr. 17, Diss. Frankfurt a. M. 19 (erarbeitet in der Univ.-Kinderklinik Straßburg bei Salge).
RMK 37+, VÄR.
Emigr. nach Palästina, Datum unbekannt; wahrscheinlich bereits ca. 1930.
„Sehr fromme Juden"(Beutler). Ped., Arlozorov Str. 15, Haifa.
PalDir 59–73; GV; Mittlg. Käthe Beutler/Gaedicke.

Buttermilch, Wilhelm
(24.12.1872 Schwarzenau (?) – 13.11.1934 Berlin) Dr. med.,Kinderarzt, Bln.-Charlottenburg, Knesebeckstr. 72/73.
Appr. 97, Diss. Würzburg 98.

RMK 33, 35 Totenliste; DGfK MV 33 angekreuzt, 35 gestrichen.
Jüd. Friedhof Weißensee
DBG LA; GV.

Cahn, Philipp
(19.9.1895 Straßburg – 1995 (?) Chicago) Dr. med., Kinderarzt, Stadtschularzt, Bln.-Grunewald, Siedlung Eichkamp G 16, Nr.31.
Stud. u. a. Freiburg, Appr. 19.
Ausb. Univ.-Kinderklinik Berlin (Czerny). Wiss. Schwerpunkt: Tbc. (s. Eliasberg, Helene).
RMK 37+, BKh.
Emigr. 29.9.38 in die USA, License 45, Pulmonary Diseases, Oakdale/ Iowa. Aufbau eines „City Camp" für tuberkulosekranke Kinder.
DBG LA; AMD 50; VÄR; Mittlg. Käthe Beutler/Gaedicke.

Cahn, Robert
(17.6.1887 Bonn – ?) Dr. med., Kinderarzt, Bln.-Spandau, Pickelsdorfer Str. 27.
Stud. Berlin, Freiburg, München, Diss. Freiburg 11, Appr. 12.
RMK 35, BKh.
Emigr. in die USA, Berkeley/Calif.
DBG LA.

Caro, Wilhelm
(20.1.1875 Berlin – ?) Dr. med. Internist, Kinderarzt, Bln.-Wilmersdorf, Konstanzerstr. 59.
Stud. Berlin, Diss. Berlin 1897, Appr. 98.

19 Austritt aus dem Judentum.
RMK 37+, VÄR.
Weiteres Schicksal unbekannt.
DBG LA; DBcj; GV.

Caspari, Hilde
(? – ?); Dr. med., Ass. Ärztin an der Kinderheilanstalt Berlin-Buch (KIBU), Bln.-Neukölln, Hasenheide 86/87.
Appr. 29, Diss. Berlin 29.
RMK 33.
Weiteres Schicksal unbekannt.
GV.

Caspari, Joachim
(1890 Brüssow/Uckermark – 21.12.1966 Haifa) Dr. med., Kinderarzt, Bln. SW 47, Yorkstr. 85.
Ab 09 Mitglied der zionistischen Vereinigung „Hasmonäa".
Appr. 16, Diss. Berlin 17.
Ausb. Univ.-Kinderklinik Charité (Czerny).
RMK 26.
24 Emigr. nach Palästina, License Nr. 581. Zunächst Leiter der Kinderabtlg. des Hadassah-Krankenhauses in Jerusalem. Später Niederlassung: 56, Pevsner Str., Haifa.
PalMed 40, PalDir 42–64; Walk.

Chajes geb. Rosenbund, Flora
(17.9.1898 Namslau/Schlesien – 1942 Tel Aviv), Dr. med., Kinderärztin, Bln.-Zehlendorf, Spandauerstr. 91.
Stud. Breslau, Appr. 23, Diss. Breslau 24.
24?-27 Ass. KKFK (Finkelstein), 28

Niederlassung.
2. Schriftf. „Bund Deutscher Ärztinnen, Ortsgruppe Berlin" (1932).
RMK 33, DGfK MV 33 gestrichen. Emigr. 1.9.33.

„Mit Albert Meyerstein [s.d.] zunächst nach New York ausgewandert. Fand dort keine Stellung und ging mit ihrem späteren Mann Chajes nach Palästina" (Beutler).

License Nr. 1546, Ped., 6 Bialik Str., Tel Aviv. Arbeitet als Kinderärztin für die zion. Frauenorganisation "VIZO". Zweite Ehefrau von **Benno Chajes** (1880–1939) Prof. f. Sozial- und Gewerbehygiene TH Berlin, (28–33 MdL Preußen. Red. Zschr. f. Schulgesundheitspflege und soziale Hygiene. In Palästina u. a. sozialhyg. Berater im Krankenkassenwesen).

DBG LA; Walk , BHE (Benno), Mdl.Mittlg. Mr.A.Greenberg, Jerusalem; Weder (Benno); Mittlg. Käthe Beutler/Gaedicke.

Cohn, Michael
(? Krotoschin/Posen – ca. 1934) San. Rat Dr. med., Kinderarzt, Bln. W 3, Bambergerstr.21.
Diss. Würzburg 89, Appr. 90.
RMK 33, Totenliste 35. BKh.
GV.

Cohn, Moritz
s. bei Breslau (S. 190). Übersiedlung ca. 35/36 nach Bln.-Wilmersdorf, Paulsbornerstr. 2.
RMK 37+.
Deportation mit 2. gr. Alterstransport vom 14.9.42 nach Theresienstadt (1048 Deportierte, 54 Überlebende). Evidenzkarte Jüd. Museum Prag: Sargnummer 15750, Kremationsdatum 21.4.1943 (kein Geburtsdatum angegeben, fraglich).

DBG LA; Jüd.Museum Prag; Gedenkbuch Berlin.

Cohn-Hülse, Wilfried (Abb.)
(21.5.1900 Namslau/Schlesien – 9.1.1962 NewYork) Dr. med., Kinderarzt, Psychotherapeut, Bln.-Steglitz, Schönebergerstr. 16.
Stud. Würzburg, Breslau, Diss. Breslau 25, Appr. 25.
RMK 33; DGfK MV 33 angekreuzt, 35; BKh.
Direktor d. Kinderheims der Heilsarmee.

24.6.36 Brief Rietschel (Vors.DGfK) an Schriftf. Goebel: „Dr. med. Cohn-Hülse-Berlin ... Dr. med. Plaut-Frankfurt...Die beiden Juden dürften wir wohl streichen".

33 in Haft; danach Emigr. über Paris nach Tunesien (Dez. 33) .
Nov. 35 nach den USA, Arzt bei der Heilsarmee, ab 36 Privatpraxis in New York; Schwerpunkt Kinderpsychologie und -psychiatrie.
Unter dem Namen **Wilfred C. Hulse** aktive Tätigkeit in den New Yorker Emigrantenorganisationen. Ab Febr. 38 Vorstandsmitgl. d. German Jewish Club (ab 40: New World Club), Präsident ab 42.
Hauptmitarbeiter bei der 1934 gegr. und bis heute bestehenden deutschjüdischen Emigrantenzeitung „Auf-

bau". Bis zu seinem Tode umfangreiche publizistische Tätigkeit (W.C.H.); Kolumne: „An den Rand geschrieben", Editorials, Beiträge zur Hilfe für Emigranten, Berichte über die seit 37 in New York City bestehende Ärztegruppe, Radio-Stunde, Referate, Rezensionen, Nachrufe. Tritt für die konsequente Amerikanisierung der deutschsprachigen Emigranten ein. W.C.H. ist unter den ersten, die im damals weltweit gelesenen „Aufbau" über die nach 1938 verschärfte grausame Behandlung der Juden unter dem nationalsoz. Regime berichten:

5.4.40: „Nahrungsmittel fehlen, verbrecherische Maßnahmen unter dem Mantel der Legalität verhindern durch Straßenverbote und ähnliches in vielen Orten die Juden, die Nahrungsmittel zu erhalten, die ihnen nach dem Kartensystem zustünden. Für eine Schuhreparatur müssen sie häufig die Seifenkarte für ein ganzes Jahr abgeben, am Wochenende dürfen sie sich nicht auf den Straßen zeigen, und da ihnen die Kleiderkarten unter gar keinen Umständen ausgefertigt werden, ist die Zeit abzusehen, wo im Herbst die meisten von ihnen sich nicht mehr werden auf den Straßen zeigen können, da die ihnen verbliebenen Lumpen nicht mehr ihre Blöße bedecken werden. Männer, Ende der 60, werden täglich zur Straßenreinigung, zum Schneeschaufeln und ähnliche Arbeiten kommandiert, Männer, die niemals zur körperlichen Arbeit fähig gewesen waren. Und wenn sie erkranken, so finden sie in jüdischen Hospitälern Aufnahme, denen man mitten im Winter plötzlich die Kohlenlieferung entzogen hat. Man kann diese Schilderungen eben aus Europa eingetroffener Beobachter nicht hören, ohne mit Grausen festzustellen, daß wirklich in einzelnen Teilen der Welt das Böse regiert, das Böse an sich, der Satan, der Böses tut um keines anderen Zweckes als des Bösen willen, der es genießt, wenn andere sinnlos leiden."

AM 3.7.42 veröffentlichte der „Aufbau" als eine der ersten Zeitungen Berichte über „die fabrikmäßige Ermordung der Juden".

43 Militärarzt in der US-Army im Rang eines Hauptmanns. Nimmt an der Landung der amerik. Truppen in Frankreich teil und macht den Einmarsch über Belgien nach Deutschland mit. Bericht im „Aufbau" über die Wiederbegegnung mit Deutschland.

Nach seiner Rückkehr 46 bis 62 vornehmlich kinderpsychiatrische Praxis in New York; Child-Guidance-Chef am Mount Sinai Hospital und Prof. am Medical College der New York State University. Bis zu seinem Tode Präsident der zionistischen „Blue-Card"-Organisation.

ABJ; GV; PäA; BHE; Nachruf Aufbau XXVIII, No.3, 19.1.62.

Cronheim geb. Klausner, Irma (26.2.1874 Frankfurt a. M. – Oceanside, Nassau N.Y.) Dr. med. Internistin, Kinderärztin, Bln. W 62, Nettelbeckstr. 14.

Abitur 96 als eine der ersten Frauen Deutschlands.

Stud. Halle, Heidelberg, Berlin. Appr. 01, Diss. Halle 01 mit Sondergenehmigung des preuß. Kultusministeriums (Althoff: „Lex Irma").

Ausb. „at a clinic for children's diseases in Berlin", gleichzeitig wiss. Arbeit am Physiologischen Inst. der Land-

wirtschaftl. Hochschule.
04–30 „I was a co-worker of Prof. Michaelis at his policlinic for internal diseases in Berlin, where I also had to lecture to medical students".
08–15 Ärztin d. Kinderasyls Halensee, „where 60 to 70 infants were placed and where I instructed the nurses and prepared them for examination. When unemployment insurance was started after the last war, I examined the women at the public labour-exchange to state, if they were able to do a proposed work or for which other kind of work they were suited".
Publ. zu neurophysiol. u. sozialmed. Themen (Frauenarbeit). Während der ganzen Zeit bis 38 private Praxis für Innere und Kinderkrankheiten.
RMK 37+, VÄR.
Emigr. 11.11.38 nach Schweden (Erste-Hilfe-Kurse, wiss. Übersetzungen), April 40 nach USA. License 47. Physician in residence at the Oceanside Gardens Sanitarium, Oceanside, Nassau, N.Y.
LBI; AMD 50; DBG LA; GV.

Davidsohn, Erna
(5.3.1897 Berlin – nach 17.5.1943 Auschwitz) Dr. med., Kinderärztin, Bln.-Tempelhof, Manteuffelstr. 21.
Appr. 24, Diss. Berlin 24.
RMK 37+, VÄR.
Nach 38 Arbeiterin Fa. Michalski, Große Frankfurterstr.
38. Transport vom 17.5.43 nach Auschwitz (406 Deportierte, 5 Überlebende; mit diesem Transport auch Lucie Adelsberger und Paula Haymann – s.d.).
GV; DBG LA; Gedenkbuch Berlin.

Davidsohn, Heinrich
(8.4.1884 Strasburg/Westpreußen – ?) Dr. med., Kinderarzt, Internist, Bln. W 30, Bambergerstr. 15.
Stud. Berlin, Freiburg, München, Diss. Berlin 09, Appr. 09.
Arzt am Städt. Waisenhaus, Berlin, Mitgl. Biochem. Forschungslabor Urbankrankenhaus, Berlin.
Wiss. Schwerpunkte: Salvarsantherapie der Syphilis, Biochemie der Verdauung, Künstliche Ernährung.
RMK 33, DGfK Abmeldung 16.8.33. BKh.
Emigr. nach England, License Edinburgh, Glasgow; erneutes Stud. Univ. of Westminster.
G.P. (Dr. Henry John Davidson), 23 Park Sq. East, London N.W.1.
DGB LA; Med.Dir.50, 53.

Demuth, Fritz
(20.4.1892 Berlin – ? Auschwitz), Dr. med. Kinderarzt, Bln.-Zehlendorf, Onkel-Tom-Str. 91.
Appr. 19, möglicherweise Ass. am KAVH.
RMK 37+, VÄR.
Emigr. 29.3.39 in die Niederlande, von dort via Lager Westerbork nach Auschwitz; für tot erklärt.
DBG LA.

Dessau-Neumann, Lotte
(5.5.1896 Berlin – ?) Dr. med., Kinderärztin, Bln.-Nikolassee, Lohengrinstr. 10.
Diss. Berlin 24, Appr. 25.

RMK 33.
Emigr. nach Frankreich, Paris (m. Ehem. Dr. Ernst Dessau, Internist, Appr. 20).
Dort nicht nachgewiesen, weiteres Schicksal unbekannt.
GV; DBG LA; CDJ.

Dingmann, Albert
(1899 – 27.10.1950 New York) Dr. med., Kinderarzt, Bln. W 15, Konstanzerstr. 6.
Diss. Würzburg 22, Appr. 23.
Ausb. Univ. Kinderklinik Charité (Czerny); Arzt am Städt. Obdach.
RMK 35, DGfK MV 35 durchgestr., Austritt 22.4.36. BKh.
Emigr. nach den USA, License 36, Ped., 670 West End Ave. 25, New York City, N.Y.
GV; PäA; AMD 50; Lennert 95. Todesanz. Aufbau XVI, No.44, S.34, 3.11.50, mit Würdigung von Brigitte Nicholz-Hausberger: „rühmt den Kinderarzt, der aus Berlin stammt und dort wie in New York ein echter Begleiter der Kinder war, sie von Geburt an kannte und verstand". ABJ. Mittlg. Käthe Beutler/Gaedicke.

Edelstein geb. Halpert, Anny
(21.3.1895 Gera – 1975 New York), Dr. med. Kinderärztin, Bln. Wilmersdorf, Ilmenauerstr. 10.
Diss. Kiel 19, Appr. 20.
RMK 37+, VÄR.
Emigr. 39 nach England, 18.3.41 nach den USA , License 42 (Dr. Anny Elston), Ped. 242 E 15th St., New York City;

„active in various community medical programs" (BHE).
GV; BHE (bei Sohn Wolfgang Eugene Elston, Prof. of Geology); DBG LA; AMD 50; Lennert 95.

Edelstein, Efraim
(17.9.1882 Tarnow, Galizien – nach 1960 Tel Aviv), Dr. phil., Dr. med.(?), Chemiker und Kinderarzt, Bln.-Charlottenburg, Berliner Str. 95.
Stud. der Chemie, Wien, Berlin, TH Danzig. Phil. Diss. Berlin 07.
Stud. der Medizin wohl Berlin, Med. Appr. 25.
Abt.Vorst. (Labor) am KAVH.
RMK 33.
Emigr. 33/35 nach Palästina, License Nr. 1309, Ped., Shderot Rothschild 48, Tel Aviv.
GV; PalMed 40; PalDir. 42–60; IMG 59.

Eliasberg, Helene
(1890 Riga – 16.12.1957 New York) Dr. med., Kinderärztin, Bln.-Wilmersdorf, Trautenaustr. 20.
Stud. Berlin und Leningrad: 3 Sem. phil, 10 Sem. med., Appr. 19, Diss. Berlin 19. Mitarbeit bei der Errichtung eines Tbc-Spitals in Leningrad.
Bis 32 (30?) Univ.-Kinderklinik Charité (Czerny), Wiss. Schwerpunkt: Kindertuberkulose. Mitentdeckerin der sog. Epituberkulose bei Kindern. (Zus. mit Philipp Cahn: Die Behandlung der kindlichen Lungentuberkulose mit dem künstlichen Pneumothorax, Abh. Kinderhk. u. Grenzgeb.

H.1, Berlin: Karger 1924).
Okt. 32 (30?) Leitung der privaten Charlottenburger Säuglings- und Kinderklinik Christ-Str. 9, nach dem Tode der Besitzerin und langjährigen Leiterin Dr. Edith Alexander-Katz.
RMK 37+, BKh.
Emigr. 1937 in die USA, License 37, Ped., Office 111 Park Avenue New York City. Assistant Prof. of Clinical Pediatrics Cornell Medical School, secretary of Rudolf Virchow Med. Soc.
(Schwester des 38 ebenfalls nach N.Y. emigrierten Psychiaters und Sozialpsychologen Wladimir E.,1887–1969; 1926 Begründer d. Allg. Gesellschaft f. Psychotherapie. BHE.).
AMD 50; Med.Wom.Dir.45; Aufbau 57, Nr.51; Walk; Findbuch KAVH. Todesanz. m. Nachruf Aufbau XXIII, No.51, S.8 u. 26, 20.12.57.

Engel, Alfred
(1.4.1895 Naugard/Pommern – 1996 Jerusalem), Dr. med., Kinderarzt, Berlin O 27, Wallnertheaterstr. 39.
WW I; Stud. Berlin, Diss. Berlin 22, Appr. 22.
Ausb. u. a. Univ.-Kinderklinik Charité.
RMK 33, BKh.
Emigr. 33 nach Palästina, License Nr. 1446, Ped., Shmu'el Hanagid Str., Jerusalem.
DBcj; ABJ; GV.; PalMed 40; PalDir.

Fabian geb. Jacobi, Gertrud (Gerti)
(19.10.1894 Berlin – ?) Dr. med., Kinderärztin, Bln.-Wilmersdorf, Hohenzollerndamm 192.
Diss. Berlin 24, Appr. 24.
RMK 37+, VÄR.
Weiteres Schicksal unbekannt.
GV.

Färber, Ernst
(30.10.1892 Bln.-Spandau – ?) Dr. med., Kinderarzt, Fürsorgearzt, Bln.-Charlottenburg, Trendelenburgerstr. 11.
Appr. 20, Diss. Berlin 20.
RMK 37+, DGfK Abmeldung 20.11.35.
Emigr. nach Italien, Rom.
GV; DBG LA; PäA.

Falk, Albert
(17.2.1885 Beckum i. W. – ?), Dr. med., Kinderarzt, Bln.-Schöneberg, Hauptstr. 30.
Stud. Berlin, Freiburg, München. Diss. München 11, Appr. 11.
RMK 37+, VÄR.
Weiteres Schicksal unbekannt.
GV.

Feilchenfeld, Bruno
(14.3.1892 Berlin – ? Tel Aviv) Dr. med., Kinderarzt, Bln. NO 43, Neue Königstr. 81.
Stud. Freiburg, Greifswald, Berlin. Appr. 17, Diss. Berlin 19.
SS 21 Teilnahme Sozialhyg. Übungen bei Alfred Grotjahn.
26 Niederlassung.
RMK 33, BKh.
Emigr. 33/35 nach Palästina, License Nr. 1217, Ped., 7 Pinsker Str. Tel Aviv.
PalMed 40, PalDir 42, JbH; Weder.

Fiegel, Lucie
(21.4.1895 Berlin – 1942 Deportation)
Dr. med., Kinderärztin, Schulärztin der jüdischen Gemeinde. Bln.-Wilmersdorf, Rudolstädterstr. 91.
Appr. 20, Diss. Berlin 23.
RMK 37+, BKh,VÄR.
Deportation 22. Transport 26.10.42 nach „Osten". Verschollen.
DGB LA, GV.

Finkelstein, Heinrich (Abb.)
(31.7.1865 Leipzig – 28.1.1942 Santiago de Chile) Geheimrat Prof. Dr. phil. Dr. med., Bln.-Wilmersdorf, Güntzelstr. 63.
Stud. 84–88 Geologie Leipzig, München, Dr. phil. München 88. Stud. Medizin 88–92 Leipzig, Appr. 92, Diss. Berlin 97.
92–94 Vol. Arzt Städt. Krankenhaus Urban, Leipzig. 94–02 Ass. Univ.-Kinderklinik Charité (Heubner), Habil. 99.
02–10 Leitung des Berliner Kinderasyls in der Kürassierstraße.
10–18 Leiter des Städt. Waisenhauses Alte Jacobstraße.
06 Tit. Prof, 08 a.o.Prof. für Kinderheilkunde.
18–33 Direktor des Kaiser-und Kaiserin-Friedrich-Kinderkrankenhauses.
Heinrich Finkelstein gehört zu den Wegbereitern einer wissenschaftlichen Kinderheilkunde. Wiss. Schwerpunkt Säuglingskrankheiten, insbes. akute und chron.Ernährungsstörungen.
05 „Lehrbuch der Säuglingskrankheiten", (2.Bd. 11), Standardwerk, in viele Sprachen übersetzt, 4. Aufl. 38 in Holland.
1910 (mit L.F.Meyer): Finkelstein'sche Eiweißmilch. Finkelstein-Formel zur Errechnung der tägl. Trinkmenge (ml) in der Neugeborenenperiode: (Lebenstag – 1) x 70–80.
Zahlr. Handbuchbeiträge und wiss. Veröffentlichungen. Ehrenmitglied von 12 med. Gesellschaften in Europa und Amerika.
RMK 37+, DGfK MV 33 angekreuzt, bis 38 geführt. BKh.: Mitbegründer und 2. Vorsitzender.
Ehrenmitglied DGfK 1925.
1.3.33 Emeritierung (aus „Altersgründen"). 1.4.34 Entzug der Kassenzulassung, 22.2.36 Entzug der Lehrbefugnis und des Professorentitels.

1933: „Was aus mir wird, weiß ich noch nicht. Die Praxis ist vernichtet, die Arbeitsgelegenheit genommen, der Rest des Besitzes im Wanken, die literarische Tätigkeit, soweit man sich zu solcher überhaupt aufraffen könnte, erscheint zwecklos, da ja die Mitarbeit von unserer Seite nicht erwünscht ist".
13.3.35 Brief Vors. Rietschel an Goebel: „Heute schreibt mir Pfaundler aus München, daß am 31.Juli dieses Jahres Finkelstein, der Ehrenmitglied ist, 70 Jahre alt wird. Ich glaube, wir müssen ihn, trotzdem er Jude ist, ehren, denn er verdient es wirklich. Eine öffentliche Ehrung verbietet sich und würde ihm ganz gewiß auch unangenehm sein".

36–37 Gastprofessur in Chicago.
„Im Oktober gehe ich nach Chicago – eingeladen – nicht sehr gerne – was soll ich noch?"
Nochmals Rückkehr nach Deutschland
„because he wanted to take care of his two

sisters with whom he used to live. He was not married"(Beutler).

39 durch Vermittlung von Prof. Scroggi Emigr. nach Santiago de Chile, dort 39–42 „advising pediatrician".

„Das Land ist schön, aber es ist nicht mein Land; die Berge sind schön, aber es sind nicht meine Berge."
Tod an Typhus 28.1.1942.

Zahlr. Würdigungen, Lit.bei Großmann 90 und Lennert 95. Lennert 92,95; Moll; PäA; Walk; Fischer; BHE; ABJ; Kröner; Kirchner; Mittlg. Käthe Beutler/Gaedicke.

Flörsheim, Anna
(26.6.1897 Dortmund – ?), Dr. med., Kinderärztin, Bln.-Köpenick, Parisiusstr. 17.
Stud. Heidelberg, München, Jena. Diss. Jena 21, Appr. 22.
RMK 37+; VÄR; BKh.
Weiteres Schicksal unbekannt.
GV.

Fränkel, Paul
(? – 1935), Dr. med., Kinderarzt, Bln.-Charlottenburg, Sesenheimerstr. 12 Diss. Berlin 98, Appr. 02.

„War ein getaufter Jude, mit einer Christin verheiratet und gab sich selbst als Christ aus. Hatte eine angesehene Privatpraxis. Frau Goebbels ging mit einem ihrer Söhne zu ihm". (Beutler).

RMK 33, 35 Totenliste. BKh.
GV; Mittlg. Käthe Beutler/Gaedicke.

Frankenstein, Curt
(9. 9. 1889 Berlin – 1972 Buenos Aires) Dr. med., Kinderarzt, Bln. W 15, Xantenerstr. 15.
Stud. Freiburg, Berlin, Erlangen. Diss. Freiburg 14, Appr. 14; WW I;
Ass. KAVH, ärztl. Betreuung der Kindertagesstätten bei Siemens (Siemensstadt) und Heilsarmee. Populärpäd. Publ.
RMK 35, DGfK MV 33 angekreuzt, 35 gestrichen. BKh.
Emigr. Nov. 35 nach Uruguay (Montevideo), Visum durch einen Botschaftsangehörigen (Patientenvater):

Brief Mrs. Frankenstein (Tochter) 3.5.96: „He was told, that he could practice there. It did not work out and Montevideo became a tragic experience. In 1936, exactly a year later, he moved to Buenos Aires. He again practiced there, I do not know, wether he had to make an examination.
We left in November 1935. Our household goods were being packed, the doorbell rang and my father fled. It was surely some Nazi. But why they wanted him I do not know. He rejoined us later on the boat to Montevideo."

GV; Korr. Mrs. Hilda Frankenstein, San Francisco.

Frei geb. Frankfurther, Magda
(15.8.1885 Breslau – ?) Dr. med., Kinderärztin, Tuberkuloseärztin, Bln.-Wilmersdorf, Uhlandstr.165.
Stud. Freiburg, Breslau, Appr. 11, Diss. 13.
RMK 37+, VÄR.
(Verh. mit Prof. Dr. Wilhelm Frei, Leiter der Dermatol.Abtlg. des Stadtkrankenhauses Spandau, RMK 37+.)
Emigration 38 in die USA, dortiges Schicksal nicht bekannt.
GV; Brinkschulte.

Freise, Richard
(3.8.1889 Göttingen – 29.1.1935 Berlin, Suicid), ao. Prof. Dr. med., Kinderarzt, OA Univ.-Kinderklinik Charité. Bln.NW 6, Schumannstr.21.
Stud. 11–14 Göttingen, Straßburg. WW I. 18–19 Stud. Göttingen, Appr. 19, Diss. 20.
Ausb. Physiol. Inst. d. Univ. Berlin (Rubner), Univ.-Kinderklinik (Czerny, Bessau)
Habil. 27.1.31. Wiss.Schwerpunkt: Diabetes.
Entlassung zum 1.10.33, offenbar nach §4 Berufsbeamtengesetz (politische Unzuverlässigkeit):

Brief Bessau an Min. f. Wiss. u. Kunst 28.4.33: „Durch den Weggang fast aller Hilfskräfte ist meine Klinik in äusserste Bedrängnis geraten. Dazu kommt, daß ich bereits seit Anfang des WS Herrn Priv. Doz. Dr. Freise wegen Krankheit beurlauben mußte. Herr Dr. Freise wird auch weiterhin nicht arbeitsfähig sein. Ich habe ihm zum nächst zulässigen Termin, 1.10.33, definitiv gekündigt." 13.9.33: Bessau bittet, die Stelle an Priv. Doz. Dr. Schönfeld zu übertragen: „steht vorbehaltlos auf dem Boden der nationalen Regierung, ist seit Jahren Mitglied der NSDAP".

Suicid 29.1.35

GV; HumbA, Charité Dir.2566.

Freund, Elly (Abb.)
s. bei Breslau (S. 191).
1935 Umzug aus Breslau nach Berlin, zionistische Arbeit bei der „Jüdischen Jugendhilfe e.V." ab 1.10.35.

„Da die Rettung dieser Jugendlichen – die durch spezielle Zertifikate der Engländer ermöglicht wurde – mich längere Zeit an Berlin fesselte, versuchte ich nebenbei das Staatsexamen nachzuholen."

1936 Zulassung zum Staatsexamen in Berlin („ich glaube als letzte Jüdin in Deutschland") und als Medizinalpraktikantin, jedoch ohne Arbeitserlaubnis.
„Da mich kein öffentliches Krankenhaus mehr aufnahm, blieb ich im Jüdischen Krankenhaus Berlin bis 1937".
Tätigkeit in dessen Polikliniken, in der Pathologie (Pick), in der Kinderabteilung (Rosenberg). Beginn einer Dissertation bei Pick „ohne Aussicht auf einen Doktortitel".
Sept. 38 Emigr. nach Palästina, Arbeit im Kibbuz Givat Chajim.
42 Krankenhaus Afula, vornehmlich Pädiatrie (Nassau).
43–50 Hadassah Hospital Jerusalem; 5 Jahre Pathologie (Publ.über multiple Aneurysmen), 2 Jahre Pädiatrie (Grünfelder). Fachärztin.
51–69 Kinderärztin in Kupat Cholim Polikliniken. Dazwischen 3 Jahre Gesundheitsministerium, verantwortlich für Mother-Child-Health im Lande.
57 Child Health Institute London, 60 Residency Univ. of Maryland, Psychosomatic diseases; Asthmatic diseases, Denver Col. USA.
Lebt 1999 in Bat Yam, Israel.

Korr. m. Frau Dr. Freund (Vermittlung durch Prof. R. Jütte, Stuttgart); Meurer/Hueck.

Freund, Käte
(6.10.1901 Berlin – nach 1973 USA) Dr. med., Kinderärztin, Bln.-Schmargendorf, Berkaerstr. 40.

Stud. Berlin, Freiburg, Kiel, Diss. 26, Appr. 27.
RMK 37+, DGfK MV Austritt 26.1.36: „...ich hoffe, Sie werden es verstehen."
VÄR.
Emigr. nach den USA, License 39 (Dr. Kate Marianne Freund), Ped., 115 E 89th Str. 28, New York City.
73 State College of Pennsylvania.
GV; Med. Wom. Dir. 45, Dir. Med. Wom. 49; AMD 50–79; PäA.

Glaß, Georg
(9.11.1891 Vandsburg, Westpr. – 30.3.1968 Hollywood, Florida), Dr. med., Kinderarzt, Bln.-Neukölln, Hermannstr. 74.
12 Stud. Berlin, WW I. Appr. 19, Diss. Berlin 19.
21 Niederlassung.
RMK 33. Nach Entzug der Kassenpraxis Juli 1933 Emigr. nach Shanghai.
„Pro bono pediatric activities in Shanghai at St. Tichon's orphanage, Sancta Maria Hospital, Country Hospital, Kadoorie Children's Ward".
37: „Dr. med. Georg Glass, Spezialarzt für Kinderkrankheiten, Röntgen-Aufnahmen, Shanghai, 934 Bubbling Well Road, Flat B 5".
39–41 Vorsitzender der Jüdischen Kultusgemeinde Shanghai.
43: „Evicted from home and office quarters, x-ray, automobile and diathermy equipment confiscated by Japanese military".
49: „Expelled by Chinese Communist regime".
49 in die USA. 49–52 Staff Physician Crownsville State Hospital, Crownsville, Maryland; 52–55 Newark State Hospital, Newark N.Y., 55–61 District of Columbia Training School, Laurel, Maryland.
ADO; Mittlg. Sonja Mühlberger, Berlin; Mittlg. Werner Glass, Westfield NJ (Sohn).

Goetzel, Paul
(1899 – nach 1973 USA) Dr. med., Kinderarzt, Bln.W 30, Eisenacherstr. 30.
Stud. Berlin, Appr. 24 (27?), Diss. Berlin 27.
RMK 37+, VÄR.
Emigr. nach den USA, License 39. Pulm. Diseases. 72–72 112th Str., Forest Hills N.Y., ab 65 Flushing, N.Y.
AMD 50–79, GV.

Goldstein, Fritz
(26.11.1888 Berlin-Schöneberg – ?) Dr. med., Kinderarzt, Stadtschularzt. Bln.-Weißensee, Berliner Allee 83.
Appr. 15, Diss. Berlin 22 (?).
RMK 37+, DGfK Austritt 7.5.33.: „...nicht mehr in der Lage, Beitrag zu zahlen".
BKh. VÄR.
Emigr. nach Schweden, Stockholm, 18.12.38 oder Dez. 39.
DBG LA; PäA, GV.

Goldstein, Rudolf
(1908 Berlin – nach 1984 Palästina, Nahariya?), Dr. med., Kinderarzt.
Stud. Freiburg, Berlin, 32 Med. Prakt. Inn. Abtlg. Krankenhaus Moabit, 33 entlassen.
33 Approbation verweigert, Diss. Berlin 34.

Sozialhyg. Übungen bei Benno Chajes (s.d.), Mitgl. Jüd. Jugendbewegung u. Sozialist Arbeiterjugend. VSÄ, ASÄ.
34 Emigr. nach Palästina, License Nr. 1705, Shaar Hagolan, Kineret. Als Kinderarzt tätig, Ort unklar. Lebt 84 in Nahariya.
PalMed 40, Weder.

Goldstein, Walter
(1899 – nach 1973 USA) Dr. med., Kinderarzt, Internist, Röntgen, Berlin NW 87, Lessingstr. 5.
Diss. Berlin 23, Appr. 23.
RMK 35.
Emigr. nach den USA, License 36. Radiology. 203 W. Elm Str. 31, Brockton, Mass.
DBG LA; AMD 50–79.

Gottschalk, Eva
(23.8.1895 Berlin – ?) Dr. med., Kinderärztin, Berlin W 30, Rosenheimerstr. 21 (vorher Lauenburg/Pommern?).
Appr. 25, Diss. Würzburg 25.
RMK 37+, VÄR.
Weiteres Schicksal unbekannt.
DBG LA.

Gottstein, Werner
(5.1.1894 Berlin – 21.11.1959 Chicago) PD Dr. med., Kinderarzt, Stadtschularzt und ärztl. Leiter des Städt. Kinder- und Mütterheims Bln.-Charlottenburg. Kirchplatz 3. (Sohn des Sozialhygienikers und Leiters des preußischen Medizinalwesens Adolf G., 1857–1951)).
WW I. Stud. Berlin, Freiburg, Jena; Appr. 20, Diss. Berlin 21.
RMK 33; DGfK Abmeldung 21.12.33; BKh; VÄR.
21–22 Krkhs. Bln.-Westend Innere Medizin.
22–25 Univ.-Kinderklinik Charité (Czerny); 25–28 Univ.-Kinderklinik Freiburg (Noeggerath), Juli 27 Habil. Freiburg.
Wiss. Schwerpunkte: Infektionskrankheiten des Kindesalters, Arbeitsphysiologie im Kindesalter, Pädagogische Pathologie.
„1923/24 war ich leitender Arzt des Typhuslazarettes in Alfeld/Leine während der dort ausgebrochenen schweren Typhusepidemie".
29–31 Arzt am Luisenandenken Waisenhaus Bln.-Charlottenburg.
31–33 Ärztl.Leiter des Städt. Kinder- und Mütterheims Charlottenburg, Rüsternallee.
20.2.33 Gutachten Czerny zur Ernennung zum a. o. Prof.

Lebenslauf 12.6.33: „Meine Vorlesung an der Berliner Universität über 'Krankheiten des Schulkindes' wird nicht nur von Ärzten, sondern auch als Pflichtvorlesung von den Schülern des Berliner Heilpädagogischen Seminars und der Staatlichen Taubstummenanstalt besucht. Ich habe häufig Aerzte-Fortbildungskurse über Fragen aus dem Gebiete der Kinderheilkunde abgehalten. Ich unterrichte Schwestern der Säuglingsschwesternschule in Charlottenburg und am Krankenhaus Westend. Ich bin seit drei Jahren Dozent an der Wernerschule vom Roten Kreuz zur Ausbildung von Schwestern für leitende Stellungen. Auch habe ich auf Elternabenden der Schulen

und in Arbeitervereinen seit elf Jahren oft ärztliche Vorträge gehalten".
Entzug der Lehrbefugnis 25.9.33.
Entlassung 31.1.34.
Vor der Emigration „schon einige Monate in einem Konzentrationslager inhaftiert gewesen".
Emigr. August 38 über Dänemark und London (80 Northgate, London N.W.8) in die USA. License 40. Prof. of Pediatrics, 7253 South Philipps Ave, Chicago/Ill.
DBG LA; Displ.; Kapp; ABJ; HumbA; SPSL 411/4; PäA; AMD 50.

Großmann geb. Keßler, Hedwig (Hede)
(22.1.1894 Berlin – ?) Dr. med., Kinderärztin, Bln. N 4, Gartenstr. 1.
Appr. 22, Diss. Berlin 23.
RMK 37+; VÄR.
Weiteres Schicksal unbekannt.
DBG LA; GV.

Grünbaum, Ernst
(25.1.1893 Berlin – nach 1960 Tel Aviv) Dr. med., Kinderarzt, Bln. N 113, Schönhauser Allee 86.
Appr. 26, Diss. Berlin 27.
RMK 33; BKh.
Emigr. 33/35 nach Palästina, License Nr. 1760, 200 Ben Yehuda Str., Tel Aviv, zunächst G.P., ab ca. 48 Ped.
DBG LA; GV; PalMed 40; PalDir 42–60.

Grünfelder, Benno
(25.6.1883 Saaz, Böhmen – nach 1942 Jerusalem), Dr. med., Kinderarzt, Berlin NW 23, Lessingstr. 25.
Stud. Würzburg, München. Appr. 10, Diss. München 11.
RMK 26.
Emigr. nach Palästina vor 33, License Nr. 852. 29 King George Ave., Jerusalem. G.P. and Ped.
PalMed 40; PalDir. 42; GV.

Gutmann, Paul
(2.7.1877 Stuttgart – ?) Dr. med., Kinderarzt, Bln. NW 21, Bochumerstr. 12.
Stud. Berlin, Heidelberg, Diss. Heidelberg 01, Appr. 01.
RMK 37+; VÄR.
Weiteres Schicksal unbekannt.
DBG LA; GV.

Hahn geb. Feuchtwanger, Auguste
(? – ?), Dr. med., Kinderärztin, Berlin-Steglitz, Albrechtstr. 48.
Appr. 25, Diss. Frankfurt 25.
RMK 33.
Weiteres Schicksal unbekannt.
GV.

Hahn, Frieda
(16.2.1894 Bremerhaven – ? USA), Dr. med., Kinderärztin, Bln.-Schöneberg, Meranerstr.7
Stud. Heidelberg, Göttingen, München. Appr. 21.
21–29 (?) Ausb. Kinderklinik der Med. Akademie Düsseldorf (Schloßmann).
RMK 35: Kinderärztin Bremerhaven, 37+, ohne Praxis. 35 als Mitglied der Bremerhaver Synagogengemeinde er-

wähnt.
Emigr. in die USA (über England?)
Kapp (1939): 59a Abbey Road, London N.W.8).
StA; Kapp.

Hamburger, Richard (Abb.)
(6.8.1884 Warschau – 31.7.1940 London), Prof.Dr. med., Kinderarzt, Bln. W 15, Lietzenburger Str. 8a. Stud. Berlin, Rostock. Diss. Rostock 12, Appr. 12. Ausb. Univ.-Kinderklinik Charité (Czerny), WW I. 23 Habil., 28 a. o. Prof.; Wiss. Schwerpunkt Säuglings- und Kinderernährung, Rachitis.

„Czerny war unnahbar, Hamburger das Gegenteil; ein toller Arzt, menschlich einfach nett, offen. Stellvertreter Czernys, sehr beliebt bei den Studenten, sehr angenehmer Prüfer" (Beutler).

„My father was drawn to the arts and had wanted to be a musician, but he studied medicine at Rostock and Berlin. Together with his Polish cousin Casimir Funk – the inventor of the word 'vitamin' – he did research into the dietary causes of rickets. After his war service he worked in Berlin as a pediatrician, both in private practice and at the Charité, where he was a consultant and teacher... My father's cello had to be put aside for decades, until his last years in London, when we had chamber music sessions in our house...

A difficult case would worry and upset him to a degree hardly conceivable now that medicine tends to be practiced rather like a motor mechanic's skill. Most of the families of my father's private patients became personal friends, like many of the young doctors who were his students at the hospital, and there were no limits to his involvement..."

Univ.-Kinderklinik Charité: Kündigung „auf Wunsch von Prof. Dr. Bessau" zum 1.10.32 [!], zusammen mit Karger und Schiff (s.d.). „An die Stelle der drei gekündigten planmässigen Assistenten treten Prof. Catel, Priv. Doz. Dr. Schönfeld und Dr. Harnapp" (alle drei aus der Univ.-Kinderklinik Leipzig.) Catel geht zum April 33 nach der Entlassung von Siegfried Rosenbaum (s.d.) als zunächst komm. Dir., später Ordinarius nach Leipzig zurück. (38–45 Mitglied in der Tarnorganisation „Reichsausschuß zur wissenschaftlichen Erfassung von erb- und anlagebedingten schweren Leiden" und Gutachter im Kindereuthanasieprogramm).

„At school, some teachers had begun to wear swastika badges. One of them started the day by ordering Jewish boys to line up in front of the class for interrogation about such matters as their fathers' activities during the war. I went home and discovered that I was one of those who should have lined up. If we had been brought up as Jews I should at least have had something to stand up for...we had never been inside a synagogue...suddenly we were Jews – for that teachers purposes, and others not yet clear to us..."

RMK 35; DGfK MV 33 angekreuzt, Austritt 9.11.33; BKh.

Emigr. April 33 nach GB, Edinburgh; Familie kommt im November nach,

„where my father had already begun to work for his British medical degrees in a language he did'nt know and in branches of medicine he had'nt touched since his first student years ...sitting from morning to late night over his textbooks and English dictionaries, so as to qualify as soon as possible for medical practice in Britain. His swotting was made harder for him by the cold. The winter he sat huddled over the small coal fire, wrapped in a blanket..."

License Ende 34, Übersiedlung nach London, Praxiseröffnung 11 Upper Wimpole Street, W 1.

„My father was no longer a professor, and his private practice, at first, was reduced to a few families, mainly of refugees, since in England it was unusual for pediatricians to function as family doctors. As he got to know more colleagues, who sent him patients, his practice grew, but there must have been no end of money pressures at the best of times, even when he had become a consultant at a London hospital..."

35–40 Praxis in London, Consultant am London Jewish Swanley Children's Hospital.

13.3.34 Bezirksamt Charlottenburg, Steuerkasse, an Univ.Verwaltung: „Der Professor Dr. Richard Hamburger, früher Charlottenburg... schuldet uns an Bürgersteuer 1933 noch 37,50 RM und 0,30 RM Gebühren. Im steuerlichen Interesse bitten wir um Auskunft, ob der Steuerpflichtige von dort noch Bezüge erhält...".

Displ.P.; SPSL 491/1; HumbA Charité Dir. Nr. 896; GV; JbH; Lennert 92, 95, 99; Michael Hamburger 73; Korr. m. Dr. Michael Hamburger, Middleton Saxmundham/Suffolk; Mittlg. Käthe Beutler/Gaedicke.

Hauschild, Leo
(17.3.1893 Erbendorf – ?), Dr. med., Kinderarzt, Röntgenarzt, Bln.-Schöneberg, Hauptstr. 140.
Stud. Freiburg, Erlangen, München, Diss. München 20, Appr. 20.
RMK 37+; VÄR.
Weiteres Schicksal unbekannt.
GV.

Hecht geb. Kleinberger, Marianne
(? – ?), Dr. med., Kinderärztin, Bln. NO 18, Friedenstr. 21.
Appr. 24, Diss. Würzburg 27.
RMK 37+
Weiteres Schicksal unbekannt.
GV.

Heilborn, Curt
(7.11.1889 Breslau – ?) Dr. med., Kinderarzt, Bln.-Charlottenburg, Schillerstr. 111.
Stud. Berlin, München, Heidelberg, Appr. 14, Diss.Heidelberg 15.
RMK 37+; DGfK MV bis 38 geführt.
Weiteres Schicksal unbekannt.
GV.

Heine, Ludwig
(1876 – 3.8.1960 Great Neck, Long Island N.Y.) Dr. med., Kinderarzt, Internist, Bln.-Wilmersdorf, Brandenburgische Straße 21.
Stud. Heidelberg, Freiburg. Diss. Freiburg 99, Appr. 99.
05 Hospitant/Mitarbeiter Neumann'sches Kinderhaus Berlin.
RMK 35; DGfK Abmeldung 19.12.33; BKh.

„...between 1933 (when he was forced to turn in his license) and 1936 (when he emigrated), he spent most of his time preparing for emigration, getting his papers in order and studying English. For a while he hoped and expected that the Hitler period would just pass and that life could continue as it had before Hitler. He, like so many other German Jews, considered himself above all to be a German patriot."

Emigr. 36 „by ship" in die USA;

License 36.

„Early arriving doctors only had to pass a language test to be licensed in New York state. Their medical experience and degrees were accepted here. This, though, was not easy for my grandfather because in school in Germany he had studied Latin, Greek and French, but no English. Once he was licensed, he became a doctor at a local school ...he did not try to rebuild a private practice..."

117–05, 84th Ave 18, Richmond Hill, N.Y.

AMD 50; GV; Mittlg. Mrs. Doris Grunwald (Enkelin), Auskünfte von Mrs. Ilse Baum (Tochter). Todesanz. Aufbau XXVI, No. 33, S. 32, 12.8.60. ABJ; Kinderhaus.

Heinemann, Moritz
(1877 Schweinfurt – 19.3.1947 Herzliyya), Dr. med., Prakt.Arzt, Kinderarzt, Bln.-Neukölln, Ganghoferstr. 1.
Diss. Würzburg 00, Appr. 00.
Ausb. bei Czerny, wohl in Breslau (Conassistent v. L. F. Meyer).
RMK 35; DGfK Abmeldung 21.12.33; BKh.
Emigr. ca.35 nach Palästina, License Nr. 2792, 99 Ben Yehuda Str., Tel Aviv. Aus Gesundheitsgründen keine Praxisausübung mehr. Übersiedlung nach Herzliyya.
GV; ABJ; Aufbau XIII, No.16, 18.4.47. PalMed 40; Mdl. Mittlg. A. Greenberg, Jerusalem.

Heinemann, Senta
(April 1909 Berlin – Febr. 1964 Tel Aviv). Dr. med., Kinderärztin, Tochter des Vorigen.
Keine Berliner Daten, nach 33 im Jüdischen Krankenhaus tätig. Diss. Bern 35.
Emigr. mit dem Vater ca. 35 nach Palästina, License Nr. 2150, gleiche Adresse. Tätigkeit als Privatassistentin bei L.F.Meyer am Hadassah Municipal Hosp. Tel Aviv, eigene Praxis 99 Ben Yehuda Str.
PalMed 40; PalDir 42–64. Mdl. Mittlg. A. Greenberg, Jerusalem.

Heinrich, Hertha
(? – ? Tel Aviv), Dr. med., Kinderärztin, Sportärztin, Stadtschulärztin, Bln. S 59, Graefestr. 89.
Appr. 24, Diss.Berlin 24.
RMK 33; BKh.
Emigr. 33/35 nach Palästina, License Nr. 1258, Ped., 58 Reiness Str., Tel Aviv.
PalMed 40; PalDir 42; GV.

Held geb. Bruck, Kaethe
(21.10.1882 Neisse/Oberschl. – 1958 Jerusalem), Dr. med., Frauen- und Kinderärztin, Berlin SO 16, Michaelkirchstr. 25.
13–18 Stud. Berlin.
Med. Prakt. Jüdisches Krankenhaus.
Appr. 20, Diss. Berlin 20.
21 Niederlassung, Praxis für Frauen und Kinder.
RMK 33.
33 Praxisverbot, 34 Emigr. nach Palästina, License Nr. 1140, 17, Ben Gabirol Str., Jerusalem. Keine ärztl. Praxis mehr.
PalMed 40, PalDir.42; GV; Mittlg. Frau Dr. Elly Freund, BatYam, Israel.

Heymann, Paula
(3.6.1890 Berlin – nach Juli 1943 Auschwitz), Dr. med., Kinderärztin, Stadtschulärztin, Bln.-Grunewald, Humboldtstr. 34.
Stud. Berlin (phil., med.), Freiburg, Diss. Berlin 16, Appr. 16.
16–22 Ausb. Univ.-Kinderklinik Leipzig und KKFK Berlin (Finkelstein).
22–33 Säuglingsfürsorge Gesundbrunnen (Mendelsohn), vollamtl. Schulärztin Bln.-Mitte. 33 Entlassung.
RMK 37+; VÄR.
Brief Käte Heymann (Schwester) vom 10.4.47: „1933 ließ sich Paula Blumenstr. 100 nieder, hatte dort eine kleine Praxis, u. sie begann dann in Beziehung zur Jüd. Gemeinde zu treten und hat für sie als Vertrauensarzt gearbeitet. Soweit man mich unterrichten konnte, hat Paula bis Mai 1943 dort gearbeitet, in der letzten Zeit in den Sammellagern für die Abtransportierten.
Mai 1943 wurde sie in ihrer Wohnung abgeholt, sogenannt als Transportarzt verschickt, kam zunächst nach Kattowitz, und im Juli 1943 schrieb sie an Freunde in Dtschl. aus dem Lager Birkenau, sie sei als Arbeiterin dort beschäftigt. Das ist das letzte, was mir bis heute gelungen ist, festzustellen...
Ich möchte nicht gern, dass 'vergast in A.' gesagt wird, ich habe hierüber keinerlei Unterlagen..."
Deportation mit 38. Transport vom 17.5.43 nach Auschwitz. (406 Deportierte, 5 Überlebende; mit diesem Transport auch Lucie Adelsberger und Erna Davidsohn – s.d.).
GV; DBG LA; JbH; Brief Frau Käte Heymann durch Vermittlg. Frau Dr. Eva Brinkschulte, Berlin. Gedenkbuch Berlin.

Hirsch, Gertrud
(? – ?), Dr. med., Ass.Ärztin Kinderheilstätte Berlin – Buch (KIBU).
Appr. 26, Diss. Hamburg 27.
RMK 33.
Weiteres Schicksal unbekannt.
GV.

Hirsch, Walter
(3.8.1908 Köln – nach 1970 Tel Aviv) Dr. med., Kinderarzt, Bln.-Charlottenburg, Uhlandstr. 22.
Stud. Bonn, Köln, Hamburg, München. Diss. Köln 23, Appr. 23.
Ass. KAVH (?), Wiss. Schwerpunkte Rheuma, Stoffwechselerkrankungen, Geistige Behinderung.
RMK 35, DGfK MV 33 angekreuzt, 35 gestrichen.
Emigr. 35 nach Palästina, License Nr. 2450, 15 Gaza Road, Jerusalem.
35–47 Privatpraxis „in charge of British Community School Jerusalem"; ab 48 Leiter des Children's outpatient dept. and clinic for mentally retarded children, Hadassah Mun. Hospital Tel Aviv. Vors. d. Israel Pediatric Society. Gründer einer nach ihm benannten deutschsprachigen Bibliothek in Tel Aviv.
GV; Who's Who Israel 56/57; PalMed 40, PalDir 42–70; Lennert 95.

Hirschowitz, Martin
(11.11.1899 Berlin – nach 1989 New York) Dr. med., Kinderarzt, Bln. N 113, Wisbyerstr. 28.
Stud. Berlin, Heidelberg. Appr. 25,

Diss. Berlin 26.
RMK 37+; VÄR.
Emigr. in die USA, License 42; 371 Fort Washington Ave, New York City, N.Y.
GV; AMD 50.

Hoffa, Elisabeth (Lizzi)
(14.5.1889 Würzburg – 1988 Leeds, GB) Dr. med., Kinderärztin, Schulärztin, Sportärztin, Bln.-Wilmersdorf, Wittelsbacherstr. 10.
Tochter des Würzburg/Berliner Orthopäden Prof. Dr.Albert Hoffa.
Stud. Freiburg, München, Würzburg, Diss. Würzburg (?), Appr. 21.
Prakt. Jahr Kinderklinik Dortmund (Engel), Innere Altona (Lichtwitz), 21–22 Vol. Kinderhospital Altona, KAVH Berlin.
22–26 Innere, Infektion, Tbc in der Volksheilstätte vom Roten Kreuz (Viktoria-Luise-Heilanst.) Hohenlychen; Sozialmed. Seminare bei Grotjahn.
1.10.24 Niederlassung Bln.-Wilmersdorf als „Fachärztin für Säuglings- und Kinderkrankheiten". Nebenamtl. Schulärztin, Sportärztin, Leiterin einer Säuglingsfürsorgestelle in Wilmersdorf. Publ.
Entl. 1.4.33 („wegen nicht rein arischer Abstammung").
RMK 35.
Emigr. 34/35 nach England. Kurzfristig Liverpool. 20.11.35 Eröffnung einer Massagepraxis im Minerva-Club, 25 A Brunswick Square, London WC 1. Spez.: Physical training of women in pregnancy. 39 G.P., 29 Abercorn Place, London N.W. 6.
Präs. German Medical Women's Association.
SPSL 502/1; Mittlg. Prof. Mantel/München.

Holde, Rosa
(8.11.1894 Crossen a.O. – nach 1964 Jerusalem), Dr. med., Kinderärztin, Bln.-Britz, Gradestr. 7
Appr.22, Diss. Berlin 23.
RMK 37+.
Emigr. 37/40 nach Palästina, License Nr. 2755, zunächst Habad Str., Old City, Jerusalem. Später päd.Praxis 8 Hagdud Ha'ivri Str., Jerusalem.
GV; PalMed 40; PalDir 42–64.

Huldschinsky, Kurt (Abb.)
(24.2.1883 Gleiwitz – Okt. 1940 Alexandria, Ägypten). Dr. med., Kinderarzt, Berlin NO 55, Weißenburger Str. 2–3.
Stud. München, Bonn, Berlin, Straßburg, Appr. 07, Diss. Straßburg 08.
Ausb. Straßburg Pharmakologie (Schmiedebach), Kinderklinik (Czerny), KAVH (Langstein), Univ.-Kinderklinik Wien (Pirquet), Oskar-Helene-Heim zur Heilung und Erziehung gebrechlicher Kinder Bln.-Dahlem (Biesalski). Ab 20 eigene Praxis.
Wiss. Schwerpunkt Rachitis, Entdecker der Heilwirkung des UV-Lichtes 1919.
26 Heubner-Preis der DGfK.
RMK 35, DGfK Streichung nach Postkarte vom 24.3.34 aus Alexan-

dria mit der Bitte um Zurückstellung des Beitrages.
10.3.34 Emigration nach Ägypten, Alexandria. Weitere Arbeit am Rachitisproblem (Publ.: On Rickets, in Egypt. Brit. Journ. Physical Med., New Series 1 (1938), 297).
Lennert 95; GV; Fischer; DBG LA; PäA; ABJ.

Israel, Paul
(? Usch (Posen) – ?), Dr. med., Kinderarzt, Bln. NW 21, Ottostr. 5.
Appr. 01, Diss.München 01.
RMK 33.
Weiteres Schicksal unbekannt.
GV.

Jacobi, Walther
(12.11.1895 Naugard – ?) Dr. med., Kinderarzt, Bln.-Wilmersdorf, Wittelsbacherstr. 28.
Appr. 21, Diss. Freiburg 21.
RMK 33 wahrscheinlich in Kolberg; RMK 37+.
Emigr. 39 nach Palästina, License Nr. 2909, Rishon-le-Ziyyon.
DBG LA; GV; PalMed 40.

Jacobs geb. Cohn, Toni
(20.6.1888 Jauer, Schlesien – ?) Dr. med., Kinderärztin, Bln.-Lichtenberg, Frankfurter Allee 230.
Stud. Freiburg, Berlin. Appr. 14, Diss. Berlin 16.
RMK 37+, VÄR.
Überlebt in Berlin, wohnt nach dem Krieg in Lichtenberg.
DBG LA; GV.

Jacoby, Curt
(? – ?), Dr. med., prakt. Arzt, Kinderarzt, Bln.-Britz, Hanne-Nüte-Str. 83.
Appr. 21.
RMK 37+.

„Sein erster Dienst an unserer Familie war es gewesen, mir auf die Welt zu verhelfen, dann saß er bei uns immer wieder an Krankenbetten, gutgelaunt, aber nicht sorglos, ein seriös wirkender Herr, der nie ohne Hut, Mantel und Regenschirm kam. Die beste Medizin, die er hatte, war die Geduld, mit der er zuhören konnte... Weit war es nicht zu Dr. Jakoby [sic!]. Das Einfamilien-Reihenhaus, in dem er wohnte, stand in der nächsten Parallelstraße, die nach Fritz Reuters Romangestalt Hanne Nüte heißt...Da martialische Gesten sich nur vor Zuschauern lohnen, standen die beiden SA-Männer in der menschenleeren Straße nicht stramm oder breitbeinig da; sie lehnten am Vorgartenzaun und redeten miteinander, waren sogar freundlich zu mir, als sie mir den Zutritt verwehrten, und zeigten mir, wo Dr. Lange wohnte, ein ,deutscher Arzt'. Der Griff, mit dem sie mich packten, war fest, aber nicht schmerzend; sie sagten, ich sei doch ein deutscher Junge; und als ich darauf bestand, von Dr. Jakoby behandelt zu werden, wollten sie meinen Namen wissen; da riß ich mich los und lief, ohne zu antworten, davon..." (de Bruyn).

Emigr. um 37 offenbar nach England.
GV; Günter de Bruyn 92.

Jahr geb. Sonnenfeld, Antonie (Toni)
(? – Tel Aviv), Dr. med. Ärztin, Kinderärztin (?), Bln.-Neukölln, Berliner Str. 56/57.
Appr. 27, Diss. Berlin 27.
RMK 35.
Emigr. 35/37 nach Palästina, License Nr. 2037, 18 Hess Str., Tel Aviv, mit Ehemann Jacob J. (s.d.)
PalMed 40; GV.

Jahr, Jacob
(? – nach 1960 Tel Aviv), Dr. med., Kinderarzt, Bln.-Neukölln, Berliner Str. 56/57.
Appr. 24, Diss. Berlin 24.
Ausb. u. a. Univ.-Kinderklinik Charité (Czerny); arbeitet mit Freise (s.d.) über Diabetes.
RMK 35.
Emigr. 35/37 nach Palästina, License Nr. 2039, Ped., 18 Hess Str., Tel Aviv.
PalMed 40, PalDir.42–60; GV.

Japha, Alfred
(27.2.1871 Berlin – 3.9.1952 Denver, Colorado) San. Rat. Dr. med., Kinderarzt, Bln.-Charlottenburg, Uhlandstr. 179/80.
Stud. Freiburg, Berlin, Diss. Berlin 92, Appr. 93.
Mai 00 Mitarbeiter Neumann'sches Kinderhaus; Ausb. Innere (Fraenkel), Univ. Kinderklinik Charité (Heubner, Finkelstein).
Ab 1913 Leiter der Säuglingsfürsorge und der Kinderpoliklinik im Neumann'schen Kinderhaus. Nach dem Tode von Hugo Neumann (12.7.1912) gemeinsam mit Arnold Orgler (s.d.) und Ernst Oberwarth, später mit Oskar Rosenberg (s.d.) Leiter des Kinderhauses. Städt. Fürsorgearzt. WW I.
RMK 37+; DGfK MV 33 angekreuzt, geführt bis 38. Beiratsmitgl. BKh.
Entlassung zum 31.12.33. Privatpraxis bis 1939.
Emigr. 22.3.39 über London in die USA.

Interview mit dem Sohn Gerry P. (Gerhart) Japha durch Julia S.Whitefield, 24.3.97:
„Mein Vater und meine Mutter waren zweimal in Amerika, 36 und 37. Sind aber wieder zurückgegangen ... weil sie kein Geld mitnehmen konnten zu der Zeit. Man mußte 25 % Auswanderungssteuer bezahlen. Das Geld, das mein Vater oder meine Mutter hatte, war in Gebäuden angelegt... Später konnte man dann die Immobilien verkaufen...hat aber natürlich nicht viel Geld dafür bekommen; das war nichts wert, das war 1% des Wertes...
39 sind sie dann weggegangen, nach London. Und dann habe ich Ihnen ein 'affidavit' gegeben, und sie sind dann 1940 im März nach Amerika gekommen. Mein Vater hat 6 Monate da studiert, auch Englisch, damit er das besser konnte und hat in New York im Oktober die Prüfung bestanden – 69 Jahre alt. Und dann sind meine Eltern im November nach Denver gekommen, denn er wollte nicht in New York praktizieren – war nicht seine Art."

Sept. 40 Medical State Board Examination (License) New York. Ab Januar 41 Refugee Resident in the National Jewish Hospital for Consumptives, Denver, Colorado. License Colorado State Board of Medical Examiners Jan. 47.

„The war had a diminishing effect on National Jewish's staff. While many physicians were called to military service, one who stayed home was the elderly Alfred Japha, M.D., chief pediatrician, who had left behind a prominent medical career in his native Germany when Hitler rose to power. Dr. Japha, who had written textbooks on pediatrics in Germany, joined National Jewish in 1941. A knowledgeable and kindly, astute man whom children and parents adored, he devoted himself to every department of the hospital during the war, taking the place of younger men who were serving in the armed forces. When he was 75 years old Dr. Japha took the Colorado State Medical Examination and ranked second." (Fitzharris).

DBG LA; Lennert 92; AMD 50; GV. Nachlaß Japha bei Gerry P. Japha (Sohn), Vermittlg. von Prof. Julia S. Whitefield, Denver, Col.; Fitzharris; Kirchner; Kinderhaus.

Jonas geb. Lewin, Selma

(? – ?), Dr. med., Ärztin, Kinderärztin (?), Bln.-Hohenschönhausen, Am faulen See 2.
Appr. 26, Diss. Berlin 27.
RMK 33.
Emigr. 33/35 nach Palästina, License Nr. 1297, 12 Teler Str., Rehovot; mit Ehemann Walter (s.d.); führt nach seinem Tode (?) die Kinderpraxis fort.
PalMed 40; PalDir 60; GV.

Jonas, Walter

(? – um 1960 Rehovot) Kinderarzt, Bln.-Hohenschönhausen, Am faulen See 2.
Appr. 27. Diss. Kiel 27.
RMK 33; DGfK Abmeldung 29. 5. 33 „leider jetzt nicht mehr in der Lage..."
Emigr. 33/35 nach Palästina, License Nr.1289, Ped., 12 Teler Str., Rehovot.
PalMed 40; PalDir 42–60; GV.

Josephy geb. Zimmt, Edith

s. bei Rostock (S. 311). 1936 Übersiedlung nach Berlin, Leiterin des Siechenheims Bln.N 4, Auguststr. 14–16.
RMK 37+; VÄR.
Deportation mit dem 90. Alterstransport (als „Transportärztin"?) 28.5.43 nach Theresienstadt, von ihrem Mann, Amtsgerichtsrat Dr. Franz J., freiwillig begleitet (333 Deportierte, 41 Überlebende); 28.10.44 mit Transport Ev-236 nach Auschwitz

DBG LA; Jüd.Archiv Prag; Gedenkbuch Berlin.

Kahn, Paul

(? – ?), Dr. med., Kinderarzt, Bln.-Wilmersdorf, Hohenzollerndamm 26.
Appr. 23, Diss. Berlin 23.
RMK 33+; BKh.
Weiteres Schicksal unbekannt.
GV.

Kamerase geb. Weinberg, Alice

(17.9.1891 – 1943 Auschwitz) Dr. med., Kinderärztin, Bln. W 50, Achenbachstr. 9.
Stud. Berlin, Heidelberg. Appr. 18, Diss. Berlin 19.
RMK 37+; VÄR; VZ.
Deportation mit dem 30. Transport 26.2.43 nach Auschwitz (1095 Deportierte, 11 Überlebende).
DBG LA; GV; Gedenkbuch Berlin.

Kamnitzer, Hans

(?, Löbau Westpr. – ?) Dr. med., Kinderarzt?, Bln.-Tempelhof, Wiesenerstr. 46.
Appr. 03, Diss. Bonn 04.
RMK 37+; VÄR; BKh.
Weiteres Schicksal unbekannt.
GV.

Kanowitz, Siegfried (Schimon)

(6.7.1900 Goldap/Ostpr. – 25.7.1961 Tel Aviv) Dr. med., Kinderarzt, Bln. N 24, Elsässerstr. 72.

Stud. Tübingen, Königsberg. Appr. 24, Diss. Königsberg 26.
Propagandist für die Zionistische Jugendbewegung. Sekretär d. Zion. Vereinigung für Deutschland, Mitarb. Jüdische Rundschau.

Jüd. Rundschau 31.10.30: „Das Bekenntnis zum Zionismus ist heute der stärkste Antrieb im jüdischen Leben der Gegenwart, ist aktives Auflehnen gegen den scheinbar beschlossenen Untergang des Judentums, gegen Verfall und Entartung. Der Zionismus gibt dem jüdischen Leben ein objektives Ziel, an dem man sich zu bemessen und zu bewähren hat und bringt so in die schwankende und unbestimmte Skala jüdischer Werte einen eindeutigen Maßstab...Leid als solches kann von keinem Volk auf die Dauer als konstituierendes Element empfunden werden. Dem Leid muß eine aktive Anspannung entgegengesetzt werden."

RMK 33, BKh.
33 Emigr. nach Palästina, License Nr. 1219, Ped., 23 Pinsker Str., Tel Aviv. Mitbegr. d. Aliya Chadascha (Partei der deutschen Einwanderervereinigung 1935).
58–61 Doz. f. Psychol. Hebrew Univ. Jerusalem; Vizepräs. Isr. Med. Assoc.; 58–60 Mitgl. der Knesset (Progressive Party). Entwurf d. sog. Kanowitz-Gesetzes gegen Lärm und Luftverschmutzung. (Parlament. Sprachgebrauch in Israel: „Kanowitz-Gesetz" = ein gutes und richtiges, aber undurchführbares Gesetz).

Segev 97, S.39: „Seine [K.] Geschichte spiegelt weitgehend die Geschichte aller Jecken [= deutsche Emigranten] wider. Sie haben die richtigen Wertvorstellungen gehabt, konnten sie aber in Israel im allgemeinen nicht durchsetzen".

BHE; Walk; ABJ; GV; PalMed 40, PalDir 42–60. Segev.

Karger, Paul
(14.2.1892 Berlin – 1976 Toronto), Prof. Dr. med., Kinderarzt, Bln. W 50, Pragerstr. 17.
Stud. Freiburg, Heidelberg, Berlin. Diss. Berlin 15, Appr. 15. WW I.
15.2.18 – 1.10.32 Univ.-Kinderklinik Charité (Czerny, Bessau). 24 Habil., OA, 30 ao. Prof.
Oktober 32 Entlassung, zus. mit Schiff und Hamburger (s.d.).
Wiss. Schwerpunkte: Schlaf, Neuropathie, Röntgendiagnostik, Strahlentherapie.
RMK 35; BKh.
Emigr. 37 nach Canada, Toronto. Dort Wiederholung des letzten klinischen Ausbildungsjahres.

Lennert 95; GV; HumbA.

Kassel, Wilhelm
(19.1.1878 Neisse – ?) Dr. med., Kinderarzt, Bln. N 58, Schönhauser Allee 124.
Stud. Freiburg, München, Berlin, Breslau. Diss. Breslau 02, Appr. 02. Ausb. u. a. am KKFK.
RMK 37+; BKh; VÄR.
Weiteres Schicksal unbekannt.

GV.

Katz, Otto
(1.3.1866 Melsungen – 28.11.1957 New Orleans) San. Rat Dr. med., Kinderarzt, Bln.-Charlottenburg, Nuß-

baumallee 11/13.
Diss. 90 Berlin, Appr. 91, Ausbildung „in Berlin".
RMK 37+; VÄR; BKh.
Emigr. Nov. 39 in die USA.

Korr. mit Sohn Ernest E. Kent: „...Einmal war es brenzlich: am Abend vor der Kristallnacht kamen zwei Jungens zu ihrer Mutter und sagten 'Mutti, morgen kommt der Dr. Katz dran, da werden wir alles zerschlagen'. Worauf die Mutter sagte: 'Dr. Katz war Euer Arzt seit Eurer Geburt. Wenn Ihr ihm etwas antut, dann kommt Ihr nicht mehr zu uns nach Hause'. So geschah dann nichts.
Mein Vater arbeitete nicht mehr als Arzt, als er nach Amerika auswanderte...nach Anfang des Krieges auf einem Frachtschiff (?) ... mit den berühmten 10 Mark in der Tasche und sonst nichts. [Die Eltern] lebten in großer Armut in einer Kellerwohnung in New Orleans, wo meine Mutter sich durch Häkeln etwas Geld verdiente (babybooties, die 3 Tage gemacht wurden und für die sie $ 3.50 bekam !!) Von etwa 1950 bekamen sie dann eine Rente aus Deutschland.
PS.: Warum hat es so lange gedauert, bis man sich auf uns besonnen hat? Es ist ja nun beinahe ein halbes Jahrhundert her ..."
DBG LA; GV; Todesanz.Aufbau XXIII, No.50, S.33, 13.12.57.; ABJ; Korr. mit Ernest E.Kent M.D., New York 1996.

Kobrak, Erwin
(3.12.1874 Breslau – ?), Dr. med., Kinderarzt, Bln. NW 21, Alt Moabit 83 c.
Stud. 3 Sem. Maschinenfachbau TH Charlottenburg; Med. 94–99 Breslau, München. Appr. 99, Diss. Breslau 00. 01 Neumann'sches Kinderhaus Berlin.
RMK 37+; VÄR; BKh.
Weiteres Schicksal unbekannt.
GV; Kinderhaus.

Königsberger, Ernst
(24.5.1895 Posen – nach 1985 Oakland, Calif.), Dr. med., Kinderarzt, Bln.-Wilmersdorf, Hohenzollerndamm 194–195.
Stud. SS 14 Heidelberg; WW I; ab Kriegsnotsemester 19 Stud. Leipzig, Heidelberg. Diss. Leipzig 22, Appr. 22. 32 Oberarzt KKFK?
RMK 37+; VÄR; BKh; DGfK Abmeldung 15.3.34
„nach Verlust meiner Krankenhausstelle und Kassenpraxis".
Emigr. nach den USA, License 42, Ped., 1912 Hoover Ave 2, Oakland, Calif.
GV; PäA; AMD 50–85.

Kuttner, Marianne
(1905 – nach 1982 St. Louis/Miss.) Dr. med., Assistenzärztin am KKFK.
Stud. u. a.Frankfurt; Appr. 32; Diss. Frankfurt 33.
RMK 33.
Emigr. nach den USA. License 34; Ped., St. Louis/Miss., 7062 Waterman Ave. 5.
AMD 42–50; GV.

Landau, Arnold
(2.9.1892 Breslau – ? USA) Dr. med., Kinderarzt, Bln.-Friedenau, Hauptstr. 71.
Stud. Breslau, München, Berlin. Appr. 18. Diss. Breslau 20.
Ass. Arzt am Städt.Waisenhaus und Kinderasyl, Alte Jakobstr.
RMK 35; DGfK MV 33 angekreuzt,

35 durchgestrichen.
Emigr. 1.8.36 in die USA, New York; im AMD nicht nachweisbar.
DBG LA; GV.

Landé (verh. Czempin), Lotte (Abb.)
s. bei Frankfurt (S. 229). (bereits in Berlin: 17–20 KAVH; 23–26 KKFK). Nach der Entlassung als Frankfurter Stadtärztin 33 offenbar Rückkehr nach Berlin.
RMK 35: Bln. W 30, Luitpoldstr. 31; RMK 37+, gleiche Adresse.
Emigration in die USA. Lennert (95): Frühjahr 34; AMD 42: License 38, Dixon State Hospital, Dixon/Ill. Auswanderung daher 37 wahrscheinlich. Dagegen Pers. Akte StA Frankfurt, Wiedergutmachungsbescheid vom 21.4.53: „nach Ihrer Übersiedlung in die USA haben Sie am 2.3.1934 die Ehe mit Herrn Herbert J. Champain geschlossen". Lennert (95): Eheschliessung mit Herbert J. Czempin Ende 33.
41 Junior Physician im Dixon State Hospital, 43–51 fest angestellt.
53: Longs Peak Route, Estes Park, Colorado.
Rückkehr nach Deutschland Mitte der 50er Jahre, offenbar keine ärztl. Tätigkeit mehr.
62: Königstein (Taunus), Hainerbergweg 5
69: Oberursel, Aumühlenstr. 10. Sterbetag dort 19.9.77

StA Ffm; Ballowitz 91; Lennert 95; NDB Bd.13; Backhaus-Lautenschläger; Kröner; Inst. Gesch. Med. Berlin, Mappe Landé; Drexler; Daub.

Landecker geb. Casper, Hildegard
(? – ?), Dr. med., Kinderärztin, Bln. O 34, Warschauerstr. 1.
Appr. 25; Diss. Berlin 25.
RMK 37+; VÄR.
Weiteres Schicksal unbekannt.
DBG LA; GV.

Langer, Hans
(20.9.1887 Berlin – 1969 Johannisburg/Südafrika) Dr. med., Kinderarzt, Bakteriologe, Kurfürstendamm 46.
Stud. Freiburg, Berlin, München, Straßburg. Diss. 12, Appr.13.
15–18 Leiter der Bakteriol. Abtlg. des Krkhs. Berlin-Westend.
19–33 Ass. und OA am KAVH. 33 Hausverbot.
RMK 33, 35. DGfK MV 1933 durchgestrichen. BKh.
Emigr. August 36 nach Südafrika, Johannisburg. Erneutes dreijähriges Medizinstudium.
DBG LA; Langer 66; Lennert 95; GV.

Langstein, Leopold (Leo) (Abb.)
(13.4.1876 Wien – 7.6.1933 Berlin, Suicid), Prof. Dr. med. Dr. phil., Kinderarzt, Bln. W 15, Lietzenburgerstr. 28.
Stud. Wien Medizin und Chemie, Diss. med. 99, Diss. phil. 02.
00/01 Stud. Straßburg, gleichzeitig Volontär an der Kinderpoliklinik (Siegert) und am physiol.-chem. Institut (Hofmeister).
02–04 Univ.-Kinderklinik Graz (Escherich), Med. Klinik Basel (F. v.

Müller), Chem. Inst. Berlin (Fischer), Univ.-Kinderklinik Breslau (Czerny). 04–08 Univ.-Kinderklinik Charité Berlin (Heubner), Habil. 08. 09 Oberarzt, 1.10. 1911 a.o. Prof. und Leiter des KAVH bis 33. Präsident der Reichsanstalt zur Bekämpfung der Säuglings- und Kindersterblichkeit. Wiss. Schwerpunkte: Stoffwechsel der Verdauung, Kindernahrung, Klinischpädiatrische Einzelfragen, Säuglings- und Kleinkinderschutz, Früh- und Neugeborene, Kinderkrankenpflege, Fürsorge.
Begründer u. Hrsg. Zschr. f. Kinderheilkunde, Ergebn. d. inn. Medizin u. Kinderheilkunde, Enzyklopädie der inn. Med.u.Kinderheilkunde.
RMK 33; DGfK MV 33 durchgestr.; 1. Schriftführer BKh.
Suicid 7.6.33.

„Es läßt sich nur vermuten, daß Langstein aufgrund seiner österreichischen Herkunft und seiner christlichen Konfession noch im April 1933, als seinem jüdischen Oberarzt Hans Langer schon Hausverbot erteilt worden war, sich selbst nicht betroffen fühlte. Irgendwann in den nächsten zwei Monaten, vielleicht erst unmittelbar vor seinem Tode am 7.6.1933, muß ihn jäh die Erkenntnis getroffen haben, daß auch er seinen Platz in dem von ihm zu weltweitem Ruhm geführten KAVH würde räumen müssen und daß das von ihm glühend verehrte Deutschland ihn ausstoßen würde aus der nationalen Gemeinschaft. Es ist fast müßig, darüber zu spekulieren, ob ihm in diesem Moment sein schon angegriffenes Herz einfach den Dienst versagte oder ob ihm sein Stolz nur den Schritt in den Selbstmord erlaubte" (Lennert in Ballowitz 1991; Langstein war – wohl als Erwachsener – vom mosaischen Glauben zum evgl. Christentum übergetreten).

Kondolenzschr. M.v.Pfaundler, München: „Der frühe Tod Langsteins, den man zwar prophezeit hatte, der aber doch wohl direkt oder indirekt zu den Besonderheiten der gegenwärtigen Zeitläufte Beziehung haben könnte, hat mich sehr betrübt."

PäA; Ballowitz et al. 91; Lennert 92; Walk; Fischer.

Lasch, Walter
(12.4.1891 Berlin – ?) Dr. med. Kinderarzt, Stadtschularzt, Bln.-Charlottenburg, Oranienstr. 5.
Stud. Berlin, Freiburg. Appr. 14, Diss. Berlin 19. WW I.
RMK 33; DGfK Austritt 28.6.34; BKh.
Emigr. nach Palästina 19.2.35., License Nr.2080, Hagiborim Str., Hadera.
DBG LA; PäA; JbH, PalMed 40.

Leichtentritt, Heinrich
(10.4.1870 Posen – 11.9.1940 Berlin) Dr. med., Kinderarzt, Bln.-Charlottenburg, Kaiserdamm 24.
Diss. Berlin 93; Appr. 94.
RMK 37+; DGfK MV 35 durchgestrichen; VÄR; BKh.
Beigesetzt jüd. Friedhof Weißensee.
DBcj; JbH.

Levy geb. Koref, Else
(5.10.1891 Hanau – 1935?) Dr. med. Kinderärztin, Bln.-Adlershof, Volkswohlstr. 118.
Stud. Berlin, Appr. 19, Diss. Berlin 19.
RMK 33, Totenliste 35.
GV.

Levy, Erich
(? – ?), Dr. med., Kinderarzt, Arzt „am Säuglings- u. Kinderkrankenhaus". Bln. NO 55. Hufelandstr. 1. Appr. 20.
RMK 37+; DGfK Austritt 24.1.[!] 33; habe „bereits im Januar 32 [sic!] Austritt erklärt!";
VÄR; BKh.
Offenbar Emigration nach New York; mehr nicht bekannt..
DBG LA; PäA; Mittlg. Käthe Beutler/ Gaedicke.

Levy, Jakob
(14.4.1889 Berlin – 1977 Jerusalem) Dr. med., Kinderarzt, Bln. NW 87, Siegmundshof 21.
Stud. Berlin, Marburg. Appr. 13, Diss. Berlin 13.
13 Hospitant/Mitarbeiter Neumann'sches Kinderhaus Berlin.
Schularzt und Mitglied des Schulrats der "Adass Jisroel" Gemeinde Berlin.
Mitglied Präsidium BJA.
RMK 37+; VÄR.
Emigr. 8.1.39 nach Palästina; dort ebenfalls als Kinderarzt tätig (19 Assa Str., Jerusalem). Wiss. Veröff. auf medizinisch-halachischem Gebiet.
GV; DBG LA; Walk; Kinderhaus; PalDir 59–70?.

Levy-Suhl geb. Perls, Hildegard (Hilde)
(6.6.1885 Posen – ?) Dr. med., Kinderärztin, Bln.-Wilmersdorf, Kaiserallee 56.
Stud. Freiburg, Berlin, Breslau. Appr. 12, Diss. Berlin 13.
13 Hospitantin/Mitarbeiterin Neumann'sches Kinderhaus Berlin.
RMK 33; BKh.
Emigr. 6.11.33 in die Niederlande, Amsterdam. Ehemann Dr. Max L.-S., geb. 14.4.76 in Suhl/Thüringen, Facharzt für Seelenleiden, publiziert 1947 in Amsterdam.
DBG LA; ABJ; GV; Kinderhaus.

Lewin, Gertrud
(? – nach 1964 Ramat Gan) Dr. med., Assistenzärztin am Städt. Mütter- und Säuglingsheim Bln.-Neukölln, Mariendorfer Weg 41–46.
Appr. 25, Diss. Breslau 26.
RMK 33; BKh.
Emigr. 33/35 nach Palästina, License Nr.1307, Ped., Hadera und 25 Yahalom Str., Ramat Gan.
PalMed 40, PalDir bis 64.

Lewin, Julius
(ca.1868 Strelno/Posen – nach 1948?), San. Rat. Dr. med., Kinderarzt, Bln. W 50, Regensburger Strasse 27.
Diss. 92 Würzburg, Appr. 93.
93 Neumann'sches Kinderhaus Berlin.
RMK 33; BKh.
Weiteres Schicksal unklar.
Aufbau XIV, No.5, S.9; 30.3.48: „begeht 80. Geburtstag in New York, war jahrelang in Bergen-Belsen gefangen, danach Praxis in Palästina";
dort nicht ermittelt.
GV; ABJ; Kinderhaus.

Lewisson, Gertrud
(14.12.1883 Berlin – ?), Dr. med., Kinderärztin, Bln.-Charlottenburg, Sybelstr. 22.
Stud. Berlin, München. Diss. Berlin 17, Appr. 17.
RMK 37+; VÄR; BKh.
Emigration 40 in die USA.
GV; Brinkschulte.

Lewy, Berthold
(? – nach 1970 Haifa), Dr. med., Arzt, Kinderarzt (?), Bln.-Neukölln, Stuttgarter Str. 46.
Appr. 25, Diss. Berlin 25.
RMK 33.
Emigr. 33/35 nach Palästina, License Nr. 1641, Ped., Bat Galim bzw. 20 Hasharon Str., Haifa.
PalMed 40, PalDir 42–70.

Lewy, Günther
(4.5.1891 Mülhausen, Elsaß – ?), Dr. med., Kinderarzt, Berlin SO 16, Cöpenicker Str. 109.
Stud. Freiburg, Leipzig, Kiel, Berlin, Rostock. Appr. 17 Diss. Rostock 17.
RMK 37+.
Weiteres Schicksal unbekannt.
GV.

Lissauer, Willy
(7.7.1870 Bromberg – 24.4.1936 Berlin) Dr. med., Kinderarzt, Bln.-Charlottenburg, Königin Elisabeth-Str. 7a.
Appr. 98.
RMK 35; BKh.

Jüd. Friedhof Weißensee.
DBcj.

Lissner, Max
(? Kosten – ?), San.Rat Dr. med., Kinderarzt (?), Bln. W 30, Heilbronnerstr. 28
Diss. Würzburg 94; Appr. 95.
RMK 37 +; BKh.
Weiteres Schicksal unbekannt.
GV.

Loewenthal, Walter
(? – nach 1948 Tel Aviv), Dr. med., Arzt, Kinderarzt, Bln. N 31, Ruppiner Str. 31.
Appr. 25, Diss. Berlin 25.
RMK 35.
Emigr. 35/37 nach Palästina, License Nr. 2617, G.P. und Ped., 70 Pinsker Str., Tel Aviv.
PalMed 40, PalDir 42–48; GV.

Loewenthal geb. Meyersohn, Therese Ulla
(? – ?), Dr. med., Kinderärztin, Berlin-Südende, Steglitzerstr. 33
Appr. 25, Diss. Berlin 26.
RMK 33.
Weiteres Schicksal unbekannt.
GV.

Mansbacher geb. Günzburger, Gertrud (Abb.)
(3.7.1898 Niederlössnitz – 10.6.1991 Haifa), Dr. med., Kinderärztin, Bln.-Steglitz, Opitzstr. 7.
Stud. Heidelberg, Freiburg, Appr. 26,

Diss. Freiburg 26.
Ausb. ca. 26–31 am KKFK (Finkelstein), danach Fürsorgeärztin bei der Stadt Berlin. Entlassung Frühjahr 33. RMK 33.
Emigr. Mai 33 mit Ehemann Wilhelm M. (s.d.) nach Palästina, License Nr. 1556; nach 2 Monaten in Tel Aviv Übersiedlung nach Haifa. Eröffnung des ersten Kinderheimes auf dem Mount Carmel, mit Kindergarten und Frühgeborenenzimmer. Aufnahme von Kindern ausreisewilliger deutscher Juden, die mit der Jugend-Aliya vorausgeschickt wurden. Ebenso Sommerfrischekinder aus Tel Aviv und Jerusalem.
Später enge Mitarbeit in der Praxis des Ehemannes (Mansbacher, Dr. W. & G., 14, Elhanan Str., Haifa). Nach der Errichtung einer geburtshilflichen und Frauenklinik auf dem Carmel Betreuung des Neugeborenenzimmers und der Frühgeborenen. Säuglingskurse für Schwangere und junge Mütter, auch im Auftrag der Krankenkasse Kupat Cholim im Rahmen arabischer Frauenseminare.
„Mutter ist oft im Norden über die Grenze gegangen, um arabische Kinder zu betreuen."
Mdl. Mittlg. Frau Chava Gonen (Tochter), Haifa. PalMed 40; PalDir; GV.

Mansbacher, Wilhelm (Abb.)
(31.5.1900 Berlin – 17.10.1992 Haifa), Dr. med. Kinderarzt, Bln.-Steglitz, Opitzstr. 7.
Stud. Berlin, Bonn, Appr. 24, Diss. Berlin 24.
23–24 Med.Prakt. Rudolf-Virchow-Krankenhaus, Krankenhaus Moabit, KKFK, Chir. Univ. Klinik Amsterdam.
24–28 Ausb. am KKFK.
„Diese im Ganzen 4 1/2 jährige Tätigkeit hat er aufs eifrigste zur Ausbildung in der Kinderheilkunde ausgenutzt und insbesondere auch als Assistent der Säuglingsabteilung über Säuglinge reiche Erfahrung gesammelt. Durch seine ärztlichen und persönlichen Eigenschaften ist Herr Dr. M. ein geschätzter Mitarbeiter des Hauses gewesen. Ich kann ihn als einen sachlich bestens vorgebildeten, humanen, im Verkehr mit Publikum und Behörden bewährten Kinderarzt für die leitende Stelle an einer Beratungsstelle bestens empfehlen" (Finkelstein).
28–33 Päd.Praxis; Tätigkeit an einer Beratungsstelle nicht ermittelt.
RMK 33, DGfK MV 33 angekreuzt und durchgestrichen. BKh.
Emigr. Mai 1933 nach Palästina, bereits am 15. Juni License Nr. 1280. Übersiedlung Herbst 33 von Tel Aviv nach Haifa; Erlernen der hebräischen und arabischen Sprache. Nach einem Jahr Niederlassung, zunächst Sherman House, Mt. Carmel, später 14 Elhanan Str.
Große Privatpraxis, viele arabische Kinder aus dem Norden.
Mdl.Mittlg. Frau Chava Gonen (Tochter), Haifa. PalMed 40, PalDir; GV.

Marcuse, Paul
(? Berlinchen – ?), San.Rat Dr. med., Kinderarzt, Bln. N 31, Brunnenstr. 126.
Appr. 86, Diss. Berlin 86.

RMK 37+; BKh.
Weiteres Schicksal unbekannt.
GV.

Mendelsohn, Ludwig (Abb.)
(28.3.1878 Sorau/ Brandenburg – 22.8.1948 Fort Smith/ Arkansas) Dr. med., Kinderarzt, Bln. N 39, Chausseestr. 59.
Stud. Berlin, Leipzig, Appr. 01, Diss. Leipzig 03.
04 ärztliche Betreuung der Kinder des „Fürsorgevereins für hilflose jüdische Kinder".
ca. 04–07 Ausb. KKFK (Baginsky).
07–33 Leiter des „Jüdischen Säuglings- und Kleinkinderheims Berlin-Niederschönhausen", einer der ersten derartigen Institutionen in Deutschland. Ab 27 Ausbildungsstätte für jüdische Frauen und Mädchen zur Säuglings- und Kleinkinderpflegerin.
7.4.33 Entlassung, auch als Leiter der städt. Säuglings- und Kleinkinderfürsorge im Bezirk Wedding. Privatpraxis bis 38, dann als „Krankenbehandler" zugelassen.
RMK 37+, DGfK MV bis 38 geführt, VÄR, BKh.
Emigr. 41 über Portugal nach Argentinien, lebte bei seiner Tochter in der Kolonie „Avigdor". Kurse in Säuglingspflege. Nach dem Krieg Übersiedlung in die USA.
Littmann-Hotopp; DBG LA; GV.

Meyer, Franz
(19.9.1869 Frankfurt/Main – ?) San. Rat Dr. med. Kinderarzt, Bln. W 50, Rankestr.16.
Appr. 93, Diss. Bonn 93.
RMK 37+, DGfK Abmeldung 30.12.33. BKh.
Nichtjüdische Ehefrau, überlebt in Berlin, „mußte gelben Stern tragen".
DBcj; GV.

Meyer, Ludwig Ferdinand (Abb.)
(23.5.1879 Wiesbaden – 19.9.1954 Tel Aviv) Prof. Dr. med., Kinderarzt, Bln. W 35, Genthinerstr. 19.
Stud. München, Berlin, Bonn. Appr. 02, Diss. Bonn 02.
02–05 Ausb. Univ.-Kinderkliniken Charité (Heubner) und Breslau (Czerny).
05–14 1. Ass. am Städt. Waisenhaus und Kinderasyl (Finkelstein).
Habil.13, WW I.
18–32 Als Nachfolger Finkelsteins leitender Arzt am Waisenhaus und Kinderasyl.
22 a.o. Prof. Univ. Berlin.
März 33 bis Mai 34 Ärztl. Leiter KKFK (Nachfolge Finkelstein). Entlassung „als Krankenhausdirektor, nicht als Universitäts-Professor, als der ich weiter Vorlesungen halte". Kurzfristig unbezahlte Leitung der Kinderpoliklinik am Jüdischen Krankenhaus Berlin.
Wiss. Schwerpunkt: Physiologie und Pathologie des Säuglingsalters, insbes. Ernährung u. Stoffwechsel, Immuni-

tätslehre, Krankenhaushygiene. (Zus. m. Erich Nassau: Die Säuglingsernährung: Eine Anleitung für Ärzte und Studierende. München 1930.)
RMK 35, DGfK MV 35 durchgestrichen, Austritt 4.1.36; Vorst. Mitgl. BKh.
Emigr. 35 nach Palästina, License Nr. 2586, 29 Idelson Str. Tel Aviv.
35–36 kurzfristig Leiter der Kinderabtlg. am Bikur-Cholim-Hosp. Jerusalem.
36–54 Leiter der Kinderabtlg. am Hadassah Municipal Hosp. Tel Aviv. Consultant am Hosp. for Handicapped Children, Clin. for Retarded Children. Zahlr. Publ.; Einführung der Sulfonamid-Therapie bei kindl. gastrointest. Erkrankungen.
Ehrenmitglied der DGfK 1953.

Displ; Walk; Lennert 92, 95; DBG LA; BHE; Fischer; HumbA; SPSL 412/4; Kröner; Todesanz. u. Nachruf Aufbau XX, No. 39, S. 30, 38, 24.9.54.

Meyer-Houselle, Oswald
(1.8.1878 Berlin – 1962 Berlin), Dr. med., Kinderarzt, Stadtschularzt Bln.-Spandau, Johannesstift.
Stud. Heidelberg, Kiel, Berlin. Appr. 02, Diss. München 04.
Vol. Arzt Univ.-Kinderklinik Charité (Heubner), 03 Ass. Univ.-Kinderklinik München (Ranke).
RMK 37 ohne Kennzeichnung, ohne Tätigkeitsbezeichnung. DGfK MV geführt bis 41. Vorstandsmitgl. BKh. "Halbjude".

10.4.33: „Dem allgemeinen Umbau aller ärztlichen Organisationen entsprechend habe auch ich mich entschlossen, den Vorsitz der Arbeitsgemeinschaft der Großberliner Stadtschulärzte niederzulegen...Damit erlischt wohl automatisch meine Zugehörigkeit zum Vorstand der Berliner Gesellschaft für Kinderheilkunde."
Überlebt in Berlin (?).

GV; Lennert 92.

Meyerstein, Albert
(1892 – nach 1985? USA), Dr. med., Kinderarzt, Bln.-Reinickendorf-Ost, Seepromenade 23.
Stud. u. a. Leipzig bis 1914, WW I.
Appr. 19, Diss. Leipzig 19.
Ausb. KKFK (Finkelstein).
RMK 33 ohne Facharztbez.
Emigr. vor 1936 nach USA, License 40, Ped., Farmingdale N.Y.

GV; AMD 50–85; Mittlg. Käthe Beutler/ Gaedicke (M. hat 1936 Frau Dr. Beutler bei ihrer Einwanderung die Wohnung überlassen).

Meyerstein, Gerhard
(1897 Breslau – ?Chile), Dr. med., Kinderarzt, Berlin SW 1, Belle-Alliancestr. 12 (Praxisnachbar von Gottfried Benn).
Appr. 22, Diss. Berlin 22.
RMK 37+, W 15, Lietzenburgerstr. 15; VÄR.
Emigr. 38 nach Chile.

GV; Mittlg. Prof. Heintel, Stuttgart.

Meyerstein geb. Frank, Hildegard
(? – ? Chile), Dr. med., Ärztin, Kinderärztin (?), Berlin SW 1, Belle-Alliancestr. 12. Ehefrau d. Vorigen.
Appr. 24, Diss. Jena 24.
Offenbar gemeinsame Praxis m. ihrem Ehemann.
RMK 37+, gleiche Adresse wie G. M.
Emigr. 38 nach Chile.
Mittlg. Prof.Heintel, Stuttgart.

Michaelis geb. Freund, Lucie
(1896 – 19.8.1958 Cleveland/Ohio), Dr. med. Kinderärztin, Berlin W15, Albrecht Achilles-Str.8.
Appr. 22, Diss. Berlin 22.
RMK 37+; VÄR.
Emigr. nach USA, License 39, Ped., 1863 Cadwell Ave, Cleveland Heights, Cleveland/Ohio.
AMD 50; Todesanz.Aufbau XXIV, No. 36, S.28, 5.9.58.ABJ.

Michaelis, Walter
(? – 1942 England, fraglicher Suicid?), Dr. med., Internist und Kinderarzt, Bln. W 62, Landgrafenstr. 10.
Appr. 99, Diss. 99.
05 Hospitant/Mitarbeiter Neumann'sches Kinderhaus Berlin.
RMK 37+, BKh; VÄR.
Praxis in Berlin 1899–1939.
Emigr. 39 nach England; keine weiteren Daten.
SPSL; GV; Mdl.Mittlg. Prof. Bohnke/Tübingen; Kinderhaus.

Michelson geb. Rabinowitz, Cornelia
(? – ?), Dr. med., Kinderärztin, Bln.-Charlottenburg, Wilmersdorferstr. 92.
Appr. 28.
RMK 37+, VÄR.
Weiteres Schicksal unbekannt.

Misch, Peter Siegbert
(? – ?), Dr. med., Kinderarzt, Bln.-Charlottenburg, Reichsstr.103.
Appr. 00.
RMK 37+, VÄR.
Emigr. ca. 38 nach England, 38, Norland Square, Holland Park, London W 11.
Kapp.

Moses, Fritz
(23.5.1900 Glogau – ? Rehovot, Israel) Dr. med., Kinderarzt, Bln. SW 29, Gneisenaustr. 85.
Stud. Breslau, Würzburg, Appr. 25, Diss. Breslau 26.
RMK 33, BKh.
Emigr. 33/35 nach Palästina, License Nr. 1216, 12 Weizman Str., Rehovot.
PalMed.40; PalDir; GV.

Moses geb. Schönfeld, Hertha
(? – ? Rehovot, Israel), Dr. med., Kinderärztin, Bln. SW 29, Gneisenaustr. 85.
Appr. 26, Diss. Breslau 26.
RMK 33.
Emigr. 33/35 mit Ehemann Fritz M. (s.d.) nach Palästina, License Nr. 1329, 12 Weizman Str., Rehovot. Offenbar keine eigene ärztl. Tätigkeit

mehr.
GV; PalMed 40.

Mosse, Karl
(21.9.1896 Berlin – ?) Dr. med., Kinderarzt, Bln.-Schöneberg, Freiherr-v.-Stein-Str. 2, Leiter der Städt. Säuglings- und Kleinkinderfürsorge Friedrichshain.
Appr. 20, Diss. Berlin 23.
RMK 33, 35: ohne Praxis,"z.Zt. auf Reisen"; DGfK MV 33 angekreuzt und durchgestr.; BKh.
Emigr. 1.11.33 oder 1.7.35 nach China, Shanghai. „Physician: Specialist in Children's Diseases, 722 Bubbling Well Road."
„...als Kinderarzt in Shanghai bekannt und hatte eine sehr gut gehende Praxis" (Mittlg. Frau Sonja Mühlberger, Berlin, Patientin).
GV; DBG LA; ADO; China Hong List 1941.

Müller, Fritz
(5.6.1897 Flensburg – ?), Dr. med., Kinderarzt, Bln.-Neukölln, Saalestr. 1.
Stud. Berlin, Appr. 21, Diss. Berlin 22.
22–24 Univ.-Kinderklinik Frankfurt (Mettenheim), 24–27 Kinderabteilung Krankenhaus Neukölln.
27–33 Leiter d. Säuglings- und Kleinkinderfürsorge Prenzlauer Berg.
RMK 33, DGfK Abmeldung 24.1.33: „gezwungen, Etat einzuschränken".
Entlassung aus städt. Dienst August 33. Bewirbt sich bei SPSL um Emigration nach England, beruft sich auf György (s.d), will forschen (Physiologie der Verdauung beim Säugling, Biochemie, Stoffwechsel).
Lic. Edinburgh, Glasgow 34. Clin. Ass. Paddington Green Children's Hosp.
39: 110 Biddulph Mansions Elgin Avenue, London W.9.
GV; Kapp; SPSL 529/1; MedDir 53; DBG LA.

Müller-Lange, Gertrud
(30.5.1895 Berlin – ?), Dr. med., Kinderärztin, Bln.-Tempelhof, Blumenthalstr. 14.
Stud. Berlin, Appr. 20, Diss. Berlin (Lange, G.) 20.
RMK 37+, ohne Praxis, Schönburgstr. 20; BKh; VÄR.
Weiteres Schicksal unbekannt.
GV.

Muskat, Gustav
(? Breslau – ?), Dr. med., Kinder-Orthopäde, Medico-Mechanik, Röntgen, Bln.-Halensee, Kurfürstenstr. 124
Diss. Berlin 97, Appr. 98.
RMK 37+; BKh.
Weiteres Schicksal unbekannt.
GV.

Nassau, Erich (Abb.)
(25.7.1888 Reichenbach/Schlesien – 24.2.1974 Haifa) Dr. med., Kinderarzt, Bln.-Wilmersdorf, Meierottostr. 1.
Stud. Berlin, Freiburg, Heidelberg. Appr. 14, Diss. Heidelberg 14.
14–15 Kinderklinik Med. Akad. Düsseldorf (Schloßmann), WW I.
19–26 Ass. u. OA am Waisenhaus und Kinderasyl der Stadt Berlin (Finkel-

stein, L.F.Meyer).
26–33 Dir. d. Städt. Kindererholungsstätte Borgsdorf b. Berlin, daneben 26–33 Dir. d. Heilstätte für rachitische Kinder der Stadt Berlin, Bezirk Friedrichshain.
30 zus. mit Stefan Engel (s.d.) Gründung der Zeitschrift „Kinderärztliche Praxis" („Kipra"). 33 Entlassung aus städt. Dienst, Privatpraxis Kaiserallee 14, später Xantenerstr.15. Redaktion d. „Kipra" bis 34.
Wiss. Schwerpunkte: Rachitis, Ernährung und Stoffwechsel. Co-Autor mit L.F. Meyer (s.d.): Die Säuglingsernährung, eine Anleitung für Ärzte und Studierende, München 1930. Auch: Die bunte Welt, ein Bilderbuch von Kinderzeichnungen mit Versen, Berlin 1928.
RMK 37+, VÄR, Vorstandsmitgl. BKh. DGfK:

26.3.35, Brief an DGfK (Goebel): „Das Zeitgeschehen hat manchem Kollegen, darunter auch mir, es praktisch unmöglich gemacht, an den Tagungen der Deutschen Gesellschaft für Kinderheilkunde teilzunehmen. Diese Veränderung gehört zu denen, die ich schmerzlich erlebe. Eine aktive Mitgliedschaft...erschien mir seitdem kaum sinnvoll. Es blieb mir daher kaum etwas anderes übrig, als es Ihnen anheimzustellen, meine Mitgliedschaft zu suspendieren oder mich endgültig aus der Mitgliederliste der Gesellschaft zu streichen. Ich bitte Sie, sehr verehrter Herr Kollege Goebel, diesen Entschluß, der mir recht schwer gefallen ist, getrennt von allem Persönlichen auch von Ihrer Seite aus zu betrachten und zu werten..."
28.3.35, Goebel an Nassau: „...Ich möchte Sie bitten, sich Ihren Austritt...doch noch einmal zu überlegen. Unsere Gesellschaft hat keinen Arier-Paragraphen und von Regierungswegen wird die Einfügung eines solchen nicht verlangt oder nur gewünscht werden. Nichtarische Mitglieder sollen auf den Tagungen nicht behindert werden Vorträge zu halten und an der Aussprache teilzunehmen, nur die Heranziehung zu Referaten ist nicht angängig." [Vgl. hierzu Korr. Goebel – Franz Grüneberg, Altona].
31.3.35, Nassau an Goebel: „...Durch diese Sachlage ist für diese Mitglieder eine Sonderstellung geschaffen. Es erscheint mir aber nicht ehrenhaft, einer Gesellschaft als ein Mitglied minderen Rechtes anzugehören. Wenn es Ihnen möglich wäre, dieses bedrückende Bedenken gegen eine Fortsetzung einer aktiven Mitgliedschaft in der Deutschen Gesellschaft für Kinderheilkunde zu zerstreuen, so würde ich Ihnen aufrichtig dankbar sein."
3.4.35, Goebel an Nassau: „...Ob auf einer Tagung, wenn ein Nichtarier auftritt, von irgendwelchen Einzelpersönlichkeiten Unannehmlichkeiten ausgehen, kann niemand ermessen...Allerdings kann ich nicht verschweigen, auf Grund einer Erfahrung aus den allerletzten Tagen, daß die Behörden, ich meine in diesem Fall die Reichszentrale für Gesundheitsführung beim Reichsministerium des Innern, doch einen Unterschied zwischen Ariern und Nichtariern machen. So liegen die Dinge, die ich Ihnen pflichtgemäß offen lege. Wie Sie sich nun entscheiden wollen, muß ich Ihnen selbst anheim stellen."
5.4.35, Nassau an Goebel: „...Es scheint mir jetzt kein anderer Weg gangbar, als der, Sie zu bitten, mich aus der Mitgliederliste der Deutschen Gesellschaft für Kinderheilkunde zu streichen. Sie mögen versichert sein, daß dieser Entschluß mir sehr schwer gefallen ist, und daß die sich daraus ergebenden Folgerungen mich sehr bedrücken. Aber ich glaube, daß im Augenblick eindeutige Klarheit nützlicher ist als alle Halbheit..."

Nach dem Novemberpogrom 38 Internierung im KZ Sachsenhausen. Nach der Entlassung 3.12.38 Emigra-

tion nach Palästina und Akzeptation eines bereits vorher erfolgten Angebotes als Leiter des Dept. of Pediatrics des Central Hosp. der Krankenkasse Kupat Cholim in Afulah. License Nr. 2935.
Entwicklung eines Sozialprogramms für den Kinderkibbuz im Afulah Valley District, Ablehnung einer Professur an der Hebrew Univ.
61 Consult.Pediatrician Kupat Cholim, Haifa. 65 Einrichtung einer Tagesklinik für geistig behinderte Kinder am Haifa Municipal Health Center, später Erich-Nassau-Health-Center genannt. Zahlr. Publ. über klimatische und hygienische Einflüsse auf die Entwicklung von Kleinkindern, vor allem in den Kibbuzim.

7.3.49, Nassau an Goebel, als Antwort auf die Bitte, wieder in die Deutsche Gesellschaft für Kinderheilkunde einzutreten: „...Mit der Kinderheilkunde Deutschlands werde ich durch die Erinnerung an meine Lehrer Schloßmann, Finkelstein und L.F. Meyer stets verbunden bleiben. Von der Deutschen Gesellschaft für Kinderheilkunde wurde ich vor etwa 15 Jahren ausgeschlossen. Damit wurden viele Bindungen gelöst, die sich nicht wieder knüpfen lassen. Es erscheint mir zudem zweifelhaft, ob der Wiedereintritt eines Bürgers des Staates Israel von allen Mitgliedern der Gesellschaft gut geheißen würde.- So sehr ich an die Aufrichtigkeit Ihrer freundlichen Einladung glaube, so ist es mir doch unmöglich, ihr Folge zu leisten. Ich zweifle nicht, daß Sie diesen Entschluß würdigen und verstehen werden..."

PalMed 40, Section 4 B (1), PalDir.; DBG LA; PäA; Lennert 92, 95; Kröner; BHE; DBcj; ABJ.

Nathan, Paul
(7.10.1893 Langenberg, Rheinland? - ?) Dr. med., Kinderarzt, Bln. W 15, Kaiserallee 208.
Appr. 20, Diss. München 24?
RMK 37+, BKh.
Emigr. nach England, 39: 28 Welbeck Str, London W 1. Möglicherweise von dort nach Palästina, License Nr.1834, Beilinson Hospital near Petah Tiqwa. Nicht gesichert.
Kapp, PalMed 40; GV.

Nathanson geb. Levin (?), Lea
(? – ? Tel Aviv), Ärztin, Identität ungeklärt. Emigr. 33/35 mit Ehemann Ludwig N. (s.d.) nach Palästina, License Nr. 1106, 2 Balfour Str., Tel Aviv. Hat offenbar ab 48 unter dem Namen Nathanson-Levin die Kinderpraxis ihres Mannes weitergeführt.
PalMed.40.

Nathanson, Ludwig
(? – ? Tel Aviv), Dr. med., Kinderarzt, Bln.-Spandau, Schönwalder Allee 69.
Appr. 32, Diss. Berlin 32.
Ass. am Städt. Krankenhaus Spandau.
RMK 33.
Emigr. 33/35 nach Palästina, License Nr. 1587, 2 Balfour Str., Tel Aviv. G.P. und Ped.
PalMed 40, PalDir 42–73 (s. Lea N.)

Nathorff, geb. Einstein, Hertha
(5.6.1895 Laupheim/Oberschwaben – 10.6.1993 New York) Dr. med.,

Frauen- und Kinderärztin, Bln.-Charlottenburg, Spichernstr. 15.
Ab 14 Stud. Heidelberg, Freiburg, München, Berlin, Feldhilfsärztin WW I.
„Als Studentin an der Freiburger Universitätsfrauenklinik hörte sie zum ersten Mal den Satz: 'Daß Sie Einstein heißen, ist hier keine Empfehlung für Sie'. Sie vergaß diese Bemerkung nie. Sie wurde eine Art Omen für das, was sie angstvoll heraufziehen sah" (Koerner).
Diss. Berlin 20, Appr. 21.
22–28 ltd. Ärztin des Entbindungs- und Säuglingsheimes des Deutschen Roten Kreuzes Berlin-Lichtenberg. 28–33 ltd. Ärztin d. Berliner Frauen- u. Eheberatungsstelle. Vorstandsmitgl. d. Ärztekammer Berlin u. Deputierte im Gesamtausschuß der Berliner Ärzte. Mitgl. im Bund Deutscher Ärztinnen. RMK 37+, VÄR.
16. April 33, Tagebuch H.N.: „Versammlung des Bundes Deutscher Ärztinnen... Eine Kollegin – ich kenne sie, sie war meine Vorgängerin im Roten Kreuz und damals ziemlich linksstehend – wegen Untüchtigkeit und anderer nicht sehr feiner menschlicher Qualitäten war sie seiner Zeit entlassen worden – sie steht auf und sagt, 'nun bitte ich also die deutschen Kolleginnen zu einer Besprechung ins Nebenzimmer'. Kollegin S., eine gute Katholikin, steht auf und fragt: 'Was heißt das, die deutschen Kolleginnen?' 'Natürlich alle, die nicht Jüdinnen sind' lautet die Antwort. So war es gesagt. Schweigend stehen wir jüdischen und halbjüdischen Ärztinnen auf und mit uns einige 'deutsche' Ärztinnen. Schweigend verlassen wir den Raum, blaß, bis ins Innerste empört..."
April 1933 Entlassung, Schließung der Beratungsstelle.
Juni 33 Entzug der Kassenzulassung.
30. Juni 33, Tagebuch H.N. „Die letzte Kassen-Sprechstunde. Ich habe tapfer durchgehalten. Meine Wohnung gleicht einem blühenden Garten. Abschiedsblumen. Wie das ist, sein eigenes Begräbnis zu erleben! Wie viele Kollegen mögen heute das Gleiche empfinden..."
12. Juli: „Die Kassenpatienten kommen nun täglich zu mir. Wo sollen sie hingehen? Ich rate ihnen weiter, so gut ich kann. Ich gebe ihnen Medizin von meiner Hausapotheke, aber, ich kann ja niemand krankschreiben, kein Attest geben, und sie wollen immer Atteste haben, um nicht in Versammlungen zu Gemeinschaftsabenden gehen zu müssen..."

September 38 Entzug der Approbation.
18. September 38: „Einige Ärzte dürfen als 'Judenbehandler' weiter praktizieren, auch mein Mann soll dieser 'Ehre' teilhaftig werden! Ein Schild, 'Nur zur Behandlung von Juden berechtigt', ein blaues Schild mit Davidstern und gelbem Fleck – nein, ich danke dafür. Die arischen Hauswirte kündigen schon jetzt den Ärzten, weil sie sich eine solche Verschandelung ihrer Häuser garnicht gefallen lassen, weil die arischen Mieter ausziehen, weil viele erklären, sie wollen und dürfen mit Juden nicht mehr unter einem Dach wohnen..."

Nach dem Novemberpogrom 38 Schutzhaft des Ehemannes. April 39 Auswanderung nach England, Februar 40 in die USA, New York. Erhebliche Anfangsschwierigkeiten. Arbeit als Putzfrau, Kinderpflegerin, Dienstmädchen, Nachtschwester, Sprechstundehilfe in der Praxis des Ehemannes. Rundfunkvorträge im New Yorker deutschspr. Radio WBMX, Kurse in Kranken- und Säuglingspflege für Neueinwanderer.
Ab 41 Mitgl., später Vorstandsmitgl. u. Ehrenmitgl. im „New World Club".

zahlr. Beiträge im „Aufbau". Initiatorin u. a. „Golden Age Club" u. des sog. „Open House" für ältere Menschen zur Pflege deutscher Sprache und Kultur. Ausbildung am Alfred-Adler-Institut für Individualpsychologie, ab 54 Tätigkeit als Psychotherapeutin an der Alfred Adler Mental Hygiene Clinic.
40 Preis der Harvard-Univ. im Manuskript-Wettbewerb „Mein Leben in Deutschland" für ihr Tagebuch. Gedichte, Erzählungen, Zeitungsartikel.
98jährig Tod „ in Gram und Einsamkeit".
GV; BHE; DBE; Benz (Tagebuch H.N.); Aufbau u. a. Vol.XXVI, No. 23, S.36, 3.6.60; ABJ; Backhaus-Lautenschläger; Koerner.

Neumann, Julius
(19.2.1878 Bleicherode – ? Tel Aviv), Dr. med., Kinderarzt, Bln.-Spandau, Potsdamerstr. 41.
Appr. 05.
RMK 37+, VÄR.
15.2.38 Emigr. nach Palästina, License Nr. 2307, 14 Hess Str., Tel Aviv. Offenbar keine ärztl. Tätigkeit mehr.
DBG LA; PalMed 40.

Neumann, Rudolf
(13.2.1899 Berlin – 1962 Berlin?), Dr. med., Kinderarzt, KKFK, Bln. N 65, Reinickendorferstr. 61.
Appr. 25, Diss. Hamburg 25.
RMK 33, BKh.
27 Eintritt in die KPD, 33 Emigration in die Schweiz, später nach Frankreich.

36 Leiter des Sanitätsdienstes der Internationalen Brigaden in Spanien, aus gesundheitl. Gründen Rückkehr nach Frankreich; Internierung.
Frühj. 41 über USA nach Mexiko, Universidad Obrera Mexico City.
Frühjahr 47 Rückkehr, Tätigkeit im DDR-Gesundheitswesen.
56 ärztl.Tätigkeit als Oberarzt in Berlin-Ost. Cheflektor Verlag Volk und Gesundheit.
Erinnerungen: Pasaremos, Diagnosen.
GV; BHE; Lustiger.

Nothmann, Hugo
(2.8.1882 Beuthen/Oberschl. – ? Jerusalem) Dr. med., Kinderarzt, Bln.-Wilmersdorf, Uhlandstr.136
Stud. Breslau, Berlin, Heidelberg, München. Appr. 07, Diss. München 07.
33 Leiter d. 2. Städt. Säuglings- und Kleinkinderfürsorgestelle.
RMK 35; BKh.
Emigr. 35/37 nach Palästina, License Nr. 2152, 17, Ussishkin Str., Jerusalem. 42 dort als G.P. gemeldet.
DBG LA; PalMed.40; PalDir.42; GV.

Oppenheimer, Karl
(? Berlin – ?) Prof. Dr. med. Dr. phil., Bln.Wilmersdorf, Güntzelstr. 49.
Appr. 97, Diss. Berlin 98.
RMK 37+; VÄR.
Weiteres Schicksal unbekannt.
Walk.

Orgler, Arnold
(2.12.1874 Posen – 13.9.1957 London), Prof. Dr. med., Kinderarzt, Internist, Bln.-Charlottenburg, Leibnizstr. 60.
Stud. München, Straßburg, Berlin, Appr. 97, Diss. Berlin 98.
Ausb. Berlin u. Breslau (Czerny).
07–21 Mitarb., später einer der ärztl. Leiter des „Kinderhauses" von Hugo Neumann. Leiter der Kinderheilstätte Borgsdorf b. Birkenwerder des Vereins „Berliner Kinderheilstätte".
17 Habil., 24 a.o.Prof.
Wiss. Schwerpunkt Rachitis, Säuglingsernährung, Zwillingsforschung.
23–33 Leiter des neuerbauten Städt. Säuglings- und Mütterheimes Berlin-Neukölln.
RMK 37+; DGfK MV bis 37 geführt; Vorstandsmitgl. BKh; VÄR.
Sept. 33 Entzug der Lehrbefugnis.
38 Arzt auf der Kinderstation des Jüdischen Krankenhauses Berlin, konsil. Kinderarzt der Jüdischen Gemeinde.
Juli 39 Emigr. nach England, 10 Park Mansions, Allitson Road, London N.W.8. Ab 42 Ass. Med. Officer Med. School Service Bromley/Kent.
47 naturalisiert, 52 Ruhestand.

Displ; Fischer; SPSL 412/6; HumbA; Lennert 92,95; Kirchner; Kinderhaus.

Peiser, Amalie
(26.5.1881 Lappienen, Ostpr. – ?) Dr. med., Kinderärztin, Bln.-Wilmersdorf, Spessartstr.15.
Stud. Freiburg, München. Diss. Freiburg 11, Appr. 12.
RMK 37+; BKh; VÄR.
DBG: „Überlebte und wohnte nach der Befreiung in Steglitz".

DBG LA; GV.

Peiser, Julius
(5.1.1879 Posen – ?) Dr. med., Kinderarzt, Bln.-Wilmersdorf, Augustastr. 4.
Stud. Heidelberg, Berlin, Breslau. Appr. 02, Diss. Breslau 02.
03–05 Physiol. Inst. Breslau.
05–08 Univ.-Kinderklinik Breslau (Czerny). Publ. Tbc, Konstitutionsforschung.
08 Niederlassung in Berlin.
20–33 Kinderarzt der Tbc-Fürsorge der LVA Berlin.

Czerny: „Die Technik der Untersuchung der tuberkulösen Kinder, sowie die darauf aufgebaute Fürsorge galt als das Beste, was auf diesem Gebiete in Berlin geleistet wurde."

RMK 37+; Vorstandsmitgl. BKh; VÄR.
33 Entlassung von der LVA. 12.4.33: legt sein Amt im erweiterten Ausschuß der BKh nieder.
38 Versuch der Emigr. nach England. SPSL kann nichts für ihn tun:

„…he was not a university teacher, though he did a certain amount of research, but not enough to put him in the same category as the scientist on our list; in the second place he is nearly sixty years of age."

Mai 39 Emigration nach Palästina. License und Adresse nicht nachweisbar.
29.12.39 Bescheinigung der Hebrew-Univ.Je-

rusalem: „P. pursuits here his researches on the anthropological and intellectual maturity of Jewish children in Palestine before they enter the school."
DBG LA; GV; SPSL 534/2. Lennert 92.

Petry geb. Jacob (Petry-Jacob), Adeline
(18.2.1895 Göttingen – ?), Dr. med., Kinderärztin, Berlin-Pankow, Breite Straße 40.
Appr. 20, Diss. Göttingen 20.
RMK 37+; VÄR.
Weiteres Schicksal unbekannt.
DBG LA; GV.

Philippson, Ilse
(? – Bukarest?), Dr. med., Ass. am KKFK.
Diss. Bonn 27, Appr. 28.
RMK 33, BKh.
„Sie lebte in der Nähe der Familie Beutler und hat Frau Dr. Beutler [s.d.] in der Praxis vertreten. Heiratete einen bulgarischen Arzt, ist in Bulgarien geblieben, wahrscheinlich Bukarest".
GV; ABJ; Mittlg. Käthe Beutler/Gaedicke,

Pinkus geb. Sakur, Hertha
(? – ?), Dr. med., Kinderärztin, Bln.-Lichterfelde, Hortensienplatz 1.
Appr. 25.
RMK 33, danach nicht mehr nachweisbar.
Weiteres Schicksal unbekannt.

Plonsker, Hans
(1897 – ? Israel), Dr. med., Kinderarzt, Bln.-Charlottenburg, Knesebeckstr. 8.
Appr. 22, Diss. Gießen 23.
Ass. am Städt.Waisenhaus und Kinderasyl.
RMK 33.
Emigr.33/35 (?) nach Palästina, License Nr. 716, Ped., 37 Maza Str., Tel Aviv.
Walk: bereits 25 Emigr. nach Palästina; später Spezialausbildung in Berlin.
32 Leiter eines Kinderkrankenhauses in Tel Aviv.
PalMed.40; PalDir.42.

Pototzky, Carl
(6.2.1880 Breslau – 21.8.1948 New York), Dr. med., Internist, Kinderneurologe, Bln.-Grunewald, Bismarckallee 6.
Stud. Breslau, Appr. 03, Diss. Breslau 03.
18–33 Leiter der kinderneurologischen Abtlg. und Poliklinik am KAVH. Fürsorgestelle für nervöse und geistig zurückgebliebene Kinder. Publ. („Das nervöse Kind. Briefe eines Arztes" 1919). Ebenso ltd. Arzt am Sanatorium Grunewald für innere Krankheiten. 29 Vorträge in New York.
31.10.33 Entlassung.
RMK 37+; BKh; VÄR.
37 (?) Versuch der Emigr. nach England. SPSL:
„...is not an academic case in the strict sense

of the word... his work is more practical than theoretical..."
28.4.38 (Nov. 38?) Emigr. in die USA über das American Emergency Committee in Aid of Displaced Foreign Physicians. 118 E. 93rd Street, New York City; ärztl. Leiter Bancroft School for Mentally Retarded Children, Haddonfield, N.Y.; Mitarbeit am N.Y. Mount Sinai Hosp.
DBG LA; GV; SPSL 537/2; Todesanz. Aufbau XIV, No.39, S.34, 24.9.48, mit Nachruf von Wilfred C.Hulse (s.bei Cohn-Hülse) XIV, Nr.40, S.10, 1.10.48; ABJ; Lennert 92,95; AMD 40.

Proskauer, Felix
(16.4.1881 Ratibor – ?), Dr. med., Kinderarzt, Bln. O 112, Frankfurter Allee 49.
Stud. Berlin, München, Breslau, Freiburg, Appr. 06, Diss. Freiburg 07.
RMK 37+; Bkh; VÄR.
Weiteres Schicksal unbekannt.
GV.

Putzig, Hermann
(17.9.1888 Berlin – Jan. 1973 Buenos Aires), Dr. med., Kinderarzt, Bln.-Schöneberg, Innsbruckerstr. 5.
Stud. Berlin, München, Appr. 13, Diss. Berlin 13.
Oberarzt am KAVH.
RMK 37+; DGfK MV geführt bis 38; BKh; VÄR.
Emigr. um 38 nach Argentinien.
GV; Korr. m. Hilda Frankenstein (s. Curt Frankenstein).

Reich, Paul
(? Loslau, Oberschl. – ?), Arzt, Kinderarzt?, Bln. NW 87, Levetzowstr. 18.
Diss. München 99, Appr.00.
RMK 35.
Emigr. 35/37 nach Palästina, License Nr. 2609. Ped., 102, Dizengoff Str., Tel Aviv.
PalMed 40, PalDir 42; GV.

Riesenfeld-Hirschberg, Fritz
(1897 Posen – nach 1965 New York), Dr. med., Kinderarzt, Internist, Bln.-Schöneberg, Motzstr. 34.
WW I. 18–22 Stud. Berlin, Jena. Appr. 23, Diss. Berlin 23.
Niederlassung als Spezialist für Inn. Med. und Kinderkrankheiten, daneben Tätigkeit im Ambulatorium von Benno Chajes.
34 Ausschluß aus der Rechnungserstattung des „Deutschen Rings".
RMK 37+; VÄR.
Emigr.in die USA, License 39, Internal Medicine, 67 Juno Str., Forest Hills, New York City.
GV; AMD 50–65; Weder.

Ritter, Julius
(4.10.1862 Berlin – 17.5.1935 Berlin) San.Rat Prof. Dr. med., Kinderarzt, Bln.W 15, Bayrische Str. 4.
Stud. Freiburg, Berlin, Diss. Berlin 87, Appr. 88.
Ausb. u. a. bei Henoch; beschrieb 92 den Diplococcus tussis convulsivae. Niederlassung in Berlin und Chefarzt an einem Institut f. behinderte Kinder.

Publ. u. a. „Das Säuglingskrankenhaus", Leipzig 1912, „Die Behandlung schwächlicher Kinder", Berlin 1920.
RMK 37 Totenliste; MV bis 35. BKh. Jüdischer Friedhof Weißensee.
DBG LA; Walk; Fischer; ABJ.

Rosenbaum geb. Kagan, Judith
(26.12.1906 Nowo-Nikolajewsk/Sibirien – ?), Dr. med. Kinderärztin?
Stud. Harbin/Mandschurei, Berlin, Leipzig Jura, Med.
Staatsex. 31 Berlin, Diss. 31 bei Czerny: „Frühgeburt und soziale Lage."
Keine weiteren Daten.
ABJ.

Rosenberg, Oskar
(18.4.1884 Samotschin/Posen – ? Berlin), Dr. med., Kinderarzt, Berlin W 62, Burggrafenstr.16.
Stud. München, Berlin, Heidelberg.
Appr. 09, Diss. Heidelberg 10.
Ausb. bei Czerny und Finkelstein. WW I.
Nach 18 ltd. Arzt d. Städt. Kinderfürsorge, Bezirk Mitte, gleichzeitig – m. Alfred Japha (s.d.) – Dir. des „Kinderhauses" von Hugo Neumann.
Nach 33 Kinderabtlg. d. Jüdischen Krankenhauses Iranische Straße Berlin.
RMK 37+ (Dir. d. „Jüdischen Kinderhilfe"); BKh; VÄR. DGfK MV 33 angekreuzt und durchgestrichen.
38 zum „Kinderbehandler" eingestuft.
41 nach der Emigration v. Ludwig Mendelsohn (s.d.) Leiter d. jüdischen Säuglings- und Kleinkinderheims Niederschönhausen.

„Die Kinder [aus der jüdischen Kinderkrippe Auguststr. 14/16] litten an Vitaminmangel. Dr. Oskar Rosenberg aus dem Krankenhaus Iranische Straße besuchte die Krippe regelmäßig, aber er konnte den Kindern keine Milch und kein Gemüse geben..." (Scheer, S.242.)
„Mein Vater hatte aus dem Ersten Weltkrieg eine schwere Nierenverwundung. Oft hatte er sehr starke Schmerzen. Es war in dieser Zeit sehr schwer, einen Arzt zur Hilfe zu bekommen. Wenn es zu schlimm mit den Schmerzen wurde, schickten mich meine Eltern heimlich ins Heim, wo mich die Schwestern ja kannten. Wenn es dunkel war, kam dann der Arzt mit einer Schwester und gab meinem Vater eine Spritze. An den Namen des Arztes kann ich mich nicht mehr erinnern, aber damals trugen sie im Heim schon den 'Stern'..." (Littmann-Hotopp, S. 108, Erinnerungen eines Nachbarkindes).

10.9.43 Verbringung in das Sammellager Große Hamburgerstr. 26, von dort mit dem 96. Alterstransport nach Theresienstadt. Dort als Kinderarzt eingesetzt, einer von 16 Überlebenden seines Transportes (Gesamtzahl: 61).
49 Ärztl.Direktor am Jüdischen Krankenhaus in Berlin.
DBG LA; Gedenkbuch Berlin; ABJ; Littmann-Hotopp; Elkin; Ostrowski; Roskamp; Scheer; Kirchner.

Rosenstern, Iwan
(4.6.1882 Gehrden bei Hannover – 31.5.1973 Evanston/Ill. USA), Dr. med., Kinderarzt, Berlin-Wilmersdorf, Aschaffenburgerstr. 6.
Stud. Berlin, München, Appr. 06,

Diss. München 06.
07–10 Ass. am Berliner Kinderasyl in der Kürassierstr. (Finkelstein).
10–14 Städt.Waisenhaus Alte Jacobstr., mit Finkelstein dorthin gewechselt.
WW I („Pour le mérite").
19–34 Dir. der am 1.6.19 eröffneten Kinderheilanstalt Berlin-Buch (KIBU), Leiter der päd.-inneren Abteilung.
RMK 37+; Vorstandsmitgl. BKh, Amtsniederlegung 7.4.33; DGfK MV 33 angekreuzt, Austritt 7.1.36.
28.2.34 Schließung der KIBU, Entlassung.
37 Emigr. nach USA, 2232 Shermann Ave, Evanston/Illinois. Ärztl. Leiter des Säuglingsheimes „The Cradle", Evanston, Staff-member Children's Memorial Hospital Chicago/Ill.
AMD 50; Who Was Who vol.6; Lennert 92, 95; Wolff/Kalinich.

Rosenthal geb. Jaffé (Joffe), Paula
(? – ?), Dr. med., Kinderärztin, Berlin W 15, Pariserstr. 39.
03 Hospitantin Neumann'sches Kinderhaus Berlin (?). Appr.10.
RMK 37+, VÄR.
Emigr. nach Frankreich, Nizza. (CDJ: nicht ermittelt)
DGB LA; Kinderhaus.

Rosenwald, Lilly
(4.10.1901 Buzias, Ungarn – ?), Dr. med., Assistentin am KKFK.
20 Abitur Temeschburg (Timisoara, Rumänien), 20–25 Stud. Berlin, Appr. 27, Diss. Berlin 27.

32/33 Teiln. Sozialhyg. Übungen bei Benno Chajes.
RMK 35, BKh.
Weiteres Schicksal unbekannt.
GV; Weder.

Rosowsky, Frieda
(? – ?), Dr. med., Kinderärztin, Assistentin an der Kinderheilanstalt Berlin-Buch (KIBU).
Appr. 24, Diss. Berlin 27.
RMK 37+, VÄR.
Weiteres Schicksal unbekannt.
GV.

Rosowsky, Hermann
(? – ? Tel Aviv), Dr. med., Arzt, Kinderarzt?, Bln.-Neukölln, Weserstr. 31.
Appr. 22, Diss. Berlin 23.
RMK 33.
Emigr. 33/35 nach Palästina, License Nr. 1296, Ped., 16 Dizengoff Str., Tel Aviv.
PalMed 40; Pal Dir 42–73; GV.

Rothgiesser, Gertrud
(? – ?), Dr. med., Kinderärztin, Bln.-Tempelhof, Paradestr. 35.
Appr. 20.
RMK 33, DGfK MV 33 durchgestrichen.
Weiteres Schicksal unbekannt.

Salomon, Walter
(18.12.1884 Berlin – 18.8.1942 Auschwitz), Dr. med., Kinderarzt, Bln. W 35, Derfflingerstr. 4.
Stud. Berlin, Heidelberg. Appr. 10,

Diss. Heidelberg 10.
Leiter Städt. Säugl.- und Kleinkinderfürsorgestelle Bln.-Friedrichshain.
RMK 35; DGfK MV 33 angekreuzt, durchgestrichen ; BKh.
Emigr. ca. 34/35 nach Paris, 22 rue Lévis, 17e.
42 (41?) Internierung, wahrscheinlich im Lager Drancy. 19.7.42, 9.05 Uhr Abtransport vom Bahnhof Le Bourget – Drancy mit Convoi Nr. 7 nach Auschwitz. („1000 Juden, darunter 121 Jüdinnen") darunter 16 emigrierte Deutsche, 13 Österreicher, 28 Tschechen. Salomon auf der Liste «Internés volontaires pour le départ». 40 französische Gendarmen begleiten den Transport bis zur deutschen Grenze.
Klarsfeld 93:

„… Pour la première fois, des Juifs en provenance de France ont été gazés à leur arrivée au camp, après une sélection: il s'agissait de 375 hommes. Il s'agissait sans doute des plus agées (dans ce convoi, il y avait 362 hommes de plus de 45 ans)".

Todesdatum Salomon lt. Sterbebuch Auschwitz 18.8.42, Nr.22287/1942.

DBG LA; CDJ; GV; Vormeier; Klarsfeld Calendrier; Sterbebücher Auschwitz; Weder.

Schaps, Leo
(30.9.1877 Kempen, Posen – 3.12.1938 Berlin) Dr. med., Kinderarzt, Bln.-Friedenau, Lauterstr. 16.
Appr. 02, Diss. Breslau 02.
Dez. 02 Hospitant/Mitarbeiter Neumann'sches Kinderhaus Berlin.

33 Leiter der Säuglings- und Kleinkinderfürsorge der Stadt Berlin, Bezirk Prenzlauer Berg.
RMK 37+; DGfK MV bis 38 geführt; BKh; VÄR.
DBG LA; GV; Kinderhaus.

Schellitzer, Hermann
(20.5.1894 Berlin – 16.10.1956 Buenos Aires) Dr. med., Kinderarzt, Internist, Bln. SW 48, Wilhelmstr. 122.
Stud. Freiburg, München, Berlin. WW I. Appr. 20, Diss. Berlin 20.
RMK 37+, VÄR.
Emigr. nach Argentinien.
GV; ABJ.

Schiff, Erwin
(22.9.1891 Bihar Dioszeg (Nagy-Vavad)/Ungarn – 20.6.1971 München) Prof. Dr. med., Kinderarzt, Berlin W 62, Landgrafenstr. 7.
Stud. Freiburg, Halle, Budapest, Diss. Budapest 14, Appr. 15. WW I.
Ausb. Weißes-Kreuz-Kinderhospital (Berend), 18–19 Univ.-Kinderklinik Zürich (Feer).
20–32 Univ.-Kinderklinik Charité (Czerny). 21 Habil., 25 a o. Prof., OA. Wiss. Schwerpunkte: Konstitutionspathologie, Biochemie des Stoffwechsels im Säuglingsalter. (19: „Das Exsiccoseproblem").
DGfK MV 33 angekreuzt, RMK 37+, Vorstandsmitgl. BKh, VÄR.

27.4.33, Schiff an den Dekan der Berliner Med. Fakultät: „Unter den heutigen politischen Verhältnissen glaube ich im Interesse der Ruhe an der Universität am besten zu handeln, wenn ich zunächst, bis eine Regelung des Ministeriums erfolgt, meine Lehrtätigkeit einstelle..."

25.9.33 Entzug der Lehrbefugnis.
33–38 (?) klinische und wissenschaftliche Tätigkeit an der Kinderabteilung des Krankenhauses der jüdischen Gemeinde in Berlin.
16.6.34: Der Polizeipräsident in Berlin an Med.Fakultät zur Frage des evtl. Widerrufes der Einbürgerung des gebürtigen Ungarn Sch.: „Hat Schiff sich durch seine ärztliche und wissenschaftliche Tätigkeit besondere Verdienste um die Belange der deutschen Wissenschaft erworben, sodaß die Aufrechterhaltung der Einbürgerung im Interesse der deutschen ärztlichen Wissenschaft läge?"
8.7.34: Dekan an Polizeipräsident: „Herr Prof. Czerny schreibt unter dem 3.Juli: Schiff war 12 Jahre Assistent an der Berliner Kinderklinik, als sie noch unter meiner Leitung stand. Er ist unter den jüngeren Kandidaten Deutschlands einer der besten und würde wahrscheinlich schon längst eine Professur bekleiden, wenn er nicht Jude wäre. An wissenschaftlichen Arbeiten überragt er jedenfalls die gleichaltrigen Pädiater...Sein Verlust wäre für die ärztliche Wissenschaft sehr bedauerlich..."

Eine Ausbürgerung ist im „Reichsanzeiger" nicht nachzuweisen.

27.3.35 Schiff an DGfK (Goebel): „Zu meinem tiefsten Bedauern muss ich Sie bitten meine Austrittserklärung...zur Kenntnis zu nehmen. Diesen Schritt tun zu müssen fällt mir außerordentlich schwer, aber es ist mir unmöglich, einer Gesellschaft anzugehören, die mir, noch dazu ohne mein Verschulden, jegliches Recht im Vereinsleben abspricht".
29.3.35 Goebel an Schiff: „Wollen Sie sich Ihre Austrittserklärung...nicht noch einmal überlegen. Die Gesellschaft hat keinen Arier-Paragraphen und Nichtariern ist es nur versagt im Vorstand zu sein und Hauptreferate zu halten, während sie bei Vorträgen und Aussprachen nicht behindert sind..."
2.4.35 Schiff an Goebel: „Ich danke Ihnen für Ihre überaus freundlichen Zeilen und nehme bei diesem Sachverhalt meine Rücktrittserklärung zurück".
3.4.35 Goebel an Schiff: „...Ich halte es aus Gründen der Offenheit für meine Pflicht, auf Grund der Erfahrungen der letzten Tage, Ihnen den Durchschlag eines Briefes an den Kollegen Nassau beizulegen, der sich in derselben Lage wie Sie befindet..." [s. bei Nassau].

Endgültiger Austritt aus der DGfK nicht datierbar, im MV 35 gestrichen. Dez. 38 Emigr. in die USA, 5 East 82nd St, Office 784 Park Ave., New York City.

Zunächst Tätigkeit am Bellevue Hospital, ab 41 Leiter des Pediatric Department am Sydenham Hospital New York City.

Schiff bemüht sich um die Teilnahme deutscher Pädiater am Internationalen Pädiaterkongreß 1947 in New York, publiziert von den USA aus in deutschen Fachzeitschriften. Ende der fünfziger Jahre Rückkehr nach Deutschland, lebt bis zu seinem Tode in München. 59–61 Vors. Münchener Ges. f. Kinderhk. 61 Ehrenmitgl. DGfK.

DBG LA; SPSL412/10; HumbA; PäA; DisplP; Fischer; AMD 50; Lennert 92, 95.

Schindler geb. Cohn, Grete
(? – ?), Dr. med., Kinderärztin, Bln.-Charlottenburg, Kantstr. 47.
Appr. 23, Diss. Breslau 23.
RMK 37+; VÄR.
Weiteres Schicksal unbekannt.

Schloßberg, Esther
(? Königsberg – ? Tel Aviv) Dr. med., Kinderärztin, Stadtschulärztin, Bln.-Wilmersdorf, Zähringer Str. 4.
Appr. 23, Diss. Königsberg 23.
RMK 33.
Emigr. 33/35 nach Palästina, License Nr.1231, Ped., 25 Nahmani Str., später 14 Angel Str., Tel Aviv.
PalMed 40, Pal Dir 42–73, GV.

Schmoller, Hans
(10.4.1879 Berlin – 2.11.1942 Theresienstadt), Dr. med., Kinderarzt, Bln. NW 21 Alt Moabit 86c.
Stud. München, Berlin, Appr. 03, Diss. Leipzig 07.
BHE: „pioneered with others munic. welfare centers for infants in Berlin."
RMK 37+; DGfK MV 33 durchgestrichen, Austritt 15.3.34 „...wirtschaftliche Lage, Verlust eines Amtes..."; VÄR. 38 „Krankenbehandler".
14.9.42 aus dem Sammellager Große Hamburgerstr. mit dem 2. großen Alterstransport nach Theresienstadt (1048 Deportierte, 54 Überlebende). Dort 2.11.42 verstorben.
DBG LA; PäA; Gedenkbuch Berlin; BHE bei Sohn Hans-Peter Sch., Buchdesigner; GV.

Schneider, Kurt Werner
(8.3.1902 – nach 1989 New York), Dr. med., Kinderarzt, Bln. W 30, Neue Winterfeldtstr. 29.
Appr. 26, Diss. Berlin 26.
RMK 37+; VÄR.
Emigr. 1.7.38 über die Schweiz nach den USA. Ped., License 40. 324 W. 84th Str., New York City. Später Medical Officer of the Veterans Administration Hospital Brooklyn.
DBG LA; AMD 42–89.

Schweitzer, Eddy
s.b. Breslau (S. 198)

Segall geb. Goldschmidt, Julie
(27.9.1897 Königshütte, Oberschlesien – ? Palästina), Dr. med., Kinderärztin, Bln. N 58, Wörther Str. 39.
Appr. 22, Diss.Berlin 24.
RMK 33.
33 Emigr. nach Palästina, License Nr. 1481, G.P., 48 Gordon Str. Tel Aviv.
DBG LA; GV; BHE bei Ehemann Jacob G., Dr. rer .pol., Dr. med., Demograph).
PalMed 40, PalDir 42–48.

Selig, Dorothea (Dora?)
(29.11.1891 Worms – ?), Dr. med., Frauen- und Kinderärztin, Bln.-Charlottenburg 1, Berliner Str. 100.
Stud. München, Berlin, Heidelberg.
Appr. 17, Diss. Heidelberg 17.
RMK 37+, W 15, Kurfürstendamm 203. VÄR.
Mitarbeit am Institut für Sexualwissenschaft von Dr. Magnus Hirschfeld. Weiteres Schicksal unbekannt.
GV; Mittlg. Magnus-Hirschfeld-Gesellschaft, Berlin.

Selig, Willy
(? – ?), Dr. med., Kinderarzt, Bln.-Steglitz, Albrechtstr. 130.

Appr. 25, Diss. Berlin 26.
RMK 33.
Emigr. nach England, Lic. Edinburgh, Glasgow 35.
22 Friant Way, London N.W.9.
GV; Kapp; MedDir.53.

Siegel, Erich
(10.12.1885 Brieg/Schlesien – ? New York), Dr. med. Kinderarzt, Bln. NO 55, Greifswalderstr. 220.
Stud. Berlin, Heidelberg, Leipzig. Appr. 10, Diss. Leipzig 10.
13 Niederlassung in Berlin. 20–38 Kinderarzt am Krankenhaus der Jüdischen Gemeinde Berlin, Berater für Taubstumme. 32–39 Synagogenvorsteher.
RMK 37+; DGfK MV geführt bis 38; VÄR; BKh.
21.8.39 Emigr. über Schweden (Lund) in die USA. License 42. Ped., 151 W 86th St., New York City.
43–50 Tätigkeit am Mount Sinai Hosp. New York City.
DBG LA; Walk; AMD 50; ABJ.

Siew (Siev), Leo
(? – ? Tel Aviv), Dr. med., Ass. am KKFK.
Appr. 30, Diss. Königsberg 32.
RMK 33.
Emigr. 33/35 nach Palästina, License Nr. 1470, Ped., 17 Sheinkin Str., Tel Aviv.
PalMed 40, PalDir 40–73; GV.

Silber, Walter
(? – ?), Dr. med., Ass. am KKFK.
Diss. Münster/Düsseldorf 30, Appr. 31.
RMK 33.
Weiteres Schicksal unbekannt.
GV.

Simon, Hugo
(19.9.1973 Werden a. d. Ruhr – ?), Dr. med., Kinderarzt, Bln. NW 21, Rathenowerstr. 74. Diss. Berlin 97, Appr. 98.
RMK 37+; DGfK MV 33 angekreuzt, durchgestrichen, Austritt 11.12.33; VÄR.
39 (?) Emigr. in die Niederlande.
Weiteres Schicksal unbekannt.
DBcj; GV.

Simon geb. Jacobsohn, Irma
(5.7.1899 London – ?), Dr. med., Kinderärztin, Bln.-Steglitz, Forststr. 22.
Stud. Berlin, Freiburg. Appr. 26. Diss. Freiburg 27.
RMK 33.
Weiteres Schicksal unbekannt.
GV.

Soldin, Max
(29.6.1874 ? – 7.8.1938 ? Berlin), Dr. med., Kinderarzt, Berlin W 15, Pariserstr. 14a.
Diss. Leipzig 97, Appr. 98.
Dir. der Säuglingsanstalt d. Vaterländ. Frauenvereins v. Roten Kreuz, Bln.-Wilmersdorf.
RMK 37+; DGfK MV 33 angekreuzt, durchgestrichen, Austritt 30.1.34;

VÄR; BKh.
Jüdischer Friedhof Weißensee (?).
DBG LA; GV.

Solmitz, Werner
(25.8.1890 Berlin – 1971 Chicago) Dr. med., Kinderarzt, Bln. W 50, Rankestr. 50.
Stud. u. a. Heidelberg, Appr.14, Diss. Heidelberg 19. WW I.
Ausb. am KKFK (Finkelstein). Kinderarztpraxis in Berlin, Tätigkeit in der städt. Säuglingsfürsorge.
Brief vom 29.5.33: „...Was mich selbst betrifft, so habe ich das Säuglingsheim schon am Boycott-Tag [1.4.33] aufgeben müssen, was natürlich recht schmerzlich war. In der Fürsorge bin ich zum 1. Juli gekündigt, da meine Vergangenheit als Frontkämpfer mir als auf Privatdienstvertrag Angestelltem nichts nützt; auch für die Zukunft sehe ich wenig rosig. Meine christlichen Patienten werden mir zwar treu bleiben, aber das ist die Minderheit. Und die jüdischen sind zum Teil ausgewandert, zum anderen Teil werden sie schnell verarmen, soweit sie es nicht schon sind..."
RMK 37+; VÄR; BKh. DGfK MV Austritt 20.8.38:
„Da auf Grund der gesetzlichen Bestimmungen am 1. Oktober meine Approbation erlischt und ich nach diesem Termin nur als jüdischer Arzt für jüdische Patienten zugelassen bin, nehme ich an, dass es auch im Sinne der Deutschen Gesellschaft für Kinderheilkunde ist, wenn ich Sie höflichst bitte, mich zum 1.Oktober aus den Mitgliederlisten der Gesellschaft, der ich seit 16 Jahren angehöre, zu streichen."

7.7.39 Emigr. in die Schweiz, 41 via Frankreich, Spanien und Portugal in die USA. Tätigkeit in einem Landerziehungsheim in Tennessee, 43 Intern an einem italienisch-katholischen Krankenhaus in Chicago. 1 1/2 Jahre arbeitsunfähig wegen schwerem Unfall. Staatsexamen und License 45, Niederlassung als Pediatrician, 5730 Maryland Ave, Chicago/Ill.
Brief vom 8.12.46: „Die Praxis geht noch sehr schwach und ich bin nicht sehr optimistisch in bezug auf die Entwicklung...Jetzt sind die amerikanischen Kollegen aus dem Krieg zurückgekommen, und es ist sehr schwer, ohne viele Verbindungen Fuß zu fassen und mit ihnen zu konkurrieren...So versuche ich – Zeit genug habe ich – mir Nebenverdienst zu verschaffen, teils indem ich Schicksalsgenossen zum Examen einpauke, teils durch Referate aus ausländischen medizinischen Zeitschriften, aber all das bringt sehr wenig..."
Brief 1950: „Deutschland: Bei allem was mich innerlich und äußerlich trennt, ist es doch das Land, das mich geprägt und mir die entscheidenden kulturellen und menschlichen Eindrücke vermittelt hat, und ich bin an allem dort leidenschaftlich interessiert. Meine Akklimatisation an Amerika, so dankbar ich dem Los bin, das mich hergebracht hat, steht doch mehr oder weniger unter dem Motto, wie es im Zauberberg heißt: Man gewöhnt sich daran, daß man sich nicht gewöhnt..."
DBG LA; GV; BHE bei Sohn Frank Theodore (Franz) S., Physiker; AMD 50; Moll 95.

Sommer, Jakob
(? – ?), Dr. med., Kinderarzt, Bln.-Charlottenburg, Frankstr. 3.
Appr. 23, Diss. Würzburg 24.
OA am KAVH.
RMK 35, ohne Tätigkeit, ohne Kennzeichnung; BKh.
Weiteres Schicksal unbekannt.
GV; Lennert Liste jüd.Kinderärzte am KAVH.

Stahl, Hermann
(20.6.1880 Groß-Strehlitz/Oberschl. –
? Tel Aviv), Dr. med., Kinderarzt, Bln.
W 30 Münchener Str. 42.
Stud. Heidelberg, Berlin, München,
Freiburg. Appr. 05, Diss. Freiburg 05.
RMK 33; DGfK MV 33 durchgestrichen, offenbar nach Abmeldung.
Emigr. 33/35 nach Palästina, License
Nr. 1770, Ped., 15 Bialik Str. Tel Aviv.
PalMed 40; PalDir 42–48; GV.

Steinberg geb. Lippmann, Alice
(22.12.1895 Berlin – nach 1943
Auschwitz), Dr. med., Kinderärztin,
Stadtschulärztin, Bln.-Charlottenburg,
Knesebeckstr. 92.
Appr.23., Diss. Berlin 24.
RMK 37+; VÄR.
Nach 38 „selbständige Krankenschwester".
14.1.43 vom Sammellager Gerlachstr.
mit dem 81. Alterstransport nach Theresienstadt (100 Deportierte, 5 Überlebende). Von dort nach Auschwitz.
DBG LA; Gedenkbuch Berlin; GV.

Stern, Leopold
(4.11.1865 Berlin – 15.6.1939 Berlin),
San.Rat Dr. med., Kinderarzt, Bln.
NO 18, Große Frankfurterstr. 123.
Stud. Berlin, Straßburg, Diss. Berlin
92, Appr. 00 (?).
1890 als cand. med., 92 als Arzt am
Neumann'schen Kinderhaus Berlin.
RMK 37+; VÄR.
Jüd. Friedhof Schönhauser Allee.
DBG LA; DBcj; GV; Kinderhaus.

Sternefeld geb. Stern, Ruth
(15.1.1893 Königsberg – ? Chile?)
Dr. med., Kinderärztin, Bln.-Charlottenburg, Dresselstr. 1.
Appr. 19, Diss. Königsberg 20.
RMK 37+, VÄR; DGfK MV 33
angekreuzt, durchgestr., Abmeldung
10.1.34 „da ich meine Praxis bestimmungsgemäß nicht mehr ausüben kann."
28.9. (30.9.?) 40 Emigr. nach Santiago de Chile (oder Haiti?).
DBG LA; PäA.

Swarsensky, Samuel
(? Pyritz/Pommern – ?), San. Rat Dr.
med., Kinderarzt, Bln. SO 33, Wrangelstr. 49.
Diss. Würzburg 93, Appr. 94.
RMK 37+; VÄR, BKh.
Weiteres Schicksal unbekannt.
GV.

Trautmann, Richard
(28.12.1893 Malsch b. Karlsruhe –
2.4.1963 New York) Dr. med., Kinderarzt, Bln. W 15, Bülowstr. 37.
Stud. München, Freiburg, Frankfurt,
Heidelberg, Hamburg. WW I.
Appr. 20, Diss. Hamburg 21.
RMK 37+; VÄR.
Um 38 Emigr. in die USA. License
39. 312 W 109th St., New York City,
N.Y.
GV; AMD 50–65. Todesanzeige Aufbau
XXIX, No. 15, S.29, 12.4.63.

Tugendreich, Gustav (Abb.)
(21.(2.?)10.1876 Berlin – 21.1.1948 Los Angeles), Dr. med., Kinderarzt, Sozialpädiater, Bln.-Charlottenburg, Reichsstr. 104.
Stud. u. a. Berlin, Leipzig, Appr. Berlin 01, Diss. Leipzig 02.
02 Ass. Städt.Kinderasyl und Waisenhaus (Finkelstein), 03–06 Ass. KKFK (Baginsky).
06–19 Ltd. Arzt Städt. Säuglings- u. Kleinkinderfürsorgestelle Berlin, Prenzlauer Berg; (nochmals Febr.-Okt. 33, 30.9.33 Entlassung).
19–22 als Nachfolger v. Alfred Grotjahn Leiter der Sozialhyg. Abtlg. im Hauptgesundheitsamt der Stadt Berlin. Danach vielfache Fürsorgetätigkeit.
Wiss. Schwerpunkt: Soziale Hygiene des Säuglings- und Kleinkindesalters, gilt als Begründer der offenen Kleinkinderfürsorge. Auf der Deutschen Hygiene-Ausstellung Dresden 30/31 als einer der Förderer des deutschen Gesundheitswesens geehrt.

„Die Entstehung vieler Kinderkrankheiten ist, ebenso wie ihr Verlauf, in hohem Maße abhängig von der sozialen Situation, in der sich das Kind befindet. So wurde ich zum Studium der sozialen Krankheitsursachen und der sozialen Methoden ihrer Bekämpfung geführt, also zu dem Gebiet, das man als Soziale Hygiene bezeichnet. Den ersten Niederschlag fanden diese Studien in dem Handbuch der Mutter- u.Säuglingsfürsorge (Stuttgart 1911), das in der Literatur zum ersten Mal dies weitverzweigte Gebiet systematisch und kritisch zusammenfasst. Unter dem gleichen sozialhygienischen Gesichtspunkt wurden dann die Krankheiten aller Altersklassen betrachtet in meinem Handbuch 'Krankheit und soziale Lage' (gemeinsam mit Max Mosse: München 1912)". (Lebenslauf 1936, SPSL).

Zahlr. Handbuchbeiträge u. Publ. zu sozialärztlichen Problemen des Kindesalters. Neuaufl.des „Mosse-Tugendreich" Göttingen 77.
Mehrere Jahre Vors. der Deutschjüdischen Gesellschaft „Ose":

„In dieser Eigenschaft trat ich in nahe Beziehung zur speciell jüdischen Gesundheitspflege. Ein Büchlein sowie Merkblätter wurden von mir für die Ose verfaßt, ins Jiddische übersetzt und sind weit verbreitet". (l.c.).

RMK 37+; DGfK MV 33 angekreuzt, durchgestrichen, Austritt 21.3.34
„...durch die Neu-Ordnung des Staates mein Einkommen so stark verringert...".
Vorstandsmitgl. BKh; VÄR.
1935 zus. mit Dr. Alfred Beutler (s. Käthe Beutler) Erkundungsreise nach Palästina, um die Bedingungen einer Übersiedlung zu ermitteln. Rückkehr nach Berlin.
Okt. 37 Emigr.nach England, Stipendium für ein Jahr (£ 182), Forschungsarbeit Division of Epidemiology and Vital Statistics, London School of Hygiene and Tropical Medicine (Prof. Greenwood). Muß Familie zurücklassen.
August 38 Angebot aus den USA, verweigert Reise auf deutschem Schiff, Überfahrt mit französischer Linie. Familie kommt auf deutschem Schiff nach.
38–41 Research Associate Bryn Mawr College, Pennsylv., Socio-Economic Dept. Research on Child Wel-

fare in Montgomery County.
Pause aus Gesundheitsgründen, 43–44 Laboratory work Epileptical Hospital Westchester, Pa.
44–45 Medical statistician Barlow Sanatorium and Los Angeles County Tuberculosis Assoc.

8.7.47, 3121 Ivy Street, Los Angeles, Brief an SPSL, Miss Ilse J.Ursell (Tochter von Siegfried Ursell, s.d.): „Jan. 46 I had to retire, my heart deteriorating more and more. Now I am living with my family in beautiful Los Angeles. My wife is social worker, my daughter secretary, my son is enrolled at the University of California. He is veteran and attends on the strength of his veteran status. Let me conclude with the expression of my sincerest thanks for the assistance you gave me during the first year of my emigration..."

DBG LA; Displ,Suppl.; Fischer; SPSL 420/3; LBI NY; Pechstein; Lennert 92,95; Todesanz. Aufbau XIV,No.6, S.34, 6.2.48; Weder; Mittlg. Käthe Beutler/Gaedicke.

Turnau, Laura
(1882 Wien – nach 67 Schweiz), Dr. med., Kinderärztin, Tuberkuloseärztin, Bln.-Wilmersdorf, Kaiserallee 203.
Stud. Genf, Zürich. Appr. Schweiz 07, Diss. 09 Bern; deutsche Approbation 31.
Niederlassung als Kinderärztin in Berlin.
Ab 15 Mitarbeit in der „Poliklinik für Frauen", Tätigkeit

„in einer städtischen Säuglingsfürsorgestelle und in der Kinderpoliklinik".

Mitglied „Verein Krankenhaus weiblicher Ärzte", Bund deutscher Ärztinnen, bis 28 Vorstandsmitglied d. Vereins sozialistischer Ärzte. 30 Präsidentin d. internation. Kommission für Volksgesundheit.
Aufnahme privater Pflegekinder.
RMK 33.

„Nach einem Kurs über Volkshygiene in Graubünden kehrte sie wegen der Gefahren, die ihr als 'nicht-arischer' und sozialistischer Ärztin drohten, nicht mehr nach Deutschland zurück. In einem Haus in der Schweiz, das ihr eine Schulkameradin überlassen hatte, eröffnete sie mit den acht aus Deutschland mitgebrachten Pflegekindern ein Kinderheim... in dem sie bis 1945 versuchte, jüdische und auch politisch verfolgte Kinder zu retten..."(Brinkschulte).

67 Rückzug in ein Altersheim; Autobiographie.

GV; Brinkschulte.

Vollmer, Hermann
(20.9.1896 Frankenthal – 11.10.1959 New York, Suicid), Dr. med., Kinderarzt, Bln.-Halensee, Cicerostr. 57.
Stud. Heidelberg, Appr. 20, Diss. Heidelberg 20.
23–28 KAVH Berlin (Langstein), 28–35 Neumann'sches Kinderhaus Berlin. Wiss. Schwerpunkt. Rachitis.
RMK 35; BKh. DGfK MV 33 angekreuzt, durchgestrichen. Abmeldung 14.3.34:

„Da ich Jude bin, ist es im Augenblick wohl für die Deutsche Gesellschaft für Kinderheilkunde wie für mich besser, mein Mitgliedsverhältnis zu lösen."

35 (?) Emigr. nach den USA, New York City. License 36, Ped., 25 Central Park W.
Arbeit bei Bela Schick über diagn.

Tbc.-Test. Litt an Depressionen.
PäA; AMD 50; ABJ; Nachruf Bela Schick Aufbau XXV, No.43, S.5, 23.10.59.

Weil, Erwin
(10.11.1901 Colmar i.Elsaß – ?), Dr. med., Kinderarzt, Bln.-Spandau, Neuendorferstr. 8.
Ass. am Säuglings- und Kinderkrankenhaus (?).
Stud. Straßburg 19–22 (Ausweisung), Berlin, Heidelberg. Diss. Heidelberg 26, Appr. 27.
Ausb.: 31 am KKFK.
RMK 33.
Weiteres Schicksal unbekannt.
GV.

Wiener, Betty
(2.1.1894 Berlin – 1942 KZ Trawniki), Dr. med., Kinderärztin, Stadtschulärztin, Bln.-Lichterfelde, Mühlenstr. 20.
Stud. Berlin, Freiburg. Appr.19, Diss. Freiburg 19.
RMK 37+; BKh; VÄR.
Deportation mit dem 12./13. Transport vom 2.4.42 nach Trawniki (645 Deportierte, 1 Überlebende).
GV; DBG LA; ABJ; Gedenkbuch Berlin.

Wiesner, Kurt
(? – ? Edgware, Middlesex?), Dr. med., Kinderarzt, OA am Städt. Säuglings- und Mütterheim Bln.-Charlottenburg, Rüsternallee 24/26.
Stud. Marburg, Berlin, München, Würzburg.

Appr. 25, Diss. Würzburg 27.
Ausb. u. a. KKFK, Tätigkeit Säuglings- und Kleinkinderfürsorge Bln.-Kreuzberg; Städt. Kinder- und Mütterheim Bln.-Charlottenburg.
RMK 33.
33/34 Emigr. nach England, License Edinburgh, Glasgow 35. Clin. Ass. Hosp. for Sick Children, Great Ormond Street und Infants Hosp. Vincent Square.
Niederlassung vor 39: 41, The Highlands, Burnt Oak, Edgware, Middlesex.
GV; Kapp; MedDir 53.

Wittelshöfer-Hirsch, Charlotte
(8.2.1899 Berlin – nach 1975 London), Dr. med., Kinderärztin, Bln.-Wilmersdorf, Landauerstr. 8.
Stud. Freiburg, Heidelberg, Berlin. Appr. 25, Diss. Berlin 26 (Hirsch, Ch.).
25–26 u. 27–29 Städt. Waisenhaus und Kinderasyl (L.F. Meyer, „...who was an excellent and very influential teacher in my career...").
26–27 Westend Krankenhaus.
29–32 Säuglings- und Kleinkinderfürsorge Prenzlauer Berg.
33 Entlassung, Priv. Praxis Rudolstädter Str. 127.
RMK 37+; BKh; VÄR.
27.8.39 Emigr. nach England (Transitvisum für die USA, Familie in der Schweiz und USA zahlt „Deposit" zum Verbleib in England). 37 Belsize Park, London N.W.3.
39–41 „Domestic Service". 41–42

Res. Med. Off. Belgrave Hospital for Children, London.
42–43 Senior Res. Med. Off. Duchess of York Hospital for Babies, Manchester.
43–61 Senior Med. Off. Plaistow Hospital, Infectious Disease Unit, London E 13.
Freiwillige Mitarbeit bei der Association for Jewish Refugees, „at their Club and the Home for Infirm People".
GV; WUOx, Fragebogen 6.8.75; Kapp; Med Dir 53; ABJ.

Wolf, Alexander
(6.1.1880 Wawern b. Trier – 6.11.1942 Theresienstadt) Dr. med., Kinderarzt, Internist, Bln.-Charlottenburg, Kaiserdamm 15.
Stud. Bonn, Berlin, Würzburg, Straßburg. Appr. 05, Diss. Straßburg 05.
RMK 37+; VÄR.
Deportation mit 2. gr. Alterstransport vom 14.9.42 nach Theresienstadt (1048 Deportierte, 54 Überlebende).
DBG LA; GV; Archiv d. Jüd.Gemeinde Prag; Gedenkbuch Berlin.

Wolf geb. May, Erna
(8.11.1893 Mannheim – 1942(?) Theresienstadt) Dr. med., Kinderärztin, Bln.-Charlottenburg, Kaiserdamm 15.
Appr. 21, Diss.München 21.
RMK 37+; VÄR.
Deportation mit gleichem Transport wie Wolf, Alexander (Ehemann). Todesort mutmaßlich Theresienstadt, Weitertransport nach Auschwitz möglich.
DBG LA; GV.

Wolff, Willy
(21.6.1880 Inowrazlaw, Polen – ?), Dr. med., Kinderarzt, Bln.-Schöneberg, Münchener Str. 29.
Stud. Berlin, Erlangen, Leipzig. Appr. 04, Diss. Leipzig 04.
RMK 37+; VÄR.
Weiteres Schicksal unbekannt.
GV.

Wolfsberg, Oskar (Aviad, Yeshayahu)
(26.9.1893 Hamburg – 1.8.1957 Bern) Dr. med., Kinderarzt, Bln.-Halensee, Joachim-Friedrich-Str. 44.
Stud. Heidelberg, Würzburg, Berlin. WW I. Appr. 19. Diss. 19.
Aktiver Zionist. Bis 23 Hrsg. der Wochenzeitung „Jüdische Presse", 26–33 Präs. der religösen Jugendbewegung Mizrachi, Vorst. Mitgl. der jüdischen Gemeinde Berlin, Mitgl. im Verwaltungsrat der Jewish Agency, Berater für jüdische Angelegenheiten beim Auswärtigen Amt.
RMK 33.
Emigr. 33 nach Palästina, License 1351, 37 Ben Maimon Blvd., Jerusalem.
Tätigkeit als Kinderarzt bei der Krankenkasse Kupat Cholim. Mitgründer und religiöser Leiter des Jugenddorfes Kefar ha Noar ha Dati bei Haifa. 48–49 israelischer Botschafter in den

skandinavischen Ländern, 56–57 Botschafter in der Schweiz. Mitgründer des Leo-Baeck-Instituts, Vorst. der Jewish Agency u. zahlr. öffentlicher jüd. Bildungsinstitutionen.
Walk; BHE; PalMed 40, PalDir 42; GV; ABJ.

Wollheim geb.Kirtin, Hedwig
(? – ?), Dr. med., Kinderärztin, Bln.-Charlottenburg, Hardenbergstr. 14. Appr. 23
RMK 37+; VÄR.
Emigr. nach 38 Schweden (Lund); Ehemann Ernst W. 48–70 o. Prof. Inn. Med. Würzburg.
GV; Mittlg. Hubenstorf.

Zieger geb. Blumenthal, Käthe
(4.8.1893 Biesenthal, Brandenburg – ?) Dr. med., Kinderärztin, Bln.-Wilmersdorf, Kaiserallee 206.
Stud. München, Berlin, Appr. 19, Diss. Berlin 20.
RMK 37+: VÄR.
35 Berufsverbot. Überlebt in Berlin.
DBG LA; DBcj.

BERNBURG
(1:1)

Hepner, Franz
(27.4.1903 Posen – 1938 Suicid in den USA), Dr. med. Kinderarzt, Kaiserstr. 9
(s. auch bei Dresden S. 207).
Stud. Leipzig, Greifswald, Hamburg, Berlin. Diss. Leipzig 26, Appr. 27.
RMK 33 Bernburg, 35 u. 37+ Dresden, Reichenbachstr. 61.

10.1.34 Hepner an DGfK (Goebel) : „...bitte ich ergebenst um Erlaß des Mitglieds-Beitrages für das Jahr 1934. Als Begründung erlaube ich mir anzuführen, daß ich, weil erst 1903 geboren, nicht Kriegsteilnehmer sein konnte, nicht rein arisch im Sinne der Neuen Verordnungen bin und seit 1.August 1933 Kassenpraxis in keiner Form mehr ausübe. Meine Praxis führe ich zurzeit noch fort und werde sehr glücklich sein, in absehbarer Zeit für meine Frau und 2 Kinder die Einnahmen eines Erwerbslosen daraus zu erzielen..."
12.3.35 : „...Wegen nicht bezahlter Beiträge ließen Sie mir heute eine Nachnahme zugehen, die ich wieder zurückgehen ließ...Nachdem ab 1.1.35 statt meiner...eine reinarische unverheiratete Kinderärztin zur Ortskrankenkasse zugelassen ist...habe ich es vorgezogen, mich in Dresden als Kinderarzt niederzulassen, und hänge jetzt davon ab, ob...die Zulassung von besonders schwer getroffenen nicht reinarischen Ärzten zu den Privaten Krankenversicherungen...beschlossen wird.
Falls es der Gesellschaft für Kinderheilkunde, die meines Wissens den Arierparagraphen in ihren Reihen nicht eingeführt hat... nicht möglich ist, mir den Beitrag in den nächsten Jahren auf meine Bitte hin zu erlassen, wird wohl nichts anderes übrig bleiben, als mich aus den Listen...zu streichen; ich selbst werde einen Antrag auf Austritt aus der Gesellschaft für Kinderheilkunde jedenfalls nicht stellen."

DGfK MV 35: gestrichen. 38 Emigr. in die USA (New York), Suicid.
PäA; GV; Koch 94; Mittlg. Antje Koch, Dresden.

BEUTHEN
Oberschlesien, **Bytom**
(2:3)

Dzialoszynski, Ismar
(? – ?), Dr. med., Kinderarzt, Gleiwitzerstr. 14.
Appr. 23, Diss. München 23.
RMK 37+
Emigr. nach Brasilien.
<small>GV; Mündl. Mittlg. Frau Hellwig, Freiburg i.Br.</small>

Friedmann, Salo
(? – um 1934, Beuthen), San. Rat Dr. med., Kinderarzt, Gymnasialstr. 14a.
Appr. 91.
RMK 37 Totenliste.
Keine weiteren Daten.

BOCHUM
(1:7)

Weil, Fritz
(13.8.1891 Offenburg (Baden) – ?), Dr. med., Kinderarzt, Kaiser-Wilhelmstr. 10.
Stud. Freiburg, München, Heidelberg. WW I. Appr. 17, Diss. Heidelberg 18.
RMK 33; DGfK MV 35 gestrichen.
Weiteres Schicksal unbekannt.
<small>StA Verzeichnis jüd.Ärzte 35; GV.</small>

BRANDENBURG Havel
(1:2)

Landsberger, Max
(19.7.1895 Beuthen/Oberschl. – nach 1985 Bethesda/Maryland), Dr. med., Kinderarzt, Steinstr. 54.
Stud. Lausanne, München. WW I. Appr. 22, Diss. München 22.
Ausb. 23–25 Univ.-Kinderklinik Marburg (Freudenberg), 25–26 Städt. Säuglings- und Kinderobdach Breslau (Freund).
Juli 27 Niederlassung in Brandenburg. Publ.
RMK 37+; DGfK MV 33 angekreuzt, dennoch bis 38 geführt, Abmeldung 5.1.38 „da ich demnächst Deutschland verlassen werde".
35 Versuch der Auswanderung über SPSL, Antwort 8.11.35:
„no possibilities for German doctors...Australia, New Zealand little or no chance, South Africa not very favourable, Canada definitively closed..."

38 Emigr. in die USA. License 38, Ped., 750 W. Delavan Ave., Buffalo, N.Y.
<small>StA; SPSL 515/1; AMD 50.</small>

BREMEN
(2:12)

Eisenstädt, Alfred
(7.5.1882 Konatken, Ostpr. – Mai 1964 Chicago) Dr. med., Kinderarzt, An der Weide 30.

Stud. München, Berlin, Heidelberg, Kiel, Freiburg. Appr. 11, Diss. Freiburg 11. WW I.
RMK 37+.

Niermann/Leibfried: „Die zurückhaltenden und verschlossenen Eisenstädts wollten nie etwas davon wissen. Sie sahen das nicht, daß das auf sie zukommen würde. Sie wollten das nicht wahrhaben. Insofern waren sie politisch – ja, nicht so interessiert...er wollte sich nicht lösen."
„...wir gingen dann auch nicht so sehr viel ins Haus rein, jedenfalls nicht bei Tage. Da wurde man doch kontrolliert. Es war jedenfalls sicherer abends reinzugehen. Mein Vater wollte das nicht, obgleich er kein Nazi war. Aber man sollte es ja nicht heraufbeschwören."
„Mitte der dreißiger Jahre, als ich täglich Höhensonne bekam, durfte ich den Vordereingang des Hauses nicht benutzen, um nicht gesehen zu werden. Ich kam von einer Nebenstraße durch Garten und Hintertür".

9.11.38 nach dem Novemberpogrom zweitägige Verhaftung.
25.1.39 Emigr. ohne Familie über Kuba nach den USA. (Mischehe, vor der Ausreise pro-forma-Scheidung, Wiederheirat 45 USA). License 48 nach zweimaligem Examen. Niederlassung als Ped., 3136 W. Logan Blvd., Chicago/Ill.
GV Niermann/Leibfried; AMD 50.

Hess, Rudolf
(22.2.1886 Worms – 25.8.1962 Bremen), Prof. Dr. med., Kinderarzt, Schönhauserstr. 32a.
Stud. Heidelberg, München, Kiel. Diss. 09 Heidelberg, Appr. 10.
Ausb. 10–12 Med. Poliklinik Freiburg (Morawitz), 12–13 Univ.-Kinderklinik Heidelberg (Moro), 13–19 Univ.-Kinderklinik Straßburg (Salge). 16 Habil. Straßburg. Wiss. Schwerpunkt: Physiologie der Magenverdauung des Säuglings, Leukocytose.
Nov. 18 komm. Klinikleitung, 1.1.19 Ausweisung aus Straßburg.
19 Lehrstuhlvertretung Würzburg.
19–21 OA Univ.-Kinderklinik Frankfurt/Main (Mettenheim).
21–22 Chefarzt d. Kinderklinik Essen.
22–28 Leiter des Städt. Säuglingskrankenhauses und der Säugl.-und Kleinkinderfürsorge Mannheim.
28–33 Chefarzt d. Kinderabtlg. der Städt. Krankenanstalten Bremen.
31.12.33 Zwangspensionierung als „Mischling 1.Grades" (Mutter jüdischer Herkunft, evang. getauft). Niederlassung als Kinderarzt (Privatpraxis, ab 39 RVO-Kassen) in Bremen.
RMK 37 ohne Kennzeichnung; DGfK MV bis 41 geführt.

Brief 17.8.34 an den Vors. der DGfK, Stolte: „Da Sie Vorsitzender der Ges. f. Kinderheilkunde sind, werden Sie vermutlich wissen oder frühzeitig erfahren, was man zur Fortsetzung der Totalität mit den jüd. und nichtarischen Mitgliedern vorhat...Sollte man die reichsdeutschen Mitglieder zum Ausscheiden veranlassen wollen, so bitte ich Sie um einen Wink vorher. Dann trete ich von mir aus vorher aus. Ich möchte mich nicht dazu drängen lassen...Sie werden vielleicht denken, warum ich nicht überhaupt austrete? Unter vielen anderen Gründen darum weil man doch mit der Länge der Entwicklung auf ruhigere Bahnen hofft und später wohl auch wieder auf die Congresse gehen kann. Das 'kann' man natürlich jetzt auch. Nur hat ja der Ärzteführer weit über die staatl. Ariergesetze hinaus eine so tiefe Kluft gezogen, daß die Gesinnung vieler 'Collegen' darüber nicht mehr weg kommt, ja die jenseits Abgetrennten nicht einmal mehr kennt. Was einem da im nächsten Freundeskreis begegnet, will man in der Öffentlichkeit nicht auch noch mal durchmachen..." (zit. nach Albrecht).

Oktober 44 Inhaftierung im KZ Farge, nach 10 Tagen als nicht geeignet für schwere Arbeit entlassen. Fortlaufende Gestapo-Überwachung, Untertauchen in der Lüneburger Heide.

„Daß mein Vater und damit wir alle diese Jahre verhältnismäßig gut durchgestanden haben, verdanken wir vor allem der Treue und Hilfsbereitschaft der Bremer Patienten, die sich auch durch einen Aushang im Stürmerkasten 'Verräter an Volk und Vaterland ist, wer zu folgenden Ärzten geht:' nicht abhalten ließen, meinen Vater weiter zu konsultieren". (Bericht d. Tochter, zit. nach Albrecht).

24.5.45 Rückkehr in sein Amt als Dir. d. Kinderklinik, 54 Ruhestand.
57 Ehrenmitglied DGfK. 66 Benennung der Klinik in „Prof.-Hess-Kinderklinik".

Displ; Albrecht; Niermann/Leibfried; Heuer/Wolf; Wiedemann.

BRESLAU Wrocław
(31:46)

Altmann, Felix
(9.3.1909 Breslau – 21.1.1996 Haifa), Kinderarzt, Viktoriastr. 111a.
Stud. Breslau, SS 31 Wien. Prom. Prüfung 3.7.34, Diplom 15.7.35; keine Appr. erhalten.
Med. Prakt. Univ.Frauenklinik, Univ.-Kinderklinik, Chir. Abtlg. Jüd. Krankenhaus Breslau. Kurzfristige Tätigkeit Kinderabt. Jüd. Krankenhaus (Aron).
RMK kein Eintrag.
4.11.35 Poliz. Abmeldung, 11.11.35 Ankunft in Palästina.
18.11.35 Application for license to practise medicine: „After the new law promulgated in Germany, I, as Jew, can only, after refusal of the approbation and furnishing of my certificate, receive my Doctor Diplom. The completion of same takes quite some time..."
Einige Monate Landarbeit im Kibbuz Givat Brenner.
License Nr. 2696, Ramat Gan (Department of Health).
36–39 Schiffsarzt S/S „Har Zion", Palestine maritime Lloyd Ltd. Haifa zwischen Rumänien (Constanza) und Palästina (Haifa).
39–47 G.P. in Safad.
48 Übersiedlung nach Haifa. Offenbar Tätigkeit als G.P. „with special interest in children", dabei kinderärztliche Ausbildung bei Bruno (Baruch) Ostrowski, Kinderabtlg. Rothschild-Hosp.
62 Facharzt für Kinderheilkunde,

„Treatment of children at their homes. Work in schools, 'Tipat Halav ' – Mütterberatung; 'Kfar Galim' – Agricultural settlement and school. Dr. F. Altmann had a children clinic at home during 45 years."

Hat bis zum 85. Lebensjahr gearbeitet.

Mittlg. Frau Eva Altmann, geb. Borchert aus Breslau, Judith Vashitz, Naomi Altmann (Töchter), alle Haifa.

Aron, Hans
(19.8.1881 Berlin – 11.12.1958 Chicago), Prof. Dr. med. Dr. phil., Kinderarzt, Sportarzt, Kaiser-Wilhelm-Str. 76.
99–03 Stud. Chemie Berlin u.München, Diss. phil. Berlin 03.
03–08 Stud. Medizin Berlin, 05–07 Ass. am Tierphysiol. Institut d. Landwirtsch. Hochschule Berlin. Diss. med. Berlin 08. Appr. 11.
08–12 im Auftrag der amerik. Regierung Aufbau u. Leitung des Dept. of Physiology an der Philippine Medical School, Manila University. Forschung über Beri-Beri.
12–18 Laborleiter Universitäts-Kinderklinik Breslau. WW I.
18 Habil., 20 a.o. Prof.
19–35 Gründer und Leiter der neu errichteten Kinderabtlg. am Jüdischen Krankenhaus in Breslau.
Wiss. Schwerpunkt: Milch, Wachstumsstörungen, Ernährung, Vitamine („Die Nährschäden des Kindes", Berlin 28).
RMK 37+; DGfK MV 35 durchgestrichen, Austritt 25.1.36.
35 Versuch der Auswanderung; SPSL schlägt Bagdad vor: „extremely insecure".
38 Emigr. in die USA. Ass. Prof. of Pediatrics, Northwestern University Chicago. Mai 39 State Board Examination, License. 43 Einbürgerung, Attending staff of the Children's Memorial Hospital, Privatpraxis. 506 W. Belden Ave., Chicago/Ill. 46 Retirement.

SPSL 410/2; AMD 50; ABJ; PäA; Displ; Fischer; Walk; Wolff; Todesanzeige Aufbau XXIV, No. 52, S. 31, 26.12.58.

Aron geb. Cohn, Julie
(7.1.1885 Festenberg – nach 1961 Chicago), Dr. med., Kinderärztin. Ehefrau v. Hans A.
Stud. Breslau, Freiburg, Berlin, Appr. 13, Diss. Berlin 13.
RMK 37+; DGfK MV 33 durchgestrichen, Austritt 13.10.33.
Emigr. 38 mit Ehemann; License 40, Pediatrician, Chicago/Ill.
PäA; AMD 50.

Cohn, Moritz
(20.8.1867 Breslau – April/Mai 1943 (?) Theresienstadt), San. Rat Dr. med., Kinderarzt, Matthias-Platz 1.
Stud. u. a.Würzburg, Diss. Würzburg 93. Appr. 94.
RMK 37+; inzwischen 36 nach Berlin verzogen (s. S. 137).
DBG LA; Jüd.Museum Prag.

Engel, Irmgard
s. Samelson-Engel, Irmgard (S. 197)

Epstein, Eugen
(1862 – ?), San.Rat Dr. med., Kinderarzt, Agnesstr.11.
Appr. 88.
RMK 37+; DGfK 33 MV angekreuzt, 35 gestrichen. Austritt 6.1.37 „mit Rücksicht auf mein vorgeschrittenes Alter".
Erscheint 1939 nicht mehr [in den Breslauer Ärztelisten], soll nach Am-

sterdam emigriert sein.
PäA; Mittlg. Prof. Konieczny (Wrocław).

Falk, Meyer
(2.5.1891 Breslau – 9.2.1972 Jerusalem), Kinderarzt, Gartenstr. 19.
Stud. Breslau, München, Berlin. Appr. 14, Diss. Breslau 16. WW I. 18–22 Univ.-Kinderklinik (Stolte) und Städt. Säuglingsheim und Kinderobdach Breslau (Freund).
22–38 niedergelassener Kinderarzt in Breslau,

„...hatte bis 1938 eine beträchtliche Privat- und Kassenpraxis...Natürlich mußte er unter dem Boykott leiden. Er hatte aber bis zu seiner Auswanderung (Sommer 1938) auch viele ‚arische' Patienten, unter anderem einen Ingenieur namens Schelenz, Mitglied der SS war und dessen Kind mein Vater gerettet hatte. Am 10.November 1938 erschien dieser in unserer Wohnung, um uns, in Abwesenheit meines Vaters, in Schutz zu nehmen."

RMK 37+; DGfK MV 33 angekreuzt und gestrichen, Austritt 15.2.35 „aus wirtschaftlichen Gründen."
Emigr. 38 nach Palästina, Familie 39. Erst 41 Zulassung durch die Gesundheitsbehörden.
41–47 Home for Convalescent Children Kfar Zori bei Jerusalem. Aufbau einer kinderärztl. Praxis Jerusalem, Strauss Str. 11.

„Er war in weiten Kreisen wegen seiner Humanität und Menschenliebe wie auch wegen seiner medizinischen Kenntnisse geschätzt. Seine Spezialität war die Vorsicht mit der Anwendung von Antibiotika und chemischen Mitteln, die er durch Diäten zu ersetzen versuche. Er war bis zwei Tage vor seinem Tode, am 9.2.1972, als Kinderarzt tätig".
Korr. mit Prof. Dr. Ze'ev W. Falk, Jerusalem (Sohn); PäA; Who'sWho Israel 56/57.

Freund, Elly (Abb.)
(23.6.1909 Breslau), Dr. med., Kinderärztin.
29 nachgeholtes Abitur (vorher Auslandskorrespondentin).
Stud. Heidelberg, Breslau, Berlin, mit Unterbrechungen:

„Im Sommersemester 1933 unterbrach ich das erste Mal das Studium in Breslau, weil dort die Naziverfolgungen besonders stark fühlbar waren. Ich widmete mich ganz der zionistischen Tätigkeit. 1934 trat eine gewisse Beruhigung der Verfolgungen ein. Ich versuchte weiter zu studieren, da ich kurz vor dem Staatsexamen stand. 1935 mit den Nürnberger Gesetzen wurde es für mich persönlich sehr ungemütlich in Breslau, da ich auch wegen meiner zionistischen Tätigkeit unter genauer Kontrolle der Gestapo stand. Daher leistete ich einem Ruf der ‚Jüdischen Jugendhilfe e.V.' in Berlin Folge und begann dort meine Arbeit am 1. Oktober 1935." (Brief vom 3.6.99).
Weiter bei Berlin (S. 144).

Freund, Walther (Abb.)
(28.2.1874 Breslau – 11.5.1952 Freiburg i.Br.), Primärarzt Dr. med., Kinderarzt, Vogelweide 187.
Stud. u.a. Freiburg, Breslau. Appr. 97, Diss. Breslau 98. WW I.
Ausb. zunächst Schwerpunkt Chemie. Päd.: Univ.-Kinderklinik Breslau (Czerny), vermutlich auch Berlin (Finkelstein).
02–34 Ltd. Arzt am Städt. Säuglingsheim und Kinderobdach Breslau.

„Mit der Sanierung dieser Anstalt begann er den Aufbau der gesamten Säuglings- und Kleinkinderfürsorge Breslaus, beispielgebend für viele deutsche Städte".

Wiss. Schwerpunkte Stoffwechsel, Tetanie, Säuglingsekzem. „Freund'scher Haarschopf": beim älteren Säugling kammartiges Hochstehen der Scheitelhaare bei Neuropathie.
Lehrauftrag für Kinderheilkunde an der Ostdeutschen Sozialhygienischen Akademie. Langjähr. Mitgl. der Ortsgruppe Breslau des CV.
32 Vorsitzender, 33 stellv. Vorsitzender der DGfK. Im Zuge der „Gleichschaltung" nach der Machtergreifung durften keine Juden mehr im Vorstand sein:

Juli 33, Goebel an Hamburger (Wien): „...bei einer nationalsozialistischen Staatsführung selbstverständlich ...Der Vorstand wird wie bisher gewählt, das Reichsministerium des Innern behält sich aber das Recht vor, einzelne Mitglieder abzulehnen. Wir werden unseren jetzigen Vorstand melden (natürlich unter Weglassung des Herrn Freund)..."
1.8.33, Goebel an Vorsitzenden Stolte: „Im Fall Freund habe ich mir Folgendes überlegt: Wenn er in seiner beamteten Stellung in Breslau geblieben ist, genügt er doch dem Berufsbeamtengesetz und dann wäre auch keine Notwendigkeit da, ihn zu verschweigen... dann kann ihn das Ministerium immer noch ablehnen."
15.8.33, Reichsministerium des Innern an DGfK mit der Aufforderung, keine „Judenstämmlinge" mehr im Vorstand zu haben; „Als einziger würde unter diese Bestimmung wohl Herr Dr.Freund, Breslau, fallen."
23.8.33, Telegramm Goebel an Stolte: „Stoeltzner zusagt stellvertretenden Vorsitz. Wie antwortet Freund?"
23.8.33, Telegramm Stolte an Goebel: „Freund hat niedergelegt. Gruss Stolte".
29.12.33 Postkarte Freund an Goebel: „Der Unterzeichnete gibt mit dem Ende dieses Jahres seine Mitgliedschaft in der Dt. Ges. f. Kdhk. auf. Dr.W. Freund."

RMK 35, 37+, Hochmeisterstr. 7 in Freiburg i.Br. (nicht im Adressbuch). DGfK MV 33 angekreuzt und durchgestrichen.
In Breslau bis 34 von der Stadt beibehalten, zum 60. Geburtstag Zwangspensionierung. Danach Erlaubnis der Praxisausübung, offenbar gemeinsam mit Dr. R. Weigert, Kaiser-Wilhelm-Str. 55.
April 36 Auflösung des Haushaltes, Verbringung der Kinder in die Schweiz, Umzug nach Freiburg i. Br., Erwinstr. 95.
Nach dem Novemberpogrom 38 Einzug der Vermögensabgabe, Beschlagnahmung von Eigentum. 22.10.40 mit dem Abtransport der badischen Juden Deportation nach dem südfranzösischen Lager Gurs. Suicidversuch der Ehefrau. Von dort Verbringung in die Internierungslager Camp Les Milles bei Aix und Rivesaltes. Vergeblicher Versuch der Einreisegenehmigung in die USA auf der Basis einer Einladung an die Tufts Medical School, Boston. Durch Intervention einer Schweizer YMCA-Mitarbeiterin (Marianne Sartorius) in letzter Minute Verhinderung des Abtransportes in ein Vernichtungslager des Ostens.
Jan. 43 Flucht über die Berge in die Schweiz zur Tochter Gabriele, Basel, Luftmattstr. 18. Nach deren Auswan-

derung in die USA Übersiedlung 49 nach Chicago, jedoch 50 Rückkehr nach Freiburg, Lerchenstr. 2. Tod und Bestattung 11.5.52 in Freiburg.
48 bemüht sich die DGfK, die alten jüdischen Mitglieder wiederzugewinnen; Antwort Freund an Goebel, weiterhin Schriftführer der DGfK:

Basel, 16.8.48: „...Sie kennen das Symbol des ‚unbekannten Soldaten' unter dem in den verschiedensten Ländern die nicht identifizierbaren Gefallenen des ersten Weltkriegs verehrt werden. Für mich gibt es das Problem des ‚unbekannten Deutschen', das mich verhindert, nach Deutschland zu ziehen, wo mir auf Schritt und Tritt Menschen begegnen würden, von denen ich, ohne sie als solche identifizieren zu können, nicht weiß, wie wenig sie den ‚Hitler in sich' überwunden haben, oder gar solchen, von denen ich sicher sein müßte, daß sie es noch nicht getan haben. Und es gibt ferner für mich das analoge Problem des ‚unbekannten Mitglieds der Dt. Ges. f. Kdhk.', das es mir – mindestens heute noch – unmöglich macht, Ihrer von mir hochgeschätzten Anregung Folge zu leisten. Lassen Sie mir noch etwas Zeit ! Mir und vielleicht Anderen, denen, wie mir, jenes fanatische Ressentiment der Vielen fern liegt, ebenso fern, wie die These von der s.g. ‚Deutschen Kollektivschuld', die ich überall bekämpfe, wo ich dazu Gelegenheit finde! Es schwebt mir vor, daß in der von Ihnen angedeuteten Richtung vielleicht einmal ein versöhnlicher Kollektivschritt möglich wäre, zu dem ev. die Gesellschaft selbst einen irgendwie gearteten Anstoss geben müsste..."
31.8.48, Goebel an Freund: „...Ich glaube Ihnen versichern zu dürfen, dass einschl. derer, die wegen Parteizugehörigkeit entamtet wurden, in unserer Gesellschaft niemand mehr sein dürfte, der noch etwas ‚von Hitler in sich' herumschleppt."

12.5.52 Todesanzeige der Familie an DGfK, handschr.Zusatz v. Dr. Rudolf Freund (Philadelphia):

„Mit dem Wunsche dass Sie meinem Bruder ein ehrendes Gedenken bewahren werden, der sein Leben der Kinderfürsorge gewidmet und in Ihrer Gesellschaft s. Zt. den Vorsitz geführt hat."

PäA; GV; Displ Suppl; CV Ztg. 22.3.34; ABJ; Wolff; mdl. Mittlg.Frau Gabriele Falk, Durham/N.C. (Tochter).

Glaser, Hilde
(? – ?), Dr. med., Kinderärztin, Kaiser-Wilhelm-Str. 72.
Appr. 27, Diss. Breslau 27.
RMK 37+.
Weiteres Schicksal unbekannt.
GV.

Grünmandel, Selma
(? – ?), Dr. med., Kinderärztin, Königsplatz 4.
Appr. 24, Diss. Breslau 24.
RMK 35: Cottbus, Schloßkirchplatz 1, RMK 37: Ohne Praxis, keine Kennzeichnung.
Emigr. nach England, 39: G.P., 27 Cavendish Mansions, Mill Lane, London N.W.8.
GV; Kapp.

Grünthal, Paula-Suse
(30.6.1894 Reichenbach i.V. – ?), Dr. med., Kinderärztin, Sternstr. 66, bis 39 Auenstr. 22.
Stud. Breslau, München. Appr. 20, Diss. Breslau 20.
RMK 37+, DGfK MV geführt bis 38.
Bis 39 in Breslau nachweisbar, weite-

res Schicksal unbekannt.
GV; Mittlg. Prof.Konieczny, Wrocław.

Hirsch-Kauffmann, Herbert (Abb.)
(14.5.1894 Breslau – 5.10.1960 Köln), Prof. Dr. med., Kinderarzt, Gutenbergstr. 10.
14–20 Stud. Breslau, WW I. Appr. 21, Diss. Breslau 22.
20–22 Med. Univ. Klinik Breslau (Minkowski), gleichzeitig wiss. Arbeit am phys.-chem. Institut (Schmitz).
22–24 Inst. f. vegetative Physiologie Univ. Frankfurt (Embden).
24–33 Univ.-Kinderklinik Breslau (Stolte). 30 Habil. Leiter der Poliklinik, ebenso am Städt. Allerheiligen-Hospital.
Wiss. Schwerpunkte: Milchsäure-, Acetylcholinstoffwechsel, Diabetes.
RMK 37+; DGfK MV geführt bis 38. Entlassung 1.1.34.
Niederlassung Goethestr. 31/33.
34–37 Nebentätigkeit Med. Abtlg. des Jüdischen Krankenhauses Breslau, 38–43 Leiter der Kinder- und Infektionsabtlg. 34–41 Schularzt für alle jüd. Schulen, 38–41 Leiter des jüd. Säuglings- und Kleinkinderheims. Ab 38 nur als „Krankenbehandler" zugelassen. Vergeblicher Versuch der Auswanderung nach England:
„I am now leading the children-ward, the children policlinics and the infectious department of the Jewish Hospital...I am obliged to leave Germany, urgent..." (SPSL).
39 Heirat mit Nichtjüdin.
43 Praxis Flughafenstr.51 in der dort eingerichteten jüd. Krankenstation.
44–Jan. 45 Lagerarzt im Zwangsarbeitslager für Juden in Groß-Rosen (Kr. Schweidnitz), danach mehrfaches Untertauchen in Breslau.
Mai 46 Vertreibung, 48–51 Niederlassung in Detmold. 47 Ernennung zum Hon. Prof. in Münster.
51–56 Chefarzt der neugegründeten Kinderklinik Worms. Wegen Herzleiden vorzeitiger Ruhestand.
Displ; SPSL 411/5; GV; Gleiß, Mittlg. Prof. Konieczny, Wrocław.

Klinke, Karl
(11.9.1897 Breslau – 19.3.1972 Hösel), PD Dr. med., Kinderarzt, Charlottenstr. 64.
18–22 Stud. Breslau, Diss. 23 Breslau, Appr. 23.
23–26 Ass. Univ. Kinderklinik Breslau (Stolte).
26/27 Rockefeller Fellow an der Phys.-chem. Anstalt Basel (Siro).
28–34 Ass., OA Univ. Kinderklinik Breslau (Stolte).
Habil. 28. Wiss. Schwerpunkte: Stoffwechselchemie, Mineralstoffwechsel.
32 auf der Berufungsliste für Greifswald, 33 Verhandlungen mit Gießen.
RMK 37, DGfK MV bis 41.
15.1.1934 Kündigung wegen „nationaler Unzuverlässigkeit". Schweigegebot. Niederlassung als prakt. Kinderarzt, bis 39
„...vergebliche Versuche, aus Deutschland herauszukommen...ich bin nicht jüdisch, auch nicht jüdischer Herkunft...Politisch habe ich

mich in meinem ganzen Leben noch nicht betätigt" (Brief an Academic Assistance Committee, London).

WW II Arzt in verschiedenen Lazaretten.

1.4.44 Ruf auf den Lehrstuhl in Rostock, „...entgegen allen Erwartungen, trotz meiner antinazistischen Einstellung."

44–47 Ordinarius in Rostock, nach dem Krieg Rufe nach Greifswald, Halle, Leipzig und Tübingen.

1.10.47 Dir. Univ. Kinderklinik Berlin Charité. Wiss. Schwerpunkte: Ernährungslehre, Coeliakie, Mineralstoffwechsel. Einführung der präoperativen Diagnostik der angeborenen Herzfehler; er

„...schuf damit die erste, tatsächlich wirksam gewordenen kardiologische Arbeitsgruppe pädiatrischer Herkunft."

51–65 Dir. Univ. Kinderklinik Düsseldorf.

SPSL 411/7; Dost.

Koehler geb. Laband, Annemarie
(12.6.1899 Breslau – 7.3.1977 Cochabamba, Bolivien), Dr. med., Kinderärztin,
Kaiser-Wilhelm-Str. 29.
Stud. Breslau. Appr. 28, Diss. Breslau 28.
Kinderärztl. Ausb. Breslau.
RMK 37+.
Praxisboykott, Ehemann vorübergehend im Konzentrationslager.
Emigr. Anfang 39 nach Bolivien mit Mann (Dr. Max Koehler, Chirurg, Urologe) und Tochter.

„Nach der Entlassung aus dem Konzentrationslager verließ das Ehepaar Koehler Deutschland auf einem chilenischen Schiff. Ich nehme an, sie wollten Deutschland so schnell wie möglich verlassen und da war es schwer, sich etwas besseres auszusuchen...5 oder 6 Jahre arbeiteten beide Ärzte unter primitivsten Bedingungen im Urwald Boliviens. Dann noch einige Jahre auf dem Lande, auch in primitiven Verhältnissen. Die letzten Jahre lebten sie in Cochabamba".

GV; Mittlg. Ernst Ludwig Meyer (Schwiegersohn), Cochabamba.

Leichtentritt, Bruno
(22.2.1888 Breslau – 1966) Prof. Dr. med., Kinderarzt, Landesmedizinalrat, Kirschallee 10/12.
Stud. München, Breslau. Appr. 13, Diss. Düsseldorf/Bonn 14.
13–14 Kinderklinik Med. Akademie Düsseldorf (Schloßmann).
15–18 Pathologie u. Hygieneinstitut Univ. Breslau.
19–28 Univ.-Kinderklinik Breslau (Stolte). 22 Habil., 26 a. o. Prof. Wiss. Schwerpunkte: Rheumatische Erkrankungen, Tbc., Avitaminosen, Kinderfürsorge.
22–33 Päd.Konsiliarius der Städt. Krankenhäuser Breslau.
28–33 Primärarzt der Kinderabtlg. der LVA Schlesien. Entlassung zum 1.12.33.
RMK 37+; DGfK MV 33 angekreuzt und durchgestrichen, Austritt 29.10.33.
33 Hospital for Sick Children, Great Ormond Street, London, fordert L. an, bekommt keine Genehmigung. Privatpraxis Breslau. Okt. 36: erneute

Ablehnung. 2.9.38: Bewerbung bei SPSL für das Eunice Oakes Research Fellowship Great Ormond Street , „please, lend me your helping hand". Aus Altersgründen abgelehnt.
Nov. 38 Emigr. nach den USA, Fellow of the Children's fund of Michigan, Detroit. Forschungstätigkeit über Rheuma und Arthritis. License 40. 44 Praxis als Pediatrician, 403 McAlpine Ave. 20, Cincinnati/Ohio. Nebentätigkeit am Municipal. Health Dept., Child Guidance Home of the Jewish Hospital, Children's Heart Ass.
47 Ablehnung eines Rufes nach Rostock, als Nachfolger von Klinke. Erhält Status eines Emeritus. 60 Ehrenmitglied DGfK.

SPSL 435/2; LBI NY; AMD 50; GV; Bossert; Wolff.

Mendel, Leo
(10.8.1894 Breslau – ?), Dr. med., Kinderarzt, Kaiser-Wilhelm-Str. 87.
Stud. Breslau, WW I. Appr. 18, Diss. Breslau 20.
Ausb. Univ.-Kinderklinik Breslau (Stolte), Essen (OA bei Bossert). Niederlassung.
RMK 37+; DGfK MV 33 angekreuzt, 35 durchgestrichen.
Bis 38 in Breslau nachweisbar.
4.9.41 Ausbürgerung, 9.2.42 Entzug des Doktortitels.
Nach dem Krieg Tätigkeit im Gesundheitsministerium der DDR.

GV; Bossert; Wolff; Mittlg. Prof. Konieczny, Wrocław.

Mohr, Martin
(7.1.1895 Nürnberg – 10.7.1959 Freiburg i.Br., beigesetzt in La Paz, Bolivien), Dr. med., Kinderarzt, Kaiser-Wilhelm-Str. 135.
Stud. München, Erlangen, Würzburg. Appr. 20, Diss. Würzburg 20. Mitgl. d. jüd. Studentenvereinigung „Salia". Med. Prakt. Berlin, Ausb. Univ.-Kinderklinik Breslau (Stolte), Niederlassung.
RMK 37+.
Praxisausübung bis zum Moment seiner Verhaftung 38; Prozess wegen „Rassenschande" (nichtjüdische Partnerin), 2 Jahre Zuchthaus Oppeln.
Emigr. April 40 mit Hilfe von Verwandten seiner Mutter über die Schweiz (?) nach Bolivien.

„Er hätte seinen bolivianischen Titel nachmachen müssen, zog es aber vor, dafür 4 Jahre im Innern Boliviens zu arbeiten als Arzt für das Gesundheitsministerium. Die Regierung hielt aber ihr Versprechen, ihm seinen Titel nach den 4 Jahren zu geben, nicht ein. So arbeitete er ‚schwarz' in seiner Wohnung, auf die Gefahr hin, daß man ihm ab und zu die Praxis schloß. Nach der Revolution im April 1952 bekam er endlich Erlaubnis, offiziell zu arbeiten."

1955 (57?) Rückkehr nach Freiburg i.Br., keine ärztliche Tätigkeit mehr. 1959 Tod an Herzversagen.

GV; Mittlg. Prof. Konieczny, Wrocław; Mittlg. Frau Eva Guttentag (Tochter), Cochabamba, Bolivien; Mittlg. H.R. Mohr, Köln (Sohn). Festschrift „Salia" 1959, S.9.

Pelz, Erich
(3.9.1885 Breslau – ?), Dr. med., Kinderarzt, Breslau, Ohlauer Stadtgraben 24.
Stud. Breslau, Freiburg. Appr. 10, Diss. Freiburg 11.
RMK 33.
Emigr. nach Palästina, License 1880, 1 Josef Str., 15 Balfour Str., Haifa.
GV; PalMed 40; PalDir 42–60.

Pogorschelsky, Herbert
(11.8.1897 Breslau – ?), Dr. med., Kinderarzt, Gartenstr. 47.
Appr. 23., Diss. Breslau 23.
RMK 37+; DGfK MV geführt bis 38. Nach 38 in Breslau nicht mehr nachweisbar; Ausbürgerung 12.8.40, Entzug des Doktortitels 2.10.40. Weiteres Schicksal unbekannt.
GV; Mittlg. Prof. Konieczny, Wrocław.

Rosenblum, Elisabeth
(2.4.1903 Ostrowo, Prov. Posen – 28.4.62 Bradford, Yorksh.), Dr. med., Carlowitz, Bechtelstr. 2.
Stud. Breslau, Tübingen, Wien. Appr. 29, Diss. Breslau 29.
Ass. Ärztin Univ.-Kinderklinik, als Fachärztin vermerkt bis 39.
RMK 37+.
Bis 39 in Breslau nachweisbar, Emigr. nach England.
Res. Med. Off. Liverpool Babies' Hospital; Paediatr. Children's Hospital Bradford.
2, Ashburnham Grove, Bradford, Yorksh.
GV; Mittlg. Prof.Konieczny, Wrocław; Med Dir 53; WUOx (Obituary Lancet).

Rothenberg, Fritz
(? – ?) Dr. med., Kinderarzt, Herzogstr. 33/35.
Appr. 23, Diss. Breslau 23.
RMK 37+.
Emigr. nach England, 39: G.P., 274 Grove End Gardens, Abbey Road, London NW.8.
GV; Kapp.

Samelson, Siegfried
(15.9.1878 Berlin – ?), Prof. Dr. med. Dr. phil., Kinderarzt, Stadtschularzt, Charlottenstr. 122.
Stud. Breslau, 00 Dr. phil. (Chemie), Med.: Breslau, Freiburg, Appr. 09, Diss. Freiburg 09.
Ausb. 10–13 Univ.-Kinderklinik Freiburg, mit Bruno Salge 13–18 nach Straßburg. 14 Habil.
20–34 Univ.-Kinderklinik Breslau, a.o. Prof.
Wiss. Schwerpunkt: Energiebedarf des Säuglings. Repetitorium d. Kinderhk., (5. Aufl. 29).
RMK 33 ohne Tätigkeitsbezeichnung, RMK 37+; DGfK Austritt 26.9.33, „zu meinem Bedauern gezwungen".
Bis 39 in Breslau nachweisbar, weiteres Schicksal unbekannt.
ABJ; GV; Mittlg. Prof.Konieczny, Wrocław.

Samelson geb. Engel, Irmgard
(5.11.1884 Zürich – ?), Dr. med., Kinderärztin, Charlottenstr. 122

(Ehefrau d. Vorigen).
Stud. Lausanne, Freiburg. Diss. Freiburg (Engel, I.) 10, Appr.10.
RMK 37 als Nichtjüdin gekennzeichnet. Adreßbuch 43: Dr. Irmgard Engel, Kinderärztin, Opitzstr. 30. Identisch? Weiteres Schicksal unbekannt.
GV; Mittlg. Prof.Konieczny, Wrocław.

Schreier, Fritz
(8.3.1875 Breslau – ?), Dr. med., Arzt, Kinderarzt, Lohestr. 34.
Stud.Berlin, Breslau. Appr. 98, Diss. Leipzig 99.
RMK 37+.
Bis 41 in Breslau nachweisbar, weiteres Schicksal unbekannt.
GV; Mittlg. Prof. Konieczny, Wrocław.

Schweitzer, Eddy (Abb.)
(27.7.1897 Glogau – 13.3.1987 Jerusalem), Dr. med., Ass. am Städt. Säuglingsheim.
Stud. München, Diss. München 26, Appr. 27.
Ausb. u. a. Univ.-Kinderklinik Charité Berlin (Czerny).
Nach 33 in Breslau nicht mehr nachweisbar; Tätigkeit als Nachtschwester im Jüd. Krankenhaus Berlin und als Krankenpflegerin in Privathäusern.
RMK 35,37: ohne Facharzt und ohne Kennzeichnung mit Wohnsitz Berlin, Neue Friedrichstr. 4; RMK Nachtrag 38, mit Kennzeichnung als Jüdin: Bln.-Britz, Hanne-Nüte-Str. 83. [Adresse von Dr. Kurt Jacoby, Berlin; s.d.!]
38/39 Emigr. nach Palästina, zunächst landwirtschaftliche Tätigkeit in einer Gärtnerei in Ashdot Ya'aqov, danach Gesundheitsstation Kiryat Anavrim. Nach Zulassung zur Krankenkasse Kupat Cholim allgemeinärztliche Tätigkeit in Mishmar-haYardén, einem später von den Syrern zerstörten Dorf im Norden. Erkrankung an Malaria.
Seit 45 naturheilkundliche Kinderärztin, Smolenskiy 2, Rehovot. 86 Übersiedlung zu Verwandten nach Jerusalem.
Ehrenbürgerin von Rehovot; ein Jahr nach ihrem Tod dort Gedenkfeier.
Mdl. Mittlg. Frau Maayan Landau, Jerusalem (Nichte); GV; Mittlg. Prof. Konieczny, Wrocław.

Sgaller-Wreszynski, Hertha
(3.10.1899 Tremessen – 1943 Auschwitz), Dr. med, Kinderärztin, Gräbschenerstr. 248.
Appr. 25, Diss. Breslau 25.
RMK 37+.
Mit Mann Dr. Erich Sg. (* 18.10.1900, Appr. 25, Diss. Breslau 26) und den Söhnen Jochanaan und Ruben am 5.3.43 nach Auschwitz-Birkenau deportiert.
ABJ; GV; Anzeige Aufbau XII, No.19, 10.5.46; Mittlg. Prof. Konieczny, Wrocław.

Silber, Ludwig
(? – ?), Dr. med., Kinderarzt, Yorkstr. 54.
Appr. 24, Diss. Breslau 24.
RMK 37+.
Bis 38 in Breslau nachweisbar, weite-

res Schicksal unbekannt.
GV; Mittlg. Prof. Konieczny, Wrocław.

Toller, Else
(? – ?), Dr. med., Kinderärztin, Kirschallee 36a.
Appr. 19, Diss. München 19.
RMK 33: Altenburg/Thüringen.
RMK 37+, ohne Praxis, Gabitzstr. 102.
Weiteres Schicksal unbekannt.

Weigert, Richard
(18.2.1875 Konstadt, Oberschlesien – 23.12.1948 Montevideo), Dr. med., Kinderarzt, Kaiser-Wilhelm-Str. 55.
Stud. München, Breslau. Appr. 00, Diss. Breslau 00.
RMK 37+, DGfK MV 33 gestrichen.
Emigr. nach Uruguay.
ABJ; Todesanzeige Aufbau XV, No.1, S.26, 7.1.49; GV.

Windmüller, Mathilde
(8.2.1881 Breslau – ?), Dr. med., Kinderärztin, Internistin, Kaiser-Wilhelm-Str. 40.
Stud. Breslau. Appr.10, Diss. Marburg 10.
RMK 37+.
Bis 38 in Breslau nachweisbar, weiteres Schicksal unbekannt.
GV; Mittlg. Prof. Konieczny, Wrocław.

Zellner, Hermann
(? – ?), Dr. med., Kinderarzt, Homöopath, Gutenbergstr. 11.
Appr. 24, Diss. Breslau 24.

RMK 37+.
Bis 39 in Breslau nachweisbar, weiteres Schicksal unbekannt.
GV; Mittlg .Prof. Konieczny, Wrocław.

CHEMNITZ
(5:13)

Bachrach, Berta
(13.10.1898 Lauenau, Hann. – ?), Dr. med., Kinderärztin, Langestr. 35.
Stud. Leipzig, Appr. 25, Diss. Leipzig 25.
RMK 37+.
Emigr. nach England. 39: Jewish Ped. Hospital, Stepney Green, London E.1.
GV; Kapp.

Freise geb. Kalmanowitsch, Frieda
(7.11.1886 Dissna, Gouv. Wilna, Rußland – 28.11.1938 Rosenheim/Obb.), Dr. med., Kinderärztin, Stadtschulärztin, Zschopauer Str. 173.
Stud. Bern, Straßburg. Diss. Straßburg 11. Russ. Examen Mai 12.
11–13 Bürgerhospital und Hebammenschule Straßburg. 13–16 Univ. (Kinder?-) Kliniken Leipzig u. Göttingen. 16–19 Säuglings- und Kinderfürsorge Wilhelmshaven. 21–22 Univ.-Kinderklinik Leipzig.
22–25 Stadt-, Schul- und Bezirks-Wohlfahrtsärztin Stollberg/Erzgeb.
25–33 Stadtschulärztin Chemnitz.
31.7.33 Zwangsversetzung in den Ruhestand.

RMK 37+; DGfK MV bis 38 geführt. StA.

Kochmann, Rudolf
(13.10.1893 Berlin – November 1964 Zürich), Dr. med., Kinderarzt, Bürgerstr. 2.
Stud. Berlin, Heidelberg, München, Freiburg. WW I.
Appr. 20, Diss. Freiburg 20.
20–22 Univ.-Kinderklinik Charité Berlin, 22–23 Univ.-Kinderklinik u. Psychiatrische Univ. Klinik Freiburg.
23–24 freie Praxis in Freiburg und Berlin.
1.7.24 OA, später Leiter der Kinderabtlg. Stadtkrankenhaus im Küchwald, Chemnitz. Wöchentl. Mütterberatung, Vorträge Volkshochschule zu Musik und Malerei.
Wiss. Schwerpunkte: Poliomyelitis, Lungenerkrankungen, Tbc-Fürsorge, Kinderpsychologie, Päd. Ausbildung.
Frühjahr 33 Verhaftung und

„vorübergehende Gefangenschaft in einem Arbeitslager bei Chemnitz, wo ihn die Familie ab und zu besuchen durfte. Durch das Einschreiten einer höheren Persönlichkeit konnte die Freilassung bewirkt werden..."

Entlassung aus städtischem Dienst zum 23.5.33; Niederlassung als Kinderarzt in Berlin-Steglitz, Brentanostr. 15.
RMK 35; DGfK MV 33 angekreuzt, 35 durchgestrichen.
November 35 Emigration nach Palästina;

„...es war für ihn die letzte Möglichkeit eine Lizenz vor der Ärztesperre am 31. Dezember 1935 zu erhalten. Die Familie folgte im Februar 1936".

License 2305. Dizengoff Str. 211, ab 41 131 Ben Jehuda Road, Tel Aviv.
Zunächst freie Praxis, Vertretungen bei der Kupat Cholim Krankenkasse, 40 dort feste Anstellung. 48/49 ärztliche Überwachung der Kinder in Einwanderungslagern;

„damals war die große Immigration der Yemeniten, die als 'der fliegende Teppich' bekannt wurde. Prof. Weizman ließ sich von meinem Vater die Funktionen des Lagers vorführen."

50–58 Leiter d. Kinderabtlg. d. Dajani-Krankenhauses in Jaffa.

„Stets aber blieb unser Freund seiner doppelten Berufung treu. In ungezählten Vorträgen über Musik, Literatur, Malerei und Pädagogik setzte er auch in Israel seine Aufklärungs- und Erziehungsarbeit fort. Wer die gastfreundliche Wohnung in Tel Aviv besuchte, wurde tief beeindruckt von der äußerst kultivierten Atmosphäre des Kochmannschen Heims. Eigenes Klavierspiel, Theater- und Konzertbesuche und eine umfangreiche Bibliothek der besten Literatur waren ihm zeitlebens ein absolutes Bedürfnis" (Ritzmann).

58 Übersiedlung nach Zürich, Vertiefung kinderpsychiatrischer Weiterbildung.

„Der Nachfolger meines Vaters in der Kupat Cholim, Dr. Shlomo Sänger [Siegfried Sänger, Stuttgart? s.d.] veröffentlichte nach dem Tode meines Vaters...einen Nachruf: er bezeichnete ihn als einen der berühmtesten Pädiater des Landes und hob seine umfangreichen wissenschaftlichen, kulturellen und auch musikalischen Kenntnisse hervor."

StA; GV; PalMed 40; PalDir 42–64. Mittlg. Mme. Gabrielle Golan, Genève (Tochter); Nachruf Franz Ritzmann, Zürich.

Machnitzki, Ernst
(? – ?), Dr. med., Kinderarzt, Rathenaustr. 4.
Diss. Berlin 25; Appr. 25
RMK 33.
Emigr. nach Palästina, License 1299, 100 Rothschild Blvd., Tel Aviv.
PalMed40; PalDir 42–64.

Wolff, Else
(7.11.1891 Breslau – ?), Dr. med., Kinderärztin, Zschopauerstr. 13.
Stud. Breslau, Leipzig. Appr. 18, Diss. Marburg 18.
Nach 26 Bezirksfürsorgeärztin des Bezirksfürsorgeverbandes. Offenbar 33 entlassen, Übersiedlung nach Leipzig, Asterstr.19, Privatpraxis.
RMK 37+ (Leipzig, ohne Tätigkeit).
DGfK MV bis 38 geführt.
Weiteres Schicksal unbekannt.
Hebenstreit; Mittlg. Frau PD Dr. Hahn, Dresden; GV.

COTTBUS
(1:2)

Matzdorf, Gustav
(5.12.1887 Friedeberg a. Queis – ?), Dr. med., Kinderarzt, Kaiser-Friedrich-Str. 17.
Stud. München, Kiel, Breslau, Freiburg. Appr. 14, Diss. Bonn 17.
RMK 33; DGfK 33 MV angekreuzt und durchgestrichen.
Weiteres Schicksal unbekannt.
StA; ABJ; GV; Kober.

DANZIG Gdánsk
(5:11)

Funk-Rachmilewitz, Esfir
(? – ?), Dr. med., Kinderarzt, Reitbahn 3.
Appr. Rußl. 07, dtsch. 27;
RMK 37+.
Weiteres Schicksal unbekannt.

Jelski, Bernhard
(? – ?), San. Rat Dr. med., Kinderarzt, D.-Langfuhr, Coselweg 2.
Appr. 92.
RMK 37+.
Weiteres Schicksal unbekannt.

Kristianpoller, Siegfried
(? – ?), Dr. med., Kinderarzt, Kohlenmarkt 14/16.
Appr. 25, Diss. Königsberg 27.
RMK 37+.
Weiteres Schicksal unbekannt.

Ostrowski, Bruno
(? – ?), Dr. med. Kinderarzt.
Appr. 19, Diss. Berlin 21.
RMK 26.
Emigr. nach Palästina vor 1933, License 653, 8 Menahem Str., Doctor's

House, Haifa (Baruch O.).
Leit. Arzt d. Kinderabteilung des Rothschild-Hospitals.
PalMed 40; PalDir 42–70; Mittlg. Dr. A. Emed, Haifa.

Selbiger, Gertrud
(? – ?), Dr. med., Kinderärztin, D.-Langfuhr, Adolf-Hitler-Str. 85.
Diss. München 21, Appr. 21.
RMK 37+.
Weiteres Schicksal unbekannt.

DARMSTADT
(1:4)

Mayer, Ludwig
(14.1.1874 Hanau – 25.9.1935 Darmstadt), Dr. med., Kinderarzt, Elisabethenstr. 70.
Appr. 98.
01–35 Niedergelassener „Facharzt für Kinderkrankheiten und Orthopädie".
Keine weiteren Daten.
StA (Meldebogen: „isr. Konfession").

DINSLAKEN
(1:1)

Schein, Herbert
(1901 – ?), Dr. med., Kinderarzt, Roonstr. 23.
Stud. u.a. Köln, Diss. Köln 25, Appr. 26.

DGfK MV 35 durchgestrichen, Abmeldung 37.
Emigr. nach den USA, License 45, E 13 Willowbrook State School, Staten Island, N.Y.
GV; PäA; AMD 50.

DORTMUND
(8:18)

Altmann, Alfred
(? – ? Johannesburg), Ass. Arzt a. d. Städt. Krankenanstalten (Kinderklinik?).
Diss. Berlin 29.
RMK 33.
Emigr. evtl. zunächst nach England. (Kapp 39: „unsettled specialist ped. Edinburgh"). Später Johannisburg, Südafrika,
„stirbt, verzweifelt über die Behandlung der schwarzen Bevölkerung, nachdem er sich an ein solches Krankenhaus hat versetzen lassen."
GV; Kapp; Mittlg. Frau Prof. Engel Holland (Wolfenbüttel).

Bach, Siegfried
(9.6.1880 Nordhausen – München?) Dr. med., Kinderarzt, Hansastr. 82.
Stud. München, Berlin. Appr. 07, Diss. München 07.
RMK 37+; DGfK MV 33 angekreuzt, durchgestrichen. Austritt 9.1.34:
„Zu meinem Bedauern bin ich nicht in der Lage weiter der Gesellschaft anzugehören. Einmal zwingt mich meine wirtschaftliche

Lage, alle vermeidbaren Ausgaben zu unterlassen. Dann aber sehe ich mich dazu als Nichtarier gezwungen. Als solcher ist es mir ja nicht möglich, mich weiter an der Gesellschaftstätigkeit zu beteiligen. Sollten sich in beiden Dingen die Verhältnisse wieder für mich bessern, werde ich gerne meine Wiederaufnahme beantragen".
5.6.39 Emigr. nach Ecuador. Nach dem Krieg offenbar zurück nach München.
StA; PäA; GV; Mittlg. Mrs. Ilse Eton.

Engel, Stefan (Abb.)
(7.9.1878 Reichenbach unter d. Eule/ Schlesien – 22.2.1968 London), Prof. Dr. med., Kinderarzt, Pathologe.
Kronprinzenstr. 10. Dir. d. Städt. Kinderklinik.
Stud. Breslau, München. Appr. 02, Diss. Breslau 04.
02–04 Path.Anatomie Breslau (Ponfick), Hospitant Anatomie München (v. Kupffer).
04–06 Städt. Säuglingsheim Dresden (Schloßmann).
07–13 OA Kinderabtlg. Städt. Krankenanstalten Düsseldorf (Schloßmann).
10 Habil., 12 a.o. Prof.
14–17 WW I.
April 17 Berufung nach Dortmund zur Übernahme der Kinder- u. Jugendfürsorge für den Großraum der Stadt; 12 Betten im Städt. Krankenhaus, 60 Betten im Säuglingsheim in der Weißenburger Straße.
27–33 Leitung des nach internationalen Erfordernissen und eigenen Plänen errichteten Städt. Kinderkrankenhauses („Engelsburg", 250 Betten).
Wiss. Schwerpunkte: Physiologie und Pathologie der Laktation, Klinik der Lungenerkrankungen, Tuberkulose des Kindesalters. (Grundriß der Säuglingskunde, später: und der Kleinkinderkunde, München 12, (14 Aufl.); Die Ernährung des Säuglings, München 17; Okkulte Tuberkulose im Kindesalter, Leipzig 23; Handbuch der Kindertuberkulose, mit C. Pirquet, 2 Bde. Leipzig 30; Handbuch der Röntgendiagnostik und -therapie im Kindesalter, mit L.Schall, Leipzig 33. Zahlr. Beiträge zur sozialen Pädiatrie.)
30 Mitbegr. und Hrsg. (mit Erich Nassau, s.d.) der Zschr. „Kinderärztliche Praxis".
RMK 33; DGfK MV 33 angekreuzt und durchgestrichen.

„Mein Vater wurde direkt nach der Machtübernahme abends, zu Hause, mit sämtlichen Honoratioren der Stadt über Nacht in ‚Schutzhaft' gehalten. Danach wieder und wieder geholt, um ihn zu zwingen, sein unkündbares Amt ‚freiwillig" aufzugeben. (Der Anspruch auf Pensionierung wurde als ‚Reichsfluchtsteuer' im Januar 1936 gestrichen.
Das Bankkonto (Dresdner Bank) wurde sofort gesperrt, eine Anklage erhoben (die vor jeglicher Verhandlung auf der Vorderseite der Dortmunder Zeitung hinausposaunt wurde) : Engel habe Tb-Gelder auf sein Privatkonto einzahlen lassen. Als sich herausstellte, daß das nie der Fall gewesen war, veröffentlichte die 'Dortmunder' auf einer Innenseite eine dreizeilige Berichtigung im Kleindruck".
26.3.33: „Ein SA-Trupp marschierte in das Dortmunder Klinikviertel und drang in die

städt. Klinikgebäude ein. Sie suchten die dort beschäftigten jüdischen Ärzte. Angeführt wurden sie von einem der SA angehörenden Hautarzt. Es gelang ihnen, einer Anzahl der Gesuchten habhaft zu werden. Diese wurden gezwungen, ihre Stationen zu verlassen. So wie sie waren, noch in ihren Kitteln, wurden sie auf die Ladefläche eines Lastwagens verfrachtet. Man fuhr mit ihnen durch die Stadt zu einem Waldgebiet. Dort zwang man sie zum absteigen. Unter fortwährenden Drohungen mußten sie dort längere Zeit mit erhobenen Händen stehenbleiben. Einer berichtete später von eineinhalb Stunden in dieser Haltung, anderen kam es wie Stunden vor. Zuletzt mußten sie wieder auf den LKW steigen. Man lieferte sie im Gefängnis ab, wo bereits viele andere jüdische Bürger einsassen..." (Knippschild).

6.4.33: Die NS-Zeitung „Rote Erde" nimmt einen länger zurückliegenden Narkosezwischenfall zum Anlaß, die jüdischen Kinderklinikärzte – „diese fremdrassigen Männer" – als „Kindermörder" zu diffamieren:

„...Dieses unerhörte Verhalten der jüdischen Aerzte Engel, Samson und Zeigner [sic!] bestätigt wieder unsere Behauptung, daß die jüdische Aerzteschaft ihre Handlungen darauf einrichtet, die deutsche Volkskraft zu schädigen und zu vernichten...Es war höchste Zeit, daß durch die Säuberungsmaßnahmen des Staatskommissars Pg. Schüler die heranwachsende Jugend Dortmunds den ekligen Klauen der jüdischen Aerzte entrissen wurde..."

Nach weiteren Diffamierungen Aufgabe der Dortmunder Tätigkeit, Verlegung des Wohnsitzes nach Berlin. Angebote der Universitäten Teheran, Kairo und Ankara zur Übernahme von Lehrstühlen. Unterzeichneter Vertrag mit Ankara, Verbot der Ausreise durch die Gestapo. Bis Jan. 36 unbezahlter Einsatz an den Polikliniken d. Jüd. Krankenhauses Berlin.

35: Lord Northcliff, Beiratsvorsitzender des Hospital for Sick Children, Great Ormond Street, London, gibt jährlich £ 350 für einen „Displaced German Professor". 1.1.36 Stefan Engel als der „most suitable candidate" ausgewählt, darf jedoch während dieser Tätigkeit „not take his British medical qualifications". Januar 36 Emigration mit Sohn, Familie folgt im März 36 nach; 33 Lyndhurst Avenue Mill Hill, London N.W.7.
36–40 „Research worker in morbid anatomy", Sebag Montefiore Fellowship am Hospital for Sick Children, Great Ormond Street, London.
40–42 Chief Pathologist.
43–50 Chief Pathologist im Emergency Medical Service von vier Londoner Univ. Kliniken.
47 „Citizenship, loyalty to Gt. Britain (having enabled him and his family to survive)".
50–67 Research Associate (51: Honorary Research Associate) am Royal College of Surgeons.
Publ.: The Child's Lung, London 47; dtsch.: Die Lunge des Kindes, Stuttgart 50. Lung Structure, Springfield 62.
Dr. med. h.c. Univ. Köln, Ehrenbürger der Universität Düsseldorf, Ehrenmitglied der Deutschen Tuberkulosegesellschaft, 1953 Ehrenmitglied der DGfK.
GV; PäA; SPSL 429/3; WUOx: Questionnaire

Frau Prof. Dr. Eva J. Engel Holland (Tochter); Mdl. u. schriftl. Mittlg. Frau Prof. Engel Holland (Wolfenbüttel); StA; Displ; Fischer; BHE; Renner; Knippschild; Bachmann/Oehme; Brodehl 99 a; v.Voß 99.

Kahn, Walter

(12.8.1896 Dortmund – 5.1.1953 Chelmsford Mass. USA), Dr. med., Kinderarzt, Ostenhellweg 49.
Stud. Münster, München, Bonn, Greifswald, Düsseldorf. Appr. 20, Diss. Bonn 21.
Ausb. Kinderklinik der Med. Akademie Düsseldorf (Schloßmann).
RMK 37+; DGfK MV 33 angekreuzt, durchgestrichen, Austritt 30.1.34.
20.4.39 Emigration (via GB?) nach den USA, 68 Littleton Road, Chelmsford, Mass.

PäA; StA; GV; ABJ; Todesanzeige Aufbau XIX, No. 3, S.23, 16.1.53.

Rothschild, Lilly

(1.4.1892 Dortmund – 28.8.1949 London); Dr. med., Kinderärztin, Südwall 10.
Stud.u.a. Berlin, Würzburg. Appr. 25, Diss. Köln 25.
RMK 37+.
Emigr. Sommer 39 nach England, 41 Übersiedlung nach New York. Tätigkeit als Säuglings- und Nachtschwester.
Herbst/Winter 47/48 besuchte sie ihre Mutter in London und blieb dort krankheitsbedingt bis zu ihrem Tode.

StA; Bez.Reg. Düsseldorf, Wiedergutmachung; GV.

Samson, Kurt (Kenneth John)

(4.11.1900 Hamburg – ? Edgware Middlx, GB), Dr. med., Kinderarzt, OA an der Kinderklinik der Städt. Krankenanstalten.
Stud. Heidelberg, Hamburg. Appr. 25, Diss. Hamburg 25.
24–25 Med.Prakt. u.a. Univ.-Kinderklinik Hamburg (Kleinschmidt).
25–27 Städt.Kinderklinik Dortmund (Engel)
27–29 Staatskrankenhaus Friedrichsberg Hamburg, Ass. im bakt.-serol.-chem. Labor.
29–33 OA Städt.Kinderklinik Dortmund (Engel).
Wiss. Schwerpunkt: Serumglobuline, Liquor cerebrospinalis, Kinder-Radiologie.
RMK 33; DGfK MV 33 angekreuzt.
31.3.33 Abmeldung aus Dortmund, Emigration nach England. Schreibt 23.5.34 an SPSL aus Edinburgh, er sei im Studium, letztes Examen im Juli, sucht Stellung, will Rat.
License Edinburgh, Glasgow 34.
34 Niederlassung in London; 36 Diploma in Child Health; 39 Citizenship.
48 Chief Pediatrician German Hospital London. Senior Clin. Ass. Hospital for Sick Children, Great Ormond Street, London.
53: 48, Wimpole Str. London W.1.

StA; GV; SPSL 545/3; Med.Dir. 53,65; Knippschild.

Sternberg geb. Blumenberg, Hedwig
(? – ?), Dr. med., Kinderärztin, Kaiserstr. 13.
Appr. 27, Diss. Heidelberg 27.
Verheiratet mit Dr. S., Fritz, Röntgen-Facharzt, Appr. 26.
RMK 33, beide danach nicht mehr nachweisbar.
GV.

Zeichner, Otto
(14.11.1900 Essen – ?), Dr. med., Kinderarzt, Beurhausstr. 40. Ass. a.d. Städt. Kinderklinik.
Kein Eintrag im RMK.
Bez.Reg.Düsseldorf, Abtlg.Wiedergutmachung:

„Herr Dr. Zeichner ist 1934 nach Belgien geflüchtet und war als wohnhaft in der Rue Jourdan 59, Gemeinde Saint-Gilles/Brüssel gemeldet. Etwa April 1936 soll er die Gemeinde ohne Abmeldung verlassen haben. Er soll mit 9 anderen Ärzten an ein Tbc-Sanatorium in Feodossia/Krim gegangen sein. Als letztes Lebenszeichen hätten die Eltern im Jahre 1936 ein Telegramm von dort erhalten."
StA.

DRESDEN
(8 (9): 36)

Baron, Carl
(? – ?), San. Rat Dr. med., Kinderarzt, Königsbrücker Str. 22.
Appr. 89.
20–30 ltd. Arzt d. inn.Abtlg. d. Maria-Anna-Kinderhospitals in Dresden (30 aus finanziellen Gründen geschlossen).
RMK 37 ohne Kennzeichnung. DGfK MV 33 durchgestrichen, Vermerk: Abmeldung.
23 Hausarzt Kinderanstalten Marienhof und Findelhaus.

„Dr. Baron kam wahrscheinlich in einem Konzentrationslager um"(Herrlich).
Herrlich; Mittlg. Antje Koch, Dresden.

Ehrenfreund, Friedrich
(10.7.1876 Neumickten b. Dresden – 23.2.1934 Dresden, Suicid?), Dr. med., Kinderarzt, Städt. Schularzt, Bismarckplatz 14.
Stud. Göttingen, Berlin. Appr. 01, Diss. Halle 01.
04–06 Ass. Kinderheilanstalt Chemnitzer Str.14, Dresden.
06–34 Arzt an der inn. Abtlg. d. Kinderpoliklinik Johannstadt.

„Diese 1894 von dem bekannten jüdischen Pädiater Dr. Arthur Schloßmann (1867–1932) gegründete, vorerst private ‚Poliklinik für Säuglinge und Kinder' in der Pfotenhauerstraße gewährte Kindern unbemittelter Eltern unentgeltliche Behandlungen und kostenlose Bereitstellung von Medikamenten in Notlagen...Grundstein des drei Jahre später, 1897, von Schloßmann gemeinsam mit Ärzten und Dresdener Bürgern gegründeten ‚Vereins Kinderpoliklinik mit Säuglingsheim in der Johannstadt' ...Durch diesen Verein wurden unentgeltliche Fachsprechstunden... organisiert, an welchen sich Ehrenfreund zumindest seit 1921 beteiligte." (A. u. M.Koch).

Eigene Kinderärztliche Praxis Bismarckplatz 14. WW I.
Seit dem Ersten Weltkrieg Mitglied, 25 Vors. d. Ortsgruppe des „Heilpfle-

gevereins für Kinder des Mittelstandes e.V.", der „Mittelstandskinderheime" in Kölpinsee auf Usedom unterhielt.
RMK 33; DGfK MV 33 angekreuzt und durchgestrichen.

„Im Januar 1934 traf den damals 58-jährigen ein harter Schlag. Nicht nur seine Praxis am damaligen Bismarckplatz 14, Nähe des Hauptbahnhofes, sondern auch das von ihm gegründete Kinderheim auf Usedom, seine Kinderpoliklinik und das Säuglingsheim wurden geschlossen bzw. ‚umfunktioniert'. Seine Proteste führten zu zahlreichen Repressalien und Verhören. Am 24. Februar 1934 erlag er wahrscheinlich nach einem dieser Verhöre einem Herzanfall. Eine andere Vermutung lautete auf Selbstmord." (Herrlich).

GV; Mittlg. Antje Koch, Dresden; Herrlich.

Hepner, Franz
(s. auch bei Bernburg S. 186)
Februar 35 Übersiedlung nach Dresden, Übernahme der Praxis Dr. Ehrenfreund, Bismarckplatz 14, Okt. Verlegung nach Reichenbachstr. 61.
RMK 37+, DGfK MV 35 gestrichen.
38 Emigr. nach den USA, New York (via Japan?). 38 Suicid.
Mittlg. Antje Koch, Dresden; Herrlich.

Kastner geb. Jacoby, Alexandrine
(4.4.1877 Dresden – 3.4.1942 Deportation „nach den Ostgebieten") Dr. med., Internistin, Schulärztin an der Staatl. höheren Mädchenbildungsanstalt Dresden – Johannstadt. Eliasstr. 4.
Stud. München, Appr. 14.
14–19 Ausb. Innere, Stadtkrankenhaus Dresden – Johannstadt.
20–38 Eigene Praxis; Verh.mit Dr. Otto Kastner (s.d.)
RMK 37+.
StA; Mittlg. Antje Koch, Dresden.

Kastner, Otto
(10.10.1880 Görlitz – 21.2.1938 Dresden, Suicid), Dr. med., Kinderarzt, Stadtschularzt (Stadtobermedizinalrat), Eliasstr.4.
Stud. Königsberg, Berlin, München.
Appr. 08, Diss. München 09.
Med. Prakt. u.a. im KKFK Berlin (Baginski), 10–13 Univ.-Kinderklinik München (Pfaundler).
13 Niederlassung in München, WW I.
19 Niederlassung in Dresden. Nov. 20 Schularzt, 23 Stadtschularzt. Amtsjugendarzt, Heimarzt des Stadtkinderheims.
Entlassung 31.3.33, Versetzung i.d. Ruhestand 1.11.33. Privatpraxis.

„...Der weiteren Tätigkeit Dr. Kastners als Stadtschularzt stehen erhebliche Bedenken entgegen, die ihre Ursache vornehmlich darin haben, daß die Beschäftigung eines obersten Schularztes nichtarischer Abstammung in den Kreisen der deutschen Elternschaft allgemeiner Ablehnung begegnet..."

RMK 37+.

35 wird „...der Jude und frühere Stadtmedizinalrat Dr.Kastner ... wegen unsittlichen Verhaltens deutschblütigen Frauen gegenüber in Haft genommen.."

Freispruch 35, erneute Anklage 37; Suicid durch Erhängen 38.

StA; GV.

Meyer, Curt Sally
(23.11.1892 Berlin – ? Neuseeland), Dr. med., Kinderarzt, Beilstr. 24.
Stud. Berlin, Breslau. Appr. 22, Diss. Breslau 22.
RMK 37+.
Emigr. nach Neuseeland.
GV; Mittlg. Antje Koch, Dresden.

Röthler, Hermann
(? – nach 1964 Palästina), Dr. med., Kinderarzt, Münchner Platz 16.
Appr. 24.
Ausb. Univ.-Kinderklinik Heidelberg (Moro), Wien (v. Pirquet), KKFK Berlin (Finkelstein).
29 Niederlassung in Dresden.
RMK 33, DGfK MV 33 durchgestrichen.
Emigr. nach Palästina, License Nr. 1411, 2 Zuckerman Str., Gedera.
Mittlg. Antje Koch, Dresden; PalMed 40; Pal Dir 42–64.

Seelig-Herz, Alice
(? – ?), Dr. med., Fachärztin für Frauen- und Kinderkrankheiten, Bayreutherstr. 30.
Appr. 16.
RMK 37+.
Emigr. vermutlich 38/39 nach England, Manchester.
Mittlg. Antje Koch, Dresden.

Teuffel, Ernst
(? – ?), Dr. med., Kinderarzt, Schularzt, Hüblerstr. 2
Appr. 97.

RMK 37 ohne Kennzeichnung.
„Im Oktober 1934 stand er auf einer Liste jüdischer Ärzte, die zur Kassenzulassung zugelassen sind". (Herrlich).
Weiteres Schicksal unbekannt.
Herrlich.

DÜREN
(1:3)

Leven, Karl
(7.2.1895 Düren – 15.6.1942 Lager Izbica), Dr. med., Kinderarzt, Hohenzollernstr. 13.
Stud. Bonn, München. WW I. Appr. 22, Diss. Köln 25.
Ausb. Israel. Asyl für Kranke und Altersschwache Köln-Ehrenfeld, Med. Klinik (Augusta-Hospital) der Univ.-Köln, Univ.-Kinderklinik Köln (Siegert), Städt. Kinderklinik Magdeburg (Uffenheimer).
31 Niederlassung in Düren.
RMK 37+.
Lt. Zeitzeugen möglicherweise Privatpraxis bis 38. Vernichtung des Praxisinventars beim Novemberpogrom. 41 (?) Verbringung der Familie nach Aachen; Leven im Aachener Ghetto nach dem 12.4.42 als „jüdischer Krankenbehandler" registriert.
15.6.42 Deportation mit Frau u. drei Kindern (9 u. 6 Jahre, 11 Wochen) in das Durchgangslager Izbica bei Lublin; Weitertransport in ein Vernichtungslager muß angenommen

werden.
Johannsen; GV.

DÜSSELDORF
(15:29)

Albersheim, Erich
s. bei Emmerich (s. S. 221)

Brinnitzer, Heinz
(19.1.1906 – ? Haifa), Dr. med., Ass. Arzt an der Kinderklinik d. Med. Akademie, Moorenstr. 5.
Appr. 30; Diss. Berlin 30.
28–32 Kinderklinik d. Med. Akademie (Schloßmann).
RMK 33.
Emigr. nach Palästina. License offenbar nach 1940. PalDir : Dr. H. N. Brinnitzer, 63 Rav Kook Str. Kiryat Motzkin, Haifa.
GV; StA; PalDir. 48–60.

Deutsch-Lederer, Maria
(2.1.1898 Prag – ? England), Dr. med., Kinderärztin, Prinz-Georg Str. 114.
Appr. 24.
28 Volontärärztin Kinderklinik der Städt. Krankenanstalten Düsseldorf.
29–33 niedergelassene Fachärztin.
RMK 33; DGfK Austritt 19.5.33. StA: 28.6.1933 Wegzug nach Palästina, wohl irrtümliche Angabe: Ehemann Dr. Walter Deutsch, 2. OA an der Med. Klinik, ist nach Kündigung zum 30.9.33 nach England ausgewandert.
(25.7.34. Mitteilung von Dr.Burghard/Düsseldorf an DGfK: Frau Dr.D.-L. ist „nach England ausgewandert".)
StA; PäA; Griese/Woelk .

Eckstein, Albert (Abb.)
(9.2.1891 Ulm – 18.6.1950 Travemünde), Prof. Dr. med., Kinderarzt, Freytagstr. 38. Dir. der Kinderklinik der Med. Akademie Düsseldorf.
11–14 Stud. München, Leipzig, Freiburg. WW I. Appr. 15, Diss. Freiburg 15.
19–21 Ass. am Physiol. Institut d. Univ. Freiburg (v.Kries).
21–25 Univ. Kinderklinik Freiburg (Noeggerath), 23 Habil.
25–32 OA an der Kinderklinik der Med. Akademie Düsseldorf (Schloßmann),
25 Heirat mit Dr. med. Erna Schloßmann (s.d.). 26 a.o. Prof.
32 Nach dem Tode von Schloßmann Nachfolger als Ordinarius in Düsseldorf.
29 Mitglied im Reichsgesundheitsrat,
31 Gastvorträge in Argentinien, Brasilien und Uruguay.
Wiss. Schwerpunkte: Biologie und Pathologie des Neugeborenen, Urogenitalerkrankungen der Kinder, Hirnphysiologie des Säuglings, Encephalopathien, Rachitis, Gesundheitsfürsorge, Schulhygiene, Hospitalismus in Säuglingsanstalten.
RMK 32; DGfK MV geführt bis 38, dann gestrichen.

5.2.34 Brief Eckstein an DGfK (Goebel) über die neuen Satzungen: „"...damit ist natürlich ausgesprochen, dass die nichtarischen Aerzte Mitglieder II. Klasse sind, da sie ganz allgemein ein wesentliches Recht der Mitglieder nicht mehr besitzen...Sie werden es verstehen, dass ich als ordentlicher Professor für Kinderheilkunde, der mit großem Eifer seine Klinik und sich in den Dienst dieser Gesellschaft gestellt hat, es nicht gut mit meiner Stellung vereinbaren kann, Mitglied II. Klasse zu sein, wenn die jüngsten Kinderärzte, die z.T. eben meine Klinik verlassen haben und letzten Endes ihr Wissen mir verdanken, nach diesen Statuten in anderer Weise gewertet und geachtet werden..."
7.2.34 Antwort Goebel: „...Ich darf Sie in diesem Zusammenhang auf den heute bekannt gewordenen Erlaß des Ministers Frick betr. Handhabung der Arier-Paragraphen hinweisen..."

Erhebliche Konflikte mit der Düsseldorfer Stadt- und Klinikverwaltung, der NS-Studentenschaft und Mitarbeitern. Drohung des Stadtoberarztes, die Klinik für die Aufnahme von Wohlfahrtspatienten zu sperren, falls E. im Amt bleibt.
34 Lehrverbot, Entlassung zum 1.7.35.

Erna Eckstein-Schloßmann, Türkeierinnerungen: „Nach der so deprimierenden und entwürdigenden Entlassung, nach Jahren unerfreulicher Kämpfe und enttäuscht von unzuverlässigen Freunden, schaute sich [mein Mann] im Juni 1935 im Ausland um. Zuerst ein Angebot der Kinderklinik in Glasgow, das aber die Bedingung enthielt, kein Examen in England nachzumachen, um nicht Konkurrenz für die dortigen Pädiater zu werden. Dann nach Paris, zu der dortigen Rockefellervertretung. Eine sichere Zusage für eine Stelle in den USA, aber nähere Verhandlungen erst nach Ankunft in Amerika. Ein Schiffsbillet wurde bestellt, da kam ein Anruf von Auswärtigen Amt in Berlin, das noch nicht völlig vernazit war, der türkische Hygieneminister wäre da und suche deutsche Professoren für das Krankenhaus in Ankara, um es in eine Universitätsklinik umzuwandeln. Ausserdem solle der Pädiater die gesamte Säuglings- und Kinderfürsorge in der Türkei aufbauen...eine Lebensaufgabe, wie es Wenigen beschieden ist...
...Mitte November bekamen wir endlich die Ausreiseerlaubnis, nachdem unser Vermögen beschlagnahmt worden war...Zehn Mark durften wir mitnehmen...[mein Mann] hatte geschrieben, wir könnten den Schlafwagenschaffner anpumpen, er wäre das gewohnt..."

**35–50 Leiter der Kinderabteilung des staatlichen Musterkrankenhauses Nümune Hastanesi in Ankara, 45 Umwandlung in Univ. Kinderklinik und Ordinariat für Pädiatrie. Gründungsdekan der Medizinischen Fakultät. Offizieller Berater der türkischen Regierung für die Kinder- und Jugendgesundheitsfürsorge im ganzen Land. Ausgedehnte Reisen, umfangreiche Programme zur Bekämpfung der Kindersterblichkeit. Senkung der Säuglingssterblichkeit von 40% auf 12%. Systematische Untersuchungen über das Leben der Kinder im Dorf, der Beziehungen zwischen Ernährung und Infektionskrankheiten, insbesondere Malaria, zu Problemen der kindlichen Entwicklung und der Kinderkrankheiten in warmen Ländern (Noma im Kindesalter). Zahlr. Publ. in türkischer Sprache (u. a. das erste Lehrbuch der Säuglingskrankheiten, Ankara 50/51). Führender Pädiater des Landes.
44 Memorandum an den amerikani-**

schen Botschafter in Ankara über das Problem der deutschen Emigranten und ihrer evtl. Rückkehr nach Deutschland.
Nach dem Krieg Berufungsangebote aus Gießen, Leipzig, Freiburg, Würzburg, Münster und Hamburg. 48 Ehrenbürger der Med. Akademie Düsseldorf.

24.1.49 Brief an DGfK (Goebel): „Vielen Dank...für Ihre Aufforderung, mich wieder in die Liste der Mitglieder der Deutschen Gesellschaft für Kinderheilkunde einschreiben zu lassen. Ich habe natürlich keinerlei Bedenken dagegen...Mit Hamburg bin ich noch immer nicht zu einer Entscheidung gekommen, es ist verdammt schwer, das pro u. contra richtig abzuwägen u. wenn mich auch gefühlsmäßig vieles wieder zurück nach Deutschland drängt, so spricht natürlich auch manches dagegen..."

21.3.50 Annahme des Rufes als o. Prof. für Kinderheilkunde an der Universität Hamburg.

„Was war es für ein Entschluß, die Türkei aufzugeben und in die Ungewißheit nach Deutschland zurückzukehren! Es war der amerikanische Botschafter in Ankara – ein Jude – der meinen Mann drängte zurückzukehren. ‚Leute wie Sie müssen zurück, wer sonst kann die Studenten dort auf den richtigen Weg bringen'" (Brief Erna Eckstein-Schloßmann 5.10.95 an Dr. Carsten Hager, Bad Oldesloe).

18.6., kurz nach Dienstantritt, Tod bei einem Sonntagsausflug in Travemünde.

PäA; SPSL 410/7; Displ; Fischer; Walk; BHE; Renner; Neumark; Widmann; Erna Eckstein-Schloßmann; Moll 95; Kröner; Griese/Woelk.

Eckstein geb. Schloßmann, Erna (Abb.)
(28.6.1895 Dresden – 19.3.1998 Cambridge), Dr. med., Kinderärztin, Freytagstr. 38.
Stud. Heidelberg, München, Düsseldorf. Diss. Köln 20, Appr. 21.
Ausb. Univ.-Kinderklinik Heidelberg (Moro), Städt. Kinderklinik Dortmund (Engel).
25 Heirat m. Albert Eckstein (s.d.).
23–33 (?) ärztl. Leitung d. Säuglings- u. Kleinkinderpflegeanstalt Auguste-Victoria-Haus vom Roten Kreuz, Düsseldorf, als Nachfolgerin von Selma Meyer (s.d.).
Sozialpäd. Publ., z.T. mit Schloßmann und Eckstein.
Emigr. in die Türkei, Ausreise mit drei Kindern Ende Nov. 35. Keine Arbeitserlaubnis als Ärztin, jedoch Mitarbeit bei Untersuchungen von A.E. in den Dörfern des Landes über den Gesundheitszustand und die Lebensweise türkischer Kinder.
51–56 Düsseldorf.
56–60 erneut Ankara, Mitarbeit bei Bau und Entwicklung der Univ.-Kinderklinik.
60–63 Düsseldorf. Vorträge über Kinderfürsorge und Probleme der Kinder in der Türkei.
63 Übersiedlung nach England, Cambridge.
Ehrensenatorin der Medizinischen Akademie Düsseldorf.
96 Ehrenmitglied der Deutschen Gesellschaft für Kinderheilkunde und

Jugendmedizin.
PäA; Fragebogen für BHE; Interview Düss. Hefte 34 (1989),1; Renner; Dietzsch/Lorenz.

Falkenstein, Berthel (Bertha)
(25.1.1901 Mainz-Kastell – ?), Dr. med., Kinderärztin, Düss.-Gerresheim, Ferdinand-Heyestr. 6.
Appr. 25.
RMK 37+.
Die Angabe bei Griese/Woelk: 1942 nach Theresienstadt deportiert, ist wohl nicht richtig. Weiteres Schicksal unbekannt.
StA; Griese/Woelk.

Klein-Herz, Henriette
(28.9.1898 Uerdingen – ?), Dr. med., Kinderärztin, Düss.-Oberkassel, Luegallee 21.
Stud. Bonn, München, Würzburg, Heidelberg. Appr. 23, Diss. Heidelberg 23.
22–24 Med.Prakt. Städt. Krankenanstalten Düsseldorf.
24 Kinderheilstätte „Waldesheim" Düss.-Grafenberg.
24–28 Allg. Krankenanstalten der Stadt Düsseldorf (Kinderklinik?).
28 Niederlassung.
RMK 33.
20.11.37 „Wegzug nach Palästina" (dort nicht ermittelt).
StA; GV.

Lehmann, Paul
(26.12.1885 Darmstadt – ?), Dr. med., Kinderarzt, Städt. Fürsorgearzt, Grafenberger Allee 36.
Stud. München, Freiburg, Berlin, Heidelberg. Appr. 10, Diss. Kiel 10.
Ausb. Eppendorfer Krankenanstalten Hamburg; ca. 11 Städt. Krankenanstalten Düsseldorf (Kinderklinik?).
13–14 Städt. Fürsorgearzt. WW I.
20–38 niedergelassener Kinderarzt.
RMK 37+.
1.6.39 „Wegzug nach Amsterdam/NL".
Weiteres Schicksal unbekannt.
StA.

Lenneberg, Robert
(24.6.1887 Rheydt (Attendorn?) – ? Brasilien), Dr. med., Kinderarzt, Kreuzstr. 63.
Stud. Göttingen, Freiburg, Berlin. Appr. 13, Diss. Leipzig 14.
12–14 Med. Prakt. Berlin (Jüd.Krankenhaus), Düsseldorf (Kinderklinik). WW I.
18–20 Univ.-Kinderkliniken Breslau (Stolte) und Düsseldorf.
22–33 niedergelassener Kinderarzt.
RMK 33; DGfK MV 33 angekreuzt.
12.5.33 „Wegzug nach Rio de Janeiro/ Bras."
GV; StA; Mittlg. Mrs. Ilse Eton.

Meyer, Selma
(9.6.1881 Essen – 11.11.1958 New York), a.o. Prof. Dr. med., Kinderärztin, Jägerhofstr. 3.
08 Musiklehrerexamen am Stern'schen Konservatorium in Berlin.
10–15 Stud. Berlin. Diss. Berlin 16, Appr. 17.

15–17 Univ.-Kinderklinik Charité Berlin (Czerny) 1.10.17–31.3.29 Kinderklinik der Med. Akademie Düsseldorf (Schloßmann). 27.1.22 Habil., 19.12.27 a.o. Prof., 21–29 OÄ.
Daneben 21–23 Ltd. Ärztin der Säuglings- u. Kleinkinderpflegeanstalt Auguste-Victoria-Haus vom Roten Kreuz, Düsseldorf. Dozentin a.d. Westdeutschen Sozialhygienischen Akademie, Niederrheinische Frauenakademie, Düsseldorfer Schwesternschulen.
Wiss. Schwerpunkte Hämatologie, Infektionskrankheiten, Fürsorge.
29–39 als Kinderärztin niedergelassen, Juni 33 aus allen offiziellen Funktionen entlassen. Noch Praxis für jüdische Patienten, Schulärztin d. jüd. Gemeinde.
RMK 37+; DGfK MV 33 angekreuzt, bis 38 geführt.
7.5.39 Emigration nach London, 67 Dartmouth Park Road, London N.W.5. Dez. 39 „she passed the Proficiency in English Examination at the University of Cambridge". 39–40 unbezahlte Forschungstätigkeit am Marie Curie Hospital, London; „has money until the end of the year." Vermutlich 40 in die USA, License 40. Praxis 84–51 Beverly Road, Kew Gardens, N.Y.

StA; SPSL 412/5; Displ; Fischer; Todesanzeige u. Nachruf Aufbau XXIV, No. 47, S. 29, 21.11.58; Renner; Voswinckel; Griese/Woelk.

Neustadt geb. Steinfeld, Else
(26.12.1898 Rheydt – nach 1989 (?) Hanover, Mass. USA), Dr. med., Kinderärztin, Neurologin, Sternstr. 78.
Stud. u.a Leipzig, Appr. 24.
24–31 Ass. u. OÄ Kinderklinik der Med. Akademie Düsseldorf. 33 Vol. Ärztin Prov. Heil- u. Pflegeanstalt Grafenberg. Entlassung April 33. Danach Niederlassung mit ihrem ebenfalls entlassenen Ehemann Dr. Rudolf Neustadt, OA in Grafenberg.
RMK 37+.
12.8.37 StA: „Wegzug nach Providence/Rhode Island USA".
License 38, Tätigkeit als Kinderpsychiaterin u. -neurologin, 237 W 75th St, New York City. Griese: „Leitete ein psychiatrisches Krankenhaus".
Ab 50: 27 Avon Way, 69, Quincy, Mass.

StA; Med. Wom. Dir. 45; AMD 50; Griese/Woelk.

Nohlen, Arno
(4.10.1899 Monheim/Rheinland – ?), Dr. med., Kinderarzt, Brunnenstr. 2.
17–18 WW I, schwere Verwundung.
19–24 Stud. Heidelberg, Düsseldorf. Appr. 26, Diss. Münster 26.
25–26 Kinderklinik d. Med. Akademie Düsseldorf.
26–31 Ltd. Arzt Kinderheim der Arbeiterwohlfahrt in Urdenbach b. Benrath. Danach Niederlassung.
RMK 37+.
1.8.35 KV Düsseldorf a.d."Gaureferenten für Schönheit der Arbeit": „...teilen wir Ihnen mit,

daß Herr Dr. med. Nohlen Jude ist. Dass in der dortigen Gegend nur ein jüdischer Kinderarzt seine Praxis hat, erklärt sich daraus, dass Herr Dr. N. schon vor dem Umschwung sich dort niedergelassen hatte und durch die neue Zulassungsordnung auch als Kassenarzt weiter tätig sein durfte. Die Neuzulassung eines weiteren Kinderarztes ist durch die Bestimmungen der Zulassungsordnung unterbunden..."

Novemberpogrom 38: Plünderung und Zerstörung auch

„...bei einem weiteren beliebten jüdischen Arzt im Süden der Stadt, der ein völliger Krüppel ist, da er beide Beine verloren hat". Anm: „Nach übereinstimmenden Angaben mehrerer ehemaliger Nachbarn handelt es sich um den Kinderarzt Dr. Arno Nohlen..., der bei dem Versuch, ein Kind vor der Straßenbahn zu retten, seine beiden Beine verloren haben soll. Nohlen wohnte z. Z. des Pogroms Fleher Str. 211, von 1941 ab in verschiedenen Häusern der Bilker Straße, und verzog im Juli 1944 vom 'Judenhaus' Teutonenstr. 9 in Oberkassel mit seiner arischen Frau und seiner zweijährigen Tochter nach Oberroßla bei Apolda..." (Herzfeld).

StA: „17.4.44 Wegzug nach Oberroßlar, Adolf-Hitler-Str. 24."
45 (46?) – 64 Dir. d. Städt. Kinderkrankenhauses Berlin-Wedding (früher KKFK, dann Kinderklinik des Rudolf Virchow Krankenhauses).

„Es war ein in mehrfacher Hinsicht außergewöhnlicher Mann. Als verfolgter Jude trug er außerdem schwer an dem Trauma einer doppelseitigen Oberschenkelamputation als Unfallfolge. Von seiner Verfolgung sprach er kaum...Nohlen hatte früh begriffen, daß in den Krankheiten vieler in seiner Klinik versorgten Kinder Probleme steckten, die ihn und erst recht mich und meine Mitarbeiter überforderten. In dem armen Arbeiterbezirk Wedding rangen Tausende von Familien mit sozialen Schwierigkeiten, die sich in Krankheit, Gewalt, Alkoholismus und Delinquenz niederschlugen...Nicht selten waren mit ein und derselben Familie fünf, sechs Dienststellen gleichzeitig befaßt und kümmerten sich zum Beispiel nebeneinander um den alkoholkranken Vater, einen delinquenten Sohn, die depressive Mutter und ein verhaltensgestörtes Kind...

Wenn Nohlen bei einem Kind solche vielschichtigen Hintergrundprobleme bemerkte, lud er die Leute aus den anderen Dienststellen zu einem Gespräch ein...unsere allwöchentliche ,Mittwochsrunde'. Dazu gehörten einige feste Teilnehmer: Nohlen, Erziehungsberaterin, Schulpsychologe, leitende Fürsorgerin und ich. Hinzu kamen von Fall zu Fall Lehrer, Heimerzieherinnen, Sozialarbeiterinnen und noch andere, die irgendwie mit den Familien zu tun hatten, über die wir gerade berieten... Vielleicht, so dachte ich später, ist mir Nohlen als Lehrer gar nicht so wichtig gewesen durch das, was er getan hat, als vielmehr dadurch, was er um sich herum hat wachsen lassen. So wurde mir über die Wechselbeziehungen sozialer und psychischer Faktoren mehr vermittelt als durch viele gelehrte Abhandlungen über diesen Gegenstand. Und es war der Anstoß, mich für Jahrzehnte in psychosozialen Kooperationsmodellen zu engagieren, für die unsere Mittwochsrunde das Vorbild war... Vaterfiguren vom Typ Nohlen hätten wir damals vieltausendfach gebraucht. Integre Männer, die gelitten hatten und moralisch legitimiert waren, uns Jüngere zu ermutigen..." (Horst-Eberhard Richter).

StA; GV; Werner; Herzfeld; Richter.

Schloßmann, Arthur (Abb.)
(16.12.1867 Breslau – 5.6.1932 Düsseldorf), Geheimrat Prof. Dr. med., Dr. med. vet. h. c., Dr. jur. h. c., Kinderarzt, Sozialhygieniker.
Stud. Freiburg, Leipzig, Breslau,

München. Diss. München 91, Appr. 92.

91–93 Ausb. KKFK Berlin (Baginsky). Herbst 93 Niederlassung in Dresden, ab 1.3.94 in den Räumen der Praxis Pfotenhauerstr. 26 Eröffnung einer „Poliklinik für Säuglinge und Kinder". Wissenschaftliche und praktische Konzentration auf die Probleme des Säuglingsalters. Gründung eines Vereins zur Errichtung einer eigenen Säuglingsheilanstalt; mit dessen Mitteln Eröffnung des ersten Dresdner Säuglingsheims am 1.8.98 Arnoldstr. 1.

„In 2 Kardinalpunkten wird sich ein Säuglingshospital stets von anderen Krankenanstalten zu unterscheiden haben: einmal in dem höheren Bedarf an Pflegepersonal und zweitens in der Notwendigkeit, Ammen zur Ernährung mit heranzuziehen."

15.1.04 Bezug eines Neubaus Wormser Str. 4 als „Städtisches Säuglingsheim" für 50 Kinder und 12–15 Ammen. Einrichtung eines Musterstalls an der tierärztl. Hochschule, in dem Kühe zur Gewinnung möglichst keimfreier Milch gehalten wurden. Planmäßige Ausbildung von Säuglingspflegerinnen, Abgabe fertiger Säuglingsnahrung durch die Poliklinik. Erhebliche Senkung der Säuglingssterblichkeit. Vorbildfunktion der Einrichtung im In- und Ausland. Wiss. Arbeit in den Laboratorien der Techn. Hochschule Dresden, 98 Habil. für Physiologische Chemie und allgemeine Physiologie. 02 a.o. Prof. Mit Mitarbeitern [s.b. Stefan Engel] zahlreiche Publikationen mit Schwerpunkt Säuglingsernährung und Sozialhygiene. 06 mit Meinhard v. Pfaundler „Handbuch der Kinderheilkunde" in zwei Bänden („Pfaundler-Schloßmann").
1.10.06 Berufung nach Düsseldorf als Direktor d. Kinderabtlg. an den Städt. Krankenanstalten. Große organisatorische Aktivitäten: Säuglingsfürsorge im Regierungsbezirk Düsseldorf, Regelung der Ausbildung von Fürsorgerinnen und Hebammen, Schule f. Säuglingspflegerinnen. 14–17 WW I. 17 Gründung Niederrheinische Frauenakademie, Sozialhygienische Akademie für Amtsärzte. Abgeordneter d. Deutschen Demokratischen Partei im Preußischen Landtag, Förderung der öffentl. Krüppelfürsorge und des preuß. Hebammengesetzes. Verhandlungen zur Errichtung der „Medizinischen Akademie Düsseldorf", offizieller Beginn 24.2.23. Mai 23 Ernennung zum o. Prof. für Kinderheilkunde, Vorsitzender des Kuratoriums der Hochschule. Ausbau d. Kinderklinik mit systematischer Anwendung der Freiluftbehandlung:

„Es gibt für mich keine Krankheit, die man nicht gut in der freien Luft behandeln kann, es gibt viele, die man nur in der freien Luft behandeln sollte."

26 Konzeption und Organisation der großen, fünf Monate dauernden Ausstellung „Gesundheitspflege, Soziale Fürsorge und Leibesübungen" („Ge-

solei") mit erheblicher öffentlicher Resonanz.

Die Düsseldorfer Kinderklinik war Ausbildungsstätte für viele, insbesondere auch junge jüdische Pädiater [s. zahlreiche Einzelbiographien; u.a. Julius Bauer, Stefan Engel, Erich Aschenheim, Selma Meyer, Alexander Mendelsohn, Albert Eckstein, Erna Eckstein-Schloßmann, Adolf Sindler].

Zahlreiche, meist mit bzw. durch Mitarbeiter verfaßte Publikationen aus allen Gebieten der Kinderheilkunde, der Sozialhygiene und der Statistik. 25–27 mit Gottstein und Teleky: Handbuch der Sozialen Hygiene, 6 Bände.

Schloßmanns Bedeutung liegt in seiner weittragenden Begabung als Organisator und meist wortführenden Teilnahme an allen Problemen der Kinderheilkunde seiner Zeit.

Ab 31 zunehmende Kritik an der Wirkung seiner Person durch NS-Mitglieder in der Düsseldorfer Stadtverordnetenversammlung. Emeritierung auf eigenen Wunsch zum 1.4.32, Tod am 5.6.32.

Die Errichtung eines im März 33 bereits fertiggestellten Denkmals für Arthur Schloßmann auf dem Klinikgelände („Dem Retter der Kinder") wurde von den neuen Machthabern abgesagt. Feierliche Einweihung erst 3.7.48.

Zahlreiche Würdigungen; zusammenfassend: Wunderlich, Renner, Scholz.

Sindler, Adolf (Abb.)
(4.3.1899 Stanislau/Galizien – 1965 Haifa), Dr. med. Dr. phil., Kinderarzt, Benrather Str. 8.
WW I., Stud. Bonn, Köln, Münster. Diss. Köln 22, Appr. 24.
23–27 Kinderklinik der Med. Akademie Düsseldorf, ab 24 Privatassistent von Schloßmann.
24 Gründung des jüdischen „Turn- und Sportvereins Makkabi Düsseldorf", bis 33 Vorsitz. Hinwendung zum Zionismus.

„Auf dem Weg zur Herstellung einer nationaljüdischen Identität galt von Anfang an die sportliche Leibesertüchtigung als Mittel zur Ablösung des alten ‚Nervenjuden' durch eine neue Generation von ‚Muskeljuden', so die bekannte Forderung des Zionisten Max Nordau" (Wiesemann).

Vorbereitung der großen Ausstellung für Gesundheitspflege, soziale Fürsorge und Leibesübungen („Gesolei") 1925, mit dem Rabbiner Dr. Max Eschelbacher und dem Vorsitzenden d. jüd. Gemeinde Erich Felsenthal. Eigener Pavillon: „Hygiene der Juden", darin durch Sindler eine Abtlg. über die jüdische Aufbauarbeit in Palästina:

„Sindler wollte vor allem vermitteln, ‚daß in Palästina ein großzügiger, zielbewußter Versuch der Selbstregeneration des jüdischen Volkes vor sich geht, daß in Nöten und Kämpfen, in Fortschritt und Rückschlagen, doch unbeirrbar die Erneuerung des jüdischen Menschen auf alter geheiligter Erde sich zeigt'" (Zit. nach Wiesemann).

Mit Eschelbacher: Zur Hygiene der Juden, Sonderheft der Zschr. „Menorah" zur „Gesolei", Juni/Juli 26.

Wahl zum 2. Vorsitzenden der Zionistischen Ortsgruppe.
28 Niederlassung, „galt als *der* Kinderarzt in der Düsseldorfer Altstadt".
35 Widerruf der Einbürgerung, Entzug der Kassenzulassung.
RMK 35.
20.10.37 Emigr. nach Palästina, 39 License Nr. 2949, 8 Hashiloah Str., Haifa. Zunächst als G.P., dann Ped. 32 Nordau Str.
42 Stabsarzt im Sanitätsdienst des Royal Medical Corps der British Army, vermutlich bis zum Ende der Mandatszeit. 46/47 Re-education-Officer im Kriegsgefangenenlager P. O. W. Camp 307 Fanara/Ägypten, „helping to better the misdirected souls of our German Prisoners of War". Organisation eines umfangreichen Kulturprogramms, Gründung eines Lagerverlags „Tribüne"; darin u.a. autobiographischer Roman „Blätter einer Liebe".
In den fünfziger Jahren Kinderarzt des öffentlichen Gesundheitsdienstes, u.a. in einem Übergangslager für Immigranten.
StA; ABJ; GV; PalMed 40; PalDir 42–73; Wiesemann.

Stützel geb. Bardach, Martha
s. bei Heidelberg (S. 262)

Ursell, Siegfried
(14.6.1879 Attendorn – 4.12.1947 Cambridge GB), Dr. med., Kinderarzt, Kaiser-Wilhelm-Ring 1.
Stud. Leipzig, Freiburg, Berlin, München, zunächst Jura, ab 02 Med. Diss. München 08, Appr. 09. 09–11 Ausb. KKFK Berlin (Baginsky), Orthopädie Charité Berlin, Pathol. Inst. u. Kinderklinik d. Med. Akademie Düsseldorf (Schloßmann). Dez. 11–38 niedergelassener Kinderarzt Bismarckstr. 74. WW I.
RMK 37+.

„Nach 1933, bis zu seiner Auswanderung, setzten sich Eltern, die sich ihm für die Gesundheit ihrer Kinder verpflichtet fühlten, für ihn ein, was sein Leben und das seiner Familie erleichterte."

Okt. 38 als „jüdischer Krankenbehandler" eingesetzt.
39 Emigration nach England, Bournemouth, Hampshire; Juni 40 Internierung als feindlicher Ausländer auf der Isle of Man. Nach 41 Cambridge, Belvoir Terrace, Trumpington Road. 47 Citizenship.

„Als er nach England auswanderte, stand er kurz vor seinem 60. Geburtstag und war daher nicht jung genug, um die nötigen englischen medizinischen Examen nachzumachen, die es möglich gemacht hätten, in England zu praktizieren. 1944 wurde es dann ausländischen Ärzten gestattet, zusammen mit englischen Kollegen entweder in Krankenhäusern oder in der Privatpraxis zu arbeiten. So erhielt er dann die Erlaubnis, in Cambridge mit einem englischen Kollegen als praktischer Arzt zu arbeiten..."
Rheinische Post 20.12.47: "...In seiner ausgedehnten Korrespondenz mit seinen alten Freunden bekannte er immer wieder seine Verbundenheit mit der Düsseldorfer Heimat und seine tiefe Anteilnahme am weiteren Schicksal Deutschlands. Und daß er es hierbei nicht bei Worten bewenden liess, wissen seine Freunde und besonders seine Lieblinge, die

notleidenden deutschen Kinder und viele Kriegsgefangene, die ihm manche Erleichterung und in einigen Fällen...die vorzeitige Heimkehr verdanken..."

Die Tochter **Ilse Ursell** leitete von 1946–51 das Büro der Society for the Protection of Science and Learning (SPSL) in Cambridge (s.Einleitung). Ihre umfangreiche Korrespondenz zur Eingliederungshilfe für emigrierte Akademiker, auch für deutsche Pädiater, befindet sich im Archiv der Bodleian Library Oxford.

Korr. mit Mrs. Ilse Eton, geb. Ursell (Tochter); StA; ABJ; Todesanzeige Aufbau XIII, No. 51, 19.12.47; Griese/Woelk.

Weyl, Julius
(13.10.1874 Bocholt/Borken – nach 19.9.42 Auschwitz), Dr. med., Kinderarzt, Schadowstr. 58.
Appr. 00; Diss. München 00.
05–38 im Düsseldorfer Adreßbuch als niedergelassener Kinderarzt verzeichnet.
26.7.38 Emigration nach Paris. Verhaftung am 19.9.1942, Deportation via Drancy nach Auschwitz.
StA; GV; Griese/Woelk; Suchy.

DUISBURG
(2:13)

Lewinsohn, Norbert
(26.11.1899 Murowana-Goslin/Obornik (Posen) – ? USA), Dr. med., Kinderarzt, Ludgeristr. 9.
Appr. 24, Diss. München 24.
29 von Augsburg nach Duisburg, Niederlassung.
Mitglied d. Intellektuellen-Kreises der KPD und des „Aufbruch"-Arbeitskreises.
RMK 33.
Okt. 33 – Jan. 34 nach Mannheim, von dort nach China (Tientsin). Mit Ehefrau Dr. Lotte, geb. Michel, prakt. Ärztin u. Geburtshelferin, Aufbau einer neuen Existenz:
- Dr. med. N. Lewinsohn, Facharzt für Kinder, Frau Dr. med. L. Lewinsohn, prakt. Ärztin, 238 Victoria Road, Tientsin (ADO).
- Dr. Norbert Lewinsohn, Physician, Specialist in Children's Diseases. Watson Building, 238 Victoria Road, Tientsin. Dr. Lotte Lewinsohn, General Practitioner (China Hong List 1941).
Nov. 48 mit amerikanischem Transport nach San Francisco.
Lebte 60 in Hinsdale/Ill.
StA; GV; ADO; v.Roden.

Reifenberg, Hugo
(27.7.1897 Unna/Westf. – nach 1979 New York), Dr. med., Kinderarzt, Db.-Hamborn, Kaiser-Friedrichstr. 5.
Dir. der Kinderabteilung des Evang. Krankenhauses der Eduard-Morian-Stiftung.
Diss. Köln 22, Appr. 23.
RMK 37+.
April 33 Entlassung. Privatpraxis Mülheimerstr. 85.
38 Zerstörung der Wohnung im Novemberpogrom; 17.11.-7.12. „Schutzhaft" KZ Dachau.

23.2.39 Emigr. nach den USA, License 40. Praxis in Flushing N.Y., später 76–12, 35th Ave, Jackson Heights, N.Y.
StA; AMD 50; GV; v. Roden.

EISENACH
(1:2)

Wolff, Siegfried (Abb.)
(22.1.1888 Gnesen – Mitte Okt. 1944 Auschwitz), Dr. med., Kinderarzt, Karthäuserstr. 74, Dir. d. Säuglings- u. Kinderklinik.
Stud. Freiburg, Breslau, Berlin, München, Heidelberg. Appr. 12, Diss. München 12.
11–12 Gisela-Kinder-Hospital München (Ibrahim).
12–14 Innere Abtlg. Städt. Krankenhaus Wiesbaden.
Wegen körperl. Behinderung v. Kriegsteilnahme freigestellt.
14–20 Ltd. Arzt der Städt. Säuglings- u. Kinderfürsorge Gnesen, Einrichtung u.a. einer Städt. Milchküche, einer Mütterberatungsstelle und einer „Spezialkinderklinik zur Fürsorge für diejenigen Kinder, die wegen ihrer sozialen und häuslichen Verhältnisse als gefährdet erschienen". Diese Klinik war eine der ersten, die eine staatl. Konzession zur Ausbildung von Säuglingsschwestern erhielt. Organisation des Säuglings- u. Kinderschutzes für die Provinz Posen.
20 nach d. Übergang von Gnesen an Polen Option für Deutschland, Niederlassung in Eisenach.
24–28 Ltd. Arzt d. Privatklinik für Säuglinge und Kleinkinder der Kinderpflegerin Elfriede Grämer, Amalienstr. 2.
15.12.28: Nach Erwerb und Umbau d. Hauses Kaiser-Wilhelm-Str. 16 durch einen Onkel der Inhaberin Eröffnung als private „Säuglings- und Kinderklinik".
(30 Betten, Op., Labor, Milchküche, Röntgen).
32 Konkursanmeldung der Klinik, gleichzeitig Strafanzeige gegen S.W. durch den städt. Jugendarzt u. NS-Mitglied Dr. Bartels:

„Die Klinik hat am 18.Dezember 1929 die ...erforderliche Konzession...unter folgender Bedingung erhalten: 'Personen mit ansteckenden Krankheiten und Geisteskranke dürfen nicht aufgenommen werden'. Gegen diese Bedingung haben Sie in der angegebenen Zeit in insgesamt 60 Fällen insofern verstoßen, als Sie sowohl Personen mit Infektionskrankheiten, sowie insbesondere auch Personen mit nach den Thür. Bestimmungen meldepflichtigen Infektionskrankheiten in die Klinik aufgenommen haben. Die einzelnen Fälle ergeben sich aus der anliegenden Tabelle, die die Namen der Patienten, die Art der Erkrankung, die Dauer der klinischen Behandlung und deren Erfolg enthält".

Begutachtung der Fälle durch die Spitzen der deutschen Pädiatrie, u.a.:

Goebel (Halle): „Herr Dr. Wolff gehört zu den ganz wenigen in der Praxis stehenden Kinderärzten, die es fertig bringen, neben ihrer täglichen Arbeit in wissenschaftlichen Gesell-

schaften vorzutragen und wissenschaftliche Abhandlungen zu veröffentlichen...Bei der Durchsicht sämtlicher 60 Fälle, die dem Beklagten zur Last gelegt werden, finde ich nicht einen einzigen Verstoß gegen die Verpflichtung...Wenn die Stadt Eisenach Herrn Dr. Wolff auf Grund solcher sinn- und haltloser Anschuldigungen die Konzession zum Betrieb der Kinderklinik entziehen will, so kann man nur die Kinder dieser Stadt beklagen..."
Noeggerath (Freiburg): „Von allen diesen Fällen bestreite ich, daß in einer sachgemäß geführten Kinderklinik Übertragungen in Betracht kommen, von einer Gefährdung der Nachbarschaft ganz zu schweigen".
Langstein (Berlin): „Ich habe mir an den Kopf gegriffen...daß ein derartiger Vorwurf Herrn Dr. Wolff gegenüber überhaupt möglich ist. Dieses Gutachten und dieses Urteil bedrohen nicht nur Dr. Wolff und seine Klinik, sondern die gesamte Deutsche Pädiatrie und den gesamten Deutschen Kinderschutz...Keiner der vorgebrachten Fälle ist irgendwie unsachgemäß behandelt worden oder konnte von der Aufnahme ausgeschlossen werden...Auf meine Veranlassung wird sich auch die Deutsche Gesellschaft für Kinderheilkunde, evtl. das Reichsgesundheitsamt mit dieser prinzipiell für die Kinderheilkunde wichtigen Entscheidung befassen."

Im gleichen Sinne äußern sich Finkelstein (Berlin), Selma Meyer (Düsseldorf), Bessau (Berlin), Czerny (Berlin), Ibrahim (Jena), Pfaundler (München).

Einstellung des Verfahrens, erneute Konzessionserteilung, jetzt als Belegklinik. Aufrechterhaltung möglicherweise durch Zuwendungen ausländischer Verwandter.

RMK 37+; DGfK MV 33 angekreuzt, bis 38 geführt.

34 Ablehnung eines Angebotes zur Übernahme einer Kinderklinik in Tel Aviv.

35 Im Zusammenhang mit einem Schwangerschaftsabbruch durch einen Belegarzt erneute Anklage gegen S.W.; Freispruch 37 durch das Reichsgericht.

38 Berufsverbot.

5.8.38, Wolff an DGfK (Goebel): „Heute komme ich mit einer großen Bitte. Wie Sie ja wissen, muß ich Ende Sept. von meiner Praxis Abschied nehmen. Da Sie mich ja nun ein Leben lang kennen, brauche ich Ihnen wohl nicht zu sagen, wie schwer mir das fällt. Ich muß nun sehen, wo ich eine Stelle finde. Und da möchte ich Sie sehr bitten, mir doch ein Zeugnis über mich und meine Tätigkeit, die Sie ja kennen, zu senden. Ich brauche Ihnen nicht zu versichern, daß ich damit keinen Unfug treiben werde. Wie stets in Verehrung und Hochachtung Ihr ergebenster Wolff."

Vermerk des Sekretariates 8.8.38: Unbeantwortet abgelegt.

Vergebliche Emigrationsversuche nach Chile, England, USA, befristete Aufenthaltsgenehmigung für Holland. 29.8.39 Abmeldung nach Rotterdam, Versand eines Abschiedsgrußes an Patienten und Freunde. Möglicherweise Tätigkeit in einem Kinderheim in der Nähe von Arnheim.

Nach der deutschen Okkupation Internierung im Zentrallager Westerbork, dort ärztl. Betreuung inhaftierter Kinder. 6.9.44 Transport nach Theresienstadt, von dort am 12.10.44 mit Transport Nr. Eq 1303 nach Auschwitz.

Nicht sicher belegt ist die Auskunft,

W. habe in Theresienstadt von dem ehemaligen Eisenacher Kollegen Dr. Wiesen das Angebot erhalten, versteckt zu werden. Dies habe er abgelehnt; in Auschwitz soll ein Mithäftling gesehen haben, wie er zusammen mit einer Gruppe von ihm betreuter Kinder ins Gas gegangen sei. (Auskunft Jüd.Museum Prag 3.6.97: „Wir können nicht feststellen, daß es eine selbständige Gruppe war, die er begleitet hat").

StA (dort alle verfügbaren Quellen); Brunner 97, 99; PäA; JMP; ABJ; GV.

ELBING Elbląg
(1:2)

Lauter, Leo
(12.4.1893 Neidenburg – vor 1965 USA), Dr. med. Kinderarzt, Johannisstr.12.
Stud. Freiburg, München, Königsberg. WW I. Appr. 20, Diss. Königsberg 20.
RMK 35; DGfK MV 35 durchgestrichen, Austritt 15.4.34:

„Grund für meine Austrittserklärung: Ich bin Jude und wollte nicht warten, bis man mich an die Luft setzt, wie dies in häufigen, ähnlich gelagerten Fällen geschah (Lehrerverein, Casino u. ähnliches)..."

Emigration nach den USA, License 37, 2230 Collingwood Blvd., Toledo/Ohio. Tätigkeit als G.P.

GV; PäA; AMD 50,56.

EMMERICH
(1: 1)

Albersheim, Erich
(7.2.1897 Emmerich – 8.3.1982 Porto Alegre, Brasilien), Dr. med., Kinderarzt, 's-Heerenbergerstr. 34.
Stud. Münster, Bonn, WW I. Diss. Köln 23, Appr. 23.
23–26 Kinderklinik d. Med. Akademie (Schloßmann).
26 Hilfsarzt städt. Tbc- Fürsorge.
29 Stadtschularzt, Betreuung des städt. Kinderheimes. Bezirksarzt im Arbeiterstadtteil Bilk, Aufsicht über die Kindergärten und die „Nerven- und Psychopathenfürsorge".
30.3.33 Kündigung zum 30.6.

Brief der Mutter an den Düsseldorfer Oberbürgermeister: „Es könne doch nicht mit rechten Dingen zugehen, wenn man ihren Sohn, der für ihren Lebensunterhalt sorge, einfach so entlasse. Die Vorfahren der Familie ihres verstorbenen Mannes seien seit 200 Jahren in Deutschland ansässig, ebenso ihre Vorfahren. Mit 18 Jahren sei ihr Sohn Paul den Heldentod gestorben, außerdem zwei Vettern und ein Neffe..." (Brocke et al.)

Niederlassung als Kinderarzt in Emmerich.
RMK 33, 37+ (Emmerich).
Ende 37 Emigr. nach Brasilien. Zunächst als ausländischer Arzt Erlaubnis zur Arbeit im Landesinnern, danach brasilianisches Abitur und med. Staatsexamen.
Niederlassung in Porto Alegre, Zusammenarbeit mit dem ebenfalls dort niedergelassenen Emmericher Schul-

freund Dr. Walter Jacob (Frauenarzt, 1896–1969).
GV; Griese/Woelk; Brocke/Pelzer/Schüürmann.

ERFURT
(1:8)

Tannenbaum geb. Dreyfuß, Hedwig
(7.1.1895 Straßburg/Elsaß – 1.3.1933 Erfurt), Dr. med., Kinderärztin, Marktstr. 34.
Appr. 21
Ab 30 als Kinderärztin im Adreßbuch eingetragen.
RMK 33.
Lt. Nachruf Ärzteverein Erfurt „an den Folgen einer schweren Grippeerkrankung" verstorben.
StA.

ESSEN
(3:15)

Benjamin, Karl
(12.6.1892 – 24.12.1958 Tel Aviv), Dr. med., Kinderarzt, Huyssenallee 49.
Appr. 19.
RMK 33.
Emigr. 33 nach Palästina, License Nr. 1253, 12 Grusenbergstr., Tel Aviv.
Übernimmt nach deren Tod die Praxis von Flora Chajes (s.d.).
„Einer der beliebtesten Kinderärzte. Schüler von Czerny; er behandelte Kinder bis zu 16

Jahren, auch Araber aus der Umgebung" (Freund).
StA; Schröter; Mdl. Mittlg. A. Greenberg, Jerusalem, Frau Dr. Elly Freund, BatYam, Israel; PalMed 40; PalDir 42–48.

Lewin, Albert
(31.1.1903 Mülheim/Ruhr – vor 1979 USA), Dr. med., Kinderarzt, Huyssenallee 27.
Appr. 27, Diss. Bonn 27.
Am 16.11.30 aus Dortmund zugezogen.
23.10.36 Emigration in die USA, License 39, Ped., 134 E 214th St., Euclid/Ohio.
Während d. Krieges amerik. Militärarzt.
StA; Schröter; GV; AMD 50–79.

Lieblich, Berta
(12.9.1903 Essen-Steele – ? Frankfurt a. M. ?), Kinderärztin in Ausbildung. Ruhrstr. 14.
Stud. Chemie 23–24 Freiburg; Stud. med. Marburg, Freiburg, Kiel, München.
Diss. Freiburg 28, Appr. 29.
RMK 33: Ass. Univ.-Kinderklinik Heidelberg. Dort 1.3.32 Abmeldung nach Steele.
Möglicherweise 32/33 Volontärärztin Medizinische Univ.-Klinik Freiburg, dort 33 entlassen (Generallandesarchiv Karlsruhe 235/5007); unklar.
StA Essen: 25.5.33 Zuzug bei den Eltern in Essen, 1.1.33 Umzug nach Berlin.

Dort nicht nachweisbar, Emigration möglich.
Lebt evtl. um 1960 in Frankfurt a. M.: Dr. Berta Schwarz geb. Lieblich.

StA Heidelberg, Essen; UA Freiburg; Schröter.

FRANKENTHAL
(1:1)

Schlesinger, Justus Gottlieb
(25.3.1883 Breslau – 31.1.1981 Kfar-Saba/Israel), Dr. med., Kinderarzt (Wohnort Worms, Hafergasse 4).
Stud. Freiburg, Breslau. WW I. Appr. 21, Diss. Breslau 22.
Ausb. Univ.-Kinderklinik Breslau. 30 Zuzug aus Danzig (?) nach Worms, Heirat mit der Dermatologin Dr. Melita Loeb. Eröffnung der Praxis in Frankenthal am 15.5.31.
RMK 33.
6.10.33 Emigr. nach Israel:

„Meine Eltern haben anfangs in Nahalal zwei Jahre lang gelernt, landwirtschaftliche Arbeiter zu werden. 1935 siedelten wir um und gründeten Kfar Bialik, ein Dorf, in dem die meisten Landwirte früher deutsche Akademiker waren. Unsere Familie hatte eine große Hühnerfarm. Mein Vater arbeitete daneben weiter als Kinderarzt und meine Mutter als Dermatologin. Seit 1939 wohnen wir in Jerusalem. Da mein Vater die hebräische Sprache nie richtig beherrschte, war es für ihn unmöglich,eine Dauerarbeitsstelle in Jerusalem zu finden. Mein Vater arbeitete als stellvertretender Arzt an der Kupat Cholim Krankenkasse."

StA Worms, Frankenthal; Schlösser; Mittlg. Prof. Michael Schlesinger, Jerusalem (Sohn).

FRANKFURT am Main
(40:55)

Behrendt, Hans
(7.2.1894 Königsberg – nach 1973 New York), Dr. med., Kinderarzt, Bockenheimer Landstr. 83.
Stud. Königsberg, Appr. 20, Diss. Königsberg 20.
20–25 Ausb. Physiol. Inst. Univ. Ffm., Städt. Kinderklinik Dortmund (Engel), OA Univ. Kinderklinik Marburg (Freudenberg). Physiol., klinische und sozialhyg. Publ.
Oktober 25 Niederlassung in Frankfurt.
RMK 37+; DGfK MV 33 angekreuzt, 35 gestrichen.
21.7.38 Emigr. nach den USA, License 39, Ped., 511 W 232 St., New York City.

Kallmorgen; AMD 50–79; GV; Mittlg. Ute Daub; Drexler-Gormann.

Böhm, Henry
(27.9.1870 Frankfurt a. M. – 18.9.1938 Frankfurt a. M.), Dr. med., Kinderarzt, Liebigstr. 52.
Stud. Heidelberg, München, Berlin. Diss. Berlin 93, Appr. 94.
Ausb. Pathologie (Weigert) u. Dermatologie (Herxheimer) Ffm., Univ.-Kinderklinik Breslau (Czerny). Publ.
00 Niederlassung in Ffm.; Säuglings- u. Krippenarzt, ärztl.Überwachung aller Krippen des Frankfurter Krippenvereins. 10: Mitbegr. Frankfurter Verband f. Säuglingsfürsorge. Tätig-

keit in der Städt. Säuglingsberatungsstelle und d. Kinderabtlg. d. Monikaheims. WW I.
RMK 37+; DGfK MV bis 38 geführt.
30.3.33 Entlassung aus städt. Dienst.
StA;Kallmorgen; GV; Mittlg. Ute Daub; Drexler-Gormann.

Breuer, Josua
(15.9.1892 Frankfurt a. M. – Aug. 1959 New York bzw. Providence), Dr. med., Kinderarzt, Hanauer Landstr. 27.
Stud. Gießen, Straßburg, Würzburg, Ffm. WW I. Appr. 20, Diss. Berlin 21.
Ausb. Städt. Kinderasyl u. Waisenhaus Berlin (L.F.Meyer), KKFK Berlin (Finkelstein). Publ.
22 Niederlassung in Ffm.
RMK 37+; DGfK MV bis 38 geführt.
Emigr. Herbst 38 nach Antwerpen.
40: nach der deutschen Okkupation durch die belg. Behörden von der Familie getrennt, Verbringung nach Südfrankreich in das Internierungslager Le Vernet. (Frau u. Kinder fliehen über Frankreich in die Schweiz.) Entlassung aus dem Lager, in Toulouse unter Polizeiaufsicht. 41/42 Flucht, vermutlich über Spanien und Lissabon, nach Kuba. 43 mit Hilfe seines Bruders (Rabbiner in New York City) Einreise in die USA. Nach Kriegsende Zusammenführung der Familie.
License 44, Ped., 851 W 181 St. New York City, N.Y.
Kallmorgen; GV; AMD 50; Mittlg. Ute Daub; Danksagung Aufbau XXV, Nr.40, S.41, 2.10.59.

Cahen-Brach, Eugen
(26.3.1863 Saarlouis – 9.12.1942 Theresienstadt), San. Rat Dr. med., Kinderarzt, Liebigstr. 40.
Stud. Heidelberg, München, Würzburg. Appr. 87, Diss. Würzburg 87.
Ausb. Senckenbergisches Pathol. Inst. Ffm., Univ.-Kinderklinik München (v. Ranke), Kinderkrankenhaus Graz (Escherich).
91 Niederlassung als Praktischer Arzt und Kinderarzt in Ffm.
Nach 97 Einrichtung und Leitung der Säuglingsberatungsstelle IV als Teildienst der Armenklinik, zuständig für die Bevölkerung von Bornheim.
10 Mitgl. Frankfurter Verein für Säuglingsfürsorge. Mit H. v. Mettenheim Begr. d. Südwestdeutschen Sektion d. DGfK.
15–22 Leitung des Dr. Christ'schen Kinderhospitals und Ambulatoriums (gegr. 1845, heute Clementine Kinderhospital – Dr. Christ'sche Stiftung) in der Forsthausstraße.
RMK 26: Kinderpraxis Eppsteiner Str. 45.
RMK 37+; DGfK MV 33 mit Fragezeichen, 35 gestrichen, Austritt 12.2.37 [!] „zu meinem großen Bedauern." 33 Ausschluß aus allen Ehrenämtern, Praxisboykott. 37 Aufgabe der Praxis. 18.8.42 mit Ehefrau Deportation nach Theresienstadt.
Daub 95; Wönne; PäA; GV; Drexler-Gormann.

Cobliner, Samuel
(8.9.1880 Posen – 1946 Petah Tiqwa/ Palästina), Dr. med., Kinderarzt, Mainzer Landstr. 92.
Stud. Freiburg, Berlin, München. Appr. 07, Diss. München 07.
Ausb. Univ.-Kinderklinik München (Ranke, Pfaundler), Städt. Kinderasyl und Waisenhaus Berlin (Finkelstein), Städt. Säuglingsheim Breslau (Freund).
11 Niederlassung in Ffm. WW I.
RMK 35.
36 Emigr. nach Palästina, License Nr. 2526; 9, Nordau Str., Petah Tiqwa.

Jüd. Museum Ffm., Kallmorgen; GV; Mittlg. Ute Daub; PalMed 40; PalDir 42.

Ebertsheim, Walter
(25.5.1891 Bingen – vor 1965 USA), Dr. med., Kinderarzt, Internist, Fellnerstr. 9.
Stud. München, Kiel, Straßburg, Bonn, Freiburg, Heidelberg. Appr. 14, WW I, Diss. Ffm. 17.
Ausb. u. a. Kinderklinik d. Städt. Krankenhauses Sachsenhausen (Mettenheim).
21 Niederlassung in Ffm.
RMK 33.
34 Emigr. in die USA, License 35 (Eberts, Walter), 84 Amboy Road, Great Hills, Staten Island/ N.Y.

Kallmorgen; GV; AMD 38–65; Mittlg. Ute Daub.

Falk, Walter
(10.10.1899 Sulingen/Hann. – ? Haifa), Dr. med., Kinderarzt, Ffm.-Höchst, Dalbergerstr. 6.
Stud. Göttingen, Berlin, München, Hamburg. Appr. 24, Diss. Hamburg 24.
Ausb. Univ.-Kinderklinik Hamburg (Kleinschmidt), Schöneberger Kinderheilanst. Wyk auf Föhr, Kinderhosp. Altona, Path. Inst. Ffm., Städt. Kinderkrankenhaus Dortmund (Engel).
28 Niederlassung in Ffm.-Höchst.
RMK 33; DGfK MV 35 gestrichen.
33/35 Emigr. nach Palästina, License Nr. 1485, Hadera; ab PalDir 59: 5 Libanon Gate, Haifa.
(PalDir 70: Prof. Dr. W. Falk)

Kallmorgen; GV; Mittlg. Ute Daub; PalMed 40; PalDir 59–70.

Fath, Sigmund
(22.2.1864 Leutershausen – 19.9.1936 Frankfurt a. M.), San. Rat Dr. med., Kinderarzt, Kaiserstr. 39.
Stud. Heidelberg, Appr.88, Diss. Heidelberg 93.
Ausb.u.a. 93 Neumann'sches Kinderhaus Berlin.
91–93 prakt.Arzt in Grebenau, Krs. Alsfeld.
94 Niederlassung in Ffm.
RMK 37 Totenliste.

Kallmorgen; GV; Kinderhaus; Mittlg. Ute Daub.

Fath geb. Stahl, Alice
(14.10.1899 Bevern, Kr. Holzminden – vor 1965 Merced/Calif.) Dr. med., Kinderärztin, Kaiserstr. 39 (Schwiegertochter d. Vorigen).

Stud. Ffm., Göttingen, Tübingen, Berlin, Freiburg. Appr. 27, Diss. Ffm. 27 (Stahl).
Ausb. u.a. Univ.Hautklinik Freiburg, 29–32 Kinderklinik d. Med.Akademie Düsseldorf (Schloßmann).
32/33 offenbar Niederlassung im Rahmen der Praxis v. Sigmund F.
RMK 33.
Emigr. ca. 34 in die USA, License 35 (Fath, Alice), Ped. 200 E 19th St., Merced/Calif.; Member Merced Com. and State Med. Soc., San Francisco Heart Assoc. Letzte Adr. 1334 E Belmont St., Fresno/Calif.

Kallmorgen; GV; Dir. Med.Wom.49; AMD 50–65; Mittlg. Ute Daub.

Feuchtwanger, Albert
(29.8.1865 München – 25.1.1939 Tel Aviv), San. Rat Dr. med. Dr. phil., Kinderarzt und Geburtshelfer, Röntgenarzt, Sandweg 7.
Stud. Berlin, München. Appr. 90, Diss. med. München 90, Diss. phil. (Psychologie) Würzburg 11.
1890–94 Armenarzt in Jerusalem.
1894/95 Neumann'sches Kinderhaus Berlin.
1895 Niederlassung in Ffm., Einrichtung eines der ersten Röntgeninstitute.
RMK 35; DGfK MV 33 durchgestrichen, Austritt 17.8.33.
35 Emigr. nach Palästina, Tel Aviv. Licenseerteilung nicht nachweisbar, keine ärztliche Tätigkeit mehr.

Kallmorgen; GV; ABJ; Mittlg.Ute Daub; Tel. Mittlg. Max Feuchtwanger, Jerusalem.

Fürstenheim, Walter
(25.7.1879 Berlin – 2.8.1967 Frankfurt a. M.), Dr. med., Kinderarzt, Nervenarzt, Falkensteinerstr.1.
Stud. Berlin, Bonn, Göttingen. Appr. 03, Diss. Leipzig 04.
03–06 Ausb. u. a. Univ.-Kinderklinik Charité Berlin (Heubner), Psych. Charité (Ziehen).
06–11 Gründung einer „I. medico-pädagogischen Poliklinik f. Kinderforschung, Erziehungsberatung und ärztl. Behandlung" in Berlin.
Ass. bei Adolf Friedländer, Sanatorium „Hohemark" Oberursel; im Kriege stellv. Leiter.
17 Niederlassung in Ffm., Stadtarzt,
22 Stadtmedizinalrat.
RMK 37+.
31.3.33 Entlassung aus städt.Dienst.
34 Versuch der Auswanderung nach England über SPSL. 30.6.36 Praxisaufgabe.
1.12.38 endgültige Emigration, Registration 21.1.43, 8 Vineyard Hill Rd., Wimbledon, London SW 19.
1.4.59 Rückkehr nach Ffm.

Kallmorgen; GV; Jüd. Museum Ffm; SPSL 490/1; Mittlg. Ute Daub; Drexler-Gormann.

Grosser, Paul (Abb.)
(4.2.1880 Berlin – 7.2.1934 Saint-Germain-en-Laye), San. Rat a.o. Prof. Dr. med., Kinderarzt, Mendelssohnstr. 92.
Stud. Freiburg, Berlin, München. Appr. 03, Diss. Leipzig 03.
04–05 Phys. Chem. Abtlg. d. Pathol. Inst. Univ. Berlin (Orth),

05–07 Innere Abtlg. Urban-Krankenhaus Berlin (Plehn),
07–08 Städt. Waisenhaus Berlin Alte Jacobstr. (Finkelstein), Univ.-Kinderklinik Charité (Heubner).
08–11 Kinderabtlg. Städt.Krankenhaus Ffm. – Sachsenhausen (Mettenheim),
11 Niederlassung in Ffm; weitere wiss. Mitarbeit Kinderklinik.
14–18 WW I.
19 Habil. Ffm. Wiss. Schwerpunkte: Stoffwechsel im Wachstum, Kalkstoffwechsel, Säuglings- u. Kinderfürsorge, soziale Pädiatrie.
19 erneute Niederlassung, zugleich 20–29 Leiter d. Städt. Kinderheimes mit Säuglingspflegeschule Böttgerstr. 22. 23 a.o. Prof.
30–33 Ltd. Arzt des Clementine-Kinderkrankenhauses (Rothschild-Stiftung). Ausbau zur modernen Kinderklinik.
29.4.33 Lehrverbot durch die Med. Fakultät. Dekan Volhard:
„in Anbetracht der gegenwärtigen Einstellung der Studentenschaft."
Sommer 33 Entlassung als Klinikdirektor.
RMK 33, DGfK MV 33 angekreuzt, durchgestrichen. Austritt 25.10.33:
„Da ich als Nichtarier aus Deutschland auswandere, erkläre ich meinen Austritt aus der Gesellschaft."
16.12.33 Emigration nach Frankreich.
„Als meinem Vater die Kinderklinik weggenommen wurde, die er in Frankfurt leitete, als ihm als außerordentlichem Professor der Kinderheilkunde der Zutritt zur Universität untersagt wurde, da schwiegen seine Kollegen. Als er aus dem Verband der EK I-Träger ausgeschlossen wurde, da schwiegen seine Kriegskameraden, darunter die anderen ehemaligen Stabsärzte, die wie er vier Jahre lang an der Front gestanden hatten. Bei seiner Auswanderung 1933 ... gab es viel Schweigen. Nach seinem Tod bei Paris am 7. Februar 1934 veröffentlichte die Frankfurter Zeitung mit viel Mut einen schönen Nachruf. Mir ist kein ähnlicher in einer Fachzeitschrift bekannt geworden..." (Alfred Grosser 94).

Versuch der Einrichtung eines Kindersanatoriums in Saint-Germain-en-Laye bei Paris.

„Mein Vater wollte ein Kindersanatorium einrichten und hatte in dieser 20 Kilometer von Paris entfernten Kleinstadt ein großes Haus gefunden mit einem Garten, der eher ein kleiner Park war. Das Problem war nur, daß mein Vater garnicht Arzt sein durfte. Hätte er Englisch gesprochen, so wäre er wahrscheinlich nach Amerika ausgewandert, wo er ohne Schwierigkeiten an einer Universität Kinderheilkunde hätte lehren können. In Frankreich, dessen Sprache er beherrschte, hätte er alle Diplome neu machen müssen. Also war sein Plan, einen jungen französischen Arzt zu finden, der die Verantwortung übernehmen würde. Ein Ärzte-Ehepaar, Hubert und Suzanne Canale, erklärte sich dazu bereit..." (Alfred Grosser 93)

7.2.34 Tod an Herzversagen.
Witwe Lily Grosser, geb. Rosenthal wandelte das Haus in ein Kinderheim um.
37 frz. Staatsbürgerschaft, nach dem deutschen Einmarsch Flucht nach Südfrankreich. Tod der Tochter. Nach Kriegsende war Madame Grosser Sekretärin des „Comité français d'échanges avec l'Allemagne nouvelle".

Sohn Alfred Grosser, Politologe, Prof. am Institut d'Études politiques Paris, Mahner für die Versöhnung mit Deutschland, u.a. Friedenspreis des Deutschen Buchhandels 75, Wartburgpreis 95.

PäA; ABJ; Jüd.Museum Ffm; StA; GV; Kallmorgen; Fischer; Walk, BHE; Alfred Grosser 93, 94 und mündl. Mittlg; Daub 95; Heuer-Wolf.

Haas geb. Levy, Jenny (Jeanette)
(10.8.1894 Ober-Ingelheim – Jerusalem?) Dr. med., Kinderärztin, Frauenärztin, Ffm.-Eschersheim Ulrichstr. 25.
Stud. Heidelberg, Frankfurt. Appr. 19, Diss. Ffm 21.
Ausb. offenbar in beiden Fächern Univ. Kliniken Ffm.
RMK 35.
Nach 35 Emigr. nach Palästina, License Nr. 2109, 24 Benjamin Mitudela Str., Jerusalem. (Später möglicherweise: Dr.Y. Levy, Children's Diseases, 19 Aza Str., Jerusalem?).

Kallmorgen; GV; Mittlg. Ute Daub; PalMed 40; PalDir 59, 64.

Haymann, Cläre
(16.5.1897 – ? Buenos Aires), Dr. med., Kinderärztin, Ffm.-Niederrad, Bruchfeldstr. 36.
Stud. Heidelberg, München, Freiburg. Appr. 22, Diss. Freiburg 22.
26 Niederlassung in Frankfurt. Mitglied d. Vereins sozialistischer Ärzte.
33 Berufsverbot, Wegzug nach Wiesbaden.

RMK 35, Wiesbaden, Taunusstr. 37.
DGfK MV 33 Fragezeichen, 35 gestrichen.
Emigration nach Argentinien, Buenos Aires.

GV; Kallmorgen; Drexler.

Hirsch geb. Stern, Sophie
(16.1.1893 bzw. 15.1.1892 Salmünster – ? Israel), Dr. med., Kinderärztin, Reuterweg 53.
Stud. München, Heidelberg. Diss. Heidelberg 19, Appr. 20.
Ausb. Heilig-Geist-Hospital Ffm., Kinderklinik Med. Akademie Düsseldorf (Schloßmann).
Univ.-Kinderklinik Ffm. (Mettenheim). Jugendsanatorium Nordhausen (Harz).
23 Niederlassung in Ffm.
RMK 37+.
Pol. Abmeldung 10.9.37 nach Palästina. Dort nicht nachgewiesen.

Kallmorgen; Mittlg. Ute Daub; Drexler-Gormann.

Hochschild, Hugo
(1.1.1893 Biblis – 29.9.1982 Boston Mass.), Dr. med., Kinderarzt, Forsthausstr. 40.
Stud. Berlin, Heidelberg, Ffm. WW I. Diss. Ffm. 18, Appr. 19.
19–22 Städt.Krankenhaus Ffm., Univ.-Kinderklinik (Mettenheim).
22–24 Santiago de Chile, Erlangung der chilenischen Approbation.
24 Niederlassung in Ffm, Belegarzt im Clementine-Kinderkrankenhaus.
RMK 33, DGfK MV 33 angekreuzt,

gestrichen.
33 Kündigung des Belegarztvertrages, September Emigration nach Chile.
43 (2.Ehe) Übersiedlung in die USA, arbeitet in vier versch. Staaten als Internist.

Kallmorgen; Mittlg. Ute Daub.

Kunreuther, Theodor
(10.12.1895 Frankfurt a. M. – 14.2.1965 Sao Paulo), Dr. med., Kinderarzt, Hedderichstr. 2.
Appr. 22, Diss. Ffm. 23.
RMK 33.
August 33 Emigr. nach Brasilien:

„In Sao Paulo infolge dortiger Nichtanerkennung des deutschen Ärztediploms arbeitete er seit September 1933 als Pfleger mit einem monatlichen Einkommen von ca. 200 RM. Im Jahre 1950 bekommt er einen Herzinfarkt, der ihn zur Aufgabe seiner bisherigen Tätigkeit zwingt."

GV; Mittlg. Petra Bonavita aus den Entschädigungsakten des Hauptstaatsarchivs Wiesbaden.

Landé, Lotte (Abb.)
(25.5.1890 Elberfeld – 19.9.1977 Oberursel), Dr. med., Kinderärztin, Stadtärztin, Usingerstr.7.
Stud. Heidelberg, Berlin, München.
Appr. 14, Diss. München 14.
15–17 Univ.-Kinderklinik Göttingen (Göppert).
17–20 KAVH Berlin (Langstein), Beauftragte für die geschlossene und offene Fürsorge.
20–23 OÄ Städt. Säuglingsheim und Kinderobdach Breslau (Freund), Ärztin am Fürsorgeamt. In Breslau 20/21 Mitglied der SPD; Austritt

„weil mich deren politische Fragen nicht interessierten und ich schon damals den Wunsch hatte, mich ohne parteipolitische Bindung mit sozialhygienischen Fragen zu beschäftigen."

23–26 KKFK Berlin (Finkelstein).
26–33 Stadtärztin in Ffm. Aktives Mitgl. des Bundes Deutscher Ärztinnen, Ausschußarbeit zur Fürsorgegesetzgebung. Vorstandsmitglied der Frankfurter Ortsgruppe des Vereins Sozialistischer Ärzte.
Wissensch. Schwerpunkt: Ernährungs- u. Entwicklungsstörungen, Dystrophie.

Vom Frankfurter Magistrat „seinerzeit [1930?] auf die Liste der politisch unzuverlässigen Beamten pp. gesetzt worden mit der Begründung, daß sie einen Vortrag im Sozialistischen Ärztinnenbund über eine von ihr unternommene Rußlandreise gehalten habe, wobei russische kommunistische Zustände verherrlicht wurden."

6.1.32 aus Anlaß der Ausstellung „Frauen in Not" Vortrag zum Thema „Probleme der unverheirateten Frau". Forderung nach Aufhebung des § 218, Erweiterung der med. Indikation beim Schwangerschaftsabbruch, Aufklärung über Verhütungsmaßnahmen, gesellschaftl. Anerkennung freier Lebensgemeinschaften.

Öffentl. Kontroverse in den Frankfurter Tageszeitungen:

„Ausführungen im Sinne sexueller bolschewistischer Zügellosigkeit"; „Schädling unseres sittlichen und kulturellen Lebens."

Rüge der Stadtverordneten-Versammlung: „Anstand, Sitte und Ehre verletzt";

Antrag der NSDAP, Frau Landé aus ihrem Amt als Schulärztin zu entfernen: „Die Stadtverordneten-Versammlung bedauert den Vortrag der Frau Dr. Landé in der Ausstellung ‚Frauen in Not", weil er zu falschen Schlußfolgerungen Anlaß bot und ersucht den Magistrat, Maßnahmen zu treffen, daß sich gleiche Fehler nicht wiederholen."
Dennoch bis 31.3.33 im Amt; zunächst beurlaubt. 8.8.33 Bescheid: Entlassung zum 1.12.33 ohne Bezüge;
„Die Jüdin Dr. Landé hat...während ihrer stadtärztlichen Tätigkeit in Frankfurt a. M. aus ihrer marxistischen bzw. bolschewistischen Einstellung keinen Hehl gemacht ... nationale Unzuverlässigkeit."
Nach der Entlassung Übersiedlung nach Berlin, von dort (34?), 37 Emigr. in die USA.
Weiteres Schicksal s. bei Berlin (S. 158).
StA ; Ballowitz 91; Inst.Gesch.Med.Berlin, Mappe Landé; Lennert 95; Kröner; Drexler; Mittlg. Ute Daub.

Mettenheim(er), Heinrich von
(22.8.1867 Schwerin – 29.1.1944 Frankfurt a. M. bei Luftangriff), Prof. Dr. med. M.D., Kinderarzt, Dir. d. Univ.-Kinderklinik. Unterlindau 33.
Stud.Marburg, Leipzig, Berlin, Straßburg. Appr. 93, Diss. Straßburg 93.
93–94 Anatomie Straßburg (Schwalbe), Univ.-Kinderklinik München (Ranke).
94–96 German Hospital London, Children's Hosp. Pendlebury (Ashby). Erwerb des M.D.
96 Kinderhospital Dresden.
97 Niederlassung in Ffm.
99 Leitung des Christ'schen Kinderspitals, 08 zunächst nebenamtl. Dir. der Kinderklinik des Städt. Krankenhauses Sachsenhausen.
14 Umwandlung zur Univ.-Kinderklinik; a.o. Prof.
20–35 o. Prof. und Dir. d. Univ.-Kinderklinik.
Wiss. Schwerpunkte: Infektionskrankh., Poliomyelitis, Tbc., Thymus, Sozialhygiene. Begründer d. Südwestdeutschen Gesellschaft d. Kinderärzte.
RMK 33–37, nach 35 ohne Berufsbezeichnung. DGfK MV 33 Fragezeichen, bis 41 geführt.
März 35 vorzeitige Entlassung und Emeritierung wegen jüdischer Herkunft der Ehefrau; Streichung aus dem Personal- u. Vorlesungsverzeichnis; Verbot, die Klinik zu betreten.
Tod bei der Bombardierung seines Hauses.
GV; Daub 95; Heuer-Wolf, Lechner.

Meyer, Hans
(26.10.1900 Berlin – 1972 USA), Dr. med., Kinderarzt, Stadtarzt, Stadtgesundheitsamt, Letzter Hasenpfad 17.
Stud. Breslau. Diss. Breslau 24, Appr. 24.
Ausb. Breslau, Dortmund (Engel).
Stadtarzt ab 28, u. a. ärztl. Betreuung von Schul- u. Kleinkindern.
RMK 33, ohne Praxis.
33 Emigr. nach Belgien, Heyst-sur-Mer, Eröffnung und Leitung eines Kindererholungsheims.
40 nach Frankreich, Tod der Tochter

bei Bombardierung eines Flüchtlingstrecks. 15 Monate Internierung, 41 Flucht in die USA.
GV; Mittlg. Ute Daub.

Neu geb. Hirschland, Johanna
(1.1.1890 Mannheim – 20.1.1942 Paris), Dr. med., Kinderärztin, Bockenheimer Landstr. 91.
Stud. Heidelberg, Tübingen, München. Appr. 14, Diss. Heidelberg 14.
Ausb. u. a. München.
19–20 Niederlassung Bad Nauheim.
8.4.21 – 30.6.33 Niederlassung in Ffm., gemeinsam mit Ehemann Dr. Hans N., Gynäkologe.
RMK 33.
33 Emigr. nach Frankreich;
„Dr. Hans Neu schreibt über seine Frau, daß sie in der Emigration in Paris gezwungen war, sich jahrelang zu verstecken; der Tod seiner Frau wurde durch einen Nervenzusammenbruch hervorgerufen, sie war ‚ein Opfer der damit verbundenen Aufregungen und Entbehrungen' geworden".
Kallmorgen; RA; Mittlg. Ute Daub; Mittlg. Petra Bonavita aus der Entschädigungsakte Hauptstaatsarchiv Wiesbaden.

Neumark, Käthe
(5.1.1871 Emden – ?), Dr. med., Kinderärztin, Am Tiergarten 18.
Stud. Freiburg, Heidelberg, München. Diss. 08 München, Appr. 10.
Ausb. u.a. Kinderklinik Med. Akademie Düsseldorf (Schloßmann), Städt. Säuglingsheim München.
RMK 33; DGfK MV 33 durchgestrichen.

33 „nach Holland verzogen". Weiteres Schicksal unbekannt.
Kallmorgen; JbH; Mittlg. Ute Daub.

Ohlmann geb. Israel, Alice
(16.11.1898 Stuttgart – ?), Dr. med., Kinderärztin, Schwindstr. 10.
Stud. München, Tübingen, Ffm. Appr. 24, Diss. Ffm. 24.
24 Säuglingsheilstätte Stuttgart-Berg.
25–27 Univ.-Kinderklinik Ffm (Mettenheim). 2 wiss. Publ.
Nach Heirat mit Julius O. Mitarbeit in dessen Praxis. (s.d.)
GV; Mittlg. Mrs. Ilse Marks (Tochter).

Ohlmann, Julius
(19.10.1887 Frankfurt a. M. – Dez. 1966 Dayton/Ohio USA), Dr. med., Kinderarzt, Schwindstr. 10.
Stud. Heidelberg, München, Berlin, Freiburg. Diss. Freiburg 11. Appr. 12.
13–14 Med. Klinik Krankenhaus Charlottenburg-Westend; Kinder- und Infektionsstation Städt. Krankenhaus Friedrichshain Berlin (Magnus Levy).
WW I.
18–20 Städt. Waisenhaus und Kinderasyl Berlin (L.F.Meyer), gleichzeitig Anstaltsarzt des Waisenhauses.
20 Niederlassung in Ffm. Einrichtung der Säuglingsfürsorgestelle im Riederwald.
RMK 37+; DGfK MV 35 durchgestrichen. Austritt 6.1.36: „in der Annahme, daß Sie keinen Wert mehr auf jüdische Mitglieder legen."

„...The part of the Nuremberg laws that affected us was the prohibition on having non-Jewish domestic help under the age of 35. Wether this affected my father in the office I don't know but my mother helped him in the office at times and she of course was Jewish. My father was taken away by the Nazis during the Krystallnacht and returned three weeks later – earlier than others because he had been the recipient of two Eiserne Kreuze during World War I, serving his country during all four years of the war. We believe these medals were also responsible for the fact that he was one of five Jewish pediatricians allowed to practice in Frankfurt...."

38 „Krankenbehandler".

Februar 39 Emigration, zunächst für ein Jahr nach England, „with very little luggage and an even smaller knowledge of the English language".

4. März 40 Ankunft in USA.

„My father spent one year attending review medicine classes in New York and he was one of a very small percentage of doctors being re-trained who passed the exam the first time he sat for it."

License 41 Ohio State Medical Board, Niederlassung „with my mother helping him in his office", 104 Lexington Ave., Dayton/Ohio.

„He was a successful pediatrician in Dayton until he retired for health reasons in 1966 and died of lung cancer in December 1966."

Korr. mit Mrs. Ilse Marks, Sharon/Ma. (Tochter); GV; Kallmorgen; AMD 50–65.

Philippson, Paula (Abb.)
(9.3.1874 Berlin – 21.7.1949 Basel), Dr. med., Kinderärztin, Altertumswissenschaftlerin, Friedrichstr. 37.

Abitur in Basel, Studium in Zürich bis zum ersten Propädeutikum, Fortsetzung in Straßburg. Mitunterzeichnerin der Petition von „Medizinerinnen deutscher Nationalität, die in der Schweiz studiert haben oder noch studieren" an den Bundesrat in Berlin auf Anerkennung und Zulassung von Frauen zum Medizinstudium in Deutschland.

Dort ab dem 2. klin. Semester Studium in Freiburg, Breslau. Appr. 03, Diss. Breslau 04.

„Nach dem ersten klinischen Semester, in dem ich hauptsächlich noch anatomisch bei Schwalbe und physiologisch-chemisch bei Hofmeister gearbeitet und auch eine kleine Arbeit herausgegeben hatte, mußte ich die Straßburger Universität verlassen, da der pathologische Anatom, Professor von Recklinghausen, keine Studentinnen zuließ, obwohl sich die ganze Fakultät für mich einsetzte. Nach einem Semester in Freiburg im Breisgau ging ich dann nach Breslau; dort studierte die Tochter des Oberbürgermeisters Medizin, und so hoffte ich, dort gegen solche, damals noch mögliche professorliche Willkürlichkeiten geschützt zu sein. In Breslau kam ich bald in den Bannkreis des dortigen Pädiaters Czerny, in dessen Klinik ich nach dem Staatsexamen als Assistentin eintrat und vier Jahre blieb, bis ich mich 1907 als Kinderärztin in Frankfurt am Main niederließ..."

07–33 (?) Kinderärztin in der Frankfurter Altstadt, Schulärztin, Mitgl. Frankfurter Verband für Säuglingsfürsorge, Tätigkeit in Säuglingsberatungsstellen.

Publ. „Über die Entwicklung junger Säuglinge bei künstlicher Ernährung", Mschr. Kinderhk. 1913.

RMK 33; 35: Niedenau 55; 37+: Beethovenstr. 62.

Mitglied einer alten Bonner jüdischen Gelehrtenfamilie (Rabbiner, Religionswissenschaftler, Ärzte, Altphilologen, Geographen). Unter dem Einfluß insbesondere des Onkels Alfred Ph., Ordinarius für Geographie in Bern, Halle und Bonn (1864–1953), und des Graecisten W. F. Otto frühe Hinwendung zu umfassenden, sprachlichen, philosophischen und geographischen Griechenlandstudien. Zahlreiche Reisen nach Italien, Sizilien und – 1933 zum ersten Mal – nach Griechenland.

„...Und so fuhr ich Ende März 1933, zwei Tage vor den großen Juden-Boykott in Deutschland, über Brindisi und Korfu nach dem Piräus...Tagelang fuhr ich allein in meinem Auto durch Arkadien, in seine Bergwelt hinein, ritt zu dem einsamen Tempel von Phigalia, fuhr durch Messenien – allein mit diesen gewaltigen Eindrücken, allein in dem Lande und den Landschaften, die zu meiner seelischen Heimat werden sollten – und im Grunde meiner Seele dauernd das unfaßbare Erleben in Deutschland, das von mir noch nicht verwirklichte, aber unaufhaltsam schon begonnene Zusammenstürzen meiner gesamten inneren Existenz...
Im Juni kehrte ich nach Frankfurt zurück. Ich hatte mir vorgesetzt, dort zu entscheiden, ob für mich noch eine ärztliche Wirksamkeit möglich war. Als ich die Unmöglichkeit alsbald erkannte, stand mein Entschluß fest: noch im Herbst desselben Jahres 1933 fuhr ich nach Griechenland zurück, diesmal auf neun Monate. Ich wollte versuchen, ob mir ein produktives Arbeiten über griechische Dinge möglich war. War dies der Fall, so sollte dies fortan mein Lebensinhalt sein. War ich nicht dazu befähigt, so würde ich in die jüdische Wohlfahrtspflege eintreten..."

Emigr. in die Schweiz (Basel), keine ärztliche Tätigkeit mehr. Forschungen zur griechischen Mythologie. (u.a.: Genealogie als mythische Form, Studien zur Theogonie des Hesiod, Oslo 36; Griechische Gottheiten in ihren Landschaften, Oslo 39; Thessalische Mythologie Zürich 44).

P. Ph.: Mein Weg zum Griechentum, in Gutzmer 91; Kallmorgen; GV; Todesanzeige Aufbau XV, No.31, S.27, 5.8.49; Drexler-Gormann; Hoesch; Mehmel NDB.

Plaut, Max
(21.5.1880 Gießen – 3.4.1938 Frankfurt a. M.), Dr. med., Kinderarzt, Hansaallee 3.
Stud. Gießen, Berlin. Appr. 04, Diss. Gießen 04.
Ausb. Säuglingsheim Dresden (Schloßmann), Univ.-Kinderklinik Heidelberg (Vierordt, Feer). Publ. zu Ernährungsfragen.
07 Niederlassung Ffm. als praktischer Arzt und Kinderarzt. WW I.
RMK 37+; DGfK MV 33 angekreuzt, 36 Anweisung zur Streichung (s. bei Cohn-Hülse/Berlin), Austritt 14.1.37: „es dürfte Ihren Wünschen entgegenkommen". Kallmorgen; GV; PäA; Mittlg. Ute Daub; Drexler-Gormann.

Rosenbaum, Sally
(3.10.1877 – ? Ghetto Lodz), Dr. med., prakt. Arzt, Kinderarzt, Grünestr. 42.
Stud. München, Marburg. Appr. 01, Diss. Marburg 02.
02 Ass. am jüdischen Krankenhs.

Berlin.
Ltd. Arzt des v. Rothschild'schen Spitals und Kinderspitals. WW I. RMK 37+.
Lt. Deportationsliste 19.10.41 Transport Nr. 6 in das Ghetto Lodz. Möglicherweise dort ärztliche Tätigkeit. Verschollen.

Kallmorgen; GV; ABJ; Jüd. Museum Ffm; Mittlg. Ute Daub; Drexler-Gormann.

Rosenberg, Fritz
(26.2.1890 Frankfurt a. M. – nach 1969 Boulder Col., USA), Dr. med., Kinderarzt, Im Trutz 32.
Stud. München, Berlin, Heidelberg. Diss. Heidelberg 13, Appr. 14.
Ausb. u.a. Univ.-Kinderklinik Heidelberg (Moro), German Hospital London, Psych. Klinik Heidelberg. WW I. Publ.
19 Niederlassung in Ffm.
RMK 37+; DGfK MV bis 38 geführt.
Erbittet 39 [!] aus USA Bescheinigung über Mitgliedschaft in der DGfK.
Goebel: „...wird hiermit bescheinigt, dass er seit 1924 als Mitglied der Deutschen Gesellschaft für Kinderheilkunde geführt wird."
Emigr. in die USA, License 47, arbeitet als Pulmologe im Ex-Patients' Tubercular Home Denver/Colorado.

Kallmorgen; GV; PäA; AMD 50–69; Drexler-Gormann.

Rosenhaupt, Heinrich
s. bei Mainz (S. 285)

Rothschild, John
(19.6.1869 Bad Homburg v. d. H. – 24.2.1951 Kew Gardens/N.Y.), San. Rat Dr. med., Kinderarzt, Stadtschularzt. Wolfgangstr.92.
Stud. Würzburg, Berlin. Diss. Würzburg 92, Appr. 94.
Ausb. KKFK Berlin (Baginsky).
97 Niederlassung als einer der ersten Kinderärzte in Ffm.
05–33 Städt. Schularzt, nebenamtl. Fürsorgearzt der Stadtverwaltung. Säuglingsberatungsstelle Bockenheim. Mitgl. Frankfurter Verband für Säuglingsfürsorge. WW I.
RMK 37+; DGfK MV 33 angekreuzt, Austritt 20.1.35.
Entlassung aus öffentl. Dienst zum 1.5.33, Privatpraxis bis 30.6.37.
39 Emigr. in die USA, 8355 Lofferts Boulevard, Kew Gardens 15, N.Y.

StA; Arnsberg; Kallmorgen; GV; Drexler-Gormann.

Salomon, Adolf
(1.10.1893 Frankfurt a. M. – nach 1969 USA), Dr. med., Kinderarzt, Bettinastr. 62.
Stud. Heidelberg, München, Frankfurt. Appr. 20, Diss. Ffm. 20.
25 Niederlassung in Ffm.
RMK 37+; DGfK MV 33 angekreuzt, bis 38 geführt.
Emigr. in die USA, License 40, Ped., Williamstown Mass.

Kallmorgen; GV; AMD 50–69; Mittlg. Ute Daub; Drexler-Gormann.

Salvendi, Hugo
(20.2.1879 Bad Dürkheim – 1944 ? Auschwitz), Dr. med., Kinderarzt, Feuerbachstr.11.
Stud. Straßburg, München, Berlin, Erlangen. Appr. 02, Diss. München 02. 02–06 u.a. Med.Poliklinik und orthop. Klinik Erlangen, „chirurg. Kinderklinik" u. orthop. Ambulanz München. 06 Niederlassung in Ffm.
RMK 35.
Kallmorgen: „1935 nach dem Ausland verzogen". Daub: Emigr. in die Niederlande, zunächst Den Haag, später Hilversum. Wegen schwerer Erkrankung seiner Frau Verzicht auf Weiterreise nach Mexiko. Tod der Frau in Hilversum, Deportation mit Tochter via KZ Westerbork nach Auschwitz, offenbar Suicid im Deportationszug. Nach Kriegsende für tot erklärt.
GV; Kallmorgen; Mittlg. Ute Daub.

Sandels, Antonie (Toni), später Oppenheimer
(30.11.1899 Framersheim – Deportation?), Dr. med., Kinderärztin, Wittelsbacher Allee 85.
Stud. Ffm. Appr. 27, Diss. Ffm. 28. Ausb. Univ.-Kinderklinik Ffm. (Mettenheim).
30 Niederlassung in Ffm.
RMK 37+.
Weiteres Schicksal ungeklärt; Daub: Deportation.
Kallmorgen; GV; Mittlg. Ute Daub; Drexler-Gormann.

Schaumberg, Max
(15.6.1885 Kirchhain/Hessen – vor 1965 USA), Dr. med., Kinderarzt, Eckenheimer Landstr. 17.
Stud. Marburg, Freiburg, München. Appr. 10, Diss. Marburg 10.
Ausb. Kinderklinik Erlangen (Jamin), KKFK Berlin (Baginsky).
13 Niederlassung in Ffm.
RMK 37+.
Emigr. in die USA, License 41.
34–58, 90thSt., Jackson Heights/N.Y.
Kallmorgen; GV; AMD 50–63.

Schlesinger, Eugen
(26.2.1869 Pforzheim – 11.7.1937 Frankfurt a. M.), Prof. Dr. med., Kinderarzt, Bockenheimer Landstr. 68.
Stud. Heidelberg, München, Straßburg, Berlin, Paris. Appr. 93, Diss. Straßburg 93.
Ausb. in Berlin, Niederlassung als Kinderarzt in Straßburg. Städt. Schularzt. 04 Habil. Straßburg, 10 a.o. Prof. Wiss. Schwerpunkte: Wachstum, Konstitution, Schulgesundheitspflege. WW I.
19 nach Ausweisung aus Straßburg Niederlassung in Ffm. Bis 30 nebenamtl. Städt. Schul- und Kinderfürsorgearzt. Prof. an der Pädagog. Akademie.
RMK 37+; DGfK MV Austritt 11.1.36: „Nachdem die hiesige medizinische Gesellschaft die Nichtarier von der Mitgliedschaft ausgeschlossen hat, sehe ich mich veranlasst, aus den anderen ärztlichen Vereinen auszutreten...Es sind überdies meine Einnahmen derart zurückgegangen, dass ich mir eine Mitglied-

schaft bloss aus einer – nahezu 40jährigen – Tradition nicht mehr leisten kann..."

PäA; StA; Kallmorgen; GV; Drexler-Gormann.

Simon, Gustav
(20.6.1884 Frankfurt a. M. – 1955 Montevideo), Dr. med., Kinderarzt, Fellnerstr. 11.
Stud. München, Heidelberg, Freiburg. Diss. Freiburg 07, Appr. 08.
Ausb. Kinderkliniken München, Ffm, Wien.
11 Niederlassung in Ffm. WW I.
Belegarzt im Christ'schen Kinderhospital, 33 Kündigung des Belegarztvertrages.
RMK 35, DGfK MV 33 angekreuzt, Austritt 13.1.34.
30.9.36 Praxisaufgabe. Emigr. nach Uruguay, erhält keine Zulassung, arbeitet unentgeltlich am Krankenhaus Pereira Rosell in Montevideo.

PäA; Kallmorgen; GV; Mittlg. Ute Daub; Drexler-Gormann.

Simon, Karl Theodor Veit
(9.3.1911 Breslau – ? Naharyya, Israel), Medizinstudent, päd. Ass. (?), Bockenheimer Landstr. 70, später Dr. med., Kinderarzt.
Stud. Frankfurt, Modena (Italien), Appr. u. Diss. Modena vor 1938.

„Daß die Frankfurter Professoren, auch solche, bei denen er studierte, am 10.5.1933 hinter dem Ochsenkarren mit den Büchern, die sie dann verbrannten, an seinem Haus vorbei durch die Bockenheimer Landstraße zogen, gab den Ausschlag für die Entscheidung, sich von ihnen nicht länger ausbilden zu lassen" (Daub).

Okt. 33 nach Italien, Beginn der pädiatr. Ausbildung. 38/39 über die Schweiz nach Santiago de Chile. Wiederholung aller Examina, ab der 2. Hälfte der vierziger Jahre Tätigkeit als Kinderarzt. Um 60 Umzug nach Israel, danach Kinderarzt in Naharyya. Mittlg. Ute Daub.

Stadelmann, Eugen
(31.5.1887 Frankfurt a. M. – ?), Dr. med., Kinderarzt, Annastr. 5.
Stud. Freiburg, Gießen, München, Berlin. Diss. Freiburg 12, Appr. 13.
Ausb. u.a. Städt.Kinderklinik Ffm. (Mettenheim). WW I.
Danach Niederlassung in Ffm.
RMK 37 ohne Kennzeichnung („Halbjude"); DGfK MV ohne Unterbrechung geführt. Hat offenbar in Ffm. überlebt.

Kallmorgen; GV; Mittlg. Ute Daub.

Türk, Martha
(19.2.1885 Frankfurt a. M. – 1942 Edinburgh), Dr. med., Kinderärztin, Mylinstr. 40.
Stud. Freiburg, München, Straßburg, Heidelberg. Appr. 13, Diss. Heidelberg 13.
Ausb. u.a. Univ.-Kinderkliniken Straßburg (Salge), Ffm. (Mettenheim), Städt. Kinderkrankenhaus Dortmund (Engel).
19 Niederlassung in Ffm.
RMK 33, DGfK Austritt 23.9.33.
Emigr. 33 mit ihrer Schwester über London nach 8, Gordon Terrace,

Edinburgh. License 33 Edinburgh, 34 Glasgow. Unklar, ob noch ärztlich tätig; Daub: „nahm elternlos gewordene deutsch-jüdische Kinder in ihr Haus in E. auf und/oder finanzierte ihnen Berufsausbildungen (speziell Medizinstudien)."
Med.Dir. 40; Kallmorgen; GV; Mittlg. Ute Daub.

Ullmann, Johanna
(22.5.1887 Bergen Krs. Hanau – ?), Dr. med., prakt.Ärztin, Kinderärztin, Königswarterstr.4.
Stud. München, Heidelberg. Appr. 14, Diss. Heidelberg 14.
Ausb. u.a. Städt. Siechenhaus Ffm., Städt.Waisenhaus Berlin (Finkelstein), Urbankrankenhaus Berlin.
19 Niederlassung in Ffm.
RMK 37+.
Weiteres Schicksal unbekannt.
Kallmorgen; JbH; GV; Drexler-Gormann.

Zeitlin, Selda
(? – ?), Dr. med., Ass. Univ.-Kinderklinik, Eschenbachstr.14.
Appr.31, Diss. Ffm. 31.
RMK 33, 35: Wiesbaden, ohne weitere Daten.
Emigr.nach England, 39. G.P., 33 Gelders Hill, London N.W.11.
Kapp; GV.

FRANKFURT/ODER
(1:3)

Neumark, Hermann
(3.7.1880 Posen – 19.2.1947 Tel Aviv), Dr. med., Kinderarzt, Wilhelmsplatz 24.
Stud. Berlin, Heidelberg. Appr. 04, Diss. Leipzig 06.
Ausb. u.a. Säuglingsheim Dresden (Schloßmann), KKFK(?) Berlin (Baginsky).
Niederlassung in Posen.

„Meine Eltern stammen aus Posen, und wie alle Mitglieder ihrer weitverzweigten Familien verließen sie ihre Heimatstadt nach dem ersten Weltkrieg, weil sie auf keinen Fall auf ihr Deutschtum verzichten wollten..."

21 Niederlassung in Frankfurt/Oder. Leiter der Säuglingsabtlg d. Städt. Krankenhauses, Anstellung bei der Krankenkasse.

„Mein Vater... brachte es sehr schnell zu Ansehen und Beliebtheit...Noch am Ende des Jahres 1933, als die neuen Machthaber mit der Initiative der Winterhilfe herauskamen, bat die Stadtverwaltung meinen Vater um eine Liste der am meisten bedürftigen Mitbürger, und mein Bruder und ich wurden offiziell mit der Verteilung der Lebensmittel an die genannten Familien beauftragt, bei denen wir, Judenkinder oder nicht, mit Umarmungen und Dankhymnen aufgenommen wurden."

RMK 37+.
33 Entlassung aus beiden öffentlichen Ämtern, Boykott, Druckausübung auf die Patienten, drastisches Nachlassen der Praxis.

„Im Sprechzimmer meines Vaters, gleich hinter der Schlafzimmertür, wurde das Babygeschrei ... unbestimmter und dünner; manchmal verstummte es auf ganze Stunden – besonders wenn der SA-Mann auf der Straße patroullierte und jeden, der mit Kind ins Haus trat, nach Namen und Anliegen fragte. Die wenigen, die der ruhigen Autorität meines Vaters die Treue hielten, kamen manchmal erst nach Einbruch der Dunkelheit oder baten ihn telefonisch um einen abendlichen oder nächtlichen Besuch."

Ende September 38 Verschickung von Tochter und Sohn mit einem Kindertransport nach Palästina. Im Rahmen des Novemberpogroms Gefangennahme und Einlieferung in das KZ Sachsenhausen.

„Durch eine günstige Fügung und die Tatkraft entschlossener Menschen gelang es, meinen Vater, zerrüttet an Körper aber nicht an Geist, aus dem KZ herauszuholen und ein Zertifikat (d. britischen Mandatsregierung in Palästina) zu verschaffen."

Februar 39 Ausreise; wegen schwerer Gesundheitsstörungen keine Möglichkeit mehr, eine Praxis zu eröffnen.

„Als er endlich erkannte, daß sein Glaube an das ‚gute Deutschland' verfehlt war, wandte er seine ganze geistige und seelische Kraft der alt-neuen Heimat zu, dem Lande Israels."

Ada Brodsky 95 (Tochter); Korr. mit Ada Brodsky, Jerusalem, und Eldad Neumark (Sohn), London; GV; Todesanzeige Aufbau XIII, No. 16, S. 39, 18.4.47; ABJ.

FREIBURG IM BREISGAU
(4:17)

Besser, Felix
(4.9.1907 Wanne/Westf. – 1984 London), Dr. med., Ass. Med. Univ.-Klinik, später Kinderarzt.
Stud. Berlin, München, Freiburg. Diss. Freiburg 31, Appr. 31. Mitarbeiter an der Med. Univ.-Klinik Freiburg (Thannhauser), 33 Entlassung (oder freiwillige?) Emigration nach England, 14 Clifford Way, Duden Hill Lane, London NW 10.
RMK 33.
License Edinburgh, Glasgow 1934, Westminster Univ.; Clin. Ass. Children's Dept. Middlesex Hosp. London; Hosp. for Sick Children, London, Great Ormond Street. Diploma in Child Health 40. Ass. School Med. Off. London County Council. Graded Physician Royal Army Med. Corps. Kriegsdienst auf englischer Seite 39–45.
„He returned to practice pediatrics with a special interest in dermatology."
Nach dem Ende seiner klinischen Tätigkeit „appointed archivist" Hosp. for Sick Children, Great Ormond Street.
GV; Prom. Akte UA Freiburg; MD 53; The Lancet, Obituary March 3, 1984.

Böhm, Gerda
(12.11.1898 – nach 1940 Lager Gurs), Dr. med., Kinderärztin, Internistin, Schwaighofstr. 14.

Studium u.a. Freiburg, Diss. Freiburg 24, Appr. 24.
RMK 33: Ass. Ärztin am Elisabeth-Krankenhaus Aachen, danach (Entlassung?) Rückkehr nach Freiburg. Offenbar keine Praxisausübung mehr; nicht im Ärzteverzeichnis. Als „appr. Ärztin" im elterlichen Wohnhaus gemeldet (Tochter des Geologen und Paläontologen a. d. Univ. Freiburg Prof. Dr. Georg Böhm).
Bruder Dr. Gundo Böhm (Ass. am Physiologischen Institut, nach Basel emigriert) versucht vergeblich, Schwester und Mutter zur Emigration zu bewegen. Beide werden mit dem Sammeltransport badischer Juden am 22.10.1940 in das Lager Gurs (Südfrankreich) deportiert. Dort offenbar umgekommen; nach dem Krieg für tot erklärt.
GV; Einwohnerverz. Freiburg; Sauer; Mittlg. Prof. Bader, Zürich.

Heymann, Walter (Abb.)
(22.11.1901 Brüssel – 24.1.1985 Cleveland, Ohio), Priv. Doz. Dr. med., Kinderarzt, Univ. Kinderklinik, Mathildenstr. 1
18–23 Studium Bonn, Leipzig, München, Kiel. Diss. Kiel 23, Appr. 25.
22–24 Med. Klinik Kiel (Schittenhelm); 24–25 Physiol. Inst. Kiel (Hoeber); 25–26 Pharmakol. Inst. Münster (Freund);
26–29 KKFK Berlin (Finkelstein).
29–33 Univ.-Kinderklinik Freiburg (Noeggerath).
Wiss. Schwerpunkte: Diabetes, Ketose, Rachitis, Vitamin-D-Stoffwechsel. Spezialisierung auf dem Gebiet der Kindernephrologie. 31 Habil.
33 Entlassung, vergeblicher Versuch von Noeggerath, ihn länger zu halten: „der einzige voll ausgebildete Assistent an der Klinik."
18.4.33 Kündigung zum 1. Juli, wegen „Teilnahme an den Kämpfen gegen die Kommunisten in der 4. Komp. des Zeitfreiwilligen-Regimentes in Leipzig im Jahre 1920".
Nach § 3 des Berufsbeamtengesetzes keine Entziehung der Lehrbefugnis, jedoch keine Zurücknahme der Kündigung.
30.8.33: „Priv. Doz. Dr. Walter Heymann ist z.Zt. in New York, wird in seiner Eigenschaft als Dozent für die Dauer eines Jahres beurlaubt."
6.12.34: „...ist in Amerika; er ist in Kenntnis gesetzt, daß sein Urlaub abgelaufen ist und daß er damit aus dem Lehrkörper der Universität ausgeschieden ist."
33–34 Resident am Home for Hebrew Infants, New York (Alfred Hess). Ab 34 von Henry Gerstenberger (Ehrenmitglied DGfK 1931) an die Case Western Reserve University Cleveland/Ohio geholt. Staff-member ab 34, License 36, 47 Assist. Prof., 64 Prof. of Pediatrics and Director of Renal Service.
Wiss. Schwerpunkt weiterhin Nierenerkrankungen im Kindesalter.
1959: „Heymann-Nephritis": Production of Nephrotic Syndrome in Rats by Freund's Adjuvans and Rat Kidney Suspensions, Proc. Soc. Exp. Biol. Med. 100 (1959), S. 660–664.

68–69 Präsident d. American Soc. for Pediatric Nephrology.
50 Gründungsmitglied, später Präsident d. Cleveland Chamber Music Society.
RMK 33; DGfK MV 33 angekreuzt, bis 38 geführt, 1.3.38 Austritt.
25.4.35 an Schriftf. Goebel: „Es tut mir leid, mit meinem Beitrag zur Deutschen Ges. f. KH. verspätet zu kommen. Soweit ich informiert bin, dürften 2 $ etwa 5 M. entsprechen. Darf ich Sie bitten von meiner neuen Adresse Kenntnis zu nehmen...Seit Ende letzten Jahres bin ich auf Grund des Gesetzes zur Wiederherstellung d. Berufsbeamtentums (so hieß es glaube ich) nicht mehr der Freiburger Facultät zugehörig."
1.3.38: „Ich glaube...daß mein weiteres Verbleiben als Mitglied der Gesellschaft unter den obwaltenden Umständen ziemlich sinnlos geworden ist, sodass es mir ratsamer erscheint, um meinen Austritt aus der Gesellschaft zu bitten."
PäA; BHE; AMD 50–85; UAF; Kröner; Nachruf J. Lab. Clin. Med. Febr. 88, 259–260; Prof. Peter W. Heymann (Sohn) Charlottesville, Virginia, durch Prof. Matthias Brandis (Freiburg i.Br.).

Lieblich, Berta
s. bei Essen (S. 222)

Liefmann, Elsa (Abb.)
(27.5.1881 Hamburg – 24.5.1970 Zürich), Dr. med. Dr. phil., Primarschullehrerin, Kinderärztin, Psychologin, Gartenstraße 30.
97–00 Ausb. im Freiburger Lehrerinnenseminar, 01 Eintritt in die Oberprima der Freiburger Oberrealschule, 02 Abitur.
02–03 Stud. rer. nat., 94–08 Stud. med. Freiburg, München., Diss. med. Freiburg 08, Appr. 09.
09–15 Ausb. an verschiedenen Kliniken in Düsseldorf (Schloßmann), Berlin (10 Neumann' sches Kinderhaus), Bremen und Straßburg (Salge).
15 Niederlassung als Säuglings- und Kinderärztin, sowie für „ärztliche Erziehungsberatung" in Freiburg. Tätigkeit als Sport- und Schulärztin.
19–22 Stadtverordnete für die Deutsche Demokratische Partei in der ersten Legislaturperiode des Bürgerausschusses der Weimarer Republik. Einsatz für die Mütterberatung, für Kinder- und Jugendhorte, für fahrbare Notküchen in der Hungerzeit der Inflation, für Frauenbildung und Frauenstudium. Wiss. Studie an Freiburger Schulen zur Beurteilung der Begabung nach sozialen Bedingungen; vom Schulamt verworfen. Zusammenarbeit in sozialpädagogischen und -pädiatrischen Fragen mit Prof. Noeggerath (Univ. Kinderklinik).
Mitbegründerin und Vorstandsmitglied des „Deutschen Ärztinnenbundes" in Berlin. Gründerin der Ortsgruppe Freiburg des „Deutschen Akademikerinnenbundes".
1928 Promotion zum Dr. phil. auf dem Gebiet der Psychotherapie. Pädagogische Tätigkeit in einer Höheren Mädchenschule.
33 Entzug der Kassenpraxis, Aufgabe der Privatpraxis; 33–38 Besuch psychotherapeutischer Vorlesungen in

Berlin (?). Herbst 38 Rückkehr nach Freiburg.
RMK 37+, Adresse im Elternhaus Goethestr. 33.
22.10.40 Deportation mit Schwester Martha und Bruder Prof. Dr. Robert Liefmann (1874–1941; 1914–1933 o. Prof. f. Nationalökonomie an der Univ. Freiburg) in das Lager Gurs.
„Als meine Schwester und ich durch eine Öffnung im Stacheldraht in das Camp eintraten, rief jemand auf französisch, ob eine Ärztin da sei. Ich meldete mich und so wurde ich nach einer Baracke gewiesen...Diese Baracke aus Holz wurde ‚Infirmerie' (Aufenthalt für Kranke) genannt. Sie bestand aus drei kleinen Räumen beim Eingang und einem großen Raum dahinter. Dort lagen einige Strohsäcke in der Ecke, sonst war die Baracke leer. Weder das elektrische Licht noch der einzige Wasserhahn funktionierten. Nach und nach sammelten sich etwa dreißig Frauen, die meisten sehr alt und gebrechlich...Die älteste Frau war 98 Jahre alt, körperlich noch verhältnismäßig rüstig, aber im Alter kindisch geworden. Sie wurde später wie ein Paradepferd vom französischen 'Chefarzt' den auswärtigen Besuchern gezeigt und auf die Frage, wie es ihr hier gefalle, antwortete sie mit blödem Lächeln: 'Ausgezeichnet'..."
Winter 40/41 ärztl.Tätigkeit:
„Die Zahl der Gräber nahm in dieser Zeit erschreckend zu. Es war eine Dysenterie im Lager ausgebrochen, die in kurzer Zeit viele Menschen, alte und junge, hinraffte. Isolierungsmöglichkeiten gab es nicht...In jenen Wochen war es fast eine Qual, hier als Arzt tätig zu sein..."
Durch Vermittlung einer Schweizer Hilfsorganisation nach 4 Monaten Entlassung mit einem sog. Congé de Santé, Zwangsaufenthalt in Morlaas, Südfrankreich. Tod des Bruders. Mit Hilfe der Internationalen Vereinigung der Akademikerinnen und der Quäker Übersiedlung nach Dieulefit, Dép. Drôme. Herbst 42 Flucht über die Berge in die Schweiz.
Seit 21.9.42 in Zürich, Flühgasse 37, später Feldeggstr. 49. Keine ärztliche Tätigkeit mehr, Vorträge im Bund schweizerischer Ärztinnen, schriftstellerische Tätigkeit. 14. 5. 52 Verleihung des Professorentitels durch die badische Landesregierung. 27.1.56 Schweizer Bürgerrecht des Kantons Zürich.
1966 Publikation von Erinnerungen an den Abtransport aus Freiburg und die Situation im Lager Gurs: „Helle Lichter auf dunklem Grund";
„...unsere junge Generation soll wissen, was Menschen in unserem Jahrhundert in einer ‚christlichen' Bevölkerung unter dem Druck einer teuflischen Übermacht sich zuschulden kommen ließen, da sie diese Übermacht nicht als böse erkannt haben. So wurden sie selbst unmenschlich. Es ist die Frage, ob dergleichen unter ähnlichen Verhältnissen vielleicht auch in anderen Ländern möglich gewesen wäre."

StA; UAFreiburg; Liefmann 1966; Freudenberg-Hübner/Wiehn 1993; Kinderhaus; Breisinger.

FÜRTH
(2:4)

Heilbronn, Dora
(3.4.1896 Fürth – 8.2.1936 Fürth), Dr. med., Kinderärztin, Leiterin der Säuglingsfürsorgestelle, Nürnberger Str. 5.

Appr. 22, Diss. München 22.
24 Niederlassung in Fürth, Boykottliste „Fürther Anzeiger" 31.3.33. Tod im Israelischen Hospital, Theaterstr. 36 in Fürth.
RMK 35.

StA; GV; Leibfried-Tennstedt 80.

Oppenheimer, Joseph
(29.5.1877 Fürth – vor 1950 New York), Dr. med., Kinderarzt, Hirschenstr. 6.
Stud. Würzburg, München. Appr. 01, Diss. Würzburg 01.
02 Hospitant/Mitarbeiter Neumann'sches Kinderhaus Berlin.
05 Niederlassung in Fürth, Boykottliste „Fürther Anzeiger" 31.3.33.
RMK 33.
1933 Emigr. in die USA, License 1934, 245 Fort Washington Ave., New York City, N.Y.

StA; GV; AMD 40–50; Leibfried-Tennstedt 80; Kinderhaus.

GELSENKIRCHEN
(1:7)

Meyer, Max
(10.2.1884 Gelsenkirchen – nach 1969 New York), Dr. med., Kinderarzt, Hindenburgstr. 75.
Stud. Straßburg, München, Berlin, Appr. 09; Diss. Berlin 09. WW I.
ca. 22 Niederlassung in Gelsenkirchen.
„Dr. Meyer und seine Familie gehörten zu einer Gruppe Gelsenkirchener Juden, die sich 1919/20 um die Gründung einer orthodoxen jüdischen Gemeinde (Israelitische Religionsgemeinschaft 'Adass Jisroel') bemühten. Damit wandte sich diese relativ kleine Gruppe Gelsenkirchener Juden gegen die als liberal bekannte Synagogengemeinde in Gelsenkirchen. Die Gründung der orthodoxen jüdischen Gemeinde scheiterte an der Ablehnung der Anerkennung als jüdische Gemeinde durch den Regierungspräsidenten Arnsberg im Jahr 1920" (StA).

RMK 37+; DGfK MV geführt bis 38, dann gestrichen.
10.5.39 Emigr. zunächst nach London, 83 Lordship Park, N 16. Ehefrau folgt über Belgien im Januar 40; gemeinsam weiter nach den USA. License 40, Ped. 645 West End Ave., New York City.

StA; GV; PäA; AMD 50–69; Kapp; Aufbau XX, No.7, S.25, 12.2.54 (65.Geb.)

GERA
(2:5)

Simmel geb. Rapp, Else
(7.2.1895 Groß-Umstadt (Hessen) – 15.2.1964 Warren/Ohio?), Dr. med., Kinderärztin, Vollersdorfer Str. 13.
Diss. Heidelberg 18, Appr. 19.
25–28 Kinderarztpraxis in Jena. Verh. mit a.o. Prof. Dr. Hans Simmel, Internist (1891–1943), Sohn d. Berliner Soziologen und Philosophen Prof. Dr. Georg Simmel, 1. Ass. a. d. Med. Univ.-Poliklinik (Veil).
29–34 Gera (nach Ernennung von

Hans S. zum Chefarzt am Städt. Krankenhaus). Keine ärztliche Tätigkeit.
34 nach Entlassung d. Ehemannes Umzug nach Stuttgart, Marienstr. 39.

11.1.34 an Schriftf. Goebel: „Sie werden ja erfahren haben, dass mein Mann im März 1933 infolge haltloser Hetzereien seine Stelle verloren hat – fristlose Entlassung ohne Entschädigung. Er hat zwar die Stadt verklagt, von der er lebenslänglich angestellt war, aber bis jetzt hat noch kein Termin stattgehabt...Da ja inzwischen das Gesetz für Nichtarier in Großstädten gekommen ist, das sich fast ausschließlich gegen Frontkämpfer richtet, so können Sie sich ja wohl vorstellen, wie wir uns und unsere 4 Kinder weiter durchbringen sollen. Andererseits möchte ich von mir aus jetzt nicht auf die Zugehörigkeit zu einem Facharztverein verzichten, auch wenn ich zur Zeit nicht praktizieren kann."

RMK 37+; DGfK MV 33 angekreuzt, 35 gestrichen, Austritt 17.1.36

„da ja sicher die Gesellschaft keinen Wert auf nichtzahlende, nichtarische Mitglieder legt".

38 Ehemann in „Schutzhaft", nicht als „Krankenbehandler" zugelassen.
16.8.39 Emigr. nach England, als Refugee anerkannt.
März 1940 weiter in die USA, Norwich, Connecticut. 23.8.43 Tod d. Ehemannes in Warren/Ohio.
47 am Vassar College Poughkeepsie/N.Y. tätig; 50 als Ärztin am Norwich State Tuberculosis Sanatorium angegeben. Letzte Adresse: 438 S. E. Kenilworth Ave, Warren/Ohio.

StA; PäA; SPSL; ABJ; AMD 50; Todesanzeige Aufbau XXX, No 8, S. 28, 21.2.64 („früher Stuttgart"); Simsohn; Fromannshausen/Beck; Fornfeist.

Philipp, Erna
(8.2.1900 Dortmund – Syrien?), Dr. med., Volont. Ärztin Innere Abtlg. Städt. Krankenhaus (Simmel).
Stud. u. a. Würzburg, Heidelberg, Freiburg. Diss. Freiburg 28, Appr. 28.
Beginn kinderärztl. Ausbildung Städt. Krankenanstalten Kiel, nach Gera zur Ableistung des vorgeschriebenen Jahres Innere Medizin. Dienstantritt 1.12.1932, Kündigung 14.12.32.

Rechtsanwälte: „Wir glauben annehmen zu können, daß der Herr Staatsbeauftragte unter den obwaltenden Umständen nicht bestreiten wird, daß die eigenartige Entlassung, bei welcher unsere Auftraggeberin sofort jede Tätigkeit im Krankenhaus einstellen mußte, aus konfessionellen Gründen erfolgt ist. Nach der Reichsverfassung ist eine Benachteiligung aus konfessionellen Gründen nicht zulässig. Diese Bestimmung wird auch allgemein als Schutz angesehen (§ 823 Abs.2)..."

Erstreitet eine Abfindung von 840 Reichsmark.
RMK 33 Ass. Ärzt. in Städt. Krkh., Metzstr.; RMK 35 Dortmund, ohne Tätigkeit. Vorübergehend offenbar in Berlin.
Auswanderung nach Beirut am 18.11.1935.

GV; Simsohn.

GIESSEN
(1:8)

Hanau, Franz
(24.2.1892 – ? USA), Dr. med., Kinderarzt, Seltersweg 67.
Diss. 22 Gießen, Appr. 22.
25–35 als Facharzt im Adreßbuch.
RMK 35 Roonstr. 6.
Weiteres Schicksal unklar:
- StA Gießen, Dokumentation über jüdische Bürger Gießens: Tod in New York am 27.12.1936, gleiches Todesdatum für Ehefrau Else, geb. Wetzstein, und Sohn Rudolf (geb. 32), Suicid?
- AMD 50–79: License 1938 [!], 1800 Davidson Ave, New York City, N.Y. Später Bronx bzw. Bronxville, N.Y.
StA; GV; AMD.

GLOGAU Głogow
(1:1)

Nathan, Edmund
(4.3.1892 Zduny, Krs. Krotoschin, Prov.Posen – nach April 1942 Lager Izbica), Dr. med., Kinderarzt, Leiter der Kinderkrippe, Markt 22.
Stud. Berlin, München, Freiburg, Breslau. 14–19 WW I. Appr.17, Diss. Breslau 19.
RMK 37+, DGfK MV bis 38 geführt, dann gestrichen.
Der „sehr beliebte Kinderarzt" gehörte zu den „letzten Glogauer Juden" und mußte von 1940 bis 1942 auf der Glogauer Schiffswerft Zwangsarbeit leisten. April 1942 Deportation in das Lager Izbica.
PäA; GV; Lucas/Heitmann.

GLADBECK
(1:1)

Heßberg, Gertrud
(25.8.1891 Essen – ?), Dr. med., Kinderärztin, Humboldtstr. 8.
Diss. München 23, Appr. 23
30 (?) Niederlassung in Gladbeck, Abmeldung 19.5.34 „auf Reisen".
Mitglied der jüdischen Gemeinde.
RMK 33, DGfK Abmeldung 12.9.33.
Weiteres Schicksal unbekannt.
StA; PäA; GV.

GÖRLITZ
(3:5)

Frankenstein, Hans
(? – ?), Dr. med., Kinderarzt, Dir. d. Kinderabteilung des Karoluskrankenhauses, Blumenstr. 2
Appr. 24, Diss. Breslau 24.
Von 25/26 bis 32/33 in den Görlitzer Adreßbüchern als niedergelassener Kinderarzt verzeichnet.
RMK 33.
Offenbar frühe Emigration nach England, 1934 von der Rechnungserstattung ausgeschlossen.

Kapp 39: G.P., Kitchener Camp, Richborough, N. Sandwich, Kent.
StA; GV; Otto.

Krebs, Berthold
(2.12.1897 Kattowitz – 25.4.1955 La Paz, Bolivien), Dr. med. Kinderarzt, Bismarckstr. 16.
Stud. 16/17 Chemie, WW I, bis Ende Januar 1919 beim oberschlesischen Grenzschutz.
19–22 Stud. med. Heidelberg, Breslau. Appr. 23, Diss. Breslau 26.
Ausb. 23–26 Univ.-Kinderklinik Breslau, KKFK Berlin. Ab 27 Niederlassung in Görlitz.
In den Adreßbüchern als Kinderarzt geführt bis 1940.

„Anfang Mai 1933 (wurden) auch in Görlitz sämtliche Leihbüchereien überprüft und sogenanntes jüdisch-marxistisches Schriftgut aussortiert zwecks Vorbereitung einer großen Aktion. Es schlossen sich nur die in jüdischem Besitz befindliche Bücherei Gilbert und Co. sowie die nichtjüdische Eva Wolf aus, welche daraufhin...als Judenknecht bezeichnet wurde. Fräulein Wolf, die erst 1931 ihre Bücherei eröffnet hatte, war wie ihre Eltern immer gegen Hitler. Gemeinsam mit ihrem Lebensgefährten, dem jüdischen Arzt Dr. Berthold Krebs, entfernte sie im September 1933 vom gemeinsamen Balkon eines Nachbarn die Hakenkreuzfahne, worauf beide in die sogenannte Schutzhaft kamen" (Otto).

RMK 37+
Offenbar späte Emigr. nach Bolivien, La Paz, Casilla 711.
StA; GV; Otto; Todesanzeige in Aufbau XXI, No.19, S.32, 13.5.55.

Malinowski, Arnold
(20.3.1886 Pleschen – ?), Dr. med., Internist, Kinderarzt, Berliner Str. 58/59.
Stud. Berlin, Appr. 11, Diss. Berlin 18.
In Görlitz ab 19 bis 32/33 in den Adreßbüchern als niedergelassener Kinderarzt geführt.
RMK 33.
Offenbar frühe Emigr. in die Niederlande.
StA; GV; Otto.

GÖTTINGEN
(1:6)

Stein, Ida
(25.11.1892 Altenburg /Anhalt – um 1989? USA), Dr. med., Kinderärztin, Baurat-Gerberstr. 2.
Stud. Leipzig, Heidelberg. Appr. 18, Diss. Heidelberg 18.
20 nach Göttingen, verh. mit a.o. Prof. f. Pharmakologie Hans Handovsky, später geschieden.
Niederlassung ca. 29.

„Obwohl ihr ab 1933 wegen ihrer jüdischen Herkunft die verschiedenen kassenärztliche Zulassungen entzogen wurden, konnte sie ihre Praxis vorerst noch fortsetzen."

RMK 37+, DGfK MV geführt bis 38, dann gestrichen.
11.5.39 Emigr. via Schottland in die USA. Offenbar Tätigkeit als Medical Officer im Tbc.-Hospital der Veterans Administration in Walla Walla/Wash.
PäA; GV; Schäfer-Richter/Klein; AMD 50–89.

GOTHA
(1:2)

Stern, Arthur
(1897 – nach 1964 Petah Tiqwa, Palästina), Dr. med., Kinderarzt, Friedrichstr. 24, ab Okt. 32 Gartenstr. 32 b.
Stud. Marburg, Breslau. Appr. 24, Diss. Breslau 24 (aus der Univ.-Kinderklinik Marburg).
Niederlassung um 27.
28 Kandidat d. Zionisten der Israelit. Kultusgemeinde.
RMK 33, DGfK MV 33 durchgestr., Vermerk: „n.d.Ausland verzogen".
April 33 Haftbefehl wegen „fahrlässiger Tötung", Juni 33 Aufhebung d. Haftbefehls.
Noch 33 Emigr. nach Palästina, License Nr. 1484, 20 J.M.Salomon Str., Petah Tiqwa. Dort nachweisbar bis 64.

StA; Thür.Staatsarchiv; PalMed 40; PalDir. bis 64; Bräutigam.

GRÜNBERG /
Schlesien **Zielona Góra**

(1:1)

Metis, Felix
(21.3.1896 Lissa – 24.6.1984 Flushing N.Y.?), Dr. med., Kinderarzt, Bahnhofstr. 10.
18–24 Stud. Greifswald, Breslau. Appr. 23, Diss. Breslau 23.
Ausb. Univ. Kinderklinik Breslau (Stolte).
Beratender Kinderarzt am Diakonissen-Krankenhaus Bethesda.
Vors. d. Ortsgruppe des Reichsbundes jüdischer Frontsoldaten.
1.4.33 Unterzeichner eines Aufrufes der Ortgruppe im „Grünberger Wochenblatt" gegen den Boykott jüdischer Geschäfte, Praxen etc.:
„Kameraden, Deutsche Juden! Trotz der energischen und umfangreichen Bemühungen des deutschen Judentums gegen die Greuelpropaganda im Auslande ist bis zur Stunde die für morgen angesetzte Boykottanordnung nicht aufgehoben worden. Es ergeht daher an alle die dringende Mahnung, die gegenwärtigen Schwierigkeiten mit Würde zu tragen. Laßt Euch keineswegs zu gesetzwidrigen Handlungen hinreißen und laßt Euch durch nichts in Eurem vaterländischen Empfinden beirren, das Euch bisher in Freud und Leid unlösbar mit dem deutschen Vaterlande verband. Wir verlangen von jedem deutschen Juden eiserne Disziplin und Ruhe. Die Betriebe werden grundsätzlich offengehalten, auch dann, wenn sie kein Käufer betritt. Anordnungen der Obrigkeit, die die Schließung wünscht, sind selbstverständlich zu befolgen. Sollten sich wider Erwarten Zwischenfälle ereignen, so ist der Unterzeichnete umgehend zu bebachrichtigen. Wer sich undiszipliniert verhält, schadet dem deutschen Judentum. Ihr könnt überzeugt sein, daß sowohl unser Bund wie auch die anderen jüdischen Verbände alles erdenklich Mögliche zur Klärung der Lage tun und weiter tun werden. Reichsbund jüdischer Frontsoldaten. Dr. Metis" (zit.nach Claudé).

37 Praxisverbot; RMK 37+, DGfK MV geführt bis 38, dann gestrichen.
38 mit Touristenvisum nach nach New York. Mit Unterstützung jüd. Organisationen Hilfsarbeitertätigkeiten bis 40; 41–45 Emergency Clinic of Wykoff Heights Hospital. Dabei Vor-

bereitung der med. Examina; License 45, Ped., 65–69 Grand Ave., später 69–15, 54th Ave. Maspeth, Queens, N.Y. Leiter der dortigen Kinderklinik. Späterer Wohnort Flushing N.Y. Die Ehefrau und zwei Kinder gehörten zu den Passagieren der „St. Louis", dem zu tragischer Berühmtheit gelangten Flüchtlingsschiff der Hamburg-Amerika-Linie, dem am 27.5.1939 die Landung in Havanna (Kuba) verweigert wurde. Das Schiff mußte nach Rotterdam zurück; die Flüchtlinge wurden auf europäische Länder verteilt; viele von ihnen fielen der nationalsozialistischen Vernichtungspolitik zum Opfer. Die Familie Metis gehörte zu den 287 Personen, die von England aufgenommen wurden, dort den Krieg verbringen mußten und überlebten. 45 Einwanderung in die USA.

GV; PäA; AMD 50–65; Claudé/Kutschelis.

GUBEN
(1:2)

Ockel, Gerhard
(? – ?), Dr. med., Kinderarzt, Lindengraben 16.
Appr. 20.
RMK 33 u.35 ohne, 37 mit Facharzt, jedoch keine Kennzeichnung als Jude. DGfK MV 33 gestrichen, Austritt 6.4.33, auch aus Wirtschaftsausschuß. Mutmaßlich 38 emigriert, weiteres Schicksal unklar.
StA; PäA.

GUMMERSBACH
(1:1)

Simons, Alfred
(26.12.1901 Köln – 1976 Adelaide, Australien), Dr. med., Kinderarzt, Bismarckstr. 1.
Diss. 25 Bonn (27 Heidelberg?), Appr. 27.
Niederlassung 1930
„als erster Kinderarzt im Oberbergischen. Seine Frau Dr. Sophie Simons [Nichtjüdin] war die erste praktische Ärztin in Gummersbach. Beide hatten ausgezeichnete Examina abgelegt und auf Grund ihrer Kompetenz fanden sie in kurzer Zeit einen großen Patientenstamm."
RMK 37+, DGfK MV 35 gestrichen.
33 Praxisboykott, Kassenentzug. Etwas Privatpraxis.
37 Prozeß gegen Frau Dr. Simons vor der Ärztekammer Düsseldorf wegen Zusammenarbeit mit ihrem jüdischen Mann. Ausschluß ihrer Pat. aus der Winterhilfe, Entzug der Geburtshilfe im Krankenhaus, Schwimmverbot für den 7 jährigen Sohn in der Badeanstalt. Nach dem Novemberpogrom 38 Schutzhaft für Alfred Simons; nach Entlassung Auflage, Deutschland zum 31.12. zu verlassen. Einige Monate Asyl in der Schweiz, 22.4.39 mit Familie Emigr. via Rotterdam nach Australien. Zunächst angestellter Farmer, erneu-

tes Medizinstudium, schwieriger Existenzaufbau, ab 1950 wieder ärztliche Tätigkeit.
StA; GV; Pomykaj.

HAGEN i.W.
(2:4)

Stargardter, Julius
(19.2.1881 Zempelburg/Westpr. – 30.11.1944 Hagen, Suicid), Dr. med., Kinderarzt, Stresemannstr. 7.
Studium Berlin, Freiburg. Appr. 06, Diss. Freiburg 07.
RMK 37+, DGfK MV bis 38 geführt, dann gestrichen.
Keine weiteren Angaben.
StA; GV; Gedenkbuch Stadt Hagen.

Stern – Hanf, Georg
(25.3.1891 Hagen – ?), Dr. med., Kinderarzt, Spinngasse 3.
Stud. München, Rostock, Giessen. Appr. 17, Diss. Giessen 17.
RMK 33.
2.1.36 Emigr. nach Holland, s'Gravenhage, Ruychrocklaan 136.
Weiteres Schicksal unbekannt.
StA; GV; Gedenkbuch Stadt Hagen.

HALBERSTADT
(1:3)

Schönfeld, Fritz
(8.10.1889 Bleicherode – nach 59 Tiberias, Israel), Dr. med., Kinderarzt, Breiteweg 1.
Stud. München, Göttingen. Appr. 14, Diss. Göttingen 18.
Von 24 – 36 in den Halberstädter Adreßbüchern als niedergelassener Kinderarzt geführt.
RMK 35, DGfK MV 35 gestrichen.
Emigr. um 36 nach Palästina, License Nr. 2265, Tiberias, Schweitzer Memorial Hospital, 59 Kupat Cholim Hospital.
StA; GV; PalMed 40; IMG 59.

HALLE / SAALE
(4:17)

Hertz, Wilhelm
(6.1.1901 Helmstedt – 10.5.1985 Heilbronn), PD Dr. med., Kinderarzt, OA an der Univ.-Kinderklinik, Magdeburger Str. 17.
19–24 Stud. Freiburg, München, Jena, Kiel. Appr. 26, Diss. Kiel 26.
26–27 Phys.-Chem. Institut Leipzig (Karl Thomas), Rockefeller Scholarship.
28 drei Monate Labor Univ.-Kinderklinik Marburg (Freudenberg), Methode zur Bestimmung ultrafiltrierbaren Kalkes im Serum. Fortführung der Arbeiten ab 1.4.28 an der Univ.-Kinderklinik Halle (Goebel).
31 OA. 35 Habil.: Speicherkrankheiten im Kindesalter.
1.3.1937 Entlassung:

Reichsminist.f.Wiss., Erziehung und Volksbildung Berlin 7.2.36: „Obwohl Dr. Hertz nach § 2 Abs. 2 der Ersten Verordnung zum Reichsbürgergesetz vom 14.November 1935 nicht zu den jüdischen Mischlingen gehört, erscheint es doch wünschenswert, daß er aus dem Beschäftigungsverhältnis als Oberarzt ausscheidet. Ich ersuche ihm das Ausscheiden mündlich nahezulegen."

Hertz wurde ein jüdischer Urgroßvater vorgeworfen („Achtel-Jude", galt nicht als „Mischling"). Nach seiner Entlassung aus der Medizinischen Fakultät im gleichen Monat Niederlassung in Heilbronn.
RMK 37: Heilbronn, Wollhausstr. 16.
MV 35 – 41: Heilbronn, gleiche Adr.
Bis WW II auch Tätigkeit an der Kinderabtlg. d. evang. Heilanstalt Ebenezer.
Kriegsdienst als Stabsarzt. Nach Entlassung aus der Kriegsgefangenschaft ab 1.11.46 Leiter der Kinderabtlg. d. Städt. Krankenanstalten Heilbronn, des Städt. Säuglingsheims, der Kindermilchküche und der Frauenmilchsammelstelle. Wiss. Publ. zur Pertussis und Mastoiditis occulta. 49 Schließung der Kinderabtlg., erneute Tätigkeit als niedergelassener Kinderarzt (bis 1982).
UA Halle; JbH; PäA; StA Heilbronn.

Melamed, Leo
(? – nach 1964? Tel Aviv), Dr. med., Kinderarzt, Ass. an der Univ. Kinderklinik, Wielandstr. 14.
Diss. Halle 28.
RMK 33, Vermerk: „(Ausl.)".
Emigr. nach Palästina, License N. 1427, 32 Shivtei Yisrael Str. (32 Ruppin Str.), Tel Aviv.
GV; PalMed 40; PalDir 42–64.

Schloß, Josef
(? – 25.11.1940 Halle, Suicid), Sanitätsrat Dr. med., Kinderarzt, Magdeburger Str. 49.
Appr. 93.
RMK 37+, Hindenburgstr. 13.
Praxisboykottliste 33.

„Unter den zunehmenden lokalen Pressionen setzt Sanitätsrat Dr. Joseph Schloß am 25. November 1940 seinem Leben ein Ende" (Kaiser/Völker).
Kaiser/Völker ; Mittlg. Prof. Schwab, Halle.

Weinberg, Max
(20. 11. 1889 Worms – nach 1965 Zürich), Dr. med. Kinderarzt, Magdeburger Str. 33.
Stud. München, Berlin, Heidelberg.
Appr. 14, Diss. Heidelberg 14.
RMK 37+, Hindenburgstr. 33. DGfK
MV 33 angekreuzt, 35 gestrichen.

„Bei seinem (letzten?) Hausbesuch machte er den Eindruck eines gehemmten, verschüchterten und bedrückten Mannes. Er sprach mit mir kaum, mit meinen Eltern sehr leise. Er hatte einen ziemlich abgetragenen schwarzen Anzug an. Man sah, daß es ihm nicht gut ging und daß er bemüht war, keinen Anstoß zu erregen. Es muß die Zeit gewesen sein, als es den jüdischen Ärzten gerade noch gestattet war, Privatpatienten zu behandeln...Ich weiß auch noch, daß meine Eltern sich Gedanken über ihn und seine Lage machten und offenbar damit rechneten, daß er ‚bald verschwinden' werde, wobei sie allerdings an Emigration dachten. Wenn ich mich recht erinnere, war auch die Rede davon, daß Dr. Weinberg

‚Weltkriegsteilnehmer' gewesen sei, weswegen er wohl länger praktizieren durfte als andere jüdische Kollegen. Jedenfalls ist W. einer von den drei Juden (Jüdinnen), denen ich in Kindheit und Jugend bis 1945 begegnet bin und die stets in meiner Erinnerung geblieben sind." (Rohde).

36 Emigr. über England nach Indien, Niederlassung in Bombay: Specialist for Internal and Children's Diseases, Manek House, 41, Wodehouse Road. In den fünfziger Jahren Übersiedlung in die Schweiz, Mühlebachstr. 41, Zürich.

GV; Kaiser/Völker; Mittlg. Prof. Schwab, Halle; Briefl. Mittlg. Prof. J. J. Rohde, Hannover.

HAMBURG
(26:47)

Bauer, Julius Isaac
(29. 11. 1879 Frankfurt a. M. – 4.7.1969 Blackburn/England), Prof. Dr. med., Kinderarzt, Alte Rabenstr. 6.
Stud. München, Berlin, Straßburg, Appr. 03, Diss. Straßburg 03.
03–06 Ausb. KKFK Berlin (Baginsky), 06–07 Labortätigkeit bei Paul Ehrlich in Frankfurt und Emil v. Behring in Marburg.
07 Ass., 10–18 Oberarzt Kinderklinik Med. Akademie Düsseldorf (Schloßmann).
11 Habil. für Kinderheilkunde und Serologie, 15 a.o. Prof. Düsseldorf.
18–34 Leitender Arzt am Hamburger Säuglingsheim (Klinik für Säuglinge und Kleinkinder), Hochallee 1.
Wiss. Schwerpunkte Serologie, Klinik der Infektionskrankheiten, Gesundheitsfürsorge, Kindertuberkulose, Milchuntersuchung. Über 100 Publikationen, mehrere Handbuchbeiträge und Monographien.
1. 4. 34 Entlassung als Leiter d. Säuglingsheims, Privatpraxis bis 38.
RMK 35 HH 37, Oberstr. 107; RMK 37+ : „Bauer, Isaak gen. Julius".
DGfK MV 33 angekreuzt, 35 gestrichen.
Nov. 38 vorübergehend „Schutzhaft" KZ Sachsenhausen.
Jan. 39 Emigr. via Niederlande („in der Hoffnung, nach USA zu gelangen") nach England, Internierung.
5.4.1940 (Ivy House, Nutfield Rd., Redhill/Surrey): Gesuch an den Finnischen Botschafter in London um eine Arbeitserlaubnis in Finnland. Vom Finnischen Außenministerium am 26.4. abschlägig beschieden.
20.7.1940 (Onchan Internment Camp, House 8, Onchan, Douglas) Gesuch an Executive Committee of the Association of University Teachers University of London: „Dear Sirs, I understand from the Daily Telegraph of the 17th July that you have made a resolution asking for the release of scientists interned in this country, in order to make use of their special knowledges. I beg to offer my services. I am a Jew and have been expelled from Nazi Germany after having been in a German Concentration Camp...As reference I propose the Notgemeinschaft der Deutschen Wissenschaftler im Ausland. 6, Gordon Square, London W.1, whom I should like you to ask for any further information. You would oblige me by registering me in the list of University Teachers and Scientists for whom you are going to make the application in question."

Ab 42 Ass. eines praktischen Arztes in Blackburn, erst 48 offizielle Registrierung als britischer Arzt. Seit 44 ernstes Augenleiden.
53 für kurze Zeit Rückkehr nach Hamburg, danach zurück nach 6, Minnie Terrace, Gawthorpe, Blackburn, Lancs.

Staatsarch.Hamburg; GV; Fischer; Displ; SPSL 410/4; MedDir 53; Renner; Mittlg. Prof. Voswinckel, Lübeck; Mittlg. Dr.Lennert, Berlin.

Bodenheimer, Wilhelm
(11.11.1896 Darmstadt – nach 1965 Brooklyn N.Y.), Dr. med., Kinderarzt, Rothenbaumchaussee 83.
Appr. 23, Diss. Hamburg 23. In Hamburg als selbständig gemeldet ab 26.
RMK 35 Annenstr. 10, RMK 37+; DGfK MV 33 angekreuzt, bis 38 geführt, dann gestrichen.

Fragebogen für Auswanderer 13.12.37: will in die USA und als prakt. Arzt arbeiten. „Instrumente dürfen mitgenommen werden, wenn eine ersatzlose Abgabe an die Deutsche Golddiskontbank geleistet wird".

Februar 38 Emigr. in die USA, License 39, Ped., 1020 E. 14th Str. 30, Brooklyn N.Y.

Staatsarch. Hamburg; JbH; PäA; AMD 50–69.

Calvary, Martin
(12.10.1884 Posen – 13.6.1954 Cleveland Heights, Ohio), Dr. med., Kinderarzt, Maria-Louisenstr. 90.
Stud. Heidelberg, Freiburg, Berlin, München. Appr. 08, Diss. München 08.
RMK 37+, DGfK MV 33 angekreuzt, bis 38 geführt, dann gestrichen.
Emigr. ca. 38 in die USA, License 39, 932 East Market Str., Warren/Ohio.

GV; AMD 50; ABJ; Todesanzeige Aufbau XX, No 25, S.32, 18.6.54.

Chassel, Alice Biene
(15.11.1901 Hamburg – ?), Dr. med., Kinderärztin, Eppendorfer Baum 14.
Stud. Hamburg, München, Freiburg.
Appr. 26, Diss. Hamburg 26.
Bis Oktober 32 Assistenzärztin an der Univ.-Kinderklinik Leipzig, danach Niederlassung in Hamburg.
RMK 33 mit Leipziger Adr.; RMK 37+.
Staatsarchiv Hamburg: „1937 durch Heirat und Haushaltsbesteuerung ausgeschieden."
Weiteres Schicksal unbekannt.

Staatsarch. Hamburg; GV; Hebenstreit.

Engel geb. Blumenfeld, Toni
(27.6.1878 Berlin – ?), Dr. med., Ärztin (im Hamburger Adreßbuch 1933 als Kinderärztin eingetragen). Rathausstr. 3.
Stud. Berlin, München, Freiburg.
Diss. Freiburg 05, Appr. 06.
RMK 37+, Neuer Wall 16/18.
39 Emigration in die USA.

GV; Staatsarch. Hamburg; Brinkschulte.

Fabisch, Walter
(? – ?), Dr. med., Ass. Arzt. an der Kinderklinik d. Allg. Krankenhauses Hamburg – Eppendorf.

Appr. 29, Diss. Berlin 27. RMK 33.
33 Entlassung, Emigr. zunächst nach Italien: Diss. Palermo 34 (?). In England Dipl. in Tropical Medicine and Hygiene 48, in Psychological Medicine London 1950. Sen. Ass. Psychiatry, Mapperley Hosp. Nottingham. „Glenn Dennis", Mapperley Rise, Nottingham.

GV; MedDir 53; Mittlg. Prof. Hendrik van den Bussche, Hamburg.

Frankenberg, Margarethe
(25. 6. 1895 Braunschweig – ?), Dr. med., Kinderärztin, Hammerlandstr. 65.
Appr. 20.
RMK 37+, Eppendorfer Landstr. 9.
DGfK Abmeldung 13.6.33.
Staatsarchiv Hamburg: „ausgeschieden 13.1.1937 durch Haushaltsbesteuerung"; Vermerk bei Ehemann Hans F.: „ausgeschieden 21.9.38 (Post) durch Ausland".
Weiteres Schicksal unbekannt, Emigration wahrscheinlich.

Staatsarch. Hamburg; PäA.

Freundlich, Kurt
(19.8.1893 Neu-Stettin – ? Palästina), Dr. med., Kinderarzt, Isestr. 115.
Stud. Freiburg, Berlin, Breslau. Appr. 19, Diss. Breslau 21.
RMK 37+, DGfK MV 35 gestrichen.
Versucht ab 35 Emigration, will „in Petach-Tikwah (Palästina) einen klinischen Betrieb mit Operationszimmer" einrichten und dort weiterhin als Kinderarzt tätig sein. Verfügt über das notwendige „Vorzeigegeld" und will noch ca. RM 12.000.- mitnehmen zum Existenzaufbau. Vorgang zieht sich über drei Jahre hin, Emigr. 5.9.1938. License Nr. 2308, 11 Mendele Mokker Sefarim Str., Tel Aviv. Dort zuletzt 42 nachweisbar.

Staatsarch. Hamburg; GV; PalMed 40; PalDir 42.

Fuchs, Erwin
(29.5.1899 Rawitsch – ?), Dr. med., Kinderarzt, Launitzerweg 8.
Stud. Freiburg, Breslau. Appr. 25, Diss. Breslau 26.
U. a. Volontärarzt im Hamburger Tropeninstitut.
RMK 37+, Hammer Landstr. 117.
37/38 Emigration, Ziel unbekannt.

GV; Mittlg. Klaus Beer, Leonberg.

Heidemann, Moritz
(15.11.1885 Osterholz-Scharmbeck – ? Buenos Aires), Dr. med., Kinderarzt, Dimpfelsweg 1.
Stud. Freiburg, Göttingen, München, Heidelberg. Appr. 11, Diss. Heidelberg 11.
14–17 WW I, 50% kriegsbeschädigt. Seit 22 in Hamburg ansässig., verh. mit Dr. med. Charlotte, geb. Cohn, Appr. 20, prakt. Ärztin.
RMK 37+, Isestr. 69. DGfK MV Austritt 7.7.38
„...ich habe die Absicht, Mitte dieses Monats Deutschland zu verlassen."

Emigr. 17.7.38 zu Sohn Rolf nach Argentinien. Will anderen Beruf ergreifen „Fußpflege usw.", Ehefrau will Bestrahlungsinstitut, Heilmassage und -gymnastik betreiben. Beschaffung von Apparaten und Werkzeugen für orthopädische Fußpflege und Heilgymnastik vor der Ausreise. Realisierung dieses Vorhabens nicht bekannt. Adresse: Buenos Aires, Córdoba 1247.
GV; Staatsarch. Hamburg; PäA.

Herz, Oskar (Oscar)
(9.10.1896 Heilbronn – 10.9.1979 Baden-Baden), Dr. med., Kinderarzt, Ass. am Kinderkrankenhaus Rothenburgsort, Marckmannstr. 129.
15–18 WW I, San.-Feldwebel. Stud. Heidelberg, Frankfurt a. M., Würzburg. Appr. 22, Diss. Würzburg 22. 21–22 Allg. Krankenhaus Barmbek. Später Sekundararzt am Kinderkrankenhaus Rothenburgsort, z. Zt. der Emigration OA.
16 wiss. Publikationen, Casuistik, z. T. mit Carl Stamm (s.d.).
RMK 37+, Isestr. 49.
2.10.36 Emigr. in die USA, License 1938, Ped., 542 Moraga Str., San Francisco/Calif. Sei dort ein „sehr beliebter Kinderarzt" gewesen; „in den 60er und 70er Jahren häufig in Deutschland."
GV; Staatsarch. Hamburg; AMD 50–79; ABJ; Notiz zum 40. Hochzeitstag in Aufbau XXX, No.2, S.27, 10.1.64; Ruhrmann/Holthusen; Mittlg. Dr.Klaus J. Citron, Königswinter.

Horwitz geb. Lauterbach, Alice
(12.3.1896 Breslau – ?), Dr. med., Kinderärztin, Kellinghusenstr. 18.
Appr. 25, Diss. Breslau 25.
RMK 37+, DGfK MV bis 38 geführt, dann gestrichen.
Staatsarchiv Hamburg: „ausgeschieden 4.8.38 durch Haushaltsbesteuerung." Karte d. Ehemannes Waldemar H. Vermerk: „20.10.1938 Ausland"."
Weiteres Schicksal unbekannt, Emigration wahrscheinlich.
GV; Staatsarch. Hamburg.

Horwitz, Sam(uel)
(? – ?), Dr. med., Ass. Arzt am Allg. Krankenhaus Barmbek.
Appr. 27, Diss. Hamburg 27.
RMK 35 Lübeck, Beckergrube 3.
Emigr. 35/37 nach Palästina, License Nr. 2254, Avoda Str., Herzliyya. Dort als Kinderarzt tätig.
GV; PalMed 40, PalDir 40.

Lewin-Wehl, Selma
(? – ?), Dr. med., Kinderärztin, Straßburgerstr. 24
Appr. 23, Diss. Hamburg 23.
RMK 37+, Grindelallee 134.
Weiteres Schicksal unbekannt.
GV.

Liepmann, Hans
(30.6.1902 Pankow – vor 1965 USA ?), Dr. med., Kinderarzt, Hamburg-Fuhlsbüttel, Maienweg 132.
Stud. u.a. Tübingen (SS 21), Freiburg Appr. 26, Diss. Marburg 28.

6.11.33 Entlassung als hospitierender Arzt am Allg. Krankenhaus St. Georg. RMK 33.
Emigr. in die USA, License 1934, Central Valley/N.Y. (Andrae: im Bundesstaat Iowa als praktischer Arzt tätig).
GV; AMD 50–65; Andrae.

Lippmann, Arthur
(6.4.1884 Hamburg – 5.? 7.1950 Melbourne), Prof. Dr. med., Internist, Tbc-Kinderarzt, Ltd. OA der Med. Poliklinik am Allg. Krankenhaus St. Georg. Stud. Freiburg, München, Kiel. Diss. Kiel 07, Appr. 08.
08–19 Med.Abtlg. Allg. Krkh. St. Georg; WW I.
13 Hospitant Neumann'sches Kinderhaus Berlin.
19–26 „Unterabtlg. f. innere Krankheiten" d. Chir. Poliklinik.
26–33 Leiter der Poliklinik, eindeutig pädiatrischer Schwerpunkt, 50–60 % Kinder.
Wiss. Schwerpunkt: Lichttherapie innerer Krankheiten, insbes. kindliche Tbc.

„...Durch den Umschwung der wirtschaftlichen Verhältnisse in und nach dem Kriege stieg nun die Zahl der hilfesuchenden, innerlich Kranken erheblich an. Es handelt sich besonders um eine auffallend große Zahl von Kindern, die der 'Nachkriegskrankheit', der Tuberkulose, zum Opfer gefallen waren... Unsere Patienten stammen meistens aus Kreisen des früheren Mittelstandes oder aus Familien mit zerrütteter Ehe, in denen sich der Ernährer nicht mehr um Frau und Kinder kümmert. Der größte Teil unserer Patienten sind Kinder aus diesen Kreisen, die einer ganz besonderen Fürsorge bedürfen, da sie, soweit sie unsere Poliklinik aufsuchen, fast alle tuberkulös infiziert sind...Über jedes tuberkulös infizierte Kind wird eine krankengeschichtsartige Kartothek geführt. Kinder, die in gewissem Zeitabstand nicht zur Nachschau gekommen sind, werde immer zur Kontrolle schriftlich nachbestellt. Zur Zeit sind annähernd 2000 derartige Kinder in poliklinischer Kontrolle."

21 Entwicklung eines Verfahrens zur Massen-Bestrahlung tuberkulosekranker Kinder mit UV-Licht, „St. Georger Methode". Zahlr. Publ. zur Lichttherapie, pädiatrischen und internistischen Einzelproblemen.
23–33 Mitglied des Vorstandes der Ärztekammer Hamburg.
32 Verleihung der Dienstbezeichnung Prof. durch die Gesundheitsbehörde.
27.6.33 Kündigung, auf Grund d. Frontkämpferstatus Entlassung zum 31.12. Suicid des Sohnes Robert, stud.med. im 3. vorklinischen Semester, wegen erzwungenem Studienabbruch am 13.10.33.
RMK 37+, Agnesstr. 53.
Privatpraxis, häusliche Forschungstätigkeit über Bestrahlungseffekte auf Pflanzen. Öffentliche Diffamierung durch den früheren Vorgesetzten und Kollegen Theodor Deneke.
15.12.38 Emigr. nach Australien via England. Vorläufig keine Zulassung, vorübergehend Forschungstätigkeit an der Med.Fakultät d. Univ. Sidney „...über Ultraviolett etc." 3.9.41 ausnahmsweise Zulassung ohne erneutes Studium und Examen als Medical Practitioner. Praxis im Zentrum Sidneys.

Publ. im Med. Journ. of Australia.
1.7.50 Schlaganfall bei einem Krankenbesuch in Melbourne.
GV; Andrae; Kinderhaus.

Menningen, Martha
(13.3.1902 Düsseldorf – ?), Dr. med., Ass. Ärztin am Kinderkrankenhaus des Allg. Krankenhauses Borgfelde.
Stud. u.a. Berlin, Köln. Appr. 29, Diss. 29 Köln.
RMK 33, danach nicht mehr nachweisbar. 33 in der Ärztematrikel Hamburg gelöscht.
Weiteres Schicksal unbekannt.
Andrae.

Meyer, Daniel
(7.12.1863 Hamburg – nach 1948 Schenectady N.Y.), Dr. med., Prakt. Arzt und Kinderarzt, Feldstr. 36.
Diss. Würzburg 89, Appr. 90.
RMK 37+.
Emigr. 18.5.40 in die USA, Passagepapiere nach Washington über Genua.
18.11.48 Notiz im Aufbau: „Feiert 85. Geburtstag am 7.12., früher Hamburg, jetzt 1307 State Str., Schenectady N.Y.".
Staatsarch. Hamburg; ABJ; GV.

Meyer, Leo
s. Regensburg (S. 309)

Meyer geb. Wedell, Lilli
(4.2.1881 Düsseldorf – ? London), Dr. med., Kinderärztin, Mittelweg 157.
Stud. Berlin, Bonn, München. Appr. 05, Diss. München 05.

Publiziert 1909 m. Otto Schumm in den Mitteilungen aus den Hamburgischen Staatskrankenanstalten über Eiweißbestimmung im Harn.
RMK 35, DGfK MV 35 gestrichen.
Emigr. nach England; 39: 83, Holland Park, London W.11
Staatsarch. Hamburg; GV; Kapp.

Nordheim, Moritz
(1.1.1873 Kassel – 18.8.1938 Hamburg, Suicid), Dr. med., Kinderarzt, Isestr. 117.
Diss. München 97, Appr. 98
RMK 37+, Maria-Louisenstr. 2, DGfK Austritt 19.8.33
Staatsarch. Hamburg; Hamburger Gedenkbuch; GV; PäA.

Rosenbaum, Hans
(21.6.1901 Hamburg – nach 16.4.44 Auschwitz), Dr. med., Prakt. Arzt und Kinderarzt, Semperstr. 26.
Stud. Hamburg, Freiburg, München. Appr. 26, Diss. Hamburg 26.
25–26 Krankenhaus Moabit, Berlin, Städt. Kinderkrankenhaus Berlin.
26–29 Kinderheilanstalt Berlin-Buch (KIBU).
29 Niederlassung in Hamburg.
33 „nach Entziehung der Kassen- und Wohlfahrtspraxis" Praxisaufgabe, kaufmännische Tätigkeit bei der Vermögensverwaltung Alfred Levy Nachlaß.
Wechselnder Wohnsitz: RMK 35: Faaßweg 3, RMK 37+: Buchenstr. 12; 1938: Opitzstr. 2; 1939: Sierichstr. 132.
10.11.39 von einem Hanseatischen Sonderge-

richt wegen „Vergehens gegen § 2 des Heimtückegesetzes vom 20. Dezember 1934" zu einer Gefängnisstrafe von 2 Jahren verurteilt. Er habe „öffentlich böswillige, gehässige, hetzerische und von niedriger Gesinnung zeugende Äußerungen [gemacht], die geeignet sind, das Vertrauen des deutschen Volkes zur politischen Führung zu untergraben, [und] gegen die vom Führer geschaffene deutsche Wehrmacht". H.R. hat kurz nach Kriegsbeginn in einem Feinkostgeschäft geäußert, „in vier Wochen sei der Krieg vorbei, dann habe er seine Praxis wieder. Die Soldaten legten schon jetzt die Waffen gegen sich." Er habe geglaubt, „daß wegen des starken Bedarfes an Ärzten bald auch auf die jüdischen Ärzte wieder zurückgegriffen werde." Das Gericht befand, daß er „zweifelsfrei auf ein rasches, für Deutschland ungünstiges Ende des Krieges gehofft habe."

Wegen einer akut ausgebrochenen Tbc.-Erkrankung Verbringung in das Gefängnislazarett.
Nach Verbüßung der Strafe am 15.7.42 Deportation nach Theresienstadt; von dort mit Transport Ea-1888 Deportation nach Auschwitz.

Staatsarch. Hamburg; Hamburger Gedenkbuch; ABJ; GV; Jüd.Museum Prag.

Rosenberg, Gerhard

(22.11.1906 Hamburg – Dominik. Republik), Dr. med., Ass. am Kinderkrankenhaus Rothenburgsort. Marckmannstr. 129
Appr. 31, Diss. Hamburg 31.
RMK 35 Billborner Röhrendamm 33, ohne Tätigkeit.
RMK 37+, Hallerstr. 72.
7.1.39 Fragebogen für Auswanderer: „ich bin Jude, meine Ehefrau ist arisch". Will mit Schwester und deren Ehemann nach Santo Domingo auswandern. Seit 1.10.38 kein Einkommen mehr, besitzt noch ca. 200 Mk. Eine Briefmarkensammlung und Gegenstände, die nach 1933 angeschafft wurden, sind an die „Dego", Deutsche Golddiskontbank Berlin abgegeben.

Emigr. Anfang Januar nach Santo Domingo.

Staatsarch. Hamburg; GV.

Rosin, Martha

(30.12.1903 Northeim/Hann. – nach 79 Sturgeon Bay, Wisconsin), Dr. med., Ass. Ärztin an der Kinderheilanstalt Borgfelde, Baustr. 2.
24–29 Stud. Göttingen, Frankfurt, Freiburg. Appr. 30, Diss. Freiburg 30.
Wohnt am 8.5.40 in Hamburg, Laufgraben 37 und ist „z. Zt. Leiterin des Mädchenwaisenhauses Paulinenstift". Will mit ihrer Mutter Goldine nach den USA auswandern. Besitzt „nichts", ärztl. Einrichtung und Instrumente für ca. 800 Mk.

Emigr. in die USA, möglicherweise Landreise Berlin – Moskau – Yokohama. License 42 in Illinois. Ped., 4804 W. Madison Str. 44, Chicago/Ill., Broadview.

Staatsarch. Hamburg; AMD 50–79; Dir. Med. Wom. 49; JbH.

Schwabacher, Henri

(15.3.1895 Paris – 29.3.1966 Ascona), Dr. med., Kinderarzt, Sierichstr, 80
Stud. Freiburg, Bonn, Berlin, Diss. Berlin 19, Appr.22. Schweizer Staatsangehöriger.
RMK 33.

Seit 1942 in der Schweiz, offenbar Zürich (1955: Katharinenweg 6). GV; ABJ.

Stamm, Carl (Abb.)
(15.3.1867 Hedemünden/Hann. – 28.10.1941 Hamburg, Suicid), Dr. med., Kinderarzt, Dir. des Kinderkrankenhauses Rothenburgsort.
Stud. Göttingen, München, Berlin, Diss. Göttingen 90; Appr. 91.
91–93 KKFK Berlin (Baginsky), danach versch. Hamburger Krankenhäuser.
98 Mitbegründer der Kinderpoliklinik Rothenburgsort. Erster leitender Arzt 1922, Ausbau zum Kinderkrankenhaus in mehreren Bauabschnitten. 28 endgültige Einweihung zum „mustergültigen Krankenhaus im kinderreichsten Stadtteil Hamburgs" (Schließung 1982 !).

28 Senat verleiht Stamm „in Anerkennung seiner langjährigen ehrenamtlichen Tätigkeit als Arzt in der Kinderpoliklinik Rothenburgsort die Plakette ‚Für treue Arbeit im Dienste des Volkes'."

Entlassung 1933. Bis 38 eigene Praxis Esplanade 39.
RMK 37+. DGfK MV 35 gestrichen.

Hat „trotz aller Bitternisse dem Ausbau des Kinderkrankenhauses noch die reichen Mittel der ihm nahestehenden Richard-Sellmar-Stiftung zugewandt."

Um der drohenden Deportation zu entgehen, gemeinsamer Suicid mit Ehefrau Margarethe, geb. Cohn am 28. 10. 41.

Staatsarch. Hamburg; GV; Ruhrmann/Holthusen.

Weiß, Sam(uel)
(25.5.1883 Berlin – ? Ramat Gan, Israel), Dr. med., Kinderarzt, Ottersbeckallee 21.
Stud. Berlin, Freiburg. Appr. 07, Diss. Freiburg 08.
RMK 33.
Emigr. nach Palästina. License Nr. 1501, G.P. and Ped., 25, Rav Cook Str., Ramat Gan.
PalMed 40; IMG 59; GV.

HANNOVER
(5:17)

Blühdorn, Kurt
(2.3.1884 Strehlen, Schlesien – 31.3.1982 New York?), Prof. Dr. med., Kinderarzt, Königstr. 29.
Stud. Breslau, Freiburg, München. Appr. 09, Diss. Breslau 09.
Juli–Dez. 09 Schiffsarzt Hamburg-Amerika-Linie.
10 Städt. Hygieneinstitut Frankfurt a. M., bakt.-serol. Arbeiten.
10–11 Ass. Infektionsabtlg. Rudolf-Virchow-Krkhs. Berlin.
11–24 Univ.-Kinderklinik Göttingen (Göppert). 14.7.14 Habil., 7.3.22 a.o. Prof. 31.12.24 Niederlassung als Kinderarzt in Hannover, weiterhin nichtbeamt. a.o. Prof. in Göttingen.
Wiss. Schwerpunkte: Bakteriologie, Darmflora, Kalziumtherapie, Säuglingsheilkunde.

1921, 2. Aufl. 25: Säuglingsheilkunde der täglichen Praxis; Hrsg. Beihefte z. „Medizinischen Klinik": Ausgewählte Kapitel aus dem Gebiet der Säuglings- und Kinderheilkunde (H.2, 1930 zus. mit Elisabeth Müller, s.d.).
25.9.33 Entzug der Lehrbefugnis in Göttingen.
RMK 37+; DGfK MV bis 38 geführt, dann gestrichen.
Emigr. 1939 via England in die USA.
License 1942, Ped., 352 W 110th 25 Str. New York City,

UA Göttingen; StA Hann.; GV; Walk; Displ; Fischer; Benzenhöfer; AMD 50–82.

Frensdorff, Fritz
(20.6.1889 Hannover – 12.2.1938 Berlin, Suicid), Dr. med., Kinderarzt, Kurze Straße 4.

„Die Familie zog, wegen der benachbarten S.A.-Kaserne, (wohl 1933 oder 1934) aus der Kurzen Straße 4 weg und mietete sich in der Langen Laube 10 ein. [Diese] wurde ironischerweise etwas später (1936?) in ‚Straße der S.A.' umbenannt."

Appr. 13, WW I, Diss. Berlin 21.

„[Mein Vater) hatte sich…sehr für die damals neuen Disziplinen Psychoanalyse und Psychiatrie interessiert. Er hatte selbst eine Analyse (in Berlin) absolviert, und war vielleicht Mitglied der Deutschen Gesellschaft für Psychoanalyse. Er hat sich längere Zeit (ein Jahr lang?) an der Klinik Burghölzli [Zürich] in der damals noch ganz neuen Kinderpsychiatrie ausgebildet."

RMK 37+; DGfK MV 32 angekreuzt, 35 gestrichen.

„Von ehemaligen Patienten von ihm wurde mir erzählt, daß er noch in den Jahren 1936–37 des öfteren zu (heimlichen) Hausbesuchen bei schwerkranken (nicht-Jüdischen) Kindern gerufen wurde, und diesen Rufen auch immer gefolgt war. Es war auch die Rede von mehrmaligen telefonischen Aufforderungen zu angeblich dringenden nächtlichen Hausbesuchen, die nur eine Falle waren, um ihn auf die Straße zu locken. Dort wurde er dann überfallen und aufs schwerste mißhandelt..."

Unter starkem Druck Suicid am 12.2.1938 in Berlin.

„Im Sommer 1938 (also nach seinem Tode) wurde meine Mutter, die eigentlich berufslos war, als Jugendpflegerin im Jüdischen Kinderheim Caputh (bei Potsdam) angestellt und nahm uns beide Kinder mit dorthin. Das Heim wurde wenige Monate danach, in der Reichskristallnacht, zerstört. Wir retteten uns nach Berlin und lebten dort unter sehr schwierigen Bedingungen, bis alle die zu unserer Auswanderung nötigen Dokumente beisammen waren..."

Emigration der Ehefrau und der Kinder im Februar 1939 nach Palästina.

Mittlg. Prof. Asher Frensdorff, Tel Aviv (Sohn); StA mdl. Mittlg.; PäA; Benzenhöfer.

Müller, Elisabeth
(22.6.1895 Hannover – nach 19.10.1944 Auschwitz), Dr. med., Kinderärztin, Lavestr. 64.

Appr. 22, Diss. 22 Göttingen.
In Hannover niedergelassen seit 1925.
Wiss. Zusammenarbeit mit K. Blühdorn (s.d.).
RMK 33; DGfK MV 35 gestrichen.
33–34 vorübergehend in Genf, 35–39 Gründerin und Leiterin eines jüdischen Kinderheimes „Sonnenhalde" in Bollschweil bei Freiburg.

Undatierter Brief (ca. 35) aus Bollschweil an

Schriftführer Goebel, Briefkopf: Kinderheim Sonnenhalde.

"...Ich bin seit Mitte 1933 nicht mehr praktizierende Ärztin, da ich als Jüdin keine Kassen mehr habe, u. war lange Zeit im Ausland. Nun weiß ich nicht, ob ich überhaupt noch Mitglied d.Ges.f.Khk. bin u. sein darf. Wenn ja, werde ich die RM. 5.- an Sie überweisen, anderenfalls bitte ich mich aus der Liste zu streichen. Ich bitte frndl. um baldige Antwort. Mit koll. Hochachtung. Dr. Elisabeth Müller, früher Hannover a.d. Markuskirche 4."
Antwort Goebel 30.1.36: „Sehr geehrte Frau Kollega! Es besteht zwar kein Zwang für jüdische Mitglieder aus der Deutschen Gesellschaft für Kinderheilkunde auszutreten, aber die meisten unserer nichtarischen Mitglieder haben ihren Austritt angemeldet. In der Annahme, daß Sie bei dieser Lage der Dinge sich anschließen werden, streiche ich Sie, Ihre Zustimmung voraussetzend, aus der Mitgliederliste. Den Jahresbeitrag für 1936 haben sie damit selbstverständlich nicht mehr zu entrichten. Mit besten Empfehlungen."

Über das „Kinderheim Sonnenhalde" sind keine Akten auffindbar, es ist auch nicht im RMK verzeichnet.

Gespräch mit Altbürgermeister Josef Hermann, Bollschweil: Das Heim wurde von zwei jüdischen Damen geleitet, die 1939 „verkauft" haben. Dorfbewohner, die Gegenstände erworben haben, wurden danach „von den Obernazis im Dorf" öffentlich verunglimpft, weil sie „bei Juden gekauft" hätten.

1.7.39 Rückkehr nach Hannover, Tätigkeit als Oberin im Israelitischen Krankenhaus. Von dort am 23.7.42 (41?), offenbar mit Mitarbeiterinnen nach Theresienstadt deportiert. Von dort mit Transp.Nr. ES-1297 am 19.10.44 nach Auschwitz, möglicherweise mit von ihr betreuten Kindern.
StA; PäA; ABJ; GV; Walk; Tetzlaff; Benzenhöfer.

Sochaczewski, Walter
(18.5.1881 Breslau – Anfang 1950 Brasilien), Dr. med., Kinderarzt, Hann.-Linden, Deisterstr. 6.
Stud. München, Berlin, Breslau, Leipzig, Würzburg, Jena. Appr. 07; Diss. Jena 07.
22 Niederlassung in Hannover (von Berlin). „Sozialpädiatrisch interessiert".
RMK 35; DGfK MV 35 durchgestrichen, Vermerk: Ausl. verz.
25.11.36 Emigr. nach Brüssel, 37 nach Brasilien.
StA; PäA; GV; Benzenhöfer.

Tendlau, Anna
(5.9.1891 Wiesbaden – ? Palästina), Dr. med., Kinderärztin, Sedanstr. 39.
Stud. München, Kiel, Berlin, Heidelberg. Appr. 18, Diss. Heidelberg 18.
RMK 33; DGfK Austritt 33 „wirtschaftliche Lage".
Ab 34 möglicherweise in einem jüd. Kinderheim in Hamburg-Blankenese. Emigr. nach Palästina, License Nr. 2595, 28 Alfasi Str., Jerusalem. (Keine Praxisausübung nachweisbar).
StA; PäA; PalMed 40; Benzenhöfer.

HEIDELBERG
(6:13)

Geißmar, Johanna
(7.12.1877 Mannheim – nach

12.8.1942 Auschwitz), Dr. med., Kinderärztin, Moltkestr. 6a.
Stud. München, Heidelberg. Appr. 15, Diss. Heidelberg 16.
1917 (?) Niederlassung in Heidelberg.
RMK 33, DGfK MV 33 durchgestrichen, Austritt 27.10.33.
Praktiziert bis 35, dann nach Saig/ Schwarzwald verzogen.
22.10.40 Deportation nach Gurs (Umstände ungeklärt, nicht auf der Transportliste). Dort ärztliche Tätigkeit; schloß sich, obwohl jenseits der Altersgrenze, freiwillig einem Transport nach dem Osten an; 12.8.1942 via Drancy nach Auschwitz.

„Klein, blaß, mit gutem Blick und reinen Augen, aus denen die Klarheit der Kinder leuchtet, die sie, die Kinderärztin, in Heidelberg betreut hatte. Ich kannte sie seit vielen Jahren. Die unerlebte Mutterschaft des Leibes wuchs in Gurs zum Erlebnis einer seelischen Mutterschaft aus. Die Frauen des Ilots fühlten das Geborgensein in ihrer Nähe, und wer in die Infirmerie des Ilots verlegt wurde, vergaß, daß er in Gurs war. Es war ein gutes Krankenhaus, obwohl man in einer Baracke lag, aus dünnen Brettern zusammengezimmert. Johanna Geißmar und ihre drei Helferinnen schalteten und walteten da unbefangen, hingebend und in heiterer Harmonie, als ob es kein Gurs gäbe.
Niemand wollte sie auf den düsteren Weg schicken, auch die Lagerleitung nicht. Der Chefarzt des Lagers und sein Stellvertreter versuchten sogar, sie zurückzuhalten. ‚Vielleicht gelingt es mir, meine Geschwister dort zu finden', sagte sie zu mir. Sie wußte, die waren von München deportiert worden. ‚Es ist auch gut, wenn ein Arzt mitgeht'. Noch in der Autohalle, von der aus die Camions zum Bahnhof fuhren, kam der und jener zu ihr, jeder suchte sie umzustimmen. Es war nichts zu machen. Sie wollte die Ihren suchen, sie wollte die ärmsten Kameraden nicht verlassen, sie wollte dort unten in der Halle auch nicht, daß ein anderer zuletzt noch für sie geholt wurde. Sie blieb fest. Sie schlief noch eine zeitlang, auf einem Stuhl sitzend, und stieg dann mit den anderen in den Lastwagen. Man hat nie mehr etwas von ihr gehört. Auch von ihren Geschwistern nicht, die sie finden wollte. Ruhig und entschlossen ging sie den Weg, der zu ihren Geschwistern oder in den Tod führen musste." (Dr. L. Mann in Sauer, Schicksale, S. 280).

GV; PäA; StA; Walk; Krehbiel-Darmstädter; Weckbecher; Sauer 69; Mann.

György, Paul
(7.4.1893 Großwardein, Siebenbürgen – 29.2.1976 Morristown N.J. USA), Prof. Dr. med., Kinderarzt, Quinckestr. 43.
Stud. Berlin, München, Budapest, Genf. WW I, Truppenarzt in Serbien, Polen, Rußland und Italien. Staatsexamen und Diss. Budapest 15.
18 Ass. Kinderkrankenhaus Budapest.
20–33 Univ.-Kinderklinik Heidelberg (Moro): 20 Ass.; 22 deutsches Staatsexamen, Appr.22.
23 Habil., 25 OA, 27 a.o. Prof.
Wiss. Schwerpunkte: Ernährungsphysiologie, insbes. Avitaminosen, Rachitis, Tetanie.
Entlassung zum 27.4.33, Ablehnung des Ausfüllens des Fragebogens zum Gesetz der Wiederherstellung des Berufsbeamtentums.
27.4.33 an den engeren Senat der Univ. Heidelberg: „Infolge der veränderten politischen Verhältnisse ist mir jede Möglichkeit eines ferneren wissenschaftlichen Fortkommens in

Deutschland genommen. Ich erkläre hiermit meinen Austritt aus dem Verbande der Universität." Zeugnis von Moro 30.3.33: „...der lauterste Charakter, der mir jemals begegnet ist."
Emigration nach GB noch 33. RMK 33, DGfK MV 33 angekreuzt und durchgestrichen, Vermerk: Cambridge.
33–35 Research fellow am Physiological and Nutritional Laboratory in Cambridge (Barcroft).
Unstimmigkeiten unter den emigrierten Wissenschaftlern:
„Krebs [Hans Krebs, emigr. Internist und Biochemiker aus Freiburg, späterer Nobelpreisträger] questions wether György is non-aryan. Thinks that he has to leave Germany for personal troubles and not political or racial troubles. Thinks that György has money in Germany and perhaps in Hungary. G. collaborated with the German I.G.-Trust." (SPSL).
Keine Möglichkeit, in England die „medical qualification" zu erhalten, akzeptiert im Juni 35, „completely unsatisfied", eine Position als assist., später assoc. Prof. an der Western Reserve University in Cleveland, Ohio, USA.
44–60 Univ.of Pennsylvania, School of Medicine, Philadelphia. Prof. of Nutrition in Pediatrics. Erneute Forschungstätigkeit u.a. auf den Gebieten der Eiweißernährung, der Vitaminforschung (Riboflavin, B6, Biotin), der Muttermilch und der Fehlernährung in der Kindheit und im Alter. Zahlr. Ehrungen, Dr. med. h. c. Heidelberg 1959, Ehrenmitglied DGfK 1955.

UA Heidelberg; StA; SPSL 382/6; BHE; PäA; Drüll; Seidler 60; Kröner.

Hirsch, Albert
(9.2.1887 Frankfurt a. M. – 18.3.1954 Haifa, Israel), Dr. med., Kinderarzt, Leopoldstr.19.
Stud. phil. (3 Sem.) München, Freiburg. Stud. med. Berlin, Marburg, Heidelberg, München.
Appr. 13, Diss. München 13.
RMK 33, DGfK MV 33 angekreuzt und durchgestrichen.
Beisitzer der isr. Kultusgemeinde.
1.4.33 Praxisboykott, Kassenentzug.
29.5. (1.7.?) 33 Emigr. nach Palästina, License Nr. 1237, 3 Balfour Str., Haifa.

StA; PalMed 40; PalDir 42–48; Gedenkbuch Heidelberg; Weckbecher.

Lieblich, Berta
s. bei Essen (S. 222)

Moro, Ernst
(8.12.1874 Laibach – 17.4.1951 Heidelberg), Prof. Dr. med., Dir. d. Univ.-Kinderklinik, Mozartstr.10.
Stud. Graz. Appr. 07.
98–01 Ass. Univ.-Kinderklinik Graz, 01–06 Univ.-Kinderklinik Wien (Escherich).
Habil. Graz 06.
06–11 OA bei Pfaundler in Graz und München.
11 Extraordinarius, 19 Ordinarius in Heidelberg.
Wiss. Schwerpunkte: Bakteriologie des Säuglingsdarms (Baz. acidophilus Moroi), Ther. d. Ernährungsstörungen (1908 Moro'sche Karotten- und Apfel-

diät) Allergie, Tbc. (Perkutane Tuberkulinreaktion : Moro-Probe), Dermatologie (Ekzema infantum). Moro'scher Umklammerungsreflex.
RMK 37 ohne Funktion, DGfK MV durchgehend geführt.
Moro war nicht jüdischer Herkunft, jedoch seine Ehefrau. Wegen zunehmender Pressionen im Klinikbetrieb freiwillige, vorzeitige Emeritierung Ende SS 1936. Privatpraxis zu Hause bis 48.
Koch; Seidler 60.

Noll (-Wassermann), Anni
(8.1.1900 Köln – 24.5.1966 London), Dr. med., Kinderärztin, Friedrich-Ebert-Str. 15.
Seit 11 in Heidelberg.
Stud. Heidelberg, Frankfurt, München.
Appr. 25, Diss. Heidelberg 25.
26–35 Ass. a. d. Univ.-Kinderklinik Heidelberg (Moro). Wiss. Mitarbeit, zuletzt OÄ.
RMK 35.
5.8.35 Emigr. nach GB. Lic. Edinburgh, Glasgow 38.
108, Regents Park Road, London NW 1, später 21, Blomfield Road, London W 9. Research Worker, Pioneer Health Center, Peckham (London). Ass. Med. Officer for Child Welfare and Antenatal Care, Kent County Council.
Heirat in London mit dem Sohn des Schriftstellers Jakob Wassermann.
StA; GV; WUOx; MedDir 40–65; Seidler 60.

Stützel geb. Bardach, Martha (Abb.)
(15.12.1891 Nizza – 12.3.1988 Flushing/N.Y.), Dr. med., Kinderärztin, Marktplatz 3.
Appr. 19, Diss. München 20.
Ausb. offenbar u.a. Kinderklinik der Städt. Krankenanstalten Düsseldorf (Schloßmann).
RMK 26 und 32 im Elberfelder Adreßbuch als Frl. Dr. Bardach, Martha, Kinderärztin eingetragen.
31 Heirat mit Dr. med. Wilhelm Stützel („Arier"). 33 Umzug nach Heidelberg; Großeltern von Martha Stützel laut Meldekarte in Heidelberg „sämtlich Volljuden".
RMK 37+; DGfK Austritt 29.5.33.
Nach Scheidung 17.10.39 Emigr. in die USA, License 40 (41?). Zunächst Resident Montgomery County General Hospital, Olney/Maryland, später Home for Incurables, New York City.
„...emigrierte 1939 und wurde in New York Klinikdirektorin in der Bronx (St.Barbara Hospital, bis zur ihrem Ruhestand 1964). Diese Karriere war für eine jüdische Ärztin aus Deutschland äußerst ungewöhnlich" (Griese/Woelk).
StA Heidelberg; StA Wuppertal; PäA;AMD 42–85; Griese/Woelk.

HINDENBURG
Oberschlesien **Zabrze**
(2:4)

Danziger geb. Goldmann, Elfriede

(11.2.1894 Friedland, Oberschl. – ? Tel Aviv?), Dr. med., Kinderärztin, Dorotheenstr. 3.
Stud. Breslau, München. Appr. 20, Diss. Breslau 20.
RMK 37+.
Emigr. nach Palästina, 59: Ben-Yehudastr.115, Tel-Aviv.
GV; IMG 59.

Werner, Georg
(? Carwinden, Kreis Pr. Holland – ?), Dr. med., Kinderarzt, Kronprinzenstr. 262.
Appr. 23, Diss. Breslau 23.
RMK 37+, DGfK MV 33 durchgestrichen.
Weiteres Schicksal unbekannt.
GV; PäA.

HIRSCHBERG Riesengebirge
(1:4)

Segall, Selma
(? – ?), Dr. med., Kinderärztin, Direktorin des Kinderheims „Auenheim", Seidorf-Wolfshau, Krs. Hirschberg.
Appr. 25.
RMK 37+.
42 auf der Kinderabteilung des Jüdischen Krankenhauses Berlin tätig; Adresse: Gleimstr. 55, Berlin.
Weiteres Schicksal unbekannt.
Elkin.

IMMIGRATH Niederrhein
(1:1)

Zade, Hugo
(1880 – ?), Dr. med., Kinderarzt.
Appr. 05, Diss. Königsberg (Tübingen?) 05.
RMK 37+, DGfK MV bis 38 geführt, dann gestrichen.
Weiteres Schicksal unbekannt.
GV; PäA;ABJ.

KAISERSLAUTERN
(1:2)

Abraham, Georg
(3.4.1900 Forbach – ?), Dr. med., Kinderarzt, Theaterstr. 6, später Glockenstr. 83.
Diss. Leipzig 24, Appr. 25.
Ass. a. d. Univ. Kliniken Prag, Kiel, Leipzig, Frankfurt a. M.
Niederlassung in Kaiserslautern Oktober 30.
RMK 37+, DGfK MV 8.1.34 Bitte um Erlaß des Mitgliedsbeitrages, Austritt 12.3.35 „infolge meines Kassenausschlusses".
Verheiratet mit Helene Srovnal aus Prag, verzogen nach Prag Oktober 37.
Weiteres Schicksal unbekannt; da bei Displ. 36 registriert, Emigration mögl.
StA; GV; PäA; Displ.

KARLSRUHE
(6:13)

Behrens, Richard
(1872 Heidelberg – nach 1957 Rom), Dr. med., Kinderarzt, Leopoldstr. 2. Appr. 94, Diss. Heidelberg 95. U.a. Hausarzt d. Karlsruher Kinder- und Säuglingsheims. RMK 37+, DGfK Austritt 17.1.35. 22.10.40 Deportation nach Gurs, ab März 41 in den Nebenlagern Récébédou und Camp Noé. Überlebt im Hospiz Villefranche, wandert 46 zu seinem Sohn nach Rom aus.

14.5.57 handschr. „Zeugnis für Fräulein Emilie Baumann aus Eppingen i.B.. Ich habe mit meiner einstigen Schülerin Fräulein Emilie Baumann von Oktober 1940 bis Mitte Dezember 1940 im französischen Lager Gurs bei der Betreuung der dort befindlichen Kinder zusammen gearbeitet. Fräulein Baumann hat sich dabei durch eine musterhafte Organisation der Kinder- und Mutterpflege voll bewährt. Mit großer Sachkenntnis und selbstloser Hingabe hat sie ihre Aufgabe zur vollsten Zufriedenheit der Lagerdirektion gemeistert und sich durch die vorzügliche Pflege, welche sie mit vorbildlicher Menschenliebe Gesunden und Kranken zuteil werden ließ, den Dank aller Beteiligten erworben."

StA; GV; PäA; Werner.

Cohn-Heidingsfeld, Helene
(15.3.1894 Lixheim, Lothringen – 19.6.1978 New York City), Dr. med., Kinderärztin, Zähringerstr. 43.

„My mother was born in Lixheim, something that proved to be fortuitous as it enabled her to emigrate on the French quota, thus avoiding deportation" (Tochter Ruth S. Rosenthal).

Stud. Freiburg, Heidelberg, Tübingen, Appr. 21. Febr.-Okt. 20 unbezahlte Volontärass. Univ.-Kinderklinik Freiburg (Noeggerath). Febr. 21–Aug. 22 Kinderkrkhs. Karlsruhe (Lust), Schwerpunkt chirurg.-orthopäd. Abtlg. (Baisch);

„gute chirurgische Geschicklichkeit...große Erfahrung in der Narkosetechnik".

Herbst 22 Niederlassung als Kinderärztin in der Praxis ihres Vaters, Dr. Wilhelm Heidingsfeld, prakt. Arzt, Kaiserstr. 50.

33 Praxisboykott, Mitarbeit in der Kronen-Apotheke ihres Mannes Bruno Cohn (1883–1937) Zähringerstr. 43. Nach dessen Tod Zwangsverkauf der Apotheke.

RMK 37+.

„My mother...managed to get to the United States in 1940, where she worked as a Baby Nurse in order to be able to save enough money to allow her to study to take the required examinations to be certified in New York State. Against all odds she was able to obtain her license here."

License 47 (Cohn, Helen Erna).

„But because she had no hospital affiliation she served as an intern and resident at the New York Infirmary for women. In those days interns were paid next to nothing and residents not much more. She lived in a room at the hospital."

49 Versuch der Niederlassung 331 2nd Avenue New York City, gleichzeitig

„job as resident Physician at Leroy Sanitarium, a private hospital for the rich and famous. She was well paid and was on duty 24 hours, off 24 hours and she started to develop a small general practice."

54 schwere Herzattacke, Aufgabe aller Tätigkeiten für ein Jahr. Danach erneutes Angebot der New York Infirmary, zunächst als Anaesthesistin, später als Leiterin der Notfallambulanz;
„she was happy to accept and remained in this job until she retired when she was 82...Shortly before she died she said to me: 'I have had a very hard life, but it didn't do me a bit of harm.' There was enormous pride in that statement having overcome tremendous obstacles over a lifetime."

StA; Werner; Zapf; Mittlg. Mrs. Ruth S. Rosenthal, Valley Stream, N.Y. (Tochter).

Homburger, Theodor
(1868–1944 Haifa, Israel), Dr. med., Kinderarzt, Schloßplatz 9.
Appr. 94, Diss. Heidelberg 94.
97 Hospitant/Mitarbeiter Neumann'sches Kinderhaus Berlin.
Vor 1910 Niederlassung im Anwesen Zirkel 20, danach bis 1935 Schloßplatz 9.
15–26 Stadtschularzt, 27–28 Städt. Fürsorgearzt.
21 und 27 zum Vorsitzenden des Synagogenrates gewählt.
RMK 35.
35 Emigr. nach Palästina, License Nr. 2331, Zakai House, Panorama Str., Mount Carmel, Haifa.
1905 behandelte Theodor Homburger den späteren Kinderpsychoanalytiker **Erik H. Erikson** (15.6.1902 Frankfurt a. M. – 12.5.1994 Harwich/Mass.) als Dreijährigen und heiratete kurz darauf dessen geschiedene, dänische Mutter. Erikson verbringt Kindheit und Schulzeit in Karlsruhe im Hause seines jüdischen Stiefvaters und trägt bis 1939 den Namen Erik Homburger.

„Der Psychoanalytiker, dessen Buch ‚Kindheit und Gesellschaft' zeigt, wie tiefgehend soziale Einrichtungen das Heranwachsen des Kindes und später den Geist des Erwachsenen beeinflussen, würde für seine frühe Kindheit der folgenden Analyse beistimmen: er lebte im Umkreis des Schönen, aber auch des Unternehmungsgeistes; im eigenen Hause sah er, wie kranke und verletzte Kinder behandelt und geheilt wurden; er lebte in einem Land und in einem Gebiet mit einer reichen kulturellen Überlieferung, die dem bürgerlichen Mittelstand durch sein Bildungssystem dauerhaft vermittelt wurde" (Coles).

„In der Biographie von Coles findet sich nicht das in einem Interview [Erikson, The Quest for Identity', Newsweek, Dezember 1970] festgehaltene Kindheitserlebnis Eriksons, wie Mitschüler den jungen Erikson spüren ließen, daß er einen jüdischen Stiefvater hatte, während jüdische Kinder ihn wegen seines germanischen Aussehens als ‚Goy' neckten. In diesem Kindheitserlebnis basiert der in Eriksons Büchern immer wieder vorkommende Begriff der Identität. Kein anderes Wort ist so eng mit dem Namen Eriksons verbunden und keiner seiner Begriffe hat ihm soviel Aufmerksamkeit abverlangt" (Schneider).

Erikson hat den Namen seines Stiefvaters weitergeführt: Erik H(omburger) Erikson

StA; GV; BHE (bei Erikson); Werner; Coles; Conzen; Schneider; Mühlleitner; Kinderhaus; Todesanzeige im Aufbau X, No. 41, S.18, 13.10.44 „Dr. Theodor Homburger, früher Kinderarzt in Karlsruhe, Baden, im 76. Lebensjahr in Haifa, Palästina. Erik und Joan H. Erikson, San Francisco."

Kahn-Wolz, Elisabeth
(1.4.1885 Bonn – nach 79 New Rochelle/N.Y.), Dr. med., Kinderärztin, Stephanienstr. 25.
Stud. München, Bonn. Appr. 13, Diss. Bonn 13.
Bis 1933 Leiterin der Städt. Beratungsstelle IV für Säuglinge und Kleinkinder.
Verh. mit Dr. Eduard Kahn (geb. 1888), selbst möglicherweise keine jüdische Herkunft: RMK 37 ohne Kennzeichnung.
37 Emigr. in die USA, License erst 48, 25 Pierce St., New Rochelle/N.Y.
GV; Werner; AMD 50–79.

Lust, Franz (Abb.)
(28.7.1880 Frankfurt a. M. – 23.3.1939 Baden-Baden, Suicid), Prof. Dr. med., Kinderarzt, Bachstr. 19, Dir. d. Städt. Kinderkrankenhauses.
Stud. Heidelberg, München, Berlin. Appr. 04, Diss. Heidelberg 04.
Bis 07 Ass. am Städt. Krankenhaus Gießen (Wiesbaden?).
07–20 Univ.-Kinderklinik Heidelberg (Feer, Moro). Habil. 13, ao Prof. 19.
WW I. 18 Geschäftsführer d. Bad. Landesverbandes f. Säuglings- und Kleinkinderfürsorge.
20 Gründung und bis 33 Leitung des Städt. Kinderkrankenhauses.
Wiss. Schwerpunkte: Erkrankungen des Nasen-Rachenraumes; Lust'sches Phänomen (gesteigerter Fibularis-Reflex bei Tetanie); Soziale Pädiatrie.
Lehrbuch „Diagnostik und Therapie der Kinderkrankheiten" 1918, nach Lusts Tode von Pfaundler u. a. redigiert („Lust-Pfaundler"), zuletzt von Helmut Bartels (Würzburg). 29. Aufl.: „Pädiatrische Diagnostik und Therapie", München u. a.: Urban & Schwarzenberg 1997; Übersetzungen in zahlreiche Fremdsprachen.
RMK 37+; DGfK MV bis 38 geführt, dann gestrichen.
33 Entlassung aufgrund d. Gesetzes zur Wiederherstellung d. Berufsbeamtentums, obwohl kein Beamter.
Nach Novemberpogrom 38 „Schutzhaft" im KZ Dachau. Entlassung „gebrochen an Leib und Seele", Suicid.
GV; PäA; Displ; Fischer; Schindera.

Ullmann, Julius
(29.5.1890 Straßburg – 1974 Karlsruhe), Dr. med., Kinderarzt, Sportarzt, Douglasstr. 15.
Stud. Straßburg, München, Leipzig. WW I. Appr. 19, Diss. Freiburg 19.
19–21 Ausb. in Freiburg, Heidelberg und Karlsruhe.
21 Niederlassung in Karlsruhe, intensive sportärztliche Tätigkeit. Mitbegründer der Sektion Karlsruhe im Deutschen Ärztebund zur Förderung der Leibesübungen.
RMK 37+.
38 Emigration nach Paris, 46 Rückkehr nach Karlsruhe, Kinderpraxis bis 1968.
GV; StA; Werner; Diercksen.

KASSEL
(2:10)

Alsberg, Georg
(16.7.1873 Kassel – 29.11.1947 Stockholm), Dr. med., Kinderarzt, Kronprinzenstr. 8.
Diss. Göttingen 98, Appr. 99.
07 Niederlassung in Kassel. Mitglied im Wirtschaftsausschuß der DGfK.
RMK 37+, DGfK MV Austritt 17.9.38 „da meine Bestallung als Arzt am 1.10. erlischt".
18.5.39 Emigr. nach Stockholm, Schweden.
StA; GV; PäA; ABJ.

Blumenfeld, Felix
(2.5.1873 Gießen – 25.1.1942 Kassel Suicid), Dr. med., Kinderarzt, Chefarzt d. Kinderkrankenhauses Park Schönfeld, Obere Königstr. 41, später Fürstenstr. 21.
Stud. München, Marburg. Appr.98, Diss. Marburg 00.
99–01 KKFK Berlin (Baginsky).
01 Niederlassung in Kassel.
03 Anregung der Errichtung einer der ersten Milchküchen in Deutschland, ab 04 in Betrieb mit Unterstützung eines eigenen Vereins zu ihrer Betreibung.

„Sie zeichnete sich einmal durch einen hohen technischen und baulichen Standard aus und war im Gegensatz zu anderen, die nur Milch ausgaben, mit einer Beratungsstelle für Mütter und kranke Säuglinge durch Ärzte verbunden. Die Kasseler Milchküche diente entsprechenden geplanten Einrichtungen anderer Städte als Vorbild, ihr wurden deren zukünftige Leiter zur Ausbildung überstellt" (Wörner-Heil).

06 ärztl. Leitung d. Säuglings-u.Kinderheimes d. Deutschen Evangelischen Frauenbundes; Konzeption und Errichtung des 09 eröffneten Kinderkrankenhauses Park Schönfeld, zur

„Aufnahme solcher Säuglinge, denen die Mütter keine Häuslichkeit bieten können und außerdem zur Aufnahme erkrankter Säuglinge, die vorübergehend Anstaltspflege bedürfen, und zwar ohne Unterschied der Legitimität und Konfession" (Blumenfeld).

09 in Kassel niedrigste Säuglingssterblichkeit in Preußen (10,3%).
WW I: 17/18 ärztl.Betreuung d. Kriegsgefangenenlagers Niederzwehren.
20–24 Mitglied der Fraktion der Deutschen Demokratischen Partei der Kasseler Stadtverordnetenversammlung. Starkes Engagement in verschiedenen jüdischen Organisationen: Mitgl. im Hauptvorstand des CV, Reichsbund jüdischer Frontsoldaten, Sportverein Bar Kochba. Vorsitzender eines 1930 gegr. Aktionskomitees zur Abwehr des Antisemitismus auf Veranlassung des Reichsbundes jüdischer Frontsoldaten. Mitglied der Vereinigung Schlaraffia und letzter Meister vom Stuhl der Freimaurerloge „Einigkeit und Treue".
RMK 37+ (Frankfurt a.M.-Niederrad, Bruchfeldstr. 40.); DGfK MV 33 angekreuzt, 35 gestrichen. Austritt 28.4.36 „wegen Praxisaufgabe".
33 Entlassung als Chefarzt, Berufsverbot. Offenbar längere Zeit Aufenthalt in Ffm-Niederrad, Mitarbeit in der Asbestfabrik seiner ersten Frau,

geb. Wertheim. Ab 39 wieder in Kassel gemeldet, Heranziehung zu Zwangsarbeit auf Baustellen und zum Schrottsammeln auf den städt. Schuttabladeplätzen. Suicid am 25.11.42, um der Deportation zu entgehen.
StA; GV; PäA; Mittlg. Frau Dr. Ortrud Wörner-Heil, Kassel; Wörner; Lüders.

KIEL
(1:14)

Spiegel, Otto
(16.8.1880 Gelsenkirchen – Anfang August 1965 Chicago/Ill.), Dr. med., Kinderarzt, Lorentzendamm 5.
Stud. München, Kiel, Bonn, Berlin. Appr. 04, Diss. München 04.
07 Niederlassung in Kiel,
„der erste fachpädiatrisch ausgebildete Arzt in Schleswig-Holstein."
10 mit der Einrichtung von städt. Säuglings- und Kinderfürsorgestellen beauftragt. Erste Einrichtung im Stadtteil Gaarden, 11 zweite Säuglingsfürsorgestelle Wörthstr. 10.
12 Ehrenamtlich ltd. Arzt d. Städt. Mütter- und Säuglingsheims, Paul-Flemingstr. 3;
„ein Säuglingsheim, in dem die Säuglinge voll zu ihrem Recht kommen sollen, muß immer zugleich ein Mütterheim sein."
17 Anerkennung als staatl. Säuglingspflegeschule.
WW I, 17 vom Magistrat der Stadt Kiel für die Zwecke der Säuglings- und Kinderfürsorge angefordert.
23 ärztl. Leitung der städt. Säuglings- und Fürsorgestelle in Holtenau und Friedrichsort. Publ. zur Säuglingsheilkunde.
33 Entlassung aus städt. Dienst; Praxisboykott. (12.3.33: Ermordung des Bruders Dr. Wilhelm Spiegel, Rechtsanwalt, SPD-Politiker, Stadtverordneter).
Bis 38 kleine Privatpraxis.
RMK 37+; DGfK MV bis 38 geführt, dann gestrichen.
„Im Oktober 1933 machte ich meine Prüfung als Säuglingspflegerin, und soweit ich mich erinnere, wurde Herr Dr. Sp. erst Ende 1933 oder Anfang 1934 wegen seiner Zugehörigkeit zur jüdischen Rasse entlassen. Wir Schülerinnen hatten den größten Respekt vor diesem tüchtigen und immer korrekten Arzt, und ich persönlich war froh, bei ihm einen gründlichen Unterricht erhalten zu haben, der mir dabei half, bei meiner Schwesternprüfung 1934 gut abzuschneiden. 1935 bin ich Herrn Dr. Spiegel noch einmal begegnet, aber ich wagte ihn nicht zu grüßen, die Angst war zu groß. Später habe ich mich deswegen geschämt..."
(Leserbrief A.R., Kieler Nachrichten 7.9.65)

Nach dem Novemberpogrom 38 „Schutzhaft" im KZ Sachsenhausen. Danach Emigr. über die Niederlande nach Bogotá, Columbien; bis 55 (kinder?)-ärztliche Praxis. Danach Übersiedlung in die USA. 56 wird als Wohnsitz Chicago, zeitweise auch San Salvador bei seiner Tochter, angegeben.
GV; StA; PäA; Jantzen; Hauschildt; Ehlers.

KÖLN
(18:46)

Adler geb. Baum, Wally
(23.7.1891 Koblenz – ? USA), Dr. med., Kinderärztin, Hohenstaufenring 33.
Diss. Frankfurt a. M. 19, Appr. 19.
RMK 26: Mayen, RMK 33: Steinefrenz (Unterwesterwaldkreis), RMK 35: Köln.
Vor 37 Emigr. nach New York.
GV; NS-Dok.Köln.

Adler geb. Goldstein, Margarete
(1.9.1885 Mühlhausen i. E. – ? Israel), Dr. med., Frauen- und Kinderärztin, Pfälzerstr. 84.
Stud. Heidelberg, Straßburg, München, Berlin. Diss. München 13, Appr. 13.
RMK 26: Hohenstaufenring 9. RMK 33.
33 Emigr. nach Palästina, License Nr. 1313, 78 Allenby Road, Tel Aviv. Dort bis 42 als G.P. nachweisbar.
GV; NS-Dok.Köln; PalMed 40; PalDir 42.

Benjamin, Max
(16.5.1889 Schermbeck b. Wesel – 9.9.1975 Amsterdam), Dr. med., Kinderarzt, Schularzt an jüdischen Schulen, Salierring 46.
Stud. Bonn, Heidelberg, Gießen, München, Berlin, Appr. 13, Diss. Bonn 13.
RMK 37+.
Februar 39, nach kurzer Inhaftierung in Dachau, Emigr. nach Holland: „sie wohnten notdürftig in Amsterdam."
20.6.43 Verhaftung der Familie bei einer Razzia; über Lager Westerbork 14.9.43 Deportation nach Auschwitz. Einsatz als Arzt im Zigeunerlager Auschwitz-Birkenau, dann bei 180 nicht-jüdischen Warschauer Kindern. Trennung von der Familie; Frau und Sohn in Auschwitz umgekommen, Tochter überlebt im KZ Bergen-Belsen.
Januar 45 Befreiung durch die Rote Armee; über verschiedene russische Lager, Warschau, Posen, Frankfurt/Oder, Berlin am 27.7.45 nach Amsterdam.
„Bis zu den Wiedergutmachungszahlungen mußte Herr Dr. Benjamin seinen Lebensunterhalt in einem Schuhgeschäft in der Kalverstraat als Lagerarbeiter verdienen." Juli 45 Rückkehr der Tochter.
GV; NS-Dok.Köln; Mittlg. Frau Thamar Notowitz, BJ Bussum NL (Enkelin), über Frau Dr. Hofter, Köln-Rodenkirchen.

Bloch, Wilhelm
(19.6.1872 – 5.4.1935 Köln) Sanitätsrat Dr. med., Kinderarzt, Venloerstr. 255.
Appr. 95, Diss. Freiburg 96.
RMK 37 Totenliste. MV 33 angekreuzt, gestrichen.
GV; NS-Dok.Köln; Todesanzeige Jüd.Rundschau 17.4.35; PäA.

Haubrich-Gottschalk geb. Grabowski, Alice
(11.1.1892 Konitz, Westpreußen – Febr. 44, Suicid), Dr. med., Frauen- und Kinderärztin, Hohenstaufenring 61.
Stud. Bonn, Freiburg, München. Appr.

16, Diss. Bonn 16.
Niederlassung vor 26 Hohenzollernring 26.
RMK 37+.
In zweiter Ehe verh. mit dem Sammler expressionistischer Kunst Josef Haubrich; unter dem Druck der Verhältnisse 44 Suicid.
GV; NS-Dok.Köln.

Heidenheim, Thilo
(24.10.1878 Köln – vor 1965 New York), Dr. med., Kinderarzt, Platz der Republik 2, später Haydnstr. 5.
Appr. 03, Diss. Bonn 03.
RMK 35; DGfK MV Austritt 25.5.37
„seit Juli vergangenen Jahres nach USA ausgewandert".
Juli 36 Emigr. in die USA, License 36, Ped., 138 E 78 Str. New York City.
GV; NS-Dok.Köln; PäA; AMD 50–65.

Heinemann, Berta
(20.3.1889 Kassel – ?), Dr. med., Ärztin für Frauen- und Kinderkrankheiten, Sülzgürtel 31.
Stud. Freiburg, Marburg, München.
Appr. 15, Diss. Bonn 18.
RMK 26: Rothgerberbach 19. RMK 37+.
Weiteres Schicksal unbekannt.
GV; NS-Dok.Köln.

Holstein, David
(ca. 1890 – ? Jerusalem), Dr. med., Kinderarzt, Köln-Ehrenfeld, Venloerstr. 350 a.
Appr. 14, Diss. Köln 20.
RMK 37+, Rothgerberbach 1.
37/40 Emigr. nach Palästina, License Nr. 2383, 4 Princess Mary Ave., Jerusalem; G.P.
GV; NS-Dok.Köln; PalMed 40; PalDir 42.

Lamm, Bruno
(1877 Guben – 6.7.1945 Bogotá, Kolumbien), Dr. med., Kinderarzt, Beethovenstr. 8.
Appr. 00, Diss. Freiburg 00.
RMK 37+.
Emigr. 38, vermutlich USA.
GV; NS-Dok.Köln; Todesanzeige Aufbau XI, No. 28, S.18, 13.7.45.

Loewy, Erich
(2./ 22(?)10.1899 Königshütte/Schlesien – ?), Dr. med., Kinderarzt, Sachsenring 29.
Diss. Köln 23, Appr. 24.
RMK 33.
ca. 34 Emigr. nach Tunis, später Jersey/GB.
GV; NS-Dok.Köln.

Marcus, Aenne
(2.1.1898 Köln – ?), Kinderärztin, Köln-Kalk, Hauptstr. 199.
Appr. 23, Diss. Köln 23.
RMK 37+.
Weiteres Schicksal unbekannt.
GV; NS-Dok.Köln.

Neuberger geb. Ochs, Alice
(18.1.1896 Köln – ?), Dr. med., Kinderärztin, Hohenzollernring 84.
Appr. 21, Diss. Köln 20.

RMK 37+, Maastrichterstr. 26.
ca. 38 Emigr. nach England, London.
Schwester von Julius Ochs.
GV; NS-Dok.Köln.

Ochs, Julius Isaac
(17.1.1900 Köln – 16.2.1965 New York), Dr. med., (Kinder?)arzt, Schularzt a. d. jüdischen Schulen. Salierring 48.
Stud. u. a. Köln, Diss. Köln 23, Appr. 24.
26 Volontärass. in Köln.
RMK 33 ohne Fachbezeichnung, später Mauritiussteinweg 83.
RMK 37+.
Emigr. 39 in die USA, New York.
Bruder von Alice Neuberger-Ochs.
GV; NS-Dok.Köln.

Rosenthal, Carl
(1891 Mayen – vor 1970 New York), Dr. med., Kinderarzt, Gladbacherstr. 17.
Appr. 17, Diss. Köln 19.
RMK 37+.
37 Emigr. in die USA, License 39, Ped., 75 Thayer Str., New York City.
GV; NS-Dok.Köln; AMD 50–65.

Schiff geb. Goldstein, Alice
(4.3.1894 Rees – nach 1985 Beverly Hills, Calif.) Dr. med., Kinderärztin, Köln-Lindenthal, Dürener Str. 140.
Stud. u.a. Jena, Diss. Jena 19, Appr. 20.
19–22 Gesundheitsamt Düsseldorf.
22–35 Privatpraxis.
RMK 33, 35. DGfK MV 33 angekreuzt, 35 gestrichen.
36 Emigr. in die USA, License 38, Ped., 6624 Whitley Terr. 28, Los Angeles.
Ab 47 ltd. Ärztin Kinderabtlg. Sinai Hosp. Nach 65 Beverly Hills.
GV; NS-Dok.Köln; ABJ; AMD 50–89.

Seckel, Helmut (Abb.)
(16.5.1900 Berlin – 13.4.1960 Chicago), PD Dr. med., Kinderarzt, Köln-Lindenthal, Heimsbacherstr. 1.
19–23 Stud. Berlin, Freiburg i. Br. Appr. 25, Diss. Berlin 25.
25–27 Ass. Innere Abtlg. Städt. Krankenhaus Berlin-Westend.
27–28 Pharmakologisches Inst. d. Univ. Hamburg.
28–29 Univ.-Kinderklinik Heidelberg (Moro).
29–30 Univ.-Kinderklinik Hamburg (Kleinschmidt)
31–35 Univ.-Kinderklinik Köln (Kleinschmidt), 2.6.32 Habil., OA.
Wiss. Schwerpunkte bis zur Emigr.: Stoffwechselerkrankungen beim Diabetes mellitus, Blutmengenuntersuchungen im Kindesalter, Infektionskrankheiten, insbes. Diphtherie.
Seit 27 verh. mit Margarete Blaschko (geb.12.5.1902, Kindergärtnerin Pestalozzi-Fröbel-Haus Berlin, Soziale Frauenschule, Leitung eines Kindergartens für geistig behinderte Kinder, Tochter des Berliner jüdischen Dermatologen Prof. Alfred Blaschko).
Seckel selbst nicht jüdischer Herkunft.
RMK 35, DGfK MV 35 durchgestri-

chen, Austritt 19.3.36, um „meine Tätigkeit außerhalb Deutschlands fortzusetzen."
Die Univ.-Kinderklinik Köln war mit einer Gruppe ihrer Mitarbeiter an der Konzeption der Gesundheitspolitik der NS-Jugendführung beteiligt (Kleinschmidt, Joppich, Unshelm).
35: Seckel wurde vom ltd. Verwaltungsbeamten d. Univ. nahegelegt, sich von seiner jüdischen Frau scheiden zu lassen, um seine Stellung in der Klinik zu behalten. Daraufhin endgültige Realisierung des schon vorher gefaßten Entschlusses zur Emigration.
Der Protest einer nicht-jüdischen Kollegin, Dr. Ottilie Budde, führte zu deren Entlassung (Niederlassung in Göppingen).
Über SPSL ab 35 Versuch der Einwanderung in die USA, 21.3.36 Visum („visit of enquiry"), 21.4. Übersiedlung nach Chicago. License 37, Ped., 6030 Dorchester Ave.

Zeugnis Moro: „die jüngere deutsche Pädiatrie verliert mit ihm einen wissenschaftlichen Arbeiter 1.Ranges."
Brief von Hermann Blaschko (Bruder d. Ehefrau, Prof. für Pharmakologie in Cambridge) an SPSL: „All that because he married my sister; he is a '100%' Aryan, his father was Prof. for Roman Law at the univ. of Berlin and Rector".

37 Prof. of Pediatrics am Bobs Roberts Memorial Hospital d. Univ. of Chicago.
37 erscheint bei Karger/Berlin: Die Typologie der Halsdiphtherie (Morphologie, Statistik, Pathogenese).
„Seckel-Syndrom": Beschreibung des „Vogelkopf-Zwergwuchses"(Bird-Headed Dwarfs; Studies in developmental anthropology including human proportions. New York, Basel, Springfield 1960).
50 Austauschprof. Univ. Frankfurt a. M.

GV; PäA; SPSL 412/2; UA Köln; NS-Dok. Köln; Displ; BHE; Kröner; AMD; Lennert 92; Seidler 95; Korr. m. Frau Margarete Seckel, Chicago.

Spiegel, Max
(1895 – ?), Dr. med., Kinderarzt, Köln-Deutz, Helenenwall 14.
Appr. 22, Diss. Köln 22.
RMK 37+.
39 Emigr. nach den USA, License 42, Ped., 409 Western Ave., Albany/N.Y.
49 Rückkehr.

GV; NS-Dok.Köln; AMD 53.

Wildmann, Richard
(1900 – 1965 Köln?), Dr. med., Kinderarzt, Hohenzollernring 22.
Appr. 24, Diss. Freiburg 25.
RMK 33, DGfK Abmeldung 20.5.33, „da wir unseren Wohnsitz von Deutschland fortverlegen".

33 Emigr. nach Palästina, License Nr. 1273, 29 Nordau Str., Haifa.
Nach dem Krieg (nach 48 nicht mehr in Haifa gemeldet) wieder in Köln, Schaafenstr. 2–6.

GV; StA; PäA; PalMed 40; PalDir 48.

KÖNIGSBERG Kaliningrad
(9:17)

Falkenheim, Curt Hermann
(9.8.1893 Cranz b. Königsberg –
7.11.1949 Rochester/N.Y.), PD Dr.
med., Kinderarzt, Schillerstr. 18.
12–14 Stud. Freiburg, Königsberg.
WW I. 19–20 Stud. Halle Königsberg. Appr. 19, Diss. Königsberg 20.
20–21 Ass. Med. Klinik Breslau.
21–24 Univ. Kinderklinik Heidelberg (Moro).
24–27 Univ. Kinderklinik Königsberg (Stoeltzner). 27 Habil.
Wiss. Schwerpunkte: Infektionskrankheiten, Tbc, Rachitis, Röntgen.
27–33 Ltd. Arzt d. Städt. Kinderkrankenhauses u. d. Abtlg. für infektionskranke Kinder der Städt. Krankenanstalten.
April 33 Entlassung, bis 36 freie Praxis. Als „politisch unauffälligem Frontkämpfer" Lehrbefugnis bis 1936 weiter gewährt (Schüler-Springorum).
RMK 37+, DGfK MV 33 angekreuzt, Abmeldung 20.3.37 „vor einigen Monaten nach Nordamerika ausgewandert."
Kontakt zum Academic Assistance Council London, 34 Angebot einer leitenden Krankenhausposition in Persien abgelehnt.
36 Emigr. in die USA. Jan. 37 Instructor in Pediatrics, Strong Memorial Hospital, Univ. of Rochester. License 38, Ped., 35 Vick Park B, 7 Rochester/N.Y.
48 einem bösartigen Knochenleiden erlegen; „von Deutschland aus nachträglich in den Rang eines ao beamteten Professors erhoben" (Altpreuß. Biogr.).

GV; Displ; SPSL 411/2; Schüler-Springorum; Altpreuß. Biogr. III, 901.

Falkenheim, Hugo
(4.9.1856 Preußisch-Eylau – 22.9.1945 Rochester/ N.Y.), Geheimrat Prof. Dr. med., Internist, Kinderarzt, Henschestr. 12. (Vater d. Vorigen).
Stud. Straßburg, Königsberg. Appr. 80, Diss. Königsberg 81.
81–82 Studien in Wien und Leipzig.
82–86 Med. Univ. Klinik Königsberg (Naunyn), 85 Habil. f. Innere Med.
1885 – 1935 Leiter d. Inn. Abtlg. u. Kinderstation am St. Elisabeth-Krankenhaus.
Zunehmendes Interesse für d. Kinderheilkunde, ab 88 mit der Vertretung dieses Faches beauftragt. Eröffnung einer Poliklinik für Kinderkrankheiten, 95 Anerkennung als Universitätsanstalt, 96 a.o. Prof. f. Kinderheilkunde.

„Friedrich Althoff, der allmächtige Ministerialdirektor im preußischen Kultusministerium, machte ihn, wie man sagte, dem Drucke der Falkenheimschen Verwandten nachgebend, zum Arzt für die Kleinen und zum Professor für Kinderheilkunde an der Universität Königsberg. Allerdings war eine Bedingung damit verbunden. Falkenheim sollte in seinen Kreisen das Geld für die Errichtung einer Kinderklinik aufbringen. Das dauerte lange, aber es gelang" (Rosenbaum).

Publ. zum Problem d. Amaurotischen Idiotie (Tay-Sachs).
Organisation d. Säuglingsfürsorge in

Ostpreußen; 07 Gründung eines Vereins „Säuglingsschutz" zur Errichtung eines Säuglingsheims bzw. Kinderklinik. 16 Eröffnung d. Univ.-Kinderklinik, Ernennung zum Geh. Medizinalrat. 21 o. Prof. für Pädiatrie, Dir. d. Univ.-Kinderklinik.
24 Emeritierung, 26 Ruhestand. WW I, 22 Generaloberarzt d. Res.
Seit 97 Mitgl., später Vorstand d. Jüd. Gemeinde. Gründer u. Vorstand d. CV-Ortsgruppe Königsberg.
RMK 37+, DGfK MV 33 angekreuzt, bis 38 geführt, dann gestrichen.
35 aus d. Leitung d. Elisabeth-Krankenhauses entlassen. Behielt bis 41 Vorsitz d. immer kleiner werdenden jüd. Gemeinde;

„mit einer achtunggebietenden Haltung und mit eiserner Energie sorgte der fast Achtzigjährige für die Auswanderung des allergrößten Teils seiner Gemeinde" (Rosenbaum).

Nach dem Novemberpogrom 38 kurzfristig Gestapohaft.
Oktober 41 mit seiner Ehefrau in einem Sammeltransport nach Barcelona gebracht; via Havanna/Cuba zu seinem Sohn nach Rochester/N.Y.

„Sie trugen noch den Judenstern und verteidigten die Angehörigen der jüdischen Gemeinde gegenüber mit Mut und Würde bis zu ihrer Abreise" (Jacoby).

GV; Fischer; Walk; BHE; Kröner.; Schüler-Springorum; Rosenbaum; Jacoby; Altpreuß. Biogr. III, 901.

Klein, Walter
(14.11.1878 Braunsberg Ostpr. – 1942 Lager Maly Trostinec), Dr. med., Kinderarzt, Sportarzt, Junkerstr. 13/14.
Stud. Königsberg, München, Berlin. Appr. 05, Diss. Königsberg 05.
RMK 37+, Steindamm 31; DGfK MV bis 38 geführt, dann gestrichen.
Nach dem Novemberpogrom 38 Gestapohaft; danach offenbar in einem Judenhaus in der Seilerstraße.

„Eine ‚Arierin' wurde denunziert, weil sie dem jüdischen Kinderarzt Dr. Klein ein Stück Wurst zugesteckt hatte." [Klein mußte] „wegen Erwerbs von Lebensmitteln, die Juden nicht zustanden, eine Gefängnisstrafe absitzen. Frau Klein befolgte die Anordnungen der Gestapo gewissenhaft, reinigte den Haushalt, den sie in ihrer Wohnung zurücklassen mußte, und verzeichnete genau die einzelnen Gegenstände dieses Besitzes" (Jacoby).

Juni 42 Deportation, vermutlich nach Maly Trostinec.

„Von manchen Deportierten wird berichtet, daß sie, wie die Ehefrau des Kinderarztes Klein, vor ihrer Abfahrt nur hofften, ‚daß es schnell geht'". (zit. bei Schüler-Springorum).

GV; PäA; Jacoby; Schüler-Springorum.

Levy, Walter
(13.6.1895 Elbing Westpr. – ?), Dr. med., Kinderarzt, Vord. Roßgarten 33/34.
Stud. München, Berlin, Freiburg. Appr. 08, Diss. Freiburg 08.
08 Univ.-Kinderklinik (Hilda-Kinderhospital) Freiburg.
RMK 33, 35, 37+ mit Adr. Berlin-Charlottenburg, Reichsstr. 3 bzw. Tannenbergallee 10–12.
DGfK MV 33 gestrichen, Abmeldung 2.5.35

„unter den jetzigen Verhältnissen Ausgaben einschränken".
Weiteres Schicksal unbekannt.
GV; PäA; DB (Cj).

Ratzkowski, Berthold
(1912–1995 Haifa), Dr. med., Kinderarzt.
Stud. Freiburg, Königsberg, Diss. Königsberg 32.
Leiter der Ortsgruppe der Königsberger Zionisten.
36 Emigr. nach Palästina, License Nr. 2246, 12 Massada Str., zuletzt 5 Pevsner Str., Haifa.
GV; PalMed40, PalDir 42–95; Schüler-Springorum.

Stoeltzner geb. Ziegelroth, Helene
(10.2.1870 Warschau – ? Berlin), Dr. med., Ärztin. Hufenallee 25.
Studienbeginn 97 in Zürich; Mitunterzeichnerin der Petition vom März 1900 „Medizinerinnen deutscher Nationalität, die in der Schweiz studiert haben oder noch studieren" an den Bundesrat in Berlin für die Zulassung von Frauen zum Medizinstudium in Deutschland.
Fortsetzung des Studiums in Halle, Diss. Halle 02, Appr.02.
03–05 niedergelassene Ärztin in Berlin, nach Eheschließung mit Wilhelm St. Mitarbeit an der Univ.-Kinderklinik Halle. 26–29 praktizierte sie in Königsberg; danach ohne Praxis.
RMK 33, 35: Luisenallee 2, 37: ohne Kennzeichnung.
38 Entzug der Approbation. Übersiedlung nach Berlin; s. bei Wilhelm St.
„1952 wird sie anläßlich ihres 50. Dienstjubiläums wieder als Mitarbeiterin ihres Mannes in Berlin erwähnt" (Brinkschulte).
GV; Brinkschulte; Hoesch.

Stoeltzner, Wilhelm
(19.12.1872 Berlin – 26.12.1954 Berlin), Prof. Dr. med., Kinderarzt, Dir. d. Univ.-Kinderklinik. Hufenallee 25.
Diss. Berlin 95, Appr. 96.
96 Ass. Univ. Kinderklinik Charité Berlin (Heubner).
Habil 03, Wiss. Schwerpunkte Ernährungs- und Stoffwechselphyiologie d. Säuglings, Rachitis, Spasmophilie, „Haff-Krankheit".
04–25 a.o. Prof. f. Kinderheilkunde Univ. Halle, 21 pers. Ordinarius.
25–37 Dir. d. Univ. Kinderklinik Königsberg.
RMK 35 u. 37 Luisenallee 2. DGfK MV bis 38 geführt; nicht nachweislich gestrichen, jedoch MV 41 nicht mehr eingetragen.
Selbst nicht jüdischer Herkunft, verh. mit der jüdischen Ärztin Helene, geb. Ziegelroth (s.d.).
„Im Jahre 1937 hatten die damaligen Machthaber in Deutschland Stoeltzner vor die Möglichkeit eines unerhörten Eingriffes in seine Familie gestellt. Für einen aufrechten Mann war hier ein Kompromiß nicht vorstellbar, und so war der 65jährige um seine Emeritierung eingekommen" (Dost).
37 Übersiedlung nach Berlin-Lichterfelde, Ringstr. 101, bis Kriegsende zurückgezogen.

Auf dringendes Bitten der Charité-Direktion am 4.7.45 Übernahme der Leitung der zerstörten Kinderklinik.

„Noch immer waren die Kinder in Kellern und unter den Stadtbahnbögen untergebracht, die Laboratorien nicht arbeitsfähig, der Hörsaal von Trümmern erfüllt, die Boxen für Frühgeborenen, da sie zu ebener Erde angelegt waren, in Pferdeställe für das Militär verwandelt und zu allem noch das städtische Verkehrsnetz unbenutzbar. Er konnte die Klinik nur in einem vielstündigen Fußmarsch erreichen..." (Dost).

Nach der Ermöglichung einer einigermaßen geregelten Arbeit 47 erneute Bitte um Emeritierung. 47 Ehrenmitglied DGfK.
GV; PäA; Dost.

Victor, Martin
(? – ?), Dr. med., Kinderarzt, Steindamm 153.
Appr. 14.
RMK 37+, DGfK Abmeldung 30.1.38.
Weiteres Schicksal unbekannt.
PäA.

Wolffheim, Hans
(? – ?), Dr. med., Kinderarzt, Vorstädtische Langgasse 103.
Appr. 04, Diss. Ingolstadt/Landshut/München 04.
RMK 37+; DGfK MV 33 Fragezeichen, 15.3.34 Abmeldung: „wirtschaftliche Lage".
Weiteres Schicksal unbekannt.
GV; PäA.

KONSTANZ
(1:2)

Guggenheim, Richard
(10.10.1894, Konstanz – nach 1973 USA), Dr. med., Kinderarzt, Sigismundstr. 16.
Stud. München, Freiburg, Heidelberg.
Appr. 20, Diss. Heidelberg 21.
RMK 37+.
Bis 38 im Konstanzer Adreßbuch nachweisbar.
37/38 Emigr. in die USA, License 38, Ped., 614 Main Street, Islip/N.Y.
GV; StA; AMD 50–73.

KREFELD
(2:5)

Hirschfelder, Isidor (Abb.)
(11.3.1878 Rexingen – 29.10.1941 Krefeld, Suicid), Dr. med., Kinderarzt, Ostwall 148.
Appr. 03, Diss. Freiburg 03.
06 Niederlassung in Krefeld; ab 08 ärztl. Beratung d. „Vereins für Säuglingsfürsorge" (hervorgegangen aus der „Wöchnerinnenfürsorge des Crefelder Frauenvereins von 1827").
14 Eröffnung eines Säuglingsheimes mit Mütterberatung, Petersstr. 71.
17 Eingliederung einer Entbindungsabtlg. mit Neugeborenenpflege. Ärztl.Leitung, WW I.
18 Krefelder Frauenverein für Wöchnerinnen und Säuglingspflege, staatl.

Anerkennung als Säuglingspflegeschule.
18–33 Ltd. Arzt. Ausbau zur ersten Institution der stationären Säuglings- und Kinderheilkunde in Krefeld. Schul- und Fürsorgearzt.
33 Hausverbot im Säuglingsheim, dennoch weiter ärztl. Tätigkeit.
RMK 37+, DGfK MV 33 angekreuzt, bis 38 geführt, dann gestrichen. Praxisboykott, zunehmende Diskriminierung. Suicid, um Deportation zu entgehen.
GV; PäA; Kosenow 89, 91; Schupetta; Hangebruch.

Wolff, Rudolf
(28.6.1888 (1885?) Kleve – vor 65 Mill Valley/Calif.); Dr. med., Kinderarzt, Ostwall 115.
Stud. Freiburg, Kiel, München, Berlin, Heidelberg. Appr. 13, Diss. Kiel 14.
Seit 21 in Krefeld. In (ungeklärten) städt. Diensten.
RMK 35, DGfK MV 33 Fragezeichen, 35 durchgestrichen, Abmeldung 26.1.37 „sah mich vor 9 Monaten gezwungen, Deutschland zu verlassen."
36 Emigr. in die USA, License 38, Ped., Mill Valley/Calif.
GV; PäA; Hangebruch; Schupetta, Korr. m. Prof. Kosenow.

LEIPZIG
(10:48)

Bruch, Brunhilde
(? – ?), Dr. med., Ass.ärztin an der Univ.-Kinderklinik (?), Leizpig-O., Tiefe Straße 3.
Appr. 29, Diss. Freiburg 29 (Hilde B.).
RMK 33.
Kapp 39: Bruch, Brunhilde, Ped., 99 Highbury Quadrant, London N 5.
GV; Kapp.

Fernbach, Hans
(10.8.1893, Berlin – ?), Dr. med., Kinderarzt, Ass. a. d. Univ.-Kinderklink, Oststr. 25.
Stud. Berlin. Appr. 20, Diss. Berlin 20. WW I.
Seit 23 beamteter städt. Assistenzarzt auf der Tuberkulosestation der Univ. Kinderklinik.
31 wegen cavernöser Lungentbc. zur Kur in die Schweiz beurlaubt.
33 Entlassung.

Bessau an Leipziger Stadtrat: „...glaube sagen zu können, daß er ein ungemein anständiger, vornehm denkender Kollege ist. Ich empfinde es als sehr hart, daß dieser Mann unmittelbar nach der Heimkehr von seiner Schweizer Kur aus seinem Posten entlassen worden ist..."

Gelegentlich Vertretungen, nach 35 mit Adresse Gohliserstr. 1 [Praxisadresse von Erich Jacobsohn, s.d.] geführt.
RMK 37+, ohne Praxis. Nach 40 möglicherweise in Judenhaus Humboldtstr. 9.

Weiteres Schicksal unbekannt.

StA; Hebenstreit; Brief PD Dr.Hahn, Leipzig.

Goldschmidt, Rosel
(9.2.1895 Offenbach/Main – ?), Dr. med., Kinderärztin, Ass. Univ.-Kinderklinik, Oststr. 25.
Appr. 20.
20–26 Hygiene-Institut Univ. Frankfurt a. M. (Neisser),
26–29 Kinderklinik Städt. Krankenanstalten Dortmund (Engel),
29–33 Univ.-Kinderklinik Leipzig (Bessau, Catel).
Wiss. Schwerpunkte: Hygiene, Bakteriologie, Serologie.
RMK 33.
Entlassung zum 13.7.33.
RMK 37+, Ass. am jüd. Krankenhaus Berlin. VÄR.
Wahrscheinlich Emigration, wohl auch Korrespondenz mit SPSL (dort nur noch Karteikarte nachweisbar.)

UA Leipzig; StA Leipzig; Hebenstreit; Displ; SPSL.

Jacobsohn, Erich
(3.4.1895 Haynan, Schlesien – ?), Dr. med., Kinderarzt, Gohliserstr. 1.
Stud. Freiburg, Kiel, Leipzig, Heidelberg. WW I. Appr. 20, Diss. 20.
20–21 Pathol. Institut Marburg.
21–24 Kinderkrankenhaus Karlsruhe (Lust).
24–26 Städt. Kinderkrankenhaus Leipzig.
26 Niederlassung.
RMK 37+, DGfK MV geführt bis 38, dann gestrichen.
38 Emigr. in die USA. License 39 (Jacobsen, Erich). 10 E. Church St., Fairport/N.Y.

StA Leipzig; AMD 56; Hebenstreit; Brief PD Dr. Hahn, Dresden.

Jolowicz geb. Meischeider, Hedwig
(1876 Celle – ?), Dr. med., Kinderärztin, Harkortstr. 1.
Appr. 07.
Verh. m.d. jüdischen Nervenarzt Dr. Ernst J., 1934 geschieden.

„Vermutlich war sie keine Jüdin". Ehemann emigriert ca. 35 (Hebenstreit).

RMK 37 Kaiser-Wilhelmstr. 72.
Weiteres Schicksal unbekannt.

Hebenstreit.

Loebenstein, Fritz Naphtali
(26.9.1888 Sontra – 1958 o. 59 Petah Tiqwa, Israel), Dr. med., Dr. phil., Kinderarzt, Erfurter Str. 6.
Stud. München, Marburg, Berlin, Heidelberg. Appr.14, Med. Diss. Heidelberg 14. WW I.
19–22 Städt.Waisenhaus u. Kinderasyl Berlin (L.F.Meyer), Univ.-Kinderklinik Göttingen (Göppert).
22 Niederlassung in Leipzig.
22/24 Nebentätigkeit am Phys.-chem. und Psychol. Institut d. Univ. Leipzig.
24–27 Zusatzstudium der Philosophie, Phil.Diss. Leipzig 27.
1. Vors. der Ortsgruppe Leipzig der Zionistischen Vereinigung für Deutschland, Mitgl. d. jüdischen Volkspartei und anderer jüd. Vereinigungen. Leiter

u. ärztl. Betreuer der Mütterberatungsstelle d. jüd. Frauenvereins „Ruth", Säuglings- und Kleinkindfürsorge.
29 Reise nach Palästina.
RMK 35, DGfK MV 33 angekreuzt, 35 gestrichen.
36 Emigr. nach Palästina, License Nr. 2286, 18 Pica Str., Petah Tiqwa. Als Pädiater für die Arbeiterkrankenkasse Kupat Cholim tätig.
GV; ABJ; Hebenstreit; PalMed 40; PalDir bis 59.

Rosenbaum, Siegfried (Shimon)
(Abb.)
(12.9.1890 Königsberg – 8.4.1969 Tel Aviv), Prof. Dr. med., Kinderarzt, Sportarzt, Dufourstr. 2.
Stud. Königsberg, Freiburg. In Königsberg aktives Mitglied im „Verein Jüdischer Studenten" (V.J.St.); 13 Teilnahme an der Palästinafahrt des „Bundes Jüdischer Corporationen" (B.J.C.). „Glühender Zionist".
Appr. 14, Diss. Breslau 14. WW I. Schwere Verwundung.
18 kurzfristig Univ.-Kinderklinik Freiburg (Noeggerath).
19–20 Phys.-chem. Abtlg. d. Physiol. Instituts und Volontärass. Univ.-Kinderklinik Breslau (Stolte).
20–22 Univ.-Kinderklinik Marburg, mit Bessau 22 Univ. Kinderklinik Leipzig.
22–33 Ass., OA, Leiter d. Poliklinik.
25 Habil., 29 a.o. Prof.
32–33 (Bessau nach Berlin) komm. Leiter d. Kinderklinik.
Wiss. Schwerpunkte: Biochemie der alimentären Ernährungstörungen des Säuglings, Magenverweildauer, -sekretion, -verdauung, toxische Enteritiden, Vitamin A, Leberstoffwechsel, Rachitis.
Mitgl. im Verein jüd. Studenten in Königsberg u. Breslau Makkabi, Blau-Weiß-Führer in Breslau, aktiver Zionist auch in Leipzig.
RMK 33, DGfK MV 33 gestrichen. Während seiner Zeit als kommiss. Leiter der Kinderklinik zunehmende Anfeindungen. Ende März 33 vom Vertreter der NS-Ärzteschaft aus dem Amt gedrängt, unter dem Bedauern der Fakultät:
3.4.33 Brief Dekan Schröder an Rosenbaum: „Ich darf Ihnen...zum mindesten in meinem Namen, aber ich glaube auch im Namen der Fakultät...den Dank aussprechen für Ihre Tätigkeit im verflossenen Semester. Wir haben uns besonders immer wieder darüber gefreut, welche Anerkennung Ihre Lehrtätigkeit trotz der für Sie nicht günstig erscheinenden Umstände bei den Studierenden gefunden hat..."
Endgültige Kündigung zum 30. 6. 33. Am gleichen Tage polizeiliche Abmeldung zur Emigr. nach Palästina. Nachfolger wird Werner Catel [s. bei Richard Hamburger, Berlin].
License Nr. 1302, 26 Bialik Str., später 28 Sutin Str., Tel Aviv.
Vorübergehend Consultant am Hadassah Hosp. Tel Aviv und für Kupat Cholim. 33–69 Privatpraxis. Mitbegründer d. Asutah Hospitals, der ersten modernen Privatklinik d. Landes. Leiter einer Erste-Hilfe-Station im WW II und isr. Unabhängigkeitskrieg 48.

Mitgl. der Regierungskommision für Ernährungsfragen, langjähr. Hauptherausgeber von „Harefuah", Zeitschr. d. Israel Med. Assoc. Wiss. Tätigkeit: Pathol. d. kindlichen Nervensystems, Klimaeinwirkungen, Stoffwechselstörungen im Kindesalter. Nach dem Krieg Gastprofessuren in Italien, Österreich, Japan, Philippinen und Deutschland. Paracelsus-Medaille d. Deutschen Ärzteschaft 61, Ernst von Bergmann-Plakette (?).

UA Leipzig; PalMed 40; PalDir 42–69; IMG; Hebenstreit; Displ; Walk; BHE; Jacoby; Rosenbaum.

Triest, Robert
(29.4.1893 Berlin –?), Dr. med., Kinderarzt, Stadtmedizinalrat. Nikolaistr. 10.
Appr. 22, Diss. Breslau 22.
26–33 als Stadtschularzt im städt. Dienst
31 aus der Jüdischen Gemeinde ausgetreten.
33 Rente, 35 als Stadt Med.-Rat a.D. in Breslau, Lothringerstr. 3 gemeldet.
RMK 37+, Tauentzienplatz 7.
Weiteres Schicksal unbekannt.

Staatsarch. Leipzig; Hebenstreit; GV.

Walltuch, Michael (Moses Michel)
(3.10.1899 Busk/Galizien – 10.5.1942 Deportation), Dr. med., Kinderarzt, Eutritzscher Str. 2.
18–23 Stud. Leipzig. Diss. Leipzig 24, Appr. 25.
25–26 (28?) Univ. Kinderklinik Leipzig (Bessau).
28 Niederlassung.
RMK 37+.
Nach dem Entzug der Approbation 38 als „Krankenbehandler" zugelassen.

„Als solcher war er der einzige Kinderarzt in ganz Leipzig, um kranke Kinder zu behandeln. Von Montag bis Samstag war ihm dafür nur jeweils eine Stunde Sprechzeit genehmigt." (Hebenstreit).

14.12.39 Zwangsverlagerung des Leipziger Israelitischen Krankenhauses in die Landesheil- und Pflegeanstalt Dösen mit 29 verbliebenen Patienten. Paßsperre für W., bis Ende 41 Zwangseinsatz als Arzt in Dösen.
Von der Deportationsliste des 21.1.42 gestrichen, am 10.5.42 jedoch Deportation mit Frau und zwei kleinen Söhnen in das Vernichtungslager Belsec, Treblinka oder Majdanek.

GV; Staatsarch. Leipzig; Hebenstreit.

Weichsel, Manfred
(14.12.1903 Rimbach/Odenwald – nach 1985 Floral Park/N.Y.), Dr. med., Philipp-Rosenthal-Str. 1.
22–27 Stud. Frankfurt a. M., Freiburg.
Appr. 28, Diss. Frankfurt a. M. 28.
28–29 versch. Kliniken Frankfurt u. Wiesbaden.
Ab 1.1.30 Ass. an der Univ.-Kinderklinik, gekündigt zum 31.7.33.
RMK 33.
August 33–34 kurzfristig eigene Praxis Dufourstr. 2 [Praxisadresse von S. Rosenbaum, s.d.].
34 Emigr. in die USA, License 34, Ped., Woodside N.Y. (Queens). Später

47–60 Long Island City N.Y., 69: Flushing/N.Y., 85: Floral Park/N.Y.
UA Leipzig; Hebenstreit; AMD 50–85.

LIEGNITZ Legnica
(3:4)

Breit-Fronzig, Margarete
(5.1.1894 Liegnitz – ?), Dr. med., Kinderärztin, Dovestr. 34.
Stud. Breslau, Freiburg, Leipzig. Appr. 19, Diss. Breslau 20.
RMK 37+.
Weiteres Schicksal unbekannt.
GV.

Kauffmann, Elsa
(27.4.1876 Marklissa – 30.8.1939, Suicid), Dr. med., Kinderärztin, Stadt-Kinderärztin, Dir. d. Städt. Mütter- u. Säuglingsheims.
Stud. Berlin, Greifswald, Halle, Breslau, Königsberg. Appr. 14, Diss. Königsberg 14.
WW I Militärärztin im Knappschaftslazarett Waldenburg/Schl.
Ab 19/20 Leiterin des Städt. Mütter- und Säuglingsheims mit Mütterberatungsstunden in den verschiedenen Stadtteilen von Liegnitz.
Entlassung 33, RMK 35 ohne Tätigkeit, Neulandsweg 1, RMK 37+, Birkenweg 5.
Ab 28 Annahme eines Pflegesohnes, 33 Adoption. 39 Aufhebung der Adoption auf Anordnung des Vormundschaftsgerichtes:
„Ein wichtiger Grund für die Aufhebung ist die Zugehörigkeit der Annehmenden zur jüdischen Rasse. Die Aufrechterhaltung des Kindesannahmeverhältnisses ist deshalb sittlich nicht mehr gerechtfertigt."
Suicid 28.8.1939
GV; Mittlg. Willi Baum, Uelzen (Pflegesohn); Mittlg.Frau Dr. Woiczechowski, Tirschenreuth.

Königsberger, Paul
(20.8.1868 Lublinitz/Schlesien – 17.5.1940 Berlin), Dr. med., Kinderarzt, Goldbergerstr. 19.
Diss.Würzburg 94, Appr.95.
RMK 37+, ohne Praxis in Berlin-Schöneberg, Meranerstr. 3, später Stübbenstr. 7. Jüd. Friedhof Weißensee.
GV; DBG LA.

LIMBURG a.d. Lahn
(1:1)

Weinholt, Philipp
(8.4.1890 Bocholt – 23.3.1958 Limburg), Dr. med., prakt. Arzt, Kinderarzt, Schiede 18.
Appr.14.
19 Niederlassung in Limburg.
„Es gab in Limburg im Dritten Reich keinen Kinderarzt; Weinholt war der Arzt, zu dem man die kranken Kinder brachte" (Wenz).
35: Öffentliche Anprangerung am Aushang der NS-Wochenzeitung „Der Stürmer".
RMK 37+

38 Hochzeit in zweiter Ehe mit Hanna, geb. Rosenberg, Wegzug nach Aachen. Offenbar 39 Emigration (Japan?). 51 (53?) Erneut Zuzug nach Limburg, Hospitalstr. 4.

StA; Mdl. Mittlg. Prof. Wenz, Freiburg; Maibach.

LÖRRACH
(1:2)

Moses, Samuel
(1883 Efringen-Kirchen – 1969 Brooklyn/N.Y.), Dr. med., prakt. Arzt, ltd. Arzt des Säuglings- und Kinderheims am Blauenblick.
Stud. Freiburg, München, Berlin.
Appr. 06, Diss. Freiburg 07.
WW I. Stadtrat der Deutschen Demokratischen Partei.
RMK 37+.

35: „Anweisung von Bürgermeister Reinhard Boos, es dürfen an den praktischen Arzt Dr. Moses keine Gutscheine von Fürsorgeempfängern mehr ausgestellt werden... 1938 wanderte Moses nach Amerika aus. Wohl nicht wegen abnehmender Patientenzahl. Er hat Bekannten damals erzählt, auch die Nazis seien weiter in seine Praxis gekommen – nachts allerdings, bei Dunkelheit" (Göckel).

Emigr. 38

„gerade noch rechtzeitig, mit seiner Ehefrau Minna, geb. Günzburger, nach Amerika zu seinen Söhnen nach Brooklyn. Er mußte sein Lebenswerk hier verlassen und in der Neuen Welt ganz von vorne wieder anfangen und sein medizinisches Staasexamen erneuern. Es gelang ihm auch dort, eine schöne Praxis aufzubauen und bis ins hohe Alter zu führen." (Folberth).

GV; Göckel; Folberth.

LUDWIGSHAFEN am Rhein
(2:6)

Heller, Oscar
(30.12. 1889 Berlin – vor 1965 Hicksville/N.Y. ?), Dr. med., Kinderarzt, Lisztstr. 178.
Stud. Freiburg, München, Berlin, Heidelberg. Appr. 14, Diss. Heidelberg 14.
25–35 im Adreßbuch aufgeführt.
RMK 33, DGfK MV 33 angekreuzt, 35 gestrichen.
November 34 Emigr. in die USA, License 35, Hicksville/N.Y.

GV; StA; PäA; AMD 38–65.

Hirschler, geb. Rieß, Helene
(4.12.1888 Breslau – ?), Dr. med., Kinderärztin, Ludwigshafen-Rheinblock, Ludwigstr. 54.
Stud. Breslau, Freiburg, München.
Appr. 14, Diss. Breslau 17.
Verh. mit Dr. Max Hirschler, Chirurg, Appr.11.
RMK 35 Kaiser-Wilhelm-Str. 5, RMK 37+ (beide), Oggersheimerstr. 12.
DGfK MV Austritt Anfang 34.
Weiteres Schicksal unbekannt.
GV.

LÜBECK
(2:6)

Joël, Julius
(25.1.1867 Pfungstadt – 18.6.1933 Lübeck), Dr. med., prakt.Arzt und Kinderarzt, Fleischhauerstr. 2, Ecke Breite Straße.
Appr. 92 in Berlin, Diss. Kiel 92.
94 Niederlassung, Eintritt in den Ärztl.Verein.
RMK 33.
GV; StA.

Joël, Ernst
(28.7.1902 Lübeck – ? Palästina), Dr. med., Internist, Kinderarzt, Röntgen, Fleischhauerstr. 2, Ecke Breite Straße. (Sohn d. Vorigen).
Stud. Freiburg, Göttingen, Würzburg, Berlin, Frankfurt. Appr. 26, Diss. Kiel 27.
32 Niederlassung, Eintritt in den Ärztl. Verein.
RMK 33.
April 33 Emigr. nach Palästina, License Nr. 1199, Saharov House, Beit Hapolim Str., Rehovot.
GV; StA; PalMed 40.

MAGDEBURG
(4:12)

Hirsch, Leonhard
(? – ?), Dr. med., Kinderarzt, Kantstr. 4, Appr. 25, Diss. Königsberg 25.
RMK 35 Askanischer Platz 2, im Adreßbuch letztmals 35 verzeichnet.
Weiteres Schicksal unbekannt.
StA, GV.

Rosenthal, Ludwig
(? – ?), Dr. med., praktischer Arzt, Kinderarzt, Hohenstauffenring 10.
Diss. Freiburg 94, Appr. 98.
RMK 33, im Adreßbuch letztmals 34 verzeichnet.
Weiteres Schicksal unbekannt.
StA, GV.

Uffenheimer, Albert (Abb.)
(24.5.1876 Fürth – April 41 Albany N.Y.), Prof. Dr. med., Kinderarzt, Dir. d. Städt. Kinderklinik, Staatsbürgerplatz 5.
Stud. Würzburg, München, Berlin. Appr. 99, Diss. München 99.
Ausb.: Pathol. Inst. d. Krankenhauses am Urban (Bender), Berlin; Univ.-Kinderklinik Greifswald (Krabler); Univ.-Kinderklinik München (v. Ranke), Hygieneinstitut München (Gruber).
06 Habil. Univ.-Kinderklinik München (Pfaundler), 15 a.o. Prof.
07 (08/09?) Leiter d. Säuglings-Beratungsstelle und Milchküche München-Westend, außerdem Arzt d. neubegründeten Heilpädagogischen Erziehungsheimes Schloß Höhenroth, später nach München verlegt.
10 Laborleiter d. Univ. Kinderklinik München, ab 12 auch Schularzt. WW I. Nach 18 auch Privatpraxis München Akademiestr. 11.

Wiss. Schwerpunkte: Bakteriologie, Physiologie d. Magen-Darm-Kanals beim Säugling und Kleinkind, Immunitätslehre, Tbc, Soziale Säuglings- und Jugendfürsorge, Heilpädagogik.
Februar 25 – August 33 Dir. d. Städtischen Kinderklinik und Städt. Kinderarzt Magdeburg (als selbständiges Arbeitsgebiet dem Gesundheitsamt angegliedert; Versorgung sämtlicher Säuglings- und Kinderberatungsstellen und Kinderheime). Einführung eines „Gesundheitsbogens des Kindes", auf dem die Entwicklung von Geburt an bis zum Schulbeginn und vom Schularzt bis zur Schulentlassung dokumentiert wurde. Spezialsprechstunde für „geistig und erziehlich abnorme Kinder".
April 33 Entlassung, August Zwangspensionierung.
Sept. 33 Kontakt mit SPSL, 6 Mon. „trial period" am Mental Welfare Hospital Bedford Court, near Worcester.
35 Übersiedlung nach Kattenhorn (Bodensee). Gelegentlich philosoph. u. theol. Studien a. d. kath. Univ. Gregoriana in Rom.
RMK 37+, Kattenhorn. DGfK MV 33 angekreuzt, bis 38 geführt, dann gestrichen.
Ostern 38 „...wurden die Pässe meiner Eltern (deren einziges Kind ich war) konfisziert mit dem Bescheid, daß sie sie erst wiederbekommen würden für den Zweck der Emigration, nach Abgabe ihres ganzen Besitzes" (Tochter Eva Bieler).
August 38 Emigr. nach England, 114 Park Way, Wehryn Garden City (Hertfordshire). Betreuung einiger schwer erziehbarer Kinder. SPSL 29.12.38: „U. is an elderly man far too advanced to go through the routine of taking his medical degree again."

Februar 40 Übersiedlung in die USA.
„Nach einigen sehr schweren Monaten und völliger Armut gelang es meinem Vater, eine Dozentur in einer von einem religiösen Orden geleiteten Universität in Albany, Staat New York, zu finden. Er hatte unendlich viel zu tun, 15 Vorlesungen in der Woche...Er hat es nicht lange geschafft. Er starb an einem Herzinfarkt im April 1941 im Alter von 65 Jahren. Ein trauriges Ende für meinen Vater..."
GV; PäA; Displ; Fischer; SPSL 413/3; ABJ; Thal 91,94; Tochter Eva Bieler zit. nach Thal.

Wilmersdorfer geb. Stern, Anne
(? – 1998 Bat Yam Israel), Dr. med., Kinderärztin.
Mitarbeiterin in der Kinderklinik Magdeburg.
Emigr. nach Palästina 1934.
Keine weiteren Angaben.
Mittlg. Prof. Jütte, Stuttgart.

MAINZ
(4:9)

Erlanger, Bertha
(? – 1933/34), Dr. med., Kinderärztin, Große Bleiche 12.
Appr. 10.
RMK 26: Kinderärztin, 33 ohne Fachbezeichnung; 35 Totenliste.
DGfK MV 33 „Ärztin", durchgestri-

chen. 19.4.33 Abmeldung.
PäA.

Meyer, Hedwig
(16.9.1898 Mainz – ? Buenos Aires), Dr. med., Kinderärztin, Schulstr. 24. Diss. Heidelberg 23, Appr. 24.
28 Niederlassung, im Adreßbuch aufgeführt bis 38.
28–33 nebenamtl. Fürsorgeärztin d. Städt. Gesundheitsamtes für Schulen und Mütter- u. Kleinkindberatung. RMK 37+, Kaiserstr. 26.
August 38 Emigr. nach Argentinien, wohnte in Buenos Aires.
StA; GV.

Rosenhaupt, Heinrich (Abb.)
(21.5.1877 Frankfurt a. M. – 15.4.1944 Colorado Springs, USA), Dr. med., Kinderarzt, Stadtmedizinaldirektor.
92–96 Banklehre, Bankangestellter. 97 Abitur.
Stud. Erlangen, München, Berlin, Freiburg. Appr. 02, Diss. Freiburg 02.
03–04 Vol.Ass. Ffm.: Innere (v. Noorden), Hygiene (Neisser), Neurologie (Edinger).
04–05 Ass. Säuglingsheim Dresden (Schloßmann), 2 Mon. bei Escherich in Wien.
05 Niederlassung in Frankfurt als prakt.Arzt und Kinderarzt, im gleichen Jahr Gründung d. ersten Säuglingsberatungsstelle. Hauptinteresse Säuglings- u. Kinderfürsorge; 07 Sekretär f. Deutschland d. Internat. Vereinigung f. Säuglingsschutz (Goutte de Lait). Umfangreiche berufspolitische Tätigkeit, Mitglied d. DDP, später der SPD. Wiss. Publ. zu sozialmedizinischen Themen.
21 Aufgabe der Praxis, Stadtarzt im Frankfurter Gesundheitsamt (Schulhygiene, Säuglings- und Kleinkinderfürsorge).
22–33 Stadtmedizinaldirektor in Mainz.

„Ich hatte in Mainz Gelegenheit, das Gesundheitswesen nach verschiedenen Richtungen auszubauen. So verdankt meiner Anregung ihre Entstehung: Die soziale Beratungsstelle für Gemütskranke (Psychopathen- und Alkoholikerfürsorge), die Beratungsstelle für werdende Mütter, der Pflichtschulkindergarten für geistig und körperlich unterentwickelte Schulkinder, die lokale Erholungsfürsorge durch systematische Luftbadekuren unter Ausbau des Luftbades für diese Zwecke, die Einführung des orthopädischen Schulturnens, die Einführung des Schwimmunterrichts in den Volksschulen, die Dezentralisation der systematischen Schulzahnpflege, die Verbindung von Schulkinder- und Familienfürsorge in den Vororten, die Neugestaltung der ärztlichen Berufsberatung und die Arbeitsgemeinschaft mit der Vereinigung der Krankenkassen und der Landesversicherungsanstalt, schließlich die Ärztliche Sportberatung" (zit.n.Thomann).

Während d. Reichsgesundheitswoche April 26 Konzeption einer „Gesundheitsschau" für die Mainzer Bevölkerung (70 000 Teilnehmer).
29 Teilnahme an einer Rußlandreise deutscher Sozialmediziner.
11.3.33 „Mainzer Warte": „Eine der Stellen bei der Stadt Mainz, die zuerst ausgeräumt werden müssen, ist das städt. Gesundheitsamt. Hier herrscht der jüdische Medizinalbonze Rosenhaupt und hat um sich herum einen Laden errichtet, der durchaus dem

Größenwahnsinn marxistischer Systembonzen entspricht. Doch nicht genug damit, [dass] der Herr Obermedizinalrat (Ministertitel, von dem Wohlklang dieser Bonzentitulaturen kannte man früher hier nur an Fastnacht!) mit seinem Ministerialgehalt in allen Ämtern herumspukt, organisiert, registriert, schikaniert und Haufen von Akten fabriziert, nein, er hat sich überdies zur Aufgabe gemacht, der marxistischen Seuche ein Wegbereiter zu sein..."
27.3.33 Amtsenthebung, 9.12. endgültige Entlassung.
8.3.34 Umzug nach Frankfurt, Eröffnung einer kleinen Praxis.
RMK 37+, Ffm., Liebigstr. 3; DGfK MV Abmeldung 2.5.33 „infolge meiner Amtsenthebung."
Januar 39 „Schutzhaft" im KZ Sachsenhausen, Entlassung mit der Auflage, Deutschland zu verlassen.
30.1.39 Emigr. via England in die USA, Colorado Springs.

GV; PäA; StA; Kallmorgen; Schütz; Thomann.

Simon, Karl
(1895 – nach 1982 New York), Dr. med., Kinderarzt, Kaiserstr. 96.
Appr. 20, Diss. Heidelberg 20.
RMK 35, DGfK MV 33 angekreuzt, Austritt 31.1.34.
34 (?) offenbar überstürzte Emigration über Holland in die USA; nach mdl. Aussage eines Patienten wurden ihm Habseligkeiten nach Holland nachgebracht.
License 36. 24 St. Andrews Place, Yonkers/N.Y. Cardiovascular Diseases (?) Nach 79 New York City.

GV; PäA; AMD 42–82.

MANNHEIM
(7:15)

Bruchsaler, Siegfried
(26.3.1901 Bühl/Baden – 1975 Dallas Texas), Dr. med., Kinderarzt, Q 7, 16, später O 6,8.
Diss. Heidelberg 24, Appr. 26.
25 Städt. Krankenhaus Dortmund (Engel?).
29 Niederlassung. Leiter der Mütterberatungsstelle der jüdischen Gemeinde, muß 33 dieses Amt aufgeben. Nach 35 Leiter der jüdischen Winterhilfe, Vertrauensarzt des jüdischen Waisenhauses und der Anlernwerkstätte. Statistiker der jüdischen Gemeinde.
RMK 37+.
10.1.38 Emigr. in die USA, License 38 (Fred. S. Brooksaler), Ped., 4332 Granmere Lane 5, Dallas/Texas. Prof. f. Kinderheilkunde an der University of Texas.
62 Bundesverdienstkreuz.

StA; GV;AMD 50;Watzinger; Gawliczek; Fliedner; Keller; Meyer.

Felsenthal, Simon
(5.1.1865 Münchweiler/Pfalz – ?), Dr. med., Kinderarzt, Holbeinstr. 13.
Appr. 89, Diss. Straßburg 90.
Ab 93 Mitglied der Gesellschaft der Ärzte, ab 1900 Mitglied in der zionistischen Ortsgruppe. Elf Publikationen: Schwerpunkt Säuglingsernährung, Ziehkinderfürsorge, Geschichte der jüdischen Ärzte in Mannheim.

RMK 37+, Carl-Ludwig-Str. 9.
24.7.38 Abmeldung der Ehefrau nach Palästina, Haifa. Einziger Sohn Leiter d. Augenabtlg. des Regierungskrankenhauses.
GV; Gawliczek; Watzinger.

Moses, Julius
(22.1.1869 Altdorf bzw. Rodalben/Pfalz – 12.7.1945 Tel Aviv), Prof. Dr. med., prakt.Arzt, Rheinstr. 1.
Stud. München, Würzburg, Straßburg, Appr. 92, Diss. Straßburg 92.
97 Niederlassung in Mannheim. Leiter d. städt. Beratungsstelle für Schwererziehbare und Psychopathen, Dozent am Städt. Seminar f. Kindergärtnerinnen.
29 Prof. a. d. Mannheimer Handelshochschule.
Schwerpunkte: Hilfe für das schwer erziehbare Kind, jugendliche Verwahrlosung, Wohlfahrts- und Jugendpflege, Schulsystem. Gründer des jüd. Altersheims u.d. Wohlfahrtsamtes.
1900 Vorsitz Mannheimer Zionistische Ortsgruppe, 12 Mitgl. d. Synagogenrates, 23 Vorsitz d. jüd. Gemeinde u. Mitglied d. Oberrats der Badischen Israeliten.
RMK 33.
28.3.34 Emigr. nach Palästina, License Nr. 1698, 26 Mendele Mokker Sefarim Str., Tel Aviv.
Tätigkeit in der Einwandererfürsorge.
GV; StA; Watzinger; Gawliczek; Fliedner; Walz; PalMed 40; ABJ; Todesanzeige Aufbau XI, No 36, S.16, 7.9.45.

Neter, Eugen (Izchak) (Abb., sitzend)
(29.10.1876 Gernsbach/Baden – 8.10.1966 Kibbuz Deganyah Aleph, Israel). Dr. med., Kinderarzt, Q 1,9.
Stud. München, Heidelberg, Appr. 99, Diss. Heidelberg 1900.
00–03 Neumann'sches Kinderhaus Berlin, KKFK (Baginsky). Wiss. Publ. zur Tetanie, Rachitis, Hauterkrankungen, Genitaltbc.
03 Niederlassung in Mannheim.
04 Mitbegründer des Fröbel-Seminars für angehende Kindergärtnerinnen, Unterricht in „Gesundheitspflege".
06–13 Begr. u. Hrsg. der Zschr. „Das Kind", später „Zeitschrift für Kinderpflege".
Ab 11 kinderärztl. Leiter des Mannheimer Mütter- und Säuglingsheimes.
Zahlr. populärmed. Publ. zur körperlichen und geistigen Pflege des Kindes und zur pädagogischen Aufgabe des Kinderarztes (u. a.: Mutterpflicht und Kindesrecht, München 05; Das einzige Kind und seine Erziehung: ein ernstes Mahnwort an Eltern und Erzieher, München 14; Die fünf Sorgenkinder, Langensalza 33).
WW I, nach dem Kriege Vors. d. Mannheimer Ortsgruppe d. „Reichsbundes Jüdischer Frontsoldaten". (Ms.: Der jüdische Frontsoldat. Erinnerungen aus dem 1. Weltkrieg).
Verh. mit Liesel, geb. Janson (1876–1950), Nichtjüdin.
33 Einrichtung einer „Jüdischen Akademiker-Hilfe" für die durch die Nazi-Gesetze betroffenen Akademi-

ker sowie für die Angehörigen der nichtakademischen Lehr- und freien Berufe.
RMK 37+; DGfK MVAustritt 3.1.36:

„...durch den in den letzten Monaten erfolgten außerordentlichen Rückgang meiner Praxis bin ich nicht mehr in der Lage, den angeforderten Beitrag zu bezahlen..."

38 nach dem Novemberpogrom kurzzeitige Verhaftung, danach Übernahme des Vorsitzes der Jüdischen Gemeinde. Einrichtung von Lehrwerkstätten zur handwerklichen Vorbereitung der Auswanderung. 22.10.40 begleitet Neter freiwillig die Restgemeinde bei der Deportation der badischen Juden in das südfranzösische Lager Gurs. Dort ärztl. und soziale Tätigkeit:

„Ich stehe auch hier früh (als erster in der Baracke) nach 6 am. auf, hole wenn's ruft den Kaffee, bringe ihn jedem der 25 Kameraden ans ‚Bett'. Wenn ich dann meine Sachen aufgeräumt habe, gehe ich zu meinen Kinderbaracken. Ich habe ungefähr 30 unter & 50 über zwei Jahre alte Kinder in meiner Betreuung. Sie sind alle in sehr gutem Gesundheitszustand, ein krasser Gegensatz zu der Verfassung der Erwachsenen...Die übrigen Stunden gehören meiner eigentlichen Aufgabe: die Betreuung meiner einstigen Gemeindemitglieder, deren Kreis sich sehr viele Nicht-Mannheimer angeschlossen haben...Das Wort ‚Lückenbüßer' kennzeichnet meine Arbeit ziemlich gut..." (29.3.42 Brief an Dr. Otto Einstein, Stuttgart, s.d.).

„Um helfen zu können, um dort einzuspringen, wo kleinere oder ganz persönliche Wünsche nirgendwo erfüllt werden können, versteht es dieser sonst allen geschäftlichen und persönlichen Vorteilen abholde Mensch, eine Initiative zu entfalten, Beziehungen zu Organisationen und Menschen aufzufinden, Interessen zu wecken, Mittel aufzutreiben, die ganz erstaunlich sind. Überall her fliessen ihm die Mittel zu, Geld und Waren, Dank und Rat, weil man auch das ihm anvertraute Pfand verwertet und überall dort einspringt, wo die Not verborgen, verschämt sich offensichtlich nicht hervorwagt, oder wo Wünsche und Sehnsüchte bei denjenigen Menschen sich zeigen, die nicht krasser Not ausgesetzt sind aber doch durch die Umstände in Gurs sich allzu bescheiden helfen müssen. Wie ein Zauberer, der geheime Wünsche errät und sie unversehens zu erfüllen weiß, ist er oft anzusehen, dabei für sich von größter Bescheidenheit, Zurückhaltung und Reserve" (aus einem Bericht von **Rosa Grünbaum**, Gründerin und Leiterin des Städt. Seminars zur Ausbildung von Kindergärtnerinnen und Jugendleiterinnen 1912–1933. Von Gurs nach Auschwitz deportiert).

Enge Mitarbeiterin in Gurs: die Oberin des Mannheimer Jüdischen Krankenhauses **Pauline Maier** (21.10.1877 Baiertal b. Heidelberg – 42 Auschwitz);

„Wer diese ‚Hölle von Gurs' damals miterlebt hat, begreift, mit welchem Gefühl der Erlösung die hilfsbereite und helfende Oberin von den Unglückseligen, schwer geprüften Menschen begrüßt wurde, wo und wann sie immer in den armseligen Baracken auftauchte..."

Oberin Maier begleitet im August 42 freiwillig die zum Abtransport nach Auschwitz vorgesehenen Lagerinsassen:

„Tief in meiner Erinnerung haftet jener Augenblick, als ich Abschied nahm von den beiden Frauen, die freiwillig ihre Leidensgefährten auf dem Weg zur Vernichtung begleiteten. Als letzte stiegen sie auf das Lastauto, das sie forttragen sollte nach dem Osten: Oberin Pauline Maier und die Ärztin Dr. Johanna Geismar, Heidelberg" [s.d.] (Eugen Neter, zit. nach Fliedner).

44 Befreiung aus Gurs, unter Mithilfe seines einzigen Sohnes Martin (Schaul), inzwischen nach Palästina emigriert und Angehöriger eines engl. Artillerie-Reg.
Kurzfristige Rückkehr nach Mannheim, Emigr. 46 nach Palästina, zum Wohnsitz des Sohnes im ältesten Kibbuz Deganyah Aleph über dem See Genezareth. Keine ärztliche Tätigkeit mehr, verwaltet die Hühner- und Bienenzucht. Mai 48 Tod seines Sohnes bei der Verteidigung von Deganyah im Unabhängigkeitskrieg, kurz darauf Tod d. Ehefrau.
Hochverehrt als „Saba", als geistige Integrationsfigur vieler Freunde. Schreibt Erzählungen: Die schönsten Geschichten von Saba, hrsg. v. Shlomo Marcus 66.
Nach seinem Tod 66 Benennung einer Schule für geistig behinderte Kinder in Mannheim in „Eugen-Neter-Schule".
StA; PäA; LBI NY; Walk; Sick; Marcus; Gawliczek; Watzinger; Fliedner; Meyer; Kinderhaus.

Neumark geb. Höchheimer, Alice
(23.12.1896 Mannheim – 1942 Auschwitz), Kinderärztin, Rosengartenstr. 22.
Stud. Heidelberg, München. Diss. Heidelberg 21, Appr. 22.
Ausb. u. Tätigkeit möglicherweise zunächst in München, dort verheiratet. 24 Geburt d. Zwillinge Ernst u. Kurt, 29 verwitwet, zurück nach Mannheim, Praxis in d. Wohnung d. Mutter.

1.8.33 mit Mutter u. Kindern Umzug in das Jüd. Waisenhaus R 7,24. Erteilt im Jüdischen Lehrhaus Unterricht in Säuglingspflege und Erste Hilfe bei Unfällen (Lehrplan 37/38).
RMK 37+.
22.10.40 Deportation nach Gurs, 16.8.42 von dort mit ihren Kindern nach Auschwitz.
StA; Gawliczek; Sauer.

Strauß, Julius (Abb.)
(29.9.1875 Ulm a. D. – nach Sept. 42 Auschwitz), Dr. med., Kinderarzt, N 2, 9.
Appr. 98, Diss. Freiburg 98.
Ausb. offenbar in München, von dort 01 Niederlassung in Mannheim. WW I.
„Vater wurde im 1. Weltkrieg als Stabsarzt an der Somme verschüttet und leitete nach schwerer Verwundung Lager in Rumänien in verantwortungsreicher und gefährlicher Stellung. Wir hatten den Eindruck, daß diese Zeit seine so positive Einstellung zur ‚Heimat' (wie man damals noch fest glaubte) verstärkt hat – und damit sein Entsetzen über das was später geschah."
RMK 37 ohne jüdische Kennzeichnung. DGfK MV Austritt 25.1.36 „aus bekannten Gründen vorläufig."
Erteilt im Jüdischen Lehrhaus Unterricht in Säuglingspflege u. -ernährung.
Nach Novemberpogrom 38 „Schutzhaft" in Dachau, kam „völlig verändert" zu seiner Tochter Liselotte Grünwald nach Stuttgart; „daß alles das möglich war, er konnte es nicht verstehen".
22.10.40 Deportation nach Gurs, dort ärztlich tätig (Abb.). Später offenbar

Hafterleichterung in einem Nebenlager:

„Kinder-Strauss ist liberiert, nicht weit von hier. Er hatte einige Monate in Marseille auf Visum & Ausreise gewartet; wie viele Hunderte vergeblich..." (Brief Neter an Einstein, s.d.).

4.9.42 meldet er sich freiwillig als Transportarzt bei der Deportation seiner Frau Regine (Lili), geb. Schweitzer (* 31.8.84) nach Auschwitz.

StA; GV; PäA; Mittlg. Dr. Lotte Gruenwald (Tochter); Gawliczek; Mann; Fliedner; Meyer.

Weil, Hans
(26.5.1898 Karlsruhe – 1941 Princeton/N.J., Suicid), Dr. med., Kinderarzt, Kaiserring 18.
Diss. Würzburg 23, Appr. 24.
Ausb. offenbar in Berlin, von dort 27 Niederlassung in Mannheim.
RMK 35.
36 Der Arbeiter Wilhelm F. erhält eine Drohung des Oberbürgermeisters mit Dienstentlassung, weil er – vor zwei Jahren – den jüdischen Kinderarzt Dr. H. Weil zur Behandlung seines Kindes herangezogen hat, (Fliedner).
36 (?) Emigr. in die USA; Princeton/N.J.

StA; GV; ABJ; Gawliczek; Fliedner; Meyer; Notiz zum Tode in Princeton im Aufbau, 16.5.41, S.24.

MARBURG a.d. Lahn
(2:3?)

Brühl, Heinz
(12.5.1901 Berlin – ? Hankow, China), Dr. med. Kinderarzt, Univ.-Kinderklinik. „Halbjude".
Stud. Tübingen, Freiburg, Berlin. Appr. 27, Diss. Freiburg 28.
26–27 Innere Med. Univ. Klinik Freiburg (Eppinger).
27–28 Physiol. Institut Kiel (Höber).
28–33 Univ. Kinderklinik Marburg (Freudenberg).
Wiss. Schwerpunkte: Pathol. Physiologie d. Kindesalters, Stoffwechsel, Infektionskrankh.; Hygiene, Kinderpsychologie. Steht 33 vor der Habil.
33 Entlassung, „verläßt die Klinik infolge der neuen Beamtengesetze".
RMK 35 Freiburg, ohne nähere Angaben. DGfK MV 35 durchgestrichen.
35 Emigr. nach China, Hankow (möglicherweise über Tanga, Tanganyika):
- Dr. med. Heinz Brühl, Spezialarzt für innere und Kinderkrankheiten, Huang Pei Road S.A.D.II, Hankow. Vorstand der Deutschen Ärztevereinigung (ADO).
- Specialist in Internal and Children's Diseases. Lutheran Mission Home, S.A.D.2. (China Hong List 1941).
8.2.48 Brief Freudenberg (s.d.) an Miss Ursell SPSL: „I am in connection with him and I know that he lives in good circumstances. During the war he lost his wife, but his mother in law has taken care of the children. He has got a good medical practice in both European and Chinese circles. He is the doctor of se-

veral ambassies... I regret that Dr. Brühl has lost the possibility of doing scientific work. He was the most gifted of so many young doctors I had the opportunity to give instruction and help..."

GV; Displ; SPSL; ADO, China Hong List 1941.

Freudenberg, Ernst (Abb.)
(24.6.1884 Weinheim/Baden – 7.6.1967 Basel), Prof. Dr. med., Kinderarzt, Dir. d. Univ.-Kinderklinik, Deutschhausstr. 14.
Stud. Leipzig, München. Appr. 11, Diss. München 11.
Selbst nicht jüdischer Herkunft; verh. mit Ida Siegheim (1887–1951), 1910 getaufte Jüdin.
11–12 Poliklinik Univ.-Kinderklinik München (Pfaundler/Moro).
12 Biochemisches Institut d. Univ. Straßburg (Hofmeister).
12–22 Univ.-Kinderklinik Heidelberg (Moro), WW I, 17 Habil., 20 OA 22 a.o. Prof.
Wiss. Schwerpunkte: Physiologie und Pathologie der Verdauung, Rachitis, Tetanie.
22–38 o. Prof. und Dir. d. Univ. Kinderklinik Marburg.
29 Vortragsreise in den USA.
RMK 37, DGfK MV Austritt 25.1.39.
30.9.37 Versetzung in den Ruhestand wegen „nichtarischer" Herkunft der Ehefrau.
38 Ruf auf den päd. Lehrstuhl der Universität Basel, Versuch der Verhinderung durch Einzug des Passes. Möglichkeit der Rufannahme erst durch Intervention des schweizerischen Gesandten und nach Zahlung der „Reichsfluchtsteuer".
Dir. d. Univ. Kinderklinik Basel bis 54. Wiss. Schwerpunkte: Rachitis, Tetanie, Spasmophilie, Immunologie.
Okt. 38 Übernahme der Redaktion der „Annales Paediatrici" als Nachfolge des „Jahrbuchs für Kinderheilkunde", dessen jüdischer Herausgeberverlag S. Karger ebenfalls nach Basel emigriert war. Wütender Protest des antisemitischen Vorsitzenden der DGfK, Franz Hamburger (Wien), und Aufforderung an die „reichsdeutschen" Mitglieder, die Zeitschrift nicht zu beziehen.

„Dem Mut und dem Organisationstalent Freudenbergs war es zu verdanken, daß die Zeitschrift zwischen 1938 und 1945 als einzige jüdischen Emigranten die Möglichkeit bot, in ihrer Muttersprache zu publizieren" (Lennert).

Zahlr. internat. Ehrungen. Ehrenmitglied DGfK 54. Dres.h.c. Würzburg 62, Marburg 65.

PäA; Fischer; Displ Suppl.; BHE; Seidler 60; Rintelen; Lennert 95; Kröner.

MEININGEN
(1:2)

Oestreicher, Paul
(18.5.1896 Aschaffenburg – 22.4.1980 London), Dr. med., Kinderarzt, Bernhardstr. 8 (1999 Gedenktafel).
14–18 Kriegsfreiwilliger WW I; durch

Kriegserfahrung christliche Taufe.

„Erst die Nazis machten ihm bewusst, dass er Jude war."

Stud. Frankfurt, München. Appr. 22, Diss. München 22. 22–24 Ass. Univ. Kinderklinik München (Pfaundler). Einige wiss. Publ.
24/25 Niederlassung in Meiningen, Aufbau der Säuglingsfürsorge im Landkreis. Ab 31 bereits Behinderung dieser Tätigkeit (Nazi-Regierung in Thüringen).
1.4.33 Praxisboykott, dennoch weiterhin große Praxis mit Unterstützung mutiger Patienten, auch hoher Nazi-Funktionäre:

„Die Gesundheit meines Kindes war mir wichtiger als mein Ruf – auch wenn er ein Saujud ist".

Besuchpraxis auf den Dörfern. Nachlassende Überweisungen, zunehmende Ausgrenzung.
RMK 37+; DGfK MV geführt bis 38, dann gestrichen.
Sept. 38 Flucht nach Berlin, 6 Mon. Versteck des Sohnes in einer Kellerwohnung Eisenacher Str; selbst wechselnde Verstecke. Studium der englischen Sprache. Versuch, ein Visum irgendwohin zu bekommen. Aktives Mitglied der Bekennenden Kirche. Hilfe von Propst Grüber (1891–1975, Büro in Kaulsdorf bei Berlin zur Hilfe für rassisch verfolgte evangelische Christen).
39 Emigr. nach Neuseeland mit finanzieller Hilfe eines bis dahin unbekannten französischen Wohltäters;

„das Ausland wollte nur sehr reiche Juden, Neuseeland forderte nach heutigem Wert pro Kopf 2000 Pfund Sterling."

Bedingung des New Zealand Medical Council: erneutes dreijähriges klinisches Studium an der University of Otago Medical School.
Ehefrau Emma (Kammersängerin aus Meiningen) mietet ein Haus, eröffnet Pension und gibt Konzerte.
42 Niederlassung als „General practitioner and specialist for children" in Dunedin. Hinwendung zur Naturheilkunde und zum Quäkertum. Radikale Wende zum Pazifisten:

„Ich hatte ein solches Glück, als Jude geboren zu sein. Verfolgt zu werden ist keine Schande, aber Verfolger zu sein. Wer weiß, was ich geworden wäre, wenn ich kein Jude gewesen wäre."

Nach dem Krieg Gründung eines privaten „Dunedin-Hilfswerkes" mit Paketsendungen an notleidende Familien in Meiningen und Thüringen.
In den sechziger Jahren Fortbildung in der Naturheilkunde-Klinik Buchinger in Bad Pyrmont, (deutsches Quäker-Zentrum) und der anthroposophischen Lukas-Klinik in Arlesheim, Schweiz. Spezielles Interesse an terminal kranken Ca-Patienten. Vorträge über Neuraltherapie und Zelltherapie in Europa und Israel.
Mitbegründer der anthroposophischen Hohepa-Schule für geistig behinderte Kinder in Napier/Neuseeland.
März 71 Übersiedlung zur Familie seines Sohnes nach London (Rev.

Canon Dr. Paul Oestreicher, * 1931, anglikanischer Priester, Kirchendiplomat, Gründungsmitglied von Amnesty International, bis 97 Domkapitular und Leiter des Internationalen Versöhnungswerkes an der Kathedrale von Coventry). Kleine Praxis.
StA; PäA; Fragebogen für SPSL; Mündl. Mittlg. Rev. Canon Dr. Paul Oestreicher (Coventry).

MINDEN i.W.
(1:2)

Nußbaum, Robert
(30.5.1892 Straßburg – 14.4.1941 KZ Sachsenhausen), Dr. med., prakt. Arzt und Kinderarzt, Stadtarzt, Stiftstr. 9. Stud.beginn vor 14, WW I, 19 Beendigung d. Studien in Tübingen, Appr. 19.
19–22 Krankenhaus Esslingen a.N. 22–23 1. Ass. Arzt beim Säuglings- u. Kinderschutz Dortmund. Aktive Teilnahme am passiven Widerstand gegen die französische Besetzung des Ruhrgebietes, drohende Verhaftung. März 23 Übersiedlung nach Minden. Mitgl. SPD u. Wandervogelbund.
Ab 23 neben der Praxis Tätigkeit als Stadtarzt, Armenarzt, Gerichtsarzt d. Versorgungsgerichts. Publ. über d. Kinderelend im Ruhrgebiet. Organisation einer Kinderspeisung für arme Familien. Verh. mit Nichtjüdin. RMK 37+, DGfK MV geführt bis 38, dann gestrichen.

37 Denunziation wegen angebl. Beleidigung von Kollegen, Verurteilung zu Geldstrafe, während d. Revisionsprozesses „Schutzhaft". Juli 37 Behauptung einer psych. kranken Pat., er habe sie zu intimem Verkehr überredet. März 38 Verurteilung wegen des Tatbestandes der „Rassenschande" zu 3 Jahren Zuchthaus, Mai 38 Aufhebung des Urteils durch das Reichsgericht. Revisionsverhandlung in Bielefeld zwei Tage nach dem Novemberpogrom, Bestätigung des Urteils, keine Entlassung. Zahlreiche Rettungsversuche der Ehefrau u.d. Familie, 40 Gnadengesuch. Nach Verbüßung d. Zuchthausstrafe 14.2.41 Überführung in das KZ Sachsenhausen bei Oranienburg. Letzte Nachricht vom 13.4.
StA; PäA; Kazir.

MÖNCHENGLADBACH
(2:6)

Eichelberg, Simon
(1.3.1880 Marburg – August 1947 Haifa), Dr. med., Kinderarzt, Gladbach-Rheydt, Albertusstr. 23. Appr. 02, Diss. Marburg 03. Ausb. möglicherweise u. a. in Dresden, Niederlassung in Gladbach 05,
„weil die aufstrebende Industriestadt damals noch keinen Kinderarzt hatte."
Neben d. Praxis bis Anfang der zwanziger Jahre leitender Arzt d. Säug-

lings-Krankenhauses vom Deutschen Roten Kreuz. Gleichzeitig Betreuung der Kinderstation am „Luisenhaus", Fliethstr. 61/63, einem Zufluchtsheim für Mutter und Kind d. Kath. Fürsorgevereins für Frauen, Mädchen und Kinder.

„Im gleichen Haus wurde eine katholische Kinderbewahrschule geführt und ebenso wie das Luisenhaus von der Genossenschaft der Franziskanerinnen von Salzkotten betreut. Rückschauend verdient dieser religionsübergreifende Einsatz von Dr. Simon Eichelberg eine besondere Würdigung, obschon die Tatsache, daß Eichelberg Jude und in den 20er Jahren sogar Vorstandsvorsitzender der jüdischen Gemeinde war, bei dem damals ungestörten Verhältnis zu Stadt und anderen Religionsgemeinschaften etwas Selbstverständliches war." (Erckens).

Auf Grund d. 2. Verordnung zum Reichsbürgergesetz vom 21.12.35 Kündigung zum 1.7.36 mit ausdrücklichem Dankschreiben d. kath. Fürsorgevereins.
RMK 37+, Schillerstr. 3/5; DGfK MV 35 gestrichen, Abmeldung 30.1.36.
Nach dem Novemberpogrom 38 „Schutzhaft".
7.1.39 Emigr. nach Palästina, 57 Rav Kook Str., Kiryat-Motzkin, Haifa.
Lizenzerteilung nicht nachgewiesen, jedoch 42 als Kinderarzt in Haifa angegeben.
Sohn Dr. Walter (Menachem) Eichelberg, geb. Gladbach 19.6.1911, langjähriger Chefübersetzer der israelischen Gesetze in die englische Ausgabe.
StA; GV; PäA; PalDir 42; Erckens.

Wallach, Karl
(9.11.1876 Köln – August 1947 Jerusalem), Dr. med., Prakt. Arzt, Kinderarzt (?), Mühlenstr. 6.
Diss. Straßburg 99, Appr. 1900.
05 Niederlassung. WW I.
RMK 37+ Schlageterstr. 6, im MV der DGFK mit der Bezeichnung „Kinderarzt" eingetragen. Austritt 21.1.35.
13.3.39 Emigr. nach Palästina, License Nr. PP/1291, Shaare Zedek Hospital, Jerusalem. Leiter dieses Hospitals war sein bereits früh ausgewanderter Bruder Moritz (Mosche).
GV; PäA; StA; Erckens.

MÜLHEIM (Ruhr)
(1:4)

Lauff, Hildegard
(? – ?), Dr. med., Kinderärztin?, Mülheim (Ruhr)-Speldorf, Ulmenallee 14.
Appr. 27, Diss. Freiburg 27.
RMK 33, DGfK MV 33 durchgestrichen.
Keine weiteren Angaben.
GV; PäA.

MÜNCHEN
(22:74)

Benjamin, Erich
(22. 3. 1880 Berlin – 22.4.1943 Bal-

timore), Prof. Dr. med., Kinderarzt, Kinder- und Jugend-Psychotherapeut, Zell-Ebenhausen, Gem. Schäftlarn, Isartal, Kindersanatorium.
Stud. Heidelberg, Leipzig, Berlin. Appr. 05, Diss. Leipzig 05.
06–08 Volontärass. an den Univ.-Kinderkliniken Wien, Berlin und Düsseldorf.
09–20 Univ.-Kinderklinik München (Pfaundler). Habil. 14, WW I. a.o. Prof. 23.
Wissenschaftliche Schwerpunkte: Ernährung, kindl. Blutkrankheiten (Die Leukämie im Kindesalter, Berlin 1907), zunehmend heilpädagogisches und psychotherapeutisches Interesse (Grundlagen und Entwicklungsgeschichte der kindlichen Neurose, Leipzig 1930; Die Krankheit der Zivilisation, München 1934; Beitrag Psychopathie und Neurose im Handb. der Psychopathologie des Kindesalters, Zürich 1938).
Lehrauftrag für Heilpädagogik.
Seit 1921 Leiter und Besitzer von „Prof. Benjamins Kindersanatorium und Erziehungsheim für grundschulpflichtige und jüngere Kinder", Zell-Ebenhausen im Isartal. Entwicklung einer eigenständigen, heilpädagogisch und tiefenpsychologisch fundierten Psychotherapie für entwicklungsgehemmte Kleinkinder, Kinder u. Jugendliche. Zahlr. Publ., Schwerpunkt Regressionssymptomatik und Trotzphase in der kindl.Entwicklung.
RMK 37+, DGfK MV 32 angekreuzt, Austritt 18.11.35.
Dez. 35 Entlassung aus d. Univ. München.
37 Verkauf d. Sanatoriums an das Deutsche Rote Kreuz.
Nach dem Novemberpogrom 38 untergetaucht, Emigration im Dezember mit einem Teil der Familie in die USA (ein Sohn in Auschwitz ermordet); Baltimore, Md., 4401 Garrison Blvd.
38–42 auf Einladung amerik. Fachkollegen (Leo Kanner) „Research associate" am Johns Hopkins Hospital Baltimore, auch Staff member am Spring Grove State Hospital, Baltimore, u.d. State Training School in Warwick, Orange County, N.Y.
Publ. „The Period of Resistance".
Zschr. "The Nervous Child".
GV; StA; PäA; Displ Suppl.; BHE; Fischer; Graßl; Jäckle; Autobiogr. Roman d.Tochter Renate Hersh: „Die drei Ohren Gottes", Schäftlarn 1995; Todesanzeige Aufbau IX, No.18, S.18; 30.4.43; Nachruf Aufbau IX, No.48, S.7, 26.11.43; Nachruf Kanner in „The Nervous Child" 43.

Binswanger, Eugen
(25.7.1876 Augsburg – 7.7.1948 Utting), San. Rat Dr. med., praktischer Arzt und Kinderarzt, Theresienstr. 14.
Appr. 02, Diss. München 02.
RMK 37+.
Praktiziert bis zum Entzug d. Approbation 38.
42 Zwangsumzug in das Lager („Heimanlage") Berg am Laim; Einzug eines Zwangsgeldes von RM 5000.-
Mit einer Nicht-Jüdin verheiratet, von

der Deportation verschont. 43 Wegzug nach Utting.
GV; StA; Jäckle.

Doernberger, Eugen
(3.4.1867 München – 21.3.1938 München), Geh. Sanitätsrat, Hofrat Dr. med., prakt. Arzt und Kinderarzt, Schularzt, Seitzstr. 1.
Diss. München 89, Appr. 90.
Aktive Tätigkeit in der Sozialarbeit der Isr. Kultusgemeinde, Vereinsarzt des Isr. Frauenvereins.
RMK 37+.
StA; GV; Jäckle.

Fromm, Eugen
(6.7.1877 Augsburg – ?), San. Rat Dr. med., Kinderarzt, Briennerstr. 54.
Appr. 02, Diss. München 02.
01–05 Ausb. u.a. Säuglingsheim Dresden (Schloßmann), Univ.-Kinderklinik Wien (Escherich), Univ.-Kinderklinik München (v.Ranke).
05 Niederlassung in München, Konzentration auf Säuglingsfürsorge.
05–08 unentgeltliche Sprechstunde für Unbemittelte

„„...in einem aus eigenen Mitteln unterhaltenen Ambulatorium für Kinderkrankheiten. Auf ‚Wunsch von Kollegen' mußte er dies einstellen, da diese sich in ihrer Praxis durch ‚Abwanderung nicht völlig Unbemittelter' geschädigt glaubten. Eugen Fromm errichtete daraufhin von 1905 bis 1915 in seinen eigenen Ordinationsräumen eine (unentgeltliche) Beratungsstelle für Säuglingsfürsorge" (Jäckle).

12–22 Leiter der Säuglingsstation des kath. Fürsorgeheims Thalkirchen.

Ab 14 Säuglingsberatung in der Beratungsstelle 23 (Sendlinger Oberfeld) des Bezirksverbandes für Säuglingsfürsorge.
14–18 ärztl.Leiter einer Kriegsnotkrippe des Krippenvereins München.
RMK 37+, DGfK Austritt 26.4.33.
Nach dem Novemberpogrom 38 „Schutzhaft".
4.1.39 Emigration in die Niederlande; weiteres Schicksal unbekannt.
StA; GV; PäA; Jäckle.

Funkenstein, Otto
(23.3.1877 Mannheim – 12.10.1938 München, Suicid), Dr. med., Internist, Kinderarzt, Bruderstr. 1.
Appr. 1900, Diss. Straßburg 1900.
Seit 1897 in München gemeldet.
RMK 37+.

„Otto Funkenstein nahm sich am 12. Oktober 1938, wenige Tage nach dem Erlöschen der Approbation am 30.9.1938, das Leben...Erinnerung einer Zeitzeugin: ‚Jetzt habt auch Ihr mich im Stich gelassen' sagte Otto Funkenstein zu einer Familie, die vor 1933 zu seinen Patienten gehört hatte" (Jäckle).

StA; GV; Jäckle.

Gerstle, Friedrich
(13.5.1883 München – 4.1.1937 München, Suicid), Dr. med., Kinderarzt, Giselastr. 3.
(RMK 33: wohl fehlerhafter Eintrag: Nervenarzt , Mandlstr. 9)
Appr. 22, Diss. München 22.
21–23 Pädiatrische Poliklinik München.
22–30 Ass., später Leiter des Kinder-

Ambulatoriums d. Städt. Krankenhauses München-Schwabing. Wiss. Schwerpunkt: Spinale Erkrankungen, Krebsforschung.
RMK 37+.
„Im November 1937 wurde im Bibliotheksbau des Deutschen Museum eine ‚große politische Schau' gezeigt. Es handelte sich um eine antisemitische Hetzausstellung ‚Der Ewige Jude', die täglich von 10 bis 21 Uhr geöffnet war. Diese weitere Kampagne gegen die jüdischen Menschen in München, kurz nach der Verkündung der Nürnberger Gesetze, ertrug Fritz Gerstle (so die Erinnerung einer alten Münchnerin) nicht mehr. Er nahm sich am 4. November 1937 das Leben." (Jäckle).
Emigr. d. Ehefrau 41 in die USA.
StA; GV; Displ.

Hönigsberger, Max
(30.7.1872 Floss/Oberpfalz – 1953 Edinburgh), Dr. med., prakt. Arzt und Kinderarzt, Landwehrstr. 37.
Stud. München, Wien, Kiel. Appr. 98, Diss. München 99.
ca. 08 Niederlassung in München.
15–18 WW I. Danach Kassen- und Privatpraxis, Tätigkeit am Rot-Kreuz-Krankenhaus und Jüd. Schwesternheim.
RMK 37+.
38 als „Krankenbehandler" zugelassen, nach dem Novemberpogrom „Schutzhaft" in Dachau.
Noch 38 Emigration nach Edinburgh, vorläufig keine Zulassung. Nach Kriegsausbruch 6 Mon. Internierung. Danach Arzt im Municipal Hospital Edinburgh.
Jäckle; GV; WUOx.

Hüttenbach, Friedrich
(29.12.1880 Penang Straits Settlement, Hinterindien – ?), Dr. med., Internist, Kinderarzt, Mottlstr. 15. (engl. Staatsangehöriger).
Stud. Heidelberg, Diss. Heidelberg 05, Appr. 06.
07 Niederlassung in München.
RMK 37+.
18.8.1939 Emigration nach London.
StA; GV; Jäckle.

Kaumheimer, Ludwig
(1.5.1881 München – ?), Dr. med., Kinderarzt, Karlstr. 7.
Stud. München, Freiburg, Berlin. Appr. 06, Diss. München 06.
U. a. ärztl. Betreuung Jüd. Kinderheim Antonienstr. 7, (Ehefrau Hilde dort Jugendleiterin). 2. Vors. CV; Mitgl d. Isr. Gemeindevertretung.
RMK 37+.
Emigration 12.7.1939 nach London.
StA; GV; Jäckle.

Keins, Maximilian
(28.4.1887 Königshütte/Oberschl. – 15.8.42 Lager Piaski), Dr. med., Internist, Kinderarzt, Lindwurmstr. 129.
Stud. München, Jena, Berlin. Appr. 13, Diss. München 13.
WW I.
RMK 37+.
Nach 38 als „Krankenbehandler" im Isr. Krankenheim, Hermann-Schmid-Str. 5 zugelassen. Emigration d. Ehefrau Frieda 39 nach New York.
42 Lager Milbertshofen in der Knorr-

straße, 3.4.1942 Deportation nach Piaski.

StA; GV; Jäckle; Todesanzeige im Aufbau IX, No. 42, S.19: „starb 1942 in Polen".

Lasser geb. Ritscher, Wilhelmine
(19.5.1889 – ?) Dr. med., Internistin, Kinderärztin, Hiltensperger Str. 36.
Appr. 14.
RMK 37+, Josephsburgstr. 25.
Im „Verzeichnis der nichtarischen und staatsfeindlichen Ärzte..." der Krankenkasse der Deutschen Angestellten vom 1.10.1934 aufgeführt.
StA: seit 1935 in China als Missionsärztin tätig (?).
Weiteres Schicksal unbekannt.

StA; Jäckle.

Levinger, Hedwig
(20.10.1884 – ? Haifa), Dr. med., prakt.Ärztin, Kinderärztin, Drächslstr. 6.
Appr. 23, Diss. München 23.
RMK 35.
Emigration 14.11.1935 nach Palästina.
License Nr. 2418, 22 Hermon Street, Haifa. Zunächst als G.P., später als Pediatrician aufgeführt.

Jäckle; GV; PalMed 40; PalDir 42–48.

Levy, Ernst
(3.5.1873 München – 25.9.1942 Theresienstadt), Sanitätsrat Dr. med., Kinderarzt, „Sprachkrankheiten", Äußere Prinzregentenstr. 5.
Diss. München 96, Appr. 97.
WW I.

RMK 37+.
Letzter Wohnsitz im „Judenhaus" Goethestr. 66.
ca. 1.7.1942 Deportation nach Theresienstadt.

StA; Jäckle; GV; Jüd.Museum Prag.

Lilienfeld, Alfred
(30.8.1901 Bottrop/Westf. – um 1989 New York City), Dr. med., Kinder-Orthopäde, Karlstr. 16.
Diss. Köln 25, Appr. 26.
34 im „Verzeichnis der nichtarischen und staatsfeindlichen Ärzte..." der Krankenkasse der Deutschen Angestellten aufgeführt.
RMK 37+, Theatinerstr. 16.
2.5.36 Emigration in die USA, License 36, Orthopedist, 574 West End Ave. New York City.

StA; GV; Jäckle; AMD 50–89.

Regensburger, Markus
(1.2.1871 Feuchtwangen – 15.11.1938 München), San. Rat Dr. med., Kinderarzt, Schularzt, Kaiserstr. 50.
Diss. Erlangen 93, Appr. 96.
RMK 37+.
Auf Grund d. Datums (wenige Tage nach dem Novemberpogrom) Suicid nicht ausgeschlossen. Suicid d. Ehefrau Elise, geb. Kohn, am 14.4.39.

StA; GV; Jäckle.

Reinach, Otto
(7.1.1870 Neustadt – 6.12.1938 München) Geh. Sanitätsrat, Hofrat Dr. med., Kinderarzt, Promenadenplatz 16.

Diss. Erlangen 92, Appr. 94.
Ltd. Arzt d. Säuglingsheims und der Säuglingsheilanstalt Prinzessin-Arnulf-Haus, Frühlingstr. 30.
RMK 37+, Ritter-von-Epp-Platz 12.
DGfK MV bis 38 geführt, dann gestrichen.
Tod (Suicid?) wenige Wochen nach dem Novemberpogrom. Ehefrau Anna Reinach, geb. Bernheimer
„wird am 20.11.1941 nach Kowno deportiert und am 25.11.1941 zusammen mit 1000 Münchner Juden von Angehörigen der Einsatzgruppe A ermordet". (StA).
StA; GV; Jäckle.

Rosenbaum, Josef
(14.9.1875 München – 1963 London), Prakt. Arzt und Kinderarzt, Barerstr. 52.
Stud. München, Berlin. Appr. 99, Diss. München 01.
Seit „Anfang des Jahrhunderts" in München niedergelassen. WW I.
Vertrauensarzt bei der Ortskrankenkasse.
„Mein Vater war ‚Praktischer Arzt und Kinderarzt' und trotz seines Interesses an Kindern war die Mehrheit seiner Arbeit als praktischer Arzt und ich glaube nicht, daß andere Ärzte Kinder zu ihm als Consiliarius geschickt haben, obwohl manche Familien ihn für ihre Kinder befragten, während sie selbst noch bei anderen praktischen Ärzten blieben... Es hielt sich immer auf dem Laufenden, ging gewöhnlich einen Abend in der Woche zu medizinischen Vorträgen und, falls ich mich nicht irre, las regelmässig 3 medizinische Zeitschriften, von denen eine über Kinderheilkunde war. Er tat keine Geburtshilfe, da er der Meinung war, es wäre verantwortungslos, gleichzeitig Kinder mit Scharlach und Frauen bei der Geburt zu behandeln. Er arbeitete viele Jahre wöchentlich 2 Nachmittage in einer Säuglings- und Kinderklinik in einem armen Viertel, ich glaube im Westen Münchens."
RMK 37+, Hohenzollernplatz 8.
Nach d. Novemberpogrom 38 „Schutzhaft" in Dachau, 18.11.38 Emigration nach London, 8c Cleve Road, London N.W.6. [mit Hilfe der Söhne: Heinrich bereits 29 nach England emigriert und inzwischen naturalisiert; Peter Ernst April 33 ebenfalls Emigration nach England, Wiederholung des Medizinstudiums, HNO-Spez., Namensänderung: Roland].
Ab 41 im Brit. Med. Reg.; „General medical practitioner with special interest in childrens diseases". Vorläufig keine Arbeitserlaubnis, im Krieg zwei Halbtage in der HNO-Poliklinik des Sohnes, später an der internen Poliklinik d. Willesden-Hospitals. „Diese Arbeit verrichtete er bis zu seinem 75. Geburtstag."
StA; Jäckle; Kapp; GV; WUOx; Med.Dir. 50; Korr. mit Sohn P. E. Roland (87 Jäckle, 96 Seidler).

Schermann, Richard
(20.12.1897 München – 14.11.1987 Miesbach), Dr. med., Kinderarzt, Isabellastr. 20.
WW I. Appr. 22.
23–24 Waisenhaus und Kinderasyl Berlin.
24–25 Säuglingskrankenhaus Mannheim (?).
25–27 (?) Med. Univ. Klinik Mün-

chen (Romberg), Univ.-Kinder-Poliklinik.
28 Tuberkulosefürsorgearzt der LVA Oberbayern, Entlassung 35.
Verh. mit der Kinderärztin Olga Schermann (s.d.)
„...ich bin Halbjude...meine Frau Volljüdin."
RMK 37+, Herzogstr.58., DGfK MV Austritt 28.3.36
„wegen meiner Eigenschaft als Nichtarier."
Emigr. 19.6.36 in die USA.
„Es ging alles ganz glatt. Damals hatten die Nazibehörden noch das Gefühl, man muß sie rauslassen, dann sind sie weg. Später, mit der Errichtung der Vernichtungslager, ging es anders."
License 37, Arbeit als Pulmologe an der Tbc.-Abteilung eines Krankenhauses in Hanson, Mass. Später Leiter d. Middlesex-County-Hospital, 66 Retirement. Umzug nach Mill Valley, California, 79 Tod d. Ehefrau.
Nach dem Krieg zahlr. Sommeraufenthalte in Oberbayern, Tod in Miesbach.
StA; Jäckle; AMD 50–85, SPSL.

Schermann geb. Mayer, Olga
(29.3.1893 Saarlouis – 1979 Mill Valley (?), California), Dr. med., Kinderärztin, Isabellastr. 20. Ehefrau d. Vorigen.
Appr. 20, Diss. München 20.
U. a. Volontärärztin II. Med. Univ. Klinik München (v. Müller).
27 nach der Heirat mit Richard Schermann Niederlassung; Praxis bis zur Emigration.
RMK 35.
In den USA offenbar keine License.
StA; GV; Jäckle.

Spanier, Julius (Abb.: Kennkarte mit Stempel „J")
(18.4.1880 Krumbach – 27.1.1959 München), Dr. med., Kinderarzt, Schularzt, Müllerstr. 20.
Appr. 04, Diss. Ingolstadt/Landshut/München 04.
05 Hospitant/Mitarbeiter Neumann'sches Kinderhaus Berlin.
07 Niederlassung, 13 Mitbegründer der Säuglingsfürsorge, WW I.
19–33 Schularzt.
RMK 37+.
Nach 38 als „Krankenbehandler" zugelassen, 39–42 Leiter des Israelitischen Schwestern- und Krankenheims, Hermann-Schmid-Str. 5–7. Zusätzlich Lagerarzt im Lager Berg am Laim.
„Mit der...antisemitischen Massenpsychose änderte sich zwangsläufig die Lage der jüdischen Bürger Münchens im allgemeinen und die des Schwestern- und Krankenheims im besonderen. Angst und Furcht bestimmten die Denk- und Handlungsweisen der Menschen, und das natürlich ganz besonders, als nach dem berüchtigten 9. November 1938 die Gestapo und die SS das Regiment im Hause führte, nichtjüdische Angestellte des Hauses verwiesen, nur mehr jüdische Ärzte oder solche jüdischer Abstammung das Haus betreten durften, und alle Bedürfnisse des ganzen Hauses, insbesondere die Belieferungen von Haus und Küche überwacht und sowohl für Patienten wie für das Pflege- und Bedienungspersonal auf ein Minimum reduziert wurden...Die Seuche des Freitodes wütete unter der jüdischen Bevölkerung wie kaum jemals in der Geschichte. Es war keine Seltenheit, daß im Tage acht bis zehn Selbstmordfälle dem Israelitischen Kran-

kenheim zur Aufnahme überwiesen wurden, ganz zu schweigen von der Anzahl derer, bei denen eine Aufnahme wegen Aussichtslosigkeit von selbst erübrigte. In diesem Zusammenhang würde es der Wahrheit und den Tatsachen widersprechen, wollte man nicht rühmlich hervorheben, daß es immer noch auch in dieser Zeit nichtjüdische Menschen, insbesondere auch Ärzte und Professoren der medizinischen Fakultät gegeben hat, die ihre Hilfe den gequälten und hilfsbedürftigen Menschen gegenüber trotz der für sie bestehenden Gefahren nicht versagten..." (Spanier).

Nach dem 4.6.1942 Räumung des Krankenheimes in drei Transporten nach Theresienstadt. Deportation von Spanier mit Frau Zipora, geb. Knoller, mit dem ersten Transport:

„Etwa fünfzig Kranke, Schwerstkranke, ja Sterbende mit drei Schwestern unter der Leitung des Chefarztes wurden auf Krankenbahren in einen Möbelwagen verladen, die ganze ‚Fracht' dann am Südbahnhof abgesetzt und in bereitstehende Waggons überführt."

Nach Räumung des Hauses dort Unterbringung eines Entbindungsheims des SS-„Lebensborns".
In Theresienstadt unter Verzicht auf Sonderstatus Arzt u. a. im „Jugendheim"; Tätigkeit der Ehefrau als Pflegerin.

„Daß in drei langen Jahren alle Transporte an dem Ehepaar Spanier vorübergingen, ist eines der Wunder Theresienstadts – so wie jeder Überlebende ein Wunder ist" (Spies).

Von den deportierten Insassen des Krankenheims kehrten nur das Ehepaar Spanier und zwei Schwestern zurück.
45–55 Chefarzt des Münchner Säuglingskrankenheims Lachnerstr. 1.
45–51 Präsident der Israelitischen Kultusgemeinde.
47–51 Vertreter der bayerischen Juden in der Bayerischen Landesversammlung.
48–59 Jüd. Vorsitzender der Gesellschaft für Christl.-Jüd. Zusammenarbeit.
StA; GV; Spanier; Spies; Jäckle; LBI NY; Nachruf u.a. im Aufbau 6.2.59.

Wassermann geb. Schmidgall, Margareta
(18.7.1888 Stuttgart – 1966, Chicago?), Dr. med., Kinderärztin, Kinderorthopädie („Medico-Mechanik"), Kaiser-Ludwig-Platz 2.
Stud. Tübingen, München, Kiel. Appr. 13, Diss. Straßburg 13.
Wahrscheinlich nicht jüdischer Herkunft, verh. seit 17 mit Prof. Dr. Friedrich Wassermann (1884–1969), Leiter der Abtlg. Histologie und Embryologie am Anatom. Institut d. Univ. München, Jude, emigr. in die USA am 1.4.38.
RMK 37 ohne Kennzeichnung, Flüggenstr. 13.
Emigration am 22.5.39 in die USA.
StA; GV; Jäckle.

Wirz geb. Thannhauser, Bella
(4.4.1890 München – nach 1973 Jerusalem), Dr. med., Kinderärztin, Karolinenplatz 1.
Appr. 17.
Bis 28 verh. mit d. Dermatologen

Prof. Dr. Franz Wirz.
RMK 33 zusätzlicher Eintrag Berlin-Tegel, Veitstr. 4 b.
RMK 35, 37: München, Haimhauserstr. 16, ohne Kennzeichnung. Jüdische Herkunft jedoch eindeutig.
Wahrscheinlich bereits um 33 Emigration nach Palästina, License Nr. 1435. 8 Keren Kayemet Str., Jerusalem. Dort Kinderpraxis, bis 73 nachweisbar.
StA; PalMed 40; PalDir 42–73.

NOWAWES Krs.Teltow
(1:1)

Krombach, Kaethe
(? – ?), Dr. med., Kinderärztin.
Appr. 24, Diss. Königsberg 28.
RMK 33.
Emigration 33/35 nach Palästina, License Nr. 1440, 40 Keren Kayemet Blvd., Qiryat Bialik.
Ab 48 Krombach-Bachrach.
PalMed 40; PalDir 48–73.

NÜRNBERG
(15:26)

Behrmann, Solon
(24.3.1860 Schauben/Rußland – 11.4.1938 Nürnberg), Dr. med, Haut- und Kinderarzt, Innere Laufergasse 35.
Appr. 84, Diss. Würzburg 95 (Herkunftsangabe „aus Mainz").
RMK 37+, Praterstr. 9 c, ohne Praxis.
StA; GV.

Bing, Robert
(10.11.1880 Nürnberg – 1961 New York), Dr. med., Kinderarzt, Bucherstr. 55.
Appr. 04, Diss. Ingolstadt/Landshut/München 04.
RMK 37+, Tafelfeldstr. 27. DGfK Austritt 9.5.33 „momentane Lage."
„Er war ein beliebter und respektierter Kinderarzt in Nürnberg...Ich habe ihn in Erinnerung mit einem runden, sehr freundlichen Gesicht, nie gehetzt, mit langsamen Bewegungen und einer bedächtigen, stark nürnbergisch gefärbten Sprache."
28.1.36 Emigr. in die USA, Kew Gardens/N.Y.
„Bings zogen nach Kew Gardens, einem stillen, kleinbürgerlichen Stadtteil von Gross New York, in dem sich sehr viele deutsche und österreichische jüdische Emigranten niederließen, in dem schon ‚alteingesessene' deutsche und andere europäische Immigranten lebten. Während des Sommers ging ‚man', also auch die Bings, in die Catskills (auch Jewish Alps genannt), wohnte in kleinen Pensionen, in denen vorzüglich gekocht wurde... Um in New York praktizieren zu dürfen, mußte man zu allererst ein englisches Sprachexamen machen, das Dr. Bing mindestens 1mal nicht bestand; statt dessen übernahm er eine Vertretung für Schachteln aller Grössen und Aufmachungen..."
Ende der 50er Jahre fast erblindet.
StA; GV; Korr. mit Mrs. E. Franceschelli-Berlin, Spring Valley N.Y. (Nichte).

Feibelmann, Moritz
(17.3.1883 Memmingen – ?), Dr. med., Kinderarzt, Allersbergerstr. 72.
Stud. München, Erlangen, Kiel. Appr. 08, Diss. Erlangen 09.
Ausb. u. a. in München, 11 Niederlassung in Nürnberg.
Seit 1.1.19 Kostkinderarzt des V. Bezirks.
RMk 33, DGfK MV bis 38 geführt, dann gestrichen.
30.6.33 Emigration über Saarbrücken nach Paris, 8 Bd. Julien Potin, Neuilly s. Seine.
Weiteres Schicksal unbekannt.
StA; GV; PäA.

Feilchenfeld geb. Rosenblatt, Maja
(2.2.1896 Würzburg – ? Palästina).
Stud. München, Würzburg. Diss. Würzburg 21, Appr. 32 (?, eher 22).
RMK 33.
33/35 Emigr. nach Palästina, License Nr. 1500, 19 Zephania Str., Jerusalem.
(Feilchenfeld, Dr. Miryam).
GV; PalMed 40, PalDir bis 48.

Frankenau, Arnold
(31.3.1883 Nürnberg – ?), Dr. med., Kinderarzt, Maxfeldstr. 12.
Stud. Erlangen, München, Berlin.
Appr. 08, Diss. Erlangen 13.
In Nürnberg gemeldet seit 08.
Juni 33 Praxisaufgabe, August 33 Abmeldung nach Badenweiler, von dort nach Freiburg i. Br..
RMK 35: Kinderarzt, Freiburg i. Br., Sandstr. 4; nicht im Freiburger Ärzteverzeichnis.
RMK 37+; gleiche Freiburger Adresse „Arzt i. R."
21.7.41 Emigr. in die Schweiz, Basel.
StA; GV.

Grünspecht, Adolf
(27.12.1881 Wüstensachsen Krs. Gerstfeld – 8.2.1953 New York), Dr. med., Kinderarzt, Sulzbacherstr. 80.
Stud. Erlangen, Göttingen, München.
Appr. 10, Diss. Göttingen 10.
Seit 10 in Nürnberg, Niederlassung offenbar 12.
RMK 37+.
17.10.39 Emigr. in die USA, License 40, 520 W 183 Str., New York City.
StA; GV; AMD 50; Todesanzeige Aufbau XIX, No.7, S.28, 13.2.53.

Hopf, Karl
(8.1.1886 Nürnberg – ?), Dr. med., Kinderarzt, Tafelfeldstr. 27.
Stud. München, Berlin, Freiburg.
Appr. 13, Diss. München 13.
Ausb. offenbar u.a. München, WW I.
19 nach Nürnberg.
RMK 33.
31.5.33 Emigr. in die Schweiz, Davos.
StA; GV.

Maas, Hermine
(27.3.1871 Trier – 6.4.1934 Nürnberg), Sanitätsrätin Dr. med., Kinderärztin, Schulärztin.
Stud. Bonn, Heidelberg, Berlin. Appr. 06, Diss. Heidelberg 07.
Ausb. Luisenheilanstalt Heidelberg

(Feer), Säuglingsheim Haan bei Solingen.
09 Niederlassung. Leitung der Mütterberatungsstelle Brockenhaus.
10/11 „erste Schulärztin in Bayern".
RMK 33, DGfK MV Austritt 30.1.34.
Am 1.10.33 wegen „Invalidität" in den Ruhestand versetzt.
StA; GV; PäA; Brinkschulte.

Meyer, Karl
(12.5.1898 Nürnberg – ? Jerusalem), Dr. med., Kinderarzt, Gibitzenhofstr. 89.
Appr. 23, Diss. Berlin 23.
25 von Berlin nach Nürnberg.
RMK 33.
4.7.33 Emigr. nach Palästina, License Nr. 1248, 16 Yeshaya Str. Jerusalem, später 8 Keren Kayemet Str. [gleiche Adresse wie Bella Wirtz-Thannhauser aus München].
StA; GV; PalMed 40; PalDir bis 73.

Mohr, Gustav
(? Schweinfurt – 25.5.1937 Freiburg i.Br.), San. Rat Dr. med., Kinderarzt, Obere Pirkheimer Str. 51.
Diss. Würzburg 87, Appr. 89. Mitbegr. d. jüd. Studentenvereinigung „Salia".
Errichtet in Nürnberg die ersten Mütterberatungsstellen.
RMK 35; 37 : Freiburg i.Br., Urachstr. 53. (s. Martin Mohr, Breslau).
GV; Mittlg. Familie Kemter, Freiburg.

Neuland, Willy
(16.1.1891 Bayreuth – vor 65 New York City), Dr. med., Kinderarzt, Am Maxfeld 95.
Stud. München, Jena, Würzburg, Berlin. Appr. 15, Diss. Bonn 18.
Ausb. offenbar u.a. in Berlin; nach Nürnberg 22.
RMK 35 Glockenhofstr. 41.; DGfK MV 33 angekreuzt, 35 gestrichen.
12.1.37 Emigr. in die USA, License 37, Ped., 4700 Broadway, New York City. (N.,Dr. William).
StA; GV; AMD 50–65.

Schmidt, Wilhelm (Willi)
(? – ?), Dr. med., Kinderarzt, Rathenauplatz 4.
Appr. 20, Diss. Erlangen 22.
RMK 35 Winzelbürgstr. 29. DGfK MV 33 durchgestrichen, Abmeldung 16.6.34.
Seit der Ausgabe 37 nicht mehr im Stadtadreßbuch als Kinderarzt geführt.
Weiteres Schicksal unbekannt.
GV; StA.

Steckelmacher geb. Wallersteiner, Eugenie
(23.3.1890 Stuttgart – 1972 Israel), Dr. med., Kinderärztin, Spitteltorgraben 19.
Stud. Erlangen, München, Berlin, Heidelberg.
Appr. 14, Diss. Heidelberg 14.
RMK 33, DGfK Abmeldung 24.4.33.
16.9.33 Emigr. nach Palästina, Li-

cense Nr. 1336, Ramot-Hashavim, Ramatayim P.O.
StA; GV; PalMed 40.

Stern, Bertha
(22.12.1898 Nürnberg – vor 73 Rochester N.Y.), Dr. med., Kinderärztin, Glockenhofstr. 28.
Ausb. als Erzieherin. Stud.med. Heidelberg, Frankfurt, München. Diss. München 27, Appr. 28.
Ausb. u.a Städt.Krankenhaus Nürnberg, Univ. Kliniken München.
RMK 33.
14.8.33 Abmeldung nach Italien, 34 Examenswiederholung Univ. Bari. Später Emigr. in die USA, License 41, Ped., 253 Alexander Str. Rochester/N.Y. Später in Kings Park/N.Y.
StA; GV; AMD 50–73.

Wurzinger, Stephan
(31.8.1897 Nürnberg – ? USA), Dr. med., Kinderarzt, Rothenburgerstr. 9. Appr. 23, Diss. München 23.
RMK 37+ Fürther Str. 22
23.9.38 Emigr. in die USA.
StA; GV.

OFFENBACH a. M.
(2:6)

Agulnik, Ferdinand
(24.12.1900 Worms – nach 1981 Kibbuz Mesheq Yagur, Israel), Dr. med., Kinderarzt, Biebererstr. 46.
Stud. Heidelberg, München, Berlin. Appr. 25, Diss. Berlin 27.
25–31 Rudolf Virchow Krankenhaus (KKFK?), Berlin; Bakteriol. Inst. d. Hauptgesundheitsamtes Berlin, Städt. Kinderklinik Magdeburg (Uffenheimer).
Päd. u. sozialhyg. Ausbildung (Grotjahn). Aktiver Zionist.
31–33 niedergel. Kinderarzt in Offenbach.
RMK 33.
33 Praxisboykott. Heirat mit Dr. Mira A. (s.d.), gemeinsame Emigration am 30.7.1933 nach Palästina, License Nr. 1648, Kibbuz Mesheq Yagur. Namensänderung in **Dr. Shraga Ogen**.
33–34 Landarbeiter
34–49 Allgemeinpraxis in Yagur und benachbarten Settlements.
49–53 Bezirksarzt der Krankenkasse Kupat Cholim für West Galiläa.
53–54 WHO-Stipendium London School of Hygiene, Dipl. Public Health mit der Arbeit: The Problem of Dysentery and Allied Disorders in the Children's Population of a Collective Settlement in Israel.
54–61 Leiter d. Abtlg. Mutter und Kind in der Zentrale von Kupat Cholim, Tel Aviv, danach Abtlg.-Leiter im Gesundheitsministerium, Jerusalem.
61–69 Regierungsprovinzarzt der Nordprovinz Israels. 69–71 Gesundheitsarzt der Zivilverteidigung.
StA Worms und Offenbach; BHE; GV; PalMed 40; Schlösser.

Agulnik, geb. Warschawzik, Mira (Miriam)
(1902 Danzig (Königsberg?) – nach 1981 Kibbuz Mesheq Yagur, Israel), Dr. med., Kinderärztin, Biebererstr. 46.
Appr.28, Diss. Königsberg 28.
RMK 33: Ass. Ärztin am KKFK Berlin.
3.1.33 Heirat mit Dr. Ferdinand A. (s.d.). Gemeinsame Emigration nach Palästina, License Nr. 1468, Kibbuz Mesheq Yagur. Namensänderung in **Dr. Mira Ogen**.
Tätigkeit als Kinderärztin u. im Schulgesundheitsdienst der Nordprovinz.
Ältester Sohn Jehuda 57 im Militäreinsatz umgekommen.
StA Worms und Offenbach; BHE; GV; Pal-Med 40; Schlösser.

OFFENBURG
(2:2)

Bloch, Werner
(1.5.1900 Königsberg – ? Elmira/N.Y.), Dr. med., Kinderarzt, Hauptstr. 87 bzw. 58.
Stud. Königsberg, Freiburg, München.
Appr. 24, Diss. Königsberg 24.
Ausb. Berlin, Karlsruhe (Lust).
28 Niederlassung in Offenburg, Städt. Fürsorgearzt, Leiter d. Städt. Mütterberatungsstelle.
33 Ausschluß aus der Fürsorgetätigkeit.

„Ferner wurde ich von der Behandlung von Kassenpatienten ausgeschlossen. Dieser Ausschluß wurde zwar zunächst widerrufen, da ich nachweisen konnte, daß mein Bruder im ersten Weltkrieg gefallen war und ich infolgedessen allein für den Unterhalt meiner Eltern aufzukommen hatte. Als sich jedoch im Jahre 1935 die Verfolgungsmaßnahmen verschärften, verlor ich die Kassenzulassung endgültig. Auch die Privatpraxis litt von etwa 1934 an durch die Boykottmaßnahmen in zunehmendem Maße." (Wiedergutm. Antrag 29.6.56)
RMK 35.
Emigr. 11.6.1936 in die USA, License 37, New York, Febr. 37 Niederlassung in Elmira/N.Y.
StA; GV; Ruch.

Wiegand geb. Lion, Hertha (Abb.)
(6.7.1890 Ettenheim/Baden – 12.1.1944 Karlsruhe, Suicid), Dr. med., Frauen- und Kinderärztin, Wasserstr. 8.
Stud. Heidelberg, München, Freiburg.
Appr. 14, Diss. Freiburg 15.
13 Praktikum Univ.-Kinderklinik Heidelberg (Moro), 1.6.16–1.10.17 Kinderabtlg. Städt. Krankenanstalten Düsseldorf (Schloßmann).
Anzeige der Niederlassung am 23.3.1919.
„Nach mehrjähriger Assistententätigkeit (besonders in Frauen- und Kinderheilkunde) an akademischen und Universitätskliniken habe ich mich in Offenburg, Friedrichstr. 55, als Ärztin für Frauen u. Kinder niedergelassen."
Tätigkeit u. a. Lazarett Titisee, Rhein. Prov. Heil- u. Pflegeanstalt Düsseldorf-Grafenberg. Verheiratet und gemeinsam niedergelassen mit Dr. Otto

W., Nichtjude, gest. 25. Frauen- und Kinderpraxis mit psychosomat. Schwerpunkt. RMK 37+.
Nach Approbationsentzug 38 keine ärztl. Tätigkeit mehr:

„Was ich in den letzten 2 Tagen durch klagende, bis zur letzten Möglichkeit getreue Patientinnen an Nervenkraft gebraucht habe, kannst Du Dir denken... Die letzten 10 Tage tat ich mit Anstrengung Dienst, um meine guten lieben Patientinnen nicht einfach ohne Abschied zu verlassen. Ab heute bin ich nicht mehr Arzt in Deutschland..." (Brief 1.10.38, zit. nach Oelhoff).

Vergebliche Versuche der Emigration. Im April 42 zur Deportation, als „Krankenbehandlerin" für einen „Abwanderungstransport" vorgesehen:

„es ist... notwendig, daß Frau Dr. Wiegand ihr ganzes ärztliches Instrumentarium sowie Entbindungsbesteck mitnimmt".

Kurzfristig zurückgestellt, Verhaftung am 10.1.1944, Verbringung zum Sammelplatz Karlsruhe zur Deportation nach Theresienstadt.

„Frau Dr. Wiegand wehrte sich dagegen mit den ihr zur Verfügung stehenden Mitteln: Sie nahm zunächst noch zu Hause und dann auf der Fahrt nach Karlsruhe Medikamente, so daß sie bewußtlos aus dem Transport herausgenommen und in ein Krankenhaus eingeliefert wurde. Sie starb am 12.1.1944 in der Zelle dieses Krankenhauses in Karlsruhe." (Oelhoff).

StA; GV; Mittlg. Frau Dorothea Siegler-Wiegand (Tochter), Offenburg; Oelhoff.

OLDENBURG
(1:4)

Seehoff geb. Steinthal, Hanna
(15.3.1887 Oldenburg – ?), Dr. med., Kinderärztin, Achternstr. 56 (?).
Stud. Freiburg, Berlin. Appr. 14, Diss. Berlin 17.
RMK 26: Kinderärztin, Berlin W 15, Bregenzerstr. 15. RMK 33 und 35: Kinderärztin in Oldenburg.
StA: anhand der Meldekartei nur im Jahre 25 in Oldenburg nachweisbar. Unklar. Jüd.Herkunft eindeutig; weiteres Schicksal unbekannt.
StA; GV.

OPPELN Opole
(1:3)

Fischer, Martin
(1896 Breslau (?) – nach 79 USA), Dr. med., Kinderarzt, Krakauerstr. 49.
Appr. 22, Diss. Breslau 23.
RMK 37+, Hindenburgstr. 49., DGfK MV Austritt 11.6.34.
Emigr. in die USA, License 39 (48?), 176 Atlantic Ave, Lynbrook/N.Y. (250 W 103 Str., New York City?).
GV; PäA; AMD 50.

PFORZHEIM
(1:4)

Netter, Hermann
(30.8.1870 Pforzheim – 15.9.1942 Theresienstadt), Dr. med., Kinderarzt, Bleichstr. 9
Appr. 95, Diss. Freiburg 97.
RMK 37 +, DGfK MV Austritt 7.3.34
„als nichtarischer Arzt."
Deportation am 22.8.1942 über Mannheim nach Theresienstadt, dort am 15.9. gestorben.
StA; GV; PäA; Brändle; Sauer.

PIRMASENS
(2:3)

Blum, Maria
(6.7.1894 Pirmasens – nach 61 Flushing/N.Y.), Dr. med., Kinderärztin, Turnstr. 11.
Diss. Freiburg 24, Appr. 25.
RMK 35, DGfK MV 35 gestrichen, Vermerk: „Ausland verz.".
Emigr. 35/37 in die USA, License 38, 35–58, 97th Str., Corona/N.Y.
Spec.: Children and Infants, Public Health New York City.
StA: GV; PäA; AMD 50–65; Dir.Med.Wom. 49.

Schohl, Elisabeth
(29.6.1892 Pirmasens – ? England, USA?), Dr. med., Kinderärztin, Zweibrückerstr. 12.
Diss. Heidelberg 20, Appr. 21.

RMK 33: Inhaberin einer Privatklinik, RMK 37 +. DGfK MV bis 38 geführt, dann gestrichen.
17.7.39 Antrag auf Reisepaß wegen Auswanderung nach den USA über England.
19.8.39 Abmeldung nach Manchester.
StA; GV; PäA.

RATHENOW
(1:1)

Meyersohn, Rudolf
(29.12.1898 Berlin – ? Südamerika?), Dr. med., Kinderarzt, Steinstr. 26.
Appr. 24, Diss. Berlin 24.
RMK 37 +.

„In Rathenow lebte der bekannte jüdische Kinderarzt Dr. Meyersohn. Die Verfolgungen in der Nazizeit zwangen ihn, unsere Stadt zu verlassen, wo er ein gutes Andenken bei seinen Patienten hinterließ." (Gutjahr).

Um 37 Emigration möglicherweise nach Südamerika.
Kreismuseum Rathenow; GV; Gutjahr.

RATIBOR Racibórz
(1:2)

Böhm, Felix
(29.4.1891 Ratibor – ?), Dr. med., Kinderarzt, Domstr. 3.
Stud. Freiburg, Berlin. Appr. 15, Diss. Freiburg 16. WW I.

RMK 37 +.
Weiteres Schicksal unbekannt.
GV.

RECKLINGHAUSEN
(1:3)

Schoenholz, Max
(Mai 1893 Borgentreich Krs. Warburg – 1967 Kfar Shemaryahu/Israel), Dr. med., Kinderarzt, Martinistr. 22.
Stud. Heidelberg, Leipzig, Berlin. WW I. Appr. 19, Diss. Berlin 20. Ausb. Kinderklinik d. Med. Akademie Düsseldorf (Schloßmann). Niederlassung 21.
33 Praxisboykott.

„Vor der Schoenholz-Praxis waren auch zwei Braunhemden aufgestellt, die Plakate hielten, auf denen ‚Geht nicht zu jüdischen Ärzten' stand. Großvater und Eltern waren von guten christlichen Freunden rechtzeitig darauf vorbereitet worden und verließen die Stadt ‚zur Erholung', aber ich blieb zurück und erlebte einiges, das mich aus meinen Kinderträumen ernüchternd herausriß...Die Zustände wurden heikel. Die Zahl nichtjüdischer Patienten fiel zusehends, und die medizinischen Kollegen von Vater und Großvater begannen, sich von ihnen abzuwenden...Mein Onkel Ludwig Schoenholz [a.o. Prof. f. Frauenheilkunde Düsseldorf, Freiburg, Köln, 1935 zunächst in die Türkei, dann nach Palästina emigriert] forderte die ganze Familie in Recklinghausen auf, die Heimat so schnell wie möglich zu verlassen, da, wie er das vom Ausland aus begutachtete, Deutschland bald in Flammen aufgehen werde und die Juden die ersten Opfer werden würden..." (Sohn W. K. Schoenholz).

RMK 37 +.

7.7.1937 Emigration nach Palästina, License 2993 (1939), Kfar Shemaryahu, bei Herzliyya. Tätigkeit zunächst als Farmer, dann zusätzlich kleine Allgemeinpraxis.

„Hier fanden wir – mein...Bruder hatte für uns das Land gekauft – ein Stück wüsten Bodens vor, das sicher 1000 Jahre nicht mehr bebaut worden war, auf dem sich einträchtig Schakale, Hyänen, Füchse und Schlangen herumtummelten, garnicht zu reden von den Skorpionen, deren Stiche schauderhafte Schmerzen verursachen. Mit 45 Jahren mußte ich im Verein mit meiner Frau und unserem Sohn Walter...eine mir völlig ungewohnte Arbeit verrichten: Roden unseres Grundstückes, das etwa 6 preußische Morgen beträgt. Fremde Arbeiter gab es nicht, wer nicht selbst arbeitete, ging zu Grunde; und so haben wir mit eiserner Energie fertiggebracht, was sonst gelernte Landarbeiter leisten." (Brief vom 18.6.1949).

StA; GV; PalMed 40; IMG 59; Mittlg. Prof. Walter K. Schoenholz (Sohn) über Dr. Janbernd Kirschner, Freiburg i.Br.; Peters.

REGENSBURG
(1:6)

Meyer, Leo
(23.5.1893 Regensburg – ? USA), Dr. med., prakt. Arzt, Kinderarzt und Geburtshelfer, Schützenstr. 4.
WW I, Stud.u.a. Würzburg, Appr. 20, Diss. Würzburg 21.
26 Niederlassung Dechbettenerstr. 2.
1.4.35 Umzug nach Hamburg, Eppendorfer Baum 11.
RMK 37+, ohne Facharztbezeichnung. Übernimmt im Okt. 37 die Pri-

vatpraxis seines ausgewanderten Bruders Dr. Nathan M.

„Kauft im Jahre 1938 EKG und Kurzwellen-Diathermie, als er sich noch nicht mit dem Gedanken einer Auswanderung befasste."

20.2.39 Emigr. in die USA. License 40, Ped., 1417 Avenue K, 30, Brooklyn/N.Y.

GV; StA; Staatsarchiv Hamburg; AMD 50,53.

REMSCHEID
(1:4)

Aschenheim, Erich
(4.2.1882 Berlin – 4.5.1941 Krailling, Suicid), Doz. Dr. med., Stadt-Med. Rat, Kinderarzt, Alleestr. 85.
Stud. München, Berlin, Diss. München 06, Appr. 07.
07–09 Univ.-Kinderklinik München (Pfaundler).
09–12 Univ.-Kinderklinik Heidelberg (Moro).
12–14 Städt.Säuglingsheim Dresden (Rietschel).
14–21 OA Kinderklinik Med. Akademie Düsseldorf (Schloßmann), WW I.
Herbst 21 Stadtarzt in Remscheid, gemeinsam mit der jüd. Stadtzahnärztin Dr. Minna Cohn (1890 – ?) für die Gesundheitsfürsorge der Stadt zuständig. Konzentration auf Kleinkinder und Schulkinderfürsorge, Gründung einer Säuglingsklinik und eines Kleinkinder- und Rachitikerheims.
21–33 Dozent an der Westdeutschen Sozialhygienischen Akademie Düsseldorf; Spezialgebiete „Soziale Kinderheilkunde", Organisation des Fürsorgewesens. Autor i.d. von Benno Chajes (s. Flora Chajes) hrsg. Zeitschrift für Schulgesundheitspflege und Soziale Hygiene. Mitarbeit bei der Gesundheitsausstellung „Gesolei" 26 in Düsseldorf.
33 beurlaubt, 23.3.34 Entlassung. Niederlassung in Krailling in Oberbayern als prakt. Arzt.
RMK 37 +: Stadt-Med. Rat im Ruhestand, Krailling (Post Planegg), Georg Schuster-Str. 26. DGfK MV 33 angekreuzt, 35 gestrichen, Austritt 6.1.36.
Versuch einer Emigration, Fragebogen 20.11.34 bei SPSL.
Nach dem Approbationsentzug vom 30.9.38 Einweisung eines „arischen" Arztes in die Praxis. 10.11. Verhaftung in München „auf Grund der allgemeinen Aktion", Verbringung in das Polizeigefängnis Düsseldorf. 22.11. Entlassung, Rückkehr nach Krailling.

Bürgermeisteramt Krailling 24.11.1938: „Betr. Jude Aschenheim...Der neue Arzt kann die Praxis nicht eröffnen, da keine passende Wohnung für ihn ermittelt werden kann... Inzwischen wurde nun die Judenaktion vollzogen, wobei der Jude Aschenheim am 10. November 1938 morgens nach Düsseldorf verreiste. Seine Frau mit den beiden Kindern, die eine Arierin ist, weilt ebenfalls nicht mehr hier...bitte ich mir mitzuteilen, ob auf Grund der vollzogenen Judenaktion die erwähnte Wohnung des Juden Aschenheim ohne irgendwelche gerichtliche Maßnahme bezogen werden kann...".

4.5.1941 Suicid.

StA; GV; Displ; Gemeindearchiv Krailling; SPSL 466/2; Renner; Bilstein.

RHEYDT
(1:2)

Sommer, Otto
(1895 – nach 1979 Mount Vernon/ N.Y.), Dr. med., Kinderarzt, Wilhelmstr. 26.
Stud. u.a. München, Appr. 20, Diss. München 20.
Ausb. Kinderklinik d. Städt. Krankenanstalten Düsseldorf (Schloßmann).
Niederlassung Oktober 22 mit Röntgeneinrichtung. „Er galt seinerzeit als *der* Kinderarzt in Rheydt" (Erckens). Mitgl. d. für Gladbach und Rheydt bestehenden Loge B'nai B'rith.
33 Entzug der Kassenpraxis.
RMK 37 +, Harmoniestr. 26.
DGfK Austritt 7.4.34
„meine wirtschaftliche Situation durch das Berufsbeamtengesetz fast unhaltbar geworden."
30.7.37 Emigr. in die USA, License 38, 133 Park Ave, Mount Vernon/N.Y.
PäA; AMD 50–82; Erckens.

ROSTOCK
(2:8)

Josephy geb. Zimmt, Edith
(8.1.1898 Posen – nach 28.10.44 Auschwitz), Dr. med., Kinderärztin, Schillerstr. 12.
Stud. Heidelberg, München, Berlin, Rostock; Diss. Rostock 23, Appr. 24.
24–28 Univ.-Kinderklinik Rostock (Brüning).
28 Niederlassung in Rostock.
Neben der Praxis Mitarbeit im Armenpflegeausschuß der Stadt und in der SPD-nahen Arbeiterwohlfahrt.
Nach dem Entzug der Kassenzulassung 33 Verkauf der Praxis.
RMK 35 ohne Praxis, RMK 37 + Berlin-Wilmersdorf, Fasanenstr. 54.
36 Wegzug nach Berlin (s. S. 155).
Schröder/Ehlers; Mittlg. Dr. Busch (Dresden).

Posner, Gustav
(21.2.1906 Berlin – 8.7.1933 Rostock, Suicid). Dr. med., Med.Prakt. Univ.-Kinderklinik.
Stud. Freiburg, Jena, Rostock. Diss. Rostock 1933.
Vorher in Stuttgart, mußte dort wegen seiner Herkunft Stellung aufgeben (?).
„Das erste Opfer des faschistischen Terrors in Rostock wurde Gustav Posner. In Rostock wurde er als Medizinpraktikant in der Kinderklinik eingestellt. Drangsaliert und ohne Hoffnung auf eine Tätigkeit im Ausland, erhängte sich der 27jährige promovierte Wissenschaftler am 8. Juli 1933." (Busch).

Schröder/Ehlers; Mittlg. Ingrid Ehlers, Ute Grashoff, (Rostock), Dr. Busch (Dresden).

SAARBRÜCKEN
(3:6)

Fränkel, Ernst
(? – ?), Dr. med., Kinderarzt, Friedrich-Ebertstr. 3.
Appr. 27, Diss. Würzburg 27.
RMK 35 Lortzingstr. 10.
StA: Meldekarte nicht mehr vorhanden.
Keine weiteren Angaben.
GV; StA.

Heine, Werner
(10.10.1888 Berlin – ? Italien?), Dr. med., Kinderarzt, Bahnhofstr. 61.
Stud. Freiburg, Berlin, Appr. 13, Diss. Berlin 13.
25 Zuzug in Saarbrücken, ab Mai 26 Praxis im Adreßbuch verzeichnet..
RMK 35.
„Am 31.12.1935 ist die ganze Familie nach Genua ausgewandert". Weiterreise wahrscheinlich.
StA; GV.

Weiler, Emil
(10.6.1897 Illingen/Saar – nach 73 Jerusalem?), Dr. med., Kinderarzt, Karcherstr. 4
Appr. 22, Diss. Bonn 23.
26 von Heidelberg Zuzug in Saarbrücken, ab Nov. 27 Praxis im Adreßbuch verzeichnet.
RMK 35.
23.8.35 Emigration nach Saargemünd (Frankreich), 37 frz. Staatsangehörigkeit. Nach einer späteren Notiz 1949 in Dijon, später offenbar nach Israel: Jerusalem, 51 King George Street. Dort von 59/60 bis 73 nachweisbar.
„Hat immer französisch gesprochen" (Mdl. Mittlg. Mrs. Brandeis, Jerusalem).
StA; GV; PalDir 59–73.

SCHNEIDEMÜHL Piła
(1:3)

Wasser, Ernst Ludwig (Abb.)
(23.3.1893 Züllichau – 4.10.1969 Berlin-Spandau), Dr. med., Kinderarzt.
13–20 Stud. Heidelberg, Berlin. Appr. 20, Diss. Berlin 21. WW I.
21–23 Ass. Städt. Kinder- und Mütterheim Berlin-Charlottenburg; I. Chir. Abtlg.
Krankenhaus Berlin-Westend.
23 Anerkennung als Facharzt für Kinderkrankheiten durch die KV Schneidemühl und Umgebung.
23–38 Kinderärztliche Praxis in Schneidemühl.
36 „Verfolgung durch polizeiliche Organe: Hausdurchsuchungen, Beschlagnahme der ärztlichen Kartothek, Verhöre (auch der Ehefrau, mit dem Versuch, sie zur Unterschrift eines ihren Ehemann schwer belastenden Protokolls zu zwingen, wogegen sie sich erfolgreich wehren konnte)."
1.7.36–31.10.36 „Schutzhaft" wegen angeblicher Vorbereitung zum Hochverrat.
„Es wurde erzählt, daß ein Bruder meiner Großmutter, der Parteimitglied und überzeugter Nazi war, auf ihr Bitten seine Beziehungen

zur Freilassung eingesetzt hat, allerdings mit der ausdrücklichen Maßgabe, in Zukunft nicht mehr mit ihm in Kontakt zu treten und nie wieder seine Hilfe beanspruchen zu wollen."
RMK 37+.
11.5.38 Verbot der Ausübung der Praxis durch die Gestapo. Diese wurde „in ihrem Bemühen, meinem Großvater die Ausübung der Praxis zu verbieten, auch vom einzigen [sic!] Kinderarzt-Kollegen Schneidemühls unterstützt" (Dr. Erich Holzmann, Dir. d. Kinderabtlg. d. Städt. Krankenhauses?).
Nach dem Verbot kamen Patienten heimlich, „als Besuch getarnt, oder spät in der Nacht, um nicht gesehen zu werden."
38 „Umerziehung" zum Landwirt im Landwerk Neuendorf i. Schlesien; Nov.: erneute Verhaftung und Verbringung in das KZ Sachsenhausen. Versuch der Freilassung durch Auswanderung nach Brasilien, Verweigerung des Visums für ihn durch das brasilianische Konsulat wegen „J"-Stempel im Paß. Genehmigung für Ehefrau und zwei Töchter (Ausreise April 39, Arbeit in Brasilien als Angestellte in Haus- und Landwirtschaft). Mai 39 Emigr. in ein englisches Flüchtlingscamp (Kitchener Camp 6/II in Richborough, Kent, danach Internierung auf der Isle of Man). Nov. 39 Verschiffung nach Australien (Eastern Command No. 7 Camp, Comp. II, Hut 17, Internment No. 55 199).
42–45 Mitgl. d. Australian Citizen Military Forces.
Mai 46–Nov. 48 durch Vermittlung einer Jewish Voluntary Agency und in Zusammenarbeit mit der UNRRA ärztl. Tätigkeit zunächst als G.P. in Thessalien (Griechenland), dann (Juli 47–Nov.48) im Dienste des Medical Director for Germany als Leiter des Kindergesundheitswesens in der amerik. Besatzungszone Deutschlands. Beaufsichtigung und Beratung der DP-Lager und der örtlichen Kinderärzte. Bis 48 vergebliche Versuche über verschiedenen christliche Institutionen, ein Visum für Brasilien zu erhalten; Dez. 48 „Wiedersehen mit der Familie nach fast 10 Jahren."
58 Rückkehr nach Berlin, Praxis in Berlin-Zehlendorf, Am Fuchspaß. Bis ca. 65. Mitarbeit im Pastor-Braune-Haus für behinderte Kinder.
GV; Mittlg. Monica Velasco, Edewecht (Enkelin).

SOLINGEN
(4:8)

Marcus geb. Winternitz, Ida
(15.10.1894 Oxford – 3.12.1958 Chicago/Ill.), Dr. med., Kinderärztin, Hauptstr. 53.
Stud. u.a. Deutsche Med. Fak. Univ. Prag. Appr. 20.
RMK 33 ohne Praxis, RMK 37 +, Auf dem Kamp 53.
Verh. m. dem Kinderarzt Dr. Walter Marcus ; weiteres Schicksal s.d.
StA; Kapp; AMD 50. Todesanzeige Aufbau XXIV, Nr.50, S.32, 12.12.58, „früher Solingen".

313

Marcus, Walter
(18.1.1894 Essen – nach 69 Chicago/Ill.), Dr. med., Kinderarzt, Hauptstr. 53.
Stud. u.a. Marburg. Appr. 20.
RMK 37 +, DGfK MV bis 38 geführt, dann gestrichen.
8.11.38 „Schutzhaft" KZ Dachau, Entlassung im Dezember, nach Vermögensabgabe Emigr. am 24.12.38 über Palästina (?) und England in die USA.
„Seine wertvolle Wohnungs- und Praxiseinrichtung mußte er zurücklassen. Er hat sie teilweise verschenkt oder billig verkauft und einen Teil per Spedition verschickt, der aber nie im holländischen Hafen angekommen ist."
39 beide: 1 Meredith Avenue, London NW 2.
Beide weiter in die USA, 1345 Rosedale Ave., Chicago/Ill. License für beide 43, Praxisausübung offenbar nur Walter M.
StA; Kapp; AMD 50–69.

Rüppel geb. Marcus, Erna
(11.2.1895 Barmen – 28.6.1970 Solingen), Dr. med., Kinderärztin, Sportärztin, Weststr. 32.
Stud. Bonn, München, Appr. 19, Diss. Bonn 19.
27 Zuzug von Herrenalb nach Solingen, 32 Praxiseröffnung.
33 Praxisboykott, auch die ihres nicht-jüdischen Ehemannes Dr. Wilhelm Rüppel, Internist. Entzug der Kassenpraxis, 1.10.35 Schließung der Praxis.
RMK 37 +, Augustastr. 10.
„Im November 1938 (,Reichskristallnacht') sind in ihrer Wohnung Einrichtungsgegenstände zerstört worden. Aufgrund der zunehmenden Verfolgungsmaßnahmen beschloß das Ehepaar Rüppel, sich scheiden zu lassen... Nach der Scheidung lebte Frau Dr. Rüppel teils illegal, teils als Lernschwester in einem jüdischen Krankenhaus in Köln. Dort konnte sie noch 1940 ein reguläres Staatsexamen ablegen und ab Mai 1940 im Jüdischen Krankenhaus als ‚Krankenbehandlerin' arbeiten. Im Juni 1942 wurde das Jüdische Krankenhaus Köln geschlossen, die Insassen zunächst in einem Fort evakuiert und dann für einen Transport in das KZ Theresienstadt zusammengestellt. Frau Dr. Rüppel ist es aber gelungen, diesem Transport zu entfliehen. Vom 9.6.42 bis 8.5.45 lebte sie illegal. Sie hat sich teilweise in Sachsen, in Westdeutschland und später mit falschen Papieren in München aufgehalten" (StA, Rogge).
10.6.45 Rückkehr nach Solingen, 1.8. Eröffnung einer Praxis.
46 heiratete sie ihren Ehemann ein zweites Mal.
StA; GV.

Selter, Paul
(2.11.1866 Wald/Rhld. – 22.12.1941 Solingen), Prof. Dr. med., Stadtarzt a. D., Kinderarzt. Friedrichstr. 41.
Stud. Marburg, Straßburg, Appr. 92, Diss. Straßburg 92.
Ausb. Pathologie in Genf, Innere Med. Krankenhaus Elberfeld, mit der stiftungsgemäß eine Säuglings- und Kinderstation verbunden war.
„Auf der Säuglingsstation starben die Säuglinge wie die Fliegen...Ein Lehrbuch für Kinderheilkunde – mein Chef besaß keins in seiner großen Bibliothek – wurde angeschafft: Henoch, diese heute noch wunderbare Fundgrube für Kasuistik. Ich las, ich beobachtete,

ich studierte. Bei den älteren Kindern, auf der Infektionsabteilung, hatte ich Erfolge, bei den Säuglingen nichts – und wieder nichts. Da erschien die 2. Auflage von Biederts Kinderernährung im Säuglingsalter ...Eine Amme wurde als Dienstmädchen auf die Station geschmuggelt. Die ‚Minimalnahrung', das ‚Rahmgemenge' hielt seinen Einzug... Als das Jahr endete, konnte ich meinem Chef eine Abteilung mit geringerer Sterblichkeit und gedeihenden Säuglingen präsentieren..."

Niederlassung 94 in Solingen als Kinderarzt, Schwierigkeiten mit der Kollegenschaft:

„Unwürdige Konkurrenz, Sechswochenspezialist, und was ich nicht alles war. Mir wurde die Aufnahme in den Ärzteverein verweigert. Aber selbst, als ich nach einem Jahr den Kinderarzt fallen ließ und mich nur Arzt nannte, aber getrennte Sprechstunden für Kinderkrankheiten abhielt, nahm man mich zwar in den Ärzteverein auf, war aber nicht befriedigt... Meine Kinderpraxis dehnte sich in zunehmenden Maße aus bis jenseits des Rheines und hinauf ins Westfälische nach Arnsberg und Altena und in den Westerwald – immer gegen den Wunsch und den Willen der Ärzteschaft und höchstens mit deren vom Klientel erzwungenen Duldung."

99 Einrichtung einer kleinen Kinderabtlg. in der Heilanstalt „Bethesda", Elberfeld. 1900 Gründung der Vereinigung rheinisch-westfälischer Kinderärzte, Vorsitz bis 14. Langjähriger Schriftführer der DGfK. Konzentration auf Säuglings- und Kinderfürsorge, 08 Organisation der „Allgemeinen Ausstellung für Säuglings- und Kinder-Pflege" in Solingen. 09 Professorentitel. Zahlr. Publ., Mitbeschreiber der Feer-Selter-Swift-Krankheit (Akrodynie).

09 Anstellung als Städt. Fürsorgearzt, 12 Eröffnung einer Städt. Säuglingsheilstätte im Coppelstift, 27 Kinderstation in den Städt. Krankenanstalten. 19 Mitglied der Demokratischen Partei (DDP), Stadtverordneter, Engagement für kommunale Jugend- und Gesundheitsfürsorge. 24–32 Stadtarzt. Ausscheiden aus Altersgründen. Als Freimaurer und „linksliberaler Antifaschist" (nichtjüdischer Herkunft) Kürzung der Pension und weitere, nicht weiter nachweisbare „Unbill, die mir und den Meinen von der Bewegung angetan" wurden. Dennoch zumindest zeitweise Bewunderer des NS-Regimes.

StA; GV; Rogge; Selter.

STETTIN Szczecin
(3:9)

Aronheim, Martin
(7.3.1890 Reetz, Prov. Brandenburg – ?), Dr. med., Kinderarzt, Bismarckstr. 19.
Stud. Freiburg, Breslau, München. Appr. 16. WW I., Diss. Freiburg 18. RMK 37 +.
Weiteres Schicksal unbekannt.
GV.

Freund, Georg
(? Stettin – ?), Dr. med., Internist, Kinderarzt, Pölitzerstr. 3.
Appr. 97, Diss. Freiburg 97.
Direktor des Stettiner Säuglings- und

Mütterheims.
RMK 37 +, DGfK MV 33 angekreuzt, Austritt 28.9.33.
Weiteres Schicksal unbekannt.
GV; PäA.

Weigert, Franz
(1.6.1873 Liegnitz – ?), Dr. med., Kinderarzt, Orthopäde, Sportarzt, Elisabethstr. 21.
Stud. Breslau. Appr. 97, Diss. Breslau 97.
RMK 35 ohne Tätigkeit, RMK 37 +.
Weiteres Schicksal unbekannt.
GV.

STUTTGART
(8:30)

Allinger-Stein, Martha
(? – ?), Dr. med., Kinderärztin, Schwarenbergstr. 133.
Appr. 16.
RMK 35 Weißenhof 36.
33 „wegen nichtarischer Abstammung von der Kassenzulassung ausgeschlossen".
Weiteres Schicksal unbekannt.
Med.Korr.blatt f. Wttbg. 1933.

Einstein, Otto
(16.5.1876 Hechingen – 9.2.1959 Colorado Springs), Dr. med., Kinderarzt, Friedrichstr. 1 b.
Stud. München, Genf, Berlin, Tübingen. Appr. 1900, Diss. Tübingen 01.
Ausb. offenbar u.a. KKFK Berlin (Baginsky) gemeinsam mit Eugen Neter und Ludwig Mendelsohn, Berlin (s.d.)
„...ein festes Trio...sie gehörten zu den ersten Fachärzten in Deutschland" (Notiz von unbekannter Hand aus dem Lager Gurs, LBI NY; s. bei Neter).
04 Niederlassung in Stuttgart. Kriegsfreiwilliger WW I.
26 Mitbegr. des Vereins „Jüdisches Lehrhaus" zur Erwachsenenbildung.
31 Übersetzung aus dem Französischen: Auguste Lumière: Leben, Krankheit und Tod als Kolloid-Erscheinung dargestellt. Stuttgart 1931.
35 [!] „Ehrenkreuz für Frontkämpfer".
RMK 37 +, DGfK MV bis 38 geführt, dann gestrichen.
1.10.38 als „jüdischer Krankenbehandler" eingestuft.
Ende April 39 Emigration zunächst nach Nicaragua, Tätigkeit an einem Missionshospital der Moravian Church. Nach 9 Monaten in die USA zu einem bereits 33 ausgewanderten Sohn nach Denver/Colorado.
„Mit seiner Hilfe hoffte ich, eine Arbeitsstelle zu bekommen...ich hatte ja keine amerikanische ärztliche License, mein Englisch war nicht zu gut und ich war schon 64. Ausserdem kein Geld: Hitler hatte meine Frau und mich mit je 10 Mark in der Tasche entlassen...nun, es gelang: ein großes Tuberkulosesanatorium hatte gerade Stellen für deutsche Refugee-Ärzte eingerichtet, um ihnen für ein Jahr Unterkunft zu geben. Eine dieser Stellen bekam ich; sie war gering bezahlt...so wurde ich Tuberkulosearzt."
Amerikanisches Examen mit 70 Jahren, License 46, bis zum Todestag Tätigkeit als Pulmologe am Cragmar

Sanatorium der American Trudeau Society, Colorado Springs/Colorado.
„Als er in Denver 1959 im Alter von 81 [sic!] Jahren starb, war die Synagoge bei der Trauerfeier überfüllt, und die Bevölkerung nahm auf der Straße am Gottedienst teil, um auf diese Weise ihre Verehrung für den beliebten Arzt zum Ausdruck zu bringen" (Zelzer).
StA; GV; ABJ; AMD 50–59; Zelzer; Todesanzeige Aufbau XXV, No.8, S.29, 20.2.59. Brief an Frau Doris Kleinwegen, Stuttgart vom 16.8.58.

Hauser, Arnold
(28.6.1895 Straßburg – nach 1985 Napa/California), Dr. med., Kinderarzt, Alexanderstr. 78.
Stud. u.a. Freiburg, Appr. 19.
RMK 35 Charlottenstr. 21 b. RMK 37 +.
Emigration in die USA, License 39, Ped., 310 Georgia Str., Vallejo/Calif.
StA; AMD 50–85; Zelzer.

Henle, Franz
(24.6.1869 Oberdorf, Oberamt Neresheim – ?), Kinderarzt, Neckarstr. 56.
Diss. Berlin 92, Appr. 93.
RMK 35 Silcherstr. 7, RMK 37 +.
Weiteres Schicksal unbekannt.
StA; GV; Zelzer.

Sänger, Siegfried
(5.11.1899 Stuttgart – ? Tel Aviv/Israel), Dr. med. Kinderarzt, Seestr. 5.
Appr. 23, Diss. München 24.
Schriftführer des Stuttgarter Hilfsvereins der deutschen Juden.
RMK 35 Kanonenweg 1.
Emigration nach Palästina, License Nr. 2549, 9 Chancellor Rd., Jerusalem. 59: 71 Rothschild Alley, Tel Aviv. 58 möglicherweise Nachfolger von Rudolf Kochmann (s.d.) als Arzt bei der Krankenkasse Kupat Cholim.
„Der Nachfolger meines Vaters, Dr. Shlomo Saenger, veröffentlichte...[1964]...einen Nachruf..." Mittlg. Madame Gabrielle Golan, Genf; (s.b. Kochmann, Chemnitz).
StA; GV; PalMed 40; IMG 59; Zelzer.

Schmal, Simon
(12.7.1898 Laupheim, Wttbg. – nach 79 Ithaca/N.Y.), Dr. med., Kinderarzt, Stg.-Cannstatt, Königstr. 26.
WW I, Stud. Tübingen, München, Freiburg. Appr. 23, Diss. Freiburg 23.
RMK 35 Königstr. 44, RMK 37 +.
Emigration in die USA, License 39, 211 E Court Str., Ithaca/N.Y. Tätigkeit als G.P.
StA; GV; AMD 50–79; Zelzer; AMD 56.

Siering geb. Kaulla, Hildegard
(10.3.1893 Stuttgart – nach 1985 Troy/N.Y.), Dr. med., Dr. phil., Kinderärztin, Alexanderstr. 12.
Appr. 23, Diss.med. Tübingen 23, Diss phil.: Ort und Datum nicht ermittelt.
32 Publ.: Diät für d. Säugling und das Kleinkind in gesunden und kranken Tagen. Thienemanns Diät-Kochbücher Stuttgart 1932.
33 Verlust der Kassenzulassung.
RMK 37+.
Emigration in die USA, License 37, 15 State Street, Troy/N.Y.
StA; GV; Med.Korr.bl.Wttbg. 33; AMD 50–85; Zelzer.

Simmel geb. Rapp, Else
s.b. Gera (S. 242)

Wolf, Marga
(19.1.1880 Dresden – 3.1.1944 Theresienstadt), Dr. med., Frauen- und Kinderärztin, Sportärztin, Johanniterschwester, Charlottenstr. 1.
Stud. Freiburg, Jena, Leipzig, Tübingen. Diss. Tübingen 13, Appr. 13. RMK 37+.
17.6.43 Deportation nach Theresienstadt,
„...schon an einer Blutkrankheit leidend...Obwohl im Christentum aufgewachsen, ergab sie sich willig in das jüdische Schicksal. Während des Weltkrieges 1914/18 hatte sie als Johanniterschwester in Seuchenlazaretten gedient und hatte die besten Zeugnisse in der Hand, die ihr neu bestätigt wurden, um sie zur ‚Ehrenarierin' zu machen. In Stuttgarter Kinderheimen hatte sie ohne Entgelt gearbeitet, stets alles verschenkt, was sie nicht unbedingt benötigte; auch auf ihre Bezüge als Johanniterschwester hatte sie verzichtet. An der Stuttgarter Volkshochschule gab sie Fachkurse... Mehrere Stuttgarter Mütter, deren Kinder sie behandelt hatte, waren so mutig und schrieben an höchste Stellen, man möge diese herzensgute Ärztin doch nicht den übrigen Juden gleichstellen...der ‚Führer' wolle doch so etwas bestimmt nicht...Sie wies das Ansinnen zurück, einen Geisteskranken, der angeblich den Transport stören könnte, zu töten" (Zelzer).
GV; Mittlg. Prof. Marget, Starnberg; Zelzer.

ULM a.d. Donau
(1:3)

Neuhaus, Hugo (Abb.)
(26.4.1885 Ellwangen – 25.11.1959 Freeport, Long Island/N.Y.), Dr. med., Kinderarzt, Neutorstr. 13.
Stud. München, Kiel, Freiburg, Appr. 10, Diss. Freiburg 10.
11 Wehrdienst, Sept./Okt. Schiffsarzt, mit Dampfer „Sachsenwald" in die Karibik.
Ausb.: 12 Städt. Waisenhaus Berlin (Finkelstein), Okt.13 – Aug. 14 sowie Jan.–April 19 Univ. Kinderklinik Heidelberg (Moro). Leiter der Säuglingsstation.
14–18 WW I, 16 verschüttet.
19–36 Kinderpraxis in Ulm.
Daneben bis 36 Schularzt des jüdischen Landschulheims und des dazugehörigen Kinderheims und Pensionats in Herrlingen (Württemberg).
RMK 35.
Hetzartikel in der antisemitischen Zeitung „Flammenzeichen", 14.9.35:
„Seit über einem Jahrzehnt klären wir die Ulmer Bevölkerung über die Judenfrage auf, und trotzdem gibt es immer noch eine ganze Anzahl von Volksgenossen, die, wie wir aus nachstehender Liste ersehen, sich nicht schämen, am Letzten des Monats ihren Gehalt aus den Kassen unseres Staates einzustecken und trotzdem immer noch bei Juden kaufen und zu Judenärzten gehen...Ein Beamter aber, der diese Rasse auch noch unterstützt, untermauert durch Staatsgelder die Stellung des Judentums...Läuft er nun gar zum jüdischen Arzt, dann macht er die Krankenkassen zum Unterstützungsinstitut des Judentums."

Folgt eine Namensliste von 24 „städtischen Beamten und Angestellten, die ihre Kinder von dem Juden Dr. Neuhaus behandeln ließen."

„Ich wußte, daß meines Vaters nicht-jüdische Patienten nicht mehr in die Praxis kommen durften und lieber die Straße kreuzten, als ihn zu grüßen. Mein Vater war schon 1934 dabei, nach New York auszuwandern, kam aber dann nochmals zurück (wegen der Herzattacke seiner Mutter), und wir alle wanderten im August 1936 aus." (Tochter Barbara).

Arztbrief an Patientenmutter vom 25.6.36:
„...1.) Buttermilch nur mehr vorübergehend, 2.) wenn kein eigentlicher Durchfall besteht, schadet Spirocid nicht; 3.) Detavit im Sommer bei Sonne nicht unbedingt nötig. Falls Sie mich nochmals sehen wollen, müssen Sie vor dem 5.7. kommen, ich verlasse in einiger Zeit Europa, um mein Heil in U.S. zu versuchen. Machen Sie sich um Ihr typisches Springangerl keine Sorgen, lassen Sie ihn nie in eine Klinik, denn dort erliegen solche Helden einer Infektion. Ich stehe Ihnen jederzeit gerne zur Verfügung, am 22. August steche ich in Antwerpen in See. Gott befohlen, liebe Frau..."

Emigr. in die USA, License 36, Ped.; 92 später 131 S. Ocean Ave, Freeport/N.Y.

„Mein Vater bekam gleich die Genehmigung (nach Bestehen eines Sprachexamens) zu praktizieren. Ohne Spezialistenexamen, war er zuerst nur praktischer Arzt. Während des Krieges spezialisierte er sich wieder, und war bis zu seinem Tod in 1959 ‚Familienarzt'. Beinahe vom ersten Tag in Freeport hatte er eine große Praxis und war – nach wie vor – begeisterter Arzt." (Tochter Barbara).

„Die Praxis in Freeport dauerte 22 Jahre, von 1937 bis zu seinem Tode 1959. In Freeport und dem Nachbarort Bellmore diente er einige Stunden pro Woche in der Pre-School Clinic. Noch an dem Tag, an dem er seinen tödlichen Schlaganfall erlitt, behandelte er einen kleinen Patienten..." (Sohn Gottfried).

StA; GV; AMD 50–59; Keil; Mittlg. Mrs. Barbara E. Neuhaus (Tochter), Riverdale N.Y., Mittlg. Gottfried Neuhaus (Sohn), Montclair N.J.; Mittlg. Prof.Burghard, Memmingen.

WALDENBURG Schlesien
Wałbrzych
(2:3)

Lewkowitz geb. Feder, Helene
(29.6.1892 Palermo – ? Israel), Dr. med., Kinderärztin.
Stud. Göttingen, Freiburg, München, Berlin. Appr. 18, Diss. Berlin 18.
RMK 35.
Emigration 35/37 mit Ehemann Dr. Arthur L., HNO-Arzt, nach Palästina. License (2287) und Praxisausübung nur für ihn nachweisbar, 9 Balfour Str., Haifa.
GV; PalMed 40, PalDir 42.

Pese, Alfred
(28.6.1890 Haynau – ?), Dr. med., Stadt-Kinderarzt.
Stud. Breslau, Appr. 18, Diss. Breslau 18.
RMK 37 +, Barbarastr. 8.
Weiteres Schicksal unbekannt.
GV.

WETZLAR
(1:2)

Strauß, Aron
(15.2.1872 Kirchhain, Bez. Kassel – 3.3.1959 Newark/N.Y.), San. Rat Dr. med., praktischer Arzt und Kinderarzt, Langgasse 70.
Stud. Marburg, Straßburg, Würzburg.
Diss. Würzburg 95, Appr. 96.
Ausb. in Berlin, 97 Niederlassung in Wetzlar. „Er hat bis Ende der zwanziger Jahre alle Kinder behandelt".
WW I. Ab 18 Armenarzt, „Haus- und Familienarzt aller sozialen Schichten der Bevölkerung."
RMK 37+.
38 vorübergehend inhaftiert, Emigr. in die USA (Newark/N.Y.) zu seinem bereits 34 ausgewanderten Sohn.
GV; Mittlg. Frau Dr. Annemarie Ruprecht (Freiburg); Freund; Ebertz.

WIESBADEN
(3:11)

Hirsch, Moritz
(1874 Wiesbaden – ca. 1945 Theresienstadt), Dr. med., Kinderarzt, Mainzer Landstr. 2.
Appr. 02, Diss. München 03.
06 Niederlassung, bis zum Entzug der Approbation 38.
RMK 37 +, DGfK Austritt 19.11.33 „mit Bezug auf §2 der Satzungen."
38/39 als „Aktionshäftling" im KZ Buchenwald inhaftiert. Versuch der Auswanderung in die USA, wegen Erkrankung der Ehefrau nicht möglich.
42 Deportation nach Theresienstadt, dort ca. 45 verstorben.
StA; GV; PäA; Blank.

Koch, Georg
(21.6.1880 Mainz – 21.5.1933 Wiesbaden), Dr. med., Kinderarzt, Taunusstr. 14.
Appr. 03, Diss. München 04.
WW I. Niederlassung ca. 19.
Arzt an der Städt. Mütterberatungsstelle u. Säuglings-Milchanstalt. Unterricht für die Abiturientinnen des Lyzeum I in Säuglingspflege. Mütterberatung in kleineren Orten der Umgebung.
33 Praxisboykott; „Die SS postierte sich vor dem Hauseingang, um Patienten zu hindern."
Tod an Carcinom Mai 33.

„Als mein Vater starb, gab es keinerlei Einnahmequelle. Meine Mutter hatte keinen Beruf. Wir zogen in die Wilhelminenstr. 6. Mein Großvater unterstützte uns...Ich lernte als Lernschwester im Jüdischen Krankhaus Frankfurt a. M., Gagernstr. (Kinderkrankenschwester) und erlebte dort die sog. ,Kristallnacht'. Nach diesem Erlebnis emigrierten wir nach England..."

RMK 33, DGfK MV 33 gestrichen.
GV; Korr. mit Frau Eleonore Friedländer, Berlin (Tochter).

Selig, Paula
(24.10.1883 Höchst a. M. – 1962 Bad Vilbel), Dr. med., Frauen- und Kinderärztin, Luisenstr. 46.

Stud. Heidelberg, München, Freiburg.
Diss. Freiburg 11, Appr. 12.
13 Niederlassung.
RMK 37 +, DGfK Austritt 3.5.33.
August 39 Versuch der Emigration nach Brasilien über Hamburg;
„...das Schiff konnte wegen Kriegsgefahr nicht auslaufen. Sie mußte nach Wiesbaden zurückkehren, aber noch im gleichen Jahr gelang ihr mit einem italienischen Visum die Ausreise über Triest nach Rio. In Brasilien war es Frau Dr. Selig aufgrund der dortigen Landesgesetze nicht möglich, ihren alten Beruf wieder auszuüben. Für das hierfür erforderliche Studium war sie zu alt, ihre Gesundheit zu angegriffen, und die finanziellen Mittel fehlten. Sie arbeitete zunächst als Krankenpflegerin, später gab sie Sprachunterricht in Deutsch. 1957 kehrte sie nach Deutschland zurück." (Blank).
GV; PäA, Blank.

WITTEN /Ruhr
(3:4)

StA: „Für den von Ihnen angefragten Zeitraum waren in Witten keine Fachärzte für Kinderheilkunde tätig, sondern jüdische Ärzte, die auch Kinder behandelten." [laut RMK 33 , 35, 37 ein nichtjüdischer Kinderarzt: Dr. Karl Iseke, Wiesenstr. 12].

Böheimer, Julius
(17.2.1891 Attendorn – 1958), Dr. med., prakt, Arzt, Nordstr. 16.
Diss. Frankfurt 19, Appr. 20.
20 Niederlassung. Mit Nichtjüdin verheiratet,
„christlich-jüdische Familie, geprägt durch die humanistische und patriotische Einstellung des Vaters, der als assimiliert geltender jüdischer Mediziner gleichwohl aktiv in der Synagogengemeinde tätig war."
RMK 37+.
Beim Novemberpogrom 38 Schutz der Familie durch Nachbarn; 39 Übersiedlung nach Köln-Riehl. Dort als „Krankenbehandler" eingestuft, zuletzt wechselnde Verstecke in kleineren Orten der Kölner Umgebung. Nach dem Krieg Wiederaufnahme der ärztl. Tätigkeit.
StA; GV; Kliner-Lintzen/Pape.

Cahn, Hugo
(5.1.1897 Witten – 1984 Indianapolis), Dr. med., prakt. Arzt, Bismarckstr. 8.
Stud. München, Würzburg. Diss. Würzburg 22, Appr. 23.
RMK 37+.
Januar 38 Emigration in die USA, License 39, 3038 Park Ave., Indianapolis.
StA; GV; AMD 50–85; Kliner-Lintzen/Pape.

Schlösser, Max
(12.12.1896 Ahaus – nach 41 Ghetto Riga), Dr. med., prakt. Arzt, Herbederstr. 29.
Appr. 20, Diss. Köln 20.
22 Niederlassung.
RMK 37+.
Nach dem Novemberpogrom 38 „Schutzhaft" durch Gestapo Essen, Anfang 39 Entlassung. Mai 39 Abmeldung nach Ahaus, von dort 41/42

mit Ehefrau Deportation in das Ghetto Riga.
StA; GV; Kliner-Lintzen/Pape.

WORMS
(2:4)

Gernsheim, Fritz (Abb.)
(8.6.1872 Worms – 29.7.1938 Worms, Suicid), Kinderarzt, Gastro-Enterologe, Schloßgasse 2.
Appr. 96, Diss. Heidelberg 97.
Bis 99 offenbar ärztl. Tätigkeit in Hagenau/Elsass (Biedert?)
99 Niederlassung. WW I.
In den zwanziger Jahren mit dem Gynäkologen Dr. Adolf Meurer Privatklinik Ludwigstr. 10.
RMK 33 : Leiter d. Kinderheims Doerr-Reinhart.
RMK 37 +, DGfK MV bis 38 geführt, dann gestrichen.
Angesichts schwerer Bedrängnisse gemeinsamer Suicid mit der Ehefrau.

„Offenbar wurde danach die Patientenkartei durchstöbert, denn eine Wormser Familie, die ihr schwerkrankes Kind trotz Verbot noch zu Dr. Gernsheim gebracht hatte, bekam deswegen von der Wormser Kreisleitung der NSDAP eine schriftliche Zurechtweisung mit der Androhung von Konsequenzen bei weiterer Konsultation jüdischer Ärzte."

StA; GV; Schlösser.

Spies, Elisabeth (Elsa)
(27.1.1889 Biblis – 19.10.1944 Auschwitz), Dr. med., Kinderärztin, Lutherplatz 5.
Stud. Straßburg, Frankfurt. Appr. 20, Diss. Frankfurt 20.
22 Niederlassung.
33 Praxisboykott, 38 als „Krankenbehandlerin" eingestuft.
RMK 37 +.
25.10.1940 Suicidversuch gemeinsam mit ihrer Mutter;

„...irgendwer im Hause bemerkte dies und rief den im Nachbarhaus wohnenden Arzt Dr. Julius Hochgesand herbei. Sein Eingreifen kam für die alte Dame zu spät, seine Kollegin vermochte er aber ins Leben zurückzuholen. Daran trug er schwer bis an sein Lebensende; denn immer wieder bedrängte ihn die Frage: wofür?" (Schlösser).

10.6.42 Zwangsumzug in die Judengasse 27 (Haus des Synagogendieners).
27.9.42 Deportation mit ihrer Schwester Rosalie nach Theresienstadt. Dort Einsatz im ärztlichen Dienst.
19.10.1944 mit Transport Nr. Es-1298 nach Auschwitz.
StA; GV; Jüd.Museum Prag; Schlösser.

WÜRZBURG
(4:14)

Gutmann, Bernhard
(21.7.1879 Niederwerrn/Unterfranken – 28.4.1946 Birmingham), Dr. med., prakt. Arzt und Kinderarzt, Neubaustr. 7.
Appr. 02, Diss. Würzburg 02.
04 aus Berlin nach Würzburg, Niederlassung. WW I.

Arzt an der Israelitischen Lehrerbildungsanstalt (ILBA), 31 Chefarzt am Israel. Kranken- und Pfründnerhaus. Mitglied im jüd. Kulturbund. RMK 37 +.
April 39 Emigration nach England, Highcroft Hall, Highcroft Road, Erdington. Birmingham.
StA; GV; Strätz.

Lebermann, Martha Ella
(15.8.1904 Fürth – ? Southampton), Dr. med.
Stud. Würzburg, München, Heidelberg, Freiburg, Genua. Diss. Würzburg Jan. 33, Diss. Genua 1934. Mitglied der Freien Sozialistischen Studentengruppe a. d. Univ. Würzburg, ab 31 des kommun. Kampfbundes gegen den Faschismus.
„Zog nach Nürnberg. Emigration über Italien" (Strätz).
Im RMK nicht nachweisbar.
Kapp 39: „unsettled specialist, Paed. [!]", 9, Northwick Terrace, London NW 6.
Ass. Med. Off. of Health Southampton; Med. Off. Selly Oak Hosp. Birmingham; Ass. Med. Off. Preston Emergency Hosp. N. Shields.
Offenbar G.P.; 51, Westwood Rd., Southampton.
GV; Kapp; MedDir 53; Strätz.

Oppenheimer, Klara
(6.11.1867 Paris – 17.4.1943 Theresienstadt), Dr. med., Kinderärztin, Friedenstr. 26.
1889 Lehrerinnenexamen. Mitgl. im 1898 gegründeten Frauenbildungsverein „Frauenheil" zur Förderung des Frauenstudiums, engagierte Gasthörerin an der Würzburger Universität. Nach der Zulassung von Frauen ab WS 03/04 zunächst Ablegung des Abiturs, 06 Immatrikulation.
Stud. Würzburg, Appr. 12, Diss. 12.
Ass. am Pathologischen Institut; Vorsitzende der Ortsgruppe des „Frauenstimmrechtsvereins".
18 Niederlassung als Kinderärztin, 19 als erste Ärztin Kassenzulassung. Gesundheitsunterricht an der Sophien-Mädchenschule. Mitgl. im jüdischen Kulturbund.
32 Aufgabe der Praxis.
34 vergeblicher Versuch der Emigration in die Schweiz, in der Folgezeit vielfache Schikanen durch die Gestapo. RMK 37 +.
41 Zwangsumzug in das jüd. Altersheim Konradstr. 3, von dort am 23.9.1942 Deportation nach Theresienstadt.
StA; GV; Strätz; Stadtführer „Frauen in Würzburg"; Jüd.Museum Prag.

Wechsler, Berta
(28.9.1893 Würzburg – ? Columbus/ Ohio), Dr. med., Kinderärztin, Seelbergstr. 4.
Stud. Würzburg. Appr. 19, Diss. Würzburg 19. Ausb. offenbar in München.
ca. 25 Niederlassung. Mitgl. im jüdi-

schen Kulturbund.
RMK 35, DGfK MV 35 gestrichen, Austritt 9.1.37 „nach USA verzogen".
Okt. 36 Emigr. in die USA, License 38, Ped., 1250 E. Livingston Ave., Columbus.
StA; GV; Strätz; AMD 40, danach kein Eintrag mehr.

WUPPERTAL
(3:19)

Aaron, Else
(31.1.1899 – 21.1.1936 Jerusalem?), Dr. med., Kinderärztin, Walther-Rathenaustr. 2.
Diss. Köln 25, Appr. 26.
Hat vermutlich von 28–32 in Wuppertal-Elberfeld praktiziert.
RMK 33.
33 Emigration nach Palästina, hat dort offenbar als Krankenpflegerin gearbeitet.
Keine näheren Daten.
StA;GV.

Heimann, Alfred Abraham
(5.2.1879 Mülheim/Ruhr – 2.11.1956 Staten Island/N.Y.), Dr. med., Kinderarzt, Wuppertal-Elberfeld, Sophienstr. 8.
Appr. 02, Diss. Bonn 02.
08 Niederlassung. Bis 33 ehrenamtlich in der städt. Kindergesundheitsfürsorge tätig.
RMK 37 +, DGfK MV bis 38 geführt, dann gestrichen.
39 Emigration über Holland in die USA, License 48, New York City Farm Colony, Staten Island/N.Y.
StA; GV; AMD 50.

Hoffa, Theodor
(11.8.1872 Victoria West /Südafrika – 22.1.1946 Johannesburg), San. Rat Dr. med., Kinderarzt, Sportarzt, Wuppertal-Barmen, Luisenstr. 14.
Geburt und Kindheit in Südafrika, wohin der Vater (Arzt) wegen Ärztemangel ausgewandert war. Rückkehr zum Studium und Ausbildung nach Würzburg.
Appr. 95.
Ab 11 ehrenamtlich, ab 18 hauptamtlich in städtischem Dienst, Aufbau d. städt. Säuglings- und Kinderfürsorge. 07 Eröffnung d. Barmer Säuglingsheimes, Ernennung zum städt. Kinderarzt u. Sanitätsrat. 08 Einrichtung d. ersten Mütterberatungsstelle. 11 Eröffnung d. Marper Kinderheims zur Erholungsfürsorge für gesundheitsgefährdete Kleinkinder. 20 Gründung d. städt. Mütter- und Säuglingsheimes, damit erster Chefarzt der Kinderklinik Barmen.
Zahlr. Publ. zu Problemen der Säuglingsfürsorge, der halboffenen Anstalten für Kleinkinder, Erholungsfürsorge, Heilstättenbehandlung. Aktive Mitarbeit zu Berufsfragen in der DGfK.
Als evang. Christ Mitglied der Bekennenden Kirche.

31.3.34 Entlassung aus städt. Dienst.
RMK 35 ohne Tätigkeit Wertherstr. 41, DGfK MV bis 38 geführt, dann gestrichen.
15. oder 18.7.1939 Emigr. nach Südafrika.

„Dadurch, daß er in Südafrika geboren war, konnte er dort nicht nur ohne Schwierigkeiten einwandern, sondern auch ohne weiteres als Arzt praktizieren, was in keinem anderen Land möglich gewesen wäre. Das war bei aller Tragik seines Schicksals doch sein Glück, durfte er doch außer seinen medizinischen Instrumenten nur 10 Mark mitnehmen." (Brief Tochter Lotte b. Schnöring).

StA; Schnöring; Laudatio 60.Geburtstg. Gesundh.fürs.f.d.Kindesalter 3/1932; Mittlg. Prof. Mantel, München; Lotte Zelger-Hoffa (Tochter).

ZWICKAU
(1:2)

Pese, Erwin
(? – ?), Dr. med., Kinderarzt, Bahnhofstr. 21 B.
Appr. 24, Diss. Breslau 24.
28 Niederlassung Moritzstr. 12.
RMK 33.
Im Adreßbuch Juli 34 nicht mehr aufgeführt.
Weiteres Schicksal unbekannt.
GV; StA.

Unklar.
Möglicherweise von den NS-Gesetzen betroffen.

Bad Lippspringe

Spennemann, Carl*
(31.10.1897 Wissen – 2.4.1939 Bochum).
Dr. med., Kinderarzt, OA am Cecilienstift, Appr.25.
RMK 35: ohne Tätigkeit, Witten, Bahnhofstr. 25.
RMK 37: gleiche Adresse, Beruf: Vertreter.

Berlin

Heelein geb. Mende, Irmgard *
Dr. med., Kinderärztin, Bln. NW 87, Alt Moabit 82 d.
Appr. 24.
RMK 37 ohne Kennzeichnung, MV 32 durchgestrichen,
Wiedereintritt 48, noch gleiche Adresse.
Lennert: Liste „Jüdisch, Berlin"

Hermann, Moritz
Keine Daten. Lennert: Liste „Jüdisch, Berlin".

Joseph geb. Schenkalowsky, Nora
Dr. med., Kinderärztin, Bln. N 65, Müllerstr. 22a.
Appr.21.
RMK nach 33 nicht mehr nachweisbar.

Lesser, Robert
Dr. med., Kinderarzt (?), Bln. SO 36, Cöpenickerstr. 174.
BKh. RMK nach 35 nicht mehr nachweisbar.

Niermann, Marie
Keine Daten. Lennert: Liste „Jüdisch, Berlin".

Wollenberg, Ison
Dr. med., Kinderarzt, Bln.-Wilmersdorf, Kaiserallee 176.
Appr. 07. BKh. RMK 35 Totenliste.

Braunschweig

Sauer, Kurt *
Dr. med., Kinderarzt (?), Stadt Med. Rat, Dir. d. Städt. Gesundheitsamtes, Sportarzt. Hohetorwall 2a.
Appr. 09. RMK 37 ohne Kennzeichnung (Lüder, Krs. Uelzen).
MV 33 angekreuzt, durchgestrichen.
Austritt 12.12.33: „hiesige Tätigkeit aufgegeben und demnächst B. verlasse."

Hamburg

Meyer, Otto*
Dr. med., Kinderarzt (?), Rothenbaumchaussee 34.
Appr. 84. RMK 33. MV 33 gestrichen, Vermerk: Post kommt zurück.

Jauer, Bz. Liegnitz

Henkin geb. Behrendt, Thea
Dr. med., Kinderärztin (?),
Appr. 24. RMK 26: Frl. Dr. Behrendt, Thea. Berlin NW 87,
Elberfelder Str. 6. RMK 33: Jauer.
RMK 35 Totentafel: Henkin-Behrendt, Thea, Jauer (Schles).
PalMed 40: Henkin, Erna Th.; Kinderärztin in Haifa.

Königsberg

Meyer geb. Fraenkel, Elfriede*
Dr. med., Kinderärztin, Vord. Vorstadt Langgasse 87.
Appr. 23. RMK 37: Berlin-Wilmersdorf, Konstanzer Str. 11.
MV 33 Fragezeichen, durchgestrichen.

Landeshut Schlesien

Wiese, Otto *
Dr. med., Tuberkulosearzt, Lungenfacharzt, Dir. d. Kaiser-Wilhelm-Kinderheilstätte.
Appr. 14. RMK 35: Arzt a.d. Neuen Heilanstalt für Lungenkranke Schömberg (Schwarzwald). RMK 37: Berlin-Tempelhof, Kaiser-Korso 2, keine Kennzeichnung.
MV 33 durchgestrichen, 30.11.33 Abmeldung ohne Begründung.

Leipzig

Vogel geb. Jordan, Marianne
Dr. med., Kinderärztin, Lauchstädterstr. 5.
Appr. 23. RMK 33, später nicht mehr nachweisbar.

Welde, Ernst
Dr. med., Kinderarzt, StadtMedRat, Stadtschularzt.
Marschnerstr. 15.
Appr. 07. RMK 33, später nicht mehr nachweisbar

Wuppertal

Rosenbaum geb. Kulaszewski, Klara
Dr. med., Kinderärztin, Barmen, Cleverstr. 4.
Appr. 21. RMK 35: Heydter Str. 7; RMK 37: Grimma.
MV 33 angekreuzt, MV 41: Grimma, Nicolaistr. 10.
StA: „Dr. Klara Rosenbaum ist in den Wuppertal-Barmer Adreßbüchern zwischen 1927 und 1934 nachgewiesen, jedoch nur als Ärztin, 1934 als ‚Fürsorgeärztin'. Das Telefonbuch führt außer Klara Rosenbaum unter derselben

Anschrift den Kinderarzt Dr. Hans Rosenbaum an, der jedoch in den nächsten Adreßbüchern nicht mehr auftaucht.

Die sonst ergiebigeren Bestände des Einwohnermelde-, des Personal- und des Wiedergutmachungsamtes enthalten keine Hinweise auf Hans und Klara Rosenbaum."

Dr. Hans Rosenbaum, Appr. 20, in RMK 26 als Städt.Kinderfürsorgearzt in Barmen angegeben; ab RMK 33 nur noch ein Hans R. in Hamburg (s.d.)

Liste Kapp 1939:

Koch, Gerlinde

Wohn- bzw. Tätigkeitsort vor der Emigration nicht auffindbar.
„Unsettled specialist, Paed.", 4, Lambridge, Bath, Somerset.

Wien

Abels (Abeles), Hans
(18.2.1873 Wien – ? England), PD (tit. a.o.Prof.) Dr. med., VIII, Sternwartestr. 33.
91–97 Stud. Wien, Prom. 97.
Ausb. Wien I. Öffentl. Kinderkrankeninstitut (Kassowitz), Karolinen-Kinderspital (Knöpfelmacher).
Wiss. Schwerpunkte: Physiol. u. Pathol. der Vitamine, Säuglingskrankheiten, Rachitis, Gleichgewichtsstörungen, Wachstumskrankheiten. Habil. 25. 20 (?) – 38 Abtlg. Vorstand Kinderabteilung d. Mariahilfer Kaiser-Franz-Joseph-Ambulatoriums. Ordinierender Kinderarzt am Wiener Frauenhospiz. 07 kurzfristig Mitglied d. Wiener Psychoanalytischen Vereinigung. Mitgl. DGfK. MV 33 angekreuzt, 38 gestrichen.
38 Entzug der Lehrbefugnis. Juli 39 Emigration nach England.
Fischer; Merinsky; Mühlleitner; PäA; Mittlg. Hubenstorf.

Aichinger, Berta
(29.9.1891 Lemberg – 27.12.1983 Wien), Dr. med., praktische Ärztin, Schulärztin. VI, Gumpendorferstr. 5A.
Stud. Wien. Prom. Wien.
Ausb. in Kriegslazaretten (Sternberg), Wiener Kliniken, u. a. Univ.-Kinderklinik (Pirquet).
Praxiseröffnung und Schulärztin in Linz; 27 nach Scheidung mit den Zwillingstöchtern nach Wien. Niederlassung und erneut Schulärztin.
März 38 Wegnahme der Wohnung, Praxis und der Stellung als Schulärztin.
„Der erste September 1939: ...erscheint mir dieser Tag heute noch wie der letzte Friedenstag. Und das, obwohl der Krieg für uns und viele andere, als er begann, schon eine Weile begonnen hatte. Meine Mutter hatte ihre Stellung als Schulärztin schon verloren, Praxis und Wohnung aufgeben müssen, wir waren zu unserer Großmutter gezogen, meine Schwester war mit einem der Transporte, die die Quäker für bedrohte Kinder und Jugendliche aus Wien durchführten, am 4. Juli nach England gefahren. Der Transport ging vom Wiener Westbahnhof um die Mittagszeit, und wenn ich zurückdenke, so scheint mir dieser 4. Juli mit seiner flimmernden Hitze, seiner Hoffnung, nachzukommen, auch auszuwandern, uns wieder zu treffen in England oder Amerika, viel länger gedauert zu haben, als ein Tag dauern kann. Während der ersten Septembertage ging er zu Ende..." (Ilse Aichinger: Kleist, Moos, Fasane).
Wegen des Kriegsausbruches keine Auswanderung mehr möglich. 42 Deportation und Ermordung der Mutter und der jüngeren Geschwister. Einweisung in eine „Judenwohnung" (I, Marc-Aurelstr. 9, „neben der Gestapo"). Durch die „halbjüdische" Tochter vor weiterer Verfolgung geschützt.
Nach dem Krieg mühsamer Neuanfang („keine Hilfe von der Stadt Wien"); ärztliche Tätigkeit in einer kleinen Privatklinik, Mütterberatung, Fortbildungskurse.
MagA; Mdl. Mittlg. Ilse Aichinger.

Allina, Marianne
(7.1.1892 – ?), Dr. med., Kinderärztin, „Spitalsärztin". V, Rechte Wienzeile 73.
22.8.39 abgemeldet.
Weiteres Schicksal unbekannt.
MagA; StaatsA.

Andermann, Eugenie
(20.12.1895 – ? USA), Dr. med., Kinderärztin. II, Obermüllnerstr. 1.
Stud. Graz, Prom 20.
Emigr. nach 38 in die USA. License 41. G.P., 108 E 35th.Str., New York City.
MagA; StaatsA; AMD 61.

Baar, Heinrich Siegfried
(15.2.1892 Jagnielnica/Polen – 1967 Birmingham), Dr. med. Dr. phil., Kinderarzt, Pathologe. XVIII, Anna Frauergasse 2/18.
Stud. Wien, Diss. phil. (rer. nat.?) Wien 14, Prom. med. 19.
28–38 Vorstand Ambulanz St. Anna Kinderspital.
Wiss. Schwerpunkte: Hämatologie, Infektionskrankheiten, Tetanus; (mit E. Stransky: Klinische Hämatologie des Kindesalters 1928).
August 38 Entlassung. 2.12.38 Emigr. nach England. 24, York Road, Edgbaston, Birmingham.
38–57 Research Pathologist The Children's Hospital Birmingham. M.D. Birmingham.
58–65 Dir. pathol. and clinical investigation, Pineland Hosp., Maine.
„Research on pathogenesis of alimentary anemias; discovered reactivated measles serum; described difference between homologous and heterologous sera; described pulmonary glomangioma and pulmonary ascaris granuloma" (World Who's Who of Science 1968).
MagA; StaatsA; SPSL 410/3; MedDir 53; WUOx.

Basch, Felix Paul
(1899 – ? USA), Dr. med., Kinderarzt. III, Baumgasse 75.
Stud. Wien, Prom. 23.
Abtlg. Vorst. am I. Öffentl. Kinderkrankeninstitut.
DGfK MV 33 angekreuzt, 33/35 durchgestrichen. Austritt nicht nachweisbar.
38 Emigr. in die USA. License 39, Ped., 4403 Sheridan Rd., Chicago/Ill.
Fischer 38; MagA; AMD 61; PäA.

Beer, Sanel
(4.9.1886 Wien – nach 1961 Miami/Florida), Dr. med., Kinderarzt. II, Praterstern 25 a.
Stud. Wien, Prom. 1913.
Arzt am I. Öffentlichen Kinderkrankeninstitut.
Langjähriges aktives Mitglied der Jüdischen Gemeinde Wien. Zionist. Gründer humanitärer und sportlicher Verbände. Vertrauensmann des Rothschild-Spitals und Altersheims. Mitarbeiter „Wiener Morgenpost" und „Wiener Journal".
40 Emigr. nach den USA, Dir. u. Besitzer des Rivermont Park Sanatori-

ums, 1459 NW South River, Miami/ Florida.
Begründer und Präsident der Austro-American Association und der Pro-Mozart-Society in Miami.
Belletristischer Schriftsteller: Roman „Dr. Reebs sonderbares Leben", Gedichtbände („Die Muse meiner Mutter"; Rezension Aufbau XXIX, No.24, S.33, 14.6.63).
MagA; StaatsA; AMD 61; ABJ; Gold; Aufbau XXVII, No. 40, S.10, 6.10.61: Dr. S. B. 75 Jahre.

Benedict, Hans
(26.7.1905 – ? USA), Dr. med., Kinderarzt. I, Karlsplatz 2 (7?).
Stud.Wien, Prom. 28.
Nach 38 Emigr. in die USA, License 42, G.P., 336 6th Str., Richmond/Calif.
MagA; StaatsA; AMD 61.

Bien, Gertrud
(9.4.1881 – England, USA?), Dr. med., Kinderärztin. I, Rathausstr. 15.
Seit Mai 1934 „Primararzt in Pension".
Mitgl. DGfK. Kein Austritt nachweisbar.
29.12.38 Abmeldung nach „Amerika".
Kapp 39: B., Gertrude, Paed., Cecil Court, 9 Hollywood Road, London SW 10.
MagA; StaatsA; Kapp.

Citron, Rosa
(7.2.1902), Dr. med., Kinderärztin. II, Aspernbrückengasse 1.
9.6.1938 Emigr. nach Palästina, License 2985. Päd. Praxis 5 Malakhi Str., Jerusalem.
Lebt 1997 noch in einem Altersheim in Jerusalem.
MagA; PalMed 40; PalDir; Mdl. Mittlg. Frau Maayan Landau, Jerusalem.

Ebel, Alfred
(12.12.1898 – ? USA), Dr. med., Kinderarzt. VIII, Alserstr. 25.
Stud. Wien, Prom. 23.
Schularzt der Gemeinde Wien seit August 1931. 6.4.1938 Kündigung.
Emigr. zunächst nach GB: Down House, Cold Ash, Newbury, Berksh., Tätigkeit als G.P.
USA: License 41, G.P., 922 Dewey Ave, Rochester/N.Y.
MagA; Kapp; AMD 61.

Eckstein, Ida
(26.1.1888 – ?), Dr. med., Kinderärztin. XV, Wurzbachgasse 2, Stiege 3.
2.8.38 Abmeldung ohne Zielangabe. Weiteres Schicksal unbekannt.
MagA.

Egert, Wilhelm
(18.12.1872 – 7.6.1944 Wien), Dr. med., Kinderarzt, Obermed.Rat. VII, Seidengasse 35.
Keine näheren Angaben.
MagA.

Fantl-Lederer, Frieda
(23.8.1890 – ?), Dr. med., Kinderärztin. II, Taborstr. 6.
25.1.39 Abmeldung ohne Zielangabe. Weiteres Schicksal unbekannt.
MagA.

Feilendorf, Stefanie
(25.12.1896 – ? USA), Dr. med., Kinderärztin. I, Wipplingerstr. 5.
Stud. Wien, Prom 23.
„Ich war am 27.April 1938 bei der Mütterberatung der Stadt als Jugendärztin mit einem Gehalt von RM 120.- angestellt. Aus dieser Stelle bin ich per 31. Juli a.c. entlassen".
Emigration in die USA, License 40, Ped. (F., Steffy) 618 W 177th Str. 33, New York City.
MagA; StaatsA; AMD 61; Mittlg. Hubenstorf.

Frankl, Georg
(21.3.1897 – ? USA), Dr. med., Kinderarzt. III, Esteplatz 4.
Stud. Wien, Prom 22.
9.8.40 Abmeldung ohne Zielangabe.
Emigr. in die USA, License 46. Ass. Clin. Prof. Psych. and Ped., School of Medicine, Lawrence and Kansas City, Univ. of Kansas, 701 E. 63d Str., Kansas City/Missouri.
MagA; StaatsA; AMD 53.

Freud, Paul
(6.11.1894 Wien – ? USA), Dr. med., Kinderarzt. VI, Hugo-Wolf-Gasse 1.
Stud. Wien, Prom 21.
Leiter d. Säuglingsheims d. Zentralkrippenvereins, XVI, Seitenberggasse 12.
7.7.1938 Emigr. in die USA. License 39. Ped., Ass. Prof. of Ped., N.Y. Medical College Flower and Fifth Ave. Hospital, 1 East 105th Str., New York City.
MagA; StaatsA; AMD 61.

Friedjung, Josef Karl
(6.5.1871 Nedwieditz b. Brünn – 25.3.1946 Haifa), PD Dr. med., Kinderarzt. I, Ebendorferstr. 6/15.
Stud.Wien, Prom. 1895.
Ausb. Allg. Poliklinik Wien, Garnisonsspital Laibach. Univ.-Kinderklinik Berlin (Heubner).
97–04 Kinderspital der Allg. Poliklinik Wien (Monti).
04 Ass. I. Öffentliches Kinderkrankeninstitut (Kassowitz, Hochsinger).
11 Abteilungsleiter, 24–26 stellvertr. Direktor.
19 Leitung des Kinderambulatoriums der Genossenschaftskrankenkassen von Wien und Niederösterreich im XXI. Wiener Bezirk, ab 25 Leitung des Kinderambulatoriums der Arbeiter-Kranken-Versicherungskasse Wien-Ottakring.
Habil. 1920. Wiss. Schwerpunkte: Grenzgebiete Kinderheilkunde und Pädagogik, Volksgesundheit, Fürsorge, Psychoanalyse. (Die sexuelle Aufklärung der Kinder, Leipzig 1909; Die Pathologie des einzigen Kindes, Wien 1919; Erlebte Kinderheilkunde – eine Ergänzung der gebräuchlichen Lehrbücher, Wiesbaden 1919; Die Fehlerziehung in der Pa-

thologie des Kindes 1931).
09 mit einem Vortrag „Was kann die Kinderheilkunde von der Psychoanalyse erwarten?" Aufnahme in die Wiener Psychoanalytische Vereinigung als erster Kinderarzt.

„Friedjung war es auch, der die direkte Kindesbeobachtung in die Psychoanalyse einbrachte, vieles bestätigen konnte, was die Psychoanalyse zum Teil nur aus der Analyse Erwachsener, also durch Rekonstruktion erschloß (zum Beispiel die frühkindliche Sexualität), und die Erkenntnisse Sigmund Freuds in der Kinderheilkunde zur Anwendung brachte" (Gröger).

Aktiver Sozialist und Pazifist. 1899 Eintritt in die Sozialdemokratische Partei. 1918 Vors. der Gesundheitskommission des revolutionären Arbeiterrats. 1919 Wahl in den Niederösterreichischen Landtag. 23–34 Stadtschulrat Wien, 24–34 Mitgl. Wiener Landtag und Wiener Gemeinderat. Einsatz für Frauenrecht, Mütter- und Kinderschutz. 21 Gründungsvorsitzender der Wiener Sozialdemokratischen Ärztevereinigung. Mitgl. DGfK; MV 33 durchgestrichen, Austritt 18.8.33.
Im Zuge der Februarereignisse 1934 Verhaftung als sozialdemokratischer Gemeinderat, Disziplinarverfahren, Verlust aller Ämter und Funktionen. 36 Entzug der Lehrbefugnis.
4.11.38 Emigration nach Palästina (Haifa). Tätigkeit im Betreuungsprogramm der Einwanderungsbehörde für Kinder und Jugendliche („Jugendaliyah"). Vorträge, Beratung und Betreuung. Ausbildung von Erziehern und Jugendleitern auf psychoanalytischer Grundlage, aktives Mitglied des „Free Austrian Movement of Palestine". Herzinfarkt 20.3.46 in Haifa.

MagA; StaatsA; PäA; Gröger; Mühlleitner; ÖBL; Fischer; Mittlg. Hubenstorf.

Gersuny, Otto
(1.2.1890 Teplitz – Schönau – 15.7.1964 New York), Dr. med., Kinderarzt. IX, Hörlgasse 7.
Stud. Prag, Wien, Prom. 14.
Emigr. 38 in die USA, License 40; Ped., 625 Park Avenue, New York City.

„Ein gütiges Schicksal hat uns einen böhmischen Kinderarzt, der von Wien aus nach Amerika emigriert war, beschert; Dr. Gersuny war sehr kinderlieb und machte Hausbesuche ... Er war in den 70, als er von einer Mutter angerufen wurde, ihr Kind liege im Sterben. Er fuhr an die Adresse, parkte sein Auto, lief schnell einige Stockwerke hinauf, das Kind lag keineswegs im Sterben, aber Dr. Gersunys Herz hielt die Anstrengung nicht aus und er starb". (Mrs. Franceschelli-Berlin, Spring Valley N.Y., briefl. Mittlg.)

MagA; StaatsA; AMD 61; ABJ; Fischer 38; Todesanzeige Aufbau XXX, No.30, S.28, 24.7.64.; Nachruf Aufbau XXXI, S.8: „gest. in New York, während ärztlicher Tätigkeit ...Sein Onkel Prof. G. war einer der Gründer des ,Rudolfinger-Hauses' in Wien...Schon als Student Zionist".

Glaser, Franz
(14.9.1899 – ? China?), Dr. med., Kinderarzt. I, Hohenstaufengasse 1a/3.
2.11.38 Emigr. nach Shanghai. 39: 1124 Broadway, Shanghai.

MagA; StaatsA; Emigranten Adreßbuch Shanghai.

Goldschmidt, Guido
(19.3.1881 Hohenelbe, Böhmen – ? USA); Dr. med., Kinderarzt. I, Lichtenfelsgasse 7.
Im „Ärzteblatt für die deutsche Ostmark" 1. Jhg., Nr.13, 1.10.1938, S. 228, als „jüdischer Krankenbehandler" für Kinderkrankheiten aufgeführt. Adresse: IX, Schwarzspanierstr. 11.
2.11.1938 Abmeldung: „Amerika".
MagA; StaatsA.

Gottlieb, Karl
(22.5.1893 – ? Kanada?); Dr. med., Kinderarzt, Städt.Physikatsrat i. R., I, Eßlinggasse 5.
Mitgl. DGfK, Austritt nicht nachweisbar.
16.3.39 Abmeldung: „Canada".
MagA; StaatsA.

Hacker, Eduard
(19.11.04 – ?), Dr. med., Kinderarzt, „Sekundararzt". XX, Brigittenauer Lände 32.
15.9.38 Abmeldung: Szombathely (Ungarn).
MagA; StaatsA.

Halberstam, Debora
(1897 – ?); Dr. med., Kinderärztin. II; Tandelmarktgasse 5.
Stud. Wien, Prom. 21.
Emigr. in die USA, License 50, Ped. (Part time specialist), 1050 Hoe Avenue, New York City.
Mittlg. Hubenstorf; AMD 61.

Hartmann geb. Karplus, Dorothea (Dora)
(1902 – 1974) Dr. med., Kinderärztin, Psychoanalytikerin. I, Rathausstraße 15.
Stud. Wien, Prom. 25.
Pädiatrische Praxis bis 35. 28 Heirat mit dem Psychoanalytiker Heinz Hartmann (1894–1970, gilt als Begründer der modernen psychoanalytischen Ich-Psychologie). 38 gemeinsame Emigration über Paris, Genf und Lausanne 1941 nach New York.
License 1942, 1150, 5th Avenue. Ausbildung am New York Psychoanalytic Institut zur Lehranalytikerin. Tätigkeit in der Association for Child Psychoanalysis.
AMD 61; Viola W. Bernard; Mittlg. Hubenstorf; Mühlleitner (Artikel Heinz H.).

Hecht, Adolf Franz
(8.8.1876 Wien – 19.12.1938 Wien, Suicid). PD (tit. a. o. Prof) Dr. med., Kinderarzt.
IX, Alserstr. 24.
Stud. Wien, Prom 1899.
Ausb. Univ.-Kinderklinik Heidelberg, Allg. Poliklinik Wien (Monti).
Habil. 15. Wiss. Schwerpunkte: Klinische Semiotik, Stuhluntersuchungen, Dermatologie und Cardiologie im Kindesalter. Abtlg.-Vorstand f. chemisch-mikroskopische Diagnostik am I. Öffentl. Kinderkraninstitut, zeitweise Leiter der Herzstation der Univ.-Kinderklinik.
Mitgl. DGfK, MV 33 angekreuzt und

durchgestrichen. Austritt 12.1.34. Entlassung 1938, Suicid.

Fischer; Fischer 38; Merinsky; PäA; Mittlg. Hubenstorf; ÖBL; Körrer.

Hilferding geb. Hönigsberg, Margarethe
(20.6.1871Wien – ca. 23. 9.1942 Maly Trostinec?), Dr. med., Allgemeinärztin, Individualpsychologische Erziehungsberaterin.
X, Reisingerstr.9.
Stud.Wien, Prom. 03 als eine der ersten Ärztinnen Wiens. 04–23 verheiratet mit Dr. med. Rudolf Hilferding (1877 – Ermordung 1941 in Paris), sozialdemokr. Politiker, Finanzminister der Weimarer Republik.
10 als erste Frau Aufnahme in die Wiener Psychoanalytische Vereinigung, 11 Austritt mit Alfred Adler. Leiterin und ärztliche Mitarbeiterin an den individualpsychologischen Erziehungsberatungsstellen in Wien.
28.6.1942 Deportation nach Theresienstadt, Tod beim Weitertransport in das Vernichtungslager Maly Trostinec.

StaatsA; Mühlleitner; Mittlg. Hubenstorf; ABJ; Totenbuch Theresienstadt.

Hirsch, Ada, verh.Elias
(1885 – ? New York City?), Dr. med., Kinderärztin. IX, Spitalgasse 27.
Stud. Wien, Prom. vor 1915.
36 Heirat mit Prof. Herbert Elias (1885–1975 NewYork), Primarius Innere Abtlg. Rothschild-Spital. Obmann Vereinigung jüd. Ärzte Wiens.
Mitgl. DGfK, MV 33 angekreuzt und durchgestrichen. Austritt 8.1.34.
Nach 38 Emigr. in die USA, License 42, 35 W. 81st Str. New York City.

Mittlg. Hubenstorf; PäA.

Hochsinger, Karl (Abb.)
(12.7.1860 Wien – 28.10.1942 Theresienstadt), PD Dr. med., prakt. Arzt und Kinderarzt. I, Lichtenfelsgasse 7. Stud. Wien, Prom 82.
Ausb. Innere Medizin (Bamberger), Dermatologie (Kaposi), ab 83 Sekundararzt am I. Öffentl. Kinderkrankeninstitut (Kassowitz), 89 Abtlg.-Vorstand, 06–38 Direktor.
06 Habil.Wiss. Schwerpunkte: Diagnostik der kindlichen Herzkrankheiten, Phosphorbehandlung der Rachitis, das „Kongenitalitätsproblem" der Syphilis, Tetanie (Hochsingersches Faustphänomen) , Gesundheitspflege des Kindes im Elternhaus.
07 Gründung des „Ärztlichen Automobilklubs in Wien" zur Verbesserung der Patientenversorgung.
Mitgl. DGfK, MV 33 durchgestrichen, Austritt 18.9.33.
34 Entzug der Dozentur, 1.10.38 als „jüdischer Krankenbehandler" für Kinderkrankheiten eingesetzt.
10.10.42 mit Transport Nr. IV/9–828 nach Theresienstadt deportiert, dort am 28.10. gestorben.

StaatsA; Fischer; Fischer 38; ABJ; ÖBL; PäA; Hock; Ärzteblatt f. d. Deutsche Ostmark 1.10.38; Wyklicky; Atuanya.

Holländer (-Pilpel), Rachel
(28.10.86 – ? Jerusalem), Dr. med., Kinderärztin. IX, Lackierergasse 1. 38/39 Emigr. nach Palästina, zunächst möglicherweise Haifa, später Kinderarztpraxis 41 Ramban Str., Jerusalem.
StaatsA; mdl. Mittlg. Mrs. Mayaan Landau, Jerusalem; Peretz Amir, Rehovot.

Jehle, Ludwig
(19.2.1871 Prerau/Mähren – 1.3.1939 Wien), PD (tit. a.o.Prof.), Kinderarzt. IX, Spitalgasse 1.
Stud. Wien, Prom 95.
96–97 Innere Med., 97–00 Prosekturadjunkt, beides Kaiser-Franz-Joseph-Spital,
01–02 Kinderabtlg. Wiener Allg. Poliklinik (Monti), 02–19 Univ. Kinderklinik (Escherich, Pirquet).
10–38(?) Abtlg.Vorstand Kinderabtlg. Wiener Allg. Poliklinik. 38 Entlassung; „die Umstände seiner Entlassung und seines Lebensendes sind unklar" (Hubenstorf).
10 Habil. Wiss. Schwerpunkte: Bronchialerkrankungen im Kindesalter; Albuminurie. Oppolzer-Preis der Wiener Med. Fakultät.
Fischer; ÖBL; Merinsky; Körrer; Mittlg. Hubenstorf; Atuanya.

Karpeles, Stephanie
(1901 – ? New York?), Dr. med. Kinderärztin. X, Laxenburgerstr. 40.
Stud. Wien, Prom. 28.
Emigr. 38/39 in die USA, License 41; G.P., Ped.; 201 E 15th Str., New York City.
AMD 61; Mittlg. Hubenstorf.

Kaufmann – Weißbarth, Elsa
(1897 – 11.3.79 New York), Dr. med., Kinderärztin. XIX; Döblinger Hauptstr. 90.
Stud. Wien, Prom. 21.
Emigr. 38 in die USA, License 39, Ped., 1290 Grand Concourse, New York City.
AMD 61; ABJ; Todesanzeige Aufbau 30.3.79: K., Else geb. Chwat, 83 Jahre; Mittlg. Hubenstorf.

Keller, Heinrich
(5.12.1866 Jaroslaw, Galizien – 13.4.43 Theresienstadt), Dr. med., Kinderarzt, Pädagoge, Schriftsteller. VI, Köstlergasse 70.
Stud. Wien, Prom. 91.
Vorstandsmitglied Wiener Ärztekammer, ab 05 Redakteur „Österreichische Ärztezeitung". Sozialkritische Romane, Kindergeschichten für Eltern, Ärztliche Pädagogik, 2 Bde. 24. 42 Deportation nach Theresienstadt.
StaatsA; ÖBL; Totenbuch Theresienstadt.

Kirsch, Ethel (Else)
(1890 – ? USA), Dr. med., Kinderärztin. IX, Alserbachstr. 4 a.
Stud. Wien, Prom. 15.
Emigr. in die USA, License 42, Ped., 262 Central Park West, New York City.
AMD 61; Mittlg. Hubenstorf.

Kirsch, Oskar
(14.4.1880 – ?), Dr. med., Kinderarzt. IX, Alserbachstr. 4 a (Ehemann, Bru-

der? von K., Ethel).
Städt. Vertragsschularzt, zum 1.5.38 gekündigt. 1.10.38 als „jüdischer Krankenbehandler" für Kinderkrankheiten eingesetzt.
Weiteres Schicksal unbekannt.

StaatsA; Ärzteblatt f.d.Deutsche Ostmark 1.10.38.

Knöpfelmacher, Wilhelm (Abb.)
(25.8.1866 Boskowitz/Mähren (Boscovice) – 23.4. (14.4.?)1938 Wien, Suicid), tit.a.o.Prof. Dr. med., Kinderarzt. IX, Günthergasse 3.
Stud. Prag und Wien, Prom. 91 Wien.
Ausb. Innere Medizin Klinik (Kahler), 94–00 Ass. Karolinen-Kinderspital (Hüttenbrenner).1.7.01–1.10.34 dessen Direktor.
01 Habil. Wiss. Schwerpunkte: Erkrankungen der Neugeborenen, Säuglings- und Kinderpflege, Infektionskrankheiten. Zahlr. Handbuchbeiträge.
11 a.o. Prof.
Das Karolinen-Kinderspital war unter Knöpfelmacher neben der Univ.-Kinderklinik die bedeutendste Ausbildungsstätte vor allem für jüdische Kinderärzte in Wien. Internationale Ausstrahlung, auch als Zentrum der Kinderchirurgie (Alexander Fraenkel). Intensive Beziehungen zur Pädiatrie in Deutschland, Mitherausg. d. Monatsschrift für Kinderheilkunde.
Mitglied DGfK, MV 33 angekreuzt und durchgestrichen, Austritt 2.11.1933.
34 Resignation als Direktor. 36 Festnummer der Wiener Medizinischen Wochenschrift zum 70. Geburtstag (86 (1936), Nr.27/28):
„Sie werden in dieser Festnummer sehr berühmte Namen finden, Beiträge von den ganz Großen in der Pädiatrie, dann von den Leitern vieler Kinderkliniken aus Europa, Arbeiten von Ihren Freunden in Amerika, dann Beiträge von den Kinderärzten, die in den vielen Jahren Ihrer Tätigkeit am Karolinen-Kinderspitale das Glück hatten, unter Ihnen und mit Ihnen zu arbeiten" (Vorwort Lehndorff).

23.4.38 Suicid.

Fischer; Fischer 38; PäA; ÖBL; Mittlg. Hubenstorf; Rosenkranz; Körrer; Atuanya; Wlaschek 95.

König, Karl
(25.9.1902 Wien – 27.3.1966 Überlingen/Bodensee), prakt. Arzt, Kinderarzt, Anthroposoph. XVIII, Hasenauerstr. 19/21.
Stud. Wien, Prom. 27.
Ausb. Österreich, Schweiz, Deutschland.
36 Niederlassung in Wien.
38 Emigr. nach England, zunächst London, 205, Gloucester Place, N.W.1.
40 auf dem Landsitz Camphill in Schottland Gründung einer „Residential School for children in need for special care" auf der Grundlage der Lehre von Rudolf Steiner. Von hier aus ab 55 Aufbau des „Camphill-Movement", einer internationalen heilpädagogischen Bewegung mit Heimschulen und Dorfgemeinschaften für Behinderte.

StaatsA; Kapp; Nachruf The Times, 31.3.1966; WUOx.

Königstein, Robert
(? – ? Australien), Dr. med., Med.Rat, Kinderarzt. VI, Mariahilferstr. 53.
Erhebungsbericht NS-Vermögensverkehrsstelle 28.3.39:
„Der Jude Königstein ist im Dezember 38 nach Australien ausgereist, nachdem er vorher alles zu Geld machte, um die Kosten der Ausreise decken zu können. An Vermögenswerten ist garnichts vorhanden."
MagA; StaatsA.,

Kornfeld, Werner
(1892 – ? USA), Dr. med. Dr. phil., Kinderarzt. XVIII, Weimarer Str. 7.
Stud. Wien, Prom. 24.
35 offenbar Mitarb. Mautner-Markhof Kinderspital.
Publ. mit Nobel: Schilddrüse, Innere Sekretion.
Mitgl. DGfK, MV 33 angekreuzt und durchgestrichen, Austritt 11.12.33 „aus materiellen Gründen".
38 (evtl.früher) Emigr. in die USA, License 38, Ped., East Orange/New Jersey.
Fischer 38; AMD 61; ABJ; PäA.

Kris geb. Rie, Marianne
(27.5.1900 Wien – 23.11.1980 London), Dr. med., Kinderpsychotherapeutin. IX, Schwarzspanierstr. 11.
Tochter des Wiener Kinderarztes Oskar Rie, Freund und Kinderarzt der Familie Freud.
Stud. Wien, Prom. 25. Auf Anraten von Sigmund Freud 25–27 Lehranalyse in Berlin. 27 Heirat mit dem Kunsthistoriker Ernst Kris (1900–1957), gemeinsamer Eintritt in die Wiener Psychoanalytische Vereinigung.
Enge Zusammenarbeit mit Anna Freud, Hinwendung zur Kinderanalyse.
38 Emigr. nach England, 9, Marlborough Hill, London NW 8. Lehranalytikerin der British Psychoanalytical Society.
Sept. 40 mit ihrem Mann Niederlassung in New York City, 135 Central Park West; License 42.
Lehranalytikerin für Kinderanalyse am New York Psychoanalytic Institute. 65 erste Präsidentin der Association for Child Psychoanalysis in New York.
Wiss. Schwerpunkte: Kinderanalyse, Familienanalyse und -therapie, Arbeit mit Erziehern und Sozialarbeitern.
Kapp; AMD 61; Mühlleitner (auch zu Oskar Rie und Ernst Kris); Kröner; Mittlg. Hubenstorf.

Kundratitz – Worzikowsky, Kornelia
(? – ?); Dr. med., Kinderärztin. I, Stephansplatz 6.
Tätigkeit in der Kinderfürsorge, seit 29 Schulärztin.
Ehefrau von Prof. Dr. Karl Kundratitz (Ordinarius für Pädiatrie 52–61), „Mischehe", 38 vergeblich zur Scheidung aufgefordert; hat überlebt.
Mittlg. Hubenstorf.

Kurz, Olga
(? – ?), Dr. med., Kinderärztin. II, Novaragasse 36.
Stud. Wien, Prom. 28.
Emigr. nach England, 39: Court Farm Wolverley, nr. Kiddleminster.
Nach dem Krieg nach Wien zurückgekehrt.
Kapp; Mittlg. Hubenstorf.

Kwaszewska, Adele
(21.8.1899 Wien – ? USA), Dr. med., Internistin, Kinderärztin. IX, Ferstelgasse 5.
17–24 Stud. Wien, Prom. 24.
Ausb. 24–25 und 29–32 Innere Medizin, 26–28 Univ. Kinderklinik (Pirquet, Lazar).
28–35 (?) Reichsanstalt für Mütter- und Säuglingsfürsorge. 35–38 Diagnostische Station der Arbeiter-Krankenversicherungskasse Wien. Entlassung 31.7.38.
Emigr. in die USA; License 40; 710 West End Avenue, New York City. Arbeitet als G.P. mit ihrer Schwester Gerda (*1898) in einer Praxis für Innere Medizin. Bildhauerin.
AMD 61; SPSL.

Langer, Ella
(1.10.1893 Wien – ?), Dr. med., Kinderärztin. VI, Mariahilferstr. 53.
Stud. Wien, Prom. 20.
Schulärztin. 1.10.38 als „jüdische Krankenbehandlerin" im Kinderambulatorium der Israelitischen Kultusgemeinde eingesetzt.

38/39 Emigr. in die USA; License 41, Ped.; Augusta/Maine. Tätigkeit auch als G.P. im Am. Board of Preventive Medicine.
AMD 61; Ärztebl. f. d. deutsche Ostmark 1.10.38; Mittlg. Hubenstorf.

Lederer geb. Schornstein, Elsa
(1881 – ?); Dr. med., Kinderärztin. IX, Alserstr. 18.
Prom. Krakau 11.
Nach 15 Kinderabtlg. Kaiser-Franz-Joseph-Spital. Verh. mit Richard L. (s.d.).
6.9.38 Abmeldung nach Bagdad.
Mittlg. Hubenstorf.

Lederer, Richard
(11.6.1885 Karlsbad – ?), PD Dr. med., Kinderarzt. IX, Alserstr. 18.
Stud. Wien, Prom. 08.
Ausb. Univ.-Kinderklinik Straßburg (Czerny), Kinderabtlg. Kaiser-Franz-Joseph-Spital (Moser).
Leiter des Kinderambulatoriums der Wiener Bezirkskrankenkasse im IX. Bezirk (Alsergrund).
23 (24?) Habil. Wiss. Schwerpunkte: Säuglingsernährung, Atmungserkrankungen im Kindesalter.
6.9.38 Abmeldung nach Bagdad.
Fischer; Fischer 38; Merinsky; Wlaschek 95; Mittlg. Hubenstorf.

Lehndorff geb. Stauber, Alice
(29.8.1881 – ?), Dr. med. I, Bartensteingasse 13.
Ärztin des Verbandes d. Genossen-

schaftskrankenkassen Wiens zur Behandlung weibl. Mitglieder. Ordinierende Ärztin für Psychotherapie am I. Öffentlichen Kinderkrankeninstitut (35). Entlassung am 31.7.38.
5.3.39 Abmeldung nach London zu Ehemann Heinrich L., später in die USA (s.d.).

MagA; StaatsA; Mittlg. Hubenstorf.

Lehndorff, Heinrich
(26.5.1877 Wien – 17.9.1965 New York). PD Dr. med., Kinderarzt. I, Bartensteingasse 13.
Stud. Wien, Prom. 01.
Ausb. 01–07 Karolinen-Kinderspital (Knöpfelmacher).
14 von Pirquet zur Habil. vorgeschlagen, Ernennung erst 19. Wiss. Schwerpunkte: Chlorome, Blutkrankheiten im Kindesalter, Coeliakie.
Mitglied DGfK, MV 33 Fragezeichen, durchgestrichen. Austritt 9.1.34.
Bis 38 Leiter des Kinderambulatoriums vom Verband der Krankenkassen Wiens und Niederösterreichs. 1.10.38 als „jüdischer Krankenbehandler" für Kinderheilkunde eingesetzt.

„Ich bin nicht mehr Arzt bei der Arbeiter-Krankenvericherungskasse und nicht mehr Facharzt für Kinderheilkunde. Ich bin jüdischer Krankenbehandler" (Vermerk StaatsA).

38 Emigr. nach England; „Oxford provided a temporary refuge" (Weindling 96).

Consultant Pediatrician („unpaid") am Children's Hospital Coleshill, Warwickshire.
Nov. 39 mit Hilfe von SPSL (bezahlt Ticket) in die USA, License 41.
Tätigkeit am New York Medical College, Privatpraxis 246 Centre Avenue, New Rochelle/N.Y.
41 Mitbegr. Medical Circle der Austro-American University League, später Pirquet Medical Society of New York.

MagA; StaatsA; SPSL 411/8; Fischer; Fischer 38; PäA; AMD 53,61; Merinsky; Weindling 96; Mittlg. Hubenstorf.

Loewy, Moritz
(1890 – 19.3.1959 New York), Dr. med., Kinderarzt. II, Taborstr. 17 B.
Stud. Wien, Prom. 15.
38/39 Emigr. in die USA, License 40. 645 West End Avenue, New York City.

ABJ; Todesanzeige Aufbau XXV, No. 13; S.32, 27.3.59; Mittlg. Hubenstorf.

Loewy, Oskar
(4.7.1882 (92?) – ?), Dr. med., Kinderarzt. XVIII, Innocenz-Lang-Gasse 1–2.
Stud. Wien, Prom. 20.
Städt. Schularzt, Heilpädagogik, Mütterberatung, Schwesternunterricht.
Entlassung 6.4.38.
38 Emigr. 3 Monate England, dann USA, License 40, G.P. 1882, 9th Ave. Watervliet/N.Y.

Brief an SPSL 25.11.47: „I lost my homesickness, do not think of ever going back and consider anybody who does as crazy."

SPSL 412/2; AMD 61.

Mahler geb. Schönberger, Margarethe
(10.5.1897 Sopron/Ungarn – 2.10.1985 New York), Dr. med., Kinderärztin, Psychoanalytikerin. VIII, Josefstädterstr. 81/83.
Studium Budapest, München, Jena, Heidelberg. Praktika in Kinderheilkunde bei Pfaundler (München) und Ibrahim (Jena). Diss. 22 Jena. Ausb. Univ. Kinderklinik Wien (Pirquet), Reichsanstalt für Mütter- und Säuglingsfürsorge (Moll). Privatpraxis im VIII. Bezirk.
Ab 22 Kontakt zur Wiener Psychoanalytischen Vereinigung, Analyse bei Helene Deutsch und August Aichhorn. 34 Errichtung einer psychoanalytisch orientierten Kinderpraxis im Kinderambulatorium der israel. Kultusgemeinde, II, Rauscherstr. 16 (Zappert, s.d.).
36 Heirat mit dem Chemiker Paul Mahler, mit ihm 38 Emigr. über England nach den USA. License 39, 300 Central Park West, New York City.
40 Mitgl. New York Psychoanalytic Institute, Lehrauftrag für Psychiatrie an der Columbia University. Tätigkeiten für das Philadelphia Psychoanalytic Institute, Einstein College, Masters Child Center.
Wiss. Schwerpunkte: Kindheitspsychosen, Loslösungs- und Individuationsprozess (Die psychische Geburt des Menschen, 1975), Therapeutisches Setting Mutter-Kind-Therapeut.
Mahler 1989; Mühlleitner; Kröner.

Mautner, Hans
(9.5.1886 Budweis – 26.6.1963 Boston),PD Dr. med., Kinderarzt, Pharmakologe. III, Dapontegasse 6.
Stud. Wien, Prom. 10.
Ausb. Straßburg Physiol. Chemie (Hofmeister), Pharmakologie (Schmiedeberg), 11–21 Karolinen-Kinderspital (Knöpfelmacher).
Ab 20 Leiter eines Kinderambulatoriums der Wiener Arbeiterkrankenkasse, ab 31 Wiener Herzstation.
11–38 ohne Unterbrechung Arbeitsplatz am Pharmakologischen Institut der Univ. Wien.
Obmannstellvertreter der Wirtschaftl. Organisation der Ärzte Wiens und des Verbands der Wiener Fachärzte.
25 Habil.; Wiss. Schwerpunkte: Wasserhaushalt, Meningitis und Meningismus, Pharmakologie des Kindesalters, Herzvitien.
Mitgl. DGfK, MV 33 angekreuzt und durchgestrichen. Austritt 26.11.33:
„Die Verhältnisse zwingen mich, Sie zu bitten, meinen Austritt...zur Kenntnis nehmen zu wollen. Der Entschluß wurde mir nicht leicht, er wird aber, wie ich zuversichtlich hoffe, unsere persönlichen Beziehungen nicht trüben. Meiner stets gleichbleibenden Verehrung für Sie können Sie sicher sein; zu allem anderen verbindet uns ja neben der geistigen Abhängigkeit von Altmeister Czerny auch noch das unzerreißbare Band, das die Schüler Franz Hofmeisters stets einen wird" (Brief an Schriftführer Goebel/Halle).
38 Emigr. via England nach den USA. Prof. of Pharmakology and Pediatrics an der Middlesex University Medical School (Mass.). 45 Clinical Director

Wrentham State School (Mass.), 57 Clinical Director Pineland Hospital and Training Center Pownal (Maine). License 57 (?). 44 Lafayette Str., Yarmouth/Maine. 62 Retirement.

StaatsA; Fischer; Fischer 38; SPSL 412/3; Merinsky; PäA; AMD 61.

Mestitz, Walter
(1886 – Okt. 1959 Brighton), Dr. med., Kinderarzt. III, Keilgasse 14.
Stud. Wien, Prom. 21.
Ausb. u.a. Krankenhaus Wieden, gyn. Abtlg. (Halban).
Emigr. 17.8.38 via Jugoslawien (?) nach England, 74 Dyke Road, Brighton. Resident am Royal Alexandra Hospital for Sick Children.
Ehefrau Frieda M., vormals ebenfalls Krankenhaus Wieden, als Ophthalmologin am Queen Elizabeth Hospital for Children, Hackney Road, tätig.
MagA; MedDir 53,60; WUOx.

Münz, Bertha
(7.7.1898 – ?), Dr. med., Kinderärztin. XII, Hohenbergstr. 34.
Stud. Wien, Prom 24.
28 Abtlg.-Ärztin am Leopoldstädter Kinderspital der Stadt Wien.
31.7.38 Emigr. via Tschechoslowakei nach England. 39 als G.P. registriert: Shenley House, Redhill/Surrey.
Kapp; Mittlg. Hubenstorf.

Munk, Julius
(2.6.1857 Warschau – 19.4.1940 Wien), Hofrat Dr. med., Kinderarzt, Polizeioberbezirksarzt. VIII, Alserstr. 47. Ausbildung am St.Anna Kinderspital Wien.

14.1.39: „Gnadengesuch an die Vermögensverkehrsstelle Wien, Strauchgasse 1...Es war mein Bestreben, die betreffenden Abstammungsbelege zu beschaffen, derentwegen ich zweimal, beziehentlich dreimal beim Sippenamt erschien. Bei dem Bemühen, diese Urkunden, die sich auf eine Zeit in den Anfang des neunzehnten Jahrhunderts erstrecken und überdies in Gebieten, die gegenwärtig großen politischen Veränderungen unterworfen sind, zu finden, stieß ich auf die größten Schwierigkeiten...Möchte ich beifügen, daß ich in kurzer Zeit das zweiundachtzigste, meine Gattin das dreiundsiebzigste Lebensjahr überschreiten und daß letztere sehr schwer erkrankt, fast erblindet und gänzlich hilflos ist. Die Ehe schloßen wir selbstredend nach r.k. Ritus – wir sind beide Katholiken seit Geburt..."

Kann die Nachweise über arische Abstammung aus Polen nicht beibringen. März 40: die Reichsstelle für Sippenforschung, Zweigstelle Wien, erklärt ihn zum Juden. Muß seine Wohnung verlassen, stirbt kurz darauf.
StaatsA.

Neugröschl, Margarethe
(7.5.1896 – ?); Dr. med., Kinderärztin. I, Biberstr. 3.
Schulärztin der Gemeinde Wien, zum 27.4.1938 gekündigt,
Abmeldung 21.2.39, Zielort London.
MagA; StaatsA.

Neumann, Anna
(1901 – ? USA), Dr. med., Kinderärztin. X, Senefeldergasse 3.
Stud. Wien, Prom. 28.

Nach 38 Emigr. in die USA, License 44, Ped., 1801, 1st Str. NW, Washington DC.
AMD 61.

Neurath, Rudolf
(17.2.1869 Wien – 14.10.1947 New York City), tit. a.o.Prof. Dr. med., Kinderarzt.
VIII, Langegasse 70.
Stud. Wien, Prom. 1893.
Ausb. Innere Medizin (Nothnagel), Neurologie (Obersteiner), Kinderheilkunde Univ.-Kinderklinik Wien (Graz?) (Escherich). 94–97 Karolinen-Kinderspital (Knöpfelmacher), St. Anna Kinderspital.
98–18 Abtlgs.-vorstand I. Öffentliches Kinderkrankeninstitut. Ab 18 Leiter eines Kinderambulatoriums der Wiener Arbeiterkrankenkasse. Städt. Jugendarzt.
13 Habil. Wiss. Schwerpunkte: Grenzgebiete Neurologie und Pädiatrie, Pubertät, Endokrinologie.
Mitgl. DGfK; MV 33 Fragezeichen und gestrichen. Austritt 12.1.34:

„Ich melde meinen Austritt aus der Deutschen Gesellschaft für Kinderheilkunde, da, wie ich vermute, meine Mitgliedschaft der Gesellschaft ebenso unerwünscht sein dürfte, wie mir selbst."

38 Emigr. in die USA, 1125 Grand Concourse, New York City.

StaatsA; PäA; Fischer; Fischer 38; Fraenkel; Merinsky; ABJ.

Nobel, Edmund
(24. (27.?) 5.1883 Gran/Ungarn – 25.1.1946 London), tit. a.o. Prof. Dr. med., Kinderarzt.
VIII, Josefstädterstr. 30/4.
Stud.Wien, Prom. 10.
Ausb. 11 Med.Klinik Würzburg (Leube), Univ.-Kinderklinik Breslau (Pirquet), mit diesem nach Wien, 11–30 Univ. Kinderklinik.
30–38 Primarius am Mautner-Markhof-Kinderspital. 1.5.38 Entlassung.
20 Habil. Wiss. Schwerpunkte: Ernährung gesunder und kranker Kinder, Endokrinologie, Infektionskrankheiten, Sozialpädiatrie.

„Mit Pirquet organisierte er nach dem Ersten Weltkrieg die amerikanische Kinderausspeisung, wodurch 400 000 Kinder vor Ernährungsstörungen bewahrt blieben" (ÖBL).

Mitgl. DGfK; MV 33 angekreuzt und durchgestrichen. Austritt 12.1.34.
38 Emigr. via Tirana (Albanien) nach England (Ankunft 17.7.39); 9/10 Bedford Place London W1. Unbezahlte Forschungsmöglichkeit British Postgraduate Medical School, Hammersmith Hospital.
40–41 Student London Hospital, Examensvorbereitung. License 41. Tätigkeit Queen Mary's Hospital for Children, danach Paddington Green Children's Hospital. Privatpraxis 10 Harley Street, London W 1, Wohnung 42 Greville Hall, Greville Place, London W 6.

StaatsA; SPSL; PäA; Fischer; Fischer 38; BHE; Merinsky; Kröner; ÖBL.

Nußbaum, Olga
(18.7.1887 Wien – ?), Dr. med., Kinderärztin. II, Taborstr. 36.
Stud.Wien, Prom. 14.
Bis März 38 im Kinderambulatorium der Israelitischen Kultusgemeinde für arme kranke Kinder (ohne Unterschied der Konfession), II, Rauscherstr. 16. (Zappert).
„Beschlagnahmung durch die N.S.D.A.P. und Sperre der Anstalt. Seit 13. März keine Dienstleistung mehr" (StaatsA).
1.10.38 als „jüdische Krankenbehandlerin" eingesetzt, „die Tätigkeit darf nur im Kinderambulatorium ausgeübt werden."
38/39 Emigr. via England in die USA, License 50, 425 Robinson Str., Binghamton, Broome County/N.Y.

StaatsA; AMD 53 (not in private praxis),61 (Adress temporarily unknown); Mittlg. Hubenstorf.

Orel, Herbert
(25.9.1898 Wien – 1976), a.o Prof. Dr. med., Kinderarzt. IX, Garnisongasse 4.
WW I. 19–23 Stud. Wien.
Ausb. 23–24 Experimentelle Pathologie, ab 24 Univ. Kinderklinik Wien (Pirquet).
Amtsarzt u. Gerichtsgutachter.
Kurzfristig pädiatrische Praxis in Linz.
November 33 Berufung als Primarius an das St.Anna-Kinderspital Wien (Entscheid d. Wiener Kardinals Innitzer), ab März 35 Ärztl. Direktor.
35 Habil. Wiss. Schwerpunkte: Zwillingsforschung, Vererbungsfragen, Infektionskrankheiten.
Mai 38 Entlassung als Direktor d. St. Anna-Spitals, 40 Habilitation für ungültig erklärt.
„Dies geschah offensichtlich wegen seiner öffentlichen Ablehnung des NS-Euthanasieprogramms und wegen Mitgliedschaft bei der prononciert katholischen Ärztevereinigung ‚Lukasgilde'. Jüdische ‚Versippung' ist auszuschließen" (Swoboda).
Während WW II Tätigkeit in einer kleinen päd. Praxis in Wien. Ende April 45 für 4 Monate kommissarische Leitung des St.Anna-Kinderspitals, später Primarius d. Internen Kinderabtlg. am Wiener Wilhelminenspital.

Mühlberger; Kürschner 54; Mittlg. Prof. W. Swoboda, Wien.

Poglayen-Neuwall, Gabriele
(1902 – 1939 ?), Dr. med., Kinderärztin. II, Venediger Au 6.
Oktober 39 im Rahmen des als „Judenreservat" vorgesehenen „Nisko- und-Lublin-Planes" Deportation in das Lager Nisko. Verschollen. Keine weiteren Angaben.

StaatsA.; Enz.

Pollak, Rudolf
(31.5.1875 Wien – ? USA), San. Rat Dr. med., Kinderarzt, Polizeiarzt. VIII, Alserstr. 45.
Stud. Wien, Prom. 1900.
31.7.38 „gekündigt" (unklar).
Emigr. in die USA, License 20, Ped., part time. 45 E 85th Str., New York City.

StaatsA; Fischer 38; AMD 61.

Popper, Edith
(17.6.1910 – ?), Dr. med., Kinderärztin. XIX, Scheibengasse 1.
Abmeldung 18.3.38, Zielort London.
39: Ped., 100 Grosvenor Road, London SW 1.
MagA; Kapp.

Popper, Erwin
(9.12.1879 – nach 1953 England), Dr. med., Kinderarzt. III, Gärtnergasse 5. Leiter des Kinderambulatoriums der Arbeiter-Versicherungs-Kasse des X. Bezirks (Favoriten);
„ein stiller, timider Mann, der, nach England emigriert, an Heimweh zugrunde ging" (Šafár).
Abmeldung 13.9.38, Zielort England. Wahrscheinlich über die Tschechoslowakei.
39: 106 Sussex Gardens, London W2.; 53: 74 Highfield Avenue NW 11.
StaatsA; Kapp; Safar.

Reiter, Fanny
(14.11.1895 Czernowitz, Bukowina – ?), Dr. med., Kinderärztin. IX, Sobieskigasse 22.
28 Sekundarärztin Mautner-Markhof-Kinderspital. 38 „Städt. Anstalts-Oberärztin". 1.10.38 als „jüdische Krankenbehandlerin" eingesetzt. 47 noch in der Sobieskigasse gemeldet; in Wien überlebt?
MagA; Mittlg. Hubenstorf; Ärztebl. f. d. deutsche Ostmark 1.10.38.

Ronald, Alexander
(3.4.1898 – ?); Dr. med., Kinderarzt. VII, Schottenfeldgasse 85.
21.6.38 Abmeldung, unbekannt wohin.
MagA; Fischer 38.

Rosenfeld, Mathilde
(? – ? Tel Aviv), Dr. med., Kinderärztin. XII, Ruckergasse 12.
Dez. 1936 (!) Abmeldung nach Palästina, License Nr. 1833, 28 Yavne Str., Tel Aviv.
PalMed 40; PalDir (Rosenfeld, Z.) bis 73; Mittlg. Hubenstorf.

Roßmann, Moritz
(5.11.1893 Lemberg – ?), Dr. med., Kinderarzt. X, Reumannplatz 12. Prom. 22.
23.8.38 Abmeldung, Zielort Zypern. Von dort (Cyprus) 6.12.38 Brief an die Vermögensverkehrsstelle Wien
„...mein Vermögen hat sich durch Aufbringung der Mittel für die bereits vollständig bezahlte Reichsfluchtsteuer, sowie für die anderen Steuern, für die Auswanderung und infolge Verwendung für den Aufwand für den laufenden Lebensunterhalt ...vermindert".
MagA; StaatsA.

Šafár geb. Landauer, Vinzenzia (Vinca)
(20.5.1891 Salzburg – 8.9.1983 Wien), Dr. med., Kinderärztin. VIII, Schlösselgasse 22.
Stud. Wien, Prom. 17; WWI Sanitätsdienst in der österr. Armee in Südtirol. Ausb. Univ. Kinderklinik Wien (Pirquet),

„...hauptsächlich Heilpädagogik unter Prof. Lazar und an der Poliklinik unter Prof. Reuss...ein kleiner, zartgliedriger Mann mit einem feinen gescheiten Gesicht, sehr musikalisch...von ihm lernte ich viel in Säuglingskunde."

Ab 1920 Ambulatoriums-Ärztin am

„Kinderambulatorium der Bezirkskrankenkasse (später Arbeiter-Kranken-Versicherungskasse, später Gebietskrankenkasse, zuerst christlich-sozial, dann sozialdemokratisch)"

im XVI. Bezirk (Ottakring). Fürsorge- und Schulärztin.

„Die Menschen dieses Vorortes waren damals Leute einer eigenen Gefühls- und Geistesrichtung: nüchtern bis zur Brutalität, unsentimental und dabei weich und hilfsbereit, wenn es darauf ankam, unehrlich und dabei nobel. ...Die Wohnungen waren klein, armselig, überbelegt, es kamen wohl einmal im Rausch Prügelszenen vor, aber ich erinnere mich an keinen Fall von Kinder-Mißhandlung, selbst wenn 6 Personen mit greinenden Kindern im Raum waren...Viel schwerer hatte ich es in der Nachmittagsfürsorge für die Kinder der Arbeitslosen. Die Arbeiterfürsorge bestand in einer kleinen Arbeitslosenunterstützung und in einer Kinderbeihilfe, die nur ausgezahlt wurde, wenn ihre Kinder in bestimmten Abständen ärztlich kontrolliert wurden. Die Arbeitslosigkeit hatte erschreckend zugenommen, die Leute waren verbittert und es gehörte eine Portion Takt und auch Mut dazu, den Eltern begreiflich zu machen, daß sie ihre Elternpflicht durch Pflege der Kinder auch dann erfüllen mußten, wenn sie arm waren... [Chef war] Doz. Friedjung [s.d.]...ein guter praktischer Kinderarzt, ein angeblich geschulter, aber nicht sehr guter Kinderpsychologe und ein salbungsvoller jüdisch sozialistischer Medizinpastor, ähnlich Gottvater mit einem kleinen weißen Umhängebart".

34–38 in ähnlicher Position im X. Bezirk (Favoriten).

„Es war das ungeheuer große Reservoir an Menschen mit ihren Kindern, das mir medizinisch und menschlich eine hervorragende Lehre gab. Ich lernte schnelle Diagnosen zu machen mit Fingerspitzengefühl für das Aussehen und das Verhalten der Kinder, ich lernte an dem Gebaren und dem Pflegezustand der Kinder Rückschlüsse auf Charakter und Ordnungssinn der Eltern zu ziehen. Ich lernte durch die Gespräche mit den Leuten ihre Familienverhältnisse, ihre pekuniären sozialen und politischen Probleme kennen."

38 Entlassung.

„1938 wurden die Kinderambulatorien im großdeutschen Reich unter Hitler aufgelöst. Wie sich das mit den Worten ‚sozial' und ‚Aufzucht der Rasse' vertrug, weiß ich nicht":

Verh. mit PD Karl S., Ophthalmologe. Peter Safar (Sohn):

„Although not Jewish, he was expelled because he refused to join the Nazi party and divorce my mother...whom the regime considered one-half or one-fourth 'Jewish'. Her parents had been baptized, but on the birth certificate of her father's parents 'hebräisch' was recorded for their religion. Therefore, in 1938 my mother was also dismissed from her job as a city-employed pediatrician."

Familie überlebt in Wien. Noch 42 als praktizierende Kinderärztin im Wiener Adreßbuch geführt [!].

„During Nazi time, she helped my father's practice, and helped anti-Nazis. Many had mixed Jewish background. My parents' fully Jewish friends and collegues emigrated quickly in 1938... [My father] was allowed to continue private practice and was half-time 'dienstverpflichtet' to give ophtalmology service in various hospitals in Vienna. At the end of the war, he became Professor, Acting Chairman of the University Klinik and then Chairman of Ophthalmology of the Vienna City's Hospital (Lainz)."

V.S.: „Ich sah, daß jetzt die Juden die Hilflosen waren und schämte mich nicht, daß ich jüdisches Blut hatte, wenn auch jede Anspielung, daß ich nicht ganz ‚rein' sei, mich zusammenzucken ließ. Ich sah plötzlich die Tatsache, daß ich nirgends hin gehörte und daß ich, wenn auch nicht persönlich verfolgt, weniger helfen konnte ohne Schaden für meine Familie."

P.S.: "After the war, Vinca did not resume pediatric practice, but helped her husband and advised children and grandchildren. Vinca was bright and fit until her sudden cardiac death in 1983, at age 92. My father was a courageous passive resistor. We were not self-sacrificing active resistors. Vinca said 'we should have done more to help save others'. That, however, in an absolute dictatorship, would have been suicide".

Vinzenzia Safar, Memoirs (V.S.); Korr. m. Prof. Dr. Peter Safar (Pittsburgh, Sohn, P.S.); Mittlg. Hubenstorf.

Scheps, Irene
(18.12.1896 – ?), Dr. med., Kinderärztin. IX, Währingerstr. 16.
15.9.38 Abmeldung, Zielort unbekannt.
MagA.

Schey, Otto
(15.10.1877 – ?), Dr. med., Kinderarzt. VII, Stiftgasse 21.
4.6.39 Abmeldung, Zielort England.
MagA.

Schick, Nelly
(2.4.1894 – ?), Dr. med., Kinderärztin. XIII, Firmiangasse 31.
Stud. Wien, Prom. 20.
24 Sekundarärztin Mautner-Markhof-Kinderspital. Vertragsärztin im Pflegeheim für knochentuberkulöse Kinder „Bellevue" (gekündigt März 38); Fürsorgeärztin bei der Jugendfürsorge XII. Bezirk (gekündigt April 38).

12.7.38 Brief Mutter Helene Schick an Vermögensverkehrsstelle: „Meine Tochter, Dr. Nelly Schick, Ärztin, Wien XIII., Firmiangasse 31, ist seit dem 12. März in Schutzhaft; sie befindet sich im Polizeigefangenenhaus, Wien IX., Hahngasse 10. Meine Tochter ist daher nicht in der Lage, ihr Vermögen rechtzeitig anzumelden und bitte ich in ihrem Namen um Fristverlängerung bis zu ihrer Enthaftung." (Vermerk: Häftling zur Bestellung eines Bevollmächtigten veranlassen).

Emigr. (Datum unbekannt) via GB in die USA, License 50, 80–08, 35th Avenue, Jackson Heights/N.Y. Tätigkeit als G.P.

MagA; StaatsA; AMD 56, 61; Mittlg. Hubenstorf.

Schudmak, Henryk
(23.12.1913 – ?), Dr. med.
Stud. Wien, Prom. 37, Beginn päd. Ausbildung?
Abmeldung 12.9.37, Zielort Polen. Via England (22 Judges Drive, Newsham Park, Liverpool) nach Australien. MB, BS Adelaide 49. Adelaide Children's Hospital. Paediatric Medical Arts Clinic, Regina/Sask. 58: 354 Anzak Highway, Mornington/S. Australia.

MagA; MedDir 58.

Schwoner, Josef
(20.4.1871 – ?), Dr. med., Kinderarzt. VI, Mariahilferstr. 17/11.
Abmeldung 23.2.39, Zielort Zürich.
MagA.

Silber, Adolf
(4.5.1890 Brody/Galizien – 30.12.1950 NewYork), Dr. med., Prakt.Arzt, Kinderarzt. II, Ennsgasse 17/4.
Seit 21 niedergelassen.
38/39 Emigr. nach San Domingo, dort längere Zeit Präs. d. jüdischen Gemeinde.
Später in die USA, letzte Adresse 3433 Gates Place, Bronx/N.Y.
StaatsA; ABJ; Todesanzeige Aufbau XVII, No. 3; 19.1.51.

Silberbusch, Nathan
(4.1.1871 – ?), Dr. med., Kinderarzt. XVIII, Währingerstr. 146.
Abmeldung 31.10.38, Zielort unbekannt.
MagA.

Singer, Alexander
(24.5.1876 – 12.4.1942 Deportation), Dr. med., Kinderarzt. II, Praterstr.12.
12.4.1942 „mit Gattin nach Izbica" deportiert. Verschollen.
MagA.

Singer, Erich
(20.10.1899 Wien – ?), Dr. med., Kinderarzt, II, Obere Donaustr. 87.
1.10.38 als „jüdischer Krankenbehandler" für Kinderkrankheiten eingesetzt. Weiteres Schicksal unbekannt.
StaatsA; Ärztebl. f. d. deutsche Ostmark 1.10.38.

Singer, Grete (Margarethe)
(8.4.1888 Graz – 1962 (?) Zürich), Dr. med., Kinderärztin. XV, Wurmsergasse 45.
Stud. Graz, Prom.12.
"Mit einer Kollegin war sie die erste Frau, die in Graz Dr. med. wurde. Nach Promotion in Wien am Kinderspital tätig, ebenso als Diätärztin bis 1938" (Schubert).

1938 Auswanderung mit blinder Mutter nach Shanghai. Tätigkeit als Studentenärztin an der amerikanischen Yenching-Universität im NW von Peking.

„Frau Dr. Singer hatte eine feste Stelle an der amerikanischen Yenching-Universität und verarztete den ganzen Lehrkörper und die Studenten (sie arbeitete also nicht in ihrem Beruf als Kinderärztin). Sie sei eine Prachtperson von zurückhaltendem Charakter gewesen...Die beiden Frauen wohnten in einem der Häuschen, die auf dem Campus für den Lehrkörper vorgesehen waren...Nach dem 8.12.41 [japan. Luftangriff auf Pearl Harbour] verschärften die Japaner, die die Stadt schon seit 1937 besetzt hielten, ihre Pressionen, die sich vor allem gegen Angehörige der alliierten Mächte richteten. Davon war auch die amerikanische Yenching-Universität betroffen. Das Yenching-Gelände wurde besetzt und beschlagnahmt, Lehrer und Studenten mußten gehen, verloren ihr Eigentum und viele der Amerikaner und Briten wurden interniert... Der traurigste Besuch war bei der Ärztin bei ihrer blinden Mutter...sie waren Emigranten aus Deutschland [!], nun hatten sie wieder Angst..." (v.Erdberg).
„Vor Herannahen der chinesischen Kommunisten verließ sie Peking" (Schubert).

48 Einwanderung in Israel, Tätigkeit als Ärztin für die Krankenkasse Kupat Cholim „bei Tel Aviv".
52 über Wien Übersiedlung nach Zürich-Kloten; keine berufliche Tätigkeit mehr.

MagA; Mittlg. von Dr. Ursula Schubert (Wien, Nichte); Frau Prof. v. Erdberg über Frau Renate Jährling.

Spieler, Fritz
(8.10.1875 – 4.6.1938 Wien), Dr. med., Kinderarzt, Primararzt (?).
IX, Schwarzspanierstr. 4.
Mitgl. DGfK, Austritt 18.8.33 „bin schon vor mehreren Monaten ausgetreten."

StaatsA; PäA.

Stransky, Eugen
(20.1.1891 Neutra/Ungarn – ?), Dr. med., Kinderarzt. IX, Liechtensteinstr. 12.
Stud. Wien, Prom 13.
Tätigkeit am St. Anna-Kinderspital und an der Reichsanstalt für Mütter- und Säuglingsfürsorge. (Publ. mit Baar, s.d.). Leiter d. Kindererholungsheims „Kinderparadies", XIX, Sieveringerstr. 118.
Weiteres Schicksal unbekannt.

ABJ; Karen.

Strauß, Walter
(19.9.1902 – ?), Dr. med., Kinderarzt.
IX, Schwarzspanierstr. 6
2.8.1938 Abmeldung, Zielort Tschechoslowakei. Weiteres Schicksal unbekannt.

MagA.

Stroß, Josefine (Abb.)
(1.6.1901 Wien – 18.8.1995 London), Dr. med., Kinderärztin, Psychoanalytikerin.
I, Strobelgasse 2.
19–25 Stud. Wien, Prom. Juni 25.
Ausb. 26–31 Karolinen-Kinderspital (Knöpfelmacher).
32 Bekanntschaft mit Anna Freud über Marianne Kris (s.d.). 33–36 Analytische Ausbildung am Lehrinstitut der Wiener Psychoanalytischen Vereinigung, 36 außerordentliches Mitglied.
32–35 Städt. Schulärztin. Med. Lehrtätigkeit an der Jüd. Schwarzwaldschule Wien.
36–38 Tätigkeit als Kinderärztin an der von Edith Jackson und Dorothy Burlingham in Wien gegründeten psychoanalytisch orientierten Kinderkrippe (Jackson Crèche).
4.6.1938 anstelle des an einer Blinddarmentzündung erkrankten Hausarztes Max Schur als „Personal Physician" von Sigmund Freud Emigration nach England.
License Edinburgh, Glasgow 40.
40–45 „Physician in Charge" beim Aufbau der von Anna Freud und

Dorothy Burlingham begründeten „War Nurseries", aus denen später die Hampstead Child Therapy Clinic hervorging. Consultant Paediatrician der Well Baby Research Group und Leiterin der Well Baby Clinic in Hampstead.
Clinical Assistant am West London Hospital, am Evelina Hospital und am London Jewish Hospital.
Betreuung von Anna Freud in Maresfield Gardens bis zu deren Tod 9.10.82. Danach keine Tätigkeit mehr.
62, Marlborough Place, St.John's Wood, London N.W.8.

Mühlleitner; Kapp; Fragebogen WUOx 76; MedDir 53.

Tezner, Otto
(24.10. (1.?) 1891 Wien – ? Tel Aviv), Dr. med., Kinderarzt. VIII, Wickenburggasse 17.
Stud. Wien, Prom. 14.
Ausb. 19–20 Innere Med., 20–23 Karolinen-Kinderspital (Knöpfelmacher), 20–26 Pharmakologisches Institut Univ. Wien.
27–38 Beratender Pädiater der „Herzstation Prof. Zak".
Päd.-pharm.Forschungen.
Offenbar auch Tätigkeit an einem Ambulatorium der Arbeiter-Krankenkasse, 38 Entlassung.
38 Emigr. nach Palästina. License Nr. 2892, Kupat Cholim Sick Fund of the Jewish Labour Federation. 40 Leitender Arzt eines Säuglingsheims der WIZO (Women's International Zionist Organization). Privatpraxis 117 Rothschild Bld., Tel Aviv.

StaatsA; SPSL; PalMed 40; PalDir 59; Fischer 38.

Tietze, Felix Ferdinand
(2.6.1884 Prag – ? London), Dr. med., Dr.iur., Kinderarzt. IX, Währingerstr. 5–7.
Stud. Wien, Prom. jur. 07 (?), Prom. med. 19.
Ausb. 19–29 Univ.-Kinderklinik (Pirquet). 22–28 Assistent d. med. Direktors des Amerikanischen Roten Kreuzes, Organisation des gesamten Kinderhilfswerkes in Österreich; später übernommen vom österr. Gesundheitsministerium.
Nach 29 Tätigkeit bei der Kinderhilfe („Volkspatenschaft"), Schularzt, Privatpraxis.
17.3.38 Emigr. über Frankreich nach England. 41 Examination for British medical qualification. Tätigkeit als School Med. Officer in Jarrow, Durham, ab 43 am Plymouth Mental Hospital. Publ.und Vorträge über Public Health und Eugenik.
Ehefrau Dr. Hertha T. arbeitet am Newcastle upon Tyne Eye Hospital, später ebenfalls Plymouth.
Retirement in London W.9, 25 Castellain Road.

SPSL 413/2; Kapp; MedDir 53.

Wagner, Richard
(30.10.1887 Wien – 19.4.1974 Cambridge/Mass.) PD Dr. med., Kinder-

arzt. IX, Wasagasse 11.
Stud. Wien, Prom. 12.
Ausb. 12–14. Physiol.-chem. Institut Univ. Straßburg (Hofmeister), Kinderabtlg. Kaiser-Franz-Joseph-Spital. WWI.
18–19 I. Med.Klinik und Pharmakologisches Institut, 18–30 Univ.-Kinderklinik Wien (Pirquet). 31–38 Vorstand (?) I. Öffentl. Kinderkrankeninstitut Wien.
Habil. 24. Wiss. Schwerpunkt: Diabetes im Kindesalter. (Die Zuckerkrankheit und ihre Behandlung im Kindesalter, 1932).
10–13 Mitgl. Wiener Psychoanalytische Vereinigung.
Mitgl. DGfK, MV 33 angekreuzt und durchgestrichen, Austritt 2.2.34.
38 Emigr. in die USA, License 39, Ped., 20 Ash Str., Boston. 42 Clin. Prof. of Pediatrics, Tufts University School of Medicine, Medford/Mass. Weiterhin Diabetologie; 68 Biographie über seinen Lehrer Clemens von Pirquet.

Fischer; Fischer 38; AMD 61; PäA; ABJ; Merinsky; Mühlleitner.

Wallis, Kurt
(19.8.1905 – ? Israel), Dr. med., Kinderarzt. III, Landstraßer Hauptstr. 1.
Abmeldung März 37, Emigr. nach Palästina, Niederlassung in Rehovot.

StaatsA.

Waltuch, Gertrud
(1900 – ?), Dr. med., Kinderärztin.

IX, Pelikangasse 5.
38/39 Emigr. mit Ehemann Primarius Dr. Egon W. (Pulmologe) in die USA. License 40, Ped. part time. 68–83 108 Str. Flushing/N.Y.

AMD 61; Mittlg. Hubenstorf.

Weiß, Rudolf
(22.12.1891 – ?), Dr. med., Kinderarzt. XIX, Dionysius-Andrassy-Str. 6.
Stud. Wien, Prom. 17.
Abmeldung 25.12.38, Zielort New York. License 40.
56: Cleveland/Ohio, 251 E. 150th St.

MagA; AMD 56.

Weiß, Siegfried
(26.3.1869 Wien – ?); Ober Med. Rat Dr. med., Kinderarzt. I, Mahlerstr. 5.
Stud.Wien, Prom. 95.
Präs. d. Vereins „Gesundenkasse", Vizepräs. d. Vereins „Säuglings- und Kinderfürsorge".
Unklar, hat möglicherweise in Wien überlebt.

ABJ; Jahrb. d. Wiener Gesellschaft 29.

Weitz, Sala
(17.1.1895 Kolomea/Ukraine – ?), Dr. med., Kinderärztin. IX, Glasergasse 11.
Möglicherweise in Wien überlebt.

Mittlg. Hubenstorf.

Wenkart geb. Taubes, Antonia
(20.7.1896 – ? USA), Dr. med., Kinderärztin. II, Taborstr. 20 A.
Stud.Wien, Prom. 24.

38/39 Emigr. in die USA, License 42. 1148, 5th Avenue, New York City. Psychiatrisch-neurologisch tätig (?).
StaatsA; AMD 53, 61.

Werner geb. Molielew (?), Ilena
(28.7.1896 – ? Australien?), Dr. med., Kinderärztin. III, Marxergasse 3. Abmeldung 20.4.39, Zielort Australien. Weiteres Schicksal unbekannt.
MagA; StaatsA.

Zanker, Arthur
(22.7.1890 Oderberg (Bohumín) – 30.4.1957 Croydon/Surrey) Dr. med., Kinderarzt, Kinderpsychotherapeut, Lyriker und Übersetzer. IV, Rechte Wienzeile 19.
Stud. Wien, Prom 14. WW I, lange russische Kriegsgefangenschaft.
19–24 Mautner-Markhof-Kinderspital, speziell Neuropsychiatrie. 24 Niederlassung. 26–38 Mütterberatungsstelle d. Wiener Gesundheitsamtes, 25–37 Mariahilfer Kinderambulatorium.
Studium der Individualpychologie bei Alfred Adler, 30–38 Mitarbeit an dessen Erziehungsberatungsstelle für verhaltensgestörte Kinder. Mitglied Individualpsychol.Vereinigung.
38 Praxisverbot, Verweigerung der Ausreisepapiere. Juli 39 Emigration nach England (via Shanghai?) ermöglicht durch Intervention des NS-Gauleiters Bürckel, dessen an Diphtherie erkrankte Kinder Z. behandelt hat. 58, Elmhurst Court, St. Peters Court, Croydon/Surrey. 42–46 House Ass., 46–57 Assistant Psychiatrist Warlingham Park Hospital Surrey. 46 endgültige Arbeitserlaubnis. Kinderpsychiater an der Outpatient Croydon Child Guidance Clinic.
Aktiver Musiker (Geige, Bratsche) in mehreren Orchestern und Quartetten. Pionier der Musiktherapie in England, zahlr. Publikationen.
Schrieb verschiedene Lyrikbände („Die Ernte mit den vier Geräten", 1934; „Es duftet noch der Weichselstock", 1957), Übersetzer von Keats und Shakespeare.
StaatsA; WUOx Fragebogen; ABJ; Jüd.Rundschau 30.8.35; Nachruf Aufbau 24

Zappert, Julius (Abb.)
(2.4.1867 Prag – 13.6.1941 Slough, Berkshire) Hofrat, tit. a.o. Prof. Dr. med., Kinderarzt. VIII, Skodagasse 19.
Stud. Wien, Prom 90.
90–92 Innere Med. Allg. Krankenhaus Wien;
92–95 Karolinen-Kinderspital Wien (Hüttenbrenner);
95 einjährige Studienreise: Graz (Escherich), Prag (Epstein), Berlin (Baginsky), Kopenhagen (Hirschsprung), Frankfurt (Weigert).
95–03 Leiter der Nervenordination im I. Öffentl. Kinderkrankenhaus (Nachfolger Sigmund Freuds und E. Redlichs).
Habil. 02. Wiss. Schwerpunkte: Grenzgebiete Neurologie und Pädia-

trie. Heine-Medin'sche Krankheiten; Krämpfe im Kindesalter; Poliomyelitis. „Das nervöse Kind. Krankheiten des Nervensystems im Kindesalter" (Leipzig 1922).
03–18 Vorstand Mariahilfer Kinderambulatorium (Franz-Joseph-Ambulatorium).
12 Ernennung, 18–38 Leitung des neu errichteten Kinderambulatoriums der israelitischen Kultusgemeinde für arme kranke Kinder im Augarten (ohne Unterschied der Konfession), (II, Rauscherstr. 16). Gleichzeitig (20–38) Erbauung und Führung eines Sommererholungsheimes im Augarten.
Mitgl. DGfK; MV 33 angekreuzt, durchgestrichen. Austritt 11.1.34:

„Nach reiflicher Überlegung habe ich mich, den derzeitigen Verhältnissen Rechnung tragend, entschlossen, Ihnen als dem Vorsitzenden der Deutschen Gesellschaft für Kinderheilkunde meinen Austritt anzumelden. Es fällt mir nicht leicht, aus einem Kreise zu scheiden, mit dem mich seit 35 Jahren enge wissenschaftliche und vielfache herzliche persönliche Beziehungen innig verbunden haben."

1.10.38 als „jüdischer Krankenbehandler" eingesetzt

„Tätigkeit ist auf das Kinderambulatorium beschränkt. Konsiliartätigkeit gestattet."

38 kurzzeitig inhaftiert, danach Emigr. nach England, 138 Anson Road, London NW 2.

StaatsA; ABJ; Kapp; PäA; Fischer; Atuanya; Voswinckel; Mittlg. Mrs. Marianne L. Zappert Maxwell, London (Enkelin).

Zarfl, Max
(20.4.1876 Turrach/Steiermark – 22.3.1938 Wien), PD Dr. med., Kinderarzt. XVIII, Bastiengasse 38.
Stud. Graz, Prom Graz 01.
Ab 01 im Dienst der niederösterreichischen Landesfindelanstalt, 10 Abtlgs.-vorstand. Langjähriger Leiter d. niederöster. Landes-Zentralkinderheims.
Habil 21. Wiss. Schwerpunkte: Tuberkulose, Erkrankungen des Mittelohres, Beschreibung der Fenestrae parietales symmetricae im Schädelknochen und der sequestrierenden Zahnkeimentzündung d. Säuglinge. Umstände d. Lebensendes ungeklärt.
Mitgl DGfK, 38 gestrichen.

StaatsA; Merinsky; Körrer; PäA.

Jüdische Pädiater Wien, gest. 1933–1938

Altschul, Oskar
(geb. 1875), VII, Burggasse 89; gest. Wien 18.12.1937.

Buchwald, Richard
(geb. 1883), II, Untere Augartenstr. 30; gest. Wien 4.8.1937.

Grünfeld, Karl,
(geb. 1877), IV, Margaretenstraße 52; gest. Wien 30.6.1936.

Rosenzweig, Hans
(geb. 1884), gest. Wien 12.4.1933.

Wolf, Heinrich
(geb. 1868), IX, Alserstr.24, gest. Wien 2.12.1935.

Jüdische Pädiater Wien, noch unklar.

(Bisher nach 1938 nicht mehr nachweisbar, bzw. keine ausreichenden Daten).

Berggrün, Emil
I, Zelinkagasse 11.

Engelhard, Anna
III, Dapontegasse 4.

Klein, Hugo
XVI, Maderspergerstr. 2.

Neumann, R.
III, Landstraßer Hauptstr. 82.

Oppenberger, Karl
II, Taborstr. 75; gest. 13.6.39 in Wien.

Steiner, Ferdinand
IV, Schleifmühlgasse 2; gest. 8.8.38 in Wien.

Prag Praha
(Stichprobe)

Die nachfolgende Liste ist das Ergebnis einer Stichprobe und repräsentiert keineswegs den gesamten Umfang der Verfolgung jüdischer Kinderärztinnen und Kinderärzte in Prag während der deutschen Besetzung 1938–1945. Zu erfassen versucht wurden insbesondere die Schicksale der Angehörigen der drei pädiatrischen Institutionen der Prager Deutschen Medizinischen Fakultät (DMF), der I. Kinderklinik im Deutschen Kinderspitale, der II. Kinderklinik in der Landesfindelanstalt und der Abteilung für Innere und Kinderkrankheiten im Poliklinischen Institut. Alle drei wurden 1939 von jüdischen Direktoren geleitet, auch die meisten ihrer Mitarbeiter waren jüdischer Herkunft im Sinne der nunmehr geltenden NS-Gesetze. (Zu Einzelheiten vgl. die Einführung).

Hinzu kommen einige eher zufällig ermittelte Namen, wie z.B. die nach der „Ausschließung der Juden von der Ausübung der ärztlichen Praxis" (4.7.1939) zur Behandlung jüdischer Kinder eingesetzten „jüdischen Krankenbehandler".

Dem 1998 erschienenen „Biographischen Lexikon der Deutschen Medizinischen Fakultät in Prag 1883–1945" von Ludmila Hlaváčková und Petr Svobodný konnten wichtige Ergänzungen entnommen werden, ebenso auch einige aus der Prager Schule hervorgegangene und an anderen Orten tätige Kinderärzte.

In der Stadt Prag lebten zum Zeitpunkt des deutschen Einmarsches (15.3.1939) rund 50 000 Juden, darunter auch die meisten niedergelassenen Kinderärztinnen und Kinderärzte. Es bleibt ein Desiderat an die zukünftige Forschung, ihre Zahl und ihre Schicksale, wie auch die ihrer betroffenen Kollegen im weiteren Gebiet des sog. „Protektorates", im einzelnen zu er-

Atermann, Kurt
(9.9.1913 Bielitz), Dr. med., 1938 Ass. an der Kinderklinik der tschechischen Universität Prag (Brdlík). Praha XII, Luzická 12.
32–38 Stud. Karls-Universität Prag.

„Da die deutsche Universität (oder zumindest die Studenten) mir als zu nationalistisch erschien, studierte ich Medizin an der tschechischen Universität, obzwar mein Tschechisch nicht sehr gut war. Es ist nicht leicht, die politische Atmosphäre zu schildern, die mich bewogen hatte, nicht an die deutsche Universität zu gehen trotz der sprachlichen Schwierigkeiten...Die zwei Hauptgründe für meinen Entschluß waren 1.) mein Pessimismus, 2.) die Bewunderung des Präsidenten Masaryk."

1935 Masaryk-Stipendium der Karls-Universität. Prom.38.

„Three years later, when I graduated shortly after the Munich agreement which crippled the Czechoslovak Republic, none of the professors whom I approached would employ me: I was Jewish! The Nazi poison had affected the rarefied air of the ivory tower: the academics had become afraid. When I finally told one of them, who previously had been known as an admirer of Masaryk, what I thought of people who forgot so readily overnight what they had said the day before – and the Nazis had not yet invaded Czechoslovakia! – the professor was sufficiently embarrassed to permit me to join his department! I thus became a paediatrician by virtue of somebody else's pangs of conscience..."

39 Emigr. nach England. 39–42 erneutes klinisches Medizinstudium in Belfast.
42–44 Ausb. Great Ormond Street Hospital for Children, St. Charles' Hospital London. 44–48 Ausb. Pathologie. Später Tätigkeit als Kinderpathologe, insbesondere Professor of Pathology, Dalhousie University, Izaak Walton Killam Hospital for Children, Halifax, Nova Scotia (Kanada).
Wiss. Schwerpunkt: Leberzellpathologie.

Korr. m. Prof. Aterman (Halifax); Aterman 93; Kröner; Mittlg. Frau Dr. Hlaváčková, Prag.

Cohn, Max
(? – ?), Dr. med., Kinderarzt.
Emigr. nach England. 39: 91 Falmouth Avenue, Higham Park, Essex.
Keine weiteren Angaben.
Kapp; MedDir 53.

Dynski geb. Klein, Martha
(1.4.1902 Mährisch-Ostrau (Moravská-Ostrava) – 9.8.1995 Richmond/Surrey), Dr. med., Kinderärztin.
Stud.Wien, DMF Prag. Prom. 28 Prag.
Ausb. 28/29 II. Kinderklinik DMF, Univ.-Kinderklinik Wien (Pirquet, Nobel), Reichsanstalt für Mütter und Säuglinge Wien (Moll), Karolinen-Kinderspital Wien (Knöpfelmacher). Schwerpunkt Neugeborenenmedizin, Röntgenologie.
1.10.29 – 28.2.39 Ass., später Oberärztin II. Kinderklinik DMF Prag (Fischl, B. Epstein). Leiterin der Röntgenstation. Mitarbeit im chirurgisch-orthopädischen Ambulatorium der Klinik (Hilgenreiner). Leiterin der Beratungsstelle für angeborene Er-

krankungen. 34–39 päd. Konsiliaria an der Univ.Frauenklinik DMF (Knaus). Publ., wiss. Schwerpunkt: Röntgenologie des Säuglings- und -Kindesalters, soziale Pädiatrie. Fortbildungskurse für Ärzte, Mütter und Pflegerinnen. Lehrtätigkeit an der Masaryk-Schule für soziale Medizin. Entlassung 1.2 [!] 1939. 39 mit Ehemann Dr. Josef D. (Jurist) Emigr. via Italien und Frankreich nach England. Erhielt einen der 50 Plätze für Tschechische Flüchtlinge zur „Requalification". Ausb. Royal Free Hospital, London. License London 42; Diploma Child Health 43. 42–43 School Medical Officer, Walsall. Ab 44 First Consultant Paediatrician am West Middlesex Hospital Isleworth (Children's and Maternity Dept.). Erneute Lehr- und Fortbildungstätigkeit. 75: Colour Atlas of Paediatrics, in 13 Sprachen übersetzt.
Hlaváčková/Svobodný; SPSL 410/6; MedDir 53, 92; WUOx.

Eisner-Kissmann, Gisela
(? – ?), Dr. med., Kinderärztin.
Prom. Prag 36.
Emigr. nach England vor 39. Diploma Child Health 48.
Ass. Med. Off. Monmouth County Council.
„Domov", Newport Road, Llantarnam, near Newport, Monmouth.
Keine weiteren Angaben.
Kapp; MedDir 53.

Epstein, Berthold
(1.4.1890 Pilsen (Plzeń) – 9.6.1962 Prag), o. Prof.Dr. med., Kinderarzt.
Prag XII, Barthovova 1a.
08–14 Stud. Prag, Wien. Prom. Prag DMF 14. WW I.
19–20 Univ.-Kinderklinik Berlin (Czerny); 20–31 II. Kinderklinik DMF (Landes-Findelanstalt) Prag (Fischl). 32 stellvertr. Direktor, 37–39 Ordinarius und Direktor.
24 Habil. Wiss. Schwerpunkte: Tuberkulose d. Kindesalters, Säuglingsernährung, congenitale Lues, soziale Pädiatrie.
37 u.a. Mitgl. d. Beirates f. Heil- und Humanitätsanstalten beim Gesundheitsministerium, Präs. d. von ihm mitbegründeten Deutschen Pädiatrischen Gesellschaft in der Tschechoslowakei. Präs. d. Jahrestagung der DGfK in Prag 37. Mitgl. d. pädiatr. Studienausschusses d. Internat. Krankenhausgesellschaft.
Mitglied DGfK, MV 33 angekreuzt, 38 gestrichen.
Entlassung zum 1. 2.[!] 39.
April 39 vergebl.Versuch der Emigration nach England. 18.10.39 Genehmigung für einen Aufenthalt in Norwegen, vom Gesundheitsministerium aufgefordert, sich für den Direktor der Univ-Kinderklinik Oslo zu bewerben. Nicht mehr möglich wegen der deutschen Besetzung Norwegens. Forschungstätigkeit Tbc. für den Oslo Council of Health.
25.10.42 Verhaftung durch die Nor-

wegische Staatspolizei auf Anordnung der Gestapo, 27.10. KZ Berg bei Tonsberg. Darf auf Intervention des Roten Kreuzes im Krankenraum behandeln. 28.11. Verbringung auf den Dampfer „Donau", zusammen mit der am 27. in Oslo verhafteten Ehefrau. Deportation via Stettin nach Auschwitz. Ermordung der Ehefrau.
14.7.43 Postkarte aus dem Zwangsarbeitslager Auschwitz III (Buna Monowitz) an SPSL mit Angabe der Adresse (Haus 19, Arbeitslager Monowitz bei Kattowitz). Bemühungen von SPSL, Prof.Goldschmidt (Oslo) und des Czech Refugee Trust Fund in England, E. frei zu bekommen (Sohn Angehöriger der engl. Luftwaffe).
19.8.43 persönliche Intervention Prinz Karl von Schweden über das Schwedische und Deutsche Rote Kreuz. Antwort DRK:

„...das jüdische Ehepaar Berthold und Ottilie Epstein sind in Ostgebieten zum Arbeitseinsatz gebracht. Auswanderung aus grundsätzlichen Erwägungen nicht möglich."

1945 „after more than 2 years mental and physical sufferings" Befreiung durch die Rote Armee. Sanitätsoffizier in der Tschech. Armee. Vergeblicher Versuch, nach England zu gelangen (SPSL: „Med. terribly overcrowded"). Später bis zu seinem Tode Leiter der Kinderabtlg. des Krankenhauses Bulovka (Prag).

Hlaváčková/Svobodný; SPSL 411/1; Švejcar; Pelzner; Wlaschek 95.

Fischer, Georg
(31.7.1883 Neu-Titschein (Nový Jičín) – ?), Dr. med. Kinderarzt.
Prom. 08.
09/10 Ass. II. Kinderklinik DMF.
13 Facharzt in Olmütz, noch 40. Weiteres Schicksal unbekannt.

Hlaváčková/Svobodný.

Fischl, Rudolf
(12.1.1862 Hohenmauth/Böhmen (Vysoké Myto) – 18.2.1942 Prag, Suicid?), o.Prof. Dr. med., Kinderarzt.
Stud. Deutsche Univ. Prag, Leipzig. Prom. DMF Prag 85.
Jan.-März 85 Studienaufenthalt Leipzig, Berlin (R.Koch). 85–87 Ass. II. Kinderklinik DMF (Alois Epstein). 87 Univ.-Kinderklinik Wien (Widerhofer), München (Ranke). Bis Ende 88 Studienreise durch die Kinderkliniken und Seehospize in Europa, dann wieder Prag.
Habil. DMF 92. Wiss. Schwerpunkte: Säuglingsernährung, Infektionskrankheiten, Therapie der Kinderkrankheiten (Hauptwerk, Berlin 1909), Hämatologie.
Ab 02 Leiter der Abtlg. Kinderkrankheiten am poliklinischen Institut DMF. 14 a.o., 18 (22?) o. Prof, Dir. der II. Kinderklinik DMF 20 bzw. 22. Mitgl. DGfK, MV 33 angekreuzt, 38 gestrichen. Mitredakteur Archiv und Monatsschrift für Kinderheilkunde.

Hlaváčková/Svobodný; Fischer; ABJ, PäA; Švejcar; Wlaschek 95.

Frank, Max
(27.7.1894 Olmütz (Olomuc) – 8.3.1970 San Francisco/Calif.), PD Dr. med., Kinderarzt.
Stud. 12–18 DMF Prag. WW I. Prom. 18.
Ausb. Pathologie, Innere Wien (Chvostek), 20–27 II. Kinderklinik DMF (Fischl).
Habil. 26 DMF Prag.. Wiss. Schwerpunkte: päd. Nephrologie, Lues conn., Anämien, Stoffwechsel.
37–39 Stellvertr. Leiter der Abtlg. Kinderkrankheiten am poliklinischen Institut DMF. Vorschlag Ernennung zum a.o. Prof. nicht angenommen. 21–39 niedergelassener Kinderarzt (Berlin und Prag?).
39 Emigr. in die USA, 3102 Montgomery Way, Sacramento/Calif.

Hlaváčková/Svobodný; SPSL 411/3; Pelzner; Wlaschek 95.

Goldmann, Franz
(1.7.1909 Brünn (Brno) – ?), Dr. med. Kinderarzt.
Stud. Prag DMF, Prom 34.
36–39 Ass. II. Kinderklinik DMF.
Emigr. in die USA, Tätigkeit als Kardiologe an der Univ. Miami.

Hlaváčková/Svobodný; Mittlg. Prof. Heller, Chicago.

Jacobs geb. Schlam, Rahel
(14.11.1912 Stanislavov/Polen – 5.9.1992 London), Dr. med., Kinderärztin.
Stud. 30–31 Krakau, 31–37 DMF Prag. Emigr. 37 nach Polen, Mai 39 London. 41–42 House Physician Mile End and Paddington Hospitals; part time Med. Off. Matern. and Child Welfare Dept., Leyton Area and Paddington Boro.
42–45 Obstetrics Paddington Hospital; 49 Diploma Obstr. Gyn.
Ab 45 Chief Physician Child Health Service London Borough of Newham. Periodic Development Assessment of Pre-School-Children. 126 Nether Str., Finchley, London N 3.

MedDir 92, WUOx.

Jelinek, Otto
(27.2.1902 Prag – nach 28.9.1944 Auschwitz), Dr. med., Kinderarzt.
Stud. DMF Prag; Prom. 27.
29–33 Laborass. II. Kinderklinik DMF.
20.11.42 Deportation nach Theresienstadt, dort in einer Gesundheitseinheit eingesetzt. 28.9.44 Weitertransport nach Auschwitz.

Hlaváčková/Svobodný; Ghetto-Museum Theresienstadt.

Katz, Gustav
(? – ?), Dr. med., Kinderarzt.
Prom. Prag 17.
Emigr. nach England vor 39. Diploma of Child Health.
Med.Off. of Health and Tuberculosis Officer Dewsbury/Yorksh.
53: Res.Med.Off. Ware Park Sanatorium Ware/Hertsh.

Kapp; MedDir 53.

Klein, Rudolf
(20.10.1886 Karolinenthal (Karlín) – nach 23.10.1944 Auschwitz), Dr. med., Kinderarzt. Prag VII, Belskystr.
Stud. Prag DMF, Prom. 11.
11–18 Militärarzt, 19–22 Ass. II. Kinderklinik DMF. In Prag niedergelassen.
40–42 „Jüdischer Krankenbehandler" für Kinderkrankheiten.
8.2.42 Deportation nach Theresienstadt, 23.10.44 Weitertransport nach Auschwitz.
Hlaváčková/Svobodný; Jüdisches Nachrichtenblatt Prag 40–42.

Kohn, Oskar
(8.1.1906 Langgrün (Bystřice) – nach 19.10.1944 Auschwitz), Dr. med., Kinderarzt.
Stud.Prag DMF, Prom. 33.
33–36 Ass. I. Kinderklinik DMF.
9.6.42 Deportation nach Theresienstadt, ärztl. Leiter des „Kriechlingsheims".
19.10.44 Weitertransport nach Auschwitz.
Hlaváčková/Svobodný.

Lebenhart, Wilhelm
(11.4.1870 Kotenschitz (Kotenčice) – nach 15.10.1942 Treblinka), Dr. med., Kinderarzt.
Stud. Prag DMF. Prom. 07.
Ausb. u.a. 08/09 Ass. Kinderklinik DMF. Ab 09 prakt. Arzt und Spez. für Kinderheilkunde und Kinderchirurgie in Prag (noch 40).
27.7.42 Deportation nach Theresienstadt, 15.10.42 Treblinka.
Hlaváčková/Svobodný.

Leipen, Jiří
(13.3.1891 Prag – nach 6.9.1943 Auschwitz), Dr. med., Kinderarzt, Prag XII, Sennestr. 4. 29/30: Praha XIX, Vítezné nám. 774.
Prom. Prag 19.
41–43 „Jüdischer Krankenbehandler" für Kinderheilkunde.
5.7.43 Deportation nach Theresienstadt, 6.9.43 nach Auschwitz.
Jüdisches Museum Prag; Jüdisches Nachrichtenblatt Prag 41–43. Mittlg. Frau Dr. Hlaváčková (Prag).

Löwy, Heinrich
(30.10.1883 Teplitz-Schönau (Teplice) – nach 20.1.1943 Auschwitz), Dr. med., Kinderarzt, Teplitz-Schönau.
10–12 Ass. II. (I.?) Kinderklinik DMF. Niedergelassen in Teplitz.
20.11.42 Deportation nach Theresienstadt, 20.1.43 nach Auschwitz.
Hlaváčková/Svobodný.

Mandler, Emanuel
(? – ?), Dr. med., Kinderarzt
Prom. Prag 24.
Emigr. nach England vor 39.
License Univ. College London 42
53: 21 Walnut Way, Ruislip/Middlesex.
Kapp; MedDir 53.

Mellerova (- Seidlerova), Olga
(13.5.1897 – nach 6.9.1943 Auschwitz) Dr. med., Kinderärztin, Prag XII, Schlesische Straße 120 (Stefánikova 15).
Prom. Prag 23.
40–43 „Jüdische Krankenbehandlerin" für Kinderheilkunde.
13.7.43 Deportation nach Theresienstadt, 6.9.43 Weitertransport nach Auschwitz.
Jüdisches Museum Prag; Jüdisches Nachrichtenblatt Prag 40–43 (40 noch unter dem Namen Hermannova-Seidlerova). Mittlg. Frau Dr. Hlaváčková, Prag.

Milek, Alfred
(9.4.1899 Matusovy Veky/Slowakei – ?), Dr. med., Kinderarzt. Prag XII, Schwerinstr. 26. 29: Praha XII, Jugoslávská 9; seit 34 Praha XI, Wiclifova 10.
Prom. 23.
40–43 „Jüdischer Krankenbehandler" für Kinderheilkunde.
13.7.43 Deportation nach Theresienstadt, 6.9.43 Weitertransport nach Auschwitz, überlebt.
Jüdisches Museum Prag; Jüdisches Nachrichtenblatt Prag 40–43. Mittlg. Frau Dr. Hlaváčková, Prag.

Podvinec, Ernst
(2.10.1900 Goltsch-Jenikau (Golčův Jenikov) – 18.8.1948 Tetschen (Děčín), Dr. med., Kinderarzt.
Stud. DMF Prag, Prom. 25.
27–29 Ass. II. Kinderklinik DMF, 29 Niederlassung in Iglau (Jihlava).
30.1.42 Deportation nach Theresienstadt, dort Leiter der „Säuglingsabtlg." d. Krankenhauses, später Dir. der dortigen „Kinderheilanstalt".
23.10.44 Transport nach Auschwitz, später nach Dachau; überlebt.
45–48 Privatpraxis und Primararzt in Děčín.
Hlaváčková/Svobodný.

Reach, Hannes (John)
(? – ?), Dr. med. Kinderarzt.
Prom. Prag 27.
Emigr. nach England vor 39; Ass. Med. Off. of Health and School Med. Off.; Rhondda and Walsall, Staffordsh., Essex.
53: Area Health Office, 153, High Str., Rayleigh/Essex.
Kapp; MedDir 53.

Salomon, Karl
(3.8.1889 Tetschen (Děčín – ?), Dr. med., Kinderarzt, Komotau (Chomutov).
Stud. Prag DMF, Prom 14.
24–27 Ass. II. Kinderklinik DMF. 27 Niederlassung in Komotau (noch 45?).
Hlaváčková/Svobodný.

Salus, Frieda
(2.11.1907 Politz a. E. (Boletice) – ? GB?), Dr. med., Kinderärztin.
36–38 Ass. Abtlg. Kinderkrankheiten der Poliklinik DMF.
Emigr. nach England. 39: 144 Edgewarebury Lane, Edgware/Middlesex.
Hlaváčková/Svobodný; Kapp.

Salus, Fritz
(27.8.1896 Bensen (Benesov) – nach 23.10.1944 Auschwitz), Dr. med., Kinderarzt.
Stud. Prag DMF, Prom. 23.
28–36 Ass I. Kinderklinik DMF. Niederlassung in Prag II.
20.11.42 Deportation nach Theresienstadt, 23.10.44 nach Auschwitz.
Hlaváčková/Svobodný.

Saxl, Otto
(13.5.1905 Brünn (Brno) – ?), Dr. med., Kinderarzt.
Stud. Brünn, Prom. 29.
29–32 Kinderklinik Brünn, 32–36 II. Kinderklinik DMF Prag (Fischl, Epstein).
36–39 Leiter der Inneren und Infektionsabtlg. des Kinderkrankenhauses Brünn.
Publ., Hämatologie, Säuglingsernährung.
15.3.1939 Entlassung, „Schutzhaft".
April 39 Versuch über SPSL nach Oxford zu emigrieren, dort im Mai 39 abgelehnt:

„We can sometimes find work for highly skilled technical assistants or for people doing highly original research work, but there is an already great competition amongst our own people for ordinary clinical posts." (Zit. n. Weindling 1996, 88).

Weitere Suche in England, Frankreich, Kolonien, USA.

„...he managed (1943) to escape to Palestine where he joined the Czech Forces. At the moment he is serving in the Middle East...doing medical work."

29.12.47 Brief an SPSL: „I went through the campaign in the Western Desert and after the departure of my unit for England and later on for the invasion of the continent, I was transferred to the British forces. At the end of 1944 I was asked for by the Czechoslovak Ministry of Health for service on the liberated territory of Czechoslovakia where a typhus epidemic had broken out and returned to Czechoslovakia via Russia."

Wiederaufnahme seiner alten Tätigkeit als Chefarzt am Kinderkrankenhaus Brünn.
Hlaváčková/Svobodný; SPSL, Weindling 96.

Schleißner, Felix
(4.2.1874 Prag – 9.11.1944 Theresienstadt), a.o.Prof. Dr. med., Kinderarzt.
Stud. Prag DMF, Prom.97.
95–98 Externarzt I.med.Klinik DMF u. Franz-Joseph-Kinderspital Prag II.
00–02 Fortbildung Berlin, Breslau, Paris.
02 Niederlassung in Prag, Zus.arbeit mit Franz-Joseph-Kinderspital.
06–22 Ass. u. Laborass. I. Kinderklinik DMF.
12 Habil. Wiss. Schwerpunkt: Infektionskrankheiten, Hauterkrankungen, Sprachstörungen. WW I.
21–39 Abtlg. für Kinderkrankheiten am Poliklinischen Institut, ab 36 Leiter.
24 a.o. Prof., 35–39 Komm. Direktor I. Kinderklinik DMF.
2.2.39 Entlassung.
24.10.42 Deportation nach Theresienstadt, dort Leiter einer „Gesundheitseinheit".
Hlaváčková/Svobodný; Hyndráková; Pelzner;

Mittlg. Frau Henriette Schlesinger, Lüdenscheid; Wlaschek 97.

Schmeidler, Oskar
(6.10.1897 Zbeschau (Zbyšov) – ?), Dr. med., Kinderarzt.
Stud. Prag DMF, Prom. 24.
26–29 Ass. I. Kinderklinik DMF. 28 Niederlassung in Brünn.
28.1.42 Deportation nach Theresienstadt, 28.9.44 nach Auschwitz, später Überführung nach Buchenwald; überlebt.
Hlaváčková/Svobodný.

Schrötter, Leo
(8.6.1887 – nach Oktober 1944 Auschwitz), Dr. med., Kinderarzt.
Keine näheren Angaben; möglicherweise Mitarbeiter am Poliklinischen Institut. Publiziert zwischen 27 und 29 mit Max Frank (s.d.) mehrere Arbeiten mit hämatologischem Schwerpunkt.
43 ärztl. Leiter des „Kleinkinderblocks" im Ghetto Theresienstadt.
19.10.1944 Weitertransport nach Auschwitz.
Ghetto-Museum Terezín; Gedenkbuch; Pelzner.

Singer, Richard
(26.2.1894 Witkowitz? – ?), Dr. med., Kinderarzt.
Emigration nach England, evtl. weiter USA (New York?). 39: Birnock, Bridge-of-Allen, Scotland.
Kapp; ABJ; MedDir 53.

Steindler, Rudolf
(2.3.1903 Hostomitz (Hostomice) – 15.3.1945 Dachau), Dr. med., Kinderarzt.
Stud. Prag DMF, Prom. 29.
33–37 Ass. I. Kinderklinik DMF. Niederlassung in Prag II.
20.11.42 Deportation nach Theresienstadt, 28.9.44 nach Auschwitz, von dort Ende 44/Anfang 45 Überführung nach Dachau.
Hlaváčková/Svobodný.

Ungar geb. Bojko, Malvina
(? – ?), Dr. med., Kinderärztin.
Prom. Prag 27.
Emigr. mit Ehemann Joseph Ungar (Klin. Pathologe) nach England vor 39. Clin.Ass. Hosp. for Sick Children Great Ormond Str., London. Dipl. of Child Health 44. Ass. Med. Off. of Health, Harrow.
48, Paines Lane, Pinner/Middlesex.
Kapp; MedDir 53.

Weigl, Karel
(24.1.1906 Brünn (Brno) – 27.8.1972 Teplice), Dr. med., Kinderarzt.
Prom. 32 Brünn.
35–37 Ass. I. Kinderklinik DMF.
22.1.43 Deportation nach Theresienstadt, 1.10.44 Weitertransport nach Auschwitz, von dort Überführung KZ Buchenwald; überlebt. Nach dem Krieg Chefarzt Kinderklinik Teplice.
Hlaváčková/Svobodný.

Weiß, Felix
(24.5.1899 Prag – nach 23.10.1944 Auschwitz), Dr. med., Kinderarzt. 29: Praha II, Jerusalémská 14. 39/40: Národní 32.
Stud. Wien, Prag DMF, Prom. 24. 25–36 Ass. u. Laborass. II. Kinderklinik DMF, danach Krankenhausarzt in Prag.
30.1.42 Deportation nach Theresienstadt, dort ärztl. Leiter des „Säuglingsheims".
23.10.44 Transport nach Auschwitz.
Hlaváčková/Svobodný.

Ghetto-Museum Theresienstadt
Muzeum Ghetta Terezín.

Tafel 53: Gesundheitsfürsorge

Ärzteverzeichnis 5.2.1942 (unvollständig). Darin **Kinderärzte**:
Dr. Anna Feygl, geb. 1.9.1901, „osv. Terezín"
Dr. Julius Lederer, geb. 19.1.1877, „osv. Terezín"
Dr. Leo Neubauer, geb. 19.10.1884, 28.10.44 Weitertransport nach Auschwitz.
[Angaben aus dem Gedenkbuch. Herkunft nicht geklärt].

Text: „Es ist nicht möglich, die vollständige Zahl aller Ärzte und aller im Theresienstädter Gesundheitswesen tätig gewesenen Menschen zu ermitteln. Die Angaben sind nur lückenhaft. z.B. im Februar 1943 waren im Ghetto **225 Fachärzte**, 256 praktische Ärzte und 68 Zahnärzte". [Nähere Angaben waren nicht zu erhalten].

Das Gesundheitswesen Juli 1943:

27 „Gesundheitseinheiten", darunter:
Kleinkinderblock, ärztl. Leiter **Dr. Leo Schrötter** (s. bei Prag).
Kriechlingsheim, ärztl Leiter **Dr. Oskar Kohn** (s. bei Prag).
Säuglingsheim, ärztl. Leiter **Dr. Felix Weiß** (s. bei Prag).

‡ Abmeldung infolge Amtsenthebung.

Mitgliederverzeichnis
der
Deutschen Gesellschaft für Kinderheilkunde 1932.
Für die mit * bezeichneten erhöhtes bzw. Auslandsporto!

Ehrenmitglieder:

1. *Prof. Dr. med. **Joh. v. Bókay**, Budapest VIII, Szentkiralyi-utca 2.
2. Geh.-Rat Prof. Dr. med. **Adalbert Czerny**, Berlin ~~NW 23, Altonaer Str. 3~~ Charlottenburg, Leibnizstr. 57
† 3. Geh.-Rat Prof. Dr. med. **Heinrich Finkelstein**, Berlin-Wilmersdorf, Güntzelstraße 63.
4. *Prof. Dr. med. **Emil Feer**, Zürich 7, Freie Str. 108.
5. *Prof. Dr. **J. A. Abt**, 815 Monroe Building, 104 South Michigan Avenue Chicago, Ill.
† 6. *Prof. Dr. **Hess**, New York, 16 West Eighty-Sixth Street.
7. *Prof. Dr. **H. J. Gerstenberger**, Cleveland, Ohio, M. S. A. 2103 Adelbert Rd.
† 8. *Prof. Dr. med. **J. Jundell**, Stockholm, Artillerigatan 23.
9. Prof. Dr. **Windaus**, Göttingen.

Mitglieder:

† 1. Priv.-Doz. Dr. med. **Hans Abels**, Wien XVIII, Sternwartenstr. 33.
† 2. Dr. med. **Georg Abraham**, Kinderarzt, Kaiserslautern, Theaterstr. 6.
3. San.-Rat Dr. med. **Max Adam**, Fischeralm b. Schliersee, Post Hammer, Oberbayern.
4. Prof. Dr. med. **A. Adam**, Danzig, Städt. Krankenhaus, Dir. der Kinderabtlg.
5. Frl. Dr. med. **Lucie Adelsberger**, Berlin N 65, Chausseestr. 63.
† 6. Dr. med. **Georg Alsberg**, Kinderarzt, Kassel, Kronprinzenstr. 8 II.
7. *Priv.-Doz. Dr. med. **Josef von Ambrus**, Assistenzarzt, Debreczen (Ungarn), Univ.-Kinderklinik.
8. *Frau Dr. med. **Lotte Andreesen**, Canton (China), Post Box 34.
9. ~~Dr. med. **Julie Aron**, Kinderärztin, Breslau 13, Kaiser-Wilhelm-Str. 76 I.~~
10. Prof. Dr. med. **Hans Aron**, Breslau, Kaiser-Wilhelm-Str. 76 I.
11. Dr. med. **Otto Aronade**, Kinderarzt, Bln.-Charlottenburg 9, Stülpnagelstr. 3-
† 12. Stadtmedizinalrat Dr. med. **Erich Aschenheim**, Remscheid, Hindenburgstraße 49.
13. ~~Frl. Dr. **Else Aschenheim**, Berlin NW, Brückenallee 8.~~ abg. 1.34
14. San.-Rat Dr. med. **A. Aurnhammer**, Augsburg, Städt. Kinderheilanstalt.
15. Dr. med. **Luise Baare**, Kinderärztin, Siegburg, Markt 38 I.
† 16. Dr. med. **Siegfried Bach**, Kinderarzt, Dortmund, Hansastr. 82 I.
17. Dr. **J. Backes**, Kinderarzt, Aachen, Wallstr. 59.

II*

Handexemplar des Schriftführers der DGfK mit Ankreuzungen vermutlich „nichtarischer" Mitglieder (1933). Vermerk: Abmeldung infolge Amtsenthebung.

Fabian, ○ Georg 20, 🖼, RegR,
Mitgl. i. ReichsgesundhAmt,
~Friedenau, Südwestkorso 3
: Fabian ♀, Gerti, geb. Jacobi 24,
🖼, ~Wilm., Hohenzollerndamm 192
Fabian, Herbert 35, AssA a.
Städt. Kh Neukölln, ~
Buckow-Ost, Rudower Str. 56
: Fabian, Richard 05, 🖼, ~
Wilm., Hohenzollerndamm 192
Fabricius ♀, Madlene, geb. Freiin
Speck v. Sternburg 34, AssÄ
a. d. UnvKlin f. natürl.
Heilweise, ~Charl. 9, Marienburger Allee 12
Fähndrich, Hans-Albrecht 32,
~SW 29, Bergmannstr. 23
Fähndrich, Wilhelm 25, 🖼, 🖼
a. St. HildegardKh, ~
Charl. 9, Adolf-Hitler-Platz 5
: Faerber ○, Ernst 20, 🖼, ~
Charl. 5, Dresselstr. 3
Fahrenholz ○, Kurt 19, 🖼, Anat,
aoProf, Dr med et phil,
~Temp., Burgherrenstr. 7
Fahrig ○, Carl 08, 🖼, aoProf,
Dir d. Pathol. Inst d. Städt.
Oskar-Ziethen-Kh, ~Lichtenb., Hubertusstr. 4
: Falk, Albert 11, 🖼, ~Schöneb., Hauptstr. 30
: Falk, Edmund 88, SR, ~NW
87, Siegmundshof 14
: Falk ♀, Erna, geb. Levi 15,
~Schöneb., Hauptstr. 30
Falkenberg, Friedrich 04, ~O
34, Frankfurter Allee 18
: Falkenberg ♀, Hanna 31, ~
Charl. 5, Trendelenburgstr. 16
Falkenberg, Julius 28, ~Reinickend., Residenzstr. 21

: Fehr, Oskar 97, Prof, 🖼,
~W 62, Keithstr. 10
Fehrensen ○, Wilhelm 24,
TruppenA d. SS-VT., ~
Baumsch., Baumschulenstr. 92
: Feilchenfeld, David 93, SR, 🖼,
~C 25, Prenzlauer Str. 20
: Feilchenfeld, Harry 28, ~N 31,
Anklamer Str. 19
: Feilchenfeld, Hugo 90, SR,
~Schöneb., Hauptstr. 155
: Feilchenfeld, Hugo 96, 🖼,
~W 30, Bamberger Str. 15
: Feilchenfeld, Jakob 94, SR,
🖼, ~C 2, Spandauer Str. 17
: Feilchenfeld, Leopold 84, SR,
~W 62, Burggrafenstr. 17
: Feilchenfeld, Rudolf 20, 🖼,
~Schöneb., Nymphenburger Str. 3
: Feinberg, Ernst 20, 🖼,
~N 54, Schönhauser Allee 188
: Feinberg ♀, Fränze, geb. Preiß
23, ~N 54, Schönhauser
Allee 188
Feindel, René 15, 🖼, ~N 54,
Rosenthaler Str. 46
Feist, Erich 25, 🖼, ~
Lankw., Kaulbachstr. 56
Feist, Georg 21, ~Friedenau,
Hauptstr. 83
Feistkorn, Reinhard 31, AssA a.
d. 🖼 Klin d. Charité, ~
NW 7, Schumannstr. 20
: Feld, Adolf 84, SR, ~W 15,
Düsseldorfer Str. 52
: Feldbrand, Leo 21, ~NW 40,
Gerhardtstr. 15
Feldhoff, Paul 35, AssA a. St.
HedwigsKh, ~N 24, Gr.
Hamburger Str. 5
Feldkamp, Aloys 20, ~O 112,
Frankfurter Allee 51

Ausschnitt aus dem „Reichs-Medizinal-Kalender für Deutschland", Ausgabe 1937.
„Kennzeichnung der im Sinne der Nürnberger Gesetze jüdischen Ärzte" durch einen Doppelpunkt (:) vor dem Namen.

Lucie Adelsberger
Berlin

Wilfried Cohn-Hülse
Berlin

Albert Eckstein
Düsseldorf

Erna Eckstein-Schloßmann
Düsseldorf

Stefan Engel
Dortmund

Heinrich Finkelstein
Berlin

Ernst Freudenberg
Marburg

Elly Freund
Breslau/Berlin

Walther Freund
Breslau

Fritz Gernsheim
Worms

Paul Grosser
Frankfurt a. M.

Richard Hamburger
Berlin

Walter Heymann
Freiburg i. Br.

Isidor Hirschfelder
Krefeld

Herbert Hirsch-Kauffmann
Breslau

Karl Hochsinger
Wien

Kurt Huldschinsky
Berlin

Wilhelm
Knöpfelmacher
Wien

Lotte Landé
Berlin/Frankfurt a. M.

Leopold Langstein
Berlin

Elsa Liefmann
Freiburg i. Br.

Franz Lust
Karlsruhe

Wilhelm und
Gertrud Mansbacher
Berlin

Ludwig Mendelsohn
Berlin

Ludwig Ferdinand
Meyer
Berlin

Erich Nassau
Berlin

Eugen Neter
Mannheim

Hugo Neuhaus
Ulm a. D.

Paula Philippson
Frankfurt a. M.

Siegfried Rosenbaum
Leipzig

Heinrich Rosenhaupt
Mainz a. Rh.

Arthur Schloßmann
Düsseldorf

Eddy Schweitzer
Breslau

Helmut und
Margarethe Seckel
Köln

Adolf Sindler
Düsseldorf

Julius Spanier
München

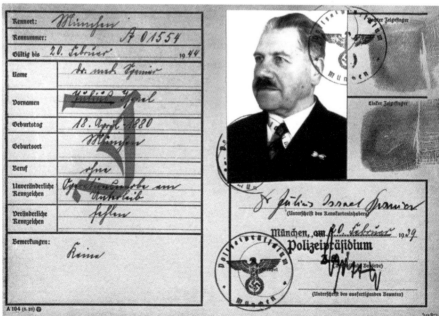

Carl Stamm
Hamburg

Josefine Stroß
Wien

Julius Strauß
Mannheim

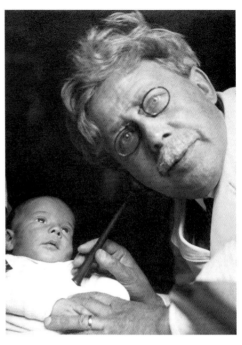

Krankenbaracke Lager Gurs, 1941. Links der Kinderarzt Dr. Strauß

Martha Stützel-
Bardach
Düsseldorf/Heidelberg

Gustav Tugendreich
Berlin

Albert Uffenheimer
Magdeburg

Ernst Wasser
Schneidemühl

Hertha Wiegand
Offenburg

Julius Zappert
Wien

Siegfried Wolff
Eisenach

Prof. Dr. Paul Grosser

Frankfurt a. Main, 25.10.33
Mendelssohnstraße 92

An
Deutsche Gesellschaft für Kinderheilkunde
z.H. Herrn Prof. Dr. Goebel
Halle a/S.

Da ich als Nichtarier aus Deutschland auswandere, erkläre ich meinen Austritt aus der Gesellschaft.

Ergebenst

Prof. Dr. Grosser.

Sehr geehrter Herr Professor Goebel!

Ich melde meinen Austritt aus der Deut=
schen Gesellschaft für Kinderheilkunde, da, wie ich ver=
mute, meine Mitgliedschaft der Gesellschaft ebenso un=
erwünscht sein dürfte, wie mir selbst.

Mit dem Ausdruck vorzüglicher Hochachtung

Wien, 11. Jän er, 1934.
Professor Dr. Rudolf Neurath
Wien, VIII, Langegasse 70.

Nachdem Ihre Bestallung gemäss der 4. Verordnung zum
Reichsbürgergesetz vom 25.7.1938 mit dem 1.10.1938
erloschen ist, wurden Sie mit diesem Tag gemäss § 8
Abs.1 Ziffer 3 der Zulassungsordnung aus dem Arztregister
Württemberg gestrichen.

Ihre Zulassung zu den RVO-Kassen ist damit erloschen.

Der Leiter der Landesstelle:

Einschreiben!

Dr. Otto Einstein Israel
Stuttgart, Neckarstr. 245
Fernsprecher: S.A. 41297
Sprechstunden: Montag bis Freitag 3-5 Uhr

Stuttgart, den 28/11 1939

Zur ärztlichen Behandlung
ausschließlich von Juden
berechtigt.

Abmeldungen 1938/39.

gestrichen sind 57 Juden, in Deutschland wohnhaft

Frankfurt a.M. Bleichstrasse 72, 11 Januar 1936.

Verehrl, Schriftführer der Deutschen Gesellschaft für Kinderheil=
kunde,
Herrn Prof. Dr. Goebel
Halle (Saale),

    Nachdem die hiesige medizinische Gesellschaft die Nichtarier von der Mitgliedschaft ausgeschlossen hat, sehe ich mich veranlasst, aus den anderen ärztlichen Vereinen auszutreten, Ich bitte höflich um Streichung in der Mitgliederliste der Deutschen Gesellschaft für Kin=derheilkunde, - Es sind überdies meine Einnahmen derart zurückgegangen, dass ich mir eine Mitgliedschaft blos aus einer -nahezu 40jährigen - Tradition nicht mehr leisten kann, Wenn irgend möglich bitte ich von einer Zahlung des Beitrags für 1936 absehen zu dürfen,
    Hochachtungsvoll & ergebenst,

Prof.Dr.Eug.Schlesinger
Bleichstraße 72
Frankfurt am Main

בית־החולים המרכזי בעמק יזרעאל
קופת חולים של ההסתדרות הכללית של העובדים העברים בארץ־ישראל

טלפון/Telefon 51, 52

7. März 1949

Sehr verehrter Herr Kollege Goebel,

ich erhielt heute Ihre Postkarte vom 17.II.49. — Mit den Kinderheilkunde Deutschlands werde ich durch die Erinnerung an meine Lehrer Silbermann, Finkelstein u. z.T. Meyer stets verbunden bleiben. Von der Deutschen Gesellschaft für Kinderheil-Kunde wurde ich vor etwa 15 Jahren ausgeschlossen. Damit wurden viele Bindungen gelöst, die sich nicht wieder knüpfen lassen. Es erscheint mir zudem zweifelhaft, ob der Wiedereintritt eines Bürgers des Staates Israel von allen Mitgliedern der Gesellschaft gut geheissen werden würde. —

So sehr ich an die Aufrichtigkeit Ihrer freundlichen Einladung glaube, so ist es mir doch unmöglich ihr Folge zu leisten. Ich zweifle nicht, dass Sie diesen Entschluss würdigen und verstehen werden.

Ich bin mit vielen Grüssen Ihr sehr ergeben
E. Nassau

ANHANG

Zahlen

Die Zahlen sind nicht absolut; sie spiegeln den gegenwärtigen Stand der bisher ermittelten Einzelschicksale (1.2.2000). Die früher publizierten Daten sind damit durch neuere Befunde revidiert.[1]

Kinderärztinnen und Kinderärzte
in Deutschland, Wien und aus der
Stichprobe Prag 1933–1938
Gesamt[2] : 1384

Wegen jüdischer Herkunft im Sinne
der NS-Gesetze bzw. aus
politischen Gründen **verfolgt:** 744
davon **Frauen: 238**

Bisher geklärte Schicksale: 629

Davon:
Emigriert und geflohen: 464
USA: 174
Palästina: 116
England: 68
andere Länder: 100
unklares Ziel: 6

Deportiert: 71
Ermordet: 58
Überlebt: 13

Suicide (27) und Todesfälle (39)[3]**:** 66

Andere Schicksale[4]**:** 28

Ungeklärte Schicksale: 117

	Deutschland	Wien	Stichprobe Prag
Verfolgte[5]:	**611**	**98**	**34**
Frauen:	191	41	6
Emigration und Flucht:	**385**	**66**	**13**
USA:	137	36	1
Palästina:	109	6	1
England:	41	16	11
andere Länder:	92	8	
unklares Ziel:	6		
Deportationen:	**49**	**5**	**17**
Ermordet:	42	5	11
Überlebt:	7		6
Suicide:	**24**	**2**	**1**
Todesfälle:	**34**	**5**	
andere Schicksale:	**19**	**9**	
ungeklärte Schicksale:	**103**	**11**	**3**

---

[1] Seidler (1995), (1998), (1999).
[2] Für die vorliegende Studie bearbeitete Gesamtzahl an Kinderärztinnen und Kinderärzten. Quellen u.a. Reichs-Medizinal-Kalender für Deutschland, Mitgliederverzeichnisse DGfK, Ärztliches Jahrbuch für Österreich, Medizinisches Jahrbuch für die Czechoslovakische Republik, Adreßbücher, Branchenverzeichnisse etc.
[3] Vgl. Tabelle S. 413
[4] z.B. illegales Untertauchen und Überleben, Rückkehr aus der Emigration vor 1938, Entlassung nichtjüdischer Partner aus „Mischehen" etc.
[5] Bearbeitete Gesamtzahl in Deutschland: 1251. Für Wien und Prag ließ sich keine Bezugsgröße ermitteln (vgl. die Einführung).

Deutsche Gesellschaft für Kinderheilkunde

Mitgliederliste 1932/33:
Gesamt: **799**
davon Ausländer: 127

Gesamt Deutschland: **672**
davon Frauen: 87

Jüdische bzw. verfolgte Mitglieder: **241**
davon Frauen: 36

Austritte 1933–1938: **179**
Streichungen durch den Schriftführer 1938: **57**
unklar: 3

Gesamtübersicht Deutschland

Aachen
3:7
- Feibes, Erich — nach 38 USA
- Spiegelberg, Antonie — ?
- Weinstock, Alma — 38 Brasilien

Allenstein Olsztyn
1:2
- Bütow, Margarethe — ?

Altona
4:9
- Grüneberg, Bernhard — gest. 35
- Grüneberg, Franz — 38 USA
- Levison, Paul — 41 USA
- Nelken, Kurt — 33 Palästina

Apolda
1:2
- Jellinek, Paula — ?

Augsburg
1:8
- Berberich, Hugo — 41 USA

Bad Kreuznach
2:4
- Gralka, Richard — ?
- Kullmann, Julius — ?

Bamberg
1:3
- Graf, Selma — 42 Auschwitz

Berlin
222:264
- Adam, Margarethe — ?
- Adelsberger, Lucie — 43 Auschwitz, USA
- Adler, Elsa — 33 Portugal
- Alterthum, Hans — 33 Palästina
- Alterthum, Ruth — 33 Palästina
- Arnsdorf, Frieda — 35/37 Palästina
- Aronade, Otto — 33/35 Palästina
- Aschenheim, Else — ?
- Ascher, Ernst August — ?
- Badt, Alfred — 39 GB – Palästina?
- Baer, Max — vor 40 USA
- Ballin, Louis — 39 GB

Berlin	Bamberg, Karl	nach 37 Brüssel
	Baron, Leo	gest. 34 Berlin
	Belmonte, Walter	33 Portugal, Madeira
	Bendix, Bernhard	33 Ägypten
	Benfey, Arnold	39 USA
	Benjamin, Georg	42 Mauthausen
	Bergmann, Josef	ca. 39 Belgien
	Bernhard, Leopold	?
	Bernhardt, Hans	nach 37 Palästina
	Beutler, Käthe	36 USA
	Blank, Dagobert	GB
	Block, Walter	vor 37 USA
	Blumenthal, Leo	43 Auschwitz
	Boddin, Maria	überlebt in Berlin
	Boehm, Ernst	33/35 Palästina
	Boenheim, Curt	nach 37 USA
	Borchardt, Eugen	gest. 36
	Borchardt, Johanna	gest. nach 33
	Bornstein, Siegbert	vor 36 USA
	Brand, Aron	36 Palästina
	Bruck, Alfred	?
	Burlin, David	39 GB
	Busse, Edith	GB
	Buttenwieser, Samuel	vor 33? Palästina
	Buttermilch, Wilhelm	gest. 34
	Cahn, Philipp	38 USA
	Cahn, Robert	nach 35 USA
	Caro, Wilhelm	?
	Caspari, Hilde	34 Palästina?
	Caspari, Joachim	24 Palästina
	Chajes, Flora	33 Palästina
	Cohn, Michael	gest. vor 35
	Cohn-Hülse, Wilfried	33 Tunesien, 35 USA
	Cronheim, Irma	38 USA
	Davidsohn, Erna	43 Auschwitz
	Davidsohn, Heinrich	GB
	Demuth, Fritz	39 NL, Auschwitz
	Dessau-Neumann, Lotte	Frankreich

Berlin		
	Dingmann, Albert	36 USA
	Edelstein, Anny	41 USA
	Edelstein, Efraim	33/35 Palästina
	Eliasberg, Helene	37 USA
	Engel, Alfred	33 Palästina
	Fabian, Gerti	?
	Färber, Ernst	ca. 36 Italien (?)
	Falk, Albert	?
	Feilchenfeld, Bruno	33/35 Palästina
	Fiegel, Lucie	deportiert 26.10.42
	Finkelstein, Heinrich	39 Chile
	Flörsheim, Anna	?
	Fränkel, Paul	gest. vor 35
	Frankenstein, Curt	35 Uruguay
	Frei, Magda	38 USA
	Freise, Richard	35 Suicid
	Freund, Käte	nach 36 USA
	Glaß, Georg	33 Shanghai, 49 USA
	Goetzel, Paul	vor 39 USA
	Goldstein, Fritz	38/39 Schweden
	Goldstein, Rudolf	34 Palästina
	Goldstein, Walter	nach 35 USA
	Gottschalk, Eva	?
	Gottstein, Werner	38 USA
	Großmann, Hedwig	?
	Grünbaum, Ernst	33/35 Palästina
	Grünfelder, Benno	vor 33 Palästina
	Gutmann, Paul	?
	Hahn, Auguste	?
	Hahn, Frieda	nach 37 USA
	Hamburger, Richard	33 GB
	Hauschild, Leo	?
	Hecht, Marianne	?
	Heilborn, Curt	?
	Heine, Ludwig	vor 36 USA
	Heinemann, Moritz	35/36 Palästina
	Heinemann, Senta	35/36 Palästina
	Heinrich, Hertha	33/35 Palästina

Berlin

Held, Kaethe	34 Palästina
Heymann, Paula	43 Auschwitz
Hirsch, Gertrud	?
Hirsch, Walter	35 Palästina
Hirschowitz, Martin	ca. 38 USA
Hoffa, Elisabeth	34/35 GB
Holde, Rosa	37/40 Palästina
Huldschinsky, Kurt	34 Ägypten
Israel, Paul	?
Jacobi, Walther	39 Palästina
Jacobs, Toni	überlebt in Berlin
Jacoby, Curt	ca. 35 GB
Jahr, Antonie	35/37 Palästina
Jahr, Jacob	35/37 Palästina
Japha, Alfred	39 USA
Jonas, Selma	33/35 Palästina
Jonas, Walter	33/35 Palästina
Kahn, Paul	?
Kamerase, Alice	43 Auschwitz
Kamnitzer, Hans	?
Kanowitz, Siegfried	33 Palästina
Karger, Paul	37 Kanada
Kassel, Wilhelm	?
Katz, Otto	39 USA
Kobrak, Erwin	?
Königsberger, Ernst	ca. 38 USA
Kuttner, Marianne	ca. 33 USA
Landau, Arnold	36 USA
Landecker, Hildegard	?
Langer, Hans	36 Südafrika
Langstein, Leo	33 Suicid
Lasch, Walter	35 Palästina
Leichtentritt, Heinrich	gest. 40 in Berlin
Levy, Else	gest. 35
Levy, Erich	nach 37 USA?
Levy, Jakob	39 Palästina
Levy-Suhl, Hilde	33 NL
Lewin, Gertrud	?

Berlin	Lewin, Julius	Palästina
	Lewisson, Gertrud	40 USA
	Lewy, Berthold	33/35 Palästina
	Lewy, Günther	?
	Lissauer, Willy	gest. 37
	Lissner, Max	?
	Loewenthal, Walter	35/37 Palästina
	Loewenthal, Therese	?
	Mansbacher, Gertrud	33 Palästina
	Mansbacher, Wilhelm	33 Palästina
	Marcuse, Paul	?
	Mendelsohn, Ludwig	41 Argentinien
	Meyer, Franz	überlebt in Berlin
	Meyer, Ludwig F.	36 Palästina
	Meyer-Houselle, Oswald	überlebt in Berlin?
	Meyerstein, Albert	vor 36 USA
	Meyerstein, Gerhard	38 Chile
	Meyerstein, Hildegard	38 Chile
	Michaelis, Lucie	ca. 37/38 USA
	Michaelis, Walter	39 GB
	Michelson, Cornelia	?
	Misch, Siegbert	ca. 38 GB
	Moses, Fritz	33/35 Palästina
	Moses, Hertha	33/35 Palästina
	Mosse, Karl	33(35?) Shanghai
	Müller, Fritz	nach 33 GB
	Müller-Lange, Gertrud	?
	Muskat, Gustav	?
	Nassau, Erich	38 Palästina
	Nathan, Paul	ca. 38 GB (Palästina?)
	Nathanson, Lea	33/35 Palästina
	Nathanson, Ludwig	33/35 Palästina
	Nathorff, Hertha	39 GB, 40 USA
	Neumann, Julius	38 Palästina
	Neumann, Rudolf	33 Frankr., 41 Mexiko
	Nothmann, Hugo	35/37 Palästina
	Oppenheimer, Karl	?
	Orgler, Arnold	39 GB

Berlin

Peiser, Amalie	überlebt in Berlin
Peiser, Julius	39 Palästina
Petry-Jacob, Adeline	?
Philippson, Ilse	Bulgarien
Pinkus, Hertha	
Plonsker, Hans	33/35 Palästina
Pototzky, Carl	38 USA
Proskauer, Felix	?
Putzig, Hermann	ca. 38 Argentinien
Reich, Paul	35/37 Palästina
Riesenfeld-Hirschberg, Fritz	ca. 38 USA
Ritter, Julius	gest. 35 Berlin
Rosenbaum, Judith	?
Rosenberg, Oskar	43 Auschwitz, überlebt
Rosenstern, Iwan	37 USA
Rosenthal, Paula	ca. 38 Frankreich
Rosenwald, Lilly	?
Rosowsky, Frieda	?
Rosowsky, Hermann	33/35 Palästina
Rothgiesser, Gertrud	?
Salomon, Walter	33 Paris, 42 Auschwitz
Schaps, Leo	gest. 38 Berlin
Schellitzer, Hermann	ca. 38 Argentinien
Schiff, Erwin	38 USA
Schindler, Grete	?
Schloßberg, Esther	33/35 Palästina
Schmoller, Hans	42 Theresienstadt
Schneider, Kurt	38 USA
Segall, Julie	33 Palästina
Selig, Dorothea	?
Selig, Willy	GB
Siegel, Erich	39 Schweden, USA
Siew, Leo	33/35 Palästina
Silber, Walter	?
Simon, Hugo	39? NL
Simon, Irma	?
Soldin, Max	gest. 38 Berlin
Solmitz, Werner	39 Schweiz, 41 USA

Berlin	Sommer, Jacob	?
	Stahl, Hermann	33/35 Palästina
	Steinberg, Alice	43 Auschwitz
	Stern, Leopold	gest. 39 Berlin
	Sternefeld, Ruth	40 Chile, (Haiti?)
	Swarsensky, Samuel	?
	Trautmann, Richard	ca. 38 USA
	Tugendreich, Gustav	37 GB, 38 USA
	Turnau, Laura	um 33 Schweiz
	Vollmer, Hermann	ca. 35 USA
	Weil, Erwin	?
	Wiener, Betty	42 Trawniki
	Wiesner, Kurt	nach 33 GB
	Wittelshöfer-Hirsch, Charlotte	39 GB
	Wolf, Alexander	42 Theresienstadt
	Wolf, Erna	42 Theresienstadt
	Wolff, Willy	?
	Wolfsberg, Oskar	33 Palästina
	Wollheim, Hedwig	38 Schweden
	Zieger, Käthe	überlebt in Berlin
Bernburg 1:1	Hepner, Franz	38 USA, Suicid
Beuthen Bytom 2:3	Dzialoszynski, Ismar	ca. 38 Brasilien
	Friedmann, Salo	gest. 35/37
Bochum 1:7	Weil, Fritz	?
Brandenburg Havel 1:2	Landsberger, Max	38 USA
Bremen 2:12	Eisenstädt, Alfred	39 USA
	Hess, Rudolf	in Bremen überlebt
Breslau Wrocław 31:46	Altmann, Felix	35 Palästina
	Aron, Hans	38 USA

Breslau Wrocław	Aron, Julie	38 USA
	Cohn, Moritz	42 Theresienstadt
	Epstein, Eugen	nach 38 Amsterdam?
	Falk, Meyer	38 Palästina
	Freund, Elly	38 Palästina
	Freund, Walther	40 Gurs, 43 Schweiz
	Glaser, Hilde	?
	Grünmandel, Selma	ca. 38 GB
	Grünthal, Paula-Suse	?
	Hirsch-Kauffmann, Herbert	überlebt in Breslau
	Klinke, Karl	34 gekündigt
	Koehler, Annemarie	39 Bolivien
	Leichtentritt, Bruno	38 USA
	Mendel, Leo	ca. 38 Emigration
	Mohr, Martin	40 Bolivien
	Pelz, Erich	33/35 Palästina
	Pogorschelsky, Herbert	ca. 38 Emigration
	Rosenblum, Elisabeth	ca. 39 GB
	Rothenberg, Fritz	ca. 38 GB
	Samelson, Siegfried	?
	Samelson-Engel, Irmgard	?
	Schreier, Fritz	?
	Schweitzer, Eddy	38/39 Palästina
	Sgaller-Wreszynski, Hertha	43 Auschwitz
	Silber, Ludwig	?
	Toller, Else	?
	Weigert, Richard	Uruguay
	Windmüller, Mathilde	?
	Zellner, Hermann	?
Chemnitz 5:13	Bachrach, Bertha	ca. 38 GB
	Freise, Frieda	gest. 38
	Kochmann, Rudolf	35 Palästina
	Machnitzki, Ernst	33/35 Palästina
	Wolff, Else	?
Cottbus 1:1	Matzdorf, Gustav	?

Danzig Gdańsk 5:11	Funk-Rachmilewitz, Esfir	?
	Jelski, Bernhard	?
	Kristianpoller, Siegfried	?
	Ostrowski, Bruno	vor 33 Palästina
	Selbiger, Gertrud	?
Darmstadt 1:4	Mayer, Ludwig	gest. 35
Dinslaken 1:1	Schein, Herbert	37 USA
Dortmund 8:18	Altmann, Alfred	GB, Südafrika
	Bach, Siegfried	39 Ecuador
	Engel, Stefan	36 GB
	Kahn, Walter	39 GB, USA
	Rothschild, Lilly	39 GB, 41 USA
	Samson, Kurt	33 GB
	Sternberg, Hedwig	33/35 Emigration?
	Zeichner, Otto	34 Belgien (36 UdSSR?)
Dresden 8:36	Baron, Carl	Deportation?
	Ehrenfreund, Friedrich	34 Suicid?
	Kastner, Alexandrine	Deportation
	Kastner, Otto	38 Suicid
	Meyer, Curt	ca. 38 Neuseeland
	Röthler, Hermann	33/35 Palästina
	Seelig-Herz, Alice	38/39 England
	Teuffel, Ernst	?
Düren 1:3	Leven, Karl	42 Lager Izbica
Düsseldorf 14:29	Brinnitzer, Heinz	33/35 Palästina
	Deutsch-Lederer, Maria	33 GB
	Eckstein, Albert	35 Türkei
	Eckstein, Erna	35 Türkei

Düsseldorf	Falkenstein, Bertha	?
	Klein-Herz, Henriette	37 Palästina
	Lehmann, Paul	39 NL
	Lenneberg, Robert	33 Brasilien
	Meyer, Selma	39 GB, 40 USA
	Neustadt, Else	37 USA
	Nohlen, Arno	überlebt
	Schloßmann, Arthur	gest. 32
	Sindler, Adolf	37 Palästina
	Ursell, Siegfried	39 GB
	Weyl, Julius	Auschwitz
Duisburg 2:13	Lewinsohn, Norbert	34 China
	Reifenberg, Hugo	39 USA
Eisenach 1:2	Wolff, Siegfried	38 NL, 44 Auschwitz
Elbing Elbląg 1:2	Lauter, Leo	vor 37 USA
Emmerich 1:1	Albersheim, Erich	37 Brasilien
Erfurt 1:8	Tannenbaum, Hedwig	gest. 33
Essen 3:15	Benjamin, Karl	33 Palästina
	Lewin, Albert	36 USA
	Lieblich, Berta	?
Frankenthal 1:1	Schlesinger, Justus	33 Palästina
Frankfurt a. M. 40:55	Behrendt, Hans	vor 39 USA
	Böhm, Henry	gest. 38
	Breuer, Josua	38 NL, 41 Kuba, 43 USA

Frankfurt a. M.	Cahen-Brach, Eugen	42 Theresienstadt
	Cobliner, Samuel	36 Palästina
	Ebertsheim, Walter	34 USA
	Falk, Walter	33/35 Palästina
	Fath, Sigmund	gest. 36
	Fath-Stahl, Alice	ca. 34 USA
	Feuchtwanger, Albert	35 Palästina
	Fürstenheim, Walter	38 GB
	Grosser, Paul	33 Frankreich
	Haas-Levy, Jenny	35/37 Palästina
	Haymann, Cläre	nach 35 Argentinien
	Hirsch, Sophie	37 Palästina
	Hochschild, Hugo	33 Chile
	Kunreuther, Theodor	33 Brasilien
	Landé, Lotte	34 (37?) USA
	Mettenheim, Heinrich v.	35 vorz. Entl.
	Meyer, Hans	33 Belgien, 41 USA
	Neu, Johanna	33 Frankreich
	Neumark, Käte	33 NL
	Ohlmann, Alice	39 GB, 40 USA
	Ohlmann, Julius	39 GB, 40 USA
	Philippson, Paula	33 Griechenl., Schweiz
	Plaut, Max	33 USA, 34 zurück
	Rosenbaum, Sally	41 Ghetto Lodz
	Rosenberg, Fritz	ca. 38 USA
	Rothschild, John	39 USA
	Salomon Adolf	ca. 38 USA
	Salvendi, Hugo	35 NL, 44? Auschwitz
	Sandels, Toni	Deportation
	Schaumberg, Max	ca. 38 USA
	Schlesinger, Eugen	gest. 37
	Simon, Gustav	ca. 36 Uruguay
	Simon, Karl Th. Veit	33 Italien
	Stadelmann, Eugen	überlebt in Ffm?
	Türk, Martha	33 GB
	Ullmann, Johanna	?
	Zeitlin, Selda	nach 35 GB

Frankfurt/Oder 1:3	Neumark, Hermann	39 Palästina
Freiburg i. Br. 4:17	Besser, Felix Böhm, Gerda Heymann, Walter Liefmann, Elsa	33 GB 40 Gurs 34 USA 40 Gurs, 41 Schweiz
Fürth 2:4	Heilbronn, Dora Oppenheimer, Joseph	gest. 36 33 USA
Gelsenkirchen 1:7	Meyer, Max	39 GB, USA
Gera 2:5	Philipp, Erna Simmel, Else	35 Beirut/Syrien 39 USA
Gießen 1:8	Hanau, Franz	35/36 USA
Gladbeck 1:1	Heßberg, Gertrud	34 Emigration
Glogau Głogow 1:1	Nathan, Edmund	42 Izbica
Görlitz 3:5	Frankenstein, Hans Krebs, Berthold Malinowski, Arnold	nach 33 GB nach 37 Bolivien 33/34 NL
Göttingen 1:6	Stein, Ida	39 USA
Gotha 1:2	Stern, Arthur	33 Palästina
Grünberg Schlesien 1:1 Zielona Góra	Metis, Felix	nach 38 USA

Guben 1:2	Ockel, Gerhard	ca. 38 Emigration
Gummersbach 1:1	Simons, Alfred	39 Australien
Hagen 2:4	Stargardter, Julius Stern-Hanf, Georg	44 Suicid 36 NL
Halberstadt 1:3	Schönfeld, Fritz	35/37 Palästina
Halle/Saale 4:17	Hertz, Wilhelm Melamed, Leo Schloß, Josef Weinberg, Max	35 Entlassung 33/35 Palästina 40 Suicid 36 Indien
Hamburg 26:47	Bauer, Julius Bodenheimer, Wilhelm Calvary, Martin Chassel, Alice Engel-Blumenfeld, Toni Fabisch, Walter Frankenberg, Margarethe Freundlich, Kurt Fuchs, Erwin Heidemann, Moritz Herz, Oskar Horwitz, Alice Horwitz, Sam Lewin-Wehl, Selma Liepmann, Hans Lippmann, Arthur Menningen, Martha Meyer, Daniel Meyer-Wedell, Lilli Nordheim, Moritz Rosenbaum, Hans	39 GB 38 USA ca. 38 USA ? 39 USA evtl. GB 38 „Ausland" 38 Palästina ca. 37 Emigration 38 Argentinien 36 USA 38 „Ausland" 35/37 Palästina ? nach 33 USA 39 Australien ? 40 USA nach 35 GB 38 Suicid 44 Auschwitz

Hamburg	Rosenberg, Gerhard	39 San Domingo
	Rosin, Martha	40 USA
	Schwabacher, Henri	42 Schweiz
	Stamm, Carl	41 Suicid
	Weiß, Samuel	33 Palästina
Hannover 5:17	Blühdorn, Kurt	39 USA
	Frensdorff, Fritz	38 Suicid
	Müller, Elisabeth	42 Theresienstadt
	Sochaczewski, Walter	37 Brasilien
	Tendlau, Anna	38/39 Palästina
Heidelberg 6:13	Geißmar, Johanna	40 Gurs, 42 Auschwitz
	György, Paul	33 GB, 35 USA
	Hirsch, Albert	33 Palästina
	Moro, Ernst	36 vorz. emeritiert
	Noll, Anni	35 GB
	Stützel, Martha	39 USA
Hindenburg Oberschl. Zabrze 2:4	Danziger, Elfriede	37/40 Palästina
	Werner, Georg	?
Hirschberg Riesengeb. 1:4	Segall, Selma	?
Immigrath 1:1	Zade, Hugo	?
Kaiserslautern 1:2	Abraham, Georg	37 Prag
Karlsruhe 6:13	Behrens, Richard	40 Gurs, überlebt
	Cohn-Heidingsfeld, Helene	40 USA
	Homburger, Theodor	35 Palästina
	Kahn-Wolz, Elisabeth	37 USA
	Lust, Franz	39 Suicid
	Ullmann, Julius	38 Frankreich

Kassel 2:10	Alsberg, Georg Blumenfeld, Felix	39 Schweden 42 Suicid
Kiel 1:14	Spiegel, Otto	38 Kolumbien
Köln 18:46	Adler, Wally Adler-Goldstein, Margarete Benjamin, Max Bloch, Wilhelm Haubrich-Gottschalk, Alice Heidenheim, Thilo Heinemann, Bertha Holstein, David Lamm, Bruno Loewy, Erich Marcus, Aenne Neuberger-Ochs, Alice Ochs, Julius Rosenthal, Carl Schiff, Alice Seckel, Helmut Spiegel, Max Wildmann, Richard	vor 37 USA 33 Palästina 39 NL, 43 Auschwitz gest. 35 44 Suicid 36 USA ? nach 37 Palästina 38 Kolumbien ca. 34 Tunis, GB ? ca. 38 GB 39 USA 37 USA 36 USA 36 USA 39 USA 33 Palästina
Königsberg Kaliningrad 9:17	Falkenheim, Curt Falkenheim, Hugo Klein, Walter Levy, Walter Ratzkowski, Berthold Stoeltzner, Helene Stoeltzner, Wilhelm Victor, Martin Wolffheim, Hans	36 USA 41 Kuba, USA ? ? 36 Palästina ? 35 vorz. Emeritierung ? ?
Konstanz 1:2	Guggenheim, Richard	ca. 37/38 USA

Krefeld 2:5	Hirschfelder, Isidor Wolff, Rudolf	41 Suicid 36 USA
Leipzig 10:48	Bruch, Brunhilde Fernbach, Hans Goldschmidt, Rosel Jacobsohn, Erich Jolowicz, Hedwig Loebenstein, Fritz Rosenbaum, Siegfried Triest, Robert Walltuch, Michel Weichsel, Manfred	39 (?) GB ? ca. 38 GB (?) 38 USA ? 36 Palästina 33 Palästina ? 42 Belsec 34 USA
Liegnitz Legnica 3:4	Breit-Fronzig, Margarethe Kauffmann, Elsa Königsberger, Paul	? 39 Suicid gest. 40
Limburg/Lahn 1:1	Weinholt, Philipp	39 Emigr.?
Lörrach 1:2	Moses, Samuel	38 USA
Ludwigshafen a. Rh. 2:6	Heller, Oskar Hirschler, Helene	34 USA ca. 38 Emigr.?
Lübeck 2:6	Joël, Ernst Joël, Julius	33 Palästina gest. 33
Magdeburg 4:12	Hirsch, Leonhard Rosenthal, Ludwig Uffenheimer, Albert Wilmersdorfer, Anne	? ? 38 GB, 40 USA 34 Palästina
Mainz 4:9	Erlanger, Berta Mayer, Hedwig Rosenhaupt, Heinrich	gest. 33/34 38 Argentinien 39 USA

Mainz	Simon, Karl	ca. 34 USA
Mannheim 7:15	Bruchsaler, Siegfried	37 USA
	Felsenthal, Simon	gest. 37
	Moses, Julius	34 Palästina
	Neter, Eugen	40 Gurs, 46 Palästina
	Neumark, Alice	40 Gurs, 42 Auschwitz
	Strauß, Julius	40 Gurs, 42 Auschwitz
	Weil, Hans	36 USA, 41 Suicid
Marburg 2:3 (?)	Brühl, Heinz	ca. 35 China
	Freudenberg, Ernst	38 Schweiz
Meiningen 1:2	Oestreicher, Paul	39 Neuseeland
Minden 1:2	Nußbaum, Robert	41 KZ Sachsenhausen
Mönchengladbach 2:6	Eichelberg, Simon	36 Palästina
	Wallach, Karl	39 Palästina
Mülheim/Ruhr 1:4	Lauff, Hildegard	?
München 22:74	Benjamin, Erich	39 USA
	Binswanger, Eugen	überlebt in Utting
	Doernberger, Eugen	gest. 38
	Fromm, Eugen	39 NL
	Funkenstein, Otto	gest. 38
	Gerstle, Friedrich	37 Suicid
	Hönigsberger, Max	38 GB
	Hüttenbach, Friedrich	39 GB
	Kaumheimer, Ludwig	39 GB
	Keins, Maximilian	42 Piaski
	Lasser, Wilhelmine	35 China
	Levinger, Hedwig	35/37 Palästina
	Levy, Ernst	42 Theresienstadt

München	Lilienfeld, Alfred	36 USA
	Regensburger, Markus	gest. 38
	Reinach, Otto	gest. 38
	Rosenbaum, Josef	38 GB
	Schermann, Olga	36 USA
	Schermann, Richard	36 USA
	Spanier, Julius	42 Theresienstadt
	Wassermann, Margareta	39 USA (?)
	Wirz-Thannhauser, Bella	ca. 33/35 Palästina
Nowawes Krs.Teltow 1:1	Krombach, Kaethe	33/35 Palästina
Nürnberg 15:26	Behrmann, Solon	gest. 38
	Bing, Robert	36 USA
	Feibelmann, Moritz	33 Frankreich
	Feilchenfeld, Maja	33/35 Palästina
	Frankenau, Arnold	41 Schweiz
	Grünspecht, Adolf	39 USA
	Hopf, Karl	33 Schweiz
	Maas, Hermine	gest. 34
	Meyer, Karl	33 Palästina
	Mohr, Gustav	gest. 37
	Neuland, Willi	37 USA
	Schmidt, Wilhelm	?
	Steckelmacher, Eugenie	33 Palästina
	Stern, Bertha	33 Italien – USA
	Wurzinger, Stefan	38 USA
Offenbach a. M. 2:6	Agulnik, Ferdinand	33 Palästina
	Agulnik, Mira	33 Palästina
Offenburg 2:2	Bloch, Werner	36 USA
	Wiegand, Hertha	44 Suicid
Oldenburg 1:4	Seehof, Hanna	?

Oppeln Opole 1:3	Fischer, Martin	nach 37 USA
Pforzheim 1:4	Netter, Hermann	42 Theresienstadt
Pirmasens 2:3	Blum, Maria Schohl, Elisabeth	35/37 USA 39 GB
Rathenow 1:1	Meyersohn, Rudolf	37 Südamerika (?)
Ratibor Racibórz 1:2	Böhm, Felix	?
Recklinghausen 1:3	Schoenholz, Max	37 Palästina
Regensburg 1:6	Meyer, Leo	39 USA
Remscheid 1:4	Aschenheim, Erich	41 Suicid
Rheydt 1:2	Sommer, Otto	vor 38 USA
Rostock 2:8	Josephy, Edith Posner, Gustav	44 Auschwitz 33 Suicid
Saarbrücken 3:6	Fränkel, Ernst Heine, Werner Weiler, Emil	? 35 Italien (?) 35 Frankreich
Schneidemühl Piła 1:3	Wasser, Ernst	39 Australien

Solingen 4:8	Marcus, Ida Marcus, Walter Rüppel, Erna Selter, Paul	38 GB, ca .40 USA 38 GB, ca. 40 USA überlebt gest.41
Stettin Szczecin 3:9	Aronheim, Martin Freund, Georg Weigert, Franz	? ? ?
Stuttgart 8:30	Allinger-Stein, Martha Einstein, Otto Hauser, Arnold Henle, Franz Sänger, Siegfried Schmal, Simon Siering-Kaulla, Hildegard Wolf, Marga	? 39 Nicaragua – USA ca. 38 USA ? 38 Palästina ca. 38 USA 33/35 USA 43 Theresienstadt
Ulm 1:3	Neuhaus, Hugo	36 USA
Waldenburg Schlesien Wałbrzych 2:3	Lewkowitz, Helene Pese, Alfred	35/37 Palästina ?
Wetzlar 1:2	Strauß, Aron	39 USA
Wiesbaden 3:11	Hirsch, Moritz Koch, Georg Selig, Paula	42 Theresienstadt gest. 33 39 Brasilien
Witten 3:4	Böheimer, Julius Cahn, Hugo Schlösser, Max	überlebt in Witten 38 USA 41/42 Ghetto Riga
Worms 2:4	Gernsheim, Fritz Spies, Elisabeth	38 Suicid 44 Auschwitz

Würzburg 4:14	Gutmann, Bernhard	39 GB
	Lebermann, Martha	GB
	Oppenheimer, Klara	43 Theresienstadt
	Wechsler, Berta	36 USA
Wuppertal 3:19	Aaron, Else	33 Palästina
	Heimann, Alfred	39 USA
	Hoffa, Theodor	39 Südafrika
Zwickau 1:2	Pese, Erwin	?

Gesamtübersicht Wien

Abels, Hans	39 GB
Aichinger, Berta	überlebt in Wien
Allina, Marianne	39 abgemeldet
Andermann, Eugenie	nach 38 USA
Baar, Heinrich	38 GB
Basch, Felix Paul	38 USA
Beer, Sanel	nach 38 USA
Benedict, Hans	nach 38 USA
Bien, Gertrud	38 GB
Citron, Rosa	38 Palästina
Ebel, Alfred	nach 38 GB – USA
Eckstein, Ida	38 abgemeldet
Egert, Wilhelm	gest. 44
Fantl-Lederer, Frieda	39 abgemeldet
Feilendorf, Stephanie	39 USA
Frankl, Georg	ca. 40 USA
Freud, Paul	38 USA
Friedjung, Joseph	38 Palästina
Gersuny, Otto	38 USA
Glaser, Franz	38 Shanghai
Goldschmidt, Guido	39 USA
Gottlieb, Karl	39 Kanada
Hacker, Eduard	38 Ungarn
Halberstam, Debora	nach 38 USA
Hartmann, Dorothea	38 Schweiz, 41 USA
Hecht, Adolf	38 Suicid
Hilferding, Margarethe	42 Theresienstadt
Hirsch, Ada	nach 38 USA
Hochsinger, Karl	42 Theresienstadt
Holländer, Rachel	nach 38 Palästina
Jehle, Ludwig	gest. 39
Karpeles, Stephanie	nach 38 USA
Kaufmann, Elsa	38 USA
Keller, Heinrich	42 Theresienstadt
Kirsch, Ethel (Else)	nach 38 USA

Kirsch, Oskar	nach 38 USA?
Knöpfelmacher, Wilhelm	38 Suicid
König, Karl	38 GB
Königstein, Robert	38 Australien
Kornfeld, Werner	38? USA
Kris, Marianne	1938 GB, 1940 USA
Kundratitz, Kornelia	überlebt
Kurz, Olga	nach 38 GB
Kwaszewska, Adele	nach 38 USA
Langer, Ella	nach 38 USA
Lederer, Elsa	38 Bagdad
Lederer, Richard	38 Bagdad
Lehndorff, Alice	39 GB, USA
Lehndorff, Heinrich	38 GB, 39 USA
Loewy, Moritz	nach 38 USA
Loewy, Oskar	38 USA
Mahler, Margarethe	38 USA
Mautner, Hans	39 USA
Mestitz, Walter	38 GB
Münz, Bertha	38 GB
Munk, Julius	gest. 40
Neugröschl, Margarethe	39 GB
Neumann, Anna	nach 38 USA
Neurath, Rudolf	38 USA
Nobel, Edmund	38 Albanien, 39 GB
Nußbaum, Olga	nach 38 USA
Orel, Herbert	überlebt in Wien
Poglayen-Neuwall, Gabriele	39 Nisko
Pollak, Rudolf	nach 38 USA
Popper, Edith	38 GB
Popper, Erwin	38 GB
Reiter, Fanni	überlebt in Wien?
Ronald, Alexander	38 abgemeldet
Rosenfeld, Mathilde	34 Palästina
Roßmann, Moritz	38 Zypern
Šafár, Vinzenzia	überlebt in Wien
Scheps, Irene	38 abgemeldet
Schey, Otto	39 GB

Schick, Nelly	nach 38 USA
Schudmak, Henryk	37 Polen, GB, Australien
Schwoner, Josef	39 Zürich
Silber, Adolf	nach 38 San Domingo, USA
Silberbusch, Nathan	38 abgemeldet
Singer, Alexander	42 Izbica
Singer, Erich	?
Singer, Grete	38 China
Spieler, Fritz	gest. 38
Stransky, Eugen	?
Strauß, Walter	38 CSR
Stroß, Josefine	38 GB
Tezner, Otto	38 Palästina
Tietze, Felix	38 GB
Wagner, Richard	38 USA
Wallis, Kurt	37 Palästina
Waltuch, Gertrud	nach 38 USA
Weiß, Rudolf	38 USA
Weiß, Siegfried	überlebt in Wien?
Weitz, Sala	überlebt in Wien?
Wenkart-Taubes, Antonia	nach 38 USA
Werner, Ilona	39 Australien
Zanker, Arthur	39 GB
Zappert, Julius	nach 38 GB
Zarfl, Max	gest. 38

Übersicht Stichprobe Prag
Praha

Atermann, Kurt	39 GB
Cohn, Max	nach 38 GB
Dynski-Klein, Martha	39 GB
Eisner – Kissmann, Gisela	nach 38 GB
Epstein, Berthold	39 Norwegen, 42 Auschwitz (überlebt)
Fischer, Georg	?
Fischl, Rudolf	42 Suicid
Frank, Max	39 USA
Goldmann, Franz	?
Jacobs, Rahel	39 GB
Jelinek, Otto	42 Theresienst., 44 Auschwitz
Katz, Gustav	nach 38 GB
Klein, Rudolf	42 Theresienst., 44 Auschwitz
Kohn, Oskar	42 Theresienst., 44 Auschwitz
Lebenhart, Wilhelm	42 Theresienstadt, Treblinka
Leipen, Jiří	43 Auschwitz
Löwy, Heinrich	43 Auschwitz
Mandler, Emanuel	nach 38 GB
Mellerova, Olga	43 Auschwitz
Milek, Alfred	43 Auschwitz (überlebt)
Podvinec, Ernst	42 Theresienst., 44 Auschwitz, Dachau (überlebt)
Reach, Hannes	nach 1938 GB
Salomon, Karl	?
Salus, Frieda	nach 38 GB
Salus, Fritz	42 Theresienst., 44 Auschwitz
Saxl, Otto	nach 39 Palästina
Schleißner, Felix	42 Theresienstadt
Schmeidler, Oskar	42 Theresienstadt, 44 Auschwitz (überlebt)
Schrötter, Leo	? Theresienst., 44 Auschwitz
Singer, Richard	nach 1938 GB
Steindler, Rudolf	42 Theresienst., 44 Auschwitz, Dachau (überlebt)
Ungar-Bojko, Malvina	nach 1938 GB
Weigl, Karel	43 Theresienst., 44 Auschwitz, Buchenwald (überlebt)
Weiß, Felix	42 Theresienst., 44 Auschwitz

Deportationen

Der Name des Lagers gibt jeweils den *letzten* bekannt gewordenen Aufenthaltsort an. In mehreren Fällen ist eine vorherige Internierung in einem anderen Lager angegeben (s. Einzelbiographien). Wo sich die Spur in einem der Durchgangslager verliert, ist ein Weitertransport in eines der Vernichtungslager anzunehmen.

Außer den dreizehn Überlebenden ist niemand mehr zurückgekommen; die meisten wurden ermordet, andere sind an den Entbehrungen zugrunde gegangen. Es muß als sicher angenommen werden, daß uns nicht alle Opfer bekannt geworden sind.

			Jahr der Deportation
Auschwitz[1]	Adelsberger, Lucie	Berlin	43 (überlebt)
	Benjamin, Max	Köln	43 (überlebt)
	Blumenthal, Leo	Berlin	43
	Davidsohn, Erna	Berlin	43
	Demuth, Fritz	Berlin	ca. 43
	Epstein, Berthold	Prag	42 (überlebt)
	Geißmar, Johanna	Heidelberg	42
	Graf, Selma	Bamberg	42
	Heymann, Paula	Berlin	43
	Jelinek, Otto	Prag	44
	Josephy, Edith	Berlin	44
	Kamerase, Alice	Berlin	43
	Klein, Rudolf	Prag	44
	Kohn, Oskar	Prag	44
	Leipen, Jiří	Prag	43
	Löwy, Heinrich	Prag	43
	Mellerova, Olga	Prag	43
	Milek, Alfred	Prag	43 (überlebt)
	Müller, Elisabeth	Hannover	44
	Neumark, Alice	Mannheim	42

---

[1] Auschwitz (Oswięcim): größtes nationalsozialistisches Konzentrations- und Vernichtungslager, 60 km westlich von Krakau. Mehrere Lagerteile: Stammlager, Birkenau, Buna Monowitz und 45 Nebenlager. Eröffnung 1940, Beginn der systematischen Tötungen Januar 1942. Nach verschiedenen Schätzungen Ermordung von 1,2–1,6 Millionen Menschen.

	Rosenbaum, Hans	Hamburg	44
	Rosenberg, Oskar	Berlin	43 (überlebt)
	Salomon, Walter	Berlin/Paris	42
	Salus, Fritz	Prag	44
	Salvendi, Hugo	Frankfurt a.M.	ca. 43
	Schrötter, Leo	Prag	44
	Spies, Elisabeth	Worms	44
	Steinberg, Alice	Berlin	43
	Strauß, Julius	Mannheim	42
	Weiß, Felix	Prag	44
	Weyl, Julius	Düsseldorf	42
	Wolff, Siegfried	Eisenach	44
Belzec[2]	Walltuch, Michel	Leipzig	42
Buchenwald[3]	Schmeidler, Oskar	Brünn	44 (überlebt)
	Weigl, Karel	Prag	44 (überlebt)
Dachau[4]	Podvinec, Ernst	Iglau	44 (überlebt)
	Steindler, Rudolf	Prag	44 (überlebt)
Gurs[5]	Behrens, Richard	Karlsruhe	40 (überlebt)
	Böhm, Gerda	Freiburg	40
	Liefmann, Elsa	Freiburg	40 (überlebt)
	Neter, Eugen	Mannheim	40 (überlebt)

---

[2] Belsec (Belsec): Vernichtungslager im Distrikt Lublin von ca. 1940–43. Ca. 600 000 Mordopfer.

[3] Buchenwald: seit 1937 Konzentrationslager 8 km nördlich von Weimar für „schwerer belastete, jedoch noch erziehungs- und besserungsfähige Schutzhäftlinge". Insgesamt rd. 240 000 Häftlinge aus 30 Ländern, davon 43 000 ermordet oder umgekommen.

[4] Dachau: erstes Konzentrationslager (1933) für sog. „Schutzhäftlinge", hauptsächlich politische und jüdische Gefangene. Medizinische Menschenversuche. Gegen Ende des Krieges Auffanglager für Gefangene aus den geräumten Lagern des Ostens. Insgesamt ca. 200 000 Häftlinge, ca. 32 000 Todesopfer.

[5] Gurs: Französisches Internierungslager in Südfrankreich, 16 km von Oloron-Sainte-Marie (Basses Pyrenées), von der französischen Regierung zunächst für Spanienkämpfer eingerichtet. Ab Mai 1942 Einlieferung deutscher und österreichischer jüdischer Emigranten aus Frankreich. 22.-25.Oktober 1940 Deportation der gesamten jüdischen Bevölkerung von Baden, der Pfalz, Saarland, Elsaß-Lothringen und einigen Orten Württembergs nach Gurs, ca. 7500 Personen. Unterschiedliche Schicksale: Verlegung, Deportation in Vernichtungslager, Freilassung.

Izbica[6]	Leven, Karl	Düren	42
	Nathan, Edmund	Glogau	42
	Singer, Alexander	Wien	42
Lodz[7]	Rosenbaum, Sally	Frankfurt a.M.	41
Maly Trostinec[8]	Hilferding, Margarethe	Wien	42
	Klein, Walter	Königsberg	42
Mauthausen[9]	Benjamin, Georg	Berlin	42
Nisko[10]	Poglayen-Neuwall, Gabriele	Wien	39
Piaski[11]	Keins, Maximilian	München	42
Ghetto Riga[12]	Schlösser, Max	Witten	41/42

---

[6] Izbica: Durchgangslager für Deportationstransporte aus dem Reichsgebiet und anderen europäischen Ländern im Distrikt Lublin. Die Gefangenen wurden dort meist nach nur einer Nacht in die Vernichtungslager weitertransportiert, vor allem nach Belsec, Chełmno, Sobibór, Majdanek oder Treblinka.

[7] Ghetto Lodz: 1940 Errichtung eines Ghettos mit 164 000 Juden aus Lodz (umbenannt in Litzmannstadt). Später zusätzliche Transporte aus dem Reichsgebiet und anderen besetzten Ländern. Hohe Todesrate an Hunger, Krankheit und Kälte, Zwangsarbeit. Ab1942 Deportationen in das Vernichtungslager Chełmno (Kulmhof) und nach Auschwitz; über 100 000 Mordopfer.

[8] Maly Trostinec: Massenhinrichtungsplatz 17 km von Minsk; Ermordung der Juden aus dem Ghetto von Minsk und von Transporten aus Deutschland, Österreich, den Niederlanden, Polen sowie Böhmen und Mähren. Tötung in Gaswagen und durch Erschießen. Ca. 65 000 Opfer, vornehmlich im Sommer 1942.

[9] Mauthausen: Konzentrationslager in der Nähe von Linz (Oberösterreich), 1938 für „Schwerbelastete" errichtet, darunter insbesondere deutsche und österreichische Kommunisten. Systematische „Vernichtung durch Arbeit" in Steinbrüchen. Ermordung von mehr als 100 000 Menschen.

[10] Nisko: Durchgangslager für Juden im Distrikt Warschau am San, errichtet im Zusammenhang mit einem geplanten „Judenreservat" im Raum Lublin (Oktober 1939). Deportierte aus Mähren, Wien und Schlesien. Ca. 1300 Personen, von denen ein großer Teil starb. Auflösung des Lagers im April 1940.

[11] Piaski: Sammellager 20 km südöstlich von Lublin für Transporte aus dem Reichsgebiet, Böhmen, Mähren und Theresienstadt. Von dort Deportationen in das Vernichtungslager Sobibór.

[12] Ghetto Riga: nach dem deutschen Einmarsch (Rußlandfeldzug) Verbringung der jüdischen Einwohner in das sog. Große Ghetto. November/Dezember 1941 Massenerschießungen von über 27 000 Menschen. Danach Einlieferung von rd. 18 000 Juden aus dem Reichsgebiet („Deutsches Ghetto"); etwa 150 Überlebende.

Sachsenhausen[13]	Nußbaum, Robert	Minden	42
Theresienstadt[14]	Cahen-Brach, Eugen	Frankfurt a.M.	42
	Cohn, Moritz	Berlin	42
	Hirsch, Moritz	Wiesbaden	42
	Hochsinger, Karl	Wien	42
	Keller, Heinrich	Wien	43
	Levy, Ernst	München	42
	Netter, Hermann	Pforzheim	42
	Oppenheimer, Klara	Würzburg	43
	Schleißner, Felix	Prag	42
	Schmoller, Hans	Berlin	43
	Spanier, Julius	München	42 (überlebt)
	Wolf, Alexander	Berlin	42
	Wolf, Erna	Berlin	42
	Wolf, Marga	Stuttgart	43
Trawniki[15]	Wiener, Betty	Berlin	42
Treblinka[16]	Lebenhart, Wilhelm	Prag	42
Lager unbekannt	Fiegel, Lucie	Berlin	42
	Kastner, Alexandrine	Dresden	42
	Sandels, Toni	Frankfurt a.M.	?

---

[13] Sachsenhausen: Konzentrationslager am Stadtrand von Oranienburg, 1936/37 errichtet. Berüchtigte Zustände durch systematische Quälereien, stundenlanges Appellstehen im Frost, Arbeit im Laufschritt, Hunger, Isolierung, gezielte Ermordung. Ca. 200 000 Häftlinge aus über 40 Nationen, geschätzt rd. 100 000 Todesopfer.

[14] Theresienstadt (Terezín); Am 24.11.1941 Errichtung eines Ghettos in der ehemaligen Garnisonsstadt Theresienstadt im Nordwesten der damaligen Tschechoslowakei für „bevorzugte" Gruppen von Juden: Alte Menschen, Prominente, Kinder, Inhaber von Kriegsauszeichnungen etc. Als „Mustersiedlung" gegenüber der Öffentlichkeit ausgegeben (Film: „Der Führer schenkt den Juden eine Stadt"), jüdische Selbstverwaltung der über 50 000 Menschen. Trostlose Verhältnisse, hohe Sterberate, regelmäßige Abtransporte in die Vernichtungslager, vornehmlich Auschwitz.

[15] Trawniki: Durchgangslager im Bezirk Lublin für über 10 000 Juden zum Weitertransport in die Vernichtungslager.

[16] Treblinka: Vernichtungslager ca. 120 km nordöstlich von Warschau. Zunächst Zwangsarbeitslager, ab 1942 Massenvernichtungen in 6–10 Gaskammern. Eisenbahntransporte vornehmlich polnischer Juden, aber auch aus anderen Ländern (Balkan). Insgesamt ca. 870 000 Menschen dort ermordet.

Exilländer

PALÄSTINA

aus Deutschland: Einreise   Wohnsitz ca. 40   Tätigkeit

Name	Herkunft	Einreise	Wohnsitz ca. 40	Tätigkeit
Aaron, Else	Wuppertal	33	unbekannt	Pflege
Adler-Goldstein, Margarete	Köln	33	Tel Aviv	G.P.
Agulnik, Ferdinand	Offenbach	33	Kibbuz Jagur	Ped.
Agulnik, Mira	Offenbach	33	Kibbuz Jagur	Ped.
Alterthum (Atar), Hans	Berlin	33	Petah-Tiqwa	Ped.
Alterthum (Atar), Ruth	Berlin	33	Petah-Tiqwa	Ped.
Altmann, Felix	Breslau	35	Safad	G.P.
Arnsdorf, Frieda	Berlin	35/37	Tel Aviv	Ped.
Aronade, Otto	Berlin	33/35	Tel Aviv	G.P.
Badt, Alfred	Berlin	39	Haifa?	?
Benjamin Karl	Essen	33	Tel Aviv	Ped.
Bernhardt, Hans	Berlin	37/40	Jerusalem	Ped.
Boehm, Ernst	Berlin	33/35	Tel Aviv	Ped.
Brand, Aron	Berlin	36	Jerusalem	Ped.
Brinnitzer, Heinz	Düsseldorf	33/35	Haifa	Ped.
Buttenwieser, Samuel	Berlin	vor 33?	Haifa	Ped.
Caspari, Joachim	Berlin	24	Haifa	Ped.
Chajes, Flora	Berlin	33	Tel Aviv	Ped.
Cobliner, Samuel	Frankfurt a.M.	36	Petah-Tiqwa	Ped.
Danziger, Elfriede	Hindenburg	38	Tel Aviv	Ped.
Edelstein, Ephraim	Berlin	33/35	Tel Aviv	Ped.
Eichelberg, Simon	M'gladbach	ca. 36	Haifa	Ped.
Engel, Alfred	Berlin	33	Jerusalem	Ped.
Falk, Meyer (Meir)	Breslau	38	Jerusalem	Ped.
Falk, Walter	Frankfurt a.M.	ca. 34	Haifa	Ped.
Feilchenfeld, Bruno	Berlin	33/35	Tel Aviv	Ped.
Feilchenfeld, Maja	Nürnberg	33/35	Jerusalem	Ped.
Feuchtwanger, Albert	Frankfurt a.M.	35	Tel Aviv	Ped.
Freund, Elly	Breslau/Berlin	38	Afula	Ped.
Freundlich, Kurt	Hamburg	38	Tel Aviv	Ped.

Goldstein, Rudolf	Berlin	34	Nahariyya	Ped.
Grünbaum, Ernst	Berlin	33/35	Tel Aviv	G.P.
Grünfelder, Benno	Berlin	vor 33	Jerusalem	Ped.+ G.P.
Haas, Jeanette	Frankfurt a.M.	35/37	Jerusalem	Ped.
Heinemann, Moritz	Berlin	35/37	Tel Aviv	retired
Heinemann, Senta	Berlin	35/37	Tel Aviv	Ped.
Heinrich, Hertha	Berlin	33/35	Tel Aviv	Ped.
Held, Kaethe	Berlin	33/35	Jerusalem	Ped.
Hirsch, Albert	Heidelberg	33	Haifa	Ped.
Hirsch, Sophie	Frankfurt a.M.	37	?	?
Hirsch, Walter	Berlin	35	Jerusalem, Tel Aviv	Ped.
Holde, Rosa	Berlin	37/40	Jerusalem	Ped.
Holstein, David	Köln	37/40	Jerusalem	Ped.
Homburger, Theodor	Karlsruhe	35 (38?)	Haifa	Ped.
Horwitz, Samuel	Hamburg	33/35	Herzliyya	Ped.
Jacobi, Walther	Berlin	39	Rishon-le-Ziyyon	Ped.
Jahr, Antonie	Berlin	35/36	Tel Aviv	Ped.
Jahr, Jacob	Berlin	35/37	Tel Aviv	Ped.
Joël, Ernst	Lübeck	33	Rehovot	G.P.
Jonas, Selma	Berlin	33/35	Rehovot	Ped.
Jonas, Walter	Berlin	33/35	Rehovot	Ped.
Kanowitz, Siegfried	Berlin	33	Tel Aviv	Ped.
Klein-Herz, Henriette	Düsseldorf	37	?	?
Kochmann, Rudolf	Chemnitz	36	Tel Aviv	Ped.
Krombach, Käthe	Nowawes	33/35	Haifa	Ped.
Lasch, Walter	Berlin	35	Hadera	Ped.
Levinger, Hedwig	München	35/37	Haifa	Ped.
Levy, Jacob	Berlin	39	Jerusalem	Ped.
Lewin, Gertrud	Berlin	33/35	Ramat-Gan	Ped.
Lewkowitz, Helene	Waldenburg	ca. 36	Haifa	Ped.
Lewy, Berthold	Berlin	33/35	Haifa	Ped.
Loebenstein, Fritz	Leipzig	36	Petah-Tiqwa	Ped.
Loewenthal, Walter	Berlin	35/37	Tel Aviv	G.P.+ Ped.
Machnitzki, Ernst	Chemnitz	33/35	Tel Aviv	Ped.
Mansbacher, Gertrud	Berlin	33	Haifa	Ped.
Mansbacher, Wilhelm	Berlin	33	Haifa	Ped.
Melamed, Leo	Halle	33/35	Tel Aviv	Ped.
Meyer, Karl	Nürnberg	33	Jerusalem	Ped.

Meyer, Ludwig F.	Berlin	36	Tel Aviv	Ped.
Moses, Fritz	Berlin	33/35	Rehovot	Ped.
Moses, Hertha	Berlin	33/35	Rehovot	Ped.
Moses, Julius	Mannheim	34	Tel Aviv	Ped.
Nassau, Erich	Berlin	38	Afula	Ped.
Nathan, Paul	Berlin	37/40	Petah-Tiqwa	Ped.
Nathanson, Lea	Berlin	33/35	Tel Aviv	Ped.?
Nathanson, Ludwig	Berlin	33/35	Tel Aviv	Ped.
Nelken, Kurt	Altona	33	Jerusalem	Ped.
Neter, Eugen	Mannheim	46	Deganya	retired
Neumann, Julius	Berlin	38	Tel Aviv	Ped.
Neumark, Hermann	Frankfurt/O.	39	Tel Aviv	retired
Nothmann Hugo	Berlin	35/37	Jerusalem	G.P.
Ostrowski, Bruno	Danzig	vor 33	Haifa	Ped.
Peiser, Julius	Berlin	39	Jerusalem	Ped.
Pelz, Erich	Breslau	33/35	Haifa	Ped.
Plonsker, Hans	Berlin	33/35	Tel Aviv	Ped.
Ratzkowski, Berthold	Königsberg	36	Haifa	Ped.
Reich, Paul	Berlin	35/37	Tel Aviv	Ped.
Röthler, Hermann	Dresden	33/35	Gedera	Ped.
Rosenbaum, Siegfried	Leipzig	33	Tel Aviv	Ped.
Rosowsky, Hermann	Berlin	33/35	Tel Aviv	Ped.
Sänger, Siegfried	Stuttgart	38	Tel Aviv	G.P.+Ped.
Schlesinger, Justus	Frankenthal	33	Jerusalem	Ped.
Schloßberg, Esther	Berlin	33/35	Tel Aviv	Ped.
Schönfeld, Fritz	Halberstadt	35/37	Tiberias	Ped.
Schoenholz, Max	Recklinghausen	37	Herzliyya	Ped.
Schweitzer, Eddy	Breslau	38	Rehovot	Ped.
Segall, Julie	Berlin	33	Tel Aviv	G.P.
Siew, Leo	Berlin	33/35	Tel Aviv	Ped.
Sindler, Adolf	Düsseldorf	37	Haifa	G.P.
Stahl, Hermann	Berlin	33/35	Tel Aviv	Ped.
Steckelmacher, Eugenie	Nürnberg	33	Ramot-Hashavim	Ped.
Stern, Arthur	Gotha	33	Petah Tiqwa	Ped.
Tendlau, Anna	Hannover	38/39	Jerusalem?	?
Wallach, Karl	M'gladbach	37/40	Jerusalem	Ped.
Weiß, Samuel	Hamburg	33	Ramat-Gan	Ped.

Wildmann, Richard	Köln	33	Haifa	Ped.
Wilmersdorfer, Anne	Magdeburg	34	Tel Aviv?	Ped.
Wirz-Thannhauser, Bella	Düsseldorf	37/40	Jerusalem	Ped.
Wolfsberg, Oskar	Berlin	33	Jerusalem	Ped.

aus Wien

Citron, Rosa		38	Jerusalem	Ped.
Friedjung, Joseph		38	Haifa	Ped.
Holländer, Rachel		nach 38	Jerusalem	Ped.
Rosenfeld, Mathilde		34	Tel Aviv	Ped.
Tezner, Otto		38	Tel Aviv	Ped.
Wallis, Kurt		37	Rehovot	Ped.

aus Prag

Saxl, Otto	(Brünn)	43	Militärdienst	

GROSSBRITANNIEN

aus Deutschland:		Einreise	Wohnsitz ca. 39	Tätigkeit
Bachrach, Bertha	Chemnitz	37/39	London	Ped.
Ballin, Louis	Berlin	39	?	?
Bauer, Julius	Hamburg	39	Blackburn	G.P.?
Besser, Felix	Freiburg i.Br.	33	London	Ped.
Bruch, Brunhilde	Leipzig	vor 39	London	Ped.
Burlin, David	Berlin	39	Linton, Cambsh.	G.P.?
Busse, Edith	Berlin	vor 39	Wembley	Ped.
Davidsohn, Heinrich	Berlin	33	London	G.P.
Deutsch-Lederer, Maria	Düsseldorf	33	?	?
Engel, Stefan	Dortmund	36	London	Pathol., Ped.
Fabisch, Walter	Hamburg	33	Nottingham	Psych.
Frankenstein, Hans	Görlitz	33/34	Richborough	G.P.
Fürstenheim, Walter	Frankfurt a.M.	38	Wimbledon	?
Grünmandel, Selma	Breslau	nach 37	London	G.P.
Gutmann, Bernhard	Würzburg	39	Erdington	?

Hamburger, Richard	Berlin	33	London	Ped.
Hönigsberger, Max	München	38	Edinburgh	Ped.?
Hoffa, Elisabeth	Berlin	34/35	London	G.P.
Hüttenbach, Friedrich	München	39	London	?
Kaumheimer, Ludwig	München	39	London	?
Koch, Gerlinde	(unklar)	um 38	Bath, Somerset	Ped.?
Lebermann, Martha	Würzburg	vor 39	Southampton	G.P.
Loewy, Erich	Köln	nach 34	Jersey	?
Meyer-Wedell, Lilli	Hamburg	ca. 36	London	?
Michaelis, Walter	Berlin	39	?	?
Misch, Sigbert	Berlin	ca. 38	London	?
Müller, Fritz	Berlin	ca. 34	London	Ped.
Neuberger-Ochs, Alice	Köln	38	?	?
Noll, Anni	Heidelberg	35	London	Ped.
Orgler, Arnold	Berlin	39	London	Ped.?
Rosenbaum, Josef	München	38	London	G.P.?
Rosenblum, Elisabeth	Breslau	ca. 39	Bradford	Ped.
Rothenberg, Fritz	Breslau	ca. 38	London	G.P.
Samson, Kurt	Dortmund	33	London	Ped.
Schohl, Elisabeth	Pirmasens	39	Manchester?	?
Selig, Willy	Berlin	nach 33	London	Ped.
Türk , Martha	Frankfurt a.M.	33	Edinburgh	Ped.?
Ursell, Siegfried	Düsseldorf	39	Cambridge	G.P.
Wiesner, Kurt	Berlin	nach 33	Edgware	Ped.
Wittelshöfer, Charlotte	Berlin	39	London	Ped.
Zeitlin, Selda	Frankfurt a.M.	nach 35	London	G.P.

aus Wien

Abels, Hans	39	?	?
Baar, Heinrich	38	Birmingham	Path.
Bien, Gertrude	38	London (weiter USA?)	
König, Karl	38	Camphill	Ped.
Kurz, Olga	38	Wolverley	Ped.?
Mestitz, Walter	38	Brighton	Ped.
Münz, Berta	38	Redhill, Surrey	G.P.?
Neugröschl, Margarethe	39	London ?	?
Nobel, Edmund	38	London	Ped.
Popper, Edith	38	London	Ped.

Popper, Erwin	38	London	Ped.?
Schey, Otto	39	?	?
Stroß, Josephine	38	London	Ped.
Tietze, Felix	38	Plymouth	Ped.
Zanker, Arthur,	39	Croydon	Psych., Ped.
Zappert, Julius	38	London	ret.

aus Prag

Atermann, Kurt	39	Belfast	Ped.
Cohn, Max	nach 38	Essex	?
Dynski-Klein, Martha	39	London	Ped.
Eisner-Kissmann, Gisela	nach 38	Llantarnam	Ped.
Jacobs, Rahel	39	London	Ped.
Katz, Gustav	nach 38	Ware, Hertsh.	Pulm.
Mandler, Emanuel	nach 38	Ruislip, Middlx.	G.P.?
Reach, Hannes	nach 38	Rayleigh, Essex	Ped.
Salus, Frieda	38	Edgware	Ped.?
Singer, Richard	nach 38	Bridge-of-Allan	?
Ungar-Bojko, Malvina	nach 38	Pinner, Middlx.	Ped.

USA

aus Deutschland:

		Einreise	Wohnsitz ca. 39	Tätigkeit
Adelsberger, Lucie	Berlin	46	New York	Research
Adler, Wally	Köln	vor 37	New York	?
Aron, Hans	Breslau	38	Chicago	Ped.
Aron, Julie	Breslau	38	Chicago	Ped.
Baer, Max	Berlin	38	New York City	Ped.
Behrendt, Hans	Frankfurt a.M.	38	New York City	Ped.
Benfey, Arnold	Berlin	36	Washington Heights N.Y.	G.P.
Benjamin, Erich	München	38	Baltimore Md.	Ped.
Berberich, Hugo	Augsburg	41	Richmond Hill N.Y.	Ped.
Beutler, Käthe	Berlin	36	Sharewood Wis.	Ped.
Bing, Robert	Nürnberg	36	Kew Gardens N.Y.	Ped.

Bloch, Werner	Offenburg	36	Elmira N.Y.	Ped.
Block, Walter	Berlin	ca. 36	Baltimore Md.	Ped.
Blühdorn, Kurt	Hannover	39	New York City	Ped.
Blum, Maria	Pirmasens	ca. 36	Corona N.Y.	Ped.
Bodenheimer, Wilhelm	Hamburg	38	Brooklyn N.Y.	Ped.
Boenheim, Curt	Berlin	nach 38	Columbus Ohio	Psych.
Bornstein, Siegbert	Berlin	ca. 36	Oteen N.C.	G.P.
Breuer, Josua	Frankfurt a.M.	38	New York City	Ped.
Bruchsaler, Siegfried	Mannheim	38	Dallas Tex.	Ped.
Cahn, Hugo	Witten	38	Indianapolis Ind.	G.P.
Cahn, Philipp	Berlin	38	Oakdale Ia.	Pulm.
Cahn, Robert	Berlin	ca. 36	Berkeley Calif.	Ped.?
Calvary, Martin	Hamburg	ca. 38	Warren Ohio	Ped.?
Cohn-Heidingsfeld, Helene	Karlsruhe	40	New York City	G.P.
Cohn-Hülse, Wilfried	Berlin	35	New York City	Ped.
Cronheim, Irma	Berlin	40	Nassau N.Y.	Intern.
Dingmann, Albert	Berlin	36	New York City	Ped.
Ebertsheim, Walter	Frankfurt a.M.	34	Staten Island N.Y.	Ped.?
Edelstein, Anny	Berlin	39	New York City	Ped.
Einstein, Otto	Stuttgart	39	Colorado Springs	Pulm.
Eisenstädt, Alfred	Bremen	39	Chicago	Ped.
Eliasberg, Helene	Berlin	37	New York City	Ped.
Engel-Blumenfeld, Toni	Hamburg	39	?	?
Falkenheim, Curt	Königsberg	36	Rochester N.Y.	Ped.
Falkenheim, Hugo	Königsberg	41	Rochester N.Y.	ret.
Fath, Alice	Frankfurt a.M.	ca. 34	Merced, Calif.	Ped.
Feibes, Erich	Aachen	38	Schenectady N.Y.	Ped.
Fischer, Martin	Oppeln	ca. 38	Lynbrook N.Y.	Ped.?
Frei, Magda	Berlin	38	?	?
Freund, Käte	Berlin	ca. 38	New York City	Ped.
Goetzel, Paul	Berlin	ca. 38	Forest Hills N.Y.	Pulm.
Goldstein, Walter	Berlin	ca. 36	Brockton Mass.	Rad.
Gottstein, Werner	Berlin	38	Chicago	Ped.
Grüneberg, Franz	Altona	38	Cleveland Ohio	Ped.?
Grünspecht, Adolf	Nürnberg	39	New York City	Ped.?
Guggenheim, Richard	Konstanz	ca. 38	Islip N.Y.	Ped.
György, Paul	Heidelberg	35	Philadelphia Pa.	Ped.
Hahn, Frieda	Bremerhaven?	?	?	?

Hanau, Franz	Gießen	36	New York City	Ped.?
Hauser, Arnold	Stuttgart	ca. 38	Vallejo Calif.	Ped.
Heidenheim, Thilo	Köln	36	New York City	Ped.
Heimann, Alfred	Wuppertal	39	Staten Island N.Y.	Ped.?
Heine, Ludwig	Berlin	ca. 34	Richmond Hill N.Y.	Ped.
Heller, Oskar	Ludwigshafen	34	Hicksville N.Y.	Ped.?
Hepner, Franz	Bernburg	38	New York City (Suicid)	
Herz, Oskar	Hamburg	36	San Francisco, Calif.	Ped.
Heymann, Walter	Freiburg i.Br.	33	Cleveland Ohio	Ped.
Hirschowitz, Martin	Berlin	nach 38	New York City	Ped.?
Jacobsohn, Erich	Leipzig	ca. 38	Fairport N.Y.	Ped.?
Japha, Alfred	Berlin	39	Denver Col.	Ped.
Kahn, Walter	Dortmund	39	Chelmsford Mass.	Ped.
Kahn-Wolz, Elisabeth	Karlsruhe	37	New Rochelle N.Y.	Ped.?
Katz, Otto	Berlin	39	New Orleans La.	ret.
Königsberger, Ernst	Berlin	nach 38	Oakland Calif.	Ped.
Kuttner, Marianne	Berlin	33	St. Louis Miss.	Ped.
Lamm, Bruno	Köln	38	?	?
Landau, Arnold	Berlin	36	New York City	?
Landé, Lotte	Frankfurt a.M.	34 (37?)	Dixon Ill.	Ped.
Landsberger, Max	Brandenburg	38	Buffalo N.Y.	Ped.
Lauter, Leo	Elbing	ca. 35	Toledo Ohio	G.P.
Leichtentritt, Bruno	Breslau	38	Cincinnati Ohio	Ped.
Levison, Paul	Altona	41	Glenn Dale Md.	Pulm.
Levy, Erich	Berlin	nach 37	New York City	?
Lewin, Albert	Essen	36	Euclid Ohio	Ped.
Lewisson, Gertrud	Berlin	40	?	?
Liepmann, Hans	Hamburg	33	Central Valley N.Y.	G.P.?
Lilienfeld, Alfred	München	36	New York City	Orth.
Marcus, Ida	Solingen	39	Chicago	Ped.
Marcus, Walter	Solingen	39	Chicago	Ped.
Metis, Felix	Grünberg	ca. 38	Maspeth N.Y.	Ped.
Meyer, Daniel	Hamburg	40	Schenectady N.Y.	G.P.
Meyer, Leo	Regensburg	39	Brooklyn N.Y.	Ped.
Meyer, Max	Gelsenkirchen	40	New York City	Ped.
Meyer, Selma	Düsseldorf	40	Kew Gardens N.Y.	Ped.
Meyerstein, Albert	Berlin	vor 36	Farmingdale N.Y.	Ped.
Michaelis, Lucie	Berlin	ca. 38	Cleveland Ohio	Ped.

Moses, Samuel	Lörrach	38	Brooklyn N.Y.	G.P.
Nathorff, Hertha	Berlin	40	New York City	Psych.
Neuhaus, Hugo	Ulm	36	Freeport N.Y.	Ped.
Neuland, Willy	Nürnberg	37	New York City	Ped.
Neustadt, Else	Düsseldorf	37	New York City	Psych.
Ochs, Julius	Köln	39	New York	?
Ohlmann, Alice	Frankfurt a.M.	40	Dayton Ohio	Ped.
Ohlmann, Julius	Frankfurt a.M.	40	Dayton Ohio	Ped.
Oppenheimer, Joseph	Fürth	33	New York City	Ped.?
Pototzky, Karl	Berlin	38	New York City	Ped.
Reifenberg, Hugo	Duisburg	39	Jackson Heights N.Y.	Ped.?
Riesenfeld-Hirschberg, Fritz	Berlin	ca. 38	New York City	Intern.
Rosenberg, Fritz	Frankfurt a.M.	ca. 38	Denver Col.	Pulm.
Rosenhaupt, Heinrich	Mainz	39	Colorado Springs Col.	?
Rosenstern, Iwan	Berlin	37	Evanston Ill.	Ped.
Rosenthal, Carl	Köln	37	New York City	Ped.
Rosin, Martha	Hamburg	40	Chicago	Ped.
Rothschild, John	Frankfurt a.M.	39	Kew Gardens N.Y.	Ped.
Rothschild, Lilly	Dortmund	39	New York	Nurse
Salomon, Adolf	Frankfurt a.M.	ca. 38	Williamstown Mass.	Ped.
Schaumberg, Max	Frankfurt a.M.	ca. 38	Jackson Heights N.Y.	Ped.?
Schein, Herbert	Dinslaken	ca. 37	Staten Island N.Y.	Ped.?
Schermann, Olga	München	36	Hanson Mass.	?
Schermann, Richard	München	36	Hanson Mass.	Pulm.
Schiff, Alice	Köln	36	Los Angeles Calif.	Ped.
Schiff, Erwin	Berlin	38	New York City	Ped.
Schmal, Simon	Stuttgart	ca. 38	Ithaca N.Y.	G.P.
Schneider, Kurt	Berlin	38	New York City	Ped.
Seckel, Helmut	Köln	36	Chicago Ill.	Ped.
Siegel, Erich	Berlin	39	New York City	Ped.
Siering, Hildegard	Stuttgart	nach 33	Troy N.Y.	Ped.?
Simmel, Else	Gera	40	Norwich Conn.	Pulm.
Simon, Karl	Mainz	34	Yonkers N.Y.	Card.
Solmitz, Werner	Berlin	39	Chicago Ill.	Ped.
Sommer, Otto	Rheydt	ca. 37	Mount Vernon N.Y.	Ped.?
Spiegel, Max	Köln	39	Albany N.Y.	Ped.
Stein, Ida	Göttingen	39	Walla Walla Wash.	Pulm.

Stern, Bertha	Nürnberg	nach 34	Rochester N.Y.	Ped.
Strauß, Aron	Wetzlar	39	Newark, N.Y.	ret.
Stützel, Martha	Heidelberg	39	New York City	Ped.
Trautmann, Richard	Berlin	ca. 38	New York City	Ped.?
Tugendreich, Gustav	Berlin	38	gest. 48 Los Angeles	
Uffenheimer, Albert	Magdeburg	40	gest. 41 Albany N.Y.	
Vollmer, Hermann	Berlin	ca. 35	New York City	Ped.
Wassermann, Margareta	München	39	Chicago?	?
Wechsler, Berta	Würzburg	36	Columbus Ohio	Ped.
Weichsel, Manfred	Leipzig	34	Long Island City N.Y.	Ped.
Weil, Hans	Mannheim	ca. 36	Princeton N.J., Suicid 41	
Wolff, Rudolf	Krefeld	36	Mill Valley Calif.	Ped.
Wurzinger, Stefan	Nürnberg	38	?	?

aus Wien

Andermann, Eugenie	nach 38	New York City	G.P.
Basch, Felix Paul	38	Chicago	Ped.
Beer, Sanel	40	Miami Florida.	G.P.
Benedict, Hans	nach 38	Richmond Calif.	G.P.
Ebel, Alfred	38	Rochester N.Y.	G.P.
Feilendorf, Stefanie	nach 38	New York City	Ped.
Frankl, Georg	40	Kansas City	Psych./Ped.
Freud, Paul	38	New York City	Ped.
Gersuny, Otto	38	New York City	Ped.
Goldschmidt, Guido	38	?	?
Halberstam, Debora	nach 38	New York City	Ped.
Hartmann, Dorothea	38	New York City	Psych.
Hirsch, Ada	nach 38	New York City	Ped.?
Karpeles, Stephanie	38	New York City	Ped.
Kaufmann, Elsa	38	New York City	Ped.
Kirsch, Ethel	nach 38	New York City	Ped.
Kornfeld, Werner	38 (früher?)	East Orange N.J.	Ped.
Kris, Marianne	38	New York City	Ped.
Kwaszewska, Adele	38	New York City	G.P.
Langer, Ella	nach 38	Augusta Me.	Ped.
Lehndorff, Alice	38	New Rochelle N.Y.	Psych.?

Lehndorff, Heinrich	38	New Rochelle N.Y.	Ped.
Loewy, Moritz	nach 38	New York City	Ped.?
Loewy, Oskar	38	Waterfliet N.Y.	G.P.
Mahler, Margarethe	38	New York City	Psych.
Mautner, Hans	38	Wrentham, Mass.	Ped.
Neumann, Anna	nach 38	Washington D.C.	Ped.
Neurath, Rudolf	38	New York City	Ped.
Nußbaum, Olga	nach 38	Binghamton N.Y.	Ped.?
Pollak, Rudolf	nach 38	New York City	Ped.
Schick, Nelly	nach 38	Jackson Heights N.Y.	G.P.
Silber, Adolf	nach 38	Bronx, N.Y.	Ped.?
Wagner, Richard	38	Boston Mass.	Ped.
Waltuch, Gertrud	nach 38	Flushing N.Y.	Ped.
Weiß, Rudolf	38	Cleveland, Ohio	Ped.?
Wenkart, Antonia	nach 38	New York City	Psych.?

aus Prag

Frank, Max	39	Sacramento, Calif.	Ped.

WEITERE LÄNDER
(außer Palästina, Großbritannien, USA)

Ägypten

Bendix, Bernhard	Berlin	33	Kairo	
Huldschinsky, Kurt	Berlin	34	Alexandria	Ped.

Argentinien

Frankenstein, Curt	Berlin	36	Buenos Aires	Ped.?
Haymann, Cläre	Frankfurt a.M.	ca. 35	Buenos Aires	Ped.?
Heidemann, Moritz	Hamburg	38	Buenos Aires	?
Mendelsohn, Ludwig	Berlin	40	Colonia Avigdor	Ped.
Meyer, Hedwig	Mainz	38	Buenos Aires	?
Putzig, Hermann	Berlin	38	Buenos Aires	Ped.?
Schellitzer, Hermann	Berlin	ca. 38	Buenos Aires	?

Australien

Königstein, Robert	Wien	38	?	?
Lippmann, Arthur	Hamburg	38	Sydney	G.P.
Schudmak, Henryk	Wien	37	Adelaide	Ped.
Simons, Alfred	Gummersbach	39	Adelaide	Ped.?
Wasser, Ernst	Schneidemühl	39	Citizen Military Forces	
Werner, Ilona	Wien	39	?	?

Belgien

Bamberg, Karl	Berlin	nach 38	Brüssel	?
Bergmann, Josef	Berlin	39	Antwerpen	?
Meyer, Hans	Frankfurt a.M.	33	Heyst-sur-Mer	Ped.
Zeichner, Otto	Dortmund	34	Brüssel (36 weiter UdSSR?)	

Bolivien

Koehler, Annemarie	Breslau	39	Cochabamba	Ped.?
Krebs, Berthold	Görlitz	nach 38	La Paz	Ped.?
Mohr, Martin	Breslau	40	La Paz	Ped.?

Brasilien

Albersheim, Erich	Emmerich	37	Porto Allegre	Ped.
Dzialoszynski, Ismar	Beuthen	nach 38	?	?
Lenneberg, Robert	Düsseldorf	33	Rio de Janeiro	?
Selig, Paula	Wiesbaden	39	Rio de Janeiro	Pflege
Weinstock, Alma	Aachen	38	Rio de Janeiro	?

Bulgarien

Philippson, Ilse	Berlin	?	Bukarest?	?

Chile

Finkelstein, Heinrich	Berlin	39	Santiago de Chile	Ped.
Hochschild, Hugo	Frankfurt a.M.	33	Santiago de Chile	Inn.?
Meyerstein, Gerhard	Berlin	38	?	?
Meyerstein, Hildegard	Berlin	38	?	?
Simon, Karl Th. Veit	Frankfurt a.M.	(33 Italien)	38 Santiago de Chile	Ped.
Sternefeld, Ruth	Berlin	40	Santiago de Chile	?

China

Brühl, Heinz	Marburg	35	Hankow	G.P., Ped.?
Glaser, Franz	Wien	38	Shanghai	„Arzt"
Glaß, Georg	Berlin	33	Shanghai	Ped.
Lasser, Wilhelmine	München	35	?	?
Lewinsohn, Norbert	Duisburg	34	Tientsin	Ped.
Mosse, Karl	Berlin	33 (35?)	Shanghai	Ped.
Singer, Grete	Wien	38	Shanghai/Peking	G.P.

Dominikanische Republik

Rosenberg, Gerhard	Hamburg	39	Santo Domingo	?

Ecuador

Bach, Siegfried	Dortmund	39	?	?

Frankreich

Dessau-Neumann, Lotte	Berlin	33	Paris	?
Feibelmann, Moritz	Nürnberg	33	Neuilly s.S.	?
Grosser, Paul	Frankfurt a.M.	33	St. Germain-en-Laye	gest. 34
Neu, Johanna	Frankfurt a.M.	33	Paris	gest. 42
Rosenthal, Paula	Berlin	nach 38	Nizza	?
Salomon, Walther	Berlin	ca. 34	Paris	42 Auschwitz
Weiler, Emil	Saarbrücken	35	Sarreguemines	Ped.
Ullmann, Julius	Karlsruhe	38	Paris	Ped.

Indien

Weinberg, Max	Halle	36	Bombay	Ped.

Irak

Lederer, Elsa	Wien	38	Bagdad	?
Lederer, Richard	Wien	38	Bagdad	?

Italien

Färber, Ernst	Berlin	ca. 38	Rom	?

Kanada

Gottlieb, Karl	Wien	39	?	?
Karger, Paul	Berlin	37	Toronto	Ped.

Kolumbien

Lamm, Bruno	Köln	nach 38	Bogotá	Ped.?
Spiegel, Otto	Kiel	nach 38	Bogotá	Ped.?

Mexiko

Neumann, Rudolf	Berlin	41	Mexico City	Ped.?

Neuseeland

Meyer, Curt	Dresden	nach 38	?	?
Oestreicher, Paul	Meiningen	39	Dunedin	G.P.

Niederlande

Benjamin, Max	Köln	39	Amsterdam	43 Auschwitz
Demuth, Fritz	Berlin	39	?	44 Auschwitz
Epstein, Eugen	Breslau	ca. 38	Amsterdam?	?
Fromm, Eugen	München	39	?	?
Lehmann, Paul	Düsseldorf	39	Amsterdam	?
Levy-Suhl, Hilde	Berlin	33	Amsterdam	?
Malinowski, Arnold	Görlitz	ca. 34	?	?
Neumark, Käte	Frankfurt a.M.	33	?	?
Simon, Hugo	Berlin	39	?	?
Stern-Hanf, Georg	Hagen	36	s'Gravenhage	?
Wolff, Siegfried	Eisenach	38	Arnheim	44 Auschwitz

Portugal

Adler, Elsa	Berlin	33	?	?
Belmonte, Walter	Berlin	33	Funchal/Madeira	Orth.

Schweiz

Frankenau, Arnold	Nürnberg	41	Basel	ret.
Freudenberg, Ernst	Marburg	38	Basel	Ped.
Freund, Walther	Breslau	43	Basel	ret.
Hopf, Karl	Nürnberg	33	Davos	?
Liefmann, Elsa	Freiburg i.Br.	42	Zürich	ret.

Philippson, Paula	Frankfurt a.M.	ca. 34	Zürich?	ret.
Schwabacher, Henri	Hamburg	42	Zürich	Ped.
Turnau, Laura	Berlin	um 33	Graubünden	Ped.

Schweden

Alsberg, Georg	Kassel	39	Stockholm	?
Goldstein, Fritz	Berlin	38 (39?)	Stockholm	?
Wollheim, Hedwig	Berlin	38	Lund	?

Südafrika

Hoffa, Theodor	Wuppertal	39	Johannesburg	Ped.
Langer, Hans	Berlin	36	Johannesburg	Ped.

Syrien

Philipp, Erna	Gera	35	Beirut	?

Tschechoslowakei

Abraham, Georg	Kaiserslautern	37	Prag	?

Türkei

Eckstein, Albert	Düsseldorf	35	Ankara	Ped.
Eckstein, Erna	Düsseldorf	35	Ankara	Ped.

Uruguay

Simon, Gustav	Frankfurt a.M.	36	Montevideo	Ped.?
Weigert, Richard	Breslau	?	Montevideo	?

Sichere Emigration, unklare Ziele

Frankenberg, Margarethe	Hamburg	38	„Ausland"
Fuchs, Erwin	Hamburg	ca.37	?
Heßberg, Gertrud	Gladbeck	34	„auf Reisen"
Horwitz, Alice	Hamburg	38	„Ausland"
Meyersohn, Rudolf	Rathenow	37	„Südamerika"
Weinholt, Philipp	Limburg	39	Japan?

Suicide und Todesfälle 1933–1944

Jahr   Alter (Jahre)

[32	Schloßmann, Arthur	Düsseldorf	64]	
33	Joël, Julius	Lübeck	66	
33	Langstein, Leo	Berlin	57	Suicid
33	Koch, Georg	Wiesbaden	53	
33	Posner, Gustav	Rostock	27	Suicid
33	Tannenbaum, Hedwig	Erfurt	38	
34	Erlanger, Berta	Mainz	?	
34	Baron, Leo	Berlin	54	
34	Cohn, Michael	Berlin	?	
34	Fränkel, Paul	Berlin	?	
34	Borchardt, Johanna	Berlin	?	
34	Buttermilch, Wilhelm	Berlin	62	
34	Ehrenfreund, Friedrich	Dresden	57	Suicid (?)
34	Maas, Hermine	Nürnberg	63	
35	Bloch, Wilhelm	Köln	63	
35	Freise, Richard	Berlin	46	Suicid
35	Grüneberg, Bernhard	Altona	74	
35	Levy, Else	Berlin	44	
35	Mayer, Ludwig	Darmstadt	61	
35	Ritter, Julius	Berlin	73	
36	Friedmann, Salo	Beuthen	?	
36	Borchardt, Eugen	Berlin	72	
36	Fath, Sigmund	Frankfurt a.M.	70	
36	Heilbronn, Dora	Fürth	40	
37	Gerstle, Friedrich	München	44	Suicid
37	Lissauer, Willy	Berlin	67	
37	Felsenthal, Simon	Mannheim	72	
37	Mohr, Gustav	Nürnberg	?	
37	Schlesinger, Eugen	Frankfurt a.M.	68	
38	Behrmann, Solon	Nürnberg	78	
38	Böhm, Henry	Frankfurt a.M.	68	
38	Doernberger, Eugen	München	75	Suicid (?)
38	Freise, Frieda	Chemnitz	52	
38	Frensdorff, Fritz	Hannover	49	Suicid

38	Funkenstein, Otto	München	61	Suicid (?)
38	Gernsheim, Fritz	Worms	66	Suicid
38	Kastner, Otto	Dresden	58	Suicid
38	Nordheim, Moritz	Hamburg	65	Suicid
38	Plaut, Max	Frankfurt a.M.	58	
38	Regensburger, Markus	München	67	Suicid (?)
38	Reinach, Otto	München	68	Suicid (?)
38	Schaps, Leo	Berlin	61	
38	Soldin, Max	Berlin	64?	
39	Lust, Franz	Karlsruhe	58	Suicid
39	Kauffmann, Elsa	Liegnitz	63	Suicid
39	Stern, Leopold	Berlin	74	
40	Königsberger, Paul	Liegnitz	72	
40	Leichtentritt, Heinrich	Berlin	70	
40	Schloß, Josef	Halle	?	Suicid
41	Aschenheim, Erich	Remscheid	59	Suicid
41	Hirschfelder, Isidor	Krefeld	63	Suicid
41	Weil, Hans	Mannheim	43	Suicid (USA)
41	Selter, Paul	Solingen	75	
41	Stamm, Carl	Hamburg	74	Suicid
42	Blumenfeld, Felix	Kassel	69	Suicid
44	Haubrich-Gottschalk, Alice	Köln	52	Suicid
44	Wiegand, Hertha	Offenburg	54	Suicid
44	Stargardter, Julius	Hagen	63	Suicid

Wien nach 1938:

38	Hecht, Adolf		62	Suicid
38	Knöpfelmacher, Wilhelm		73	Suicid
38	Spieler, Fritz		63	
38	Zarfl, Max		62	
39	Jehle, Ludwig		68	
40	Munk, Julius		83	
44	Egert, Wilhelm		72	

Prag nach 1938

| 42 | Fischl, Rudolf | | 80 | Suicid |

Quellen und Literatur

Archive

Bundesarchiv Berlin
Bundesarchiv Koblenz

Stadtarchiv Aachen
Hauptamt/Archiv Apolda
Stadtarchiv Augsburg
Stadtarchiv Bad Kreuznach
Hauptamt/Archiv Bad Lippspringe
Stadtarchiv Bamberg
Berliner Ärztebibliothek
Centrum Judaicum Neue Synagoge Berlin
Landesarchiv Berlin
Pädiatriearchiv Berlin
Zentrum für Berlinforschung, Berlin
Stadtarchiv Bochum
Stadtarchiv Brandenburg/Havel
Stadtarchiv Bremen
Stadtarchiv Bremerhaven
Stadtarchiv Chemnitz
Stadtarchiv Cottbus
Stadtarchiv Darmstadt
Stadtarchiv Dortmund
Stadtarchiv Dresden
Stadtarchiv Düsseldorf
Mahn- und Gedenkstätte Düsseldorf
Stadtarchiv Duisburg
Studienwerk Deutsches Leben in Ostasien, Eichenau
Stadtarchiv Eisenach
Stadt- und Verwaltungsarchiv Erfurt
Stadtarchiv Essen
Hauptamt Frankenthal
Archiv Bibliographia Judaica e.V. Frankfurt a. M.
Archiv des Jüdischen Museums Frankfurt a. M.
Stadtarchiv Frankfurt a. M.
Institut für Stadtgeschichte Frankfurt a. M.
Stadtarchiv Frankfurt/Oder
Stadtarchiv Freiburg i.Br.
Stadtarchiv Fürth
Institut für Stadtgeschichte Gelsenkirchen
Stadtarchiv Gera
Stadtarchiv Gießen
Kulturamt Gladbeck
Stadtarchiv Görlitz
Stadtarchiv Göttingen
Thüringisches Staatsarchiv Gotha
Landratsamt Gotha
Stadtarchiv Guben
Stadtarchiv Gummersbach
Stadtarchiv Hagen
Stadtarchiv Halberstadt
Stadtarchiv Halle (Saale)
Staatsarchiv Hamburg
Stadtarchiv Hannover
Stadtarchiv Heidelberg
Stadtarchiv Kaiserslautern
Stadtarchiv Karlsruhe
Stadtarchiv Kassel
Stadtarchiv Kiel
Stadtarchiv Koblenz
NS-Dokumentationszentrum der Stadt Köln
Stadtarchiv Konstanz
NS-Dokumentationsstelle Stadt Krefeld

Stadtarchiv Leipzig
Stadtarchiv Limburg a.d.Lahn
Stadtarchiv Ludwigshafen am Rhein
Archiv der Hansestadt Lübeck
Hessisches Staatsarchiv Marburg
Stadtarchiv Magdeburg
Stadtarchiv Mainz
Stadtarchiv Mannheim
Stadtarchiv Meiningen
Stadtarchiv Mönchengladbach
Kommunalarchiv Minden
Stadtarchiv München
Stadtarchiv Münster
Stadtarchiv Nürnberg
Archiv Markt Oberstdorf
Stadtarchiv Offenbach am Main
Kulturamt/Museum Offenburg
Stadtmuseum-Stadtarchiv Oldenburg
Niedersächsisches Staatsarchiv in Osnabrück
Stadtarchiv Pforzheim
Stadtarchiv Pirmasens
Stadtarchiv Pirna
Kreis-und Verwaltungsarchiv Rathenow
Kreismuseum Rathenow
Stadtarchiv Recklinghausen
Amt für Archiv und Denkmalpflege Stadt Regensburg
Stadtarchiv Remscheid
Archiv der Hansestadt Rostock
Stadtarchiv Saarbrücken
Stadtarchiv Solingen
Stadtarchiv Stuttgart
Stadtarchiv Tübingen
Stadtarchiv Ulm
Stadtarchiv Wiesbaden
Stadtarchiv Witten

Stadtarchiv Worms
Stadtarchiv Würzburg
Stadtarchiv Wuppertal
Begegnungsstätte Alte Synagoge Wuppertal
Stadtarchiv Zwickau

Universitätsarchive
Humboldt-Universität Berlin
Hamburg
Bonn
Dresden
Düsseldorf
Erlangen
Frankfurt
Freiburg i.Br.
Gießen München
Göttingen
Greifswald
Halle/Saale
Heidelberg
Jena
Kiel
Köln
Leipzig
Marburg
Rostock
Tübingen
Würzburg

Konsultierte ausländische Institutionen

Jerusalem:	Central Archives of the History of the Jewish People
	National Library
	Yad Vashem Archive
	Hebrew University Hadassah Medical School Library
New York:	Leo Baeck Institute
	New York Academy of Medicine Library
Oxford:	The Society for the Protection of Science and Learning Archive, Bodleian Library
	Wellcome Unit for the History of Medicine
Paris:	Centre de Documentation Juive Contemporaine
Philadelphia:	Council on the Jewish experience in Shanghai
Prag:	Jüdisches Museum
	Universitäts-Archiv
	Medizinhistorisches Institut Bibliothek
Washington:	United States Holocaust Memorial Museum
Wien:	Österreichisches Staatsarchiv
	Wiener Stadt- und Landesarchiv
	Magistratsarchiv, Meldebehörde
	Wiener Universitätsarchiv
	Dokumentationsarchiv des österreichischen Widerstandes
Wrocław:	Staatsarchiv
Terezín:	Ghetto-Museum

Gedruckte Quellen und Sekundärliteratur

Bei der Fülle der Literatur über die NS-Zeit werden nur die für die vorliegende Studie benutzten Nachweise angegeben.

Adelsberger, Lucie: Auschwitz. Ein Tatsachenbericht. Das Vermächtnis der Opfer für uns Juden und alle Menschen. Berlin: Lettner Verlag 1956. Amerik. Ausgabe: Auschwitz. A Doctor's Story. Boston: Northeastern University Press 1995.

Adelsberger, Lucie: Briefwechsel mit Dr. Ursula Bohn, Berlin 1945–1971. Privatbesitz.

Adler, Hans Günther: Die verheimlichte Wahrheit. Theresienstädter Dokumente. Tübingen: Mohr 1985.

Adler, Hans Günther: Theresienstadt 1941–1945. Das Antlitz einer Zwangsgemeinschaft. Geschichte, Soziologie, Psychologie. 2. Aufl. Tübingen: Mohr 1960.

Adler, Hans Günther; Langbein, Hermann; Lingens-Rainer, Ella (Hrsg): Auschwitz. Zeugnisse und Berichte. 2. Aufl. Köln 1979.

Adler-Rudel, S.: The Évian Conference on the Refugee Question. In: Leo Baeck Institute Yearbook 13 (1968), S. 235–273.

ADO Adreßbuch für das Deutschtum in Ostasien. Jhg. XI, Shanghai: Max Nössler & Co 1937.

Aly, Götz (Hrsg): Aktion T 4 1939–1945. Die „Euthanasie"-Zentrale in der Tiergartenstraße 4. Berlin: Edition Hentrich 1987.

Ärzteblatt für die Deutsche Ostmark. 1938 ff.

Ärzteverzeichnis für Groß-Wien. Ausgabe vom 1. Oktober 1939. Postbetriebskrankenkasse. Wien: Staatsdruckerei 1939.

Aichinger, Ilse: Die größere Hoffnung. Amsterdam: Bermann Fischer 1948.

Aichinger, Ilse: Kleist, Moos, Fasane. Frankfurt a. M.: S. Fischer 1996.

Albrecht, Klaus: Prof. Dr. Rudolf Hess – ein Kinderarzt in dunkler Zeit. Vortragsmanuskr. o. J.

Altpreußische Biographie. Hrsg. im Auftrag der Hist. Kommission f. ost- und westpreußische Landesforschung v. K. Forstreuter u. F. Gause. Bd.III, Marburg: Elwert 1975.

American Academy of Pediatrics, Fellowship-Lists.

American Medical Directory: Directory of physicians in the United States, Canalzone, Puerto Rico, Virgin Islands, certain Pacific islands and U.S. physicians temporarily located in foreign countries. American Medical Association. Chicago, Ill. 1906 ff.

American Pediatric Society, Fellowship-Lists.

Andrae, Matthias: Die Vertreibung der Jüdischen Ärzte des Allgemeinen Krankenhauses Hamburg – St. Georg im Nationalsozialismus. Med. Diss. Hamburg 1997.

Andree, Christian: Die Ausschaltung jüdischer Mediziner der Universität Breslau und die Gleichschaltung der Ärzteschaft durch den Reichsärzteführer Gerhard Wagner. In: L. Bossle u. a. (Hrsg): Nationalsozialismus und Widerstand in Schlesien. (Schlesische Forschungen Bd. 3), Sigmaringen 1989, S. 105–120.

Arnsberg, Paul: Die Geschichte der Frankfurter Juden seit der Französischen Revolution. Bd.III: Biographisches Lexikon der Juden in den Bereichen: Wissenschaft, Kultur, Bildung, Öffentlichkeitsarbeit in Frankfurt am Main. Hrsg.vom Kuratorium für Jüdische Geschichte e.V. Frankfurt am

                        Main, bearbeitet und vollendet durch Hans-Otto Schembs. Darmstadt: Roether 1983.

Aterman, Kurt: If only the Refugees won't flap. In: Ian Maxwell (Ed), This was my war. A Collection of Memories of the 1939–1945 Conflict. 3rd Edition. Tancook Island Nova Scotia: The Little Daisy Press 1993, S. 57–69.

Atuanya, Egwuatu: Personalbibliographien der Professoren und Dozenten der Kinderklinik an der Medizinischen Fakultät der Universität zu Wien von 1859 bis 1920. Med. Diss. Erlangen-Nürnberg 1972.

Aufbau – Reconstruction. An American Weekly. New York 1934 ff.

Baader, Gerhard: Politisch motivierte Emigration deutscher Ärzte. In: Berichte zur Wissenschaftsgeschichte 7 (1984), S. 67–84.

Baader, Gerhard: Lucie Adelsberger: A forgotten Jewish pioneer allergist. Korot 12 (1996/97), S. 137–143.

Bachmann, Klaus-D.; Oehme, Johannes: Prof.Dr. med. Stephan [sic!] Engel, Pädiatrischer Schrittmacher seiner Zeit. Kinderärztliche Praxis (1998), Nr.3, S. 159–161.

Backhaus-Lautenschläger, Christine: ...und standen ihre Frau. Das Schicksal deutschsprachiger Emigrantinnen in den USA nach 1933. Pfaffenweiler: Centaurus 1991.

Baldwin, Nicholas: The Society for the Protection of Science and Learning Archive. Bodleian Library Oxford 1988.

Ballowitz, Leonore (Hrsg): Leopold Langstein im KAVH tätig von 1909 – 1933. Schriftenreihe zur Geschichte der Kinderheilkunde aus dem Archiv des Kaiserin Auguste Victoria Hauses (KAVH) – Berlin. Heft 8: Humana Milchwerke 1991. (Mit Beiträgen von L. Ballowitz, G. Staupe, M. Stürzbecher, H. Wegmann, Th. Lennert).

Bareuther, Herbert et al (Hrsg): Medizin und Antisemitismus. Historische Aspekte des Antisemitismus in der Ärzteschaft. Materialien aus dem Sigmund-Freud-Institut Bd. 17. Münster: LIT 1998.

Beller, Steven: Vienna and the Jews 1967–1938. A cultural history. Cambridge Univ. Press 1989.

Benjamin, Hilde: Georg Benjamin. Eine Biographie. 2. Aufl. Leipzig: Hirzel 1982.

Bentwich, Norman: The Refugees from Germany April 1933 to December 1935. London: Allen & Unwin 1936.

Benz, Wolfgang (Hrsg): Das Tagebuch der Hertha Nathorff. Berlin-New York, Aufzeichnungen 1933–1945. Schriftenreihe der Vierteljahreshefte für Zeitgeschichte, Bd. 54. München: Oldenbourg 1987.

Benz, Wolfgang (Hrsg): Das Exil der kleinen Leute. Alltagserfahrungen deutscher Juden in der Emigration. München: Beck 1991.

Benzenhöfer, Udo: Der Fall „Kind Knauer".
Deutsches Ärzteblatt 95 (1998), B-954–955.

Benzenhöfer, Udo: Jüdische Ärzte in Hannover 1933–1945 (im Entstehen).

Berg, Birgit: Was ist eine Kinderfachabteilung? Vortrag auf der 51. Jahrestagung der Deutschen Gesellschaft für Sozialpädiatrie und Jugendmedizin, München 9.-12.9.1999, Manuskript.

Berger, Michael: Bedarfsgerechte Insulin-Therapie bei freier Kost: der Beitrag von Karl Stolte zur klinischen Diabetologie. Mainz: Kirchheim 1999

Berghahn, Marion: German-Jewish Refugees in England. The Ambiguities of Assimilation. London: MacMillan Press 1984.

Bernard, Viola W.:	Dora Hartmann, M.D. 1902–1974. Psychoanalytic Quarterly 43 (1974), 661–662.
Bilstein, Jochen:	Stadtarzt Dr. Erich Aschenheim – ein deutsch-jüdisches Schicksal. In: J. Bilstein, Backhaus F. (Hrsg): Geschichte der Remscheider Juden. Remscheid: Hackenberg 1992, S. 201–205.

Biographisches Handbuch der deutschsprachigen Emigration nach 1933. Hrsg. Werner Röder, Herbert A. Strauss. 3 Bde. München u. a.: Saur 1980–1983.

Biographisches Lexikon der hervorragenden Ärzte der letzten fünfzig Jahre (1880–1930). Hrsg. Isidor Fischer. 2 Bde. 2. Aufl. München, Berlin: Urban & Schwarzenberg 1962.

Blank, Dagmar:	Die „Ausschaltung" jüdischer Ärzte und Zahnärzte in Wiesbaden durch den Nationalsozialismus. Med. Diss. Mainz 1984.
Blau, Bruno:	Das Ausnahmerecht für die Juden in Deutschland 1933–1945. 3. Aufl. Düsseldorf: Verlag Allgemeine Wochenzeitung der Juden in Deutschland 1965.

Bleker, Johanna; Jachertz, Norbert (Hrsg): Medizin im Dritten Reich. Köln: Deutscher Ärzteverlag 1989.

Bloch, Erich:	Geschichte der Juden von Konstanz im 19. und 20. Jahrhundert. Konstanz: Rosgarten 1971.

Bottin, Angela; van den Bussche, Hendrik: Opposition und Widerstand. In: H. van den Bussche (Hrsg): Medizinische Wissenschaft im „Dritten Reich", Kontinuität, Anpassung und Opposition an der Hamburger Medizinischen Fakultät. Berlin, Hamburg: Dietrich Reimer 1989.

Brandes, Detlef (Hrsg): Die Tschechen unter deutschem Protektorat. 2 Bde. München: Oldenbourg 1969, 1975.

Brändle, Gerhard: Die jüdischen Mitbürger der Stadt Pforzheim. Pforzheim 1985.

Bräutigam, Helma: Juden in Thüringen 1933–1945. Biographische Daten. Bd. 2, Manuskript Erfurt 1996.

Brehme, Thilo: Aufgaben und Bedeutung der Kinderheilkunde im neuen Deutschland. In: Verhdlg. d. 44. ord. Versammlung der DGfK in Braunschweig 1934. Berlin 1934, S. 183–185

Breisinger, Susanne: Die niedergelassenen jüdischen Ärzte in Freiburg i.Br. Eine Untersuchung zur nationalsozialistischen Berufs- und Standespolitik. Med. Diss. Freiburg 2000.

Brinkschulte, Eva (Hrsg): Weibliche Ärzte. Die Durchsetzung des Berufsbildes in Deutschland. Berlin: Edition Hentrich 1993.

Brocke, Michael; Pelzer, Cläre; Schüürmann, Herbert: Juden in Emmerich. Emmericher Forschungen, Schriftenreihe zur Stadtgeschichte Bd.12. Verlag des Emmericher Geschichtsvereins 1993.

Brodehl, Johannes; Seidler, Eduard (Hrsg): Die deutschen Kinderärzte gedenken ihrer verfolgten, aus dem Land getriebenen und ermordeten Kolleginnen und Kollegen 1933–1945. Monatsschr. Kinderheilk. 147 (1999), Supplement 1 zu Heft 5.

Brodehl, Johannes: Wie es dazu kam: Persönliche Erinnerungen an den Aufbruch der DGKJ zur Rückbesinnung auf ihre Vergangenheit. l.c. S. 35–37.

Brodehl, Johannes: Stefan Engel (1878–1968). Vortrag Dortmund 1.9.99. Manuskript. (1999 a).

Brodsky, Ada: Nach Hause vertrieben. Frankfurter Kunstverein e.V. Frankfurt/ Oder 1995.

Brook-Shepherd, Gordon: Österreich – eine tausendjährige Geschichte. Wien: Zsolnay 1998.

Brunner, Reinhold: Jüdische Ärzte in Eisenach. Ermordet: Dr. Siegfried Wolff. StadtZeit Spezial zum 100. Deutschen Ärztetag Mai 1997. S. 175–178.

Brunner, Reinhold: Die Verfolgung, Vertreibung und Ermordung der jüdischen Menschen Eisenachs. Schriften des Eisenacher Geschichtsvereins, Eisenach 1999.

de Bruyn, Günter: Zwischenbilanz. Eine Jugend in Berlin. Frankfurt a. M.: S. Fischer 1992.

Bussche, Hendrik van den: Medizinische Wissenschaft im „Dritten Reich". Kontinuität, Anpassung und Opposition an der Hamburger Medizinischen Fakultät. Berlin, Hamburg Reimer 1989.

Bussche, Hendrik van den: Rudolf Degkwitz: Die politische Kontroverse um einen außergewöhnlichen Kinderarzt. Kinder- und Jugendarzt 30 (1999), S. 425–431, 549–556.

Catel, Werner: Grenzsituationen des Lebens. Beitrag zum Problem der begrenzten Euthanasie. Nürnberg: Glock & Lutz 1962.

Catel, Werner: Leidminderung richtig verstanden, Nürnberg: Glock & Lutz 1966.

Claudé, Bernhard; Kutschelis, A.: Grünberg-Lexikon. Zur Geschichte der Juden in Grünberg . Manuskr. 1998.

Coles, Robert: Erik H. Erikson – Leben und Werk. München: Kindler 1974.

Conzen, Peter: Erik H. Erikson: Leben und Werk. Stuttgart: Kohlhammer 1996.

Czerny, Adalbert:	Der Arzt als Erzieher des Kindes. Leipzig, Wien: Deuticke 1908.
Dahl, Michael:	Endstation Spiegelgrund. Die Tötung behinderter Kinder während des Nationalsozialismus am Beispiel der Kinderfachabteilung in Wien 1940–1945. Med. Diss. Göttingen 1996.

Datenbank zum Gedenkbuch Berlins der jüdischen Opfer des Nationalsozialismus. Landesarchiv Berlin.

Datenbank Stiftung „Neue Synagoge Berlin – Centrum Judaicum".

Daub, Ute:	Verwischte Spuren: Die unter dem Nationalsozialismus verfolgten Ärzte des Dr. Christ'schen Kinderhospitals und des Clementine Kinderkrankenhauses. In: Wönne (1995), S. 109–137.
Daub, Ute:	Zur Vertreibung und Vernichtung der jüdischen Ärzteschaft in Frankfurt am Main zwischen 1933 und 1945. In: Bareuther (1998), S. 49–73.
Decker, Karola:	Divisions and diversity: the complexities of medical refuge in Britain, 1933 to 1948. In: Paul Weindling (Ed.), The Impact of European Medical Emigrees on British Medicine, 1930s to 1950s. London: Ashgate. In press.
Diamant, Adolf:	Chronik der Juden in Chemnitz, heute Karl-Marx-Stadt. Frankfurt a. M. 1970.
Diamant, Adolf:	Chronik der Juden in Dresden. Von den ersten Juden bis zur Blüte der Gemeinde und deren Ausrottung. Darmstadt: Agora 1973.
Diamant, Adolf:	Chronik der Juden in Leipzig: Aufstieg, Vernichtung und Neuanfang. Chemnitz: Verlag Heimatland Sachsen 1993.

Diercksen, Günter: Aus der Chronik der Ärzteschaft Karlsruhe. Karlsruhe 1978.

Directory of Medical Women. Ohio: The Elizabeth Press Ohio 1949.

Dost, Hartmut: Geschichte der Universitäts-Kinderklinik der Charité zu Berlin. Bis zum 250. Jahre des Bestehens des Charité – Krankenhauses. Gießen: Brühl'sche Universitätsdruckerei 1960.

Drecoll, Axel; Schleusener, Jan; Winstel, Thomas: Nationalsozialistische Verfolgung der jüdischen Ärzte in Bayern. Die berufliche Entrechtung durch die Vierte Verordnung zum Reichsbürgergesetz 1938. Bayerische Landesärztekammer, München 1998.

Drexler, Siegmund; Kalinski, S.; Mausbach, H.: Ärztliches Schicksal unter der Verfolgung 1933–1945 in Frankfurt a.M. und Offenbach. Frankfurt: Verlag für Akademische Schriften 1990.

Drexler-Gormann, Birgit: Verlorene Welten – der Untergang jüdischer Praxen in Frankfurt am Main 1933–1945. In: Bareuther (1998), S. 117–145.

Drüll, Dagmar: Heidelberger Gelehrtenlexikon Bd. 2, 1803–1932. Berlin, Heidelberg u.a.: Springer 1986.

Düwell, Kurt; Genger, Angela; Griese, Kerstin; Wiesemann, Falk (Hrsg): Vertreibung jüdischer Künstler und Wissenschaftler aus Düsseldorf 1933–1945. Düsseldorf: Droste 1998.

Ebertz, Doris und Walter: Geschichte der jüdischen Familien in der Stadt Wetzlar – von der Mitte des 19. Jhdts. Bis in die Gegenwart. Dokumentation. Im Entstehen.

Eckelmann, Christine: Ärztinnen in der Weimarer Zeit und im Nationalsozialismus. Eine Untersuchung über den Bund Deutscher Ärztinnen. Wermelskirchen 1992.

Eckert, Brita : Die jüdische Emigration aus Deutschland 1933–1941: Die Geschichte einer Austreibung. Frankfurt a. M.: Buchhändler-Vereinigung 1985.

Eckstein-Schloßmann, Erna: Türkeierinnerungen – eine Geburtstagsgabe für meine Söhne Herbert, Peter, Klaus. Typoskript, 25 S. (1975).

Ehlers, Herfried: Not accepted. Besuch bei Peter Spiegel (Abitur 1936). Mitteilungen der Kieler Gelehrtenschule Heft 25/1998, S. 39–46.

Elkin, Rivka: Das jüdische Krankenhaus in Berlin zwischen 1938 und 1945. Berlin: Edition Hentrich 1993.

Emigranten Adreßbuch für Shanghai. Shanghai: The New Star Company Shanghai/November 1936. Reprint Old China Hand Press Hong Kong 1995.

Enzyklopädie des Holocaust. Die Verfolgung und Ermordung der europäischen Juden. Dtsch. Ausgabe Hrsg. E. Jäckel, P. Longerich, J.H. Schoeps. 4 Bde. München, Zürich: Piper 1995.

Enzyklopädie des Nationalsozialismus. Hrsg. W. Benz, H. Graml, H. Weiß. 2. Aufl. München: Deutscher Taschenbuch Verlag 1998.

Erckens, Günther: Juden in Mönchengladbach. Jüdisches Leben in den früheren Gemeinden M.Gladbach, Rheydt, Odenkirchen, Gelsenkirchen-Schelsen, Rheindalen, Wickrath und Wanlo: Beitr.z.Gesch.d. Stadt Mönchengladbach 1988, Bd.2 Mönchengladbach 1989.

Erdberg, Eleanor v.: Der strapazierte Schutzengel. Waldeck: Siebenberg Verlag 1994.

Eulner, Hans-Heinz: Die Entwicklung der medizinischen Spezialfächer an den Universitäten des deutschen Sprachgebietes. Stuttgart: Enke 1970.

Fabian, Ruth; Coulmas, Corinna: Die deutsche Emigration in Frankreich nach 1933. München u.a.: K.G. Saur 1978.

Feikes, Renate: Veränderungen in der Wiener jüdischen Ärzteschaft 1938. Dipl.Mag.phil. Wien 1938.

Feilchenfeld, Bruno: Die Entwicklung des Antisemitismus in der deutschen Studentenschaft und seine Einwirkung auf die jüdischen Studenten. In: Groß/Plotke (1913), S. 88–102.

Feilchenfeld, Werner et al.: Haavara-Transfer nach Palästina und Einwanderung deutscher Juden 1933–1939. Tübingen: Mohr 1972.

Fischer, Isidor: Geschichte der Gesellschaft der Ärzte in Wien 1837–1937. Wien: Springer 1938.

Fischer, Wolfram et al. (Hrsg): Exodus von Wissenschaften aus Berlin: Fragestellungen-Ergebnisse-Desiderate-Entwicklungen vor und nach 1933. Forschungsbericht 7 der Akad. der Wissensch. zu Berlin. Berlin, New York: Walter de Gruyter 1994.

Fitzharris, Mary Ann: A Place to Heal. The History of National Jewish Center for Immunology and Respiratory Medicine. National Jewish: Denver, Colorado 1989.

Fliedner, Hans-Joachim: Die Judenverfolgung in Mannheim 1933–1945. Hrsg. Stadtarchiv Mannheim. 2 Bde. Stuttgart: Kohlhammer 1971.

Folberth, Sepp: Die Lörracher Kinderheime. In: W. Jung, G. Möhring (Hrsg): Unser Lörrach. Bd. 16. Lörrach 1985.

Fornfeist, Margot: Zur Judenverfolgung in Gera 1933–1945. In: Beiträge zur Regionalgeschichte Bd. 3.

Fraenkel, J.: The Jews of Austria. London 1967.

Frankenthal, Käte: Der dreifache Fluch: Jüdin, Intellektuelle, Sozialistin. Lebenserinnerungen einer Ärztin in Deutschland und im Exil. Hrsg. Kathleen M. Pearle und Stephan Leibfried. Frankfurt/New York: Campus 1981.

Frauen in Würzburg. Stadtführer und Lesebuch. Stadt Würzburg Gleichstellungsstelle für Frauen. Würzburg: Echter Verlag 1996.

Freudenberg-Hübner, Dorothee; Wien, Erhard Roy: Abgeschoben: Jüdische Schicksale aus Freiburg 1940– 42; Briefe der Geschwister Liefmann aus Gurs und Morlaas an Adolf Freudenberg in Genf. Konstanz 1993.

Freund, Hugo: Biographien Wetzlarer Persönlichkeiten. Wetzlarer Heimathefte. 12. Folge, Wetzlar 1963.

Frevert, Ute: Die Innenwelt der Außenwelt. Modernitätserfahrungen von Frauen zwischen Gleichheit und Differenz. In: Shulamit Volkov (Hrsg), Deutsche Juden und die Moderne. München: Oldenbourg 1994, S. 75–94.

Friedländer, Saul: Das Dritte Reich und die Juden. Die Jahre der Verfolgung 1933–1939. München: Beck 1998.

Fromannshausen, Marlene v.; Beck, Teresa D. K.: Geschichte der Juden in Gera. o.O. o.J. (?)

Gawliczek, O.H.; Senk, Walter E.; Hatzig, Hansotto: Chronik der Ärzte Mannheims. 350 Jahre Medizin in der Stadt der Quadrate. Mannheim: Bezirksärztekammer Nordbaden 1978.

Gedenkbuch Berlins der jüdischen Opfer des Nationalsozialismus. Hrsg. Freie Universität Berlin, Zentralinstitut für sozialwissenschaftliche Forschung. Berlin: Edition Hentrich 1995.

Gedenkbuch zum tragischen Schicksal unserer jüdischen Mitbürger. Erinnerung und Achtung, Anklage, Mahnung und Verpflichtung. Hrsg. Stadt Hagen 1961.

Gedenkbuch. Hamburger jüdische Opfer des Nationalsozialismus. Veröffentlichungen aus dem Staatsarchiv der Freien und Hansestadt Hamburg, Bd. 15. Hamburg 1995.

Gedenkbuch an die ehemaligen Heidelberger Bürger jüdischer Herkunft. Stadt Heidelberg 1983.

Gedenkbuch. Die jüdischen Opfer des Nationalsozialismus aus Köln. NS-Dokumentationszentrum der Stadt Köln. Köln: Mittlg. aus dem Stadtarchiv, Hrsg. Hugo Stehkämper, 77. Heft, Böhlau 1995.

Gedenkbuch für die Nürnberger Opfer der Schoa. Hrsg. Michael Diefenbacher und Wiltrud Fischer-Pache. Nürnberg: Selbstverlag des Stadtarchivs Nürnberg 1998.

Gesamtverzeichnis des deutschsprachigen Schrifttums (GV) 1700–1910. München: K. G. Saur 1979–1987.
1911–1965. München: Verlag Dokumentation und K. G. Saur 1976–1981.

Gleiß, Horst G.W.:	Nur die Heilung der Kinder war der Dank, der ihm blieb. Leben und Werk des Breslauer Pädiaters Prof. Dr. Herbert Hirsch-Kauffmann. In: Der Schlesier – Breslauer Nachrichten 42 (1990), Nr. 47, S. 8–11.
Göckel, W. (Hrsg):	Lörrach im Dritten Reich. Schopfheim o. J.
Gold, Hugo:	Österreichische Juden in der Welt. Ein Bio-Bibliographisches Lexikon. Tel Aviv 1971.
Goldner, Franz:	Die österreichische Emigration 1938–1945. Wien, München: Herold 1972.
Graßl, E.:	In memoriam Erich Benjamin. In: Jaeckle (1988), S. 52 f.

Griese, Kerstin; Woelk, Wolfgang: Jüdische Ärztinnen und Ärzte in Düsseldorf und in der Emigration. In Düwell et al. (1998), 177–205.

Gröger, Helmut:	Josef K. Friedjung. In: F. Stadler (Hrsg): Vertriebene Vernunft II. Emigration und Exil österreichischer Wissenschaftler. Wien, München: Jugend und Volk 1988, S.819–826.
Gröger, Helmut:	Die bis heute nicht erkannte Tragweite des Nationalsozialismus für die Wiener Medizin. In: K. Holubar, W. Druml (Hrsg): Zum 60. Jahrestag der Vertreibung der jüdischen Kollegen aus der Wiener Medizinischen Fakultät. Themenheft der Wiener Klin. Wochenschr. 110 (1998), H.4/5, S.140–144.

Groß, Edgar; Plotke, Georg (Hrsg): Deutsches Studentenbuch 1913. Leipzig: K.F. Koehler 1913.

Grosser, Alfred:	Mein Deutschland. Kap. I: Werdegang und Einstieg. Frankfurt: 1925–1933. Hamburg: Hoffmann und Campe 1993.
Grosser, Alfred:	Medizin und Politik–gestern und morgen. Dtsch. med. Wschr. 119 (1994), S. 930–937.
Grosser, Alfred:	Für eine schöpferische Erinnerung. In: Brodehl/Seidler (1999), S. 20–22.
Großmann, Peter:	Heinrich Finkelstein, vor 125 Jahren geboren. Zschr. ärztl. Fortbildg. 84 (1990), 733–735.
Gutjahr, R.:	Aus der Geschichte der Rathenower Juden. Typoskript, 3. Aufl.1958, Kreismuseum Rathenow.

Gutzmer, Karl (Hrsg): Die Philippsons in Bonn. Deutsch-jüdische Schicksalslinien 1862–1980. Dokumentation einer Ausstellung in der Universitätsbibliothek Bonn. Bonn: Bouvier 1991.

Hadda, Siegmund:	Als Arzt am jüdischen Krankenhaus zu Breslau 1906–1943. Jahrbuch d. schles. Friedrich-Wilhelms-Univ. zu Breslau. Bd. XVIII (1972),S. 198–238.

Hahn, Susanne: Die Verfolgung, Vertreibung und Vernichtung jüdischer Ärzte nach 1933 in Deutschland, dargestellt am Beispiel der Stadt Leipzig. In: Goldenbogen et al. (Hrsg): Medizin und Judentum. Sonderheft Historische Blätter, Dresden (1994) S. 7–14.

Hamann, Brigitte: Hitlers Wien. Lehrjahre eines Diktators. München, Zürich: Piper 1996.

Hamburger, Franz: Nationalsozialismus und Medizin. Wiener Klin. Wochenschr. 1939, Nr.6, S. 153–138.

Hamburger, Michael: A Mug's Game – intermittent memoirs – 1924–1954. Cheadle Hulme: Carcanet Press Ltd. 1973.

Hammerstein, Notker: Antisemitismus und deutsche Universitäten 1871–1933. Frankfurt/New York: Campus Verlag 1995.

Hangebruch, Dieter: Emigriert – Deportiert. In: Krefelder Juden (Krefelder Studien Bd. 2), Bonn 1981.

Hauschildt, Dietrich: Vom Judenboykott zum Judenmord. Der 1. April 1933 in Kiel. Quell.u.Forschg. z. Gesch. Schlesw.-Holst. Bd. 81 (1983), S. 335.

Hebenstreit, Uta: Die Verfolgung jüdischer Ärzte in Leipzig in den Jahren der nationalsozialistischen Diktatur – Schicksale der Vertriebenen. Med. Diss. Leipzig 1997.

Hecker, August Friederich: Die Kunst, unsere Kinder zu gesunden Staatsbürgern zu erziehen und ihre gewöhnlichsten Krankheiten zu heilen. Erfurt: Henningsche Buchhandlung 1805.

Heitmann, Margret; Reinke, Andreas: Bibliographie zur Geschichte der Juden in Schlesien. Salomon Ludwig Steinheim Institut und Historische Kommission in Berlin. München u. a.: Saur 1995.

Hellbrügge, Theodor: Prof. Dr. med. Walter Belmonte, Ehrenmitglied der Deutschen Gesellschaft für Kinderheilkunde. Kinderarzt 5 (1974), S. 361.

Henoch, Eduard: Vorlesungen über Kinderkrankheiten. 7. Aufl. Berlin 1893.

Hepp, Michael (Hrsg.): Die Ausbürgerung deutscher Staatsbürger 1933–1945 nach den im Reichsanzeiger veröffentlichten Listen. 3 Bde. München u. a.: K. G. Saur 1985.

Herrlich, Mario: Jüdische Ärzte in den Kreishauptmannschaften Dresden, Bautzen, Chemnitz und Zwickau vor und nach 1933 in Deutschland. Med. Diss. Leipzig 1996.

Herzfeld, Albert: Ein nichtarischer Deutscher. Die Tagebücher des Albert Herzfeld. Bearbeitet und herausgegeben von Hugo Weishaupt. Im Auftrag der Landeshauptstadt Düsseldorf. Düsseldorf: Triltsch 1982.

Heuer, Renate, Wolf, Siegbert (Hrsg): Die Juden der Frankfurter Universität. Frankfurt a. M.: Campus Verlag 1997.

Heumos, Peter: Die Emigration aus der Tschechoslowakei nach Westeuropa und dem Nahen Osten 1938–1945. München: Oldenbourg 1989.

Heyen, Franz-Josef (Hrsg): Dokumente des Gedenkens – Dokumentation zur Geschichte der jüdischen Bevölkerung in Rheinland-Pfalz und im Saarland von 1800–1945. Bd. 7, Koblenz: Veröff. d. Landesarchivverwaltung Rheinland-Pfalz 1974.

Hilberg, Raul: Die Vernichtung der europäischen Juden. 3 Bde. Frankfurt a. M.: Fischer 1990.

Hilberg, Raul: Täter, Opfer, Zuschauer. Die Vernichtung der Juden 1933–1945. 2.Aufl. Frankfurt a. M.: Fischer 1992.

Hirschfeld, Gerhard (Hrsg): Exil in Großbritannien. Zur Emigration aus dem nationalsozialistischen Deutschland. Veröff. d. Deutschen Hist. Inst. London Bd. 14.

Hlaváčková, Ludmila; Svobodný, Petr: Biographisches Lexikon der Deutschen Medizinischen Fakultät in Prag. Karolinum. Nakladatelství Univerzity Karlovy. Praha 1998.

Hock, A.: Karl Hochsinger. Wiener Med. Wschr. 80 (1930), S. 1473–1474.

Hördemann, Robert (Hrsg): Die Gesundheitsführung der Jugend. Zusammen mit mehreren Ärzten der HJ bearbeitet von Dozent Dr. Gerhard Joppich. München-Berlin: J. F. Lehmann 1939.

Hoesch, Kristin: Die Bemühungen in Deutschland tätiger Ärztinnen um die Approbation von 1877–1900. Med. Hist. Journ. 30 (1995), S. 353–376.

Hoyme, Helmut: Die Entwicklung der Kölner Universitäts-Kinderklinik bis zum Ende des 2. Weltkriegs. Med. Diss 1983.

Hubenstorf, Michael: Österreichische Ärzteemigration 1934–1945 – zwischen neuem Tätigkeitsgebiet und organisierten Rückkehrplänen. In: Berichte zur Wissenschaftsgeschichte 7 (1984), S. 85–97.

Hubenstorf, Michael: Österreichische Ärzteemigration. In: F. Stadler (Hrsg), Vertriebene Vernunft I. Emigration und Exil österreichischer Wissenschaft 1930–1940. Wien, München: Jugend und Volk 1987, S. 359–415.

Hubenstorf, Michael: Kontinuität und Bruch in der Medizingeschichte. Medizin in Österreich 1938–1955. In: F. Stadler (Hrsg), Kontinuität und Bruch 1938–1945–1955. Beitr. z. österr. Kultur- und Wissenschaftsgeschichte. Wien, München: Jugend und Volk 1988, S. 229–332.

Hubenstorf, Michael: Vertriebene Medizin – Finale des Niedergangs der Wiener medizinischen Schule? In: F. Stadler (Hrsg), Vertriebene Vernunft II. Emigration und Exil österreichischer Wissenschaft. Wien, München: Jugend und Volk 1988, S. 766–793.

Hubenstorf, Michael: Medizinische Fakultät 1938–1945. In: G. Heiß et al. (Hrsg), Willfährige Wissenschaft. Die Universität Wien 1938–1945. Wien: Österr. Texte z. Gesellschaftskritik Bd. 43, 1989. S. 233–282.

Hubenstorf, Michael: Ende einer Tradition und Fortsetzung als Provinz. Die Medizinischen Fakultäten der Universitäten Berlin und Wien 1925–1950. In: Christoph Meinel, Peter Voswinckel (Hrsg), Medizin, Naturwissenschaft, Technik und Nationalsozialismus. Stuttgart: Verlag für Geschichte der Naturwissenschaften und der Technik 1994, S. 33–53.

Hubenstorf, Michael: Die 1933–1945 entlassenen Hochschullehrer der Medizin in Berlin. In: Wolfram Fischer et al. (1994), S. 615–626.
 – „Aber es kommt mir doch so vor, als ob Sie dabei nichts verloren hätten". l.c. S. 355–460; zu Lucie Adelsberger S. 401–405.

Hubenstorf, Michael: „Der Wahrheit ins Auge sehen". Die Wiener Medizin und der Nationalsozialismus – 50 Jahre danach. In: Wiener Arzt H. 5/95, S. 14–27; H. 6/95, S. 16–30.

Hubenstorf, Michael: Wiener Kinderärztinnen 1935 und ihr weiterer Verbleib. Unveröff. Zusammenstellung. Manuskr. 1997.

Huerkamp, Claudia: Frauen, Universitäten und Bildungsbürgertum. Zur Lage studierender Frauen 1900–1933. In: H. Siegrist (Hrsg), Bürgerliche Berufe (Kritische Studien zur Geschichtswissenschaft Bd. 80), Göttingen 1988, S. 200–222.

Hyndráková, Anna; Krejcová, Helena; Svobodová, Jana: Prominenti v ghettu Terezín 1942–1945. Dokumenty. (Prominente im Ghetto Theresienstadt 1942–1945. Dokumente. Prag: Ústav pro soudobé dejiny AV CR 1996.

The Israeli Medical Guide. Haifa 1959.

Jacobi, Abraham: Die Pflege und Ernährung des Kindes. In: Carl Gerhardt (Hrsg), Handbuch der Kinderkrankheiten. Bd.1. Tübingen: Laupp'sche Buchhandlung 1877. S. 303–436.

Jacoby, Yoram K.: Jüdisches Leben in Königsberg/Pr. im 20. Jahrhundert. Ostdeutsche Beiträge aus dem Göttinger Arbeitskreis Band LV. Würzburg: Holzner 1983.

Jäckel, Eberhard; Longerich, Peter; Schoeps, Julius H. (Hrsg): Enzyklopädie des Holocaust. Die Verfolgung und Ermordung der europäischen Juden. 4 Bde. München, Zürich: Piper 1995.

Jäckle, Renate: Schicksale jüdischer und „staatsfeindlicher" Ärztinnen und Ärzte nach1933 in München. München: Liste demokratischer Ärztinnen und Ärzte 1988.

Jahnke-Nückles, Ute: Die Deutsche Gesellschaft für Kinderheilkunde in der Zeit der Weimarer Republik und des Nationalsozialismus. Med. Diss. Freiburg 1992.

Jahresverzeichnis der an den deutschen Universitäten und Hochschulen erschienenen Schriften. Berlin: Asher & Co 1887 ff., später verschiedene Verlage. 1933: Berlin und Leipzig, Walter de Gruyter.

Jantzen, Günter: Die Entwicklung der Kieler Säuglingsfürsorge aus dem Pflegekinderwesen. Schlesw.-Holst. Ärzteblatt 14 (1961), H. 6.

Jantzen, Günter: 50 Jahre Kieler Mütter- und Säuglingsheim. Schlesw.-Holst. Ärzteblatt 15 (1962), H. 8.

Johannsen, Lorenz Peter: Lebensspuren – Todesspur. Dr. Karl Leven (1895–1942). Vortrag Gemeinsame Jahrestagung DGfK und österr. Gesellschaft für Kinderheilk. u. Jugendmedizin Wien 1997. Unveröff. Manuskr.

Joppich, Gerhard: Über die gesundheitliche Wirkung der Sommerzeltlager der HJ. Münchn.Med.Wochenschr. 85 (1938), S. 952–956.

Joppich, Gerhard: Das Kaiserin Auguste Victoria Haus und die Anfänge der Sozialpädiatrie in Deutschland. der Kinderarzt 6 (1975), S. 567–578.

Juden in Karlsruhe. Beiträge zu ihrer Geschichte bis zur nationalsozialistischen Machtergreifung. Veröffentlichungen des Karlsruher Stadtarchivs, Band 8, Karlsruhe 1988.

Jüdisches Adreßbuch für Groß-Berlin. Ausgabe 1931. Nachdruck Berlin: Arani-Verlag 1994.

Jütte, Robert (Hrsg): Geschichte der deutschen Ärzteschaft – organisierte Berufs- und Gesundheitspolitik im 19. und 20. Jahrhundert. Köln: Deutscher Ärzteverlag 1997.

Kagan, Solomon (Hrsg): Jewish Medicine. Boston/Mass: Medico Historical Press 1952.

Kaiser, Wolfram; Völker, Arina: Jüdische Mediziner in Halle. In: 300 Jahre Juden in Halle. Leben, Leistung, Leiden, Lohn. Halle: Mitteldeutscher Verlag 1992, S. 313–362; S. 500: einige Daten zur Biographie jüdischer Mediziner...in der Stadt und an der Universität Halle 1933–1943.

Kallmorgen, Wilhelm: Siebenhundert Jahre Heilkunde in Frankfurt am Main. Frankfurt am Main: Diesterweg 1935.

Kapp, Yvonne (Med. Dept. Central Refugee Office, London): Refugee Doctors and Dentists registered with the Medical Department. Typoskript ca.Ende 1939. Wellcome Unit for the History of Medicine, University of Oxford.

Karen, Nathan: Jewish Physicians. Jerusalem 1973.

Kárny, Miroslav; Blodig, Vojtech; Kárná, Margita (Hrsg): Theresienstadt in der Endlösung der Judenfrage. Prag 1992.

Kárny, Miroslav; Milotová, Jaroslava; Kárná, Margita (Hrsg): Deutsche Politik im „Protektorat Böhmen und Mähren" unter Reinhard Heydrich. Berlin: Metropol 1997.

Kazir, Elijahu: Das Schicksal des Mindener Arztes Dr. Robert Nußbaum. Ein Beispiel für die „rassische" Verfolgung im „Dritten Reich". Mitteilungen des Mindener Geschichtsvereins 59 (1987), S. 7–26.

Kaznelson, Siegmund: Juden im Deutschen Kulturbereich. Berlin 1935, 2.Aufl. Berlin: Jüdischer Verlag 1959.

Keil, Heinz: Dokumentation über die Verfolgung der jüdischen Bürger von Ulm. Ulm 1961.

Keller, Volker: Bilder vom jüdischen Leben in Mannheim. Stadtarchiv Mannheim: Edition Quadrat 1988.

Keßler, Mario: Die SED und die Juden. Politische Entwicklung bis 1967. Berlin: Akademie Verlag 1995.

Kinderhaus: Dr. H. Neumanns Kinderhaus und seine Schwesternanstalten 1889–1914. o.O., o.J.

Kirchner, Gerrit: Der Berliner jüdische Kinderarzt Professor Hugo Neumann und sein Beitrag zur Sozialen Pädiatrie. Med. Diss Berlin (Charité) 1999.

Klarsfeld, Serge: Memorial to the Jews deported from France 1942–1944. New York 1983.

Klarsfeld, Serge: Le Calendrier de la Persécution des Juifs en France. Paris: Les Fils et Filles des Déportés Juifs de France 1993.

Klatt, Inge: „"...dahin wie ein Schatten". Aspekte jüdischen Lebens in Lübeck. In: Uwe Danker et al. (Hrsg): Demokratische Geschichte. Jahrb. zur Arbeiterbewegung und Demokratie in Schleswig – Holstein. Kiel: Neuer Malik Verlag 1992.

Klee, Ernst: „Euthanasie" im NS-Staat. Die „Vernichtung lebensunwerten Lebens". Frankfurt am Main: S.Fischer 1993.

Klein, Peter: Die Wannsee-Konferenz vom 20. Januar 1942. Analyse und Dokumentation. Gedenkstätte Haus der Wannsee-Konferenz. Berlin: Edition Hentrich o. J.

Kliner-Lintzen, Martina; Pape, Siegfried: „"...vergessen kann man das nicht". Wittener Jüdinnen und Juden unter dem Nationalsozialimus. Hrsg. von der Stadt Witten. Witten: Winkler 1991.

Knippschild, Dieter: Das Schicksal der jüdischen Klinikärzte. In: Heimat Dortmund – Stadtgeschichte in Bildern und Berichten. Zeitschr. d. Hist.Vereins etc. Heft 1 (1996): Jüdisches Leben in Dortmund. S. 24–28.

Kober, Steffen: Antisemitische Pogrome der Faschisten in Cottbus. In: Geschichte und Gegenwart des Bezirkes Cottbus. Niederlausitzer Studien Heft 22, o.J., S. 123–139.

Koch, Antje; Koch, Matthias: Das Schicksal der jüdischen Ärzte, Zahnärzte und Dentisten in Dresden nach 1933. Historische Blätter, Sonderheft Medizin und Judentum. Dresden: Verein für regionale Geschichte und Politik 1994, S. 34–41.

Koch, Friedrich: Ernst Moro zum 100. Geburtstag. Kinderarzt 5 (1974), S. 1089–1090.

Koerner, Miriam: Das Exil der Hertha Nathorff. In: Frauen, Verfolgung und Widerstand. Dachauer Hefte 3, München: dtv 1993, S. 231–249.

Körrer, Karin: Die zwischen 1938 und 1945 verstorbenen Mitglieder des Lehrkörpers an der Universität Wien. Phil. Diss. Wien 1981.

Koerting, Walther: Die Deutsche Universität in Prag. Die letzten hundert Jahre ihrer Medizinischen Fakultät. Schriftenreihe der Bayerischen Landesärztekammer Bd. 11, München 1968.

Kohler, Eric D.: Relicensing Central European refugee physicians in the United States. In: Simon Wiesenthal Center Annual, White Plains N.Y. 6 (1989), S. 3–32.

Koren, Nathan: Jewish Physicians. A Biographical Index. Jerusalem: Israel University Press 1973.

Korrespondenz des Schriftführers der Deutschen Gesellschaft für Kinderheilkunde 1919 ff. Pädiatriearchiv Berlin.

Kosenow, Wilhelm: Die Frauenvereine als Pioniere der Sozialpädiatrie, dargestellt am Beispiel des Crefelder Frauen-Vereins gegr. 1827. der Kinderarzt 20 (1989), S. 1644–1653.

Kosenow, Wilhelm: Rückblick auf 75 Jahre Kinderklinik Krefeld. der Kinderarzt 22 (1991), S. 1718–1730.

Kranzler, David: Japanese, Nazis and Jews. The Jewish Refugee Community of Shanghai, 1938–1945. New York: Yeshiva Univ. 1976.

Krehbiel-Darmstädter, Maria: Briefe aus Gurs und Limonest 1940–1943. Heidelberg: Lambert Schneider 1970.

Kreschnak, Werner: Die Verfolgung der Juden in Chemnitz während der faschistischen Diktatur von 1933–1945. Karl-Marx-Stadt 1988.

Kröner, Hans Peter: Vor fünfzig Jahren. Die Emigration deutschsprachiger Wissenschaftler 1933–1939. Münster: Gesellschaft für Wissenschaftsgeschichte 1983.

Kröner, Hans-Peter: Die Emigration von Medizinern unter dem Nationalsozialismus. In: Bleker/Jachertz (1989), S. 38–46.

Kröner, Hans-Peter: Zwischen Arbeitslosigkeit und Berufsverbot: Die deutschsprachige Ärzteemigration nach Palästina. Berichte zur Wissenschaftsgeschichte 14 (1991), S. 1–14, 169–180.

Kümmel, Werner F.: Die Ausschaltung rassisch und politisch mißliebiger Ärzte. In: F. Kudlien (Hrsg), Ärzte im Nationalsozialismus. Köln: Kiepenheuer & Witsch 1985. S. 56–81.

Kümmel, Werner F.: „Die Ausschaltung". Wie die Nationalsozialisten die jüdischen und politisch mißliebigen Ärzte aus dem Berufe verdrängten. In: Bleker/Jachertz (1989), S.30–37.

Kümmel, Werner F.: Antisemitismus und Medizin im 19./20. Jahrhundert. In: J. Peiffer (Hrsg), Menschenverachtung und Opportunismus. Zur Medizin im Dritten Reich. Tübingen: Attempto 1992, S. 44–67.

Kümmel, Werner F.: Vom „unnütz verlogen Volk" zum „volksfremden Denken" – Polemik gegen jüdische Ärzte im Wandel der Geschichte. In: Bareuther (1998), S. 31–47.

Kwiet, Konrad H.: Selbstbehauptung und Widerstand. Deutsche Juden in Eschwege. Kampf um Existenz und Menschenwürde 1933–1945. Hamburg: Christians 1986.

Lacina, Evelyn: Emigration 1933–1945. Sozialhistorische Darstellung der deutschsprachigen Emigration und einiger ihrer

Asylländer aufgrund ausgewählter zeitgenössischer Selbstzeugnisse. Beiträge zur Wirtschaftsgeschichte Bd. 14, Stuttgart: Klett-Cotta 1982.

Lamm, Hans (Hrsg): Vergangene Tage. Jüdische Kultur in München. München: Langen Müller 1982.

Langer, Hans: My Professional Life. Medical Proceedings (South Africa) 12 (1966), S. 44–50; 63–69; 87–91.

Lechner, Josef: Die Geschichte der Universitätskinderklinik Frankfurt am Main von ihrer Gründung bis zum Wiederaufbau nach dem Zweiten Weltkrieg. Med. Diss. Frankfurt a. M. 1988.

Leibfried, Stephan; Tennstedt, Florian: Berufsverbote und Sozialpolitik 1933. Die Auswirkungen der nationalsozialistischen Machtergreifung auf die Krankenkassenverwaltung und die Kassenärzte. 2. Aufl. Bremen 1980.

Leibfried, Stephan: Stationen der Abwehr. Berufsverbote für Ärzte im Dritten Reich 1933–1938 und die Zerstörung des sozialen Asyls durch die organisierte Ärzteschaft des Auslands. Leo Baeck Institute Bulletin 62 (1982), S. 3–39.

Lennert, Thomas: Die „Gleichschaltung" der Berliner Kinderheilkunde 1933. In: Leonore Ballowitz (Hrsg), Schriftenreihe zur Geschichte der Kinderheilkunde. Heft 10, Herford: Humana 1992, S. 5–30.

Lennert, Thomas: Kurt Huldschinsky und das Kaiserin Auguste Victoria Haus. In: Leonore Ballowitz (Hrsg): Schriftenreihe zur Geschichte der Kinderheilkunde. Heft 11, Herford: Humana 1993, S. 5–19.

Lennert, Thomas: Die Entwicklung der Berliner Pädiatrie. In: Fischer, Wolfram et al. (1994), S. 529–551.

Lennert, Thomas: Berliner Kinderärzte in der Emigration. In: Leonore Ballowitz (Hrsg): Schriftenreihe zur Geschichte der Kinderheilkunde. Heft 12, Herford: Humana 1995, S. 10–24.

Lennert, Thomas: Heinrich Finkelsteins Grab. Ein Nachtrag. l.c. S. 25–29.

Lennert, Thomas: Die Deutsche Gesellschaft für Kinderheilkunde und der Karger-Verlag 1938/39. Monatsschr. Kinderheilk. 143 (1995), S. 1197–1203.

Lennert, Thomas: Die Deutsche Gesellschaft für Kinderheilkunde im Spiegel ihrer Ehrenmitglieder. Vortragsmanuskript 93. Jahrestagung DGKJ Wien 24.-27.9.1997. Abstract: Monatsschr. Kinderheilk. Suppl. 1, S.6., 1997.

Lennert, Thomas: Czerny und Bessau als Nachfolger Heubners. In: Charité-Annalen, Neue Folge, Band 14, 1994 (1999). Berlin: Quintessenz Verlag. S. 193–197.

Lennert, Thomas: Liste jüdischer Kinderärzte am Berliner Kaiserin Auguste Victoria Haus. Zusammengestellt aus dem Personal-Archiv des KAVH. Manuskript.

Lepper, Herbert: Von der Emanzipation zum Holocaust. Die Israelitische Synagogengemeinde zu Aachen 1801–1942, 2 Bde. Aachen 1994.

Lesky, Erna: Die Wiener medizinische Schule im 19. Jahrhundert. Graz, Köln: Böhlau 1965.

Liefmann, Else; Liefmann, Martha: Helle Lichter auf dunklem Grund. Erinnerungen. Bern: Christliches Verlagshaus 1966.

Lischka, Andreas: 160 Jahre Pädiatrie in Österreich. Kinderkrankenschwester 16 (1997), S. 376–380.

List of Displaced German Scholars. Notgemeinschaft Deutscher Wissenschaftler im Ausland. London Autumn 1936. Supplementary List of Displaced German Scholars. l.c. London Autumn 1937.

List of Medical Practitioners; Dentists...licensed by the Director of Medical Services to practice their professions in Palestine... Jerusalem 1940. National Library Jerusalem.

Liste der in Breslau-Stadt ansässigen jüdischen Ärzte und Medizinalpraktikanden. Hrsg. v.d. Reichsärztekammer, Ärztl. Bezirksvereinigung Breslau-Stadt, Breslau o. J. (ca.1937).

Littmann-Hotopp, Ingrid: Bei Dir findet das verlassene Kind Erbarmen. Zur Geschichte des ersten jüdischen Säuglings- und Kleinkinderheims in Deutschland (1907–1942). Berlin: Edition Hentrich 1996.

Lucas, Franz, Heitmann, Margret: Stadt des Glaubens. Geschichte und Kultur der Juden in Glogau. 2. Aufl. Hildesheim: Olms 1992.

Lüders, Dieter: Dr. Felix Blumenfeld. Jahrbuch der Hessischen Kirchengeschichtlichen Vereinigung. 37 (1986), S. 247–250.

Lustiger, Arno: German and Austrian Jews in the International Brigade. Leo Baeck Yearbook 35 (1990), S. 297–320.

Mahler, Margaret S.: Mein Leben, mein Werk. Hrsg. v. Paul E. Stepansky. München: Kösel 1989.

Mahncke, Sabine: Frauen machen Geschichte: Der Kampf um die Zulassung zum Studium der Medizin im Deutschen Reich. Med. Diss. Hamburg 1997.

Maibach, Heinz: Dokumente zur Limburger Stadt- und Kreisgeschichte 1870–1945. Limburg: Stadtarchiv, Magistrat der Kreisstadt Limburg 1992.

Mann, Ludwig: Heldentum in Gurs. In: Wiehn (1990), S. 419–428; auch in: Sauer (1969), S. 280.

The Medical Directory. Annual Issue. London: J.&A. Churchill Ltd.

Medical Women Directory. Ohio: The Elizabeth Press 1945

Medizinisches Jahrbuch für die Czechoslovakische Republik (Jahrb. f. Gesundheitswesen), Hrsg. G. Ríha, Jahrg. 1938.

(Bauer)-Merinsky, Judith: Die Auswirkungen der Annexion Österreichs durch das Deutsche Reich auf die Medizinische Fakultät der Universität Wien im Jahre 1938. Biographien entlassener Professoren und Dozenten. Phil.Diss. Wien 1980.

Meurer, Jens; Hueck, Carsten: Jeckes. Die entfernten Verwandten. Ein Film von Jens Meurer und Carsten Hueck. Egoli Film, Bayerischer Rundfunk. 1997

Meyer, Ludwig Ferdinand: Gruß an Heinrich Finkelstein zum Abschluß seiner amtlichen Tätigkeit am 1. März 1933. Kinderärztl. Praxis 4 (1933) S. 101–105.

Meyer, Paul S.: Erinnerungen an die jüdische Ärzteschaft in Mannheim. Mannheimer Hefte 1 (1962).

Mitgliederverzeichnisse der Deutschen Gesellschaft für Kinderheilkunde. 1926–1941. Jeweils abgedruckt in: Verhandlungen der Deutschen Gesellschaft für Kinderheilkunde, Leipzig, Berlin: F. C. W. Vogel.

Mitgliederliste der Berliner Gesellschaft für Kinderheilkunde 1932/33. Manuskript. Pädiatriearchiv Berlin.

Mittag, Gabriele: „Es gibt Verdammte nur in Gurs". Literatur, Kultur und Alltag in einem französischen Internierungslager 1940–1942. Tübingen: Attempto 1996.

Moll, Helmut:	Heinrich Finkelstein – eine posthume Ehrung. Monatsschr. Kinderheilk. 130 (1982), S. 859–861.
Moll, Helmut:	Pädiater im Exil. In: Paul Schweier, Eduard Seidler (Hrsg): Lebendige Pädiatrie. München: Marseille 1983. S. 109–115.
Moll, Helmut:	Emigrierte deutsche Pädiater: Albert Eckstein, Werner Solmitz. Monatsschr. Kinderheilk. 143 (1995), S. 1204–1207.
Moll, Helmut:	Emigrierte deutsche Pädiater. l.c., S. 1208–1210.
Mosse, Werner E. (Hrsg):	Entscheidungsjahr 1932. Zur Judenfrage der Endphase der Weimarer Republik. Ein Sammelband. Tübingen: Mohr 1965.
Mühlberger, Kurt:	Vertriebene Intelligenz 1938. Der Verlust geistiger und menschlicher Potenz an der Universität Wien von 1938–1945. 2. Aufl. Archiv d. Univ. Wien 1993.
Mühlberger, Kurt:	Enthebungen an der Medizinischen Fakultät [Wien] 1938–1945, Professoren und Dozenten. In: K. Holubar, W. Druml (Hrsg), Themenheft zum 60. Jahrestag der Vertreibung der jüdischen Kollegen aus der Wiener Medizinischen Fakultät. Wiener Klin. Wochenschr. 110 (1998), H.4–5. S. 115–120.
Mühlleitner, Elke:	Biographisches Lexikon der Psychoanalyse. Die Mitglieder der Psychologischen Mittwoch-Gesellschaft und der Wiener Psychoanalytischen Vereinigung. Tübingen, edition diskord 1992.
Müller, Arndt:	Geschichte der Juden in Nürnberg 1146–1945. Nürnberg 1968.

Mußgnug, Dorothee: Die vertriebenen Heidelberger Dozenten. Zur Geschichte der Ruprecht-Karls-Universität nach 1933. Heidelberg: Winter 1988.

Mußgnug, Dorothee: Die Reichsfluchtsteuer: 1931–1953. Berlin: Duncker & Humblot 1993.

National Registry of Jewish Holocaust Survivors. Ed.: American Gathering Federation of Jewish Holocaust Survivors. Holocaust Museum, Washington DC, still in progress.

Neue Deutsche Biographie, hrsg. v.d. Hist. Komm. d. Bayerischen Akademie d. Wissenschaften. Berlin: Duncker & Humblot 1953 ff.

Neumark, Fritz: Zuflucht am Bosporus. Deutsche Gelehrte, Politiker und Künstler in der Emigration 1933–1953. Frankfurt a. M.: Knecht 1980.

Niederland, Doron: Deutsche Ärzte-Emigration und gesundheitspolitische Entwicklungen in „Eretz Israel" (1933–1948). Medizinhistorisches Journal 30 (1985), S. 149–184.

Niermann, Charlotte, Leibfried, Stephan (Hrsg): Die Verfolgung jüdischer und sozialistischer Ärzte in Bremen in der NS-Zeit. Bremen: Steintor 1988.

Noeggerath, Carl T.: Lebenserinnerungen eines Freiburger Kinderklinikers auf dem deutschen Trümmerfeld. Unveröff. Typoskript 1951.

Oelhoff, Margret: Dr. Hertha Wiegand, geb. Lion – ein Einzelschicksal. In: Historischer Verein für Mittelbaden e.V. (Hrsg), Schicksal und Geschichte der jüdischen Gemeinden 1938–1988. Ettenheim 1988. S.268–273.

Österreichisches Biographisches Lexikon 1815–1950. Hrsg. v.d. Österr. Akademie der Wissenschaften. 1957 ff.

Oppenhejm, Mélanie: Theresienstadt. Die Menschenfalle. München: Boer 1998.

Ostrowski, Siegfried: Vom Schicksal jüdischer Ärzte im Dritten Reich. Ein Augenzeugenbericht aus den Jahren 1933–1939. Bull. Leo Baeck Inst. 6 (1963), S. 313–351.

Otto, Roland: Die Verfolgung der Juden in Görlitz unter der faschistischen Diktatur 1933–1945. Ratsarchiv der Stadt Görlitz Bd. 14, 1990.

Palestine Directory. The Register of Commerce and Industry in Palestine, 1942 ff. National Library Jerusalem.

Pearle, Kathleen M.: Ärzteemigration nach 1933 in die USA. Der Fall New York. Medizinhistorisches Journal 19 (1984), S. 112–137.

Pechstein, Johannes: Dem Begründer der ärztlichen Kleinkinderfürsorge in Deutschland, Gustav Tugendreich, zum 20. Todestag. Fortschritte d. Medizin 86 (1968), S. 498–501.

Pelzner, Klaus: Personalbibliographien von Professoren und Dozenten der Inneren Medizin und der Kinderheilkunde der Deutschen Karl-Ferdinands-Universität in Prag im ungefähren Zeitraum von 1900–1945. Med. Diss. Erlangen 1972.

Peters, Jan Henning: Jüdische Schüler am Gymnasium Petrinum. Petrinum, Zschr. d. Gymnasiums Petrinum Recklinghausen 23 (1991).

Pomykaj, Gerhard: Die Familie Simons. In: Dokumentation zur Judenverfolgung in Gummersbach während der Herrschaft des Nationalsozialismus. Eigendruck der Stadt Gummersbach 1995, S. 18–24.

Pross, Christian; Winau, Rolf (Hrsg): nicht mißhandeln. Das Krankenhaus Moabit. Berlin: Edition Hentrich 1984.

Pross, Helge: Die deutsche akademische Emigration nach den Vereinigten Staaten 1933–1941. Berlin: Duncker & Humblot 1955.

Ramm, Rudolf: Sechs Monate ärztliche Aufbauarbeit in der Ostmark. Ärzteblatt für die deutsche Ostmark. 1 (1938), S. 219.

Rapaport, Lynn: Jews in Germany after the Holocaust: memory, identity, and Jewish-German relations. Cambridge: Cambridge University Press 1997.

Raspe, Hans-Heinrich: Kinderärzte als Erzieher. Ein spezieller Beitrag zur allgemeinen Geschichte der deutschen Pädiatrie. Med. Diss. Freiburg 1973.

Reichs-Medizinal-Kalender für Deutschland. Teil II: Ärztliches Handbuch und Ärzteverzeichnis. 1926, 1933, 1935, 1937 (ab jetzt: Verzeichnis der deutschen Ärzte und Heilanstalten), Nachträge 1–8: 1938–1942. Leipzig: Thieme.

Renner, Karl: Die Geschichte der Düsseldorfer Universitätskinderklinik von ihrer Begründung im Jahre 1907 bis zum Jahre 1967. In: Arthur Schloßmann und die Düsseldorfer Kinderklinik. Düsseldorfer Arbeiten zur Geschichte der Medizin (Hrsg. Hans Schadewaldt) Heft 27, Düsseldorf: Triltsch 1967.

Richarz, Monika (Hrsg): Jüdisches Leben in Deutschland. Selbstzeugnisse zur Sozialgeschichte 1918–1945. Stuttgart: Deutsche Verlags-Anstalt 1983.

Richter, Horst-Eberhard: Die Chance des Gewissens. Erinnerungen und Assoziationen. Hamburg: Hoffmann und Campe 1986.

Rintelen, Friedrich: Geschichte der Medizinischen Fakultät in Basel. Basel, Stuttgart: Schwabe & Co. 1980.

von Roden, Günter:	Geschichte der Duisburger Juden. Duisburger Forschungen Bd. 34. Duisburg: Braun.
Rogge, Ralf:	Professor Dr. Paul Selter (1866–1941), Schöpfer der Gesundheitsfürsorge in Solingen. In: Die Heimat. Mitteilungsblatt des Bergischen Geschichtsvereins, Abteilung Solingen e.V., Heft 9 (1993), S. 71–90.
Rosenbaum, Shimon:	Jüdische Mediziner der Königsberger Universität vor 50 Jahren. Leo Baeck Institute Bulletin 6 (1963), Nr. 21, S. 92–97.
Rosenkranz, Herbert:	Verfolgung und Selbstbehauptung. Die Juden in Österreich 1938–1945. Wien, München: Herold 1978.
Rosenkranz, Herbert:	Entrechtung, Verfolgung und Selbsthilfe der Juden in Österreich, März bis Oktober 1938. In: G. Stourzh; B. Zaar (Hrsg), Österreich, Deutschland und die Mächte. Internationale und österreichische Aspekte des „Anschlusses" vom März 1938. Wien: Verlag der Österr. Akad. d. Wissenschaften 1990.
Rosenstock, Werner:	Exodus 1933–1939. A Survey of Jewish Emigration from Germany. Leo Baeck Institute Yearbook 1956, S. 373–390.
Roskamp, Heiko:	Verfolgung und Widerstand. In: Tiergarten – ein Bezirk im Spannungsfeld der Geschichte 1933–1945. Stätten der Geschichte Berlins, Bd. 8. Berlin: Edition Hentrich.
Ruch, Martin:	Verfolgung und Widerstand in Offenburg 1933–1945. Dokumentation. Offenburg: Reiff Schwarzwaldverlag 1995.
Ruch, Martin:	Jüdische Stimmen. Interviews, autobiographische Zeugnisse, schriftliche Quellen zur Geschichte der Offenburger Juden in der Zeit von 1933–1945. Gedenkbuch. Offenburg: Reiff Schwarzwaldverlag 1995.

Ruf, Peter; Minor, Ulrike: Juden in Ludwigshafen. Veröfftlg. d. Stadtarchivs Bd. 15, Ludwigshafen 1992.

Ruhrmann, Gerhard; Holthusen, Wilhelm: Das Kinderkrankenhaus Hamburg-Rothenburgsort (1898–1982) – seine Entstehungsgeschichte und sein Ende. Hamburger Ärzteblatt 40 (1986), S. 312, 363 ff.

Safar, Peter: Thanks to the anti-Nazi physicians of Vienna. Wien. Klin. Wochenschr. 111/18 (1999), S. 777–778.

Safar, Vinzenzia: Aus meinem Leben. Memoirs. Family publication. Printed by University of Pittsburgh. In press.

Sauer, Paul: Die Schicksale der jüdischen Bürger Baden-Württembergs während der nationalsozialistischen Verfolgungszeit 1933–1945. Hrsg. v.d. Archivdirektion Stuttgart. Stuttgart: Kohlhammer 1969.

Schaber, Will (Hrsg): Aufbau, Reconstruction. Dokumente einer Kultur im Exil. Köln: Kiepenheuer & Witsch 1972.

Schadt, Jörg; Caroli, Michael: Mannheim im zweiten Weltkrieg 1939–1945. Mannheim: Edition Quadrat 1993.

Schäfer-Richter, Uta; Klein, Jörg: Die jüdischen Bürger im Kreis Göttingen 1933–1945. Göttingen 1992.

Scheer, Regina: AHAWAH. Das vergessene Haus. Spurensuche in der Berliner Auguststraße. 2. Aufl Berlin: Aufbau Taschenbuch Verlag 1997.

Schlösser, Karl und Annelore: Die Wormser Juden 1933–1945. Dokumentation. Typoskript, Mikrofilm. Stadtarchiv Worms.

Schlösser, Karl und Annelore: Keiner blieb verschont. Die Judenverfolgung 1933– 1945 in Worms. Wiss. Zschr. der Stadt Worms u. d. Altertumsvereins Worms, Beiheft 31. Worms: Verlag Stadtarchiv 1987 (1989).

Schmuhl, Hans-Walter: Rassenhygiene, Nationalsozialismus, Euthanasie. Göttingen: Vandenhoeck & Ruprecht 1987.

Schneider, Ernst: Erik H. Erikson. Unveröff. Manuskr. 18.8.1977. Stadtarchiv Karlsruhe.

Schneider, Werner: Jüdische Einwohner Recklinghausens (1816–1945). In: W. Burghardt (Hrsg), 750 Jahre Stadt Recklinghausen. Recklinghausen 1986.

Schnöring, Kurt: Theodor Hoffa. In: Wuppertaler Biographien, 14. Folge. Wuppertal: Born Verlag 1984, S.27–30.

Schoenberner, Gerhard: Der gelbe Stern. Die Judenverfolgung in Europa 1933– 1945. Frankfurt a. M.: Fischer Taschenbuch Verlag 1991.

Schoenholz, Walter K.: „Klassenkameraden begannen mich zu meiden..." Kindheitserinnerungen. Vestischer Kalender 58 (1987), S.123–130.

Schoeps, Julius H.; Schlör, Joachim (Hrsg): Antisemitismus. Vorurteile und Mythen. Frankfurt a. M.: Zweitausendeins 1995.

Scholz, Albrecht: Jüdische Ärzte in Dresden im 20. Jahrhundert. In: Dresdner Hefte 14 (1996), H. 45, S. 63–71.

Schramm, Hanna: Menschen in Gurs. Erinnerungen an ein französisches Internierungslager (1940–1941), mit einem dokumentarischen Beitrag zur französischen Emigrantenpolitik (1933–1944) von Barbara Vormeier. Worms: Heintz 1977.

Schröder, Frank; Ehlers, Ingrid: Zwischen Emanzipation und Vernichtung. Zur Geschichte der Juden in Rostock. Schriftenreihe des Stadtarchivs Rostock Bd. 9, Rostock 1988.

Schröter, Hermann: Geschichte und Schicksal der Essener Juden. Essen: 1980.

Schüler-Springorum, Stefanie: Die jüdische Minderheit in Königsberg/Preussen, 1871–1945. Schriftenreihe d. Hist. Komm. bei der Bayr. Akademie d. Wissensch. Bd. 56. Göttingen: Vandenhoeck & Ruprecht 1996.

Schütz, Friedrich (Hrsg): Die Machtergreifung der Nationalsozialisten 1933 in Mainz. Dokumentation zur Ausstellung der Stadt Mainz 1983. Stadt Mainz 1983.

Schupetta, Ingrid: Lebensspuren: Dr. Isidor Hirschfelder. In: Steinerne Zeugen; Jüdische Grabstätten in Krefeld. Krefeld: Billstein 1991.

Schwineköper, Berent; Laubenberger, Franz: Geschichte und Schicksal der Freiburger Juden. Freiburger Stadthefte 6, Städt. Pressestelle 1963.

Segev, Tom: Die siebte Million. Der Holocaust und Israels Politik der Erinnerung. Reinbek b.Hamburg: Rowohlt 1995.

Seidler, Eduard: Pädiatrie in Heidelberg. Zum 100-jährigen Jubiläum der Universitäts-Kinderklinik (Luisenheilanstalt) 1860–1960. Annales Nestle, Sonderheft. Frankfurt a. M. 1960.

Seidler, Eduard: Die Medizinische Fakultät der Albert-Ludwigs-Universität Freiburg im Breisgau. Grundlagen und Entwicklungen. Berlin, Heidelberg u.a.: Springer 1991, korr. Nachdruck 1993.

Seidler, Eduard: Die Kinderheilkunde und der Staat. Monatsschrift Kinderheilkunde 143 (1995), S. 1184–1191.

Seidler, Eduard: Die Schicksale jüdischer Kinderärzte im Nationalsozialismus. Ein Vorbericht. Monatsschrift Kinderheilkunde 146 (1998), S. 744–753.

Seidler, Eduard: „Kindereuthanasie" im Nationalsozialismus.Tagungsband der Gedenkveranstaltung für die Euthanasieopfer der Psychiatrischen Univ.-Klinik Heidelberg, 8.5.1998. Im Druck.

Seidler, Eduard: Das Schicksal der Wiener jüdischen Kinderärzte zwischen 1938 und 1945. Wien. Klin. Wochenschr. 111/18 (1999), S. 754–763.

Selter, Paul: „Bekenntnisse". Erlebtes im Alter durchdacht. Solingen 1941. Kopie, 76 S., Bergischer Geschichtsverein Solingen.

Sherman, A.J.: Island Refuge. Britain and Refugees from the Third Reich. London: Elek 1973.

Sick, Friederike: Eugen Neter (1876–1966). Ein Beitrag zur pädagogischen Aufgabe des Kinderarztes. Med. Diss. Freiburg 1988.

Simsohn, Werner: Juden in Gera I. Konstanz: Hartung – Gorre Verlag 1997. Juden in Gera II. Konstanz: Hartung – Gorre Verlag 1998.

Spanier, Julius: Das Israelitische Schwestern- und Krankenheim. In : Lamm (1982), S. 126–129.

Spies, Gerty: Erinnerungen an Dr. Julius Spanier. In: Drei Jahre Theresienstadt. München 1984, S.130–135.

Steinhauser, M. und Dokumentationsarchiv des österreichischen Widerstands: Totenbuch Theresienstadt. Damit sie nicht vergessen werden. Erw. Aufl. Wien 1987.

Sterbebücher von Auschwitz. Hrsg. Staatl.Museum Auschwitz-Birkenau. München u. a.: K.G. Saur 1995.

Strätz, Reiner:	Biographisches Handbuch Würzburger Juden 1900–1945. Veröffentl. d. Stadtarchivs Würzburg Bd. 4, 2 Teile. Würzburg 1989.
Ströder, Josef:	Angeklagt wegen Polenfreundschaft: als Kinderarzt im besetzten Krakau. Freiburg i.Br.: Herder 1985.
Suchy, Barbara:	Liste der Düsseldorfer Opfer der nationalsozialistischen Judenverfolgung. Düsseldorf: Stadtarchiv 1999.
Švejcar, Josef:	Betrachtungen über die Deutsche Pädiatrie in der Prager Findelanstalt. der Kinderarzt 15 (1984), S. 389–394
Swoboda, Walter:	Die Kinderheilkunde in Österreich. In: Paul Schweier, Eduard Seidler (Hrsg), Lebendige Pädiatrie. München: Marseille Verlag 1983, S. 87–99.
Swoboda, Walter:	Chronik der Österreichischen Gesellschaft für Kinder- und Jugendheilkunde 1962–1997. Wien: Facultas Universitätsverlag 1998.
Teicher, Wilfried:	Untersuchungen zur ärztlichen Spezialisierung im Spiegel des Reichs-Medizinal-Kalenders am Beispiel Preußens im ersten Drittel des 20. Jahrhunderts. Med. Diss. Mainz 1992.
Teleky, Ludwig:	Geschichtliches, Biographisches, Autobiographisches. Ärztl. Wochenschrift 10 (1955), S. 112–116. Auch in: Erna Lesky (Hrsg), Sozialmedizin, Entwicklung und Selbstverständnis. Wege der Forschung Bd. 273. Darmstadt: Wissenschaftl. Buchgesellschaft 1977, S. 355–370.
Tetzlaff, Walter:	2000 Kurzbiographien bedeutender deutscher Juden des 20. Jahrhunderts. Lindhorst: Ashania 1982.

Thal, Wilhelm: Zur Entwicklung der Kinderheilkunde in Magdeburg. Magdeburger Blätter, Jahresschrift für Heimat- und Kulturgeschichte in Sachsen-Anhalt. Magdeburg 1991, S. 77–89.

Thal, Wilhelm: Albert Uffenheimer (1876–1941), Direktor der Städtischen Kinderklinik im Altstädter Krankenhaus zu Magdeburg (1925–1933) – später Nachruf für einen jüdischen Kinderarzt. Ärzteblatt Sachsen-Anhalt 5 (1994) H. 12, S. 72–76.

Thomann, Klaus-Dieter: Elf vergessene Jahre. Dr. Heinrich Rosenhaupt und das Mainzer Gesundheitswesen 1922–1933. Ärzteblatt Rheinland-Pfalz 46 (1993), S. 370–375.

Unschuld, Paul U.: Shanghai als Zufluchtstätte deutscher Ärzte in der Zeit des Nationalsozialismus. ChinaMed 3 (1995), Nr. 6, S. 27–39.

Verzeichnis der jüdischen Ärzte in der Reichshauptstadt. Berliner Dienstblatt, Teil 1, 18.11.1937, Nr. 323.

Verzeichnis der jüdischen Ärzte, Dentisten, Bandagisten, Optiker in Hamburg, Altona, Wandsbek. Nur für den Dienstgebrauch. o. J. Staatsarchiv Hamburg.

Verzeichnis der arischen und der nach den Nürnberger Rassegesetzen nicht als Juden geltenden Allgemeinen, Fach- und Zahnärzte. Arbeitsgemeinschaft der Angestelltenkrankenkassen Wiens. Wien 1938.

Vogt, Beate: Erste Ergebnisse der Berliner Dokumentation: Deutsche Ärztinnen im Kaiserreich. In: Brinkschulte (1993), S. 159–187.

Volkov, Shulamit (Hrsg): Deutsche Juden und die Moderne. München: Oldenbourg 1994.

Vormeier, Barbara: Die Deportierung deutscher und österreichischer Juden aus Frankreich 1942–1944. Paris: Edition „La Solidarité" 1980.

Voß, Hubertus von: Stefan Engel – sein Vermächtnis für die Sozialpädiatrie. Kinderärztliche Praxis 70 (1999), S. 382–386.

Voswinckel, Peter: Porträt einer deutschen Ärztin. Selma Meyer – erste Professorin für Kinderheilkunde. In: Die Ärztin 37 (1990), 1–5.

Walk, Joseph: Kurzbiographien zur Geschichte der Juden 1918–1945. München, New York etc.: K.G. Saur 1988.

Walk, Joseph (Hrsg): Das Sonderrecht für die Juden im NS-Staat. Eine Sammlung der gesetzlichen Maßnahmen und Richtlinien, Inhalt und Bedeutung. 2. Aufl. Heidelberg: Müller 1996.

Watzinger, Karl Otto: Geschichte der Juden in Mannheim 1650–1945. Veröffentl. d. Stadtarchivs Mannheim Bd. 12, Stuttgart: Kohlhammer 1984.

Watzka, Max: Die Prager Universität und ihre Medizinische Fakultät. München, Berlin: J. F. Lehmann 1941.

Weckbecher, Arno: Die Judenverfolgung in Heidelberg 1933–1945. Heidelberg: C. F. Müller 1985.

Weder, Heinrich: Sozialhygiene und pragmatische Gesundheitspolitik in der Weimarer Republik, am Beispiel des Sozial- und Gewerbehygienikers Benno Chajes (1880–1938). Med. Diss. Berlin 1996.

Weindling, Paul: The Contribution of Central European Jews to medical science and practice in Britain, the 1930s–1950s. In: W. E. Mosse (ed.), Second chance. Two centuries of German speaking Jews in the United Kingdom. Tübingen: Mohr 1991.

Weindling, Paul:	The Impact of German Medical Scientists on British Medicine: A Case Study of Oxford, 1933–45. In: M. G. Ash and A. Söllner, Forced Migration and Scientific Change. German Hist. Inst. Washington D. C., Cambridge Univ. Press 1996, S. 86–114.
Weinmann, Martin:	Das nationalsozialistische Lagersystem. 3.Aufl. Frankfurt a. M.: Zweitausendeins 1998.
Werle, K.-P.:	Formen des Widerstandes Deutscher Ärzte 1933–1945. Med. Diss. Kiel 1974.
Werner, Egon:	Vom Kaiser- und Kaiserin-Friedrich-Kinderkrankenhaus zur Kinderklinik Universitätsklinikum Rudolf Virchow. der Kinderarzt 21 (1990), S. 1315–1322.
Werner, Josef:	Hakenkreuz und Judenstern. Das Schicksal der Karlsruher Juden im Dritten Reich. Veröffentlichungen des Karlsruher Stadtarchivs, Band 8, Karlsruhe 1988.
Widmann, Horst:	Exil und Bildungshilfe. Die deutschsprachige akademische Emigration in die Türkei nach 1933. Bern u. a.: Lang 1973.
Wiedemann, H.R.:	Rudolf Hess zum Gedächtnis. Monatsschr. Kinderheilk. 111 (1963), S. 303–304.

Wien, Erhard R. (Hrsg): Oktoberdeportation 1940. Die sogenannte „Abschiebung" der badischen und saarpfälzischen Juden in das französische Internierungslager Gurs und andere Vorstationen von Auschwitz. Konstanz: Hartung-Gorre Verlag 1990.

Wiesemann, Falk:	Adolf Sindler (1899–1965): Kinderarzt und aktiver Zionist in Düsseldorf und Haifa. In: Düwell et. al. (1998), 207–225.

Winter, Irina: Georg Benjamin – Arzt und Kommunist. Berlin 1962.

Wlaschek, Rudolf M.: Juden in Böhmen. Beiträge zur Geschichte des europäischen Judentums im 19. und 20. Jahrhundert. Veröff. d. Collegium Carolinum Bd. 66, München: Oldenbourg 1990.

Wlaschek, Rudolf M.: Biographia Judaica Bohemiae. Veröff. d. Forschungsstelle Ostmitteleuropa a. d. Univ. Dortmund. Hrsg.: J. Hoffmann, Reihe B, Band 52 (Bd.1) Dortmund 1995; Band 59 (Bd. 2) Dortmund 1997.

Wönne, Roland (Hrsg): Festschrift zum 150-jährigen Jubiläum des Clementine-Kinderhospitals – Dr. Christ'sche Stiftung 1845–1995. Frankfurt a. M. o. J. (1995).

Wörner, Eckard: Dr. med. Felix Blumenfeld. Vortrag vor der Deutsch-Israelischen Gesellschaft Nordhessen 26.2.1994. Unveröff. Manuskr.

Wolff, Horst-Peter; Kallinich, Arno: Zur Geschichte der Krankenanstalten in Berlin Buch. Berlin: Edition Hentrich 1996.

Wolff, Joachim: Die Breslauer Universitäts-Kinderklinik. Geschichte und Einfluß auf die Deutsche Kinderheilkunde. der Kinderarzt 15 (1984), S. 69–82.

Wunderlich, Peter: Arthur Schloßmann (1867–1932) und die Kinderheilkunde in Dresden. In: Arthur Schloßmann und die Düsseldorfer Kinderklinik. Düsseldorfer Arbeiten zur Geschichte der Medizin (Hrsg. Hans Schadewaldt), Heft 27, Düsseldorf: Triltsch 1967.

Wyklicky, Helmut: Die Ärztliche Kraftfahrvereinigung – das Werk Karl Hochsingers. Österr. Ärztezeitung 25.4.1967.

Zapf, Lilli: Die Tübinger Juden. Eine Dokumentation. 2. Aufl. Tübingen: Katzmann 1978.

Zelger-Hoffa, Lotte: Unvergessliches Ostafrika. Bern: Simowa Verlag 1999.

Zelzer, Maria: Weg und Schicksal der Stuttgarter Juden. Sonderband d. Veröff. d. Archivs der Stadt Stuttgart. Stuttgart: Klett Verlag 1964.

Zeugnisse zur Geschichte der Juden in Ulm. Erinnerungen und Dokumente. Hrsg. Stadtarchiv Ulm. Ulm 1991.

Zimmermann, Volker: Medizin in einer Universitätsstadt, Göttingen 1933–1945. In: H. Friedrich, W. Maltow (Hrsg), Dienstbare Medizin: Ärzte betrachten ihr Fach im Nationalsozialismus. Göttingen: Vandenhoeck & Ruprecht 1992.

Verzeichnis der Orte

Aachen	123, 369	Fürth	241, 380
Allenstein (Olsztyn)	123, 369	Gelsenkirchen	242, 380
Altona	123, 369	Gera	242, 380
Apolda	124, 369	Gießen	244, 380
Augsburg	125, 369	Gladbeck	244, 380
Bad Kreuznach	125, 369	Glogau (Głogow)	244, 380
Bad Lippspringe	326	Görlitz	244, 380
Bamberg	125, 369	Göttingen	245, 380
Berlin	126, 326, 369	Gotha	246, 380
Bernburg	186, 375	Grünberg/Schlesien	246, 380
Beuthen (Bytom)	187, 375	(Zielona Góra)	
Bochum	187, 375	Guben	247, 381
Brandenburg (Havel)	187, 375	Gummersbach	247, 381
Braunschweig	326	Hagen i.W.	248, 381
Bremen	187, 375	Halberstadt	248, 381
Breslau (Wrocław)	189, 375	Halle/Saale	248, 381
Chemnitz	199, 376	Hamburg	250, 327, 381
Cottbus	201, 376	Hannover	257, 382
Danzig (Gdańsk)	201, 377	Heidelberg	259, 382
Darmstadt	202, 377	Hindenburg/Oberschl.	262, 382
Dinslaken	202, 377	(Zabrze)	
Dortmund	202, 377	Hirschberg/Riesengeb.	263, 382
Dresden	206, 377	Immigrath	263, 382
Düren	208, 377	Jauer	327
Düsseldorf	209, 377	Kaiserslautern	263, 382
Duisburg	218, 378	Karlsruhe	264, 382
Eisenach	219, 378	Kassel	267, 383
Elbing (Elbląg)	221, 378	Kiel	268, 383
Emmerich	221, 378	Köln	269, 383
Erfurt	222, 378	Königsberg	273, 327, 383
Essen	222, 378	(Kaliningrad)	
Frankenthal	223, 378	Konstanz	276, 383
Frankfurt am Main	223, 378	Krefeld	276, 384
Frankfurt/Oder	237, 380	Leipzig	277, 327, 384
Freiburg im Breisgau	238, 380	Liegnitz (Legnica)	281, 384

Limburg	281, 384	Ratibor (Racibórz)	308, 387
Lörrach	282, 384	Recklinghausen	309, 387
Ludwigshafen a.Rh.	282, 384	Regensburg	309, 387
Lübeck	283, 384	Remscheid	310, 387
Magdeburg	283, 384	Rheydt	311, 387
Mainz	284, 384	Rostock	311, 387
Mannheim	286, 385	Saarbrücken	312, 387
Marburg	290, 385	Schneidemühl (Piła)	312, 387
Meiningen	291, 385	Solingen	313, 388
Minden i.W.	293, 385	Stettin (Szczecin)	315, 388
Mönchengladbach	293, 385	Stuttgart	316, 388
Mülheim/Ruhr	294, 385	Ulm a.D.	318, 388
München	294, 385	Waldenburg/Schlesien	319, 388
Nowawes Krs. Teltow	302, 386	(Wałbrzych)	
Nürnberg	302, 386	Wetzlar	320, 388
Offenbach a. M.	305, 386	Wien	329, 389
Offenburg	306, 386	Wiesbaden	320, 388
Oldenburg	307, 386	Witten/Ruhr	321, 388
Oppeln (Opole)	307, 387	Worms	322, 388
Pforzheim	308, 387	Würzburg	322, 389
Pirmasens	308, 387	Wuppertal	324, 327, 389
Prag (Praha)	355, 393	Zwickau	325, 389
Rathenow	308, 387		

Personenverzeichnis

* = Mitglied Deutsche Gesellschaft für Kinderheilkunde 1933

Aaron, Else	Wuppertal	324, 389, 398
Abels, Hans*	Wien	329, 390, 402
Abraham, Georg*	Kaiserslautern	263, 382, 412
Adam, Margarethe	Berlin	126, 369
Adelsberger, Lucie*	Berlin	5, 46, 97, 126, 369, 394, 403
Adler, Elsa	Berlin	128, 369, 411
Adler, Wally	Köln	269, 383, 403
Adler-Goldstein, Margarete	Köln	269, 383, 398
Agulnik (Ogen), Ferdinand	Offenbach a.M.	305, 386, 398
Agulnik (Ogen), Mira	Offenbach a.M.	306, 386, 398
Aichinger, Berta	Wien	329, 390
Allina, Marianne	Wien	330, 390
Allinger-Stein, Martha	Stuttgart	316, 388
Albersheim, Erich	Emmerich	221, 378, 409
Alsberg, Georg*	Kassel	29, 81, 267, 383, 412
Alterthum (Atar), Hans	Berlin	128, 369, 398
Alterthum (Atar), Ruth	Berlin	128, 369, 398
Althoff, Friedrich	Berlin	17, 70
Altmann, Alfred	Dortmund	202, 377
Altmann, Felix	Breslau	189, 375, 398
Andermann, Eugenie	Wien	330, 390, 407
Arnsdorf, Frieda	Berlin	129, 369, 398
Aron, Hans*	Breslau	190, 375, 403
Aron, Julie*	Breslau	190, 376, 403
Aronade, Otto*	Berlin	129, 369, 398
Aronheim, Martin	Stettin	315, 388
Aschenheim, Else*	Berlin	129, 369
Aschenheim, Erich*	Remscheid	310, 387, 414
Ascher, Ernst August	Berlin	129, 369
Atermann, Kurt	Prag	356, 393, 403
Baar, Heinrich	Wien	330, 390, 402
Bach, Siegfried*	Dortmund	202, 377, 410
Bachrach, Bertha	Chemnitz	199, 376, 401
Badt, Alfred	Berlin	129, 369, 398

Baer, Max	Berlin	129, 369, 403
Baginsky, Adolf	Berlin	15, 25, 27, 69, 78, 79
Ballin, Louis*	Berlin	130, 369, 401
Bamberg, Karl	Berlin	130, 370, 409
Baron, Carl	Dresden	206, 377
Baron, Leo	Berlin	130, 370, 413
Basch, Felix	Wien	330, 390, 407
Bauer, Julius*	Hamburg	250, 381, 401
Bednař, Alois	Wien	47, 98
Beer, Sanel	Wien	330, 390, 407
Behrendt, Hans*	Frankfurt a.M.	223, 378, 403
Behrens, Richard*	Karlsruhe	264, 382, 395
Belmonte, Walter	Berlin	130, 370, 411
Bendix, Bernhard*	Berlin	130, 370, 408
Benedict, Hans	Wien	331, 390, 407
Benfey, Arnold*	Berlin	29, 81, 131, 370, 403
Benjamin, Erich*	München	30, 82, 294, 385, 403
Benjamin, Georg	Berlin	131, 370, 396
Benjamin, Karl	Essen	222, 378, 398
Benjamin, Max	Köln	269, 383, 394, 411
Bennholdt-Thomsen, Carl*	Prag	52, 64, 103, 114
Berberich, Hugo	Augsburg	125, 369, 403
Berggrün, Emil	Wien	354
Bergmann, Josef	Berlin	132, 370, 409
Behrmann, Solon	Nürnberg	302, 386, 413
Bernhard, Leopold*	Berlin	132, 370
Bernhardt, Hans	Berlin	132, 370, 398
Bessau, Georg*	Berlin	62, 63, 112, 144
Besser, Felix	Freiburg i.Br.	238, 380, 401
Beutler, Käthe	Berlin	132, 370, 403
Bien, Gertrud*	Wien	331, 390, 402
Bing, Robert*	Nürnberg	302, 386, 403
Binswanger, Eugen	München	295, 385
Birk, Walther	Tübingen	62, 112
Blank, Dagobert*	Berlin	133, 370
Bloch, Werner	Offenburg	306, 386, 404
Bloch, Wilhelm*	Köln	269, 383, 413
Block, Walter*	Berlin	133, 370, 404

Blühdorn, Kurt*	Hannover	257, 382, 404
Blum, Maria*	Pirmasens	308, 387, 404
Blumenfeld, Felix*	Kassel	27, 80, 267, 383, 414
Blumenthal, Leo	Berlin	133, 370, 394
Boddin, Maria	Berlin	133, 370
Bodenheimer, Wilhelm*	Hamburg	251, 381, 404
Böheimer, Julius	Witten	321, 388
Boehm, Ernst	Berlin	133, 370, 398
Böhm, Felix	Ratibor	308, 387
Böhm, Gerda	Freiburg i.Br.	238, 380, 395
Böhm, Henry*	Frankfurt a.M.	223, 378, 413
Boenheim, Curt*	Berlin	134, 370, 404
Borchardt, Eugen	Berlin	134, 370, 413
Borchardt, Johanna	Berlin	134, 370, 413
Bornstein, Siegbert	Berlin	134, 370, 404
Brand, Aron	Berlin	134, 370, 398
Brehme, Thilo*	Castrop-Rauxel	58, 108
Breit-Fronzig, Marga	Liegnitz	281, 384
Breuer, Josua*	Frankfurt a.M.	224, 378, 404
Brdlík, J.	Prag	52, 103
Brinnitzer, Heinz	Düsseldorf	209, 377, 398
Bruch, Brunhilde	Leipzig	277, 384, 401
Bruchsaler, Siegfried	Mannheim	286, 385, 404
Bruck, Alfred*	Berlin	135, 370
Brühl, Heinz*	Marburg	290, 385, 410
Bütow, Margarethe	Berlin	123, 369
Burlin, David*	Berlin	135, 370, 401
Busse, Edith	Berlin	135, 370, 401
Buttenwieser, Samuel	Berlin	135, 370, 398
Buttermilch, Wilhelm*	Berlin	135, 370, 413
Cahen-Brach, Eugen*	Frankfurt a.M.	224, 379, 397
Cahn, Hugo	Witten	321, 388, 404
Cahn, Philipp	Berlin	136, 370, 404
Cahn, Robert	Berlin	136, 370, 404
Calvary, Martin*	Hamburg	251, 136, 370
Caro, Wilhelm	Berlin	136, 370
Caspari, Hilde	Berlin	136, 370
Caspari, Joachim	Berlin	39, 90, 136, 370, 398

Catel, Werner*	Leipzig	45, 64, 65, 96, 114, 115
Chajes, Benno	Berlin	28, 80, 137
Chajes, Flora*	Berlin	136, 370, 398
Chassel, Alice	Hamburg/Leipzig	251, 381
Citron, Rosa	Wien	331, 390, 401
Cobliner, Samuel	Frankfurt a.M.	225, 379, 398
Cohn, Max	Prag	356, 393, 403
Cohn, Michael	Berlin	137, 370, 413
Cohn, Moritz	Breslau/Berlin	137, 190, 376, 397
Cohn-Heidingsfeld, Helene	Karlsruhe	264, 382, 404
Cohn-Hülse, Wilfried*	Berlin	137, 370, 404
Conti, Leonardo	Berlin	62, 63, 112, 113
Cronheim, Irma	Berlin	138, 370, 404
Czerny, Adalbert*	Berlin	25, 51, 60, 78, 102, 110, 148
Danziger, Elfriede	Hindenburg	262, 382, 398
Davidsohn, Erna	Berlin	139, 370, 394
Davidsohn, Heinrich*	Berlin	139, 370, 401
Degkwitz, Rudolf *	Hamburg	62, 115
Demuth, Fritz	Berlin	139, 370, 394, 411
Dessau-Neumann, Lotte	Berlin	139, 370, 410
Deutsch-Lederer, Maria*	Düsseldorf	209, 377, 401
Dingmann, Albert*	Berlin	140, 371, 404
Doernberger, Eugen	München	296, 385, 413
Dynski-Klein, Martha	Prag	356, 393, 403
Dzialoszynski, Ismar	Beuthen	187, 375, 409
Ebel, Alfred	Wien	331, 390, 407
Ebertsheim, Walter	Frankfurt a.M.	225, 379, 404
Eckstein, Albert*	Düsseldorf	33, 34, 61, 85, 86, 111, 209, 377, 412
Eckstein, Erna*	Düsseldorf	211, 377, 412
Eckstein, Ida	Wien	331, 390
Edelstein, Anny	Berlin	140, 371, 404
Edelstein, Ephraim	Berlin	140, 371, 398
Egert, Wilhelm	Wien	331, 390, 414
Ehrenfreund, Friedrich*	Dresden	206, 377, 413
Eichelberg, Simon*	Mönchengladbach	293, 385, 398
Eichmann, Adolf	Wien	50, 100
Einstein, Otto*	Stuttgart	316, 388, 404

Eisenstädt, Alfred	Bremen	187, 375, 404
Eisner-Kissmann, Gisela	Prag	357, 393, 403
Eliasberg, Helene	Berlin	140, 371, 404
Engel, Alfred	Berlin	141, 371, 398
Engel, Stefan*	Dortmund	16, 25, 28, 69, 78, 80, 203, 377, 401
Engel-Blumenfeld, Toni	Hamburg	251, 381, 404
Engelhard, Anna	Wien	354
Erikson, Erik H.	Karlsruhe	265
Erlanger, Berta	Mainz	284, 384, 413
Epstein, Alois	Prag	15, 51, 69, 102
Epstein, Berthold*	Prag	51, 102, 357, 393, 394
Epstein, Eugen*	Breslau	190, 376, 411
Escherich, Theodor	Wien	47, 98
Fabian, Gerti	Berlin	141, 371
Fabisch, Walter	Hamburg	251, 381, 401
Färber, Ernst*	Berlin	141, 371, 410
Falk, Albert	Berlin	141, 371
Falk, Meyer*	Breslau	191, 376, 398
Falk, Walter*	Frankfurt a.M.	225, 379, 398
Falkenheim, Curt*	Königsberg	273, 383, 404
Falkenheim, Hugo*	Königsberg	20, 73, 273, 383, 404
Falkenstein, Bertha	Düsseldorf	212, 378
Fanconi, Guido*	Zürich	61, 111
Fantl-Lederer, Frieda	Wien	332, 390
Fath, Sigmund	Frankfurt a.M.	225, 379, 413
Fath-Stahl, Alice	Frankfurt a.M.	225, 379, 404
Feibelmann, Moritz*	Nürnberg	303, 386, 410
Feibes, Erich*	Aachen	123, 369, 404
Feilchenfeld, Bruno	Berlin	18, 141, 371, 398
Feilchenfeld, Maja	Nürnberg	303, 386, 398
Feilendorf, Stefanie	Wien	332, 390, 407
Felsenthal, Simon	Mannheim	286, 385, 413
Feuchtwanger, Albert*	Frankfurt a.M.	226, 379, 398
Fernbach, Hans	Leipzig	277, 384
Feygl, Anna	?	364
Fiegel, Lucie	Berlin	142, 371, 397
Finkelstein, Heinrich*	Berlin	16, 25, 28, 29, 34, 69, 78, 80, 81, 86, 142, 371, 409

Fischer, Georg	Prag	358, 393
Fischer, Martin*	Oppeln	307, 387, 404
Fischl, Rudolf*	Prag	51, 102, 358, 393, 414
Flörsheim, Anna	Berlin	143, 371
Fränkel, Ernst	Saarbrücken	312, 387
Fränkel, Paul	Berlin	143, 371, 413
Frank, Max*	Prag	52, 102, 359, 393, 408
Frankenau, Arnold	Nürnberg	303, 386, 411
Frankenberg, Margarete*	Hamburg	252, 381, 412
Frankenstein, Curt*	Berlin	143, 371, 408
Frankenstein, Hans	Görlitz	244, 380, 401
Frankl, Georg	Wien	332, 390, 407
Frei, Magda	Berlin	143, 371, 404
Freise, Frieda*	Chemnitz	199, 376, 413
Freise, Richard	Berlin	144, 371, 413
Frensdorff, Fritz*	Hannover	258, 382, 413
Freud, Anna	Wien	50, 101
Freud, Paul	Wien	332, 390, 407
Freudenberg, Ernst*	Marburg	37, 61, 89, 111, 291, 385, 411
Freund, Elly	Breslau/Berlin	144, 191, 376, 398
Freund, Georg*	Stettin	315, 388
Freund, Käte*	Berlin	144, 371, 404
Freund, Walther*	Breslau	25, 28, 29, 32, 65, 78, 80, 81, 84, 115, 191, 376, 411
Freundlich, Kurt*	Hamburg	252, 381, 398
Friedjung, Joseph*	Wien	30, 82, 332, 390, 401
Friedmann, Salo	Beuthen	187, 375, 413
Fromm, Eugen*	München	296, 385, 411
Fuchs, Erwin	Hamburg	252, 381, 412
Fürstenheim, Walter	Frankfurt a.M.	226, 379, 401
Funk-Rachmilewitz, Efir	Danzig	201, 377
Funkenstein, Otto	München	296, 385, 414
Geißmar, Johanna*	Heidelberg	46, 97, 259, 382, 394
Gernsheim, Fritz*	Worms	322, 388, 414
Gerstenberger, H.J.*	Cleveland	61, 111
Gerstle, Friedrich	München	296, 385, 413
Gersuny, Otto	Wien	333, 390, 407
Glanzmann, Eduard*	Bern	61, 111

Glaser, Franz	Wien	333, 390, 410
Glaser, Hilde	Breslau	193, 376
Glaß, Georg	Berlin	145, 371, 410
Goebel, Fritz*	Halle/Düsseldorf	30, 31, 32, 33, 63, 64, 81, 82, 83, 84, 85, 86, 113, 114
Gött, Theodor*	Bonn	57
Goetzel, Paul	Berlin	145, 371, 404
Goldmann, Franz	Prag	359, 393
Goldschmidt, Guido	Wien	334, 390, 407
Goldschmidt, Rosel	Leipzig	278, 384
Goldstein, Fritz*	Berlin	145, 371, 412
Goldstein, Rudolf	Berlin	145, 371, 399
Goldstein, Walter	Berlin	146, 371, 404
Gottlieb, Karl	Wien	334, 390, 411
Gottschalk, Eva	Berlin	146, 371
Gottstein, Werner*	Berlin	146, 371, 404
Graf, Selma	Bamberg	125, 369, 394
Gralka, Richard*	Bad Kreuznach	125, 369
Grosser, Paul*	Frankfurt a.M.	226, 379, 410
Großmann, Hedwig	Berlin	147, 371
Grotjahn, Alfred	Berlin	28, 80
Grünbaum, Ernst	Berlin	147, 371, 399
Grüneberg, Bernhard*	Altona	124, 369, 413
Grüneberg, Franz	Altona	124, 369, 404
Grünfelder, Benno	Berlin	147, 371, 399
Grüninger, Ulrich*	Bottrop	32, 84
Grünmandel, Selma	Breslau	193, 376, 401
Grünspecht, Adolf	Nürnberg	303, 386, 404
Grünthal, Paula*	Breslau	193, 376
Guggenheim, Richard	Konstanz	276, 383, 404
Gutmann, Bernhard	Würzburg	322, 389, 401
Gutmann, Paul	Berlin	147, 371
György, Paul*	Heidelberg	61, 64, 111, 115, 260, 382, 405
Haas-Levy, Jenny (Jeanette)	Frankfurt a.M.	228, 379, 399
Hacker, Eduard	Wien	334, 390
Hahn, Auguste	Berlin	147, 371
Hahn, Frieda*	Berlin	147, 371, 404
Halberstam, Debora	Wien	334, 390, 407

Hamburger, Franz*	Wien	60, 61, 62, 64, 111, 112, 113, 114
Hamburger, Richard*	Berlin	148, 371, 402
Hanau, Franz	Gießen	244, 380, 405
Hartmann, Dorothea	Wien	50, 101, 334, 407
Haubrich-Gottschalk, Alice	Köln	269, 383, 414
Hauschild, Leo	Berlin	149, 371
Hauser, Arnold	Stuttgart	317, 388, 405
Haymann, Cläre*	Frankfurt a.M.	228, 379, 408
Hecht, Adolf*	Wien	334, 390, 414
Hecht, Marianne	Berlin	149, 371
Heelein-Mende, Irmgard*	Berlin	326
Heidemann, Moritz*	Hamburg	252, 381, 408
Heidenheim, Thilo*	Köln	270, 383, 405
Heilborn, Curt*	Berlin	149, 371
Heilbronn, Dora	Fürth	241, 380, 413
Heimann, Alfred*	Wuppertal	324, 389, 405
Heine, Ludwig*	Berlin	149, 371, 405
Heine, Werner	Saarbrücken	312, 387
Heinemann, Berta	Köln	270, 383
Heinemann, Moritz*	Berlin	150, 371, 399
Heinemann, Senta	Berlin	150, 371, 399
Heinrich, Herta	Berlin	150, 371, 399
Held, Kaethe	Berlin	150, 372, 399
Heller, Oskar*	Ludwigshafen a.Rh.	282, 384, 405
Henkin, Thea	Jauer	327
Henle, Franz	Stuttgart	317, 388
Henoch, Eduard	Berlin	15, 17, 69, 70
Hepner, Franz*	Bernburg/Dresden	186, 207, 375, 405
Hermann, Moritz	Berlin	326
Hertz, Wilhelm*	Halle	248, 381
Herz, Oskar	Hamburg	253, 381, 405
Hess, Rudolf*	Bremen	188, 375
Heßberg, Gertrud*	Gladbeck	244, 380, 412
Heymann, Paula	Berlin	151, 372, 394
Heymann, Walter*	Freiburg i.Br.	239, 380, 405
Hilferding, Margarethe	Wien	50, 101, 335, 390, 396
Hirsch, Ada*	Wien	335, 390, 407
Hirsch, Albert*	Heidelberg	261, 382, 399

Hirsch, Gertrud	Berlin	151, 372
Hirsch, Leonhard	Magdeburg	283, 384
Hirsch, Moritz*	Wiesbaden	320, 388, 397
Hirsch, Sophie	Frankfurt a.M.	228, 379, 399
Hirsch, Walter*	Berlin	40, 91, 151, 372, 399
Hirsch-Kauffmann, Herbert*	Breslau	194, 376
Hirschfelder, Isidor*	Krefeld	276, 384, 414
Hirschler, Helene*	Ludwigshafen a.Rh.	282, 384
Hirschowitz, Martin	Berlin	151, 372, 405
Hochschild, Hugo*	Frankfurt a.M.	228, 379, 409
Hochsinger, Karl*	.Wien	28, 47, 80, 98, 335, 390, 397
Hönigsberger, Max	München	297, 385, 402
Hördemann, Robert	Berlin	58, 108
Hoffa, Elisabeth	Berlin	152, 372, 402
Hoffa, Theodor*	Wuppertal	29, 34, 81, 86, 324, 389, 412
Hofmeier, Kurt*	Berlin	32, 60, 62, 64, 84, 110, 112, 113, 114
Holde, Rosa	Berlin	152, 372, 399
Holländer, Rachel	Wien	336, 390, 401
Holstein, David	Köln	270, 383, 399
Homburger, Theodor	Karlsruhe	265, 382, 399
Hopf, Karl	Nürnberg	303, 386, 411
Horwitz, Alice*	Hamburg	253, 381, 412
Horwitz, Sam	Hamburg	253, 381, 399
Hüttenbach, Friedrich	München	297, 385, 402
Huldschinsky, Kurt*	Berlin	152, 372, 408
Israel, Paul	Berlin	153, 372
Jacobi, Abraham	New York	15, 26, 69, 78
Jacobi, Walther	Berlin	153, 372, 399
Jacobs, Rahel	Prag	359, 393, 403
Jacobs, Toni	Berlin	153, 372
Jacobsohn, Erich*	Leipzig	278, 384, 405
Jacoby, Curt	Berlin	153, 372
Jahnke-Nückles, Ute	Gottenheim	33, 55, 84, 106
Jahr, Antonie	Berlin	153, 372, 399
Jahr, Jacob	Berlin	154, 372, 399
Japha, Alfred*	Berlin	27, 80, 154, 372, 405
Jehle, Ludwig	Wien	336, 390, 414
Jelinek, Otto	Prag	359, 393, 394

Jellinek, Paula*	Apolda	124, 369
Jelski, Bernhard	Danzig	201, 377
Joël, Ernst	Lübeck	283, 384, 399
Joël, Julius	Lübeck	283, 384, 413
Jolowicz, Hedwig	Leipzig	278, 384
Jonas, Selma	Berlin	155, 372, 399
Jonas, Walter*	Berlin	155, 372, 399
Joppich, Gerhard	Köln	31, 57, 58, 64, 83, 107, 108, 114
Joseph, Nora	Berlin	326
Josephy, Edith	Berlin/Rostock	155, 311, 387, 394
Kahn, Paul	Berlin	155, 372
Kahn, Walter*	Dortmund	205, 377, 405
Kahn-Wolz, Elisabeth	Karlsruhe	266, 382, 405
Kamerase, Alice	Berlin	155, 372, 394
Kamnitzer, Hans	Berlin	155, 372
Kanowitz, Siegfried	Berlin	155, 372, 399
Karpeles, Stephanie	Wien	336, 390, 407
Karger, Heinz	Berlin/Basel	61, 111
Karger, Paul	Berlin	156, 372, 411
Kassel, Wilhelm	Berlin	156, 372
Kassowitz, Max	Wien	15, 47, 69, 98
Kastner, Alexandrine	Dresden	207, 377, 397
Kastner, Otto	Dresden	207, 377, 414
Katz, Gustav	Prag	359, 393, 403
Katz, Otto	Berlin	156, 372, 405
Kauffmann, Elsa	Liegnitz	281, 384, 414
Kaufmann, Elsa	Wien	336, 390, 407
Kaumheimer, Ludwig	München	297, 385, 402
Keins, Maximilian	München	297, 385, 396
Keller, Heinrich	Wien	336, 390, 397
Kirsch, Ethel	Wien	336, 390, 407
Kirsch, Oskar	Wien	336, 391
Klein, Hugo	Wien	354
Klein, Rudolf	Prag	360, 393, 394
Klein, Walter	Königsberg	274, 383, 396
Klein-Herz, Henriette	Düsseldorf	212, 378, 399
Kleinschmidt, Hans*	Köln	31, 57, 58, 64, 83, 107, 108, 114
Klinke, Karl*	Breslau	194, 376

Knöpfelmacher, Wilhelm*	Wien	28, 47, 80, 98, 337, 391, 414
Kobrak, Erwin	Berlin	157, 372
Koch, Gerlinde	?	328, 402
Koch, Georg*	Wiesbaden	320, 388, 413
Kochmann, Rudolf*	Chemnitz	200, 376, 399
Koehler, Annemarie	Breslau	195, 376, 409
König, Karl	Wien	337, 391, 402
Königsberger, Ernst*	Berlin	157, 372, 405
Königsberger, Paul	Liegnitz	281, 384, 414
Königstein, Robert	Wien	338, 391, 409
Kohn, Oskar	Prag	360, 364, 393, 394
Kornfeld, Werner*	Wien	338, 391, 407
Krebs, Berthold	Görlitz	245, 380, 409
Kris, Marianne	Wien	50, 101, 338, 391, 407
Kristianpoller, Siegfried	Danzig	201, 377
Krombach, Kaethe	Nowawes	302, 386, 399
Kümmel, Werner Friedrich	Mainz	19, 72
Kullmann, Julius	Bad Kreuznach	125, 369
Kundratitz, Kornelia	Wien	338, 391
Kunreuther, Theodor	Frankfurt a.M.	229, 379
Kurz, Olga	Wien	339, 391, 402
Kuttner, Marianne	Berlin	157, 372, 405
Kwaszewska, Adele	Wien	339, 391, 407
Lamm, Bruno	Köln	270, 383, 405, 411
Landau, Arnold*	Berlin	157, 372, 405
Landé, Lotte	Frankfurt a.M./Berlin	158, 229, 379, 405
Landecker, Hildegard	Berlin	158, 372
Landsberger, Max*	Brandenburg (Havel)	187, 375, 405
Langer, Ella	Wien	339, 391, 408
Langer, Hans*	Berlin	158, 372, 412
Langer, Josef*	Prag	51, 102
Langstein, Leo*	Berlin	16, 25, 28, 29, 69, 78, 80, 81, 158, 372, 413
Lasch, Walter*	Berlin	159, 372, 399
Lasser, Wilhelmine	München	298, 385, 410
Lauff, Hildegard	Mülheim/Ruhr	294, 385
Lauter, Leo*	Elbing	221, 378, 405
Lebenhart, Wilhelm	Prag	360, 393, 397

Lebermann, Martha	Würzburg	323, 389, 402
Lederer, Elsa	Wien	339, 391, 410
Lederer, Julius	?	364
Lederer, Richard	Wien	339, 391, 410
Lehmann, Paul	Düsseldorf	212, 378, 411
Lehndorff, Alice	Wien	339, 391, 407
Lehndorff, Heinrich*	Wien	340, 391, 408
Leichtentritt, Bruno*	Breslau	64, 115, 195, 376, 405
Leichtentritt, Heinrich*	Berlin	159, 372, 414
Leipen, Jiří	Prag	360, 393, 394
Lenneberg, Robert*	Düsseldorf	212, 378, 409
Lennert, Thomas	Berlin	32, 84
Lesser, Robert	Berlin	326
Leven, Karl	Düren	208, 377, 396
Levinger, Hedwig	München	298, 385, 399
Levison, Paul	Altona	124, 369, 405
Levy, Else	Berlin	159, 372, 413
Levy, Erich*	Berlin	160, 372, 405
Levy, Ernst	München	298, 385, 397
Levy, Jakob	Berlin	160, 372, 399
Levy, Walter*	Königsberg	274, 383
Levy-Suhl, Hilde	Berlin	160, 372, 411
Lewin, Albert	Essen	222, 378, 405
Lewin, Gertrud	Berlin	160, 372, 399
Lewin, Julius	Berlin	160, 373
Lewin-Wehl, Selma	Hamburg	253, 381
Lewinsohn, Norbert	Duisburg	44, 218, 378, 410
Lewisson, Gertrud	Berlin	161, 373, 405
Lewkowitz, Helene	Waldenburg	319, 388, 399
Lewy, Berthold	Berlin	161, 373, 399
Lewy, Günther	Berlin	161, 373
Lichtenstein, Adolf*	Stockholm	30, 82
Lieblich, Berta	Essen	222, 378
Liefmann, Elsa	Freiburg i.Br.	240, 380, 395, 411
Liepmann, Hans	Hamburg	253, 381, 405
Lilienfeld, Alfred	München	298, 386, 405
Lippmann, Arthur	Hamburg	254, 381, 409
Lissauer, Willy	Berlin	161, 373, 413

Lissner, Max	Berlin	161, 373
Löbenstein, Fritz*	Leipzig	278, 384, 399
Löschner, Joseph	Prag	51, 102
Loewenthal, Walter	Berlin	161, 373, 399
Loewenthal, Therese	Berlin	161, 373
Loewy, Erich	Köln	270, 383, 402
Löwy, Heinrich	Prag	360, 393, 394
Loewy, Moritz	Wien	340, 391, 408
Loewy, Oskar	Wien	340, 391, 408
Lust, Franz*	Karlsruhe	25, 28, 29, 78, 80, 81, 266, 382, 414
Maas, Hermine*	Nürnberg	303, 386, 413
Machnitzki, Ernst	Chemnitz	201, 376, 399
Mahler, Margarethe	Wien	50, 101, 341, 391, 408
Mai, Hermann*	Prag	52, 102
Maier, Pauline	Mannheim	288
Malinowski, Arnold	Görlitz	245, 380, 411
Mandler, Emanuel	Prag	360, 393, 403
Mansbacher, Gertrud	Berlin	161, 373, 399
Mansbacher, Wilhelm*	Berlin	162, 373, 399
Mao Tse-Tung	Peking	44, 95
Marcus, Aenne	Köln	270, 383
Marcus, Ida	Solingen	313, 388, 405
Marcus, Walter*	Solingen	314, 388, 405
Marcuse, Paul	Berlin	162, 373
Matzdorf, Gustav*	Cottbus	201, 376
Mauthner von Mautstein, L.	Wien	47, 98
Mautner, Hans*	Wien	341, 391, 408
Mayer, Hedwig	Mainz	285, 384
Mayer, Ludwig	Darmstadt	202, 377, 413
Mayerhofer, E.	Zagreb	61, 111
Mayr, Franz	Wien	47, 98
Melamed, Leo	Halle	249, 381, 399
Mellerova, Olga	Prag	361, 393, 394
Mendel, Leo*	Breslau	196, 376
Mendelsohn, Ludwig*	Berlin	27, 34, 80, 86, 163, 373, 408
Menningen, Martha	Hamburg	255, 381
Mestitz, Walter	Wien	342, 391, 402
Metis, Felix*	Grünberg	246, 380, 405

Mettenheim, Heinrich v.*	Frankfurt a.M.	230, 379
Meyer, Daniel	Hamburg	255, 381, 405
Meyer, Elfriede*	Königsberg	327
Meyer, Franz*	Berlin	163, 373
Meyer, Hans	Frankfurt a.M.	230, 379, 409
Meyer, Hedwig	Mainz	285, 384, 408
Meyer, Karl	Nürnberg	304, 386, 399
Meyer, Curt	Dresden	208, 377, 411
Meyer, Leo	Regensburg/Hamburg	309, 387, 405
Meyer, Ludwig Ferdinand*	Berlin	16, 25, 28, 40, 61, 69, 78, 80, 91, 111, 163, 373, 400
Meyer, Max*	Gelsenkirchen	242, 380, 405
Meyer, Otto*	Hamburg	327
Meyer, Selma*	Düsseldorf	34, 86, 212, 378, 405
Meyer-Houselle, Oswald*	Berlin	164, 373
Meyer-Wedell, Lilly*	Hamburg	255, 381, 402
Meyersohn, Rudolf	Rathenow	308, 387, 412
Meyerstein, Albert*	Berlin	164, 373, 406
Meyerstein, Gerhard	Berlin	164, 373, 409
Meyerstein, Hildegard	Berlin	165, 373, 409
Michaelis, Lucie	Berlin	165, 373, 405
Michaelis, Walter	Berlin	165, 373, 402
Michelson, Cornelia	Berlin	165, 373
Milek, Alfred	Prag	361, 393, 394
Misch, Siegbert	Berlin	165, 373, 402
Mohr, Gustav	Nürnberg	304, 386, 413
Mohr, Martin	Breslau	196, 376, 409
Moll, Leopold	Prag	51, 102
Moro, Ernst*	Heidelberg	25, 37, 78, 89, 261, 382
Moses, Fritz	Berlin	165, 373, 400
Moses, Hertha	Berlin	165, 373, 400
Moses, Julius	Mannheim	287, 385, 400
Moses, Samuel	Lörrach	282, 384, 406
Mosse, Karl*	Berlin	44, 166, 373, 410
Müller, Elisabeth*	Hannover	46, 97, 258, 382, 394
Müller, Fritz*	Berlin	166, 373, 402
Müller-Lange, Gertrud	Berlin	166, 373
Münz, Bertha	Wien	342, 391, 402

Munk, Julius	Wien	342, 391, 414
Muskat, Gustav	Berlin	166, 373
Nassau, Erich*	Berlin	33, 40, 78, 85, 91, 166, 373, 400
Nathan, Edmund*	Glogau	244, 380, 396
Nathan, Paul	Berlin	168, 373, 400
Nathanson, Lea	Berlin	168, 373, 400
Nathanson, Ludwig	Berlin	168, 373, 400
Nathorff, Hertha	Berlin	168, 373, 406
Nelken, Kurt*	Altona	124, 369, 400
Neter, Eugen*	Mannheim	27, 80, 287, 385, 395, 400
Netter, Hermann*	Pforzheim	308, 387, 397
Neu, Johanna	Frankfurt a.M.	231, 379, 410
Neubauer, Leo	?	364
Neuberger-Ochs, Alice	Köln	270, 383, 402
Neugröschl, Margarethe	Wien	342, 391, 402
Neuhaus, Hugo	Ulm	318, 388, 406
Neuland, Willy*	Nürnberg	304, 386, 406
Neumann, Anna	Wien	342, 391, 408
Neumann, Hugo	Berlin	27, 80
Neumann, Julius	Berlin	170, 373, 400
Neumann, R.	Wien	354
Neumann, Rudolf	Berlin	170, 373, 411
Neumark, Alice	Mannheim	289, 385, 394
Neumark, Hermann	Frankfurt/O	237, 380, 400
Neumark, Käte*	Frankfurt a.M.	231, 379, 411
Neurath, Rudolf*	Wien	33, 343, 391, 408
Neustadt, Else	Düsseldorf	213, 378, 406
Niermann, Marie	Berlin	326
Nobel, Edmund*	Wien	343, 391, 402
Noeggerath, Carl T.	Freiburg i.Br.	25, 63, 78, 114
Nohlen, Arno	Düsseldorf	213, 378
Noll, Anni	Heidelberg	262, 382, 402
Nordheim, Moritz*	Hamburg	255, 381, 414
Nothmann, Hugo	Berlin	170, 373, 400
Nußbaum, Olga	Wien	344, 391, 408
Nußbaum, Robert*	Minden	293, 385, 397
Ochs, Julius	Köln	271, 383, 406
Ockel, Gerhard*	Guben	247, 381

Oestreicher, Paul*	Meiningen	291, 385, 411
Ohlmann, Alice	Frankfurt a.M.	231, 379, 406
Ohlmann, Julius*	Frankfurt a.M.	231, 379, 406
Oppenberger, Karl	Wien	354
Oppenheimer, Joseph	Fürth	242, 380, 406
Oppenheimer, Karl	Berlin	170, 373
Oppenheimer, Klara	Würzburg	323, 389, 397
Orel, Herbert*	Wien	344, 391
Orgler, Arnold*	Berlin	27, 80, 171, 373, 402
Ostrowsky, Bruno	Danzig	39, 90, 201, 377, 400
Peiser, Amalie	Berlin	171, 374
Peiser, Julius	Berlin	171, 374, 400
Pelz, Erich	Breslau	197, 376, 400
Pelz, Lothar	Rostock	67, 117
Pese, Alfred	Waldenburg/Schl.	319, 388
Pese, Erwin	Zwickau	325, 389
Petry-Jacob, Adeline	Berlin	172, 374
Philipp, Erna	Gera	243, 380, 412
Philippson, Ilse	Berlin	172, 374, 409
Philippson, Paula	Frankfurt a.M.	232, 379, 412
Pinkus, Hertha	Berlin	172, 374
Pirquet, Clemens v.	Wien	25, 47, 78, 98
Plaut, Max*	Frankfurt a.M.	233, 379, 414
Plonsker, Hans	Berlin	172, 374, 400
Podvinec, Ernst	Iglau	361, 393, 395
Pogarschelsky, Herbert*	Breslau	197, 376
Poglayen-Neuwall, Gabriele	Wien	344, 391, 396
Pollak, Rudolf	Wien	344, 391, 408
Popper, Edith	Wien	345, 391, 402
Popper, Erwin	Wien	345, 391, 403
Posner, Gustav	Rostock/Stuttgart	311, 387, 413
Pototzky, Carl	Berlin	30, 82, 172, 374, 406
Proskauer, Felix	Berlin	173, 374
Putzig, Hermann*	Berlin	173, 374, 408
Ratzkowski, Berthold	Königsberg	275, 383, 400
Reach, Hannes	Prag	361, 393, 403
Regensburger, Markus	München	298, 386, 414
Reich, Paul	Berlin	173, 374, 400

Reifenberg, Hugo	Duisburg	218, 378, 406
Reinach, Otto	München	298, 386, 414
Reiter, Fanny	Wien	345, 391
Riesenfeld-Hirschberg, Fritz	Berlin	173, 374, 406
Rietschel, Hans*	Würzburg	24, 32, 76, 84
Ritter, Julius	Berlin	173, 374, 413
Ritter von Rittershain, G.	Prag	51, 102
Röthler, Hermann	Dresden	208, 377, 400
Ronald, Alexander	Wien	345, 391
Roosevelt, Franklin D.	Washington	43, 94
Rosenbaum, Hans	Hamburg	255, 381, 395
Rosenbaum, Josef	München	299, 386, 402
Rosenbaum, Judith	Berlin	174, 374
Rosenbaum, Klara	Wuppertal	327
Rosenbaum, Sally	Frankfurt a.M.	233, 379, 396
Rosenbaum, Siegfried*	Leipzig	40, 91, 279, 384, 400
Rosenberg, Fritz*	Frankfurt a.M.	234, 379, 406
Rosenberg, Gerhard	Hamburg	256, 382, 410
Rosenberg, Oskar*	Berlin	174, 374, 395
Rosenblum, Elisabeth	Breslau	197, 376, 402
Rosenfeld, Mathilde	Wien	345, 391, 401
Rosenhaupt, Heinrich*	Mainz	285, 384, 406
Rosenstern, Iwan*	Berlin	174, 374, 406
Rosenthal, Carl	Köln	271, 383, 406
Rosenthal, Ludwig	Magdeburg	283, 384
Rosenthal, Paula	Berlin	175, 374, 410
Rosenwald, Lilly	Berlin	175, 374
Rosin, Martha	Hamburg	256, 382, 406
Rosowsky, Frieda	Berlin	175, 374
Rosowsky, Hermann	Berlin	175, 374, 400
Roßmann, Moritz	Wien	345, 391
Rothenberg, Fritz	Breslau	197, 376, 402
Rothgiesser, Gertrud*	Berlin	175, 374
Rothschild, John*	Frankfurt a.M.	234, 379, 406
Rothschild, Lilly	Dortmund	205, 377, 406
Rüppel, Erna	Solingen	314, 388
Sänger, Siegfried	Stuttgart	317, 388, 400
Šafár, Vinzenzia	Wien	345, 391

Salomon, Adolf*	Frankfurt a.M.	234, 379, 406
Salomon, Karl	Prag	361, 393
Salomon, Walter*	Berlin	175, 374, 395, 410
Salus, Frieda	Prag	361, 393, 403
Salus, Fritz	Prag	362, 393, 395
Salvendi, Hugo	Frankfurt a.M.	235, 379, 395
Samelson, Siegfried*	Breslau	197, 376
Samelson-Engel, Irmgard	Breslau	197, 376
Samson, Kurt*	Dortmund	205, 377, 402
Sandels, Toni	Frankfurt a.M.	235, 379, 397
Sauer, Kurt*	Braunschweig	326
Saxl, Otto	Prag	362, 393, 401
Schaps, Leo*	Berlin	176, 374, 414
Schaumberg, Max	Frankfurt a.M.	235, 379, 406
Schein, Herbert*	Dinslaken	202, 377, 406
Schellitzer, Hermann	Berlin	176, 374, 408
Scheps, Irene	Wien	347, 391
Schermann, Olga	München	300, 386, 406
Schermann, Richard*	München	299, 386, 406
Schey, Otto	Wien	347, 391, 403
Schick, Bela*	New York	30, 61, 82, 111
Schick, Nelly	Wien	347, 392, 408
Schiff, Alice*	Köln	271, 383, 406
Schiff, Erwin*	Berlin	33, 64, 85, 115, 176, 374, 406
Schindler, Grete	Berlin	177, 374
Schirach, Baldur von	Berlin	57, 62, 108, 112
Schleißner, Felix*	Prag	51, 102, 362, 397
Schlesinger, Eugen*	Frankfurt a.M.	235, 379, 413
Schlesinger, Justus	Frankenthal	223, 378, 400
Schlösser, Max	Witten	321, 388, 396
Schloß, Josef	Halle	249, 381, 414
Schloßberg, Esther	Berlin	178, 374, 400
Schloßmann, Arthur*	Düsseldorf	16, 17, 20, 25, 26, 27, 28, 29, 69, 70, 73, 78, 79, 80, 81, 214, 378, 413
Schmal, Simon	Stuttgart	317, 388, 406
Schmeidler, Oskar	Brünn	363, 393, 395
Schmidt, Wilhelm	Nürnberg	304, 386
Schmoller, Hans*	Berlin	178, 374, 397

Schneider, Kurt	Berlin	178, 374, 406
Schönfeld, Fritz*	Halberstadt	248, 381, 400
Schoenholz, Max	Recklinghausen	309, 387, 400
Schohl, Elisabeth*	Pirmasens	308, 387, 402
Schreier, Fritz	Breslau	198, 376
Schrötter, Leo	Prag	363, 364, 393, 395
Schwabacher, Henri	Hamburg	256, 382, 411
Schwartz, Philipp	Frankfurt a.M.	41, 92
Schweitzer, Eddy	Breslau	198, 376, 400
Schudmak, Henryk	Wien	347, 392, 409
Schwoner, Josef	Wien	348, 392
Seckel, Helmut*	Köln	37, 89, 271, 383, 406
Seehof, Hanna	Oldenburg	307, 386
Seelig-Herz, Alice	Dresden	208, 377
Segall, Julie	Berlin	178, 374, 400
Segall, Selma	Seidorf	263, 382
Selbiger, Gertrud	Danzig	202, 377
Selig, Dorothea	Berlin	178, 374
Selig, Paula*	Wiesbaden	320, 388, 409
Selig, Willy	Berlin	178, 374, 402
Selter, Paul*	Solingen	314, 388, 414
Sgaller-Wreszynski, Hertha	Breslau	198, 376
Siegel, Erich*	Berlin	179, 374, 406
Siering-Kaulla, Hildegard	Stuttgart	317, 388, 406
Siew, Leo	Berlin	179, 374, 400
Silber, Adolf	Wien	348, 392, 408
Silber, Ludwig	Breslau	198, 376
Silber, Walter	Berlin	179, 374
Silberbusch, Nathan	Wien	348, 392
Simmel, Else	Gera	242, 380, 406
Simons, Alfred	Gummersbach	247, 381, 409
Simon, Gustav*	Frankfurt a.M.	236, 379, 412
Simon, Hugo*	Berlin	179, 374, 411
Simon, Irma	Berlin	179, 374
Simon, Karl*	Mainz	286, 385, 406
Simon, Karl Theodor Veit	Frankfurt a.M.	236, 379, 409
Sindler, Adolf	Düsseldorf	28, 80, 216, 378, 400
Singer, Alexander	Wien	348, 392, 396

Singer, Erich	Wien	348, 392
Singer, Grete	Wien	348, 392, 410
Singer, Richard	Prag	363, 393, 403
Sochaczewski, Walter*	Hannover	259, 382
Soldin, Max*	Berlin	179, 374, 414
Solmitz, Werner*	Berlin	180, 374, 406
Sommer, Jacob	Berlin	180, 375
Sommer, Otto*	Rheydt	311, 387, 406
Spanier, Julius	München	300, 386, 397
Spennemann, Carl*	Bad Lippspringe	326
Spiegel, Max	Köln	272, 383, 407
Spiegel, Otto*	Kiel	268, 383, 411
Spiegelberg, Antonie	Aachen	123, 369
Spieler, Fritz*	Wien	349, 392, 414
Spies, Elisabeth	Worms	322, 388, 395
Stadelmann, Eugen*	Frankfurt a.M.	236, 379
Stahl, Hermann*	Berlin	181, 375, 400
Stamm, Carl*	Hamburg	257, 382, 414
Stargardter, Julius*	Hagen	248, 381, 414
Steckelmacher, Eugenie*	Nürnberg	304, 386, 400
Stein, Ida*	Göttingen	245, 380, 406
Steinberg, Alice	Berlin	181, 375, 395
Steindler, Rudolf	Prag	363, 393, 395
Steiner, Ferdinand	Wien	354
Stern, Arthur*	Gotha	246, 380, 400
Stern, Bertha	Nürnberg	305, 386, 407
Stern, Leopold	Berlin	181, 375, 414
Sternberg, Hedwig	Dortmund	206, 377
Stern-Hanf, Georg	Hagen	248, 381, 411
Sternefeld, Ruth*	Berlin	181, 375, 409
Stoeltzner, Helene	Königsberg	275, 383
Stoeltzner, Wilhelm*	Königsberg	29, 30, 37, 81, 82, 89, 275, 383
Stolte, Karl*	Breslau	25, 31, 78, 83
Stransky, Eugen	Wien	349, 392
Strauß, Aron	Wetzlar	320, 388, 407
Strauß, Julius*	Mannheim	289, 385, 395
Strauß, Walter	Wien	349, 392
Ströder, Josef	Düsseldorf	63, 114

Stroß, Josefine	Wien	50, 101, 349, 392, 403
Stützel, Martha*	Heidelberg	262, 382, 407
Švejcar, Josef	Prag	52, 103
Swarsensky, Samuel	Berlin	181, 375
Tannenbaum, Hedwig	Erfurt	222, 378, 413
Tendlau, Anna	Hannover	259, 382, 400
Teuffel, Ernst	Dresden	208, 377
Tezner, Otto	Wien	350, 392, 401
Tietze, Felix	Wien	350, 392, 403
Toller, Else	Breslau	199, 376
Trautmann, Richard	Berlin	181, 375, 407
Triest, Robert	Leipzig	280, 384
Tschammer und Osten, H.v.	Berlin	62, 112
Türk, Martha*	Frankfurt a.M.	236, 379, 402
Tugendreich, Gustav*	Berlin	16, 27, 69, 79, 182, 375, 407
Turnau, Laura	Berlin	183, 375, 412
Uffelmann, Julius	Rostock	27, 78
Uffenheimer, Albert*	Magdeburg	34, 86, 283, 384, 407
Ullmann, Johanna	Frankfurt a.M.	237, 379
Ullmann, Julius	Karlsruhe	266, 382, 410
Ungar-Bojko, Malvina	Prag	363, 393, 403
Unshelm, Egon*	Köln	57
Ursell, Ilse	Düsseldorf	41, 93, 218
Ursell, Siegfried	Düsseldorf	41, 93, 217, 378, 402
Victor, Martin*	Königsberg	276, 383
Vogel, Marianne	Leipzig	327
Vollmer, Hermann*	Berlin	183, 375, 407
Wagner, Gerhard	Berlin	60, 110
Wagner, Richard*	Wien	350, 392, 408
Waigand, Beate	Karlsruhe	20, 73
Wallach, Karl*	Mönchengladbach	294, 385, 400
Wallis, Kurt	Wien	351, 392, 401
Walltuch, Moses Michel	Leipzig	280, 384, 395
Waltuch, Gertrud	Wien	351, 392, 408
Wasser, Ernst	Schneidemühl	312, 387, 409
Wassermann, Margareta	München	301, 386, 407
Wechsler, Berta*	Würzburg	323, 389, 407
Weichsel, Manfred	Leipzig	280, 384, 407

Weigert, Franz	Stettin	316, 388
Weigert, Richard*	Breslau	199, 376, 412
Weigl, Karel	Prag	363, 393, 395
Weil, Erwin	Berlin	184, 375
Weil, Fritz*	Bochum	187, 375
Weil, Hans	Mannheim	290, 385, 407, 414
Weiler, Emil	Saarbrücken	312, 387, 410
Weinberg, Max*	Halle	249, 381, 410
Weinholt, Philipp	Limburg	281, 384, 412
Weinstock, Alma	Aachen	123, 369, 409
Weiß, Felix*	Prag	364, 393, 395
Weiß, Rudolf	Wien	351, 392, 408
Weiß, Samuel	Hamburg	257, 382, 400
Weiß, Siegfried	Wien	351, 392
Weitz, Sala	Wien	351, 392
Welde, Ernst	Leipzig	327
Wenkart-Taubes, Antonia	Wien	351, 392, 408
Wentzler, Ernst*	Berlin	45, 96
Werner, Georg	Hindenburg	263, 382
Werner, Ilona	Wien	352, 392, 409
Weyl, Julius*	Düsseldorf	218, 378, 395
Wiegand, Hertha	Offenburg	306, 386, 414
Wiener, Betty	Berlin	184, 375, 397
Wiese, Otto*	Landeshut	327
Wiesner, Kurt	Berlin	184, 375, 402
Wildmann, Richard*	Köln	272, 383, 401
Wilmersdorfer, Anne	Magdeburg	284, 384, 401
Windmüller, Mathilde	Breslau	199, 376
Wirz-Thannhauser, Bella	München	301, 386, 401
Wittelshöfer-Hirsch, Charlotte	Berlin	184, 375, 402
Wolf, Alexander	Berlin	185, 375, 397
Wolf, Erna	Berlin	185, 375, 397
Wolf, Marga	Stuttgart	318, 388, 397
Wolff, Else*	Chemnitz	201, 376
Wolff, Rudolf*	Krefeld	277, 384, 407
Wolff, Siegfried*	Eisenach	46, 97, 219, 378, 395, 411
Wolff, Willy	Berlin	185, 375

Wolffheim, Hans*	Königsberg	276, 383
Wolfsberg, Oskar	Berlin	185, 375, 401
Wollenberg, Ison	Berlin	326
Wollheim, Hedwig	Berlin	185, 375, 412
Wurzinger, Stefan	Nürnberg	305, 386, 407
Zade, Hugo*	Immigrath	263, 382
Zanker, Arthur	Wien	352, 392, 403
Zappert, Julius*	Wien	352, 392, 403
Zarfl, Max*	Wien	353, 392, 414
Zeichner, Otto	Dortmund	206, 377, 409
Zeitlin, Selda	Frankfurt a.M.	237, 379, 402
Zellner, Hermann	Breslau	199, 376
Zieger, Käte	Berlin	185, 375
Zschokke, Oskar*	Köln	57

Bildernachweis

Adelsberger	Privatbesitz
Cohn-Hülse	Salia Festschrift 75. Stiftungsfest 1959
Eckstein	Privatbesitz
Eckstein-Schloßmann	Sammlung Mahn- und Gedenkstätte Düsseldorf
Engel	Privatbesitz
Finkelstein	Pädiatriearchiv Berlin
Freudenberg	Inst. f. Geschichte der Medizin d. Univ. Freiburg i.Br.
Freund, Elly	Privatbesitz
Freund, Walther	Privatbesitz
Gernsheim	Stadtarchiv Worms
Grosser	Privatbesitz
Hamburger	Pädiatriearchiv Berlin
Heymann	Privatbesitz
Hirschfelder	Städt. Kinderklinik Krefeld
Hirsch-Kauffmann	Privatbesitz
Hochsinger	Inst. f. Geschichte der Medizin d. Univ. Wien
Huldschinsky	Pädiatriearchiv Berlin
Knöpfelmacher	Inst. f. Geschichte der Medizin d. Univ. Wien
Landé	Pädiatriearchiv Berlin
Langstein	Pädiatriearchiv Berlin
Liefmann	Privatbesitz
Lust	Städt. Kinderklinik Karlsruhe
Mansbacher	Privatbesitz
Mendelsohn	Privatbesitz
Meyer	Inst. Hist. of Medicine, Hebrew Univ., Jerusalem
Nassau	Privatbesitz
Neter	Stadtarchiv Mannheim
Neuhaus	Privatbesitz
Philippson	Archiv der Geographischen Institute der Univ. Bonn
Rosenbaum	Inst. Hist. of Medicine, Hebrew Univ., Jerusalem
Rosenhaupt	Stadtarchiv Mainz
Schloßmann	Sammlung Mahn- und Gedenkstätte Düsseldorf
Schweitzer	Privatbesitz
Seckel	Privatbesitz
Sindler	Sammlung Mahn- und Gedenkstätte Düsseldorf

Spanier	Stadtarchiv München
Stamm	Privatbesitz
Strauß	Privatbesitz, Stadtarchiv Mannheim
Stroß	Freud-Museum London
Stützel-Bardach	Sammlung Mahn- und Gedenkstätte Düsseldorf
Tugendreich	Inst.f. Geschichte der Medizin Univ. Düsseldorf
Uffenheimer	Privatbesitz
Wasser	Privatbesitz
Wiegand	Stadtarchiv Offenburg
Wolff	Stadtarchiv Eisenach, Jüdisches Museum Prag
Zappert	Privatbesitz
Dokumente	Pädiatriearchiv Berlin

Danksagung

Die nahezu vierjährige Erarbeitung dieser Untersuchung ist ohne die ungewöhnlich engagierte Mithilfe sehr vieler Menschen nicht denkbar. Sie alle einzeln aufzuzählen ist nicht möglich; nur einige Fakten und Namen können stellvertretend genannt werden:

1.) Die systematische Auseinandersetzung mit dem Thema wurde 1983 durch eine Initiative des damaligen Präsidenten der Deutschen Gesellschaft für Kinderheilkunde und Jugendmedizin (DGKJ), Prof. Dr. Hermann Olbing (Essen), ermöglicht, der bei der Gesellschaft eine Historische Kommission einrichtete. Das seit den Anfängen der Gesellschaft vorhandene Archiv gab er in die Fachbetreuung des Institutes für Geschichte der Medizin an der Universität Freiburg i.Br. Dort hat Frau Dr. Ute Jahnke-Nückles im Rahmen ihrer Doktorarbeit den Materialien nicht nur eine erste archivalische Ordnung gegeben, sondern mit ihrer Dissertation „Die Deutsche Gesellschaft für Kinderheilkunde in der Zeit der Weimarer Republik und des Nationalsozialismus" (1992) den Grundstein für eine vertiefte Aufarbeitung des Geschehens gelegt.
Wichtige Einzelarbeiten haben sich bereits vorher und parallel mit dem Problem der Ausgrenzung jüdischer und politisch mißliebiger Kinderärztinnen und Kinderärzte befaßt, von denen insbesondere die Studien von Dr. Thomas Lennert (Berlin) und Dr. Helmut Moll (Papenburg) wegweisend geworden sind; ihre Ergebnisse und ihr Rat sind in die vorliegende Arbeit eingegangen. Aus dem inzwischen eingerichteten Pädiatriearchiv Berlin hat Herr Dr. Lennert in hilfreicher Weise Materialien und Abbildungen zur Verfügung gestellt.
Prof. Dr. Johannes Brodehl (Hannover) hat während seiner Präsidentschaft auf der Jahrestagung der DGKJ 1994 in Hannover das Thema mit einem Symposion „Pädiatrie in Deutschland 1917–1945" zum ersten Mal in die pädiatrische Öffentlichkeit gebracht. Die Reaktion hierauf war nachhaltig und veranlaßte den Vorstand und die Mitgliederversammlung der DGKJ, die hier vorgelegte Untersuchung in Auftrag zu geben und auch finanziell zu ermöglichen. Als damit beauftragtes Vorstandsmitglied hat Prof. Dr. Klaus von Schnakenburg (St. Augustin) das Unternehmen in besonders engagierter und flexibler Weise gefördert und von Anfang an beratend begleitet.
Der Geschäftsführer des Bouvier Verlages in Bonn, Herr Thomas Grundmann, hat es für selbstverständlich erachtet, dass Publikationen zu dieser Thematik nach wie vor unerläßlich sind. Er und seine Mitarbeiter, sowie Herr Daniel P. Hövel-

born und Frau Ruth Jungbluth von der Firma Artcom, Königswinter, haben für eine ungewöhnlich zügige und sorgfältige Drucklegung gesorgt. Eine kluge und intensive Durchsicht verdankt das Buch der Lektorin Frau Dr. Heidi Bohnet-von der Thüsen.

Auf der Jahrestagung 1998 in Dresden hat die Deutsche Gesellschaft für Kinderheilkunde und Jugendmedizin in einer öffentlichen Gedenkveranstaltung an ihre verfolgten, aus dem Land getriebenen und ermordeten Kolleginnen und Kollegen erinnert. Der amtierende Präsident, Prof. Dr. Lothar Pelz (Rostock) bekannte im Namen der deutschen Kinderheilkunde die Mitschuld am Schicksal dieser Menschen. Die mit großer Aufmerksamkeit wahrgenommene Veranstaltung ist in ihrem Ablauf als Supplementheft der Monatsschrift für Kinderheilkunde dokumentiert (Supplement 1 zu Band 147, Heft 5, Mai 1999).

2.) Zwei Gruppen von Informanten kann wegen ihrer großen Zahl nur in allgemeiner Weise gedankt werden:
– Den zahlreichen Angehörigen, Nachfahren, früheren Patienten, Bekannten und Freunden der Betroffenen, die sich auf unsere Aufrufe in in- und ausländischen Publikationsorganen gemeldet haben. Mit vielen von ihnen konnten persönliche Beziehungen aufgebaut werden. Ihre Namen sind jeweils am Ende der Einzelbiographien namentlich genannt; die vielfältige, bewegende und oft bedrückende Korrespondenz wird im Pädiatriearchiv Berlin aufbewahrt werden. Die meisten Abbildungen in diesem Buch stammen aus ihrem Privatbesitz.
– Den Leitern und Mitarbeitern der genannten über 150 Archive, Mahn- und Gedenkstätten und Studienzentren, die sich mit ihren Aktenbeständen, Datenbanken und durch hilfreiche persönliche Auskünfte für das Projekt eingesetzt haben. Sie haben vielfach ihrerseits Kontakte zu weiteren Beständen hergestellt, (Wiedergutmachungsämter, Oberfinanzdirektionen etc.); diese können hier nicht alle aufgeführt werden.

3.) Von vielen Seiten sind dem Projekt aktive Mit- und Zuarbeit wie auch kompetente Fachberatung zugute gekommen. Neben den bereits Genannten sollen – stellvertretend für viele Gesprächs- und Korrespondenzpartner – hervorgehoben werden:
Israel: Prof. Dr. Samuel S. Kottek (Jerusalem), Dr. Alexander Emed (Haifa), Prof. Dr. Alfred Drukker (Jerusalem), Prof. Dr. Gerhard Baader (Berlin/ Jerusalem).
Großbritannien: Prof. Dr. Eva J. Engel Holland (Wolfenbüttel), Mrs. Ilse Eton

(St. Leonards-on-Sea), Dr. Karola Decker (Oxford), Dr. Paul Oestreicher (Coventry), Prof. Dr. Paul Weindling (Oxford).

USA: Mrs. Gabriele Falk (Durham, N.C.), Dr. Diane Spielmann (New York).

Polen: Prof. Dr. Alfred Koniecny (Wrocław).

Tschechien: Dr. Ludmilla Hlaváčková (Prag), Dr. Petr Svobodný (Prag).

Wien: Prof. Dr. Marianne Springer-Kremser; Prof. Dr. Walter Swoboda; Prof. Dr. W. Druml, Doz. Dr. Gabriela Schmidt; cand.med. Julia Bockenheimer; cand.med. Susanne Mende.

Deutschland: Dr. Barbara Becker-Jáckli (Köln); Ute Daub (Frankfurt a.M.), Dr. Andrea Dörries (Hannover/Berlin), Dr. Sabine Fahrenbach (Leipzig), Prof. Dr. Gerhard Fichtner (Tübingen), Doz. Dr. Dr. Susanne Hahn (Dresden), Dr. Renate Heuer (Frankfurt a. M.), Prof. Dr. Michael Hubenstorf (Berlin/Toronto), Prof. Dr. Gerhard Gaedicke (Berlin), Hildegard Jakobs (Düsseldorf), Prof. Dr. Robert Jütte (Stuttgart), Dr. Gerrit Kirchner (Berlin), Prof. Dr. Werner F. Kümmel (Mainz), Dr. Thomas Lennert (Berlin), Prof. Dr. Karl-Heinz Leven (Freiburg i.Br.), Sonja Mühlberger (Berlin), Prof. Dr. Albrecht Scholz (Dresden), Dr. Dr. Manfred Stürzbecher (Berlin), Prof. Dr. Peter Voswinckel (Lübeck), Prof. Dr. Dr. Rolf Winau (Berlin).

4.) Die englischen Übersetzungen wurden mit Einfühlung und Sorgfalt von Alexis Heede (University of Texas at Austin), z. Zt. Projektmitarbeiterin am Institut für Geschichte der Medizin der Universität Freiburg i.Br., durchgeführt.

Der Autor verdankt seiner Frau und seiner unmittelbaren Umgebung eine immer wieder aufmunternde Unterstützung bei der oftmals bedrückenden Arbeit an diesem Projekt.

Alle Genannten und viele andere haben mitgeholfen und damit beigetragen, dem Vergessen und Verdrängen entgegen zu wirken.

Kontaktadresse für Korrekturen und Ergänzungen:
Address for corrections or additional information:

Prof. Dr. med. Eduard Seidler
Bernhardstraße 1
D – 79098 Freiburg i.Br. · Germany
Fax: ++49 (0) 7 61 / 2 02 53 76
e-mail: seidlee@uni-freiburg.de

Deutsche Gesellschaft für Kinderheilkunde
und Jugendmedizin
Johanniter-Kinderklinik
Arnold-Janssen-Straße 29
D – 53754 St. Augustin · Germany
Fax: ++49 (0) 22 41 / 20 45 78
e-mail: scharff.dgkj@t-online.de